● 陈兴良 /著

刑法研究（第十一卷）

刑法各论 Ⅰ

Research on Criminal Law

中国人民大学出版社
·北 京·

总 目 录

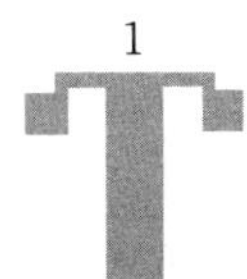

第四卷　刑法理论Ⅰ

第二编　刑法理论

一、刑法哲学

二、刑法教义学

三、刑法知识论

第五卷　刑法理论Ⅱ

三、刑法知识论（续）

四、判例刑法学

第六卷　刑法总论Ⅰ

第三编　刑法总论

一、犯罪概论

二、犯罪论体系

三、构成要件

第七卷　刑法总论Ⅱ

三、构成要件（续）

四、违法性

第八卷　刑法总论Ⅲ

四、违法性（续）

五、有责性

六、未完成罪

本卷目录

第四编　刑法各论

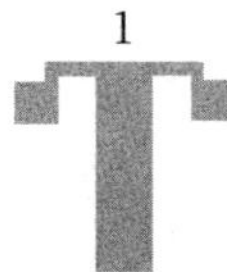

第四编

刑法各论

一、概述

刑法各论的理论建构

刑法各论，也称为刑法分论，是相对于刑法总论而言的。刑法总论对应于刑法总则，是以定罪量刑的一般原则和制度为研究对象的，更具有理论性。而刑法各论则是对应于刑法分则，是以具体犯罪为研究对象的，更具有实践性。本文对刑法各论中的基本理论问题加以阐述，以便为各罪的研究奠定基础。

一、刑法分则的形成

从刑法史的角度来看，刑法规定存在着一个从个别立法到一般立法的演变过程。先有关于个别犯罪的规定，后来才有关于犯罪的一般规定。这里存在一个人类的认识能力逐渐提高的过程。最初，人类的认识能力比较低下，在法律上首先规定的是个别具体犯罪。后来，随着人类抽象认识能力的提高，立法经验的积累，才出现对犯罪的一般规定。从个别立法到一般立法，这几乎是立法史的基本规律。现在，一般把“个别性的规定”视为分则性的规定，把“一般性的规定”视为总则性的规定。就此而言，可以说“首先有分则性的规定，其后才有总则性的规定”。我们这样一种看法是建立在总则和分则已经相互区分的基础上，但是实际上由于古代刑法的总则和分则并没有明确的区分，刑法规定就是刑法规定，而无所谓总则和分则之分。总则和分则的区分是立法经验逐渐积累以后，在近代才出现的。

从我国刑法的演变来看，春秋时期李悝著《法经》，共有六篇：《盗法》《贼法》《囚法》《捕法》《杂法》和《具法》。这样的排列是中国最初的法典的雏形。李悝认为“王者之政莫急于盗贼”，因而把《盗法》和《贼法》列于《法经》之首。这里的“盗”指的是侵犯财产的犯罪，这里的“贼”指的是侵犯人身的犯罪。在任何一个社会里面侵犯财产和侵犯人身的犯罪都是最常见多发，也是对社会危害最大的一类犯罪，因此被李悝列在《法经》之首。《法经》的最后一篇是《具法》，其作用在“具其加减”，具有一种量刑指导的功能。从《法经》各篇的排列来看，《盗法》《贼法》《囚法》《捕法》《杂法》都属于具体性的规定也就是分则性的规定，而列于最后的《具法》具有我们现在所说的刑法总则的性质。因此，从《法经》的逻辑看，是把分则规定放在前面，具有总则性质的规定放在最后。这样一种排列就反映了从个别到一般的思维习惯。到我国的曹魏以后，魏文帝下诏改定刑制，编成新律十八篇将其中的《刑名》冠于“律首”，“集罪例以为刑名，冠于律首”[①]，这样，把总则性的规定放在整个法律的最前面。这是一个重大的改变，反映了人类思维的变化——把一般性的规定放在前面，把具体性的规定放在后面。晋朝的著名律学家张斐曾经表述过“刑名所以经略罪法之轻重，正加减之等差，明发众篇之多义，补其章条之不足，较举上下纲领”[②]。意思是说，《刑名》这一篇在整个刑律当中是纲领，对其他的规定起到指导、补充的作用。到了《唐律》，正式确定了《名例律》置于十二篇之首，相当于现在刑法的总则性规定。在解释为何把《名例律》置于各篇之首的时候，《唐律疏议》有这样一段话：“名者，五刑之罪名；例者，五刑之体例。名训为命，例训为比，命诸篇之刑名，比诸篇之法例。但名因罪立，事由犯生，命名即刑应，比例即事

① 《晋书 刑法志》。

② 《晋书 刑法志》。

表，故以名例为首篇。”《名例律》就源于《法经》中的《具法》，但它在整个刑法中的地位却发生了变化：《法经》中，《具法》置于末尾；在《唐律》中《名例律》置于各篇之首。名例虽然相当于我们现在的刑法总则，但《名例律》的内容以及名例和各篇的关系，与我们现在的刑法总则，以及与刑法分则的关系还是有所不同。虽然《名例律》在《唐律》中已经把一些一般性的规定专列一篇列于篇首，但是，还不能认为《唐律》已经明确地将刑法总则和刑法分则加以区分了，因为《名例律》和其他十一篇是并列关系，而我们现在刑法的总则和分则的关系则是抽象和具体、一般和个别的关系，所以两者的逻辑关系并不相同；另外是罪刑关系的区别：《名例律》的“名”指的是刑名，乃“五刑之罪名”；“例”是“五刑之体例”，主要是关于刑罚适用上的规定，例如十恶、八议、自首、共犯、数罪并罚等。在《名例律》中很少涉及关于定罪方面的内容，尤其是关于犯罪成立的一般性条件根本没有涉及。由此可以看出，我国的刑法是以刑罚为本位，因此，我国的《刑法》称为《刑罚法》而不是《犯罪法》。这里涉及“罪”和“刑”的关系，到底以“刑”为本位还是以“罪”为本位？古代的刑法往往以“刑”为本位，现在的刑法往往以“罪”为本位，强调犯罪成立，因为刑罚是建立在犯罪成立基础上的。对保障公民权利和自由而言，严格规定犯罪成立条件才是最为重要的。但是，古代社会的刑法往往以“刑”为本，这是刑法体例上的古今之别，在这种差别的背后反映的是刑法价值上的重大区别。

从我国刑法的发展历程可以看出从个别性规定到一般性规定的规律，但是刑法总则和刑法分则的分立却是由 1810 年的《法国刑法典》正式确立的。一位德国学者对刑法典的划分作了这样的描述：“刑法典划分为总则和分则是为了适应立法技术的需要，自 18 世纪以来基本上所有欧洲国家刑法典的编纂中都有总则部分，最初见于《巴伐利亚刑法典》，后见于《普鲁士法》(1794)。被视为 19 世纪刑法典榜样并且具有特殊意义的是 1810 年的《法国刑法典》总则部分的第一篇和第二篇。《刑法典》总则和分则的区分，是根据形式和实体的标准来进行的。从形式上看，总则涵盖了对分则部分刑罚规定具有重要意义的所有规定，因此，应当置于重要的位置；而分则部分规定了具体的犯罪类型和涉及具体犯罪或犯罪

类型的补充性规定。从实体内容上讲，分则包含了对犯罪的描述，因而也就包含了说明刑事不法行为的具体理由的规定；而总则在其设计不法行为的规定中（例如合法化事由、未遂犯、共同犯罪等），对犯罪种类只是具有补充性功能，从来不会具有独立的说明不法行为的具体理由的意义”①。这一论断说明刑事不法行为的具体理由是由刑法分则来完成的，尽管在刑法总则中规定了关于犯罪的一般概念，但是到底什么样的行为构成犯罪，应该处以什么刑罚，这样具体的任务应该由刑法分则来完成。所以，离开刑法分则对不法行为定罪，实际上是不可能的。罪刑法定从这个意义上来说，主要是依赖刑法分则来实现的。苏俄的学者在十月革命以后，由于受到法律虚无主义影响，曾提出过这样的设想：只要有刑法总则，只需要在刑法总则中规定一个一般性的犯罪概念，而不需要有刑法分则，至于具体哪种行为构成犯罪，可以赋予法官根据刑法总则的犯罪的一般性概念来具体判断。如果这样的思想付诸实施，是很危险的。刑法总则只能规定犯罪的一般概念，并不能为认定具体的犯罪提供标准、如果把认定犯罪的权力交给法官，必然会导致司法的擅断。由此可见，在罪刑法定的实现过程中，刑法分则起到了巨大的作用。我们必须看到，罪刑法定之所以能够实现，需要有一定的立法技术作保障。由此可见，刑法总则和刑法分则的分立是近代刑法史上具有标志性意义的事件。对刑法分则的规范应该在与刑法总则规范相对应的角度上来加以理解。

通过对刑事立法史的考察可以看到，刑法总则和刑法分则的分立是人类经验积累的结果，是人们对犯罪和刑罚的认识不断提高的结果，其中，立法技术起到了特别重要的作用。

我们说“刑法总则”和“刑法分则”是从刑法典的角度来说的，但是刑法典并不是刑法内容唯一的载体，除刑法典外，还包括单行刑法和附属刑法。但是，刑法的总则性规范都规定在刑法典当中，单行刑法和附属刑法主要规定刑法分则

① ［德］汉斯·海因里希·耶赛克、托马斯·魏根特：《德国刑法教科书（总论）》，徐久生译，24～25页，北京，中国法制出版社，2001。

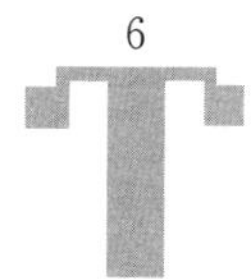

性规范。因此，在理解刑法分则规范的时候，不仅要看到刑法典中的分则性内容，而且要看到单行刑法和附属刑法中关于具体犯罪的规定，这也是刑法分则存在的重要的形式。之所以刑法的总则性规范都规定在刑法典当中，是因为刑法的总则性规范具有稳定性、是定罪量刑的一般理论，而刑法分则的规范是关于具体犯罪的规范，往往具有变动性。因此，刑法分则规范散见于单行刑法和附属刑法当中。尤其在现代社会，各种新型的犯罪层出不穷，刑法典又不能经常修改。在这种情况下，大量的附属刑法出现，刑法的统一性遭到破坏成为保持刑法的稳定性而必须要付出的代价。因此，不管是大陆法系国家还是英美法系国家，它们的刑法典条文都很有限，大量的罪名都规定在单行刑法和附属刑法中。例如，日本刑法典的刑法条文比我国刑法的还要少，罪名也很少，是最常见、对多数人都适用的罪名。但是，在有关的附属刑法中规定罪名有上万个。因此，决不能得出这样的结论：某个罪名在刑法典里没有规定，也就是说其在刑法里没有规定。虽然在刑法典中没有规定，但在附属刑法中可能有规定。因此，不能把刑法规定等同于刑法典的规定。我国的 1979 年刑法是我国的第一部刑法，规定的罪名也很有限；1979 年到 1997 年刑法修订之前，我们就通过单行刑法的方式先后制定了 24 个《决定》或《补充规定》，大量增加和补充了有关的罪名，并且在附属刑法中规定了有关的罪名。在 1997 年刑法修订中，当时立法者基于制定一部统一的刑法典的理念，把刑法典之外的散见于各单行刑法和附属刑法中的罪名都吸纳到刑法典里面来。我国在立法方法上，拒绝采用附属刑法的立法方式，因此在非刑法规范，例如经济法、行政法中，不能规定具体犯罪和法定刑。这是我国刑法在立法体例上和外国的一个很重大差别。过去我们对刑法进行补充往往采取单行刑法的方式，例如，一个《决定》或者一个《补充规定》对刑法的内容进行修改。现在我国大量采用的是《刑法修正案》的方式，已经通过了六个修正案。修正案到底是刑法本身的一部分，还是在性质上相当于一个单行的刑法？我认为，修正案是刑法本身的一部分，在修正案通过以后就应当对刑法典重新编纂，把修正案的内容吸纳到刑法典当中去，然后《刑法修正案》就丧失了独立存在的意义。在判决书中引用的时候，就应该引用修改后的刑法典的条文。

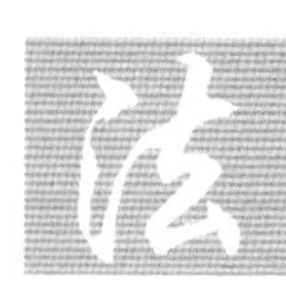

在存在大量刑法典以外的单行刑法和附属刑法表现出来的刑法分则规范的情况下，存在一个两者关系如何处理的问题。意大利学者将刑法典以外的“专门的”与“补充性的”刑事立法的大量出现，称为是“非法典化”的过程。[①] 在如何处理刑法典与这些特别立法的问题上，主张强调刑法典优先的原则。这里的刑法典优先，既包括刑法总则的优先，也包括刑法分则的优先。我国刑法第 101 条规定：“本法总则适用于其他有刑罚规定的法律，但是其他法律有特别规定的除外。”可以说这一规定体现了刑法典优先的原则。

二、刑法分则的体系

刑法分则如何排列，尤其是刑法分则规范排列的内在逻辑关系，是在考察刑法分则体系的时候应当注意的一个问题。这个问题的实质是如何对犯罪进行分类，因为刑法分则规范只不过是犯罪分类的表述方式而已。

我国古代的犯罪分类存在一个从以刑统罪到以罪统刑的演变过程。最初，对犯罪按照刑罚进行归类，处以同样刑罚的犯罪归为一类，这就是所谓的“以刑统罪”。例如，《周礼》记载：“司刑掌五刑之法，以丽万民之罪，墨罪五百，劓罪五百，宫罪五百，刖罪五百。”[②] 这是说判墨刑的犯罪的有五百，判劓刑的犯罪（割鼻子）的有五百，判宫刑的犯罪的有五百，判刖刑的犯罪的有五百。直到春秋时期，李悝著《法经》才改变了这样以刑统罪的立法传统，开始以犯罪本身的性质和特征对犯罪进行分类。《法经》共有六篇：《盗法》《贼法》《囚法》《捕法》《杂法》和《具法》，除《具法》以外，前五篇都是根据犯罪的分类。《盗法》是对侵犯财产犯罪的分类，《贼法》是对侵犯人身犯罪的分类，《囚法》是对关押犯人中犯罪的分类，《捕法》是对捕获犯人中犯罪的分类，而无法归入以上四篇的罪名都归入《杂法》。到了《唐律》，除了第十一篇《名例律》是总则性的规定以

① 参见［意］杜里奥·帕多瓦尼：《意大利刑法学原理（注评版）》，陈忠林译评，9 页，北京，中国人民大学出版社，2004。

② 《周礼·司寇刑官之职》。

外、另外十一篇都是犯罪的类别。第二篇《卫禁律》，是关于宫廷保卫方面的犯罪规定；第三篇《职制律》，是职务方面的犯罪，第四篇《户婚律》，是关于婚姻家庭方面的犯罪；第五篇《厩库律》，是关于公物管理方面的犯罪；第六篇《擅兴律》，是关于军事方面的犯罪：第七篇《贼盗律》，是关于侵犯人身权利和财产权利方面的犯罪；第八篇《斗讼律》，是关于违反诉讼法而构成的犯罪；第九篇《诈伪律》，是关于诈骗方面的犯罪；第十篇《杂律》，是无法归入其他犯罪的一些罪名；第十篇《捕亡律》，是关于逮捕犯人中的犯罪；第十二篇《断狱律》，是关于审判犯人中的犯罪。从这里还是能隐约看到《法经》的影子，例如，《杂律》就相当于《法经》当中的《杂法》，《捕亡律》相当于《捕法》，《断狱律》相当于《囚法》，《贼盗律》相当于《盗法》和《贼法》。《唐律》是一个刑法的基本框架，就其内容而言涉及当时社会生活各个方面，但是就里面任何一种违法行为最后都要处以刑罚，体现了当时的泛刑法主义。而不像我们现在有民法、商法、行政法、诉讼法，当时是诸法合体，但是任何一种违法行为最后都要处以刑罚。

在《唐律》的这十一类犯罪分类中，它的分类标准是不太统一的。例如，关于杀人罪，它将谋杀规定在《贼盗律》中，而在《斗讼律》中又规定了故杀、斗杀、戏杀、过失杀人等等。但是，《唐律》关于犯罪的分类还是反映了当时的实际需要，体现了我国古代的政治制度和司法制度，主要反映了对封建皇权的保护。《唐律》的立法技术和当时其他国家相比较也是达到了一个很高的水平，其编纂体系和分类类别为后来的《宋刑统》《明律》《清律》所继承。

近代刑法的分类始于意大利著名刑法学家贝卡里亚的刑法思想。贝卡里亚根据犯罪所侵害的法益将犯罪分为以下三类：第一类是直接侵害社会或社会的代表的犯罪，即侵害国家法益的犯罪。第二类是侵犯私人安全的犯罪，包括侵犯人身、财物的犯罪，即侵害个人法益的犯罪。第三类是扰乱公共秩序和公民安宁的犯罪，即侵害社会法益的犯罪。① 在贝卡里亚思想的影响下，1810 年《法国刑法典》对犯罪分类采用的是两分法，即侵害国家法益的犯罪与侵害个人法益的犯

① 参见［意］贝卡里亚：《论犯罪与刑罚》，黄风译，69 页，北京，中国大百科全书出版社，1993。

罪，并且将侵害国家法益的犯罪列于侵害个人法益的犯罪之前，以体现对国家法益的重点保护。当时国家法益和社会法益还没有很明确的区分，都是一种公法益，公民法益是一种私法益。但 1871 年的《德国刑法典》对犯罪分类采用的是三分法：侵害国家法益的犯罪、侵害社会法益的犯罪和侵害个人法益的犯罪。这样的分类只是提供了刑法体系的一个大的框架，在侵害国家法益的犯罪、侵害社会法益的犯罪和侵害个人法益的犯罪下面又分别分了很多小类，这样就使得刑法分则体系逐渐地完善起来。特别是在 1871 年的《德国刑法典》中明确地把侵害国家法益的犯罪和侵害个人法益的犯罪加以区分，从而体现了市民社会的成熟，市民社会和政治国家的二元区分。在第二次世界大战以后，由于强调人权保障，因此犯罪在刑法分则中的排列顺序也发生了相应的变化，也就是将侵害个人法益的犯罪排在最前面，其次是侵害社会法益的犯罪，最后才是侵害国家法益的犯罪。这也就印证了这样一个观点：刑法分则体系的排列顺序绝不仅是一个技术性问题，背后包含了一定的刑法价值理念。例如，在 1994 年《法国刑法典》对犯罪就按以下顺序排列：侵犯人身之重罪、轻罪，侵犯财产之重罪与轻罪，危害民族、国家及公共安宁罪，其他重罪与轻罪。这个排列就是从个人到社会，再到国家的排序。尤其著名的是 1996 年《俄罗斯联邦刑法典》也把侵害人身的犯罪排在分则的最前面，其后是经济领域的犯罪、危害公共安全和社会秩序的犯罪、反对国家政权的犯罪、军职罪与破坏人类和平和安全的犯罪。《俄罗斯联邦刑法典》对分则的排列也是顺应了世界的潮流，把侵害个人的犯罪排在了最前面。有些国家的刑法典在排列顺序上并没有做出变动。例如，《德国刑法典》还是当时 1959 年的《德国联邦刑法典》，《日本刑法典》也没有变化，还是沿用 1907 年的刑法典。但是在刑法理论上，这些国家的学者往往不是按照刑法典的排列顺序，而是按照从个人到国家的顺序来对刑法分则的具体犯罪进行理论阐述。即尽管在刑法典里是按照侵害国家法益犯罪、侵害社会法益犯罪和侵害个人法益犯罪来排列，但是在刑法教科书里面已经把它颠倒过来了。例如，日本学者大塚仁在论及应该怎样安排刑法各论的叙述顺序时指出：重视日本宪法中尊重个人的原理，同时考虑到讲学上的便利，其《刑法概说（各论）》一书按照从针对个人

法益的犯罪到针对国家法益的犯罪这种顺序来叙述。[①] 我国刑法分则基本是在模仿《苏俄刑法典》的基础上形成的，刑法分则各个种类的排列是以犯罪严重程度为依据，同时也考虑其他特殊情况。例如，1979 年刑法将犯罪分为八大类：反革命罪，危害公共安全罪，破坏社会主义经济秩序罪，侵犯公民人身权利、民主权利罪，侵犯财产罪，妨害社会管理秩序罪，妨害婚姻、家庭罪，渎职罪。我国学者在解释这一排列顺序时指出：这种分类突出我国刑法首先打击反革命罪和其他危险的犯罪。反革命罪是最危险的犯罪，在刑法分则体系中被放在各类犯罪的首位。危害公共安全罪往往危及不特定多数人的生命、健康和公共财产，具有公共危险的性质，在普通刑事犯罪中危害性最大，所以放在反革命罪之后，其他各类犯罪之首。此外，破坏社会主义经济秩序罪和侵犯公民人身权利、民主权利罪，都是危害很大的犯罪，因而放在危害公共安全罪之后、其他各类犯罪之前。这明显地表现了我国刑法打击锋芒的主要所向。[②] 这样的排列顺序强调对国家和社会利益的重点保护。

在 1997 年刑法修订中，刑法分则各类犯罪的排列是一个争议较大的问题。当然，也有个别学者指出应对排列顺序作重大调整，应当按照侵害个人法益犯罪、侵害社会法益犯罪、侵害国家法益犯罪的顺序排列，但这只是个别学者的观点，还不是讨论的重点，立法机关也并未关注这一点。当时，更多的讨论集中在是采用大章制还是小章制。大陆法系的刑法分则大多采用小章制，犯罪分类可以分为若干层次。1994 年《法国刑法典》的分则有卷、编、章、节四个层次。例如，第二卷侵犯人身之重罪、轻罪，第二编侵犯人身罪，第一章伤害人之生命罪，第一节故意伤害生命罪。1996 年的《俄罗斯联邦刑法典》的分则也已经将侵害人身的犯罪放在了各章之首，并有“篇”和“章”两个层次。1979 年刑法典中，罪名较少，分则只设章一个层次问题不大。但到 1997 年刑法典，罪名已经大量增加，在这种情况下，如何对犯罪进行归类排列就是一个值得研究的问

① 参见［日］大塚仁：《刑法概说（各论）》，3 版，冯军译，19 页，北京，中国人民大学出版社，2003。

② 参见高铭暄主编：《刑法学（修订本）》，2 版，北京，法律出版社，1984。

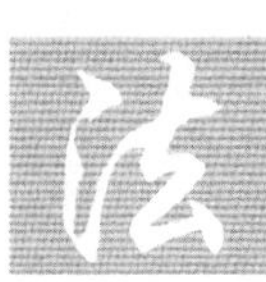

题。当时，有大章制与小章制之争。主张采用大章制的学者认为，为了保持刑法的稳定性，1979 年刑法是分为八大类，后来通过全国人大常委会决定的方式对犯罪作了大量的补充，尤其是在刑法分则方面增加了很多罪名。大章制可以保持稳定性，个别章节罪名比较多的可以采取章下设节的方式。另外一种观点主张采用小章制，也就是说章下不设节，把原来作为节来讨论的犯罪上升为章。[①] 最后，立法机关经过权衡以后，还是基本上采用了大章制的体例。这样的刑法分则体系具有一定的连续性，但从它的逻辑关系来说，还是存在一定的问题：有的章下设节，有的不设节，各章的篇幅悬殊。有些章罪名很少，只有十几个罪名；有些章罪名很多，例如，第三章章下设八节，第六章章下设九节，所以显得不够协调。最后应当指出，尽管刑法分则体系保持大章制，并且按照侵害国家法益犯罪、侵害社会法益犯罪、侵害个人法益犯罪的顺序排列，但是在刑法分则的教科书当中，对刑法分则的罪名如何来进行解释？现在大多数的刑法分则教科书还是按照刑法的体例罪名进行解释的。因此，绝大多数刑法分则教科书的体例和刑法分则的体例是一致的。这样的情况对我们理解刑法分则条文有一定的帮助。现在有一部分学者已经不是按照刑法分则的体例进行分类，而是按照侵害个人法益犯罪、侵害社会法益犯罪、侵害国家法益犯罪的顺序来解释分则。例如，清华大学周光权教授的《刑法各论讲义》[②]，以及我本人主编的复旦大学出版社出版的《刑法学》。[③] 这样编排的主要好处是，常见多发的犯罪往往是侵害个人法益的犯罪，如杀人罪、伤害罪、抢劫罪，把这样的犯罪放在前面来讲；而侵害社会法益犯罪和侵害国家法益犯罪，尤其是后者，虽然罪名很多、刑罚很重，但实际上很少用，放在后面讲，具有合理性。

---

① 关于大章制与小章制之争，参见赵秉志等：《中国刑法修改若干问题研究》，载《法学研究》，1996（5）。

② 参见周光权：《刑法各论讲义》，北京，清华大学出版社，2003。

③ 参见陈兴良主编：《刑法学》，上海，复旦大学出版社，2003。

三、刑法分则的内容

一般来讲，刑法分则的内容包括罪状和法定刑。由罪状和法定刑构成的法条称为罪刑式条文，也称“正条”。“法无明文规定不为罪”的“法”主要指的是罪刑式条文，即“正条”。如果说刑法总则规定的是一般的犯罪与刑罚，那么刑法分则规定的就是具体的犯罪与刑罚。我国刑法分则除对罪状和法定刑的规定以外，还包括一些刑法适用的引导性规定。下面分别加以论述。

（一）罪状

罪状是指刑法分则条文对具体犯罪的构成特征的描述。苏联刑法学家特拉伊宁曾将罪状形象地称为犯罪构成的“住所”。应当指出，罪状并非是对某一具体犯罪特征的完整描述，凡是在刑法总则中规定的犯罪一般特征，例如主体，如果不是特殊主体，在刑法分则中不作规定，分则规定的是某一具体犯罪区别于其他犯罪的一个特征因此要结合刑法总则和刑法分则来共同完成某个具体犯罪的特征。例如，刑法分则规定的故意杀人，只是规定了“故意”“杀人”：“故意”是主观罪过，“杀人”是客观行为，但是对主体和客体并没有描述。因此，对于故意杀人罪主体的特征也就应该根据刑法总则的规定来加以理解，而故意杀人罪的特征不能仅限于刑法分则条文所表述的“故意”“杀人”两个词。刑法第 17 条是关于杀人罪主体的规定：“已满十六周岁的人犯罪应当负刑事责任。已满十四周岁不满十六周岁的人，犯故意杀人、故意伤害致人重伤或者死亡、强奸、抢劫、贩卖毒品、放火、爆炸、投毒罪的，应当负刑事责任。已满十四周岁不满十八周岁的人犯罪应当从轻或者减轻处罚。”刑法第 18 条关于精神病人的规定也同样适用于故意杀人罪的主体。另外，刑法分则很多的具体犯罪都没有对主观的罪过做出规定，例如盗窃，只表述了“盗窃公私财物”，主观上的罪过没有规定。盗窃是故意犯罪，其犯罪故意应当根据刑法总则第 14 条的规定来认定。因此，某一个具体犯罪的特征不是单纯地根据刑法分则条文的罪状来描述，必须结合刑法总则规定才能确定完整的犯罪特征。罪状可以分为以下四类。

1. 简单罪状

简单罪状对某一具体犯罪只标示其罪名，未对具体特征加以描述。因此，在简单罪状的情况下，罪状即罪名。例如，故意杀人罪、盗窃罪、抢劫罪。这些犯罪一般是自然犯，社会公众对这些犯罪的特征一般比较了解，为了保持刑法在语言上的简洁性，只要列出罪名就可以了，不需要对罪状加以具体描述。其适用范围有限，只适用于广为人知的犯罪。

2. 叙明罪状

叙明罪状对某一具体犯罪的构成特征进行详细的描述，主要适用于那些犯罪特征不被公众所熟知的犯罪。例如，刑法第305条规定的伪证罪，就采用叙明罪状："在刑事诉讼中，证人、鉴定人、记录人、翻译人对与案件有重要关系的情节，故意作虚假证明、鉴定、记录、翻译，意图陷害他人或者隐匿罪证的"。在这一罪状中包括了主体——证人、鉴定人、记录人、翻译人；包括了主观故意，且要有陷害他人或者隐匿罪证的意图；还要有犯罪时间的规定——在刑事诉讼过程中；又有关于具体犯罪行为的描述。

3. 引证罪状

引证罪状是指引用其他条款来说明某一具体犯罪的构成特征。在一般情况下是不能通过引用另一种罪状来说明一种罪状的，但是在特殊情况下，如某一种行为既可以由故意构成，又可以由过失构成，由于在故意的犯罪中已经对犯罪的行为进行了具体的描述，在规定过失犯罪的时候就可以采用引证罪状，而不需要再一次采用叙明罪状进行描述。引证罪状往往采用在过失犯罪中，例如刑法第115条第1款规定了以危险方法危害公共安全犯罪的罪状，第2款规定"过失犯前款罪的，处三年以上七年以下有期徒刑"即是引证罪状。引证罪状的主要功能在于减少刑法条文的烦琐和重复。

4. 空白罪状

空白罪状是对某一个具体犯罪的构成特征没有直接规定，而是指明参照有关法规加以确定。空白罪状是特别需要注意的，因为，尽管它没有在刑法中直接规定，但是，没有直接规定不等于没有规定，而是做出了某种间接规定。空白罪状

主要适用于法定犯。法定犯是和自然犯相对的一个概念，它具有双重的违法性，它首先违反经济行政法规，然后才违反刑法，因而具有经济行政的违法性和刑事违法性双重的违法结构。对于这些犯罪来说，违反经济行政法规是前提，因此，它的具体特征就可以直接参照经济行政法规来加以区分。空白罪状由于没有对某一个具体犯罪行为的特征进行直接规定，因此，出现空白罪状是否违反罪刑法定原则的质疑。我认为，空白罪状虽然没有对某一个具体犯罪行为的特征进行直接规定，但是仍然做出了间接规定。在这种情况下，不能简单地就认为空白罪状违反罪刑法定原则。当然，空白罪状所参照的法规必须有一定限制，必须有足够的级别。例如，由全国人大或者国务院制定的法律、行政法规才能作为参照法规。空白罪状最大的优点是能够保证刑法的稳定性。由于是法定犯，它的犯罪性质往往容易发生变化，如果直接将这种行为规定为犯罪，当行为性质发生变化时，就需要对刑法进行修改。如果采用空白罪状这种方式，只需要修改经济行政法规就可以了，不需要修改刑法，修改了经济行政法规就间接地修改了刑法。当然，罪刑法定原则要求法律要有明确性，因此，空白罪状的适用是有一定的限制的。

（二）法定刑

法定刑是指刑法分则条文对具体犯罪所规定的刑罚种类和刑罚幅度。刑罚种类可以简称为刑种，刑罚幅度可以简称为刑度。有些刑种是有刑度的，有的则没有。无期徒刑没有幅度，死刑也没有幅度。当然，在一定程度上，我们可以把死缓看成是死刑的一种幅度，即死刑可以分为两个刑度：一种是死刑立即执行，另一种是死刑缓期执行。但是，从逻辑上来说，死缓只是死刑的一种执行方法，不是一个刑度。罚金、有期徒刑、拘役、管制都存在刑度。我国刑法对法定刑的规定主要采用两种方法。

1. 相对确定的法定刑。规定了多个刑种供选择，同一刑种规定了多个刑度供选择。例如，刑法关于故意杀人罪的规定："故意杀人的，处死刑、无期徒刑或者十年以上有期徒刑；情节较轻的，处三年以上十年以下有期徒刑。"构成故意杀人罪有三个刑种供选择：死刑、无期徒刑、有期徒刑，而有期徒刑又有十年以上、三年以上十年以下的刑度供选择。我国刑法中99％的犯罪都是相对确定

法定刑。但是，在个别的犯罪中，我国刑法分则规定了绝对确定法定刑。

2. 绝对确定法定刑。绝对确定法定刑只规定了一个刑种没有刑度。我国刑法第 239 条关于绑架罪的规定："杀害被绑架人的，处死刑。"

法定刑还要和宣告刑、执行刑加以区分。法定刑是指法律对某个犯罪规定的刑种和刑度；宣告刑是指司法机关在审判具体案件后，对某一具体犯罪所宣告的刑罚。例如，犯故意杀人罪的被告人因情节较轻被判处 8 年有期徒刑，这 8 年就是宣告刑。还有执行刑，宣告 8 年，执行并非 8 年，因为我国刑法规定了减刑制度，如判决有期徒刑的减刑后执行的刑期不得少于原判刑期的 1/2，判 8 年意味着最少执行 4 年就可以了，如果执行 5 年就出狱了，这 5 年就是执行刑。因此，法定刑、宣告刑和执行刑是有区分的，要加以注意。

（三）引导性规定

在我国刑法分则中，除了关于罪状和法定刑的规定以外，还存在着一些关于刑法适用的一般性规定，我称为引导性规定。这些规定对于正确地理解和适用刑法分则具有重要意义。引导性规定主要有以下几类。

1. 特别法的引导性规定

特别法的引导性规定主要指刑法分则里说的"本法另有规定的，依照规定"这样的表述。刑法第 233 条过失致人死亡罪、第 234 条故意伤害罪、第 235 条过失致人重伤罪、第 266 条诈骗罪、第 397 条滥用职权罪和玩忽职守罪的规定里都有"本法另有规定的，依照规定"的表述，这种情况意味着一种法条竞合，需要加以特别注意。

2. 转化型的引导性规定

转化型的引导性规定是指在犯某个罪的过程中出现了一个比较重的情节，法律规定按照另外一种罪加以处罚。现将我国刑法分则关于转化型的引导性规定列举如下。

（1）刑法第 253 条规定："邮政工作人员私自开拆或者隐匿、毁弃邮件、电报的，处二年以下有期徒刑或者拘役。犯前款罪而窃取财物的，依照本法第二百六十四条的规定定罪从重处罚。"这里的第 264 条的规定，是指关于盗窃罪的

规定。

(2) 刑法第 144 条规定："在生产、销售的食品中掺入有毒、有害的非食品原料的，或者销售明知掺有有毒、有害的非食品原料的食品的，处五年以下有期徒刑或者拘役；致人死亡或者对人体健康造成特别严重危害的，依照本法第一百四十一条的规定处罚。"这里的第 141 条的规定，是指关于生产、销售假药罪的规定。

(3) 刑法第 157 条第 1 款规定："武装掩护走私的，依照本法第 151 条第一款、第四款的规定从重处罚。"这里的第 151 条的规定，是指关于走私罪的规定。

(4) 刑法第 241 条第 5 款规定："收买被拐卖的妇女、儿童又出卖的，依照本法第二百四十条的规定定罪处罚。"这里的第 240 条的规定是关于拐卖妇女、儿童罪的规定。

(5) 刑法第 247 条规定："司法工作人员对犯罪嫌疑人、被告人实行刑讯逼供或者使用暴力逼取证人证言的，处三年以下有期徒刑或者拘役。致人伤残、死亡的，依照本法第二百三十四条、第二百三十二条的规定定罪从重处罚。"这里的第 234 条、第 232 条的规定是指关于故意杀人罪、故意伤害罪的规定。

(6) 刑法第 248 条第 1 款规定："监狱、拘留所、看守所等监管机构的监管人员对被监管人进行殴打或者体罚虐待，情节严重的，处三年以下有期徒刑或者拘役；情节特别严重的，处三年以上十年以下有期徒刑。致人伤残、死亡的，依照本法第二百三十四条、第二百三十二条的规定定罪从重处罚。"这里的第 234 条、第 232 条的规定，是指关于故意杀人罪、故意伤害罪的规定。

(7) 刑法第 259 条规定："明知是现役军人的配偶而与之同居或者结婚的，处三年以下有期徒刑或者拘役。利用职权、从属关系，以胁迫手段奸淫现役军人的妻子的，依照本法第二百三十六条的规定定罪处罚。"这里的第 236 条的规定，是指关于强奸罪的规定。

(8) 刑法第 267 条规定："抢夺公私财物，数额较大的，处三年以下有期徒刑、拘役或者管制，并处或者单处罚金；数额巨大或者有其他严重情节的，处三年以上十年以下有期徒刑，并处罚金；数额特别巨大或者有其他特别严重情节的，处十年以上有期徒刑或者无期徒刑，并处罚金或者没收财产。携带凶器抢夺的，依照本法第二百六十三条的规定定罪处罚。”这里的第 263 条的规定是指关于抢劫罪的规定。

（9）刑法第 269 条规定：“犯盗窃、诈骗、抢夺罪，为窝藏赃物、抗拒抓捕或者毁灭罪证而当场使用暴力或者以暴力相威胁的，依照本法第二百六十三条的规定定罪处罚。”这里的第 263 条的规定是关于抢劫罪的规定。

（10）刑法第 292 条第 2 款规定：“聚众斗殴，致人重伤、死亡的，依照本法第二百三十四条、第二百三十二条的规定定罪处罚。”这里的第 234 条、第 232 条的规定，是指关于故意伤害罪、故意杀人罪的规定。

（11）刑法第 300 条第 3 款规定：“组织和利用会道门、邪教组织或者利用迷信奸淫妇女、诈骗财物的，分别依照本法第二百三十六条、第二百六十六条的规定定罪处罚。”这里的第 236 条、第 266 条的规定，是指关于强奸罪、诈骗罪的规定。

3. 共犯的引导性规定

我国刑法总则对共同犯罪做了专门规定，在刑法分则中又对某些犯罪的共犯作了具体规定，这就是共犯的引导性规定。现将我国刑法关于共犯的引导性规定列举如下。

（1）刑法第 156 条规定：“与走私罪犯通谋，为其提供贷款、资金、账号、发票、证明，或者为其提供运输、保管、邮寄或者其他方便的，以走私罪的共犯论处。”

（2）刑法第 198 条第 4 款规定：“保险事故的鉴定人、证明人、财产评估人故意提供虚假的证明文件，为他人诈骗提供条件的，以保险诈骗的共犯论处。”

（3）刑法第 310 条第 2 款规定：“犯前款罪，事前通谋的，以共同犯罪论处。”这里的前款犯罪是指窝藏、包庇罪。

（4）刑法第 349 条第 3 款规定：“犯前两款罪，事先通谋的，以走私、贩卖、运输、制造毒品罪的共犯论处。”这里的前两款罪是指包庇毒品犯罪分子罪、窝藏、转移、隐瞒毒品、毒赃罪。

（5）第 350 条第 2 款规定：“明知他人制造毒品而为其生产、买卖、运输前

两款规定的物品的，以制造毒品罪的共犯论处。”

（6）刑法第382条第3款规定：“与前两款所列人员勾结，伙同贪污的，以共犯论处。”

4. 数罪并罚的引导性规定

我国刑法总则对数罪并罚做了专门规定，在刑法分则中又对某些犯罪的数罪并罚作了具体规定，这就是数罪并罚的引导性规定。现将我国刑法关于数罪并罚的引导性规定列举如下。

（1）刑法第120条规定的是组织、领导、参加恐怖组织罪，第2款规定：“犯前款罪并实施杀人、爆炸、绑架等犯罪的，依照数罪并罚的规定处罚。”

（2）刑法第157条第2款规定：“以暴力、威胁方法抗拒缉私的，以走私罪和本法第二百七十七条规定的阻碍国家机关工作人员依法执行职务罪，依照数罪并罚的规定处罚。”

（3）刑法第198条第2款规定：“有前款第四项、第五项所列行为，同时构成其他犯罪的，依照数罪并罚的规定处罚。”这是关于保险诈骗而故意造成财产损失的保险事故、故意造成被保险人死亡、伤残或者疾病实行数罪并罚的规定。

（4）刑法第241条第4款规定：“收买被拐卖的妇女、儿童，并有第二款、第三款规定的犯罪行为的，依照数罪并罚的规定处罚。”这里的第2款、第3款规定的犯罪行为指的是强奸、非法拘禁、故意伤害、侮辱等。对被拐卖的妇女、儿童有上述行为的，应当实行数罪并罚。

（5）刑法第294条第3款规定：“犯前两款罪又有其他犯罪行为的，依照数罪并罚的规定处罚。”这里的前两款罪是指组织、领导、参加黑社会性质组织罪和入境发展黑社会性质组织罪。

（6）刑法第318条第2款规定：“犯前款罪，对被组织人有杀害、伤害、强奸、拐卖等犯罪行为，或者对检查人员有杀害、伤害等犯罪行为的，依照数罪并罚的规定处罚。”这里的前款罪。是指组织他人偷越国（边）境罪。

（7）刑法第321条第3款规定：“犯前两款罪，对被运送人有杀害、伤害、强奸、拐卖等犯罪行为，或者对检查人员有杀害、伤害等犯罪行为的，依照数罪

并罚的规定处罚。”这里的前两款罪，是指运送他人偷越国（边）境罪。

（8）犯前两款罪，并有杀害、伤害、强奸、绑架等犯罪行为的，依照数罪并罚的规定处罚。

5. 从重处罚的引导性规定

在我国刑法中，从重处罚是一种量刑情节，量刑情节可以分为法定量刑情节与酌定量刑情节两种。在刑法总则中规定了某些具有普遍适用性的量刑情节，在刑法分则中规定了某些只适用于具体犯罪的量刑情节。刑法分则中的从重处罚的引导性规定就是适用于具体犯罪的法定量刑情节。现将我国刑法关于从重处罚的引导性规定列举如下。

（1）刑法第104条第2款规定：“策动、胁迫、勾引、收买国家机关工作人员、武装部队人员、人民警察、民兵进行武装叛乱或者武装暴乱的，依照前款的规定从重处罚。”

（2）刑法第106条规定：“与境外机构、组织、个人相勾结，实施本章第一百零三条、第一百零四条、第一百零五条规定之罪的，依照各该条的规定从重处罚。”

（3）刑法第109条规定：“国家机关工作人员在履行公务期间，擅离岗位，叛逃境外或者在境外叛逃，危害中华人民共和国国家安全的，处五年以下有期徒刑、拘役、管制或者剥夺政治权利；情节严重的，处五年以上十年以下有期徒刑。掌握国家秘密的国家工作人员犯前款罪的，依照前款的规定从重处罚。”

（4）刑法第243条第2款规定：“国家机关工作人员犯诬告陷害罪的从重处罚。”

上述引导性规定在刑法理论上可以分为三类。

1. 注意规定

所谓注意规定指的是提示性的规定，例如关于共犯、数罪并罚的规定。共犯、数罪并罚的问题在刑法总则当中已经做出规定了，即使刑法分则不作这个规定，也应该按照总则规定进行处罚，只具有提示作用。例如，刑法第382条贪污罪第3款规定：“与前两款所列人员勾结，伙同贪污的，以共犯论处。”在其他没有提示性规定的情况下，同样可以按照刑法总则来追究刑事责任。例如，贪污罪有共犯的规定，受贿罪没有共犯的规定，但是并不意味着对受贿罪共犯不能处

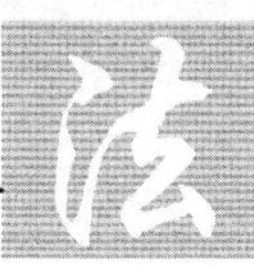

罚，可以按刑法总则追究责任。

2. 特别规定

特别规定是按特定的情况作出的规定，因此，只能适用于有此规定的犯罪。例如，刑法第382条第2款贪污罪主体的规定："受国家机关、国有公司、企业、事业单位、人民团体委托管理、经营国有财产的人员，利用职务上的便利，侵吞、窃取、骗取或者以其他手段非法占有国有财物的，以贪污论。"这是个特别规定，即受委托管理国有财产的人也可以成为贪污罪的主体。因此，受贿罪只规定了国家工作人员是受贿罪主体，而受委托管理国有财产的人不能成为受贿罪主体。没有特别规定的犯罪就不能适用。因此，特别规定是不能推而广之的。

3. 拟制规定

拟制是一种法律拟制，实际上是立法类推，是指对不同情况作同样处理。例如，刑法规定携带凶器进行抢夺的以抢劫罪论处，本来是抢夺是，但在抢夺过程中携带凶器，就按照抢劫罪处理。第269条规定："犯盗窃、诈骗、抢夺罪，为窝藏赃物、抗拒抓捕或者毁灭罪证而当场使用暴力或者以暴力相威胁的，依照本法第二百六十三条的规定定罪处罚。"抢劫是使用暴力取得财物，但是这种转换性抢劫是取得财物以后使用暴力，他使用暴力并不是为了取得财物，因此并不符合抢劫罪的特征，但法律规定就按照抢劫罪来论处，是一种"准抢劫"，是法律的拟制。在拟制的情况下，是可以和被拟制的犯罪作同样的处理。但是在有些情况下，到底是拟制规定还是注意规定就有争议。例如，我国刑法第238条关于非法拘禁中使用暴力致人伤残或死亡的，法律规定按照故意伤害罪或故意杀人罪处罚。有学者认为是法律拟制，只要在非法拘禁中使用暴力致人伤残或死亡的就定故意伤害罪或故意杀人罪，不一定主观上要有伤害的故意或杀人的故意，只要有这种客观情况就定罪。另外，有学者认为这是注意规定，定故意杀人罪、故意伤害罪必须完全具备故意杀人罪、故意伤害罪的全部构成要件，不具备的不能按此进行处理。我个人认为，这种情况还是一个注意性的规定不是拟制性的规定。因此，在完全符合故意杀人罪、故意伤害罪的情况下，才能按这两个罪名来定罪处罚。

（本文原载《北方法学》，2007（1））

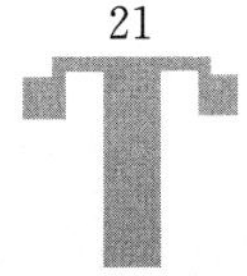

修订后的刑法之罪名分析

罪名是指犯罪的名称，是对某种犯罪行为的最本质特征的简明概括。现代各国刑法确定罪名的方式主要有两类：一是明示式，即在分则条文中明确规定罪名，因而使罪名法定化。二是包含式，即在分则条文中不规定罪名，只规定罪状，将罪名包含在罪状之中，经过对罪状的分析获取罪名。在刑法修改中，罪名法定化的呼声甚高，但修订后的刑法仍然未能实现罪名法定。在这种情况下，就需要对修订后的刑法中的罪名进行学理概括，并在条件成熟的时候以司法解释的形式统一罪名。从刑法修订后已经出版的各种版本的关于修订后的刑法的论著（我已经见到不下 10 种）来看，罪名概括可以说是五花八门，众说纷纭。为此，迫切需要对修订后的刑法中的罪名加以研究。本文试图对罪名问题提出一己之见，以供参考。

一、罪名个数

如何确定罪名的个数，即刑法规定的某一行为是否是一个独立罪名，这是在罪名研究中首先遇到的问题。这个问题，在坚持一法条一罪名的立法原则下，根

本不成其为一个问题。但由于我国修订后的刑法没有采取这一原则，因而如何确立罪名个数就成为一个十分复杂的问题。应该说，修订后的刑法分则条文大多数是一个法条规定一个罪名，在这种情况下确定罪名难度不大。例如修订后的刑法第262条规定："拐骗不满十四周岁的未成年人，脱离家庭或者监护人的，处五年以下有期徒刑或者拘役。"该条规定了拐骗儿童罪，是一个罪名，不会发生误解。但在下述情况下，如何确定罪名的个数就需要从法理上加以细致分析。

（一）并列行为之罪名分析

在刑法分则条文中，罪状主要是对犯罪客观行为的描述。在一般情况下，规定了一种行为的，显然只是一个罪名。但在某些情况下同一条款规定了两种甚至两种以上行为的，是一个罪名，还是数个罪名？我认为，对此不可一概而论，可以分为以下几种情况确定罪名个数。

1. 选择性罪名，可视为一个罪名。选择性罪名是指一个条文规定了两种以上各自具有独立意义，又在一个案件中可以联系在一起的行为的，只要具备其中一种行为即可据其定一个罪名，如果行为人同时实施了其中几种紧密联系的行为，也只能按一罪处理的罪名。选择性罪名有三种情况：(1) 行为选择；(2) 对象选择；(3) 行为与对象同时选择。我们这里需要研究的是行为选择的情形。确定是选择性罪名还是独立罪名，关键是要看两个以上行为之间的关系，即是否具有可选择性。这里的可选择性，既有学理上的因素，又有习惯上的因素。例如，两种以上行为往往对同一对象发生或同时发生，是可选择性的要素之一，因此修订后的《刑法》第125条规定的"非法制造、买卖、运输、邮寄、储存枪支、弹药、爆炸物"的行为，尽管存在5种行为、3种对象，一般视为一个选择性罪名。但修订后的《刑法》第312条规定的"明知是犯罪所得的赃物而予以窝藏、转移、收购或者代为销售"的行为，一般视为并列的4个罪名：窝藏罪、转移赃物罪、购赃罪、销赃罪。上述两种情况的区分，似乎并无更多的道理可讲，主要是习惯使然。但我认为应当尽量限制选择性罪名，使罪名独立化。

2. 概括性罪名，可视为一个罪名。在某些情况下，尽管法条上规定了两种以上行为，但根据法条又可以概括为一种更为抽象的行为的，应当视为概括性罪名。在这种情况下，既不是选择性罪名，也不是独立罪名。例如，修订后的《刑法》第 288 条规定："违反国家规定，擅自设置、使用无线电台（站），或者擅自占用频率，经责令停止使用后拒不停止使用，干扰无线电通讯正常进行，造成严重后果的，处三年以下有期徒刑、拘役或者管制，并处或者单处罚金。"关于本条之罪名，有人确定为"擅自设置、使用无线电台（站）、擅自占用频率罪"①。这样，本罪就成了一个选择性罪名。但由于本条中对上述行为明确概括为"干扰无线电通讯"的性质。因此，我认为定为"干扰无线电通讯罪"更为可取。

当然，如果法条上并未加以概括的，除有权机关以外，在学理上似乎还是取法条表述作为罪名更为贴切。例如，修订后的《刑法》第 286 条规定："（第 1 款）违反国家规定，对计算机信息系统功能进行删除、修改、增加、干扰，造成计算机信息系统不能正常运行，后果严重的，处五年以下有期徒刑或者拘役；后果特别严重的，处五年以上有期徒刑。（第 2 款）违反国家规定，对计算机信息系统中存储、处理或者传输的数据和应用程序进行删除、修改、增加的操作，后果严重的，依照前款的规定处罚。（第 3 款）故意制作、传播计算机病毒等破坏性程序，影响计算机系统正常运行，后果严重的，依照第一款的规定处罚。"对于本条之罪，一般认为 3 款分别规定了 3 个罪名，即：第 1 款"破坏计算机信息系统功能罪"，第 2 款"破坏计算机数据、程序罪"，第 3 款"制作、传播计算机病毒罪"②。这里，用"破坏"一词概括"删除、修改、增加、干扰"。也有用"妨害"一词概括上述 4 种行为的，称为"妨害计算机信息系统正常运行罪"③。应该说，以"破坏"或者"妨害"概括法条中的"删除、修改、增加、干扰" 4 种行为，均无不可。但由于法条之中未出现"破坏"与"妨害"两词，作为学理上之罪名概括，各有不同的概括法，会出现严重的罪名不统一。因此，依我之见，宁可烦琐一些，称为"删除、修改、增加、干扰计算机信息系统功能罪"（第 1 款）、"删除、修改、增加计算机信息系统数据和应用程序罪"（第 2 款）、

---

① 张穹主编：《修订刑法实用解说》，374 页，北京，中国检察出版社，1997。

② 曹子丹、侯国云主编：《中华人民共和国刑法精解》，269 页，北京，中国政法大学出版社，1997。

③ 高西江主编：《中华人民共和国刑法的修订与适用》，632 页，北京，中国方正出版社，1997。

“故意制作、传播计算机病毒等破坏性程序罪”（第 3 款）。当然，如果有权机关确定罪名，我认为可以确定为“妨害计算机信息系统功能罪”。但也有人将上述三款确定为一个罪名，为“破坏计算机信息系统罪”，认为 3 款只不过是该罪的 3 种表现方式。[①] 我认为，这种概括显然过于笼统，也不符合确定罪名的一般原理。

3. 排列性罪名。排列性罪名不同于选择性罪名。在排列性罪名的情况下，两种以上行为虽然规定在同一条款，但一般认为是两个以上的独立罪名。在 1979 年刑法中就已公认、修订后的刑法承袭下来的排列性罪名，例如第 114 条规定的放火罪、决水罪、爆炸罪、投毒罪，第 246 条规定的侮辱罪、诽谤罪等。现在，修订后的刑法中又有一些新的排列性罪名，其罪名个数往往容易发生误解。我认为，以下情形均为排列性罪名：(1) 第 237 条第 1 款规定的强制猥亵妇女罪和侮辱妇女罪。对于本条款罪名的理解，存在两种观点：第一种观点认为，本条第 1 款是关于猥亵、侮辱妇女罪及其处罚的规定，猥亵、侮辱妇女罪是指违背妇女的意愿，以暴力、胁迫或者其他方法强制猥亵妇女或者侮辱妇女的行为。[②] 还有些则明确指出：本条款规定的是选择罪名。如果行为人既有强制猥亵妇女行为，又有侮辱妇女行为，应定猥亵、侮辱妇女罪，不实行并罚。[③] 第二种观点认为，猥亵妇女罪与侮辱妇女罪具有较为密切的联系，因而新刑法将其规定在同一条文之中。但两罪存在区别，这种区别表现在：侮辱妇女之侮辱具有破坏他人的名誉与人格的性质，而猥亵妇女之猥亵则具有满足自己或挑逗他人性欲的意蕴。在客观表现上，猥亵妇女具有更为明显的性内容，是一种非自然的性行为。而侮辱妇女虽然在某些情况下与性有关，但更为确切的内容是通过性行为（非自然的或存异常的）以外的方式侵害妇女的人格与名誉。[④] 我同意上述第二种观点，猥亵妇女罪与侮辱妇女罪应是两个互相独立的罪名，不能简单地认为是

---

① 参见张穹主编：《刑法适用手册》，下册，1023 页，北京，中国人民公安大学出版社，1997。

② 参见黄太云、滕炜主编：《中华人民共和国刑法释义与适用指南》，345 页，北京，红旗出版社，1997。

③ 参见曹子丹、侯国云主编：《中华人民共和国刑法精解》，222 页，北京，中国政法大学出版社，1997。

④ 参见高西江主编：《中华人民共和国刑法的修订与适用》，539 页，北京，中国方正出版社，1997。

选择性罪名不实行并罚。例如，对此妇女实行强制猥亵，又对该妇女实行侮辱的，怎能不以数罪实行并罚呢？通过学理解释随意限制数罪并罚制度的适用，显然不妥。（2）第 239 条第 1 款的绑架勒索罪和绑架罪。对于本条款罪名的理解，存在两种观点：第一种观点认为，本条款是关于绑架勒索罪及处罚的规定。绑架勒索罪是指以勒索财物为目的使用暴力、胁迫或者麻醉方法，劫持他人或者绑架他人作为人质，或者偷盗婴幼儿的行为。① 根据这种观点，法条中与“以勒索财物为目的绑架他人的”相并列的“绑架他人作为人质的”行为，是绑架勒索罪的表现形式之一。第二种观点认为，本条款规定了绑架罪。绑架罪是指以勒索财物为目的，非法绑架他人或者绑架他人作为人质的行为。② 这种观点与前述观点恰好相反，认为绑架勒索行为是绑架罪的表现形式之一。我认为，上述两种观点对罪名的概括均有不妥。实际上，该条第 1 款规定了绑架勒索罪与绑架罪两个罪名：以勒索财物为目的绑架他人的是绑架勒索罪；出于勒索财物以外目的而绑架他人作为人质的是绑架罪。（3）第 333 条第 1 款规定的组织他人出卖血液罪和强迫他人出卖血液罪。对于本条款罪名的理解，存在两种观点：第一种观点认为，本条款是关于非法组织他人出卖血液罪及其刑事责任的规定。这种观点将采用暴力、威胁方法强迫他人出卖血液的，视为非法组织他人出卖血液罪的从重情节。③ 第二种观点认为，本条款是关于非法组织他人卖血罪、强迫他人卖血罪及其刑事处罚的规定。④ 根据这种观点，组织他人出卖血液和强迫他人出卖血液是两个并列的罪名。我同意第二种观点，主要是因为组织他人出卖血液的行为与强迫他人出卖血液的行为在构成特征上是不同的：前者不以违背卖血者的意志为必要，而后者则是采用暴力、威胁等强制手段，违背卖血者的意志迫使其出卖血液。而且，刑法对这两种行为规定了各自独立的法定刑，应视为两个独立的罪名。除上

① 参见陈广君、刘海涛主编：《新刑法释论》，307 页，北京，中国书籍出版社，1997。

② 参见胡康生、李福成主编：《中华人民共和国刑法释义》，337 页，北京，法律出版社，1997。

③ 参见陈广君主编：《中华人民共和国刑法释义》，428 页，北京，人民出版社，1997。

④ 参见黄太云、滕炜主编：《中华人民共和国刑法释义与适用指南》，483 页，北京，红旗出版社，1997。

述三种情形以外，还另有一些条款也规定了数个独立罪名，不再逐个分析。

（二）援引法定刑之罪名分析

一个刑法条文，如果既有罪状又有独立的法定刑，一般认为是规定了一个独立的罪名。但在某些情况下，没有直接规定法定刑，而是规定了援引法定刑，在这种情况下，是否为独立罪名，往往不易确认。下面，我分相异条文与相同条文两种情况进行分析。

1. 相异条文援引法定刑。在某些情况下，刑法对此条文之罪援引彼条文之法定刑，这就是相异条文的援引法定刑。这种法定刑，往往以“依照某条处罚”为语言特征，如果规定“依照某条定罪处罚”则不能视为援引法定刑，不是一个独立罪名。例如，新《刑法》第 183 条第 1 款规定：“保险公司的工作人员利用职务上的便利，故意编造未曾发生的保险事故进行虚假理赔，骗取保险金归自己所有的，依照本法第二百七十一条的规定定罪处罚。”有人认为，该条第 1 款规定了虚假理赔罪，并指出：根据该条规定，保险公司的工作人员犯虚假理赔罪的，要依照《刑法》第 271 条即侵占罪的有关规定定罪处罚。[①] 这里，既说该行为构成虚假理赔罪，又说依照侵占罪的有关规定定罪处罚，明显是矛盾的。事实上，依照侵占罪的有关规定定罪处罚即意味着虚假理赔不是一个独立罪名而应定侵占罪。只有在规定依照某一条文“处罚”的情况下，本条之行为才是或可能是一个独立罪名，只不过借用其他条文的法定刑而已。

在此，值得研究的是修订后的《刑法》第 157 条第 1 款之规定。该条款规定：“武装掩护走私的，依照本法第一百五十一条第一款、第四款的规定从重处罚。”这里没有规定依照《刑法》第 151 条第 1 款、第 4 款的规定“定罪”从重处罚，那么武装掩护走私是否是一个独立罪名呢？为回答这个问题，有必要对走私罪的立法过程作一分析。1979 年《刑法》第 116 条与第 118 条是对走私罪的规定，其中并未涉及武装掩护走私的问题。当时走私是一个具体罪名，在刑法理论上一般认为，武装走私是走私情节严重的情形之一。及至 1987 年 1 月 22 日通过

① 参见陈广君、刘海涛主编：《新刑法释论》，221 页，北京，中国书籍出版社，1997。

的《海关法》第 47 条第 2 款规定："以武装掩护走私的，以暴力抗拒检查走私货物、物品的，不论数额大小，都是走私罪。"这是我国法律首次涉及武装掩护走私问题。按照这一规定，武装掩护走私是走私的严重情节，只要是武装掩护走私的，不论走私数额大小，均应构成走私罪。显然，在这种情况下，武装掩护走私是走私罪罪与非罪相区分的一个情节。此后，1988 年 1 月 21 日全国人大常委会通过了《关于惩治走私罪的补充规定》，该补充规定根据走私对象分别作出下述规定：第 1 条规定的是走私鸦片等毒品、武器、弹药或者伪造货币的行为；第 2 条规定的是走私国家禁止出口的文物、珍贵动物及其制品、黄金、白银或者其他贵重金属的行为；第 3 条规定的是以牟利或者传播为目的，走私淫秽的影片、录像带、图片、书刊或者其他淫秽物品的行为；第 4 条规定的是走私该规定第 1 条到第 3 条规定以外的货物、物品的行为。该补充规定第 10 条第 1 款则规定："武装掩护走私的，依照本规定第一条的规定从重处罚。"在这种情况下，武装掩护走私是否是一个独立罪名与该补充规定中走私罪的罪名如何确定有关。如前所述，在 1979 年刑法中，走私罪是一个具体罪名，因而是一个空白罪名，举凡一切违反海关法的走私行为，情节严重的，都定走私罪。那么，在该补充规定颁布以后，走私罪的罪名如何确定呢？我国刑法学界个别学者认为，在该补充规定中，走私罪不再是一个具体罪名，而已经分解为各种具体走私罪，例如走私毒品罪，走私武器、弹药罪，走私伪造的货币罪，走私国家禁止出口的文物罪，走私珍贵动物及其制品罪，走私黄金、白银或者其他贵重金属罪，走私淫秽物品罪，武装走私罪，走私一般货物、物品罪。[①] 但通说仍将走私罪视为一个具体罪名，认为走私物品的性质、走私的方式方法只是走私情节问题。[②] 由于走私罪仍被作为一个具体罪名，因而该补充规定对于武装掩护走私的，依照该规定第 1 条的规定从重处罚，就合乎逻辑地理解为定走私罪，援引第 1 条的法定刑从重处罚，而不是一个独立罪名。

① 参见何秉松主编：《刑法教科书》，606 页，北京，中国法制出版社，1993。

② 参见高铭暄主编：《中国刑法学》，407 页，北京，中国人民大学出版社，1989。

现在，修订后的刑法以专节规定走私罪，因而走私罪是一个节罪名而不是具体罪名，该节各条规定的走私行为都已经是独立罪名，这是确定无疑的了。那么，在这种情况下，武装掩护走私行为还是否是一个独立罪名呢？我认为是一个独立罪名。因为在修订后的刑法中，武装掩护走私行为如果不单定罪名，而是按照第 151 条第 1 款定罪，就会出现逻辑上的矛盾。如前所述，在刑法修订之前，我国刑法学界通说是将前述补充规定各条规定的走私行为统一地定为走私罪，因此在这种情况下，无论走私何种物品，只要武装掩护走私，就是走私罪，不存在逻辑上的障碍。但在修订后的刑法中，走私罪已经被分解为各种具体的走私罪名。《刑法》第 151 条规定的是走私武器、弹药、核材料或伪造的货币罪。如果走私上述物品而武装掩护走私的，定上述罪名尚可说通。如果走私一般货物、物品而武装掩护走私的，定走私上述特定物品的犯罪，似乎于理不通。如果不论武装掩护走私什么物品，一概定武装掩护走私罪，应可以较为圆满地解决这个问题。

2. 相同条文援引法定刑。在修订后的刑法中同一条文不同款之间，规定了大量援引法定刑，其语言特征是“依照前款规定处罚”。那么，在这种情况下，该款规定的是否是独立罪名呢？我认为应当视为独立罪名。但该犯罪行为与被援引的犯罪行为之间又存在着一定的依附性，主要有以下情形。

（1）行为虽然不同但犯罪性质相同，或者行为虽然相同但犯罪对象不同。前者例如修订后的《刑法》第 128 条规定：“（第 1 款）违反枪支管理规定，非法持有、私藏枪支、弹药的，处三年以下有期徒刑、拘役或者管制；情节严重的，处三年以上七年以下有期徒刑。（第 2 款）依法配备公务用枪的人员，非法出租、出借枪支的，依照前款的规定处罚。（第 3 款）依法配置枪支的人员，非法出租、出借枪支，造成严重后果的，依照第一款的规定处罚。”该条第 1 款规定的是非法持有、私藏枪支、弹药罪，第 2 款和第 3 款分别规定的是非法出租、出借依法配备的枪支罪和非法出租、出借依法配置的枪支罪。上述三罪行为不同但对象都是枪支，因而规定为援引法定刑，是各自独立的罪名。后者例如修订后的《刑法》第 125 条规定：“（第 1 款）非法制造、买卖、运输、邮寄、储存枪支、弹

药、爆炸物的，处三年以上十年以下有期徒刑；情节严重的，处十年以上有期徒刑、无期徒刑或者死刑。（第 2 款）非法买卖、运输核材料的，依照前款的规定处罚。”该条第 1 款规定的是非法制造、买卖、运输、邮寄、储存枪支、弹药、爆炸物罪，第 2 款规定的是非法买卖、运输核材料罪。上述两罪行为存在相同之处但对象却不相同，因而规定为援引法定刑，是各自独立的罪名。

（2）属于同一性质的犯罪。例如，修订后的《刑法》第 286 条规定：“（第 1 款）违反国家规定，对计算机信息系统功能进行删除、修改、增加、干扰，造成计算机信息系统不能正常运行，后果严重的，处五年以下有期徒刑或者拘役；后果特别严重的，处五年以上有期徒刑。（第 2 款）违反国家规定，对计算机信息系统中存储、处理或者传输的数据和应用程序进行删除、修改、增加的操作，后果严重的，依照前款的规定处罚。（第 3 款）故意制作、传播计算机病毒等破坏性程序，影响计算机系统正常运行，后果严重的，依照第一款的规定处罚。”该条 3 款规定的都是计算机犯罪，由于属于同一性质的犯罪，因而分 3 款规定在同一条中，并对后 2 款之罪采用援引法定刑。无疑 3 款规定的是 3 个独立的罪名。

（3）普通法与特别法的关系。例如，修订后的《刑法》第 279 条规定：“（第 1 款）冒充国家机关工作人员招摇撞骗的，处三年以下有期徒刑、拘役、管制或者剥夺政治权利；情节严重的，处三年以上十年以下有期徒刑。（第 2 款）冒充人民警察招摇撞骗的，依照前款的规定从重处罚。”该条第 1 款是普通法，规定了冒充国家机关工作人员招摇撞骗罪；第 2 款是特别法，规定了冒充人民警察招摇撞骗罪。我认为，对冒充人民警察招摇撞骗的虽然规定了援引法定刑，但仍应视之为一个独立罪名。

（4）补充关系。在这种情况下，第 1 款规定了一种基本的或者主要的犯罪行为，第 2 款规定的是一种补充的犯罪行为，并采用援引法定刑。例如，修订后的《刑法》第 248 条第 1 款规定了殴打或体罚虐待被监管人罪，第 2 款规定：“监管人员指使被监管人殴打或者体罚虐待其他被监管人的，依照前款的规定处罚。”这是对第 1 款规定之罪的补充，但在客观表现上不同于前罪，因而应当视为一个独立的罪名，即指使殴打或体罚虐待被监管人罪。又如，修订后的《刑法》第

301条规定："（第1款）聚众进行淫乱活动的，对首要分子或者多次参加的，处五年以下有期徒刑、拘役或者管制。（第2款）引诱未成年人参加聚众淫乱活动的，依照前款的规定从重处罚。"该条第1款规定的是聚众淫乱罪，该罪的构成以首要分子或多次参加为必要。第2款则对引诱未成年人参加聚众淫乱活动规定了援引法定刑，我认为这是一个独立罪名，即引诱未成年人参加聚众淫乱活动罪。该罪在构成要件上与前款之罪有所不同，视为独立罪名较好。

（三）论处式规定之罪名分析

在修订后的刑法中，规定了对某种犯罪行为以某一条文论处的情形。那么，这种犯罪是否是一个独立罪名呢？一般认为，以某一条文论处是指以某一条文规定定罪，因而不是一个独立罪名。但也不尽然，例如，修订后的《刑法》第236条第2款规定"奸淫不满十四周岁的幼女的，以强奸论，从重处罚"。这是规定了奸淫幼女罪，已经达成共识。但也有存在争论的，例如，修订后的《刑法》第388条规定："国家工作人员利用本人职权或者地位形成的便利条件，通过其他国家工作人员职务上的行为，为请托人谋取不正当利益，索取请托人财物或者收受请托人财物的，以受贿论处。"对于该条是否规定了一个新罪名，存在两种观点：第一种观点认为，本条是关于居间受贿行为的规定，对居间受贿按照受贿罪定罪处罚。[①] 显然，根据这种观点居间受贿不是一个独立罪名而只是受贿罪的一个情节。第二种观点认为，本条是关于国家工作人员利用本人职权或者地位形成的便利条件，通过其他国家工作人员职务上的行为，为请托人谋取不正当利益，索取请托人财物或者收受请托人财物的犯罪及其处罚的规定。本条规定的犯罪即"斡旋受贿罪"[②]。在上述两种观点中，我同意第二种观点，认为修订后的刑法是以专条规定了斡旋受贿罪，应是一个独立罪名。

综上所述，我认为罪名个数是一个十分复杂的问题。尤其是修订后的刑法广泛地采取了援引法定刑，对于确定罪名个数带来困难。在确定罪名的时候，我倾

---

① 参见张穹主编：《刑法适用手册》，下册，1392页，北京，中国人民公安大学出版社，1997。

② 陈广君、刘海涛主编：《新刑法释论》，491页，北京，中国书籍出版社，1997。

向于凡是具有独立的行为特征或者对象特征的，尽管规定的是援引法定刑，也应尽量认定为一个独立罪名，使罪名与行为特征尽量地相吻合，以便使罪名的确立合理并合法。

二、罪名概括

在确定了罪名个数的基础上，还存在一个如何概括罪名的问题。罪名的概括，首先要正确处理罪名与罪状的关系。在刑法理论上，罪状是指罪刑式法条对某种具体犯罪构成特征的描述。因此，罪名与罪状具有密切关系：罪名是对罪状的抽象，罪状是对犯罪构成特征的具体规定，罪名与罪状之间形成抽象与具体的关系。在简单罪状的情况下，甚至可以直接采用罪状作为罪名，例如故意杀人罪即是如此。当然，在叙明罪状的情况下，罪名不等同于罪状，需要对罪状加以概括。在概括罪名的时候，我认为应当防止两种倾向：一是过于笼统。过于笼统的罪名是指对罪状作了过分抽象的概括，罪名完全脱离法条规定的罪状。这种罪名，往往不能科学地反映某一犯罪行为的本质特征，因而缺乏科学性。例如，修订后的《刑法》第 402 条规定："行政执法人员徇私舞弊，对依法应当移交司法机关追究刑事责任的不移交，情节严重的，处三年以下有期徒刑或者拘役；造成严重后果的，处三年以上七年以下有期徒刑。"对于该条罪名的概括，有人称为"行政执法人员徇私舞弊罪"[①]。显然，这一罪名的外延远远大于该条所规定的犯罪行为。事实上，只有行政执法人员对依法应移交司法机关追究刑事责任的不移交、情节严重这一种徇私舞弊行为定本罪，行政执法人员的其他徇私舞弊行为不定本罪，而应以一般徇私舞弊罪论处。而上述罪名却给人一种误导，似乎行政执法人员的所有徇私舞弊行为都应以该条之罪论处。因此，本罪概括为徇私不移交追究刑事责任罪较好。二是过于烦琐。过于烦琐的罪名是指对罪状不加分析与选择，完全照搬罪状，使罪名不胜烦琐。例如，修订后的《刑法》第 285 条规定：

① 张穹主编：《修订刑法条文实用解说》，541 页，北京，中国检察出版社，1997。

“违反国家规定，侵入国家事务、国防建设、尖端科学技术领域的计算机信息系统的，处三年以下有期徒刑或者拘役。”该条之罪有人概括为“非法侵入国家事务、国防建设、尖端科学技术领域的计算机信息系统罪”①。另有人则概括为“侵入计算机信息系统罪”②。上述两个罪名，第一个准确，但略嫌冗长；第二个简洁，但稍欠准确。如果称为“非法侵入计算机信息系统罪”，则能在一定程度上兼顾准确与简洁。因此，正确处理罪名与罪状的关系就是要尽可能地贴近罪状，截取罪状中的用语表达罪名，避免超罪状的概括。在概括罪状的时候，应当注意以下两个问题。

（一）以行为作为罪名的主要内容

罪状对犯罪的描述总是比较具体的，涉及犯罪主体、罪过、行为、结果诸方面的构成要件。在上述这些要件中，行为最能反映某一犯罪的本质特征。因此，在一般情况下，应以行为作为罪名的主要内容。例如，修订后的《刑法》第326条规定：“以牟利为目的，倒卖国家禁止经营的文物，情节严重的，处五年以下有期徒刑或者拘役，并处罚金；情节特别严重的，处五年以上十年以下有期徒刑，并处罚金。”本条罪状涉及主观目的和客观行为等内容，作为罪名，只要选取客观行为即可。因此，本罪可以称为“非法经营罪”。非法经营这一客观行为最能反映本罪的性质。在某些情况下，罪状不仅规定了行为，而且还列举了手段或者方法。两者相对而言，行为较为抽象，手段或者方法较为具体。我认为，应以行为作为罪名，而不能采用手段或者方法作为罪名，因为手段或者方法只是对行为的一种说明。例如，修订后的《刑法》第298条规定：“扰乱、冲击或者以其他方法破坏依法举行的集会、游行、示威，造成公共秩序混乱的，处五年以下有期徒刑、拘役、管制或者剥夺政治权利。”在本条规定中，列举了扰乱、冲击等方法，但法条将本罪行为进一步概括为破坏，因而本罪称为“破坏集会、游行、示威罪”较妥。

---

① 陈广君主编：《中华人民共和国刑法释义》，360页，北京，人民出版社，1997。

② 曹子丹、侯国云主编：《中华人民共和国刑法精解》，268页，北京，中国政法大学出版社，1997。

（二）法理在罪名概括中的作用

罪名之概括，不仅是对刑法条文描述的罪状的简单归纳，而且涉及对某一类行为的法理定性。因此，法理在罪名概括中具有重要的作用。例如修订后的《刑法》第165条规定："国有公司、企业的董事、经理利用职务便利，自己经营或者为他人经营与其所任职公司、企业同类的营业，获取非法利益，数额巨大的，处三年以下有期徒刑或者拘役，并处或者单处罚金；数额特别巨大的，处三年以上七年以下有期徒刑，并处罚金。"应该说，本罪的罪名不容易准确地概括。这里主要涉及对"经营与其所任职公司、企业同类的营业"行为的定性。对此，有称为"非法兼营罪"的，有称为"经营同类营业罪"的，意思上接近，但很难说十分确切。其实，这一行为来自公司法。我国《公司法》第215条规定："董事、经理违反本法规定自营或者为他人经营与其所任职公司同类的营业的，除将其所得收入归公司所有外，并可由公司给予处分。"在公司法理论上，公司、企业董事、经理这种利用职务上的便利，自己经营或者为他人经营与其所任公司、企业同类的营业的行为，在理论上称为竞业经营，即违反竞业禁止义务的行为。在公司法上，公司的董事、经理负有竞业禁止的义务，这一义务包括经理不得自营或者为他人经营与其所任公司同类的营业。由于经理人员拥有管理公司事务的权利，熟识公司内情，因此，若允许其在公司外与公司自由竞业，很可能为了自己或他人谋取私利而损害公司的利益。基于上述原因，不应允许经理自营或为他人经营同类业务。经理人员违反竞业禁止的规定，给公司造成损害的，应当承担赔偿责任。① 因此，本条规定之罪名可以根据法理概括为"竞业营业罪"。

（本文原载《中央政法管理干部学院学报》，1997（4））

---

① 参见严军兴、王文钦主编：《公司法实务导读》，163页，北京，中国方正出版社，1994。

武装掩护走私之为独立罪名论

1979年《刑法》第116条与第118条是对走私罪的规定，其中并未涉及武装掩护走私的问题。当时，走私罪是一个具体罪名，一般界定为：违反海关法规，非法运输、携带、邮寄货物、货币、金银或其他物品进出国（边）境，逃避海关监管，偷逃关税，破坏对外贸易管制，情节严重的行为。虽然法律没有规定武装掩护走私的问题，但在刑法理论上一般认为，武装走私是走私情节严重的情形之一。[①] 及至1987年1月22日通过的《海关法》第47条第2款规定："以武装掩护走私的，以暴力抗拒检查走私货物、物品的，不论数额大小，都是走私罪。"这是我国法律首次涉及武装掩护走私问题。按照这一规定，武装掩护走私是走私的严重情节。只要武装掩护走私的，不论走私数额大小，均应构成走私罪。显然，在这种情况下，武装掩护走私是走私罪罪与非罪相区分的一个情节。此后，1988年1月21日全国人大常委会通过了《关于惩治走私罪的补充规定》（以下简称《补充规定》），《补充规定》根据走私对象分别以4条的篇幅规定了走私罪。其中，第1条规定的是走私鸦片等毒品、武器、弹药或者伪造货币的行为；第2

---

① 参见高铭暄主编：《刑法学》，389页，北京，法律出版社，1982。

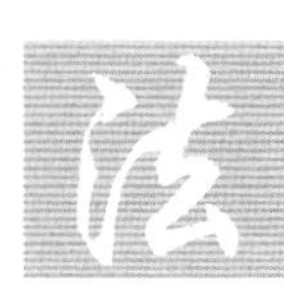

条规定的是走私国家禁止出口的文件、珍贵动物及其制品、黄金、白银或者其他贵重金属的行为；第 3 条规定的是以牟利或者传播为目的，走私淫秽的影片、录像带、录音带、图片、书刊或者其他淫秽物品的行为；第 4 条规定的是走私该规定第 1 条至第 3 条规定以外的货物、物品的行为。《补充规定》第 10 条第 1 款涉及武装掩护走私问题，指出："武装掩护走私的，依照本规定第一条的规定从重处罚。"这一规定似将武装掩护走私作为从重处罚情节考虑，对于其定罪问题没有涉及。而这个问题，又与在《补充规定》中，走私罪的罪名如何确定有关。

如前所述，在 1979 年刑法中，走私罪是一个具体罪名，因而是一个空白罪名，举凡一切违反海关法的走私行为，情节严重的，都定走私罪。那么，在《补充规定》颁布以后，走私罪的罪名如何确定呢？对此，我国刑法学界个别学者提出了以下观点：根据我国《刑法》（指 1979 年刑法——引者注）第 116 条的规定，走私罪作为一个具体的犯罪而存在，其罪状也极为简短，这给我们认定走私行为是否情节严重造成了许多困难。《补充规定》将走私罪进一步划分为数个具体的犯罪，并且较为明确地规定了各种具体走私罪的犯罪构成，为走私罪的认定，提供了较高程度的可操作性。根据该《补充规定》，走私罪主要论述下述几点具体犯罪：（1）走私特殊性质物品的犯罪，主要包括走私毒品罪，走私武器、弹药罪，走私伪造的货币罪，走私国家禁止出口的文物罪，走私珍贵动物及其制品罪，走私黄金、白银或者其他贵重金属罪，走私淫秽物品罪。（2）以特殊手段实施的走私罪，即武装走私罪。武装走私罪，是指以武装掩护走私的行为。以武装掩护走私，说明走私行为具有极大的社会危害性，表明犯罪人具有较强的人身危险性。因此，无论走私对象的性质如何，也无论走私数量的大小，均应以走私罪论处。（3）走私一般货物、物品罪。（4）法人走私罪。[①] 由于上述学者将走私罪视为一个类似于类罪名的集合罪名，因而根据走私对象分为各种具体走私罪。在这种思想指导下，武装掩护走私行为获得了其独立地位，被确定为一个独立罪名。

① 参见何秉松主编：《刑法教科书》，605～606 页，北京，中国法制出版社，1993。

但是，上述只是个别学者的观点，在我国刑法学界未能占据统治地位。通说仍将走私罪视为一个具体罪名。例如，全国人大常委会法制工作委员会刑法室编著的《论〈中华人民共和国刑法〉的补充修改》一书指出，对于什么是走私行为，《海关法》已作了明确规定，对于什么行为构成走私罪，《补充规定》针对走私的货物、物品的种类不同，作了具体规定。① 由此可见，论者是将根据走私对象区分的各种走私行为视为走私罪的情节。同时，还将根据走私对象区分的各种走私行为规定的法定刑视为是不同档次的处刑，指出：《补充规定》根据走私的货物、物品对社会危害性的大小和情节，规定了不同档次的处刑，并增加了罚金刑。同样，当时权威的教科书也把走私罪当作一个具体罪名，而走私物品的性质、走私的方式方法只是走私情节问题。② 由于走私罪视为一个单一罪名，因而《补充规定》规定对于武装掩护走私的，依照该规定第 1 条的规定从重处罚，在定罪上不致发生误解。在《补充规定》中各种具体走私行为是否为独立罪名这个问题上，可以说肯定说与否定说各有道理。肯定说基于对法条独立性的理解，认为凡是规定了独立罪状和法定刑的，就应当视为独立罪名。而否定说则认为，《补充规定》是对 1979 年《刑法》第 116 条走私罪的补充性规定，使定罪量刑标准具体化，更具有可操作性，而并没有改变罪名，罪名仍然是走私罪。在以上两种观点中，由于认为走私罪是一个单一罪名的观点是通说，因而关于武装掩护走私行为是否为独立罪名的问题并没有引起尖锐的争论。

现在，修订后的刑法分则第三章“破坏社会主义市场经济秩序罪”第二节规定了走私罪，其内容基本上来自《补充规定》，只是在内容上作了个别调整。修订后的《刑法》第 151 条第 1 款规定：“武装掩护走私的，依照本法第一百五十一条第一款、第四款的规定从重处罚。”在修订后的刑法中，走私罪是一个节罪名而不是一个具体罪名，该节各条规定的走私行为都已经是独立罪名，这是确定无疑的了。那么，在这种情况下，武装掩护走私行为还是否是一个独立罪名呢?

---

① 参见全国人大常委会法制工作委员会刑法室：《论〈中华人民共和国刑法〉的补充修改》，55～57 页，北京，法律出版社，1992。

② 参见高铭暄主编：《中国刑法学》，407 页，北京，中国人民大学出版社，1989。

我认为有重新探讨之必要。

武装掩护走私是指犯罪分子携带武器进行走私，包括携带武器保护、运送、掩护走私行为和走私物品的行为。在司法实践中，这种行为通常有两种情况：一是携带武器掩护走私但未使用武器；二是携带武器掩护走私并在遇到缉私检查、追捕时使用武器抵抗。根据法律规定，无论犯罪分子是否使用了武器，只要武装掩护走私的，即应当依照《刑法》第151条处理。由此可见武装掩护走私，不是因为走私对象的特殊性，而是由于走私手段的特殊性而被专门加以规定的，它具有独特性，我认为应当视之为一个独立罪名，理由如下。

第一个理由，在修订后的刑法中，武装走私行为如果不单定罪名，而是按照第151条第1款定罪，就会出现逻辑上的矛盾。如前所述，在刑法修订之前，我国刑法学界的通说是将《补充规定》各条规定的走私行为统一地定为走私罪，因此在这种情况下，无论走私何种物品，只要武装掩护走私的，就定走私罪，不存在逻辑上的障碍。但在修订后的刑法中，走私罪已经被分解为各种具体的走私罪名。《刑法》第151条规定的是走私武器、弹药、核材料或伪造的货币罪。如果走私上述物品而武装掩护走私的，定上述罪名尚可说通。如果走私一般货物、物品而武装掩护走私的，定走私上述特定物品的犯罪，似乎于理不通。如果不论武装掩护走私什么物品，一概定武装掩护走私罪，就可以解决这个难题。

第二个理由，从法条表述来看，可以把“依照本法第一百五十条第一款、第四款的规定从重处罚”视为一个援引式法定刑。我国刑法中的法定刑规定方式可以分为直接规定的法定刑和援引式法定刑。这里的直接规定的法定刑，是指在某一罪状之后，规定了明确、具体的法定刑；而援引式法定刑则是指法律条文规定，某些犯罪必须援引其他条款的法定刑处罚。因而，在援引式法定刑的情况下，并未对该罪的法定刑作出明确、具体的规定，而只是指明依照其他条款的法定刑处罚。在修订后的刑法中，依照某条“定罪处罚”与依照某条“处罚”的含义是不同的：前者表明本身不是一个独立罪名，即不仅根据被依照之条文处罚而且根据被依照之条文定罪。例如，《刑法》第183条规定：“（第1款）保险公司的工作人员利用职务上的便利，故意编造未曾发生的保险事故进行虚假理赔，

骗取保险金归自己所有的，依照本法第二百七十一条的规定定罪处罚。（第2款）国有保险公司工作人员和国有保险公司委派到非国有保险公司从事公务的人员有前款行为的，依照本法第三百八十二条、第三百八十三条的规定定罪处罚。”有人认为，该条第1款规定了虚假理赔罪，并指出：根据该条规定，保险公司的工作人员犯虚假理赔罪的，要依照《刑法》第271条即侵占罪的有关规定定罪处罚。[①] 这里，既说该行为构成虚假理赔罪，又说依照侵占罪的有关规定定罪处罚，明显是矛盾的。事实上，依照侵占罪的有关规定定罪处罚即意味着虚假理赔不是一个独立罪名，而应定侵占罪。只有在依照某一条文处罚的情况下，本条之行为才是或可能是一个独立罪名，只不过借用其他条文的法定刑而已。而刑法关于武装走私的规定正属于这种情况，我认为应是一个独立罪名。

第三个理由，也是最重要的理由，武装掩护走私行为具有不同于一般走私行为的特点。这种行为不仅是一般意义上的走私行为，而且是以武装掩护的走私行为，对于缉私活动存在极大的威胁，具有严重的社会危害性，将其作为一个独立罪名，更能体现法律对这种犯罪行为的否定评价，也更能做到罪名与犯罪事实相符合。

（本文原载《上海检察调研》，1997（9））

① 参见陈广君、刘海涛主编：《新刑法释论》，221页，北京，中国书籍出版社，1997。

刑法附则论

一、刑法附则概述

（一）刑法附则的概念

在立法学中，附则的真正含义是什么？明确的界定极为鲜见。一般以指出附则在法的结构中所处地位来代替对附则含义的阐释，如通常有人指出，附则是附在法律、法规后面的规则，或者指出附则是附在法律最后的部分。这难免给人以不甚了然之感。关于附则的真实意蕴，我们赞成这样一种界说：法的附则是法的整体中作为总则和分则辅助性内容而存在的一个组成部分。可见，附则是与总则和分则相对应的一个概念，附则的构造与总则和分则关系极为密切。

在刑法中，一般认为，总则是关于刑法的效力范围和关于犯罪与刑罚一般原理的规范体系，分则是关于具体犯罪和具体定刑的规范体系。那么，附则就是刑法规范体系中作为总则和分则辅助性内容而存在的一个组成部分。

（二）刑法附则的内容

附则的形式同总则和分则的形式一样，也有明示与非明示的不同。立法学认

为，非明示附则（无标题附则），一般存在于简单的法的结构或不设章的法的结构中，但这一做法从立法技术角度看是不科学和不可取的。明示附则，存在于设有章的层次的法的结构中，并在附则内容前标明专门的“附则”字样。

修订后的刑法的附则也采取了明示形式，在附则内容即第 452 条前标明了“附则”二字。随即在条文里分 3 款将附则的内容具体化：（1）关于刑法的施行时间的内容；（2）关于废止部分条例、补充规定或决定的内容；（3）关于部分条例、补充规定和决定①予以保留的内容。刑法附则对上述内容的明示规定，便于人们迅速地搞清楚修订后的刑法生效后，全国人大常委会制定的哪些单行刑法将被废止或将失效，也迅速地搞清楚刑法施行的时间等问题。刑法附则的上述规定对守法、立法研究尤其是司法的统一将产生积极的影响。

（三）刑法附则的意义

立法学认为，附则虽然是作为总则和分则的辅助性内容存在于法的整体中，但其地位是不可忽略的。理由在于：其一，附则将法律的“未尽事宜”明确化，有利于保证总则和分则的贯彻实施。其二，虽然并非所有法律都应设置附则部分，但经验事实表明，绝大多数法律是需要附则的。现今未设立附则的某些法律中，有的则是由于立法者并未认识到附则的重要价值而未设立附则。可见，一部法典如果不具备总则、分则、附则三种构造，则该法典无论如何是谈不上完善而科学的。附则构造的有无，在某种意义上成了衡量立法技术甚或法治水平高低的一把标尺。可喜的是，立法者对附则在法律中的价值已有所认识，并将其付诸立法实践。例如，1996 年 3 月 17 日八届全国人大四次会议作出了《关于修改刑事诉讼法的决定》，修正后的《刑事诉讼法》即设立了附则，虽然该附则只有一个条文，但它明确了无法放在《刑事诉讼法》总则或各编中加以规定的几项事宜，使法律更加完善。在法律中设置附则的实践业已表明我国立法机关的立法技术已经有了较大的提高，立法能力逐步增强。

---

① 为行文方便，以下将两个附件中所列全国人大常委会制定的条例、补充规定和决定简称单行刑法，谅不会引起歧义。

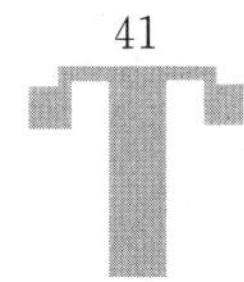

在刑法中设立附则部分，充分反映了我国立法者在法治建设不断加强这一背景下的能动与自觉：立法者对刑法总则与分则的内涵与外延作了准确的界分，并清楚地认识到将一些事项无论配置到总则还是分则里都不恰当的、名不副实的。我国 1979 年刑法并未设置附则部分，但这一事实并不能证明其合理性。如该刑法将“本法自一九八〇年一月一日起生效”的内容规定在总则第 9 条中是否恰当即可存疑。修订后的刑法未将施行时间规定在总则中也反证了这一点。应该说，这是对附则功能的准确定位。

二、刑法附则分述

（一）刑法施行时间

刑法的施行时间问题，1979 年刑法将其规定在总则第 9 条中，修订后的刑法将其规定在附则中。

刑法的施行时间由立法机关根据其重要性、普及性和紧迫性等条件确定。从我国已往的法制实践看，一方面对一些与某种犯罪作斗争时急切需要，并且其所规定的行为的犯罪性质早已人所共知的刑事法律、法规，往往同时公布与生效，甚至同时通过、公布与施行，如 1951 年的《惩治反革命条例》，1990 年 12 月 18 日通过的《关于禁毒的决定》。另一方面，对那些条文较多、内容复杂的法律都要在公布一段时间后才能实施。如 1979 年刑法即是 1979 年 7 月 1 日通过，同年 7 月 6 日公布，1980 年 1 月 2 日生效的。对于修订后的刑法，鉴于它的重要性和复杂性，立法机关考虑给司法机关和人民群众一个熟悉、掌握、准备的时间，以更有利于它的适用和遵守，于是修订后的刑法的附则第 1 款规定：该法自 1997 年 10 月 1 日起施行。

（二）刑法附则附件

刑法附则详列了两个附件，指出对部分单行刑法予以废除，对部分单行刑法予以有条件保留。有人认为，刑法附则并无详列附件之必要，仅写一句“凡与本法相抵触的均以本法为准”即可。这一见解是否可行？我们认为并不可行。正如

我国学者指出：在中国立法实践中，当对某项法或法的规定作修改时，通常能将被修改的法或法的规定作为附录列举出来，但如果宣告失效或废止的法或法的规定较多时，并无将它们列举出来的做法。这种状况应当改变。因此，如果需要宣告失效或废止的法或法的规定只是个别的，则在法的附则中以专条明文宣告其失效或废止。但如果需要宣告失效或废止的法或法的规定不是个别的而有一定数量，则一方面在附则中以专条明文原则性宣告凡与自己相抵触的法或法的规定失效；另一方面，则要以附录或附件的形式将与自己相抵触或不尽一致的法或法的规定一一列举出来。否则，仅笼而统之地作所谓“与本法相抵触的均以本法为准”的宣告，必将使人无所适从，这在法治起步晚、全民法律意识和司法人员素质有待提高、司法环境亟待改善之今日中国更是如此。可见，刑法附则详列附件极有必要，而绝非“画蛇添足”。

（三）单行刑法之完全废止

作为刑法附则的第452条第2款规定：“列于本法附件一的全国人民代表大会常务委员会制定的条例、补充规定和决定，已纳入本法或者已不适用，自本法施行之日起，予以废止。”准确把握立法意图，应当注意以下三点。

1. 宣布废止的单行刑法的外延

依据《刑法》第452条第2款和附件1的规定，全国人大常委会制定的15个条例、补充规定和决定被明令废止。它们分别是：(1)《中华人民共和国惩治军人违反职责罪暂行条例》；(2)《关于严惩严重破坏经济的罪犯的决定》；(3)《关于严惩严重危害社会治安的犯罪分子的决定》；(4)《关于惩治走私罪的补充规定》；(5)《关于惩治贪污罪贿赂罪的补充规定》；(6)《关于惩治泄露国家秘密犯罪的补充规定》；(7)《关于惩治捕杀国家重点保护的珍贵、濒危野生动物犯罪的补充规定》；(8)《关于惩治侮辱中华人民共和国国旗国徽罪的决定》；(9)《关于惩治盗掘古文化遗址古墓葬犯罪的补充规定》；(10)《关于惩治劫持航空器犯罪分子的决定》；(11)《关于惩治假冒注册商标犯罪的补充规定》；(12)《关于惩治生产、销售伪劣商品犯罪的决定》；(13)《关于惩治侵犯著作权的犯罪的决定》；(14)《关于惩治违反公司法的犯罪的决定》；(15)《关于处理逃跑或者重新犯罪的劳改犯和劳教人员的决定》。

2. 宣布废止的理由

前述单行刑法宣布废止，原因有二：一是有些单行刑法所规定的内容已纳入修订后的刑法，如《中华人民共和国惩治军人违反职责罪条例》已成为统一刑法典的第十章；又如《关于惩治劫持航空器犯罪分子的决定》的主要内容已经体现在危害公共安全犯罪的劫持航空器罪中。二是有些单行刑法中的规定已不适用。例如，《关于严惩严重危害社会治安的犯罪分子的决定》第 2 条规定，对 6 种严重危害社会治安的犯罪分子可在刑法规定的最高刑以上处刑，直至死刑。这些规定在修订后的刑法中有的被取消（如流氓罪），有的被修改，这些规定已经无法适用，理所当然应当废止。

3. 宣布废止的时间

刑法附则明确指出，前述 15 个单行刑法自修订后的刑法施行之日起予以废止，即自 1997 年 10 月 1 日起前述单行刑法即被废止，司法机关不得再执行或援引这些单行刑法。刑法之所以要对宣布废止的时间作出明确规定，一方面是为了使法律对犯罪的惩治能够衔接；另一方面，也为司法操作提出了一个整齐划一的标准，以免各行其是。

三、单行刑法之部分保留

作为刑法附则的第 452 条第 3 款规定："列于本法附件二的全国人民代表大会常务委员会制定的补充规定的决定予以保留。其中，有关行政处罚和行政措施的规定继续有效，有关刑事责任的规定已纳入本法，自本法施行之时起，适用本法规定。"要准确把握立法意图，应当注意以下三点。

1. 有条件保留的单行刑法的外延

根据《刑法》第 452 条第 3 款和附件 2 的规定，全国人大常委会制定的 8 个条例、补充规定和规定予以保留。它们分别是：（1）《关于禁毒的决定》；（2）《关于惩治走私、制作、贩卖、传播淫秽物品的犯罪分子的决定》；（3）《关于严

惩拐卖、绑架妇女、儿童的犯罪分子的决定》；(4)《关于严禁卖淫嫖娼的决定》；(5)《关于惩治偷税、抗税犯罪的补充规定》；(6)《关于严惩组织、运送他人偷越国（边）境犯罪的补充规定》；(7)《关于惩治破坏金融秩序犯罪的决定》；(8)《关于惩治虚开、伪造和非法出售增值税专用发票犯罪的决定》。

2. 有关行政处罚和行政措施的规定继续有效问题

刑法附则明确予以保留的8个单行刑法有一个共同的特征：附有行政处罚和行政措施的规定，如《关于禁毒的决定》第8条规定，吸食、注射毒品的，由公安机关处15日以下拘留，可以单处或者并处2 000元以下罚款，并没收毒品和吸食、注射器具。又如《关于严禁卖淫嫖娼的决定》第4条第3款规定，因卖淫、嫖娼被公安机关处理后又卖淫、嫖娼的，实行劳动教养，并由公安机关处以5 000元以下罚款，等等。而且这些规定在今天看来还是切实可行的。如果仅仅因为这8个单行刑法的刑事责任规定已纳入修订后的刑法，而宣布这些单行刑法整个无效，那么立法机关将不得不再花费很大的人力、物力和财力另立法律、法规来处置部分违法行为，如偷越国（边）境，情节较轻的行为等。因此，为避免立法资源浪费，减少法制宣传中的重复劳动，全国人大在修改刑法时对这8个单行刑法予以有条件保留。所谓“有条件”，是指这些保留下来的单行刑法，有些内容即关于行政处罚和行政措施的规定继续有效，执法机关（尤其是公安机关）仍可将有效内容作为法律依据加以援引。

3. 有关刑事责任的规定不得再适用的问题

之所以说附件2详列的8个单行刑法是有条件保留，是因为《刑法》第452条第3款明确规定，这些单行刑法中有关刑事责任的规定不得再适用。其理由是：有关刑事责任的规定已被纳入修订后的刑法。自1997年10月1日起凡修订后的刑法和8个单行刑法对某一犯罪行为同时作了处罚规定，甚至作了相同处罚规定的，司法机关都应当将修订后的刑法作为定罪量刑的依据，而不得再适用单行刑法的内容。

（本文与周光权合著，原载《公安研究》，1997（3））

二、公共安全犯罪

论危害公共安全罪中的不特定性

我国刑法分则专章规定了危害公共安全罪，为正确地定罪量刑，惩罚危害社会公共安全的犯罪分子提供了法律依据。近年来，我国刑法学界对危害公共安全罪作了不少的探讨，但仍然存在着许多具体问题。其中，如何正确地把握危害公共安全罪的不特定性就是一个关键的问题。本文拟就危害公共安全罪的不特定性略陈管见。

一、不特定概念的界定

不特定是和特定相对而言的，不特定和特定都具有其本身质的规定性。所谓特定是指犯罪分子的犯罪行为所侵犯的对象是确定的，其危害后果也是能够预料和控制的，具有一定的确然性。所谓不特定是指行为人之行为足以威胁的是不确定的多数人的生命、健康或重大公私财产安全，可能侵害的对象以及危害结果具有非确然性，是局外人甚至犯罪分子本人也难以预料和控制的，是不受人的主观意志支配的。危害公共安全罪的不特定性既表现在对象不特定上，又表现在结果不特定性上。

危害公共安全罪的不特定性，首先表现在犯罪对象的不特定上。对象的不特定又表现为两种情况：一种是行为人主观上有其特定的侵害对象，而客观情况使行为人主观上的特定对象成为不可能，从而呈现出不特定性。例如，张三意图炸死李四，将炸药包放到正在露天剧场的人群中看电影的李四的脚下，结果炸死二人，炸伤五人。另一种是行为人主观上根本上不存在特定的对象。如交通肇事罪，它所侵害的对象是张三还是李四，是人员伤亡还是财物受损，在行为人违反交通安全规章制度时是不确定的，这种不确定性一直持续到结果的发生。重大责任事故罪，违反易燃、易爆等物品管理规定肇事罪，都是如此。

危害公共安全罪的不特定性，其次表现在可能性结果的不确定上。这是不特定性的最主要、最明显的表现。具体说，就是可能侵害的范围大小的不特定、数量多少的不特定和程序大小的不特定。从数量上讲，既可能是上限难以确定的不特定多数，也可能是上限已确定的不特定多数，即特定中之不特定；从程序上讲，既可能全部遭到侵害，也可能是部分受到侵害；既可能是人体损伤，也可能是被剥夺生命。

危害公共安全罪的这种不特定性，是由其客体的性质所决定的。犯罪客体与犯罪对象及犯罪结果存在着密切的联系。犯罪客体是一种质的东西，在一定程度上决定和影响着犯罪对象及犯罪结果。危害公共安全罪的客体是公共安全，这种客体是一种没有确定内涵的概括性客体，它既可以由人身权利来体现，也可以由财产权利来体现，还可以同时由人身权利和财产权利来体现。危害公共安全罪的这种客体的概括性决定和影响着其犯罪对象和犯罪后果的不确定性。

二、不特定性的认定

判定某一行为是不是危害公共安全的行为，首先需要认定有无不特定性的存在。而要正确认定不特定性应当从以下几个方面来认识和考察。

（一）不特定性是与特定性对立基础上的统一

不特定性与特定性是对立统一的。前面我们已经述及，特定和不特定都有各

自质的规定性，互相区别，这是二者对立的一方面。同时，二者又有相统一的一方面。犯罪行为是二者统一的共同基础。首先，特定与不特定是可以同时存在的。危害公共安全的犯罪行为中既包含有特定的因素，也包含有不特定的因素。特定因素与不特定因素相互依赖，同时并存，没有特定，就没有不特定，反之亦然。就此而言，危害公共安全罪的不特定性，并不绝对排除特定性因素的存在，而只是说在量的比较上，不特定因素多于特定因素，代表着犯罪行为的发展趋势。其次，特定与不特定还是可以相互转化的。在量的对比中，不特定性因素会因行为的方法、时间、地点等环境条件的改变而增多，从而超过特定因素，促使特定性向不特定性发展。不特定性在发展过程中也会因方法、时间、地点等环境条件的改变而逐渐减少或消失，表现出一定程度的相对特定性。行为发展过程中的中间结果或最终结果总是确实存在的，是相对特定的。但这种相对特定性之结果并不能否认先前的不特定性发展之过程。因此，危害公共安全罪的不特定性既包括由特定性转化而成的不特定性，也包括从特定结果逆推出来的不特定性。

（二）不特定性是行为发展中的不特定性，是一种预测可能性，而不是现实性（实害性）

可能性和现实性是哲学上的一对基本范畴。所谓现实性是指现存的一切事物、现象的实际可能性，是已经实现的可能性。所谓可能性是指包含在现实事物中，预示着事物发展方向前途的种种趋势，是潜在的尚未实现的东西。这种可能性包含着质和量两方面的内容。质的内容是指它在不同程度上有着客观的根据和条件；量的内容是指可能性的程序大小。可能性和现实性是对立统一的。可能性包含在现实性中，是没有展开、没有实现的现实性；现实性则是已经展开、已经实现的可能性。我们在研究危害公共安全罪的不特定性时，也应该从行为将会危害或威胁不特定多数人的生命、健康和重大公私财产安全和预测可能性（或危险性）出发，并且要从质和量两方面去把握这种不特定可能性。危害公共安全罪的不特定性是指行为本身包含的、在一定条件下产生危害不特定多数人的人身、财产安全的严重后果的可能性和危险性，但并不排斥实施此类罪的人在其主观上有特定的侵害对象或特定的预期结果；也不是说，在任何情况下实施危害公共安全

的行为都必然地、不可避免地造成多人死伤或公私财产严重损失；更不是说，没有造成上述严重后果就一概不构成危害公共安全罪。我们在认定某行为是否是危害公共安全的行为时，首先要从质的方面判定该行为是否包含着将要发生对不特定多人的生命、健康或重大公私财产威胁的预测可能性，判定有无这种可能性发生的根据和条件；其次，要从量的方面来判定这种不特定可能性的大小。不存在质的可能性，或者量的可能性极小，都不是危害公共安全罪中的不特定性，都将影响危害公共安全罪的成立。无论是质的不特定可能性，还是量的不特定可能性，都应该依据自然法则（客观规律）来认识和判断，而不能以当事人或法官的臆想为标准。但这也绝不排斥法官的主观能动性。他们可以依据行为对象、方法、时间、地点等客观情况去认定有无发生危害不特定多的人的生命、健康和重大公私财产安全的可能性以及可能性程度之大小。危害公共安全罪的不特定可能性必须是现实的可能性。也就是说，行为中包含有这种不特定可能性的充分根据，是一种可以实现的可能性，而不能是抽象的、虚无缥缈的可能性。

我们认为，如果只局限于已然结果而论，行为所造成的损害是确定的。人是死、是伤、死多少、伤害多少，财产有多大损失，都是具有一定的确定性，是一种现实性。但是，尽管如此，这种结果的现实性并不排除不特定的存在。这种不特定性就在于特定的结果（现实性）是由行为的不特定可能性发展的结果，是不特定性到特定性的转化，可能性变成了现实性，危险性变成了实害性，其前提就是行为人的行为包含有质和量的不特定可能性。如果行为中绝对不存在这种可能性，就不会危害公共安全，甚至不构成犯罪。

我们认定某行为是否是危害公共安全的行为，就是要从行为发展中预测有无不特定性结果发生，或者从已然结果中溯推行为中有无不特定因素的存在。危害公共安全罪概念中的“足以危害”正是基于这种不特定的预测性，而“已经危害”也包含有从结果中溯推行为之不特定可能性的内涵，二者的共同点仍是不特定可能性。

我们主张不特定立足于可能性，绝不是唯心地惩罚行为者。不特定可能性蕴含在行为人的行为中，有成为现实性的质和量的根据。刑法之所以对危害公共安

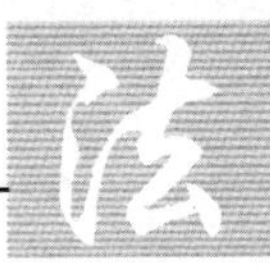

全罪中的危险犯惩罚正是为了阻止这种可能性变为现实性；刑法对故意危害公共安全的行为实施惩罚，正是因为行为人意图通过其行为把这种危险性变成现实性，或已经把这种危险性变成了现实性；对过失危害公共安全罪的惩罚，则是因为行为人本应预见到这种不特定可能性会变成现实性而没有预见，或已经预见到了这种不特定可能性而过于自信能够防止，结果没有能防止，造成了人身伤亡和重大财产损失。

（三）不特定性的表现

把危害公共安全罪的不特定性与行为人的主观认识结合起来，我们可以把危害公共安全罪的不特定性表现概括为如下四种形式。

1. 行为人主观对象（或预期结果）的不特定性→行为发展中包含着不特定性→产生了特定的结果，侵害了特定的对象。例如，某司机酒后驾车，主观上根本谈不上什么特定的侵害对象或预期犯罪的目的，但其酒后驾车行为中包含侵害不特定对象、造成不特定结果的发展可能性，最终造成了车翻、人亡、人伤或财产受损失的特定之严重结果。

2. 行为人主观的侵害对象（或预期结果）是特定的→行为发展中包含着不特定性→产生了特定的结果。例如，某男，因女方拒绝与其谈恋爱，在某晚上趁在电影院看电影之机从背后将自制的炸弹放在女方座位下引爆，意图炸死女方，结果造成观众中三人受伤、两人死亡。在本例中，某男主观上有其特定的侵害对象——女方，也有特定的侵害客体——女方的生命权利，但其在影院观众中引爆包含着侵害不特定对象或客体或造成不特定结果的可能性。

3. 行为人主观的侵害对象（或预期结果）是不特定的→行为发展中也包含着不特定性→仅有危险而无实害结果发生。例如，某男青年耍恶作剧，某夜将自制的引爆装置放在一马路中央，等候观望爆炸后之残景，后被警察及时排除。

4. 行为人主观的侵害对象（或预期结果）是特定的→行为发展中包含着不特定性→仅有危险而无结果发生。例如，某甲出于对某个体运输专业户的嫉妒而破坏其正在使用的汽车的刹车装置，后被司机及时发现，幸免车祸。

从以上四种表现形式中可以看出，无论行为人主观上有无特定的侵害对象或预期

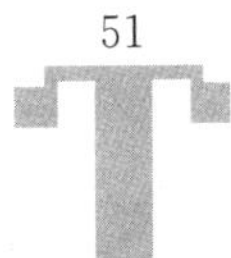

结果，也不管最后是否出现了实害结果，行为发展中必须包含有不特定可能性。

三、不特定性与定罪

研究危害公共安全罪之不特定性的根本意义在于指导司法实践对危害公共安全罪的认定。

凡是危害公共安全的行为都具有不特定性。不特定性是危害公共安全罪的本质特征，是区别于其他侵害人身权利或财产权利罪的关键。危害公共安全的行为一经实施，不论行为人是否意识到，它们在本质上都能在一定条件上引起许多人死伤或财产的大量破坏，或形成对广大人民群众生命财产安全的威胁。从危害公共安全行为所可能造成的有形损失来看，主要是人身的伤亡和财产的破坏，这一点和侵犯人身权利罪或侵犯财产罪有相同之处。但是，二者存在着根本的区别：后者是以特定的个人和特定范围的财产为侵害对象，其可能造成的损失的范围是有一定的局限性的；而前者可能遭受侵害的对象却是不特定的，其损害的范围之广泛是难以预料和控制的。因此，在认定危害公共安全罪时，最关键的是判断行为人的行为发展中是否包含有足以危及不特定多数人或公私财产安全的可能性。如果事实证明被告人的行为是指向特定的个人或财物，并且有意识地把损害结果控制在限定的范围内，没有而且事实上也不可能造成不特定多数人的死伤或公私财产的广泛破坏，一般不能定危害公共安全罪。

凡是危害公共安全罪都具有不特定性，但具有不特定性的行为并不都是危害公共安全罪。以流氓罪为例，如某流氓分子手捏刮脸刀片，在夜间划过往妇女的脸，其行为侵害的对象也具有不特定性。但是：第一，危害公共安全罪侵害的不特定对象是由一次行为造成的；而该种流氓罪侵害的不特定对象是由多次行为造成的，这些多次（个）行为是可以具体分割的，对于每一个具体行为来说，一次行为只能侵害一个特定对象。第二，危害公共安全罪中的不特定对象和可能结果是一次行为同时造成的；而流氓罪所造成的最终结果是有连续性的，是可以累加的，并不具有一次同时造成不特定多数人的死伤和公私财产大量损失的可能性。

第三，危害公共发全的行为一经实施，就立即呈现出不特定性；而流氓行为的可分割的每一具体行为一经实施，即由原来主观上的不特定性转为客观上的特定性，指向某一个妇女。我们可以说流氓罪中的不特定性仅仅是主观上的不特定性，而不是危害公共安全罪的客观行为之发展不特定性。当然，在更为重要的意义上，还是要从实施方法上加以区分：危害公共安全罪的方法是足以危害公共安全的，而其他罪则不具有这一特征。

危害公共安全罪的不特定性是不特定性与多数性的统一。只有多数性而无不特定性，或只有不特定性而无多数性，都不能认定某行为是危害公共安全的行为。这种统一性也是危害公共安全罪与其他罪相区别的显著标志。上例中的流氓行为则只具有不特定对象性，而无一次可能多数性，不特定性与多数性是分离的。主客观相统一也是认定危害公共安全罪的重要标准。如上所述，仅有客观上的不特定性，尚不能认定某一行为是危害公共安全罪。我国刑法既不是客观归罪，也不是主观归罪，而是主张主客观相统一的定罪原则。在故意危害公共安全罪中，行为人主观上还必须明知自己的行为会发生危害不特定的多数人的生命、健康或重大公私财产安全的可能危害后果，而希望或放任这种可能性变成现实性。在过失危害公共安全罪中，行为人主观上还应当预见自己的行为会发生危害不特定多数人的生命、健康或重大公私财产安全的可能性，因疏忽大意而没有预见；或行为人已经预见但轻信能够避免，结果使可能性变成了现实性，危险性变成了实害性。如果行为人对这种不特定可能性完全无认识，且无认识的期待可能性，纵然行为也有造成不特定多人死伤或重大公私财产遭到破坏的危险性，或危险性已变成了现实性结果，也不能构成危害公共安全罪，甚至不为罪。如，精神病人在精神错乱时的放火行为。如果行为人主观上有危害公共安全的不特定可能性故意，但根据自然规律根本不可能危及公共安全，只要在其主观支配下实施了行为，仍可认定为危害公共安全罪，但考虑该行为是一种不能犯，可以免除或减轻处罚。

（本文与黄振中合著，原载《河北法学》，1992（5））

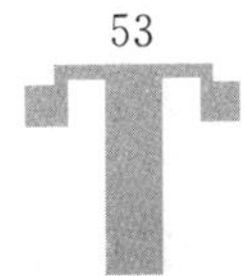

赵春华非法持有枪支案的教义学分析

2017 年年初，媒体报道了天津赵春华非法持有枪支被判处三年有期徒刑的案件。此案如同向平静的水面投入一颗石子，霎时引发舆论哗然。一时间，赵春华案成为媒体报道的焦点。即使在二审改判缓刑以后，舆论仍然没有平息。引起笔者深思的是：一起无罪案件为什么被判成有罪？该案的案情并不复杂，根据一审判决书的认定：2016 年 8 月至 10 月 12 日间，被告人赵春华在本市河北区李公祠大街亲水平台附近，摆设射击摊位进行营利活动。2016 年 10 月 12 日 22 时许，公安机关在巡查过程中发现赵春华的上述行为将其抓获归案，当场查获涉案枪形物 9 支及相关枪支配件、塑料弹。经天津市公安局物证鉴定中心鉴定，涉案 9 支枪形物中的 6 支为能正常发射以压缩气体为动力的枪支。从以上案情叙述中，可以发现这三个细节：第一，涉案的是枪形物；第二，该枪形物在射击摊位使用；第三，该枪形物使用的是塑料弹。这三个案件细节结合生活经验可知，赵春华是摆设射击摊位的小贩，枪支使用塑料子弹用来打气球。这种射击摊位，在我国大小城市都可以见到。那么，用于打气球的枪形物属于刑法意义上的枪支吗？这是本案定罪首先需要解决的问题。

一、枪支的认定

我国刑法中规定了若干涉枪犯罪，主要集中在危害公共安全罪一章。本案涉及的是非法持有枪支罪，这是在涉枪犯罪中较为轻微的犯罪。除此以外，在走私罪中还规定了走私武器罪，武器包含枪支。因此，这些犯罪都与枪支有关。如何认定这里的枪支，就成为定罪的关键之所在。

刑法对枪支并未做解释，枪支这个似乎众所周知的用语，却需要进行解释。按照法律解释的方法，对于刑法中的用语，如果其他法律有规定的，就应当按照其他法律的规定进行理解。除非刑法规定与其他法律规定之间存在不同，对此应当有法律的明文规定。例如，刑法中规定了涉及信用卡的犯罪，诸如信用卡诈骗罪等。对于这里的信用卡，在一般情况下应当采用金融法规对信用卡的界定。在金融法规中，银行卡可以分为信用卡与借记卡，这两者之间是存在区别的，区分根据在于：是否具有透支功能。具有透支功能的属于信用卡，反之则属于借记卡。因为刑法规定先于金融法规的缘故，刑法没有采用银行卡这一概念。如果采用银行卡的概念，是可以涵盖信用卡和借记卡的。刑法采用的是信用卡的概念，但其内容则相当于银行卡，包括金融法规中的信用卡和借记卡。由此出现了刑法中的信用卡与金融法规中的信用卡含义不同的情形。在这种情况下，2004 年 12 月 29 日全国人大常委会做出了《关于〈中华人民共和国刑法〉有关信用卡规定的解释》，指出："刑法规定的'信用卡'，是指由商业银行或者其他金融机构发行的具有消费支付、信用贷款、转账结算、存取现金等全部功能或者部分功能的电子支付卡。"立法解释对刑法中的信用卡做出了特别规定，使之不同于金融法规中的信用卡。如果没有这种特别规定，对刑法中的信用卡应当根据金融法规进行解释。因此，对于刑法中的枪支如何理解，还是首先要参照枪支管理法规。

《中华人民共和国枪支管理法》(以下简称《枪支管理法》) 第 46 条对枪支做了定义式的规定："本法所称枪支，是指以火药或者压缩气体等为动力，利用管状器具发射金属弹丸或者其他物质，足以致人伤亡或者丧失知觉的各种枪支。"

同时，《枪支管理法》第 47 条还规定：“单位和个人为开展游艺活动，可以配置口径不超过 4.5 毫米的气步枪。具体管理办法由国务院公安部门制定。”现在我国没有见到公安部门制定的游艺活动中使用的气步枪的管理办法，因此，除了 4.5 毫米口径的限制以外，法律未对游艺活动中使用的气步枪做任何规定。在我国司法实践中，对于游艺活动中使用的气步枪按照《枪支管理法》的规定进行认定。根据以上《枪支管理法》第 47 条关于枪支的定义，枪支具有以下四个特征：第一，动力特征，以火药或者压缩气体等为动力；第二，发射工具特征，利用管状器具作为发射工具；第三，发射物特征，发射物质是金属弹丸或者其他物质；第四，性能特征，足以致人伤亡或者丧失知觉。下面分别进行讨论。

第一，动力特征，即以火药或者压缩气体等为动力。其他具有杀伤力的器具，如果不是以火药或者压缩气体等为动力的，则不能认定为枪支。这里应当指出，法律规定虽然有一个“等”字，但其他动力必须与火药或者压缩气体具有相对性才能认为符合枪支的动力特征，否则就是具有杀伤力也不能认定为枪支。根据枪支的动力特征，可以将枪支与其他具有杀伤力的器具加以区分。例如，2006 年 5 月 25 日公安部曾经做出《关于涉弩违法犯罪行为的处理及性能鉴定问题的批复》，明确指出：弩是一种具有一定杀伤能力的运动器材，但其结构和性能不符合《枪支管理法》对枪支的定义，不属于枪支范畴。弩之所以不能归入枪支的范畴，主要就在于它不符合枪支的动力特征：弩非以火药或者压缩气体为动力。

第二，发射工具特征，即利用管状器具作为发射工具。这里应当注意，枪支的管状器具的直径存在限制。例如，根据 2008 年公安部《枪支致伤力的法庭科学鉴定判据》的规定，枪支的管状器具的直径通常小于 20 厘米。如果大于 20 厘米，就不能认定为枪支。但 2004 年 11 月 3 日最高人民检察院研究室《关于非法制造、买卖、运输、储存以火药为动力发射弹药的大口径武器的行为如何适用法律问题的答复》规定：“对于关于非法制造、买卖、运输、储存以火药为动力发射弹药的大口径武器的行为，应当依照刑法第一百二十五条第一款的规定，以非法制造、买卖、运输、储存枪支罪追究刑事责任。”该《答复》是将上述大口径武器解释为枪支。那么，何谓“以火药为动力发射弹药的大口径武器”？简言之，

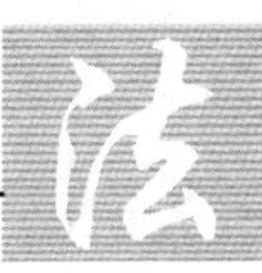

这种武器就是大炮。因此，这个《答复》的意思是：大炮就是枪支。这是一个明显违背常识的解释。有关部门之所以做出这样的解释，是因为我国刑法中分别使用了两个词：枪支和武器。在刑法分则第二章危害公共安全罪中使用的是枪支一词，无论是非法制造、买卖、运输、储存，还是非法持有，其对象都是枪支。而刑法分则第三章第二节走私罪中使用的是武器一词，例如《刑法》第150条规定的走私武器罪。显然，武器的外延大于枪支，武器包含大炮，枪支则不能包含大炮。

那么，为什么刑法没有将制造大炮行为规定为犯罪而将走私大炮行为规定为犯罪呢？主要还是因为制造大炮案件发生的概率极低，没有必要规定，走私大炮的概率较高，因此有必要规定。根据罪刑法定原则，既然法律对于制造大炮没有明文规定，就不应当认定为犯罪。但前引《答复》却通过运用将大炮解释为枪支的方法，将制造大炮的行为按照制造枪支罪论处，这显然超越了法律规定，属于典型的越权解释。由此可见，枪支的发射工具特征对于枪支认定具有重要意义，不符合这一特征的物体不能认定为枪支。

第三，发射物特征，即发射物质是金属弹丸或者其他物质。金属弹丸具有一定的杀伤力，符合枪支的发射物的特征。至于其他物质，也应当以是否具有杀伤力为实质性的判断标准。例如塑料子弹，不具有杀伤力，就不符合枪支的发射物特征。

第四，性能特征，即足以致人伤亡或者丧失知觉。应该说，这个特征是明确的：凡是被认定为枪支的，必然具有极大的杀伤力。在一般情况下，枪支是可以打死人的。即使没有打死人，也并不是因为不能打死人。而且，枪支未致人死亡的情况下，一般也都会致人严重伤害。为了使枪支的这种性能精确化，公安部的相关机构制定了枪支杀伤力的具体标准，以此作为认定枪支的规范根据。

关于枪支鉴定，我国公安部前后颁布过两个鉴定标准：公安部2001年发布的《公安机关涉案枪支弹药性能鉴定工作规定》第3条规定："对于不能发射制式（含军用、民用）枪支子弹的非制式枪支，按下列标准鉴定：将枪口置于距厚度为25.4mm的干燥松木板1米处射击，弹头穿透该松木板时，即可认为足以致

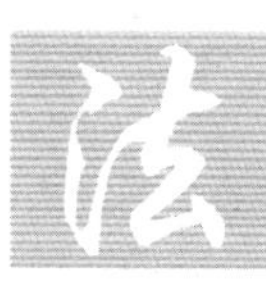

人死亡；弹头或弹片卡在松木板上的，即可认为足以致人伤害。具有以上两种情形之一的，即可认定为枪支。”根据刑事科学技术专业人员进行实验得出的数据：当枪口比动能在 10 焦耳/平方厘米以下时，较难嵌入干燥松木板，只能在木板上形成一定深度的弹坑；枪口比动能 16 焦耳/平方厘米是弹头具备嵌入松木板能力的能量界限。因此，根据射击干燥松木板法，认定具有致伤力而鉴定为枪支的临界点是 16 焦耳/平方厘米。

及至 2008 年公安部颁布了《枪支致伤力的法庭科学鉴定判据》（以下简称《枪支鉴定判据》）放弃了上述鉴定枪支杀伤力的方法，改而采用枪口比动能检测法。《枪支鉴定判据》第 3 条规定："制式枪支、适配制式子弹的非制式枪支、曾经发射非制式子弹致人伤亡的非制式枪支直接认定为具有致伤力。未造成人员伤亡的非制式枪支致伤力判据为枪口比动能 eo≥1.8 焦耳/平方厘米”。这里所谓枪口比动能，是指弹头出枪口后在检测点（以火药为动力发射的，以距枪口 50 厘米处为检测点，以气体为动力发射的，以距枪口 30 厘米处为检测点）所具有的动能与弹头的最大横截面积之比值。枪口比动能由弹头质量和出膛速度所决定，与之成正比。

应该说，射击干燥松木板检测法具有一种实验性，而枪口比动能检测法则更具有科学性。当然，这两种方法也是可以换算的，即根据射击干燥松木板法认定具有致伤力而鉴定为枪支的临界点是 16 焦耳/平方厘米，而这一标准相当于枪口比动能检测标准的十分之一。换言之，鉴定方法改变以后，枪支认定标准大为降低。

对此，《枪支鉴定判据》主要起草人季峻指出，1.8 焦耳/平方厘米这一数据是基于对生物体要害部位之一眼睛的致伤力的考量得出。根据实验结果，并考虑到各种差异性因素，在 1m 内阈值钢珠气枪致伤下限值可定为 1.8 焦耳/平方厘米。[①] 从以上解释可以得出结论：在枪支的临界点是 1.8 焦耳/平方厘米的情况

① 参见《公安部专家详解枪支认定标准：违规和判刑是两码事》，来源：http：//www.guancha.cn/society/2017_01_04_387620.shtml，2017 年 7 月 29 日访问。

下，只能对人体最为薄弱的部位——眼睛具有致伤力。也就是说，在这种情况下，不仅不能致人死亡，而且不能对人体的其他部位造成伤害。

《枪支鉴定判据》颁布以后，2010 年 12 月 7 日公安部发布修正后的《公安机关涉案枪支弹药性能鉴定工作规定》明确采用了这一枪支鉴定标准。由此，在我国枪支鉴定中，将不能致人死亡的器具归入枪支的范畴。难怪从境外网购 24 支仿真枪被福建省高级人民法院以走私武器罪判处无期徒刑的被告人刘某理直气壮地宣称："我情愿你们用这个仿真枪处置我，如果打死我，我就承认这是枪，如果打不死我请把我无罪释放！"[①] 事实上，该案中的所谓枪支确实是打不死人的。根据我国学者的分析，《枪支鉴定判据》颁布前后，以非法制造、买卖、运输、邮寄、储存枪支罪和非法持有、私藏枪支罪这两个主要枪支犯罪论处的案件数量出现了重大变化，案件数量大为增加。[②]

在赵春华案中，问题同样出在枪支鉴定标准上。根据判决书认定，赵春华被公安机关巡查人员查获，当场收缴枪形物 9 支及配件等物。经天津市公安局物证鉴定中心鉴定，涉案 9 支枪形物中的 6 支为能正常发射、以压缩气体为动力的枪支。判决书没有说明该 6 支枪形物枪口比动能的具体数据，但从发射塑料子弹这一细节，可想而知该枪支不能致人伤亡。尤其是，在二审判决书中认定赵春华非法持有的枪支均刚刚达到枪支认定标准，因此该 6 支枪形物的枪口比动能应该正好超过 1.8 焦耳/平方厘米。因此，二审判决书对涉案枪支性能描述为具有一定致伤力和危险性。在此，二审判决书明确否定了涉案枪支具有致人死亡的性能。因为在赵春华案中，经鉴定枪形物的枪口比动能超过了 1.8 焦耳/平方厘米，所以，根据这一行政认定指什么，鉴定结论入罪不可避免。

这里存在一个值得研究的问题，即在刑事诉讼程序中，如何采用行政机关的认定结论或者认定标准。在刑事诉讼过程中，不仅涉及法律的适用，而且在对某些具体事项认定的时候，往往还会涉及行政机关的认定结论或者认定标准。

---

① 《福建：19 岁少年网购仿真枪 24 支被从轻判处无期徒刑》，载《南方都市报》，2015－09－22，第 A18 版。

② 参见陈志军：《枪支认定标准剧变的刑法分析》，载《国家检察官学院学报》，2013（5）。

行政认定结论对于刑事案件审理具有重要意义，例如，在交通肇事案件的审理中，涉及交通管理部门对交通肇事责任的认定；在内幕交易案件的审理中，涉及证券监督管理委员会对内幕信息等的认定。但不对这些行政认定进行实质审查即将其作为定罪的前置性根据，是存在较大争议的。应当指出，这里的认定结论与行政证据是有所不同的。所谓行政证据是指行政机关在行政执法中收集的证据材料，包括物质、书证以及证人证言等。行政证据是行政处罚的根据，根据2012年我国《刑事诉讼法》的规定，对于行政机关在行政执法过程中所收集的物证、书证、视听资料、电子数据等证据，公安机关、检察机关可以直接作为证据使用。这些都是客观证据，经过质证以后使用是没有问题的，但证人证言则不能直接使用。① 而认定结论往往以行政文书的形式出现，其内容则具有鉴定的性质。对此，我国司法实践中一般都直接采信。例如，交通事故责任的认定结论，大都未经实质审查而在刑事诉讼中被采信。本案涉及的枪支鉴定结论也是如此，这个问题本身是值得商榷的。在理论上，应当坚持对行政认定的形式与实质的双重审查。② 对此，笔者是完全赞同的。

当然，枪支鉴定的问题，要比一般的行政认定更为复杂。因为它还涉及行政认定的标准问题。行政认定标准的主要功能在于为行政处罚提供根据，因此行政认定标准本身不具有司法性。但由于没有建立独立的司法认定标准，在这种情况下，司法活动中往往直接采用行政认定标准。如果行政认定标准较为合理，则这种直接采用不会带来太大的问题；但如果这种行政认定标准对于行政处罚合理对于刑事处罚不合理，则会带来一定的困扰。这种行政处罚与刑事处罚的二元性所带来的认定标准上的衔接，本身就是一个值得研究的问题。例如，对于我国刑法中的卖淫，刑法与司法解释都没有做出明文规定，但根据通常理解，卖淫是指出卖肉体，即从事性服务。而这里的性服务又是指性交，即性器官的结合。1995

① 参见陈瑞华：《刑事证据法的流量问题》，251页以下，北京，法律出版社，2015。

② 参见翁自力、沈蔚林：《行政认定在刑事诉讼中的证明力及审查判断规则探析》，载《公正司法与行政法实施问题研究——全国法院第25届学术讨论会获奖论文集》，699页以下，北京，人民法院出版社，2014。

年8月10日公安部《关于对以营利为目的的手淫、口淫等行为定性处理问题的批复》（公复字［1995］6号）规定："卖淫嫖娼是指不特定的男女之间以金钱、财物为媒介发生不正当性关系的行为。"该批复强调了发生性关系的男女的不特定性，这里的不正当性关系，一般认为是指性交。但2001年2月28日公安部《关于对同性之间以钱财为媒介的性行为定性处理问题的批复》（公复字［2001］4号）规定："不特定的异性之间或者同性之间以金钱、财物为媒介发生不正当性关系的行为，包括口淫、手淫、鸡奸等行为，都属于卖淫嫖娼行为。"在此，公安部批复对性关系作了广义的解释，不限于异性之间的性交，而包括与性有关的行为，例如手淫。从实际情况来看，还不仅包括手淫，其他各种满足他人性欲的具有猥亵性质的色情活动，都被解释为卖淫。这个卖淫概念作为治安处罚的根据，当然没有问题。问题在于：司法活动中是否以此为根据认定卖淫嫖娼的犯罪？对此，在司法实践中产生了两种不同的观点，导致各地在定罪标准上出现一定的混乱。在枪支鉴定标准上，同样存在一个问题：在降低了枪支鉴定标准以后，刑法中认定枪支还是否采用这一标准？我国学者曾经提出过一种完善方案，这就是区分刑法上的枪支和行政法上的枪支鉴定标准，对刑法上的枪支做出比《枪支管理法》上的更为严格的限制解释，行政法上的鉴定标准仍然可以维持现有的标准不变，但提高刑法上的枪支鉴定临界值到16焦耳/平方厘米这一修改前的原有标准。如此既能维持现有的严格枪支行政管制制度，又能避免刑事打击面的过度扩大。① 这种设想当然是具有一定合理性的。不过，笔者认为现在的枪支认定标准其实已经与《枪支管理法》关于枪支的规定相抵触。因为根据《枪支管理法》的规定，枪支必须足以致人伤亡或者丧失知觉，但目前的枪支标准已经包括了不能致人死亡的情形。而现在并没有相应的司法救济途径，这是令人失望的。因此，赵春华案绝不仅仅是个案不公的问题，而是反映了目前司法制度中的缺陷，更应当引起社会的关注。

① 参见陈志军：《枪支认定标准剧变的刑法分析》，载《国家检察官学院学报》，2013（5）。

二、目的性限缩的解释

在目前的枪支鉴定标准不能否定枪支而该当非法持有枪支罪的构成要件的情况下，需要进一步思考的问题是：能否根据对构成要件的实质判断而出罪？根据四要件的犯罪构成理论，这是一个社会危害性的判断问题。在本案中，赵春华的行为是否具有社会危害性？根据传统刑法理论，社会危害性是犯罪的本质特征。一个行为如果没有社会危害性，即使该行为符合犯罪构成要件，也不能认定为犯罪。然而，社会危害性标准十分抽象，难以客观地加以把握。关于该案的社会危害性问题，在一审判决中根本没有提及，二审判决则以犯罪行为的社会危害相对较小，作为适用缓刑的根据。由此可见，二审判决还是认为该案的社会危害性已经达到了犯罪程度。尤其是二审判决认定，赵春华非法持有以压缩气体为动力的非军用枪支 6 支，依照刑法及相关司法解释的规定，属情节严重，应判处 3 年以上 7 年以下有期徒刑。因此，对于赵春华这样的案件，事实上难以通过社会危害性的判断予以出罪。

如果根据三阶层的犯罪论体系，在形式上具备构成要件的基础上，还要进行是否具有法益侵害性的实质审查，这种实质审查要从确定非法持有枪支罪的保护法益出发进行分析。由于该罪规定在刑法分则第二章危害公共安全罪中，因此非法持有枪支罪的保护法益是公共安全，对此应当没有争议。关于这里的公共安全，在刑法理论上认为是不特定并且多数人的人身或者财产的安全。对公共安全的危害表现为两种情形：第一种是实害，第二种是危险。而非法持有枪支罪所具有的是对公共安全的危险，在刑法教义学上属于危险犯，而且是抽象危险犯而不是具体危险犯。抽象危险犯的危险并不需要在司法中加以认定，而是在立法的时候就已经确定的危险。然而，这并不意味着对于抽象危险犯来说，只要实施了法律规定的行为就一定构成犯罪。因为抽象危险犯的危险仍然是可以反证的，即如果确实没有危险，则不能成立抽象危险犯。张明楷教授把抽象危险犯的危险分为三种类型：第一种是刑法分则条文类型化的紧迫危险，第二种是刑法分则条文拟

制的危险，第三种是预备犯的危险。[①] 其中，预备犯的危险实际上是把其他犯罪的预备行为设置为正犯，因为没有进入着手行为的阶段，所以还不具有紧迫的危险，这是一种抽象的危险。立法者之所以设置这种预备犯转化的危险犯，是因为预备以后的实行行为具有重大危险性，通过堵截性的构成要件，以防患于未然。然而对于这种预备犯转化的危险犯，也并不是说只要实施了一定的行为就必然构成犯罪。例如，张明楷教授指出：危险驾驶罪中的在道路上醉酒驾驶机动车的行为属于抽象的危险犯。但是，如果行为人醉酒后深夜在没有车辆、行人通行的道路上驾驶机动车，不可能造成他人伤亡的，不应认定为危险驾驶罪。[②]

非法持有枪支罪属于上述预备犯转化的危险犯，即持有枪支行为本来是其他利用枪支实施的暴力犯罪，例如杀人、抢劫等的预备行为。当枪支用于违法犯罪目的的情况下，持有枪支才具有潜在的危险。因为我国对枪支采取了严格的管制措施。只要不是合法配备枪支，都属于非法持有。但实际上，违反枪支管理法规的非法持有枪支行为具有行政不法的性质，而出于违法犯罪的目的非法持有枪支行为则具有刑事不法的性质。这两种情形的不法性质与程度都是不同的，将两者混为一谈作为同一犯罪论处，明显具有不合理性。就赵春华案而言，持有枪支虽然非法，但这种非法只是违反枪支管理法规意义上的非法，受到行政处罚当然没有问题。是否构成非法持有枪支罪，则值得商榷。而且，赵春华案的二审判决也明确认定被告人非法持有枪支的目的是从事经营。在这种情况下，笔者认为可以采用目的性限缩的解释方法，使那些虽然客观上具有非法持有枪支的行为，但主观上不具有违法犯罪目的的情形排除在犯罪之外。根据该原理，赵春华就不能构成非法持有枪支罪。

目的性限缩是相对于目的性扩张而言的，两者都属于目的解释的方法。目的解释是一种超出法条文义的解释，其中，目的性限缩是指将法条的含义予以限缩，由此而使某些法条规定的行为排除在法条之外的解释方法。而目的性扩张是

① 参见张明楷：《刑法学》，5版，167、168页，北京，法律出版社，2016。

② 参见张明楷：《刑法学》，5版，167、168页，北京，法律出版社，2016。

指将法条的含义予以扩张，由此而使某些法条没有规定的行为吸纳在法条之内的解释方法。在刑法解释中，目的性扩张与罪刑法定原则存在抵触，因此应当禁止。例如，类推解释其实就是一种目的性扩张解释，法律是禁止的。而目的性限缩是有利于被告的，因此刑法并不禁止。当然，因为目的性限缩涉及与法条字面规定的矛盾，所以在司法实践中接受起来存在一定的难度。例如，我国《刑法》第205条虚开增值税专用发票罪，根据刑法规定只要实施了虚开行为即构成犯罪，这是典型的预备犯转化的危险犯。在相当一个时期，在我国司法实践中都以是否实施了虚开行为作为构成犯罪的标准。应该说，绝大部分虚开都是以骗取税款为目的的，在这个意义上说，虚开只是骗取税款犯罪的预备行为。但在现实生活中，也还存在着不以骗取税款为目的的虚开行为，例如为虚增业绩或者其他目的而虚开，但并不利用虚开的增值税发票抵扣税款，因而不可能对国家税款造成损失。对于这种不以骗取税款为目的的虚开行为，以往在司法实践中认为，虚开增值税专用发票罪是行为犯（确切地说应该是抽象危险犯），只要实施了虚开行为，即构成该罪。但在刑法理论上，笔者较早提出虚开增值税专用发票罪应当具有骗取税款的目的，如果不以骗取税款为目的，即使实施了虚开行为也不能构成虚开增值税专用发票罪。这一观点逐渐被司法机关所接受，例如，2001年最高人民法院答复福建省高级人民法院请示的泉州市松苑锦涤实业有限公司等虚开增值税专用发票一案中，该案被告单位不以抵扣税款为目的，而是为了显示公司实力以达到在与外商谈判中处于有利地位的目的而虚开增值税发票。据此，最高人民法院答复认为，该公司的行为不构成犯罪。① 只有这样认定，才符合虚开增值税专用发票罪的法益保护目的。

对于非法持有枪支罪来说，也是如此。从条文的字面来看，只要在客观上实施了非法持有枪支行为，犯罪即成立，但没有正确地区分行政不法与刑事不法，因此，非法持有枪支罪应当以违法犯罪为目的。如果没有这一特定目的，则不构

① 参见姚龙兵：《如何解读虚开增值税专用发票罪的“虚开”》，载《人民法院报》，2016-11-16，第6版。

成非法持有枪支罪，而只能进行治安处罚。因为非法持有枪支罪的保护法益是公共安全，只有将枪支用于违法犯罪活动，非法持有枪支行为才具有危害公共安全的客观可能性。而在生活或者业务活动中未经许可持有枪支，虽然也是一种非法持有枪支的行为，但其侵害的不是公共安全，而是破坏了枪支管理制度。当然，以违法犯罪为目的的非法持有枪支行为也同样会破坏枪支管理秩序，但同时它还必须危害公共安全，该罪侵害的是双重客体。而不以违法犯罪为目的的非法持有枪支行为只是单纯地违反枪支管理法规，并不涉及对公共安全的危害。

采用目的性限缩解释，将违法犯罪目的确定为非法持有枪支罪的主观违法要素，从而使非法持有枪支罪成为非法定的目的犯，这种刑法教义学的解释进路，可以得出以下结论：本案被告人赵春华基于娱乐场所的经营活动而非法持有枪支，并没有违法犯罪的目的，因而不具备违法犯罪目的，不构成非法持有枪支罪。虽然这一结论在我国司法实践中接受起来会存在很大的难度，但这是在现有刑法规定的情况下，合理地处理类似赵春华案件的一条可行的途径。

三、责任排除事由的判断

对于枪支的认定和目的性限缩解释都属于在构成要件阶层的出罪事由，如果在构成要件阶层不能出罪，则进入责任阶层，考察是否存在责任排除事由。

在赵春华案中，首先应当考察的是违法性认识错误。在非法持有枪支案中，存在对枪支的两种认识错误：第一种是否是枪支的认识错误，这是一种事实认识错误；第二种是持有枪支是否违法的认识错误，这是一种违法性的认识错误。应该说，在非法持有枪支案中，被害人往往都会提出认识错误的辩护。其中，既有事实认识错误，也有违法性认识错误。在事实认识错误中，主要涉及枪形物是否属于枪支的认识问题。在枪支中，可以分为制式枪支和非制式枪支。制式枪支是根据一定的规格专门生产的枪支，这种枪支的属性是十分明确的，并不存在是否属于枪支的认识错误。非制式枪支是指制式枪支以外的枪支，根据《公安机关涉案枪支弹药性能鉴定工作规定》，对于非制式枪支按照以下两种情形处理：“（一）凡

是能发射制式（含军用、民用）枪支子弹的非制式枪支（包括私自制造、改装枪支），一律认定为枪支；（二）对于不能发射制式（含军用、民用）枪支子弹的非制式枪支，按下列标准鉴定：将枪口置于距厚度为25.4mm的干燥松木板1米处射击，弹头穿透该松木板时，即可认为足以致人死亡；弹头或弹片卡在松木板上的，即可认为足以致人伤害。”具有以上两种情形之一的，即可认定为枪支。因此，只有不能发射制式（含军用、民用）枪支子弹的非制式枪支才需要就杀伤力进行专门鉴定，以便确定是否属于枪支。除了非制式枪支以外，仿真枪这个概念也是值得辨析的。我国《枪支管理法》第44条将制造、销售仿真枪的行为规定为违法行为，但并未对仿真枪加以界定。2001年11月30日公安部《关于认定仿真枪有关问题的通知》规定：“凡外形、颜色与《枪支管理法》规定的枪支相同或近似，并且其尺寸介于《枪支管理法》规定的枪支尺寸的二分之一和一倍之间，但不具备枪支性能的物品，可以认定为仿真枪。”由此可见，仿真枪是以不具备枪支性能为前提的。如果经过鉴定具备枪支性能，就应当认定为枪支。但因为在不同枪支鉴定标准的情况下，就会对仿真枪是否属于枪支产生错误认识。例如，在前述刘某网购仿真枪案例中，刘某从我国台湾地区网购了24支仿真枪，台湾地区“警政署”1991年1月22日召开研订“枪炮弹药刀械管制条例”杀伤力标准会议，将杀伤力之标准确定为发射动能达到20焦耳/平方厘米以上。因此，在台湾地区低于这个标准的都是仿真枪。但大陆枪支的标准是1.8焦耳/平方厘米，因此，在台湾地区属于仿真枪的在大陆则属于枪支。在被告人刘某缺乏对我国枪支鉴定标准的明确认知的情况下，就出现了误将根据台湾标准是仿真枪而根据我国标准是枪支的误认为仿真枪的情形，这是一种典型的事实认识错误。刘某走私枪支案已经再审立案，笔者认为正确的出罪事由是事实认识错误。

对枪支的事实认识错误中，还存在规范的构成要件要素的认识错误。在我国刑法中，相当一部分犯罪的构成要件中包含了规范要素。例如，非法持有枪支罪中的非法，就属于规范的构成要件要素。也就是说，该罪的构成要件并不是持有枪支而是非法持有枪支。因此，这里的非法是对持有枪支行为的规范评价要素，属于规范的构成要件要素。在现实生活中，在正确认定枪支的条件下，可能会发

生对持有枪支是否非法的认识错误，即持有枪支是非法的，但行为人却误认为不是非法而持有枪支。如果具备这种对于持有枪支行为的非法性的认识错误，则可以阻却故意。应该说，这种规范的认识错误与违法性的认识错误之间是不同的，两者不能混淆。赵春华案的二审判决指出，赵春华明知其用于摆摊经营的枪形物无法通过正常途径购买获得而擅自持有，具有主观故意。在此，二审判决判处的是规范的认识错误，而并没有排除违法性的认识错误。

违法性的认识错误中的违法性是指实质违法性，相对于我国传统刑法理论中的社会危害性。因为我国刑法中的犯罪故意概念的认识要素中包含了对行为的社会危害性的认识，因此，在我国刑法语境中，违法性认识也可以说是社会危害性认识。因此，所谓缺乏违法性认识是指没有认识到自己的行为具有对社会的危害性，因而排除犯罪故意。

我国学者对于非法持有枪支罪的违法性认识错误持一种认同的态度，指出："自然犯的违法性认识无需在个案中具体证明；但对于法定犯而言，如果行为人缺乏违法性认识是难以避免的，就应当阻却犯罪故意的成立。当然行为人是否存在违法性认识错误以及这种认识错误是否属于不可避免的，不能单纯听信犯罪嫌疑人的供述，而是应当在具体案件中根据行为人的行为表现、认识能力等情况具体予以认定。"因此，枪支犯罪中如果不具有违法性认识应当阻却犯罪故意。[①]那么，在赵春华案中被告人是否具有违法性认识，换言之是否发生了违法性认识的错误呢？关键要看被告人是否认识到摆设射击气球的摊位具有社会危害性。笔者认为，这种违法性认识并不存在。因为用于射击气球的枪支的比动能达到了 1.8 焦耳/平方厘米的枪支最低标准，但实际上并不具有明显的致人死亡的性能。因此，被告人并没有认识到持有这种摆摊射击气球的枪支会具有社会危害性。

如果违法性认识还不能出罪，那么最后的责任排除事由就是期待可能性。期待可能性是指从行为时的具体情况出发，可以期待行为人不实施违法行为而实施

---

① 参见陈志军：《枪支认定标准剧变的刑法分析》，载《国家检察官学院学报》，2013（5）。

适法行为的可能性。如果具有期待可能性，即能够期待行为人在行为时实施合法行为，则行为人违反此种期待而实施了违法行为，由此应当负刑事责任；如果没有期待可能性，则行为人不负刑事责任。因此，期待可能性是责任排除事由。期待可能性的思想源于1897年德意志帝国法院第四刑事部所作的癖马案判决，其为期待可能性理论的产生提供了契机。该案案情如下：被告人受雇于马车店以驭马为生。因马有以尾缠绕缰绳的恶癖极易发生危险，被告人要求雇主换掉该马，但雇主不但不允，反以解雇相威胁。一日，被告人在街头营业，马之恶癖发作，被告人无法控制，致使癖马受惊狂奔，将一路人撞伤。检察官以过失伤害罪对本案被告人提起公诉，原审法院宣告被告人无罪，德意志帝国法院也维持原判，驳回抗诉。无罪的理由是：违反义务的过失责任，不仅在于被告人是否认识到危险的存在，而且在于能否期待被告排除这种危险。被告人因生计所逼，难以期待被告人放弃职业拒绝驾驭该马，故被告人不负过失伤害罪的刑事责任。在癖马案的裁判理由的基础上，经过德国学者的不断阐述，最终形成了期待可能性理论，为规范责任论的创立奠定了基础。日本学者大塚仁教授在评价期待可能性理论的时候，曾经指出："期待可能性正是想对在强有力的国家法规范面前喘息不已的国民的脆弱人性倾注刑法的同情之泪的理论。"这句话生动地揭示了期待可能性理论对于弱势人群的保护。

在赵春华案中，被告人以摆设射击气球摊作为谋生手段。根据媒体报道，赵春华的摊位是从一个老汉处转手过来的，用玩具枪打气球，用的是塑料子弹；赵春华刚接手该摊位两个多月，因为白天不许摆摊，每天晚上八九点钟出摊儿，到十二点钟左右收摊儿，两个月之间也没有什么事发生。2016年10月12日22点左右，赵春华被抓了。判决书显示，公安机关在巡查过程中将赵春华抓获归案，当场查获涉案枪形物9支及相关枪支配件、塑料弹，经天津市公安局物证鉴定中心鉴定，涉案9支枪形物中的6支为能正常发射、以压缩气体为动力的枪支。由此可见，射击摊位是赵春华从他人手中接手，营业时间较短，只有两个月，而且只是晚上摆摊。赵春华只是以摆设射击摊位谋生的弱势人群中的一位，当天被抓的共有13个人。这些人不占用国家资源，靠自己摆设摊位维持

生计，却不知在无意之中触犯法律。从法律是否可以期待赵春华放弃摆摊谋生的角度来说，也可以得出不具有期待可能性的结论，尽管赵春华如果知道持有射击气球的枪形物属于构成非法持有枪支罪，她也不敢继续从事这一卑微但能糊口的营生。

四、依法入罪，以理出罪

赵春华案被判有罪，完全是符合我国当前司法逻辑的，但却明显违背常识，不为社会公众所接受。而刑法教义学实际上已经为赵春华的出罪提供了足够的法理根据，这些根据远远没有达到被我国司法实践接受的程度，却与社会公众的观念相吻合。因此，面对赵春华案，我们更应当反思的是我国的刑事司法制度。

显然，我国目前的刑事司法就像一条司法流水线，侦查、公诉和审判各个环节都运行得十分顺畅。这条司法流水线是有利于入罪的，公检法三机关在刑事诉讼过程中配合有余而制约阙如。因此，在我国无罪判决是小概率事件，只要进入这条司法流水线，都会以定罪而告终。一个案件当通过前一道程序进入下一道程序的时候，依照惯性进入下一道程序，对于司法人员来说是一件省心省力的事情。而如果想要阻止进入下一道程序，则要付出十倍的努力。其他不说，即使是写一份有罪的司法文书也会比写一份无罪的司法文书容易太多。要解决这个问题，除了司法制度的改革以外，笔者认为司法理念的转变是极为重要的。

其中，出罪需要法律根据，没有法律根据不能出罪，就是司法理念上的重大障碍之一。

根据罪刑法定原则，法无明文规定不为罪。因此，入罪需要法律规定，没有法律规定不能入罪，这是正确的。那么，只要有法律规定就一定要入罪吗？笔者的回答是否定的。因为罪刑法定原则只限制对法无明文规定的行为入罪，但从来不限制对法有明文规定的行为出罪。换言之，入罪需要法律根据，出罪并不需要法律根据。这就是所谓依法入罪，以理出罪。因此，在某个行为完全符合刑法规

定的构成要件的情况下，对此进行限缩解释是完全可以接受的。至于违法性认识错误和期待可能性，都是法律没有规定的出罪事由，对于保证定罪的合理性具有重要意义。赵春华案就像一面镜子，折射出我国刑事司法制度中丑陋的一面。只有将它清除，我国刑事司法活动才能重新获得公众的尊重。

（本文原载《华东政法大学学报》，2017（6））

重大责任事故罪研究

重大责任事故罪是我国刑法中的企业事故犯罪，在刑法理论上，属于业务过失犯罪。在我国经济领域里，企业由于管理上的懈怠，重大责任事故时有发生，给社会造成了重大损害。本文拟根据我国刑法规定和司法解释，对重大责任事故罪进行研究，并兼而论及其他企业事故犯罪。

一、重大责任事故罪的概念

我国《刑法》第 134 条（2006 年《刑法修正案（六）》已对此作出修改）规定，重大责任事故罪是指工厂、矿山、林场、建筑企业或者其他企业、事业单位的职工，由于不服管理、违反规章制度，或者强令工人违章冒险作业，因而发生重大伤亡事故或者造成严重后果的行为。

我国刑法中的重大责任事故罪，从 1979 年《刑法》到 1997 年《刑法》，罪名虽然没有变化，但罪质范围有所减小。在我国 1979 年《刑法》中，第 114 条规定了重大责任事故罪。由于在当时的刑法中，企业事故犯罪除重大责任事故罪以外，只有交通肇事罪（第 113 条）和危险物品肇事罪（第 115 条），因而凡是

其他企业事故犯罪都包含在重大责任事故罪中。1997 年《刑法》修订中，对重大责任事故罪本身未作大的改动，但在重大责任事故罪以外，又新设了重大飞行事故罪（第 131 条）、铁路运营安全事故罪（第 132 条）、重大劳动安全事故罪（第 135 条）、工程重大安全事故罪（第 137 条）、教育设施重大安全事故罪（第 138 条）、消防责任事故罪（第 139 条）。上述新设的企业事故犯罪，有相当一部分是从重大责任事故罪中分离出来的，因而在 1997 年《刑法》中重大责任事故罪的罪质范围有所缩小。在上述企业事故犯罪中，重大责任事故罪是基本罪名，占据着十分重要的地位。

二、重大责任事故罪的主体范围

重大责任事故罪的主体是工厂、矿山、林场、建筑企业或者其他企业、事业单位的职工。因此，重大责任事故罪不属于单位犯罪，这是没有疑问的。但是，这里的自然人又不是一般意义上的自然人，而是工厂、矿山、林场、建筑企业或者其他企业、事业单位的职工，属于特殊主体。凡不具有这一特定身份的人，不能构成本罪。关于这里的工厂、矿山、林场、建筑企业或者其他企业事业单位，其范围前后有一个变化。在 1979 年制定《刑法》的时候，由于我国实行的是单一的公有制的经济体制，因此上述企业、事业单位是指国有或者集体的企业、事业单位。但从我国实行了经济体制改革以后，出现了以公有制为主体、各种经济成分并存的经济格局。这里的各种经济成分，除国有或者集体的企业、事业单位以外，还包括私有企业、事业单位以及中外合资、中外合作的企业、事业单位等。在这些非公有的企业、事业单位的经营活动中，同样会发生重大责任事故罪。为了适应惩治非公有的企业、事业单位中重大责任事故犯罪的需要，最高人民法院、最高人民检察院于 1986 年 6 月 21 日发出了《关于刑法第一百一十四条规定的犯罪主体的适用范围的联合通知》，该司法解释对重大责任事故罪犯罪主体的适用范围作了扩大解释，指出：《刑法》（1979 年）第 114 条关于重大责任事故罪的犯罪主体，既包括国营和集体的工厂、矿山、林场、建筑企业或者其他

企业、事业单位职工犯重大责任事故罪的犯罪主体，也包括群众合作经营组织或个体经营户的从业人员。对于群众合作经营组织和个体经营户的主管负责人，在管理工作中玩忽职守，致使发生重大伤亡事故，造成严重后果的，也应按《刑法》第114条的规定，追究刑事责任。在司法解释颁布以前，我国刑法理论上一般认为，作为重大责任事故罪主体的职工，是指在国营、集体企业、事业单位工作的人员，群众合作经营组织和个体经营户的从业人员不是职工。而且，刑法规定职工造成重大责任事故的原因是不服管理，违反规章制度或强令冒险作业；而群众合作经营组织和个体经营户并没有管理和被管理的分工，也没有健全的规章制度。因此，这些经济组织的从业人员不构成重大责任事故罪的主体。随着国家对群众合作经济组织和个体经营户政策的放宽，特别是国家允许个人雇工进行生产劳动后，群众合作经济组织和个体经营户迅速发展起来，规模也越来越大，有的甚至超过了一些小型的国营、集体企业，发生在这些经济组织中的重大责任事故案件也随之增多，原来已被接受的关于重大责任事故罪主体的解释受到了挑战。司法机关遂对重大责任事故罪的主体范围作了司法解释。① 我认为，这一司法解释对于正确认定重大责任事故罪的犯罪主体具有重要意义。

在1997年《刑法》修订中，对重大责任事故罪的犯罪主体未作修改，仍然表述为工厂、矿山、林场、建筑企业或者其他企业、事业单位的职工。但这里所说的工厂、矿山、林场、建筑企业或者其他企业、事业单位，既包括全民、集体性质的企业、事业单位，也包括私营企业。② 由此可见，前述司法解释对于重大责任事故罪的犯罪主体的解释仍然是有效的。根据立法精神和司法解释，重大责任事故罪的主体包括下述人员。

（一）国有企业、事业单位的职工

国有企业、事业单位，也称为国营企业、事业单位或全民企业、事业单位，

① 参见卢泰山主编：《最高人民检察院司法解释评析（1979—1989）》，267页，北京，中国民主法制出版社，1991。

② 参见胡康生、李福成主编：《中华人民共和国刑法释义》，153页，北京，法律出版社，1997。

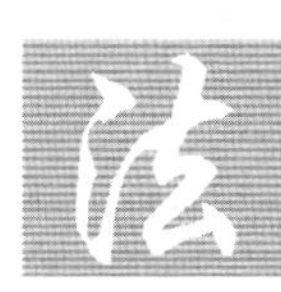

是指生产资料归国家所有的企业、事业单位。在我国公有制为主体的经济体制下，目前国有企业、事业单位仍然占主导地位。国有企业、事业单位的职工当然属于重大责任事故罪的犯罪主体。此外，根据 1989 年 4 月 3 日最高人民检察院《关于在押犯能否构成重大责任事故罪主体的批复》，监狱企业也属于国有企业，在押罪犯是监狱企业中直接从事生产的人员，也可以构成重大责任事故罪的主体。

（二）集体企业、事业单位的职工

集体企业、事业单位，是指生产资料归劳动群众集体所有的企业、事业单位。集体经济是公有制经济的一种重要形式，在我国经济生活中占有重要地位。集体企业、事业单位的职工当然属于重大责任事故罪的犯罪主体。

（三）私营企业的职工

在 1986 年《关于刑法第一百一十四条规定的犯罪主体的适用范围的联合通知》中，尚未使用私营企业的概念，而是规定了群众合作经营组织和个体经营户的从业人员，可以成为重大责任事故罪的犯罪主体。这里的群众合作经营组织是指城镇个体工商户或待业青年、社会闲散人员，根据生产、经营的需要，从事小型工业、手工业、商业、饮食业、修理业、运输业、建筑修缮业以及生活和技术等各种服务业经营活动的经济组织。这里的个体经营户是指经工商行政管理部门批准，从事小型工业、手工业、建筑业、交通运输业、商业、饮食业、服务业、修理业及其行业的个体经济单位，个体经营户包括个体工商户和农村专业户两种。群众合作经营组织和个体经营户实际上是私营企业的雏形，目前大部分群众合作经营组织和个体经营户都已经发展成为私营企业，私营企业从事经济活动的范围越来越广泛，其经营规模也越来越大。因此，私营企业的职工也是重大责任事故罪的犯罪主体。这里应当指出，前述群众合作经营组织和个体经营户以及后来的私营企业，在一般情况下都是指经合法登记成立的经济组织，其所从事的是合法的经营活动。那么，未经有关部门批准和登记的群众合作经营组织和个体经营户，以及私营企业的从业人员，能否成为重大责任事故罪的主体呢？对此问题我国刑法及司法解释未作明文规定。但 1987 年 7 月 10 日最高人民检察院对《关

于无证开采的小煤矿矿主是否构成重大责任事故犯罪主体的请示》的复函指出：无证开采的小煤矿从业人员亦属于《刑法》（1979年）第114条犯罪主体所包括的个体经营户的从业人员。如其行为符合《刑法》第114条规定的犯罪构成，因而造成严重后果的，应按《刑法》第114条的规定追究其刑事责任。按照这一司法解释，无证开采的小煤矿从业人员可以成为重大责任事故罪的主体。按照这一司法解释的精神，我认为其他未经批准和登记的群众合作经营组织和个体经营户以及私营企业的从业人员，均可以成为重大责任事故罪的主体。

（四）外资企业的职工

外资企业，又称外商独资企业。这里的外商，包括外国或港、澳、台地区在我国内地投资设立的各种企业。外资企业是我国法人，其在我国经营期间必须遵守我国的法律、法规，不得损害社会公共利益。因此，外资企业的职工是重大责任事故罪的主体。

（五）中外合营企业的职工

中外合营企业，包括中外合作经营企业和中外合资经营企业，是指外国或者港、澳、台地区的公司、企业或其他经济组织或个人经我国政府批准，在我国境内同我国的公司、企业或其他经济组织，按照平等互利原则所共同举办的企业。合营企业是我国法人，其经营活动应遵守我国法律、法规的规定。因此，中外合营企业的职工是重大责任事故罪的主体。

（六）有限责任公司和股份有限公司的职工

在理论上，公司是从属于企业的一种形式。在我国法律上，公司是区别于企业的一种经济组织。有限责任公司和股份有限公司是我国公司法规定的两种主要的组织形式。有限责任公司是指全体股东以各自的出资额为限对公司债务负清偿责任的公司。股份有限公司是指由一定人数的股东发起设立的，全部资本分为股份，股东以所购的股份承担财产责任的公司。在上述公司从事生产、经营活动的职工，是重大责任事故罪的主体。

应当指出，我国刑法规定的重大责任事故罪的主体是职工。这里的职工，顾名思义，是指职员和工人，即直接从事生产等工作的人员和管理人员。由此可

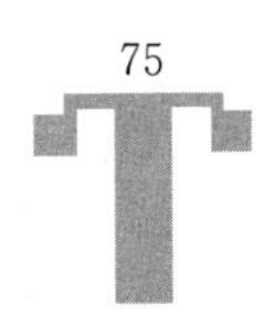

见，职工包括直接生产人员和管理人员。在我国刑法理论上，关于重大责任事故罪的主体——职工，是指生产性人员没有异议，但非生产性人员能否成为重大责任事故罪的主体，存在争议。主要存在以下两种观点[①]：第一种观点认为重大责任事故罪不是一般的过失犯罪，而是生产作业过程中的违章所导致法定危害结果的过失行为所构成的犯罪。因此其犯罪主体只能是上述单位中亲自参加生产作业和直接指挥生产作业两类人员，只有这些人员在直接从事生产或者指挥生产过程中才可能发生违章并导致法定危害结果的过失行为，从而构成本罪。而上述单位的非生产性的人员，如党团工会的干部、财会人员、统计员、炊事员、电话员、保育员等，由于不直接从事生产或指挥生产，不可能在生产、作业活动过程中违章作业，造成重大伤亡事故和其他严重后果，因而不可能构成重大责任事故罪的主体。第二种观点认为，在一般情况下，重大责任事故罪的犯罪主体只能是上述单位的直接从事生产或指挥生产的人员，非生产性的人员不能成为本罪的主体。但是，上述单位的非生产性的人员有时也是可能从事生产作业活动的。如果他们在从事生产、作业活动中违反有关规章制度，并由此引起重大事故的，对他们应以重大责任事故罪论处。我认为，上述两种观点的争议，关键问题在于以什么标准区分生产人员与非生产人员。第一种观点是以名义上的生产性职务区分生产人员与非生产人员，因此，非生产人员不能成为重大责任事故罪的主体。由于将虽然没有名义上的生产性职务，但实际从事生产活动的人员仅从名义上不具有生产性职务而视为非生产人员，认为不能构成重大责任事故罪的主体，因而其观点难以成立。而第二种观点同样以是否具有名义上的生产性职务作为区分生产人员与非生产人员的标准，从非生产人员实际上可能从事生产活动出发，得出非生产人员也可以成为重大责任事故罪的主体的结论。我认为，这一观点同样是不能成立的，但其具体结论是正确的。之所以出现上述矛盾，主要原因在于其前提以是否具有名义上的生产性职务作为区分生产人员与非生产人员的标准是错误的。其实，从事生产活动的，就是生产人员，即使其只具有名义上的非生产性职务；反

① 参见赵秉志主编：《刑法争议问题研究》，119 页以下，郑州，河南人民出版社，1996。

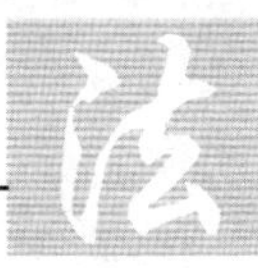

之亦然：不从事生产活动的，就是非生产人员，无论是否具有名义上的生产性职务。由此可以得出结论：只要实际从事生产活动的人员，都可以成为重大责任事故罪的主体。

综上所述，重大责任事故罪的主体是特殊主体，其主体范围随着我国经济体制改革的发展而有所扩张。任何企业、事业单位或者其他单位中从事生产经营活动的人员，均可成为重大责任事故罪的主体，并且不论这些单位的所有制性质如何，也不论这些人员在单位中名义上具有何种职务或者身份。

三、重大责任事故罪的违章行为

重大责任事故罪在客观上表现为违反规章制度的行为，即违章行为。可以说，违反规章制度是构成重大责任事故罪的前提。如果行为人并未违反规章制度，即使造成了事故，也不能以重大责任事故罪论处。

违反规章制度，这里的规章制度是指与生产安全有关的规章制度，而不是所有规章制度。这种规章制度包括以下三种情况：一是国家颁布的各种与安全生产有关的法律、法规等规范性文件。二是企业、事业单位及其上级管理机关制定的反映安全生产客观规律的各种规章制度，包括工艺技术、生产操作、技术监督、劳动保护、安全管理等方面的规程、规则、章程、办法和制度。三是虽无明文规定，但却反映了生产、科研、设计、施工中安全操作的客观规律和要求，在实践中为职工所公认的行之有效的操作习惯和惯例等。上述各种规章制度对于保证生产安全，防止重大责任事故的发生具有重要意义。违反这些规章制度往往导致重大责任事故的发生。违反规章制度，是以存在规章制度为前提的。但有些企事业单位根本就没有制定有关安全生产的规章制度，在这种情况下，发生重大责任事故的，应如何认定违反规章制度这一要件呢？对此，应以国家颁发的有关法规和发生事故的企事业单位的上级管理部门的有关规章制度为准，追究有关人员的重大责任事故罪的刑事责任。换言之，要对规章制度作全面理解，它不仅指企事业单位自身所制定的各种有关安全生产的规章制度，而且指国家颁布的有关法律、法规中的规定以及上级管理部门制定的规章制度。此外，有些企事业单位的从业人员没有经过培训，也没有受过必要的安全教育，不了解规章制度，因而发生重大责任事故，能否追究行为人的刑事责任？对于这种情况，一般认为行为人不负刑事责任，因为其未经培训，不了解规章制度，因而不存在违反规章制度的问题。但企事业单位的有关负责人员应负刑事责任，因为其在生产管理中未履行安全生产的职责。

在我国刑法理论上，违反规章制度的行为，主要表现为以下两种情形。

（一）不服管理违章作业

不服管理违章作业的主体一般是工人，即工厂、矿山、林场、建筑企业或者其他企业、事业单位的职工，不服从本单位管理人员的管理，或者不服从本单位领导出于安全生产考虑对工作的安排。应当指出，这里的不服管理，应当理解为是不遵守有关安全生产的规章制度，而不是仅指某个具体工作人员的管理。不服管理违章作业，在客观上既可以是作为，也可以是不作为。作为通常是指违反规章制度进行生产作业，从而造成重大责任事故。不作为通常是指违反规章制度未尽安全生产义务。例如北京首钢总公司民用建筑工程公司机械化工程队吊车班工人王某（男，44 岁）、吊车班司机谭某（男，33 岁），某日到石景山区苹果园东侧的首钢民用建筑工程公司搅拌站工地接班，负责海虹牌 50 吨汽车吊装混凝土作业。在等待工作期间，谭某在 50 吨吊车吊臂向东伸出 28 米、仰角为 73 度的情况下，擅自离开吊车到工地休息室与他人打扑克赌博。调度员到工地休息室通知 50 吨吊车挪动车位让路。谭某只顾打扑克，未采取任何措施。此时在休息室观看他人打扑克的王某不顾自己无驾驶证，只负责对吊车进行监护的职责，私自驾驶 50 吨吊车腾挪让路。王某在未收回吊臂，且无人监护的情况下，驾车由东向西行驶，致使吊臂先后两次触碰到石景山热电厂至八里庄变电站双回线，造成其短路断电，使北京西部地区大范围停电，直接影响了部分重要党政军领导机关、中央人民广播电台、中央电视台、地铁及地面交通指挥系统、医院、工矿企业及居民区的供电供暖，仅已查明造成的直接经济损失达 190 余万元。北京市石景山区人民检察院对被告人王某、谭某以重大责任事故罪向北京市石景山区人民

法院提起公诉。石景山区人民法院经审理认为：被告人王某违反《首钢建筑安装安全技术操作的规程》等规定，在未取得有关部门核发的操作证的情况下，违反规定无证驾驶吊车。在行车时又违反吊车操作规程，未收回起重吊臂即驾车行驶，致使高压线短路，造成北京西部地区大范围停电，其行为已构成重大责任事故罪，且情节特别恶劣。被告人谭某违反《首钢总公司安全生产管理制度》《首钢起重机械安全管理制度》的规定，在吊车处于工作状态下未采取任何监护措施，擅离职守，致使他人违章驾车操作，导致高压线短路，造成重大经济损失，且影响恶劣，其行为已构成重大责任事故罪。据此，该院依照刑法的有关规定判决如下：被告人王某犯重大责任事故罪，判处有期徒刑 7 年；被告人谭某犯重大责任事故罪，判处有期徒刑 4 年。一审宣判后，上述被告人不服，提起上诉。北京市第一中级人民法院经审理，裁定驳回被告人王某、谭某的上诉，维持原判。在本案中，王某的行为系作为，即违反规章制度进行操作，致使发生重大责任事故。谭某的行为系不作为，即违反规章制度，不履行其职责，对于重大责任事故的发生同样具有因果关系。

（二）强令工人违章冒险作业

强令工人违章冒险作业的主体是管理人员，而且是直接从事生产指挥的管理人员。这里的强令，是指强迫命令，在语气上较重。实际上，只要管理人员指挥工人进行违章冒险作业，无论是否达到强迫命令的程度，均可构成本罪。因为在已经预见到危害结果可能发生的情况下，轻信危害结果可以避免，才会发生强令工人违章冒险作业的问题。例如，沈某，某镇办煤矿三号井井长。毕某，某镇办煤矿三号井副井长。某镇所属煤矿三号井一号下山两平巷 101 残采工作面，自开始投产时，就定有作业规程，特别是对顶板管理，如对挖顶距、放顶步距、初次放顶、木柱规格、支护质量等均有具体规定。此后，井下新发现一条断层，因此又有针对性地编制了三条补充措施。但是，在实际作业中，对作业规程和补充措施长期以来没有认真落实。沈某、毕某身为井长、副井长，对该井安全生产负主要责任，而且他们天天跟班下井，对作业与规程不符的情况虽然知道，但未予纠正，给安全生产留下了隐患。某日，毕某值班期间，作业班长孟某、王某和工人

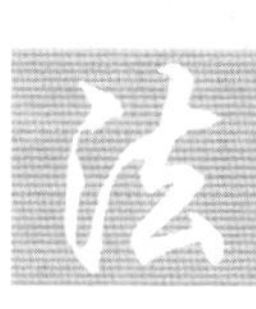

邢某发现101残采面4号溜子道作业面顶板裂纹增大，柱子变形，淋水增多，便将此险情及时地连续三次向毕某汇报，但都未引起毕某的重视。次日，井长沈某来接班时，毕某只说，井下顶板不好，我下去看了，问题不大。沈某在接班时就已知井下顶板不好。当晚，作业班长王某又一次向沈某汇报了井下的险情，沈某对此既不采取紧急措施，也不向矿领导汇报，而是继续安排工人冒险下井作业，结果发生大面积冒顶，造成4人死亡的严重后果。法院经审理认为，本案的主要责任者沈某和毕某身为井长和副井长，长期不顾安全规程的要求和存在的事故隐患，在值班期间，发现作业面顶板不好、裂纹增大、柱子变形、淋水增多等隐患，威胁着安全生产和工人的生命时，不但不果断地采取紧急措施，而且继续违章指挥，强令工人冒险下井作业，其行为已经危害职工的生命安全，并造成了严重后果，均已构成重大责任事故罪。在本案中，沈某已经预见到事故可能发生，但又轻信能够避免，因而违章指挥，强令工人冒险下井作业。显然，这一行为比较接近强令的本意。但在疏忽大意的过失中，行为人根本没有预见到事故可能发生，因而也就不存在强令工人违章冒险作业的问题。

例如孙某，男，35岁，某县马塘金矿副矿长兼采矿车间主任。1986年5月1日至2日，孙某两次指示采矿车间副主任滕某、鲍某等人到矿井100米中段19通风天井和70米巷道勘查安装风扇的位置。滕、鲍二人到井下勘查后，研究将风扇安装在70米巷道和100米中段通风天井上口处。由于此处有一米深的淤泥砂石需清理，滕、鲍二人便安排鲍某等人将泥砂清理到19通风天井内，再由自然流水冲下，然后在天井中段作业的刘某所在班组清理到底层1322巷道。滕某和鲍某把这一天在天井中双层作业的情况于5月2日上午向孙某作了汇报。孙某当即表示同意，并在下午4时给在井下作业的刘某打电话作了交代。由于孙某的意见根本无法实施，于当晚8时许，100米中段19通风天井上口以下20米处，被淤泥砂石堵住，积水达到4立方米，因水压力过大，将泥砂冲下，使在下层作业的刘某等工人被冲下，致使3人死亡，2人受伤。某检察机关起诉后，一审法院认定孙某犯有重大责任事故罪，依法判处其有期徒刑1年缓刑1年。被告人上诉后，二审法院以孙某虽然违章指挥并造成严重后果，但以“未强令违章冒险作

业”为由，撤销一审判决改判无罪。显然，二审法院是从字面含义上理解“强令违章冒险作业”这一要件的，因而将一般指挥他人违章冒险作业的行为排除在重大责任事故罪之外。对于这个问题，我国刑法学界存在以下两种观点：第一种观点认为，违章指挥行为造成重大责任事故的，应以重大责任事故罪论处。这种观点指出：司法实践中，对于国家工作人员在指挥生产过程中，因不执行劳动保护法规而造成重大责任事故的，在客观行为方面是否仅仅限于强令工人违章冒险作业这一方面，我国刑法没有作出具体限制性规定。实际上国家工作人员错误地指挥生产活动，既有因强令指挥工人冒险作业造成重大事故的，也有因自己违章指挥造成重大事故的。强令工人冒险蛮干是冒险作业的一种表现形式，违章指挥本身也是冒险作业的一种表现形式，如同工人违反规章制度和操作规程因而造成重大事故一样，国家工作人员违章指挥造成重大事故亦应视为冒险作业。所以只要客观行为方面有违章指挥行为并造成重大事故，而且重大事故的发生与违章指挥行为之间存在必然因果关系的，就应认定为构成重大责任事故的犯罪。这种观点还指出：在造成严重后果的重大责任事故案件中，如何区分和处理一般的违章指挥与强令工人冒险作业呢？我认为，强令工人违章冒险作业本身就是违章指挥，只是强令工人违章冒险作业与一般的违章指挥在程度上存在着不同。相比较而言，强令工人违章冒险作业在犯罪情节上更为恶劣，处理时可依法从重处罚。① 第二种观点则认为，按照刑法规定，生产指挥人员指派工人违章冒险，造成严重后果的，不构成犯罪。因为强令的特征有二：一是被强迫者不服从命令，二是强迫者利用自己的职权迫使被强迫者服从命令。显然，强令和一般的指挥是不同的。为了不把一般的违章指挥排除在犯罪之外，建议刑法在修改时，把“强令”二字改为“指挥”。这种观点认为，目前在刑法规定上，虽然一般地指派并不属于强令，但在司法实践中作为犯罪处理。因此形成了一个矛盾。②

关于上述问题，存在两个值得研究的问题：第一个是价值判断问题，即对于

① 参见孙佩生、王伦轩：《重大责任事故玩忽职守案件现场勘查与安全释疑》，117～118页，北京，劳动人事出版社，1989。

② 参见侯国云：《过失犯罪论》，422～423页，北京，人民出版社，1996。

管理人员构成的重大责任事故罪，是否限于强迫命令工人违章冒险作业？换言之，未强迫命令的一般指挥或者安排行为致使造成重大责任事故的，是否应以重大责任事故罪论处？对此，我的回答是肯定的。因为过失犯罪与故意犯罪在性质上是有所不同的，一般而言，过失犯罪属于结果无价值，对于其行为的样态并不十分关注。只有故意犯罪才关注行为样态，因为它属于行为无价值。对于过失犯罪来说，具有原因犯的性质，法律更为强调的是某种结果，只要是造成这种结果的原因，都可以认为是造成该种结果的行为。在重大责任事故罪中，关键是违章行为造成了重大责任事故的发生，至于违章行为的具体样态并不十分重要。第二个是法律解释问题，这是一个找法的问题，即：现有的刑法条文是否能把一般的违章指挥行为包括在重大责任事故罪当中？在此，需要研究法律解释的方法。采用字面解释，似乎难以遂愿，因为“强令”有其特定含义，不能包括一般的指挥。但从立法原意来看，应当认为包含一般指挥行为。1997 年《刑法》第 134 条基本上维持了 1979 年《刑法》第 114 条的规定。从立法过程来看，1979 年刑法首次规定：“工厂、矿山、林场、建筑企业或者其他企业、事业单位的职工，由于不服管理、违反规章制度，或者强令工人违章冒险作业，因而发生重大伤亡事故，造成严重后果的，处三年以下有期徒刑或者拘役；情节特别恶劣的，处三年以上七年以下有期徒刑。”在 1997 年《刑法》定稿时，对重大责任事故罪的罪状作了修改，把“严重不负责任”改为“不服管理”，并在“违反规章制度”之后增加“或者强令工人违章冒险作业”一句，这样就把从事生产的一般职工所犯的和领导、指挥生产的人员所犯的都明确表达出来了。[①] 从上述刑法起草情况来看，此稿“由于严重不负责任，违反规章制度因而发生重大事故，造成严重后果的”这一表述，我认为是可取的，修改以后反而容易造成误解。但考虑到增加“强令工人违章冒险作业”是为了突出领导、指挥生产的人员的重大责任事故行为，突破其字面含义，将所有违章指挥行为都包含在内，我认为是有道理的。正如高铭暄教授指出：构成本条罪，最重要的条件是有违反规章制度的行为，由于有这个行

① 参见高铭暄编著：《中华人民共和国刑法的孕育和诞生》，158 页，北京，法律出版社，1981。

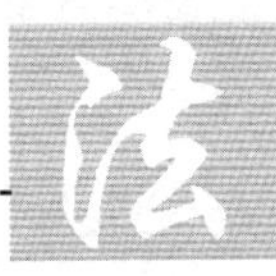

为，才造成人身伤亡或者使公私财产遭受重大损失。条文中所说的“不服管理”“强令工人违章冒险作业”，实质上也都是违反规章制度的行为，不是违反操作规程，就是违反劳动纪律，或者违反安全生产制度、劳动保护法规。[①] 因此，应当把“强令工人违章冒险作业”理解为管理人员的所有违章指挥行为。

四、重大责任事故罪的损害结果

事故，是指人们在进行生产、科研等社会活动过程中发生的意外损失或灾祸。因此，事故总是表现为某种损害结果。在重大责任事故罪中，重大事故作为犯罪结果对于该罪的构成具有十分重要的意义。

在 1979 年《刑法》第 114 条中，关于重大责任事故罪的损害结果表述为“发生重大伤亡事故，造成严重后果”。在 1997 年《刑法》修订中，把上述规定修改为“发生重大伤亡事故或者造成其他严重后果的”。立法机关作此修改，是为了明确重大伤亡事故以外的其他重大事故，也可以成为重大责任事故罪的损害结果，从而解决了实践中长期以来提出的重大责任事故罪应包括造成重大财产损失的问题。[②] 确实，1979 年《刑法》第 114 条对重大责任事故罪的损害结果的表述，容易使人发生误解。但在司法解释中，都明确地把造成重大经济损失视为重大责任事故罪的严重后果。例如，1989 年 11 月 3 日最高人民检察院颁布的《人民检察院直接受理的侵犯公民民主权利、人身权利和渎职案件立案标准的规定》，就把重大责任事故罪的损害结果表述为“发生重大伤亡事故，或者造成重大经济损失”。我国学者认为，司法解释实质上解决了“严重后果”是否包括经济损失的问题。从实践上看，重大责任事故除了造成人身伤亡之外，往往还造成巨大的经济损失，并且有的事故案件只造成经济损失而没有人身伤亡。对这类案件不依法追究行为人的刑事责任，有悖于我国刑法关于“保护国家、集体和公民的合法

---

① 参见高铭暄编著：《中华人民共和国刑法的孕育和诞生》，159 页，北京，法律出版社，1981。

② 参见胡康生、李福成主编：《中华人民共和国刑法释义》，153 页，北京，法律出版社，1997。

财产不受侵犯”的立法原则。因此，认为重大责任事故罪只是指发生人身伤亡事故而不包括经济损失的理解是片面的。[①] 由此可见，司法解释为正确认定重大责任事故罪的损害结果提供了明确的法律根据。当然，1997 年《刑法》修改以后，使这一问题更为明确。根据刑法和司法解释的规定，重大责任事故的损害结果表现为以下三种情形。

（一）致人死亡

致人死亡是重大责任事故罪中最为严重的损害结果。在大多数重大责任事故案件中，往往都具有致人死亡的后果，有些特大的重大责任事故案件，甚至造成数十人，乃至于数百人的死亡。根据司法解释的规定，致人死亡 1 人以上的，即构成重大责任事故罪。

（二）致人伤害

致人伤害的损害结果也是重大责任事故罪中十分常见的。我国司法解释规定，致人重伤 3 人以上的，构成重大责任事故罪，但对于造成轻伤如何定罪并无明确规定。当然，重大责任事故罪一般都是造成死亡或者重伤，鲜见只造成轻伤的。

（三）经济损失

经济损失也是重大责任事故罪的损害结果，在某些重大责任事故案件中，没有致人死亡的损害结果，但造成了重大的经济损失同样可以定罪。根据司法解释规定，造成直接经济损失 5 万元以上的，或者经济损失虽不足规定数额，但情节严重，使生产、工作受到重大损害的，构成重大责任事故罪。由此可见，我国司法实践中，一般将经济损失分为直接经济损失与间接经济损失。所谓直接经济损失，是指与行为有直接关系造成的财产毁损、减少的实际价值，如由于事故而造成的建筑、设备、产品等的毁坏、损失，因人员伤亡而支付的医疗、丧葬、抚恤费等。所谓间接损失，是指因直接经济损失引起和牵连的其他经济损失，包括失去的在正常情况下可能获得的利益，如因停工停产带来的损失、被毁产品如正常

① 参见卢泰山主编：《最高人民检察院司法解释评析（1979—1989）》，105 页，北京，中国民主法制出版社，1991。

出售带来的利润等等。重大责任事故案件，直接经济损失在5万元以上可以定罪；直接经济损失虽不足5万元，但间接经济损失特别巨大（一般认为损失在100万元以上为特别严重），可视为情节严重；或者生产、工作受到重大损害的，也可以定罪。

五、违章行为与损害结果之间的因果关系

在重大责任事故罪中，违章行为与损害结果之间还必须存在因果关系。这里所谓因果关系，是指重大伤亡事故或者其他严重后果是由违章行为直接造成的。在认定重大责任事故罪的违章行为与损害结果之间的因果关系的时候，应当注意以下三个问题。

（一）过失性

重大责任事故罪是一种过失犯罪，因而违章行为与损害结果之间的因果关系具有过失性，表现为过失犯罪的因果关系。过失犯罪的因果关系具有刑法上因果关系的共性，同时又具有其特殊性。我国学者认为，过失犯罪因果关系的特殊性表现为以下三点：(1) 内容的限定性，即过失犯罪因果关系仅限于过失危害行为与危害结果之间引起与被引起的联系，只能发生在过失犯罪的领域内。(2) 外观的显见性，即过失危害行为与危害结果之间的因果关系在外观上较为明显。(3) 判断的技术性，即过失犯罪因果关系有相当一部分发生、存在于业务活动过程中；在内容上涉及技术性因素比较强，要查明、判断是否确实存在因果关系，带有浓厚的技术性因素在内。① 我认为，上述对过失犯罪因果关系的特殊性的阐述是有一定道理的。重大责任事故罪是一种业务过失犯罪，具有更为明显的过失犯罪因果关系的性质。由于重大责任事故罪发生在业务活动中，行为人主观上的过失是造成重大责任事故的主要原因。因此，对于重大责任事故罪的因果关系的过失性应当予以高度重视。

---

① 参见胡鹰：《过失犯罪研究》，142～143页，北京，中国政法大学出版社，1995。

（二）不作为性

重大责任事故罪的违章行为，在相当多的情况下都表现为不作为。因此，重大责任事故罪的因果关系具有不作为性。关于不作为犯罪的因果关系，存在否定说与肯定说之争。目前刑法理论上一般都认为不作为犯罪同样存在因果关系，只不过这种因果关系具有不同于作为的因果关系，在刑法理论上存在以下诸说：(1) 他行为说，认为不作为本身不能成为引起结果的原因。但是，行为人在不作为之同时，常常有积极的作为存在，此种作为与不作为结合一起，可以成为引起结果发生的原因。(2) 先行为说，认为不作为本身无原因力，但行为人在不作为之前，必定有某种积极的作为存在，他的不作为与这种作为结合在一起，就成为引起结果的原因。(3) 他因利用说，认为不作为犯罪是行为人利用自己以外之原因力，促使结果发生。也就是说，当某一外在的因果关系正在出现之际，行为人不仅不防止其发生和进行，而且加以利用，使得外在的因果关系得以顺利完成。因此，行为人的不作为也是引起结果的原因。(4) 作为义务违反说，认为不作为犯罪结果的出现，是由于行为人违反了法律规定的作为义务，如果行为人不违反法律所期待的义务，犯罪结果就不会发生。因此，行为人的违反作为义务是引起犯罪结果的原因。(5) 排除防止结果条件说，认为在不作为犯罪中，促使犯罪结果发生的条件行为有两种：一种是积极引起结果发生的行为，即起果条件行为；另一种是消极防止结果发生的行为，即防果条件行为。作为属于前者，而行为人负有的防止结果出现的义务行为，属于后者，行为人的不作为是排除了防果条件行为。也就是说，在不作为犯罪中，由于负有防止结果发生的作为义务的行为人不履行其作为义务，即不排除防止结果发生的条件，因而使得犯罪结果出现。(6) 防止可能性说，认为从刑法因果关系应以社会是否感到危险为标准的危险关系说出发，在不作为犯罪中，当行为人可能防止危害结果出现而不防止时，其不作为对于社会显然具有危险性，所以行为人的不作为同危害社会结果之间存在刑法因果关系。① 我认为，上述各说对于解释不作为犯罪的因果关系都具有一定的

① 参见李光灿等：《刑法因果关系论》，95页以下，北京，北京大学出版社，1996。

道理，但从重大责任事故罪来说，由于它是一种业务过失犯罪，其损害结果是由违章行为造成的。因此，作为义务违反说更具有说服力。在损害结果直接由不作为的违章行为引起的情况下，可采用作为义务违反说。如果行为人履行作为义务，就不会引起损害结果。因而这种作为义务不履行的不作为具有原因力。例如，常某系某煤矿瓦斯检查员，在已经测得某矿井瓦斯含量日趋上升的情况下，未采取任何排除险情的措施。某日，瓦斯含量再度上升，常某又违反井下放炮前进行瓦斯测鉴的规定，未下井检查，放炮员不知瓦斯含量超标，在放炮时引起瓦斯爆炸，造成6名工人死亡的重大事故。在本案中，常某如果履行其作为义务，在放炮前进行瓦斯测鉴，就不会发生由于瓦斯含量超标而引起的爆炸，因此其不作为与损害结果之间具有因果关系。

（三）共同性

重大责任事故罪的因果关系还具有共同性，即往往是多因一果造成的。这种共同因果关系，我国学者也称为复杂因果关系，指两个或两个以上行为人的违章行为同危害结果之间的必然联系。我国学者认为，这种复杂的因果关系又可区分为三种：(1) 支配型复杂因果关系，即一行为人的违章行为支配另一行为人的违章行为，引起一个危害结果的发生。(2) 并列型复杂因果关系，即两个或两个以上行为人各自独立的违章行为，共同引起一个危害结果的发生。(3) 介入型复杂因果关系，即前一行为人的违章行为造成某种危险状态，此后又介入另一人的违章行为，引起一个危害结果的发生。① 在这种多因一果的情况下，如何正确地认定违章行为与损害结果之间的因果关系，以及区分主要原因与次要原因，对于重大责任事故罪的定罪处罚具有重要意义。例如，前述北京首钢总公司民用建筑工程总公司机械化工程队吊车班工人王某和谭某违章作业造成重大责任事故案中，谭某作为吊车司机擅离职守，致使王某无证违章驾驶吊车；而王某在明知自己没有驾驶资格的情况下，违章操作吊车，致使高压线短路。应当说，两人的行为是造成重大责任事故发生的共同原因，对于损害结果应当共同承担刑事责任。

① 参见侯国云：《过失犯罪论》，2版，431页，北京，人民出版社，1996。

六、重大责任事故罪的主观罪过

重大责任事故罪的主观罪过形式是过失，对此，在我国刑法理论上并无争议。当然，重大责任事故罪作为一种由违章行为构成的业务过失，具有不同于普通过失的特点。在刑法理论上，一般认为重大责任事故罪中，违章行为通常是故意的（也不排除在少数情况下违章行为是过失的），但对于重大责任事故的损害结果则是过失的。因此，不能以违章的故意作为重大责任事故罪的罪过内容。在我国刑法中，过失分为两种：疏忽过失与轻信过失，在重大责任事故罪中，这两种过失都存在。下面分别加以论述。

（一）疏忽过失

根据我国刑法的规定，疏忽过失又称为疏忽大意的过失，是指应当预见自己的行为可能发生危害社会的结果，因为疏忽大意而没有预见，以致发生危害社会结果的心理状态。由此可见，疏忽过失的疏忽大意主要表现为应当预见而没有预见，其中应当预见是预见义务与预见能力的统一。在重大责任事故罪中，正确地认定预见义务与预见能力具有重要意义。

1. 重大责任事故罪的预见义务

预见义务是指预见危害结果可能发生的义务，是注意义务之一种类型。在刑法理论上，预见义务可以分为一般注意义务与特别注意义务。基于一般的社会生活、社会活动而产生的注意义务，称为一般注意义务，而基于行为人的职务、业务活动而产生的注意义务，称为特别注意义务。[①] 普通过失要求的是一般注意义务，而业务过失要求的是特别注意义务。重大责任事故罪是业务过失，因而其所要求的应当是特别注意义务。

在重大责任事故罪中，预见义务是与一定的职务相关联的。由于行为人担任某项职务，就相应地承担了该职务所应当履行的预见义务。此外，重大责任事故

① 参见林亚刚：《犯罪过失研究》，229页，武汉，武汉大学出版社，2000。

罪的预见义务还与一定的业务相联系，特定的业务活动设立了与之相关的预见义务。从上述意义上说，重大责任事故罪的预见义务是职务或业务要求的义务。在一般情况下，此种预见义务都规定在各种规章制度之中。正如我国学者指出：业务活动的规章制度，是业务人员必须遵循的业务上特殊注意义务的规范化和法律化，而业务上特殊注意义务则是构成这些规章制度的基本内容。因此，业务上过失犯罪虽以违反规章制度为外部行为特征，但其实质内容是违反业务上特殊注意义务。如未违反业务上注意义务，则不论发生如何严重的危害结果，都不能构成业务上过失。因此，业务上注意义务或称业务上特殊注意义务就成为业务过失犯罪的中心概念。① 因此，只有从规章制度着手，才能正确地查明行为人的预见义务。

2. 重大责任事故罪的预见能力

预见能力，又称为注意能力或者预见可能性，是指行为时预见危害结果发生的客观可能性。只有在行为人具有预见可能性的情况下，没有预见到危害结果发生，才能表明行为人主观上具有疏忽性，因而也才具有谴责可能性。如果行为人没有预见能力，在当时的情况下根本不可能预见危害结果发生，那就是意外事件，行为人主观上没有过失。

那么，如何考察行为人是否具有预见能力呢？关于这个问题，在刑法理论上存在以下三种观点：（1）客观说，即常人标准说，认为对行为人注意能力的判断，应以通常人或一般人所具有的谨慎周到的注意能力为标准，亦即以法律上所谓善良管理人的注意能力为标准。这是一种社会客观标准，对每个人都一样，行为人如果未能发挥其作为通常人所应具有的注意能力，由此造成结果，就应承担过失责任。(2）主观说，即个人标准说，认为对行为人注意能力的判断，应以具体行为的行为者个人的注意能力为标准。注意义务之违反、犯罪过失的成立，均应根据各行为人的实际注意能力来认定。(3）折中说，即主观说与客观说的统一说，认为智力高于普通人者，其注意能力以客观标准定之；智力低于普通人者，

① 参见甘雨沛等主编：《犯罪与刑罚新论》，163页，北京，北京大学出版社，1991。

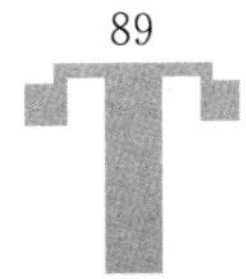

其注意能力以主观标准定之。此外，折中说主张对行为之不注意，其注意能力依客观说为标准；对结果之不注意，注意能力依主观说为标准；对违反客观注意义务者，依客观标准定其注意能力；对违反主观注意义务者，依主观标准定其注意能力。[①] 在上述三说中，我赞同主观说，应当根据行为人的实际状况来认定其是否具有预见可能性。当然，在判断行为人的预见能力的时候又不能脱离客观环境与客观条件。在重大责任事故罪中，预见能力的判断也是如此。行为人的学历、经历、技术能力以及事故发生当时的客观状况，都是判断预见能力的依据。在明知自己不能胜任某项业务而勉强从事该项业务，因而超出其预见能力而造成重大责任事故的情况下，是否应当承担过失犯罪的刑事责任呢？对此，我认为可以采用德、日等国"超越承担过失"理论作为刑事责任的根据。所谓超越承担过失，是指因超越个人注意能力而从事明知自己所不能胜任的事务，因而发生危害社会的严重结果时所形成的过失，这种情况一般是指行为人因生理或心智上的缺陷，或受教育训练的不足，而欠缺为从事某特定业务所必需的知识和技能，他虽明知其主观能力不足胜任该工作，仍冒险承担超越其个人能力的事务。根据超越承担过失理论，若因此而发生了危害社会的严重结果，即使该结果的发生超出了行为人实际注意能力的范围，仍可使其负超越承担责任。[②] 我认为，这一理论与判断预见能力的主观说并不矛盾，而是对主观说的必要补充。

（二）轻信过失

根据我国刑法的规定，轻信过失又称为过于自信的过失，是指已经预见自己的行为可能发生危害社会的结果，因为轻信能够避免，以致发生危害社会结果的心理状态。由此可见，轻信过失的过于自信主要表现在避免义务与避免能力的统一。在重大责任事故罪中，正确地认定避免义务与避免能力具有重要意义。

1. 重大责任事故罪的避免义务

避免义务是指在已经预见危害社会结果可能发生的情况下，避免这种危害社

① 参见胡鹰：《过失犯罪研究》，80～81页，北京，中国政法大学出版社，1995。

② 参见甘雨沛等主编：《犯罪与刑罚新论》，173～174页，北京，北京大学出版社，1991。

会结果发生的义务，是注意义务之一种类型。重大责任事故罪中，避免义务是与职务、业务相联系的，这也是其作为业务过失犯罪的重要特征之一。因此，对于避免义务应当从有关规章制度中去寻找。

2. 重大责任事故罪的避免能力

避免能力，又称为避免可能性，是指在已经预见危害结果可能发生的情况下，具有避免这种危害结果发生的可能性。在具有避免能力的情况下，由于过于自信而未能避免危害结果的发生，才能构成过失犯罪。在重大责任事故罪中，避免能力主要应当根据行为人的主观状况加以确定。由于重大责任事故往往掺杂着自然因素与技术因素，因此，确认某一已经预见的危害结果是否可能避免，应当注意把重大责任事故与不可抗力造成的自然事故或者技术事故加以正确地区分。

七、重大责任事故罪与非罪的界限

在认定重大责任事故罪的时候，首先要正确地区分罪与非罪的界限。其中，以下三个问题应当注意。

（一）重大责任事故与自然事故的区分

自然事故是指自然原因而引起的事故，这种自然原因不依人们的意志为转移，非人力所能控制，因而行为人对于由于自然原因所造成的损害结果，客观上没有因果关系，主观上没有罪过，不应对其承担刑事责任。自然事故有两种情形：一是意外事件引起的自然事故，行为人对于危害结果没有预见，在当时情况下也不可能预见。二是不可抗力引起的自然事故，行为人对于危害结果已经预见，在当时情况下不可避免。我认为，在区分重大责任事故与自然事故的时候，应当从以下两个方面考察：(1) 是否存在违章行为，自然事故的引起往往与违章行为无关。在没有违章行为的情况下可以排除重大责任事故。(2) 是否存在主观过失，自然事故的引起是超出人们的主观意志的，属于意外事件与不可抗力。在司法实践中，造成了重大损害结果，并非都属于重大责任事故，只有在排除自然事故的情况下，根据行为人的主观与客观情况，才能认定其行为是否构成重大责任事故罪。因此，重大责任事故与自然事故之区分，乃是罪与非罪之区分。

（二）重大责任事故与技术事故的区分

技术事故是指因技术设备条件不良而发生的事故。技术事故由于是技术设备条件造成的，因而具有不可避免性。例如，1988 年 2 月 4 日 15 时 30 分，某供电局（限 220kV）某变电站 220kV 母联开关 B 相在运行中突然爆炸起火，开关跳闸，某变电站失压。经查，此次事故设备损坏费用达 19.6 万元，少送电 1.2 万度。该开关是高压开关厂 1979 年生产的，型号为 SW7—220 型，于 1982 年末投入运行，1985 年预试时 B 相泄漏值达到 160A，当即更换了提升杆，1986 年 4 月大修，1987 年 3 月 26 日预防性试验时泄漏值为 30A。事故后打开四角箱上导轨板，接触面积和柜形胶垫下面有较多水分，导致非接触面及两侧有多处生锈。经某供电局和某高压开关厂共同分析三角箱进水部位：一是三角箱导轨密封螺丝内胶圈因丝孔倒角扩大了孔径而垫不严。经查制造厂图纸，对丝孔无倒角工艺要求，是加工时在削去钻孔毛刺时倒了角。二是柜形胶垫本身密封线裕度小，组装时对准螺丝有的密封线压不住造成密封不严。据厂家讲，该型密封垫 1984 年已修改（缩小密封线与丝孔之间距），但未通知用户。事故后对某变电站其余 4 台 SW7—220 型开关做了检查，密封螺丝孔均有倒角。做油的耐压试验，4 台 12 相中有 11 相不合格，2B 相油耐压只能作 23.5kV。提升杆泄漏值达 4UA，被迫更换。因此，此次事故的主要原因是由于制造质量不良，造成三角箱进水提升杆受潮击穿，应当属于技术事故而非责任事故。当然，并非所有由于设备原因引起的事故都是技术事故。因为设备是由人操作的，同样也是由人护理的。如果设备出现障碍，操作者或者护理者应当发现而未能发现，造成重大事故的，仍然应以重大责任事故罪论处。只有在事故是由设备原因引起并且是人所不能预见或者不能避免的情况下，才能定为技术事故。

（三）免责事由：允许的危险

在认定重大责任事故罪的时候，存在一个如何正确认识风险业务的问题。某些业务不可避免地带有一定风险，此为风险业务，例如工程建筑业、工矿产业、

交通运输业等。在当前高科技的情况下，风险业务也随之增加。根据传统的过失理论，当行为人认识到自己的行为可能发生危害结果时，应立即停止这一行为；否则，便为违反注意义务的行为，即违反回避危害结果的义务。所以，对这类业务活动应当禁止。否则，发生损害结果的，就会以过失犯罪论处。显然，这种做法虽然能够回避风险，但却不能促进社会生产的发展，不利于科学技术的进步。在这种情况下，在刑法理论上提出允许的危险的理论，在一定程度上限制过失犯罪的成立范围。这里所谓允许的危险，指某种具有危害倾向的行为，因有害于社会程度较小而允许其实施的合法行为。我国学者指出：允许的危险的意义在于，一是一定程度上免除开办风险业务的组织者、管理者的过失责任；二是一定程度上免除从事风险业务的业务人员的过失责任。① 由于重大责任事故罪一般均发生在风险业务领域，因此在认定本罪的时候，应当正确地适用允许的危险这一理论，区分罪与非罪的界限。

八、重大责任事故罪与其他犯罪的界限

重大责任事故罪是企业事故犯罪中的基本犯罪类型，它与其他企业事故犯罪以及其他过失犯罪既有联系又有区别。关于重大责任事故罪与其他犯罪的区分，主要应当注意以下几个问题。

（一）重大责任事故罪与交通肇事罪的区分

交通肇事罪是指违反交通运输管理法规，因而发生重大事故，致人重伤、死亡或者公私财产遭受到重大损失的行为。在 1979 年《刑法》中，交通肇事罪的主体在一般情况下是从事交通运输的人员（第 113 条第 1 款），第 113 条第 2 款规定："非交通运输人员犯前款罪的，依照前款规定处罚。"由此可见，1979 年《刑法》关于交通肇事罪的规定，由于当时的交通工具主要用于营运活动，社会私人车辆几乎没有，因而在立法上强调的是该罪的企业事故性质。随着我国社会

① 参见姜伟：《犯罪故意与犯罪过失》，376 页，北京，群众出版社，1992。

私人车辆的大量增加，交通肇事罪的企业事故性质有所淡化。因此，1997 年《刑法》第 133 条删去了关于非交通运输人员犯交通肇事罪的规定，使本罪的犯罪主体成为一般主体，任何人员只要从事机动车船驾驶的，均可成为本罪的主体。因此，交通肇事罪虽然还包含一部分企业事故犯罪，但大量的已经是一般过失犯罪。

关于重大责任事故罪与交通肇事罪的关系。在 1997 年《刑法》修改以前，我国学者认为两罪之间具有一般与特殊的关系。指出：交通肇事罪虽然是一种独立的罪名，但它们内涵在重大责任事故罪里仍可包容。因为目前在我国，从事交通运输的人员绝大多数都是企业事业单位的职工，也就是说，交通肇事罪的主体同样也可以构成重大责任事故罪的主体；交通肇事罪在客观方面也是表现为违反规章制度，因而过失地发生重大事故，造成严重损失。这同重大责任事故罪的客观表现也是一致的。它们的区别主要就是特殊和一般的区别。具体体现在：两者侵犯的直接客体不同，违反的规章制度不同，事故发生的场所也不同。① 从上述意义上说，重大责任事故罪与交通肇事罪之间具有法条竞合的关系，属于独立竞合，即普通法与特别法之间的竞合。但在 1997 年《刑法》修改以后，重大责任事故罪与交通肇事罪的关系有所变化，主要是交通肇事罪的主体一般化，企业事故犯罪的性质淡化。只有从事交通运输的企业、事业单位的职工犯交通肇事罪的，才与重大责任事故罪具有特殊与一般的竞合关系，其他人员犯交通肇事罪的，则与重大责任事故罪没有关系，只是一般的过失犯罪。在这个意义上说，交通肇事罪既包括业务过失犯罪，又包括普通过失犯罪。

重大责任事故罪与交通肇事罪由于其所构成的范围不同，因此，在某些情况下，例如，在厂矿、学校或者其他单位内发生汽车肇事的，到底是定重大责任事故罪还是定交通肇事罪，社会上存在争议。对此，我国刑法学界存在场所论与业务论之争。场所论认为，在这种情况下，重大责任事故罪与交通肇事罪的区分应以肇事场所为标准，即事故发生在厂矿企业内的为重大责任事故；发生在厂矿企

① 参见陈忠槐：《刑事犯罪定罪比较》，82 页，上海，同济大学出版社，1989。

业外的场所，则为交通肇事罪。业务论认为，在这种情况下，重大责任事故罪与交通肇事罪的区分应以从事业务的性质为标准，即着重注意事故是否发生在特定的生产线上，发生在特定的生产线上的，应定重大责任事故罪，不是发生在特定的生产线上而是发生在交通线上的，则应定交通肇事罪。[①] 对于这个问题，1992年3月23日最高人民检察院《关于在厂（矿）区内机动车造成伤亡事故的犯罪案件如何定性处理问题的批复》指出：在厂（矿）区内机动车作业期间发生的伤亡事故案件，应当根据不同情况，区别对待：在公共交通管理范围内，因违反交通运输规章制度，发生重大事故，应按交通肇事罪处理；违反安全生产规章制度，发生重大伤亡事故，造成严重后果的，应按重大责任事故罪处理；在公共交通管理范围外发生的，应当定重大责任事故罪。这一司法解释强调公共交通管理范围，在此范围外的，均定重大责任事故罪；在此范围内的，根据业务活动的性质，分别定重大责任事故罪与交通肇事罪。我认为，这一规定的基本精神是可取的，据此可以正确地区分重大责任事故罪与交通肇事罪。

（二）重大责任事故罪与重大劳动安全事故罪的区分

重大劳动安全事故罪是指工厂、矿山、林场、建筑企业或者其他企业、事业单位的劳动安全设施不符合国家规定，经有关部门或者单位职工提出后，对事故隐患仍不采取措施，因而发生重大伤亡事故，或者造成其他严重后果的行为。重大劳动安全事故罪是1997年《刑法》新设立的罪名，其客观行为表现实际上就是对劳动安全的玩忽职守，以致造成重大伤亡事故或者其他严重后果。

在1979年《刑法》第114条关于重大责任事故罪的规定中，并未涉及玩忽职守这种行为方式。在当时的情况下，《刑法》第187条规定的玩忽职守罪，其主体是国家工作人员，包括一切企业、事业单位和其他依照法律从事公务的人员。因此，凡由于玩忽职守造成重大责任事故的，国家工作人员均以玩忽职守罪论处，只有其他职工才定重大责任事故罪。当时，根据行为特征与主体身份，分别定罪。例如，窦某，男，45岁，某煤矿采煤队长。赵某，男，38岁，某煤矿

① 参见侯国云：《过失犯罪论》，2版，434页，北京，人民出版社，1996。

矿长。姜某，男，37岁，某煤矿负责生产的副矿长。1986年3月11日该矿在调整巷道风量时，副矿长姜某错误地决定改变局部通风系统，使运输巷成为盲巷，并停风16小时，致使瓦斯大量积聚。3月12日，采煤队长窦某在没有检测瓦斯的情况下，违章指挥生产工人冒险作业。无证上岗的电工在平巷绞车房处带电作业，产生火花，导致瓦斯爆炸，造成死亡24人、直接经济损失16万余元的严重后果。被告人窦某在3月12日上班后，明知3月11日下午新坡井S1煤层大巷中两台11风扇移到S1煤层车场附近，运输平巷成为盲巷；又因为移动风扇致长达16小时无风，在风扇不开，不检测瓦斯的情况下，本应阻止工人进入无风区工作，但他违章指挥，致使工人长时间在危险环境中冒险作业，是造成这次事故的直接责任者。被告人赵某身为矿长，对安全生产严重不负责任，为了节省电费，矿井长期停产停风；同意未经培训的人员担任生产矿长，对新工人和特殊工种人员不按规定培训，无证上岗；对历次发生的重大事故不吸取教训，并对事故的处理弄虚作假，甚至隐瞒不报。他以严重不负责任的态度对待自己职务上应尽的责任，以致造成严重后果，使国家和人民利益受到重大损失。被告人姜某身为副矿长，在调整通风系统的重大问题上，既不向矿长反映，又没有深入实际指挥，更加严重的是得知改变风流有问题时，亦未采取任何措施；对新工人没有按规定进行井下安全教育和规章制度教育，便组织新工人进入沼矿井冒险作业，致使12名新工人在这次事故中死亡。某人民法院以重大责任事故罪判处窦某有期徒刑2年6个月；判处姜某有期徒刑1年缓刑2年；以玩忽职守罪判处赵某有期徒刑2年。在上述三个被告人中，只有窦某系直接生产指挥、作业人员，应定重大责任事故罪，赵某和姜某均为企业管理人员，对同一严重后果均负有刑法上的罪过责任。为什么在认定犯罪性质上有所不同？对此，我国学者认为：虽然两者的主体资格相同，但由于两人的行为表现和犯罪的场合不同，决定了罪行性质的认定不同。赵某对待自己的工作马虎草率，疏忽大意，以严重不负责任的态度对待自己职务上应尽的职责，如为了节省电费，矿井长期停产停风，同意未经培训的人员担任生产矿长，对新工人和特殊工种人员不按规定培训，无证上岗；对历次发生的重大事故不吸取教训。这些情况均系行政管理活动，按照国家法律的规

定，赵某理应尽心尽职，为安全生产提供较好的条件，但由于赵某管理失当，导致指挥生产人员和生产作业人员劳动素质低下，从指挥到作业整个生产活动处于违反规章制度的混乱状态，事故的发生是必然的、不可避免的。因此，赵某严重不负责任的行为与这次事故的危害后果之间存在着刑法上的因果关系。姜某身为副矿长，其职责是对具体生产活动中的重大事项作出决定并直接指挥生产活动。他的错误决定和强令指挥都是发生在生产管理活动当中。因此，应定为重大责任事故罪。[①] 应当说，在当时的法律语境中，这一理解是正确的。此后，1994 年全国人大常委会制定的《劳动法》第 92 条规定，用人单位的劳动安全设施和劳动卫生条件不符合国家规定或者未向劳动者提供必要的劳动防护用品和劳动保护设施的，由劳动行政部门或者有关部门责令改正，可以处以罚款；情节严重的，提请县级以上人民政府决定责令停产整顿；对事故隐患不采取措施，致使发生重大事故，造成劳动者生命和财产损失的，对责任人员比照《刑法》（1979 年《刑法》）第 187 条（玩忽职守罪）的规定追究刑事责任。这种比照性规定，我国刑法理论认为属于类推立法，是规定了一个新罪。然而，司法机关一般并不单独定罪，而是按照玩忽职守罪论处。

随着 1986 年最高司法机关关于重大责任事故罪的主体的司法解释的颁布，群众合作经营组织和个体经营户的主管负责人也可以成为本罪的主体，这些人强令工人违章冒险作业行为可以构成本罪以外，在玩忽职守的情况下能否构成本罪呢？由于他们不属于国家工作人员，当然不能根据 1979 年《刑法》第 187 条以玩忽职守罪论处。对此，司法解释明文规定：“对于群众合作经营组织和个体经营户的主管负责人，在管理工作中玩忽职守，致使发生重大伤亡事故，造成严重后果的，也应按《刑法》（1979 年）第一百一十四条的规定，追究刑事责任。”这一司法解释将玩忽职守也视为重大责任事故罪的一种客观表现形式。我国学者认为，重大责任事故罪中的玩忽职守，是专指群众合作经营组织和个体经营

① 参见孙佩生、王伦轩：《重大责任事故玩忽职守案件现场勘察与案例释疑》，123～124 页，北京，劳动人事出版社，1989。

户主管负责人在管理工作中严重不负责任，不履行或不正确履行自己应尽职责的行为。这种玩忽职守行为既可表现为作为，也可表现为不作为。作为的玩忽职守，就是积极实行违背自己职责或业务要求的行为；不作为的玩忽职守，就是消极地不履行自己应履行且能履行的职责。这种玩忽职守行为既可发生在生产作业过程中，也可发生在日常管理工作中。总之，只要在管理、指挥生产作业过程中因玩忽职守发生重大伤亡，就构成重大责任事故罪。① 应当指出，当时将玩忽职守限制为群众合作经营组织和个体经营户主管负责人的规定是可行的。

在 1997 年《刑法》修订中，对重大责任事故罪的客观表现形式并未作修改，即未把玩忽职守作为重大责任事故罪的客观表现形式。与此同时，关于玩忽职守罪的主体却从 1979 年《刑法》中的国家工作人员缩小为国家机关工作人员，而这里的国家机关工作人员仅指在国家机关中从事公务的人员，而不包括国有或者集体的公司、企业、事业单位中从事管理活动的人员。换言之，这些人员玩忽职守造成重大责任事故的，根据 1979 年《刑法》可以定玩忽职守罪，而根据 1997 年《刑法》，则由于主体不合格，不能定玩忽职守罪。在这种情况下，应如何定罪呢？我认为应定劳动安全重大责任事故罪。因此，在 1997 年《刑法》设立劳动安全重大责任事故罪以后，工厂、矿山、林场、建筑企业或者其他企业、事业单位中的直接责任人员，玩忽职守造成重大事故的，都应以劳动安全重大责任事故罪论处。

（三）重大责任事故罪与危险物品肇事罪的区分

危险物品肇事罪是指违反爆炸性、易燃性、放射性、毒害性、腐蚀性物品的管理规定，在生产、储存、运输、使用中发生重大事故，造成严重后果的行为。危害物品肇事罪是 1979 年《刑法》中就有的罪名，1997 年《刑法》保留了这一罪名。我国学者认为，危险物品肇事罪是一种特殊形式的责任事故罪。由于从事生产、保管、运输和使用危险物品的人一般都是企事业单位的职工，另外由于这

① 参见侯国云：《过失犯罪论》，424 页，北京，人民出版社，1996。

种罪也是因违反有关的规章制度才造成的，因此，危险物品肇事罪就其实质而言也是一种重大责任事故罪。[①] 我认为，这种理解是有道理的。从重大责任事故罪与危险物品肇事罪的关系而言，前者是普通犯罪，后者是特别犯罪，两者之间存在法条竞合关系。刑法对于危险物品生产、储存、运输、使用中的重大事故专门规定为危险物品肇事罪，对此不再以重大责任事故罪论处。例如，1990 年 12 月初，某乡办烟花厂厂长郑某不顾本厂设备技术条件的限制，决定试制烟花新品种“连升三级”。“连升三级”烟花的生产工艺、技术复杂，依照有关规定，应将危险工序和一般工序分车间作业，成品、半成品及原料隔离存放。郑某在安排生产时，严重违反上述规定，把生产“连升三级”的包括危险工序在内的所有 5 道工序的 28 人容在 30 平方米的一个车间里作业，并把成品、半成品及原料都堆放在同一车间里。因该车间不是专门的危险工序车间，所以没有防湿、防爆、灭火和紧急疏散的设备。另由于技术条件差，在生产过程中已发生多起打白药起火烧伤工人的事故，工人也多次反映车间的不安全因素，但郑某均未予以重视，仍让工人继续生产“连升三级”。1991 年 1 月 18 日，由于一工人用铁器打白药起火，引起车间内堆放的火药燃烧，进而引起“连升三级”的成品、半成品爆炸。火药燃烧和烟花爆炸来势猛烈，车间工人因车间无太平出口，无法疏散和躲避，致使 3 人烧死，5 人被烧残，15 人受轻伤，并造成直接经济损失 5 万余元。某县人民检察院对被告人郑某以重大责任事故罪提起公诉，某县人民法院经公开审理，以危险物品肇事罪判处被告人郑某有期徒刑 3 年。我认为，本案虽然属于重大责任事故，但由于发生在危险物品的生产过程中，应以危险物品肇事罪论处。

（四）重大责任事故罪与工程重大安全事故罪的区分

工程重大安全事故罪是指建筑单位、设计单位、施工单位、工程监理单位违反国家规定，降低工程质量标准，造成重大安全事故的行为。在 1979 年《刑法》中，并无工程重大安全事故罪，工程重大安全事故一般都按重大责任事故罪论处。由于建筑安全直接关系到人民群众生命财产的安全，因而在 1997 年《刑法》

---

① 参见陈忠槐：《刑事犯罪定罪比较》，85～86 页，上海，同济大学出版社，1989。

修订中增设了工程重大安全事故罪。因此，建设单位、设计单位、施工单位、工程监理单位降低工程质量标准，造成重大安全事故的行为，应以工程重大安全事故罪论处。例如，新建房屋由于工程质量低劣，突然倒塌，造成重大伤亡事故的，就应定工程重大安全事故罪。但如果在建筑施工中，违反规章制度，强令工人违章冒险作业的，我认为仍应定重大责任事故罪。例如，某建筑工程队负责人苏某、陈某、王某在承包建造一个加油站工程中，为了提前竣工，竟置安全规章制度于不顾，在未按要求设计、制作支架的情况下，指挥工人违章进行浇灌加油站屋面混凝土作业。但支撑加油站屋面模板的支架太小，其承受力不足以撑住模板的重量。该队质量安全员发现这一情况后，及时向苏某等 3 人提出按规定加固支架的意见。但苏某等 3 人置若罔闻，继续违章指挥施工。由于原支架超负重压，屋面模板突然倒塌，造成 5 人死亡，3 人受伤，经济损失 3 万余元。本案中的重大事故发生在建筑施工过程中，违反施工安全的规章制度，以致造成重大伤亡和经济损失，我认为应定重大责任事故罪而不是工程重大安全事故罪。

（五）重大责任事故罪与消防责任事故罪的区分

消防责任事故罪是指违反消防管理法规，经消防监督机构通知采取改正措施而拒绝执行，造成严重后果的行为。在 1979 年《刑法》中，并无消防责任事故罪，消防责任事故一般都按重大责任事故罪论处。在 1997 年《刑法》设立消防责任事故罪以后，此类行为应以该罪论处。

（六）重大责任事故罪与失火罪的区分

失火罪是指由于行为人的过失行为引起火灾，造成严重后果，危害公共安全的行为。失火罪是普通过失犯罪，而重大责任事故罪是业务过失犯罪。因此，两者存在性质上的区别。在某些情况下，同样是过失引起火灾的行为，如果是由于违章作业引起的，就应定重大责任事故罪；如果是在日常生活中用火不慎引起的，就应定失火罪。例如，某车间的地板要重新油漆，油漆组工人徐某和其他几个工人在铲地板上的老漆。他们首先在地板上刷一层脱漆溶剂，这是一种易燃品，待老漆起皮后再铲掉。在工间休息时，徐问同组工人黄某：“这种脱漆溶剂能否点着?”黄答：“这是化学药品，可以点着。”徐随手拿出一块纱布，在地上

沾了点脱漆溶剂，要黄点火试试。黄掏出打火机把纱布点着，顿时起火，并且满地板都着了起来，结果造成重大经济损失。本案虽然发生在生产场所，但不是由于生产活动违反规章制度引起来的，而是在生产活动之外，出自好奇引起来的，因此不能定重大责任事故罪，而应以失火罪论处。但如果在生产作业中违反规章制度引起火灾，就应定重大责任事故罪。例如，1992 年 8 月，黄某向福建省清流县林业投资公司承包了位于嵩口镇赖村茅林岬 600 亩集体山场的造林任务（世界银行贷款的造林项目）。同年 10 月 7 日，黄某与发包方签订了“世行林地准备工期保证合同”，合同要求承包方必须于当年 12 月 30 日前按质按量完成该山场的林地准备工作，否则予以经济处罚。此后，黄某以每亩 35 元的价格将清山造林的任务转包给杨某。双方约定，杨某负责完成从劈杂到种苗结束的全部清山造林工作，黄某负责办理与此相关的一切手续事宜。10 月 24 日，黄某、杨某二人商定于当天晚上炼山，由杨某到山场做炼山前的准备工作，黄某到嵩口林业站办理炼山手续。当天下午，嵩口林业站召开会议，传达上级有关营林及森林防火的指示，黄某应邀参加了会议。会议对炼山事项强调了三点：（1）炼山前应有有关人员进行全面的防火路质量检查，并须领取用火许可证；（2）炼山时应有林业站人员到位指挥；（3）炼山应上足劳力，防止炼山事故的发生。下午会后约 4 时许，黄某要求林业站派人到山场验收防火路并准许其炼山。但该站因故未能派人前往检查，也没有发给用火许可证。黄某与杨某认为他们所开的防火路已经够宽，炼山不会跑火，为争取按期完成山场造林的林地准备工作，避免经济损失，遂擅自组织民工 20 人，于当晚 12 时许进行炼山。次日上午 1 时，炼山山场因刮风引起跑火导致山林火灾，给国家和集体造成重大经济损失。福建省清流县人民检察院以被告人黄某、杨某犯失火罪向清流县人民法院提起公诉。人民法院经审理认为，被告人黄某、杨某在承包造林山场生产中，明知点火炼山需经有关人员事前全面检查防火路质量，并按规定领取额外用火许可证，炼山时应有有关人员到场指挥及上足劳力等。但二被告人无视《福建省森林防火规定》，不服管理，违反规章制度，强令工人冒险作业，点火炼山，造成山林火灾，使国家和集体遭受重大经济损失，其行为均已构成重大责任事故罪。在对本案被告人如何定罪

上，检察机关与法院存在不同认识。我认为，法院的认定是正确的。因为本案的失火发生在炼山作业中，是由违章行为造成的，应以重大责任事故罪论处。

九、重大责任事故罪的处罚

我国《刑法》第134条规定，犯重大责任事故罪的，处3年以下有期徒刑或者拘役；情节特别恶劣的，处3年以上7年以下有期徒刑。在对重大责任事故罪处罚的时候，应当注意以下三个问题。

（一）处罚原则

重大责任事故罪是一种业务过失犯罪，而业务过失犯罪从重处罚，这是各国刑法的通例。我国刑法则不然，无论从立法精神还是司法实践上来看，对业务过失皆采取一种宽容的态度。在1979年《刑法》制定过程中，直至22稿还未规定重大责任事故罪。因为当时我国国民经济还不发达，生产设备条件差，经验不足，规章制度也不健全，不少责任事故与这些客观因素有联系。在这样的情况下，出了重大事故，就当作犯罪处理，未免失之过重，并且有扩大打击面的危险。此后，重大责任事故罪的设立再次被提出来。立法者认为，对于少数情节恶劣、后果严重的重大事故，不以犯罪追究刑事责任，那对国家和人民是不利的，在群众中也是通不过的。惩罚是为了更好地教育责任者本人，也是为了教育多数，这与加强对职工的教育，提高企业管理水平不仅不矛盾，而且恰恰是相辅相成的。① 立法者对于重大责任事故的认识虽然有所转变，从不予处罚到以犯罪论处，但对其的处罚轻于对普通过失犯罪的处罚。在司法实践中也是如此，大量的重大责任事故被当作工作失误消化掉了，并未受到应有的处罚。我认为，当时立法与司法对重大责任事故罪处罚上的宽容态度，和我国的所有制性质是有关联的。在经济改革以前，我国实行单一的公有制，所有的工厂、矿山、林场、建筑企业或者其他企业、事业单位都是全民或者集体性质。这些企业、事业单位在计

① 参见高铭暄编著：《中华人民共和国刑法的孕育和诞生》，157页，北京，法律出版社，1981。

划经济的体制下，没有自身独立的经济利益，完全成为行政的附庸，其管理人员是国家工作人员。在这种情况下，国家不可能对这些企业、事业单位发生的重大责任事故实行有力的惩治。随着经济体制改革的发展，各种经济成分的出现，企业越来越成为独立的经济实体。只有在这种情况下，对于重大责任事故的有力惩治才成为可能。在刑法理论上，业务过失与普通过失相比，之所以应当从重处罚，主要理由在于：(1) 从事业务活动的人员根据其职业或业务的要求，负有较普通人更多的注意义务，而且这种特别注意义务大都法律化、规范化，更能为业务人员所熟知。(2) 业务人员因反复进行同种业务活动，已具有一定的专业技能、特种技术及业务经验。(3) 业务活动本身具有一定的危险性，但并不是不可避免的，法律等行为规范要求业务人员履行的注意义务就是避免危害结果的必要措施。(4) 业务过失的违反注意义务行为往往表现为违反规章制度的行为，其行为的违法性比普通过失更容易被行为人所认识，而且业务过失的危害结果也往往重于普通过失。[①] 我认为，上述论述是能够成立的。对于重大责任事故当然要从加强安全意识，完善管理措施等方面加以防止，但一旦发生了重大责任事故，还是要从严追究有关责任人员的刑事责任。

（二）情节加重犯

我国《刑法》第134条将重大责任事故罪分为基本犯和情节加重犯，其中情节加重犯是指犯重大责任事故罪，因情节特别恶劣而加重其法定刑的情况。那么，在司法实践中如何理解这里的情节特别恶劣呢？我认为，情节特别恶劣是指下述情形：(1) 经常违反规章制度，屡教不改；(2) 事故发生后，不组织抢救，使危害后果蔓延扩大；(3) 为避免责任，伪造现场，嫁祸于人；(4) 造成伤亡人数特别多；(5) 造成直接经济损失特别大。对于具有上述情形的，要根据全案情况综合判断，是否属于情节特别恶劣。

（三）共同责任的分担

重大责任事故罪往往由二人以上共同构成，但我国刑法规定，共同过失犯罪

① 参见姜伟：《犯罪故意与犯罪过失》，324页，北京，群众出版社，1992。

不以共同犯罪论处，而是应当按照他们所犯的罪分别处罚。在分别处罚的时候，同样存在一个共同责任如何分担的问题。我认为，重大责任事故罪中的共同过失责任，应当从以下两个方面加以分析：(1) 过失程度。在二人以上具有共同过失的情况下，存在过失程度上的差别。凡过失程度较大者，处罚应较重；过失程度较小者，处罚应较轻。(2) 作用程度。在二人以上共同过失犯罪中，虽然每个人的行为与危害结果之间都存在因果关系，在原因力的作用上有大小之分。凡作用程度较大者，处罚应较重；作用程度较小者，处罚应较轻。

（本文原载陈兴良主编：《刑事法判解》，第4卷，北京，法律出版社，2001）

生死之间，法理所系

——赵湘杰案一审与二审判决的法理分析

（一）案情

1998年3月4日晚，株洲金狮啤酒有限公司原工会主席赵湘杰在本单位“金蕾”餐厅陪同江苏客户朱某等人就餐，赵饮了约350克52度白酒。饭后，赵湘杰邀请朱某等人到“宏都国际大酒店”听歌喝茶。赵去驾车时，朱某等人见赵喝多了酒不愿坐赵的车，并劝赵不要开车，改乘出租车去。赵不听劝阻，执意单独驾驶自己平时用的“奥迪”车前往。当晚8时许，赵驾车行至新华西路与文化路交汇口时，将骑自行车欲横过马路的陈某某撞倒在地，致其轻微伤。赵撞人后继续驾车行驶，经新华西路铁路医院路口地段时，驶入逆行，将骑车横过马路的株洲市电碳厂女职工黄某某撞倒摔出两米远，当场死亡。有人呼喊：“车撞人了！快停车！”但赵置若罔闻，仍不停车。行至新华西路钻石路口处时又驶入逆行车道，接连撞坏两辆出租车。赵还不停车，左转弯驶入“宏都国际大酒店”停车场。停车后，他摇摇晃晃从轿车里钻出来，走进酒店一楼的“妞妞美容美发厅”请小姐按摩。当交警来找他时，赵不耐烦地说：“喊你们局长来”，“今天不论是谁来，我就是不配合”。

对于本案，一审法院认为，赵湘杰酒后不听他人劝告，置公共安全于不顾，违章驾驶汽车在市区主干道上撞死一人，撞伤一人，撞坏汽车三辆，严重危害了公共安全，其行为已构成以危险方法危害公共安全罪，且罪行特别严重，应予严惩。一审法院以危险方法危害公共安全罪判处死刑立即执行。一审宣判后，被告人赵湘杰不服，以“原审判决定性不准，量刑过重”等为由，向湖南省高级人民法院提出上诉。二审合议庭对本案的定性也有不同的看法和意见，一种观点主张以危险方法危害公共安全罪定性，主要理由是赵湘杰酒后驾车，接连撞伤、撞死人和撞坏车辆，对危害后果应该是有预见的，出于自信过失心态，放任这种危害结果的发生，主观上有犯罪的故意；另一种观点认为，从本案的具体事实来看，赵酒后驾车去陪客人喝茶，没有危害公共安全的动机，也没有对社会不满发泄私愤的起因，在造成危害的过程中，赵有避让车辆、行人的情节，说明赵主观上没有危害公共安全的故意，与危害公共安全罪的构成要件不相符。肇事后，赵接受异性按摩并拒绝交警传讯，影响不了前段犯罪行为的定性。因此此案应定交通肇事罪。经讨论，多数人认为此案定交通肇事罪理由充分，符合交通肇事罪的构成要件。依据《刑法》的有关规定，犯交通肇事罪应判处 7 年至 15 年有期徒刑，赵的行为造成的后果严重，情节特别恶劣，取最高法定刑量刑，判处有期徒刑 15 年。该院审判委员会讨论，取得了一致意见，并报请最高人民法院审查，最高人民法院批复同意了这一改判意见。

（二）分析

发生在湖南株洲的赵湘杰酒后驾车肇事致人死亡案，株洲市中级人民法院一审以危险方法危害公共安全罪判处死刑，经湖南省高级人民法院二审以交通肇事罪改判有期徒刑 15 年，终于尘埃落定。对比二审与一审的判决，在定罪与量刑上均作了改判。判决所依据的事实从表述上来，没有太大的出入。那么，一审为什么会作出错判呢？我想，主要原因还是在于未能正确地区分以危险方法危害公共安全罪与交通肇事罪之间的界限。危害公共安全罪是一种严重的犯罪，其中又设有不同罪名。以危险方法危害公共安全罪与交通肇事罪都属于危害公共安全罪，但两者在犯罪性质上是完全不同的。这主要表现在以危险方法危害公共安全

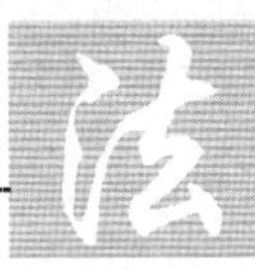

罪是故意犯罪，而交通肇事罪是过失犯罪。交通肇事这种过失犯罪由于是一种责任事故犯罪，因而又具有不同于一般过失犯罪的特点。在交通肇事犯罪情况下，行为人违章是故意的，对于危害结果是过失的。这里的违章故意并非犯罪故意，考察其罪过形式，关键还是在于行为人时于危害结果的心理状态。就赵湘杰酒后驾车肇事致人死亡案来看，犯罪性质是严重的，连续撞伤一人、撞死一人，又撞坏两辆出租车。如果确认其行为构成以危险方法危害公共安全罪，就必须确认其主观上具有危害公共安全的故意。但从本案的实际情况来看，这种故意是不存在的。在一审判决书中，对案情的表述上涉及赵湘杰饮酒过量，不听劝阻独自驾车的情节。这一情节只能表明行为人具有违章的故意，而不能证明行为人具有危害公共安全的故意。至于被告人赵湘杰在肇事后谈到车子撞了人，这是交通肇事后的一种反应，同样也不能据此认定行为人具有危害公共安全的故意。从肇事的过程来看，行为人由于酒后驾车，致使其辨认能力与控制能力有所减弱。第一次与骑车人陈某某相撞致其轻微伤，这时行为人主观上显然是过失的。但行为人没有停车，继续驾车行驶，第二次将骑车人黄某某撞倒在地，致其死亡。那么，这次相撞，行为人主观上是否具有故意呢？我认为，这种故意不能从已经撞人还不停车再次又撞人这一事实中简单地推论出来，否则就会导致客观归罪，而是应当从第二次撞人的具体情况加以分析。从实际情况来看，第二次撞人是在躲避不及的情况下左前端相撞，因而仍然是过失的。第三次撞车，更是在车速过快，向右打轮躲闪不及的情况下撞上的。这三次相撞都与行为人饮酒过量、意志失控有关，因而想躲避未能躲避，发生三次相撞，造成严重后果。可以说，本案是连续发生了三次过失的交通肇事。但次数再多、后果再严重，仍然是过失犯罪，不能由此转化为故意的以危险方法危害公共安全罪。从法理上来说，我们并不否认过失犯罪向故意犯罪转化的可能性，但这种转化要有充分的证据证明。还应当指出，本案一审判决，在很大程度上受到了新闻媒体的左右。新闻媒体对司法能够起到一定的监督作用，但司法活动毕竟具有独立性。一个判决结论的得出，需要对案件事实与证据以及相关法律作出深入细致的分析与判断，需要高度的专业性。而新闻媒体从业人员并非法律专家，也不可能对案件的每一个细节都掌握，因而其结

论未必与法律相符。我认为，对于新闻媒体对司法活动的介入应当有一定限制。这种新闻报道应当是客观公正的一种事实性描述，凡涉及对案件定性的，可以邀请法律专家发表各种纯个人的见解。防止出现舆论一律，影响法院的公正判决。

二审虽然作了改判，但在判决中同样存在一些值得研究的问题。二审判决认定上诉人赵湘杰违反交通运输管理法规，酒后驾驶车辆违章行驶，造成一人受伤、一人死亡和他人车辆毁损，其行为特征和犯罪的主观故意，符合交通肇事罪的构成要件，应以交通肇事罪论处，其犯罪情节特别恶劣，且因逃逸致人死亡。述中涉及犯罪的主观故意，不知是否笔误。如果不是笔误的话，那么，是否认为交通肇事罪也可以由主观故意构成？显然，这在法理上是不能成立的。更为重要的是，判决书认定被害人当场死亡，但又认定因逃逸致人死亡，两者显然是矛盾的。在刑法理论上，因逃逸致人死亡是指在出现交通事故后，被害人受伤严重但并未死亡，如抢救及时可以挽救生命，但由于行为人不采取积极救护措施，逃离事故现场，致使受害人得不到及时有效的治疗而死亡的行为，而被害人已死亡，行为人逃逸的，不适用这一档刑处罚。（参见胡康生、李福成主编：《中华人民共和国刑法释义》）。[①] 根据《刑法》第 133 条之规定，交通肇事后逃逸或者有其他特别恶劣情节的，处 3 年以上 7 年以下有期徒刑。由此可见，如果二审判决认定是交通肇事致人当场死亡，那么，对被告人赵湘杰最高只能判处有期徒刑 7 年，对其按照因逃逸致人死亡，处 15 年有期徒刑，仍然是一个误判。由此可见，刑事审判应当严格依照事实与法律，按照罪刑法定的原则依法进行。只有这样，刑事法治才能实现。

上述赵湘杰案的一审判决与二审判决，使我强烈地感觉到，在司法活动中必须讲究法理，即从法理上对事实与法律进行分析，这是至关重要的。一审判决书与二审判决书在对判决结论的法理论证上都是十分欠缺的，这与作出错判不能说没有关系。在一审判决中，如果法官对危害公共安全的主观故意从法理上加以论证，若论证难以成立，就有可能放弃这一定性。在二审判决中，如果法官对因逃

① 参见胡康生、李福成主编：《中华人民共和国刑法释义》，152 页，北京，法律出版社，1997。

逸致人死亡加以法理分析，就不会作出前后矛盾的认定。凡此种种，都说明法理在司法活动中具有十分重要的作用。值得欣慰的是，司法机关已经开始进行司法裁判文书的改革，其中一项重要内容就是增加说理的成分。只有这样，才能使“不说理”的判决书转变成“说理”的判决书。只有把案件涉及的法理说清说透，才能使判决结论建立在扎实的法理基础之上。生死之间、轻重之别，往往系于法理，可见法理在司法中的重要性。

（本文原载《中国律师》，1999（11））

交通肇事转化为故意杀人罪之定性

——韩正连故意杀人案

在我国司法实践中，交通肇事案件时有发生，某些犯罪分子在交通肇事以后，不仅不采取措施救治被害人，而且采取非法手段将其带离肇事现场，致使被害人得不到及时救治而死亡，由此转化为故意杀人罪。对于从交通肇事转化为故意杀人罪的案件，应当如何区分交通肇事罪与故意杀人罪，是一个值得研究的问题。本章以韩正连故意杀人案为线索①，对交通肇事转化为故意杀人罪的定性问题进行探讨。

一、案情及诉讼过程

被告人韩正连，男，1973 年 8 月 7 日出生于江苏省灌云县，初中文化，驾驶员。因涉嫌犯故意杀人罪于 2005 年 12 月 1 日被逮捕。

江苏省连云港市人民检察院以被告人韩正连犯故意杀人罪向连云港市中级人民法院提起公诉。

① 本案刊载于最高人民法院：《刑事审判参考》，第 56 集，北京，法律出版社，2007。

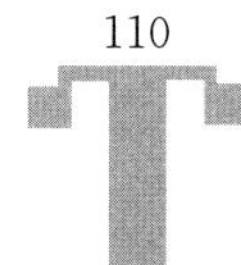

被告人韩正连及其辩护人的辩护意见为，徐某某是被当场撞死的；韩正连没有杀人的主观故意，指控故意杀人的事实不清，证据不足。

江苏省连云港市中级人民法院经公开审理查明：2005 年 10 月 26 日晚 21 时许，被告人韩正连酒后驾驶苏××××号“解放牌”货车，行驶至连云港市连云区桃林社区岛山巷时，将在路边行走的妇女徐某某撞倒。韩正连发现撞伤人后，为逃避法律追究，将徐某某转移到岛山巷×号楼×单元道口藏匿，致使徐某某无法得到救助而死亡。当夜，韩正连又借用苏××××号“东风牌”货车，将徐某某的尸体运至连云区板桥镇，将尸体捆绑在水泥板上，沉入烧香河中。

连云港市中级人民法院认为，被告人韩正连驾车撞伤人，又将被害人隐藏导致其死亡，其行为已构成故意杀人罪。依照《中华人民共和国刑法》第 232 条、第 56 条第 1 款之规定，以故意杀人罪，判处被告人韩正连有期徒刑 15 年，剥夺政治权利 5 年。

一审宣判后，被告人韩正连不服，以被害人徐某某是被当场撞死的，其没有杀人的主观故意为由，向江苏省高级人民法院提出上诉。

江苏省高级人民法院经开庭审理认为，韩正连酒后驾驶机动车辆，撞伤一人后为逃避法律制裁，将被害人拖离事故现场隐藏，导致被害人无法得到救助而死亡，其行为已构成故意杀人罪。韩正连交通肇事撞人后，本应积极施救，但其不抢救被害人，反而将被害人转移藏匿，致使被害人大量失血休克死亡，具有放任被害人死亡的主观故意，韩正连及其辩护人提出没有杀人故意的上诉理由不能成立。原审判决认定的事实清楚，证据确实、充分，定性准确，量刑适当，审判程序合法，依法裁定：驳回上诉，维持原判。

二、涉案罪名的法理分析

本案检察机关是以故意杀人罪向法院起诉的，但辩方认为本案应定交通肇事罪，一、二审法院没有采纳辩护意见，对被告人韩正连以故意杀人罪论处。在本案处理过程中，存在以下三种不同意见：

第一种意见认为，被告人韩正连构成故意杀人罪。理由是：被告人交通肇事撞人后本应积极施救，其不但不抢救被害人，反而将被害人转移藏匿，致被害人大量失血休克死亡，具有放任被害人死亡的主观故意，符合《最高人民法院关于审理交通肇事刑事案件具体应用法律若干问题的解释》第 6 条规定的情形，应当以故意杀人罪处罚。

第二种意见认为，被告人构成交通肇事罪和过失致人死亡罪。应当数罪并罚。理由是：本案被告人交通肇事后以为被害人已经被撞死，为了隐匿罪迹将被害人隐藏，过失导致被害人死亡，主观上具有疏忽大意的过失心理态度，应认定过失致人死亡罪，与前行为的交通肇事罪进行并罚。

第三种意见认为，被告人构成交通肇事罪，具有因逃逸致人死亡的加重处罚情节。理由是，被告人交通肇事后为了隐匿罪迹，而将被害人转移隐藏，客观上实施了肇事逃逸和过失致人死亡两种行为，但其主观上并不希望发生被害人死亡的后果，转移被害人是为了逃逸，符合刑法第 133 条因逃逸致人死亡的情形，应当认定为交通肇事罪，处 7 年以上有期徒刑。

在以上三种意见中，涉及交通肇事罪、过失致人死亡罪和故意杀人罪三个罪名。对此，我结合我国刑法和司法解释的规定加以分析。

（一）交通肇事罪

刑法第 133 条规定：违反交通运输管理法规，因而发生重大事故，致人重伤、死亡或者使公私财产遭受重大损失的，处 3 年以下有期徒刑或者拘役；交通肇事后逃逸或者有其他特别恶劣情节的，处 3 年以上 7 年以下有期徒刑；因逃逸致人死亡的，处 7 年以上有期徒刑。

在我国刑法中，交通肇事罪属于危害公共安全罪中的责任事故犯罪，因为该罪是以违反交通运输法规为特征的，因而具有业务过失犯罪的性质。我国刑法根据三个标准，将交通肇事罪的处罚分成三个幅度，即基本构成、加重构成和特别加重构成。

1. 基本构成

交通肇事罪是过失犯罪，因而属于结果犯。根据我国刑法规定，一般违反交通运输管理法规的行为并不构成犯罪，属于交通违法行为。只有发生重大事故，致人重伤、死亡或者使公私财产遭受重大损失的，才构成交通肇事罪。

根据 2000 年 11 月 21 日最高人民法院《关于审理交通肇事罪刑事案件具体应用法律若干问题的解释》（以下简称《解释》），交通肇事具有下列情形之一的，处 3 年以下有期徒刑或者拘役：（1）死亡 1 人或者重伤 3 人以上，负事故全部或者主要责任的；（2）死亡 3 人以上，负事故同等责任的；（3）造成公共财产或者他人财产直接损失，负事故全部或者主要责任，无能力赔偿数额在 30 万元以上的。该《解释》还规定：交通肇事致 1 人以重伤，负事故全部或者主要责任，并且有下列情形之一的，以交通肇事罪定罪处罚：（1）酒后、吸食毒品后驾驶机动车辆的；（2）无驾驶资格驾驶机动车辆的；（3）明知是安全装置不全或者安全机件失灵的机动车辆而驾驶的；（4）明知是无牌证或者已报废的机动车辆而驾驶的；（5）严重超载驾驶的；（6）为逃避法律追究逃离事故现场的。在以上规定中，值得注意的是，交通肇事造成的后果必须与一定的交通事故责任相联系，才能构成交通肇事罪。例如，交通肇事造成 1 人死亡的，只有在对交通事故负全部或者主要责任的情况下才构成犯罪，如果负次要责任则仍然不构成交通肇事罪。关于交通事故的责任确认，《中华人民共和国道路交通安全法实施条例》第 91 条规定："公安机关交通管理部门应当根据交通事故当事人的行为对发生交通事故所起的作用以及过错的严重程度，确定当事人的责任。"在司法实践中，交通事故责任分为全部责任、主要责任、同等责任和次要责任。由此可见，交通肇事罪的成立是以交通事故责任为前提的。在交通事故责任的确认中，已经考虑了危险分配、信赖原则等法理。例如，交通事故责任等级划分是把被害人过错考虑进来的。在同等责任的情况下，交通肇事者与被害人对于交通事故的发生具有相等的过错。全部责任则是指对交通事故的发生被害人没有过错，所有过错都应当由交通肇事者承担。主要责任与次要责任，也是指交通肇事者对于交通事故发生所应当承担的责任份额的大小。在我国司法实践中，交通事故责任是由公安机关交通

管理部门确认的，这是一种行政性确认，它对于交通肇事罪的司法认定具有决定性意义。当然，对于这种以事故责任作为交通肇事罪成立的前置条件和决定因素的做法，也存在质疑的观点，认为交通事故责任即交通事故发生的原因，且是违章行为的原因。因此交通事故责任只是犯罪构成客观方面的一个事实条件，即违法行为和因果关系，需要与犯罪构成的其他要件（主体、损害后果、过失程度等）一起通盘考虑后，才能决定是否构成犯罪。肇事者责任的大小只表明行为的社会危害性及其程度，它只是定罪的必要条件，不是充分条件。它不能作为定罪的决定因素，只能作为量刑情节加以考虑。[①] 应该说，这种观点是具有参考价值的，我国刑法关于交通肇事罪的规定采取的是空白罪状，该罪的认定在很大程度上取决于公安交通管理部门对交通责任的确认，因而导致司法机关的定罪权旁落至公安交通管理部门。

2. 加重构成

交通肇事后逃逸或者有其他特别恶劣情节，是交通肇事罪的加重构成事由。根据前引《解释》第3条的规定，交通肇事后逃逸，是指在发生交通事故后，为逃避法律追究而逃跑的行为。因此，交通肇事后逃逸行为的构成要件是：（1）主观上具有逃避法律追究的目的。如果不是为逃避法律追究，而是害怕受害方或者其他围观群众对其进行殴打而躲避，但及时报警等待司法机关处理，不得视为逃逸。（2）客观上具有逃跑行为。这里的逃跑既包括逃离事故现场，也包括在将伤者送至医院后或者等待交管部门处理的时候逃跑。例如，在孙贤玉案中[②]，判决认定：被告人孙贤玉在肇事后没有立即停车、保护现场、报警的行为，但随后即弃车逃离现场，且没有及时向有关部门进行报告，应当认定其有交通肇事后逃逸的行为。对此，该案的裁判理由指出：在司法实践中，肇事人逃逸的目的大多是逃避法律追究，但也有少数肇事人的逃逸确实是出于害怕受害方或者其他围观群众对其进行殴打或是当时精神高度紧张慌乱而逃等原因。结合立法设置“交通肇

① 参见王立：《交通肇事罪研究——以交通事故责任认定为视角》，载陈兴良主编：《刑事法判解》，第7卷，9页，北京，法律出版社，2004。

② 本案刊载于最高人民法院：《刑事审判参考》，第53集，北京，法律出版社，2007。

事后逃逸”加重处罚情节的初衷，我们认为，认定肇事人“逃逸”不能仅仅看肇事人是否离开现场，其关键在于肇事人是否同时具有“积极履行救助义务”和“立即投案”的行为特征。如果肇事人肇事后积极对被害人进行救助，如拦截车辆将被害人送往医院，并立即报案在医院守候等待公安机关的审查处理，虽然其离开了肇事现场，但是为了救助被害人所致，当然不属于交通肇事后“逃逸”。反之，如果肇事人积极履行救助义务后仍没有立即投案，如将被害人送往医院后而逃跑的；或者虽然肇事人立即投案但有能力履行却没有积极履行救助义务，均属于肇事后“为逃避法律追究”的“逃逸”行为。上述裁判理由，对于正确认定交通肇事后逃逸具有一定的参考价值。当然，将积极履行救助义务作为认定逃逸的本质条件，似有商榷。如果肇事人在肇事后没有逃离现场，但也没有积极履行救助义务，能认定为肇事人逃逸吗？显然不能。即使是肇事后去向公安机关投案，虽然没有积极履行救助义务，但肇事人不具有逃避法律追究的目的，仍然不符合肇事后逃逸的要件。因此，将积极履行救助义务作为认定逃逸的本质要件，是附加了立法所没有的内容。

在认定交通肇事后逃逸的时候，应当把作为交通肇事罪基本构成事由的逃逸与作为交通肇事罪加重构成事由的逃逸加以区分。在交通肇事罪基本构成事由中，根据前引《解释》第 2 条第 6 项的规定，交通肇事致 1 人以上重伤，负事故全部或者主要责任，并为逃避法律追究逃离事故现场。这里的逃逸是交通肇事罪构成要素之一，是定罪条件。而作为加重构成事由的交通肇事后逃逸，是在构成交通肇事罪的基础上，具备这一条件的，应当适用加重的法定刑。

交通肇事罪的加重构成事由，除交通肇事后逃逸以外，还包括其他特别恶劣情节。从这一表述来看，交通肇事后逃逸本身就是特别恶劣情节之一，由于这种情形在现实生活中较为常见，因而刑法加以明文列举。而其他特别恶劣情节，刑法作了概然性规定。前引《解释》第 4 条对特别恶劣情节作了具体规定，是指具有下列情形之一的：（1）死亡 2 人以上或者重伤 5 人以上，负事故全部或者主要责任的；（2）死亡 6 人以上，负事故同等责任的；（3）造成公共财产或者他人财产直接损失，负事故全部或者主要责任，无能力赔偿数额在 60 万元以上的。在

我国刑法理论上，对于司法解释规定以肇事人有无赔偿能力在一定条件下作为加重处罚的条件，也是存在争议的。[①]

3. 特别加重构成

我国刑法关于交通肇事罪的规定，分为3个罪刑等级，其中最高等级是交通肇事罪的特别加重构成。根据我国刑法规定，交通肇事罪的特别加重构成事由是因逃逸致人死亡。前引《解释》第5条规定："因逃逸致人死亡"，是指行为人在交通肇事后为逃避法律追究而逃跑，致使被害人因得不到救助而死亡的情形。从这一规定来看，因逃逸致人死亡，在逃逸与死亡之间存在因果关系，逃逸是不救助，因而是一种不作为，由此引起被害人死亡的结果。但对于因逃逸致人死亡，行为人的主观罪过形式如何理解，刑法与司法解释都没有明文规定，在刑法理论上存在各种不同的观点。一般来说，对于逃逸致人死亡的主观罪过，主要有以下三种观点[②]：一是故意说，认为适用于对死亡结果持希望或者放任情形。二是过失说，认为适用于对死亡结果持疏忽大意或者过于自信的过失的情形。三是间接故意与过失说，认为主要适用于对死亡结果持过失，个别情况下包括间接故意的情形，但应当排除直接故意。对于这个问题，学者大多均持过失说。例如，张明楷教授认为，"因逃逸致人死亡"，应限于过失致人死亡，除了司法解释所规定的情形之外，还应包括连续造成两次交通事故的情形，即已经发生交通事故后，行为人在逃逸过程中又因为过失发生交通事故，导致他人死亡。[③] 将逃逸致人死亡的主观罪过限于过失，符合结果加重犯的一般法理，属于过失犯的结果加重犯。但在司法实践中，又往往采用过失与间接故意说，认为这一规定强调的是"被害人因得不到救助而死亡"，主要是指行为人主观上并不希望发生被害人死亡的后果，但是没有救助被害人或者未采取得力救助的措施，导致发生被害人死亡结果

① 关于这个问题的详尽讨论，参见刘东根：《刑事损害赔偿研究》，190页以下，北京，中国法制出版社，2005。

② 参见张兆松：《论交通肇事逃逸致人死亡的定罪问题》，载《刑法问题与争鸣》，2001年第3辑，376页，北京，中国方正出版社，1999。

③ 参见张明楷：《刑法学》，3版，543页，北京，法律出版社，2007。

的情形。[1] 在此，作者只是排除了直接故意，而间接故意与过失显然是包含在内的。但在过失犯罪的结果加重中，对加重结果包含了间接故意，这种情形在刑法理论上确实难以成立。但从司法实践情况来看，要将间接故意排除出去确实不好操作。

（二）过失致人死亡罪

刑法第 233 条规定：过失致人死亡的，处 3 年以上 7 年以下有期徒刑；情节较轻的，处 3 年以下有期徒刑。本法另有规定的，依照规定。

我国刑法中的过失致人死亡罪，过去曾经称为过失杀人罪，后来考虑到杀人这一行为更多地用于主观上是故意的场合，改称为过失致人死亡罪。当然，杀人并非故意所专用，其实中国古代刑律中就有“六杀”之说。谋杀、故杀、斗殴杀、戏杀、误杀、过失杀称六杀，构成人命律的基本结构。[2]

在我国刑法关于过失致人死亡罪的规定中，尤其值得注意的是“本法另有规定的，依照规定”一语。立法机关认为，“本法另有规定，依照规定”的含义是指，过失致人死亡，除本条的一般规定外，刑法规定的其他犯罪中也有过失致人死亡的情况，根据特别规定优于一般规定的原则，对于本法另有特殊规定的，一律适用特殊规定，而不按本条定罪处罚。如本法第 115 条关于失火、过失决水、爆炸、投放危险物质或者以其他危险方法致人死亡的规定；第 133 条关于交通肇事致人死亡的规定；第 134 条关于重大责任事故致人死亡的规定等。[3] 由此可见，“本法另有规定的，依照规定”是法条竞合的引导性规定。在我国刑法中，各个罪名之间大量地存在法条之间的重合或者交叉关系。在上述论断中，提及一般规定与特殊规定的关系，我认为，这里的一般规定与特殊规定的关系包括两种情形：第一种是普通法与特别法的关系，例如诈骗罪与贷款诈骗等金融诈骗罪。在这种情况下，特别法的外延是普通法的外延的一部分，因而是一种独立竞合。对此，应当按照特别法优于普通法的原则适用法律。第二种是部分法与整体法的关

① 参见周道鸾、张军主编：《刑法罪名精释》，3 版，119 页，北京，人民法院出版社，2007。

② 参见［韩］韩相敦：《传统社会杀伤罪研究》，27 页，沈阳，辽宁民族出版社，1996。

③ 参见胡康生、郎胜主编：《中华人民共和国刑法释义》，3 版，362 页，北京，法律出版社，2006。

系，例如故意杀人罪与绑架罪，我国刑法规定的绑架罪包含了“杀害被绑架人”的内容。因而故意杀人罪成为绑架罪的构成要件的一部分。在这种情况下，部分法是整体法的内涵的一部分，因而是一种包容竞合。对此，应当按照整体法优于部分法的原则适用法律。

按照上述法条竞合理论分析，在过失致人死亡罪与交通肇事罪之间存在部分法与整体法之间的法条竞合关系。在以过失致人死亡作为交通肇事罪构成要件的情况下，过失致人死亡是交通肇事罪的基本构成的内容。因为交通肇事罪的其他特别恶劣情节，包括过失致 2 人以上死亡的。因此，过失致人死亡是交通肇事罪的加重构成的内容。在交通肇事后逃逸而过失致人死亡的情况下，过失致人死亡是交通肇事罪的特别加重构成的内容。

（三）故意杀人罪

刑法第 232 条规定：故意杀人的，处死刑、无期徒刑或者 10 年以上有期徒刑；情节较轻的，处 3 年以上 10 年以下有期徒刑。

这是我国刑法关于故意杀人罪的规定，这一规定采用了简单罪状，并未对杀人的构成特征加以详细描述，而只是列举了杀人行为。在我国刑法理论上，杀人是指非法剥夺他人生命的行为。杀人从行为方式上来说，可以分为作为与不作为。对于不作为的杀人，尤其是因先行行为使他人处于危险状态，因未救助而引起他人自杀的，在我国刑法中由于没有规定类似于日本刑法中的保护责任者遗弃罪，因此在我国司法实践中往往以故意杀人罪论处。

在交通肇事以后，被害人受到重伤，作为先行行为者，被告人具有对被害人的救助义务。在这种情况下，被告人不履行救助义务，甚至将被害人搬离肇事现场予以遗弃的，涉嫌故意杀人罪。对此，前引《解释》第 6 条规定：行为人在交通肇事后为掩盖罪行、毁灭证据，逃避法律追究，将被害人带离事故现场后隐藏或者遗弃，致使被害人无法得到救助而死亡或者严重残疾的，以故意杀人罪或者故意伤害罪处罚。这就是司法解释关于交通肇事转化为故意杀人罪或者故意伤害罪的规定，对于正确处理此类案件具有重要意义。

三、肇事后被害人是否死亡的认定

在关于本案的三种分歧意见中，首先涉及的是一个事实问题，即：在被告人韩正连交通肇事后，被害人当场死亡还是之后死亡？如果已经死亡，则不存在此后的故意杀人或者交通肇事后逃逸致人死亡的问题。

对此，被告人韩正连辩解提出，当时天黑，其以为被害人已经死亡，主观上没有杀人的故意。裁判理由针对被告人的辩解作了以下分析：如其辩解属实，则因为在转移被害人之前被害人已经死亡，故只能构成交通肇事罪，不发生转化故意杀人的问题。虽然从现场环境看，韩正连撞人的地点处于居民小区之间，一些居民听到撞击声已从家中出来，韩正连是急于逃避而没有仔细检查被害人的伤势情况，且案发时间是农历的 9 月 24 日晚 9 点多钟，天很黑，多名证人及行为人均证实当晚没有月亮，车辆撞人后继续向前又撞到电线杆，造成停电，货车也已经熄火，没有车灯，可以推想韩正连当时也是很难看清被害人的撞伤情况的，在被告人交通肇事撞倒被害人后，在黑暗中匆忙将被害人转移隐藏，没有对被害人进行任何救治，对不具备医疗知识的韩正连来说，当时主观上不能也没有对被害人是否已经死亡进行准确判断。也就是说，在这种情况下，韩正连主观上对于当时被害人可能没有死亡的情况应当是明知的。对于当时被害人是否已经死亡，应当从本案的客观情况出发来得出结论。从现场痕迹和鉴定结论以及鉴定人当庭所作的鉴定说明分析，在撞人现场地面上（第一现场）没有大量血迹，而在隐藏地点（第二现场）楼道口前发现大量血迹表明被害人当时还有生命反应，可以认定被害人在被转移隐藏时还活着，同时结合被害人系腹腔多处脏器损伤后失血性休克，受出血速度和出血量的影响，不会在受伤后立即死亡的鉴定结论，证实韩正连是在被害人尚未死亡的情况下将被害人转移隐藏的。据此，韩正连的上述辩解不能成立。因此，被告人韩正连明知隐藏被撞伤的被害人时其可能没有死亡，但为了逃避法律追究，置被害人死活于不顾而逃逸，造成被害人死亡的严重后果，可以认定其具有放任被害人死亡的主观故意。

上述裁判理由认定被告人韩正连明知被害人没有死亡，从两个方面作了论证：一是主观明知的推定，认为被告人韩正连“当时主观上不能也没有对被害人是否已经死亡进行准确判断。也就是说，在这种情况下，韩正连主观上对于当时被害人可能没有死亡的情况应当是明知的”。应该指出，这一推定是十分勉强的，其逻辑是：“没有准确判断，因而是明知的”。该逻辑的前提是：在发生交通肇事以后，被告人具有对被害人是否当场死亡作出准确判断的义务，不履行这一义务的就是明知被害人没有死亡。二是客观上是否当场死亡的分析。其实，被害人在客观上是否当场死亡，对于被告人韩正连来说，已经不重要，他辩解是“以为”被害人已经死亡，因而转移。即使导致被害人死亡，其主观上也没有杀人故意。不构成故意杀人罪，仍有可能构成过失致人死亡罪。当然，这一过失致人死亡是包含在交通肇事罪中，还是交通肇事转化为过失致人死亡罪，或者应当以交通肇事罪与过失致人死亡罪实行数罪并罚，是后文需要展开讨论的。

从我国刑法和司法解释关于交通肇事罪的规定来看，被害人在交通肇事当时是否在客观上已经死亡以及被告人主观上是否明知其没有死亡，对于定罪前量刑具有十分重要的意义。现作以下分析。

1. 交通肇事当场致人死亡，且被告人明知被害人已经死亡，即使转移尸体，只定交通肇事罪，若有逃逸情节的，属于交通肇事罪的加重构成。

2. 交通肇事当场致人死亡，但被告人误认为其没有死亡，将尸体转移并予以遗弃，此时需判断是否因主观认识错误而构成故意杀人罪的未遂。

3. 交通肇事当场没有死亡，无论被告人是否明知，只要是逃逸使被害人得不到及时救治而死亡的，就属于交通肇事逃逸致人死亡。

4. 交通肇事当场没有死亡，但被告人误认为已经死亡，将被害人转移并予以遗弃，如何定罪？对此存在三种可能的结论：(1) 交通肇事罪。(2) 过失致人死亡罪。(3) 交通肇事罪与过失致人死亡罪数罪并罚。

5. 交通肇事当场没有死亡，被告人将被害人带离事故现场后隐藏或者遗弃，致使被害人死亡的，构成故意杀人罪。

在本案中，被告人辩解自己属于上述第四种情形，但裁判理由则认为属于上述第五种情形。在司法实践中，交通肇事后被害人当场是否已经死亡以及被告人主观上是否明知被害人死亡，都是一个难以证明的问题，这使控方的举证十分困难，因而这种法律设计的可操作性是值得质疑的。因此，在司法实践中，认定交通肇事逃逸致人死亡或者转化为故意杀人罪，往往不是一个法律问题而是一个事实问题或者证据问题。为使我们进一步了解这个问题，现以倪庆国交通肇事案①作一个对比性研究。

被告人倪庆国，男，1963年6月14日生，汉族，初中文化，个体户。因涉嫌犯故意杀人罪，于2002年7月10日被逮捕。

江苏省灌南县人民检察院以被告人倪庆国犯故意杀人罪向灌南县人民法院提起公诉。

灌南县人民法院经公开审理查明：2002年6月25日下午2时30分许，被告人倪庆国酒后驾驶苏××××号三轮摩托车在灌南境内由张店镇向县城新安镇行驶，当行至武障河闸南侧时，因避让车辆采取措施不当，致其所驾摩托车偏离正常行车路线，又因该三轮车制动系统不合格，未能及时刹住车，将人行道上正在行走的被害人严某某撞倒。事故发生后，倪庆国当即将严某某抱到附近大圈乡龙沟村个体卫生室请求救治。接治医务人员问被害人是哪里人，严某某回答是本县白皂乡人，语气艰难，之后即不能讲话。经听诊，医务人员发现严肺部有水泡声，怀疑其伴有内脏出血，认为卫生室不具备抢救条件，即催促倪庆国将严某某速送灌南县人民医院急救。倪庆国遂将严抱上肇事三轮摩托车，向县城新安镇继续行驶。在到达新安镇后，倪庆国因害怕承担法律责任，将严某某抛弃在新安镇肖大桥河滩上（距苏306公路线约200米）。当日下午4时许，严某某被群众发现时已死亡。经法医鉴定，严某某因外伤性脾破裂失血性休克并左肱骨骨折疼痛性休克死亡。倪庆国供述：其在送被害人去县医院抢救途中，曾三次停车呼喊被害人而被害人均无应答，故认为被害人已经死亡、没有救治必要才产生抛“尸”

① 本案刊载于最高人民法院：《刑事审判参考》，第30辑，北京，法律出版社，2003。

想法的。抛“尸”当时，倪庆国还在现场观察了一会儿，仍没有看到被害人有任何动作，更加确信被害人已经死亡，最后才离开现场。医学专业人员证实：脾破裂如果脾脏前面损伤程度较深，累及脾门，并大血管损伤或者伤者有心脏疾病，则伤者可能在短时间内死亡，但没有严格的时间界限。如果损伤程度较浅未累及脾门及脾门血管，则较短时间（1 小时）内死亡的可能性较小。经现场测试，以肇事车辆的时速从事故地行驶至县人民医院约需 10 分钟。事故处理部门认定，倪庆国酒后驾驶制动系统不合格的机动车辆在反向人行道上撞伤行人，应负事故的全部责任。本案现有证据仅表明被害人严某某被撞外伤性脾破裂、左肱骨骨折，但已无法查明被害人严某某脾破裂是否伤及脾门，是否伴有脾门大血管破裂，以及其受伤前是否患有心脏疾病。

被告人倪庆国辩称，自己主观上没有杀人的故意，也不符合交通肇事转化为故意杀人罪的条件。其辩护人的辩护意见是：倪庆国虽有将被害人带离事故现场后遗弃的行为，但本案没有证据证实被害人是因被遗弃无法得到及时救治而死亡，也没有证据证实被害人在被遗弃前确实仍然存活，故倪庆国不符合《最高人民法院关于审理交通肇事刑事案件具体应用法律若干问题的解释》（以下简称《解释》）第 6 条的规定，不构成故意杀人罪；倪庆国将被害人带离事故现场的目的是要送医院抢救，而不是为逃避法律追究，故也不构成交通肇事后逃逸；对被告人倪庆国应按交通肇事的一般情节，在 3 年以下有期徒刑或者拘役的法定刑幅度内量刑。

本案在审理过程中，被告人倪庆国亲属与被害人严某某亲属就附带民事诉讼赔偿问题达成协议，且当庭兑现完毕。由被告人亲属代被告人赔偿被害人亲属经济损失计人民币 15 000 元。

灌南县人民法院审理后认为：被告人倪庆国违反交通运输管理法规，酒后驾驶制动系统不合格的车辆，致发生 1 人死亡的重大交通事故，负事故的全部责任，其行为已构成交通肇事罪，且肇事后逃逸，应予惩处。公诉机关指控倪庆国的犯罪事实清楚，证据确实、充分，但指控罪名不当。被告人倪庆国在交通肇事后即将被害人抱送附近诊所求治，并按医嘱速送被害人去县医院抢救，其后来遗

弃被害人是在认为被害人已死亡的主观状态下作出的。本案现有证据无法证明被害人在被遗弃前确实没有死亡，也无法证明被害人的死亡是因被遗弃无法得到救助而造成，故其行为不符合《解释》第6条关于交通肇事转化为故意杀人的条件。本着疑情从轻的原则，对倪庆国只能以交通肇事罪定罪处罚。对辩护人提出的关于倪庆国的行为不构成故意杀人罪的辩护意见予以采纳。倪庆国先前虽能积极送被害人去医院救治，但在认为被害人已死亡的情况下，为逃避法律追究又将被害人遗弃逃跑，符合交通肇事后逃逸的特征。辩护人提出的关于倪庆国的行为不属于交通肇事后逃逸的意见，与事实、法律不符，不予采信。鉴于倪庆国归案后认罪态度较好，且其亲属已赔偿了被害人亲属的全部经济损失，取得了被害人亲属的谅解，故可酌情对其从轻处罚。依据《中华人民共和国刑法》第123条、《最高人民法院关于执行〈中华人民共和国刑事诉讼法〉若干问题的解释》第176条第2项的规定，于2002年9月27日判决被告人倪庆国犯交通肇事罪，判处有期徒刑4年。

一审判后，在法定期限内，被告人倪庆国未提出上诉，灌南县人民检察院也未提出抗诉，判决已发生法律效力。

对比两案，在案件事实上存在一定差异。主要是在倪庆国案中，被告人倪庆国曾将被害人送到附近卫生室请求救治，因被害人伤势过重，被要求转送县医院急救。但在到县医院的路上，被害人将被害人遗弃。相同的是，被告人都辩称当时以为被害人已经死亡。在倪庆国案中，裁判理由认为：本案被告人虽有为逃避法律追究遗弃被害人的行为，客观上也发生了被害人死亡的后果，但是被害人死亡的具体、确切时间，其死亡后果是否系因被告人遗弃而无法得到救助所致，均无法证实。具体地说：（1）被害人在被遗弃时是否尚未死亡是判定被告人可否构成故意杀人罪的前提因素之一，但没有任何证据证实被害人在被遗弃时尚未死亡。倪庆国本人供述：其在送被害人去县医院抢救途中，曾三次停车呼喊被害人而被害人均无应答，故是认为被害人已经死亡、没有救治必要才产生抛“尸”想法的。抛“尸”当时，倪庆国还在现场观察了一会儿，仍没有看到被害人有任何动作，更加确信被害人确已死亡，最后才离开现场。参照被害人在第一次被接治时的表现、死因鉴定结论以及医学专业人员的分析，被害人在被遗弃前即已死亡并非不可能。(2) 被害人的死亡后果在能够得到及时有效的救治的情况下是否必然能够避免，同样无法定论。虽然医学专业人员表明，单纯脾破裂不可能导致伤者短时间内死亡，但同时也证实，如果脾脏前部损伤程度较深，累及脾门，并大血管损伤，或者伤者患有心脏疾病则可能在短时间内死亡。本案现有证据仅查明被害人被撞外伤性脾破裂、左肱骨骨折，但已无法查明被害人脾破裂是否伤及脾门，是否伴有脾门大血管破裂，以及其受伤前是否患有心脏疾病。也就是说被害人的死亡在正常情况下是否必然能够避免不能确定。(3) 被害人的死亡是否因被告人的遗弃行为而无法得到救助所致，亦无法得到证明，即被害人死亡与被告人行为有无刑法的因果关系同样无法认定。我们认为，在上述事实无法查明的情况下，本着有利于被告人的原则，对被告人倪庆国以交通肇事罪，而非故意杀人罪定罪处罚是正确的。

从上述裁判理由看，确认了对被告人有利推定的原则，对于处理同类案件是具有指导意义的。但由于对法律规定理解上的差异，这一标准的统一掌握实际上是难以做到的。

四、交通肇事后误以为死亡而遗弃的定罪

例如，如果前述被告人韩正连辩解成立，其在误以为被害人已经死亡的情况下转移尸体进行隐匿造成被害人死亡，那么，对于这种情形在刑法上应当如何定罪呢？关于这个问题，本案的第二种意见认为，被告人构成交通肇事罪和过失致人死亡罪，应当实行数罪并罚。但本案的裁判理由虽然对此没有专门论述，但附带地论及若被告人韩正连的辩解成立，则其行为应定为交通肇事罪。

在上述情况下，过失致人死亡这一事实是客观存在的，即被告人对被害人死亡发生了错误认识，将没有死亡误认为已经死亡，因而可以排除杀人故意。但被告人对于死亡结果的发生主观上是存在过失的，属于过失致人死亡。现在的问题是：这一过失致人死亡是否依附于交通肇事罪，被该罪所涵括？如果过失致人死

亡被交通肇事罪所包含，是其构成要件的一部分，则应构成交通肇事罪，不能另定过失致人死亡罪。

如前所述，我国刑法中的交通肇事罪确实包含过失致人死亡的内容，可以分为两种情形：一是交通肇事行为直接造成他人死亡，也就是所谓当场死亡的情形。在这种情况下，肇事行为与死亡结果之间存在因果关系。二是交通肇事逃逸致人死亡。在这种情况下，死亡结果并非交通肇事所造成，而是交通肇事后的逃逸行为造成的，在交通肇事逃逸行为与死亡结果之间存在因果关系。尽管这两种情形有所不同，但过失致人死亡属于交通肇事罪的构成要件的一部分，这是没有疑问的。

在本案中，被告人韩正连的辩解如果能够成立，其行为属于交通肇事后逃逸致人死亡。那么，因逃逸致人死亡与交通肇事罪的基本构成之间是一种什么样的逻辑关系呢？换言之，如果没有逃逸致人死亡这一情节，其交通肇事罪的基本构成是否成立？我认为，这个问题是值得研究的。从本案来看，被告人韩正连违反交通运输法规，酒后驾车将他人撞倒，如果没有此后的逃逸致人死亡这一情节，就不能构成交通肇事罪。因此，逃逸致人死亡是被告人韩正连构成交通肇事罪的必不可少的要件。如果将逃逸致人死亡另行认定为过失致人死亡罪，则其交通肇事罪的构成要件就不完备。因此，我认为对此不能以交通肇事罪与过失致人死亡罪实行数罪并罚，而只能定交通肇事罪。

五、交通肇事转化为故意杀人罪的定罪

交通肇事以后逃逸致人死亡，如何与不作为的故意杀人罪相区分，这是一个十分复杂的问题。

在日本刑法中，未规定交通肇事罪，但涉及交通事故中对被害人的遗弃，在日本《道路交通法》中规定了违反保护义务罪。例如，日本学者大谷实教授在论及交通事故中的保护义务时，指出：《道路交通法》第72条规定，交通肇事致人受伤的驾驶人员具有救护伤者的义务，违反者处3年以下有期徒刑或者10万

（原文如此，疑为 50 万——引者注）日元以下罚金。[①] 因此，在肇事后逃逸的场合，驾驶员认识到造成他人受伤而逃走的时候，就成立违反救护义务罪。此时，如果驾驶员对由于自己的过失所造成的伤者需要进行保护有认识，但是却没有做任何保护径直离去，这种行为是否成立不保护罪，需要研究。问题在于：在上述情况下，行为人是不是具有保护责任？如果说自己过失实施的先行行为自身就成为保护责任的根据的话，当然就构成本罪。但是，如果根据"重要的是，在具体情况下，被害人的生命、身体的危险（安全）是否受制于驾驶员的话，就很难说，驾驶员马上具有保护责任"。判例中，也没有将这种肇事后逃逸的情况直接作为本罪处理。相反地，行为人已经开始救护伤员，如为了送到医院而将伤员搬上车、途中又将伤员抛弃的场合，由于行为人接受了要保护者，形成了将他人置于自己支配之下的保护状态，所以，可以确认以无因管理为根据的保护关系，这时候可以成立保护责任人遗弃罪。另外，害怕从车上跳下、身负重伤的人被人发现，便将其挪到离路边 3 米远的烟叶田里放置之后离去的事件，也被认定为保护责任人遗弃罪（东京高判 1970 年 5 月 11 日《高刑集》第 23 卷第 2 号第 368 页）。这种场合下，由于行为人处于能够支配被害人生命危险的立场，所以，是妥当的判决。但是，也还具有成立遗弃罪的余地。[②] 从以上规定来看，违反救护义务罪是行为犯，只要交通肇事致使他人受伤，没有进行救助，就构成违反救护义务罪。但如果具有保护者的责任，则构成日本刑法中的保护责任人遗弃罪。如果发生死亡后果，在不具有保护者责任的情况下，构成业务过失致人死伤罪；在具有保护者责任的情况下，则构成遗弃致人死伤罪。

我国刑法则规定交通肇事罪，在该罪中包含过失致人死伤以及财产损失的内容。尤其是对交通肇事后逃逸致人死亡也专门作了规定，意图通过交通肇事罪尽可能地包含交通肇事案件中的各种复杂情形。这一点与日本刑法除单独规定违反

---

① 2007 年日本《道路交通法》修改时，将该罪的法定刑提高到 5 年以下有期徒刑或者 100 万日元以下罚金。——引者注

② 参见［日］大谷实：《刑法讲义各论（新版第 2 版）》，黎宏译，68 页，北京，中国人民大学出版社，2008。

救助义务罪以外，尽可能地利用普通罪名处理交通肇事案件中的犯罪之立法思路是不同的。值得注意的是，日本在2001年刑法修改中增设了危险驾驶致死伤罪，2007年刑法修改中又增设了驾驶车辆过失致死伤罪，并相应地提高了法定刑。这种情况下，在交通肇事案件中，以前按照业务过失致死伤罪处理的案件，大多数都可以适用驾车过失致死伤罪。[①] 这是一种立法思路的调整，表现出交通肇事犯罪的罪名专门化的趋势，这是应当引起我们注意的。

当然，这里存在一个共同的问题，就是对于交通肇事后逃逸转化为故意杀人的案件如何处理。关于这个问题，日本刑法是采用不作为犯罪理论解决的。例如，日本学者日高义博教授指出：所谓“汽车撞人逃跑”就是由于不作为人的过失设定原因的情形，即“汽车司机因自己的过失撞了步行人而使步行人负重伤，但司机对受伤人不采取救助措施，认为死了更好而丢下受害人逃之夭夭，结果被害人因流血过多而死亡”的情形。在这个事例中，从撞倒行人致其重伤来看构成业务上过失致伤罪是无可争议的，但除此以外，司机对受害人不采取必要的救助措施而逃跑的行为，在刑法上应该怎样评价呢？这种撞人后逃跑的行为存在杀人的未必故意，而且由于过失的先行行为设定了对于被害人死亡的因果关系，这种情况下的不作为存在构成要件的等价值性，所以，成立杀人罪的不真正不作为犯。[②] 因此，在日本刑法中，交通肇事致人重伤，司机对被害人不采取救助而致其死亡，分别构成业务过失致伤罪和不作为的故意杀人罪。但在我国刑法中，逃逸致人死亡有相当一部分，甚至在某些情况下的间接故意都被交通肇事罪所包含。在这个意义上说，对于直接从交通肇事现场逃逸致使被害人死亡的案件中并不存在不作为的故意杀人罪构成的余地。但前引《解释》第6条规定：“行为人在交通肇事后为了逃避法律追究，将被害人带离事故现场后隐藏或者遗弃，致使被害人无法得到救助而死亡或者严重残疾的，应当分别依照刑法第二百三十二

---

① 参见［日］是木诚：《作为刑法犯的交通犯罪的处理》，“中日交通违法犯罪预防与对策学术研讨会”提交论文，北京，2008-10-26。

② 参见［日］日高义博：《不作为犯的理论》，113页，王树平译，北京，中国人民公安大学出版社，1992。

条、第二百三十四条第二款的规定，以故意杀人罪或者故意伤害罪定罪处罚。”

在适用这一司法解释的时候，应当从以下两个方面考虑。

（一）客观要件

交通肇事后逃逸构成的故意杀人罪在客观上表现为将被害人带离事故现场后隐藏或者遗弃，并且致使被害人无法得到救助而死亡。因此，没有带离现场而逃逸，无论被告人对死亡结果持何种主观心理态度，均不构成故意杀人罪。应当提出，上述司法解释中规定的隐藏，是指将被害人置于隐蔽的、秘密的地点、场所或者进行掩盖、伪装，使人在正常情况下难以发现或者根本不能发现。遗弃，是指将被害人转移到其他非隐蔽、非秘密的场所抛弃。并且，死亡结果是由于因隐藏或者遗弃而无法得到救助造成的。因此，如果被害人虽被隐藏或者遗弃，但因他人救助或其他原因而没有发生死亡结果的，不能构成故意杀人罪既遂。但能否认定为故意杀人罪未遂，还值得研究。

（二）主观要件

交通肇事后逃逸构成的故意杀人罪在主观上表现为逃避法律追究的目的。因此，如果不是为了逃避法律追究而将被害人带离现场也不构成故意杀人罪。在司法实践中，被告人即使是出于抢救被害人的紧急需要或者因为惧怕被害人亲属的非法报复等其他目的，将被害人带离现场。但带离现场以后没有进行抢救，而是将被害人隐藏或者遗弃后逃逸的，也应当认为被告人主观上具有逃避法律追究的目的。

在本案的裁判理由中，作者对交通肇事转化为故意杀人罪的条件应当如何把握，提出了以下见解：在交通肇事转化为故意杀人罪的条件中，如何把握交通肇事转化为故意杀人罪的主观故意，是审理此类案件的难点。行为人由过失交通肇事的行为到故意杀人的行为，存在一个主观心理转变的过程。行为人交通肇事造成他人伤害主观上是出于过失，在因交通肇事已经致被害人伤害结果而使其陷于死亡的现实危险状态情况下，被害人的生命安全依赖肇事行为人的及时救助。而行为人为了逃避法律追究，不采取措施防止死亡结果的发生，而是将被害人带离事故现场后隐藏或者遗弃，致使被害人因得不到及时的救助而死亡，其承担的刑

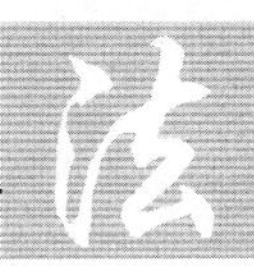

事责任不再是交通肇事的结果加重犯的责任，而是因其先行行为造成他人死亡危险状态构成的不作为的刑事责任。《道路交通事故处理办法》第7条明确规定："发生交通事故的车辆必须立即停车，当事人必须保护现场，抢救伤者和财产"；同时，由于肇事者自己先前的交通肇事行为才使被害人的生命处于现实危险状态，因此，从法律明文规定和行为人先行行为看，肇事行为人负有防止死亡危险结果发生的特定义务，如果能够履行而故意不履行，造成被害人死亡结果的就构成刑法上的不作为故意杀人犯罪。这种情况下，行为人对于造成被害人死亡的主观心态既可能是希望被害人死亡，也可能是放任被害人死亡。因为行为人对被害人处于急需救助、生命安全处于危险状态是明知的，此时，再将被害人带离事故现场后隐藏或者遗弃，如果是明知自己的行为必然发生被害人死亡的结果，则属于直接故意杀人；如果仅是明知自己的行为可能会发生被害人死亡的结果，而放任这种结果的发生，则属于不作为的间接故意杀人。至于个案中被告人的主观心理状态的认定，一般可以从其实施的客观行为、肇事后被害人的伤害情况、当时的特定环境以及社会一般人的通常认识程度等方面进行综合分析判断。

在上述论述中，裁判理由的核心命题是：在交通肇事转化为故意杀人罪的条件中，如何认定交通肇事转化为故意杀人罪的主观故意，是审理此类案件的难点。我认为，这一命题是不能成立的，其实难点不在于主观故意，而恰恰在于客观行为。因为从主观上来说，存在一个从交通肇事的过失到杀人的故意的转化过程。但这一转化必然以一定的客观行为为根据。在这个意义上说，客观要件是认定主观故意的根据。例如，我国学者在论及过失向故意转化的认定时指出：随着行为人主观心理由过失转化为故意，客观行为也发生相应的变化，也就是说故意心理也支配一定的行为，与过失行为保持相对的独立性，并与最终的危害结果之间存在因果关系。这是主客观一致原则的要求。与故意转化为过失的情形相比，过失向故意的转化，不仅在客观行为上是可分的，而且在危害结果上有明显的差别。证实过失向故意的转化，必须注意分析行为人客观行为的变化，这是主观心理转化的客观根据。如果行为人在过失造成危害社会的结果以后，未实施任何危害社会的行为，便无从确定行为人的心理已由过失转化为故意，如果行为人改变

后的故意心理及客观行为对最终危害结果毫无影响，行为人一般也不应对他人造成的最终危害结果负故意责任。

我认为，以上论述是十分正确的。在从过失向故意的转化中，并不仅仅是心理转变的问题，必然以一定的行为，包括作为与不作为为其前提。在犯罪认定中，始终应当坚持客观判断先于主观判断的原则。[①]

六、犯罪形态的界定

从交通肇事向故意杀人罪转变，这种犯罪形态在我国刑法理论上称为转化犯。我认为，转化犯的概念较为妥当地概括了这一犯罪现象的特征。

在我国刑法理论上，转化犯是指行为人在实施某一较轻的犯罪时，由于连带的行为又触犯了另一较重的犯罪，因而以较重的犯罪论处的情形。转化犯中存在从此罪向彼罪的转化，之所以能够转化，是因为在实施轻罪过程中又触犯了重罪，构成重罪以后轻罪就不能成立，因而应以重罪论处。我国刑法中存在转化犯的立法例。例如，刑法第 292 条第 2 款规定：聚众斗殴，致人重伤、死亡的，依照本法第 234 条、第 232 条的规定定罪处罚。刑法第 292 条第 1 款规定的是聚众斗殴罪，第 2 款则规定了从聚众斗殴转化为故意杀人罪、故意伤害罪的情形。在我国刑法中，除了法定的转化犯以外，还存在非法定的转化犯。从交通肇事向故意杀人罪的转化，在刑法中没有规定，但司法解释对此作了规定，它也是一种转化犯。当然，这是一种从过失向故意转变的转化犯，并且是从作为向不作为转变的转化犯。

（本文原载陈兴良主编：《刑事法判解》，第 10 卷，北京，北京大学出版社，2009）

① 参见姜伟：《犯罪故意与犯罪过失》，317～318 页，北京，北京大学出版社，2008。

口袋罪的法教义学分析：以以危险方法危害公共安全罪为例

口袋罪是我国刑法学界对于某些构成要件行为具有一定的开放性的罪名的俗称。在 1979 年刑法中，被认为存在三大口袋罪，即投机倒把罪、流氓罪和玩忽职守罪。在 1997 年刑法中，基于罪刑法定原则，对三大口袋罪进行了适当的分解，除了保留玩忽职守罪的罪名以外，流氓罪与投机倒把罪这两个罪名都被取消。然而，口袋罪的问题在我国刑法中并没有彻底解决。从目前的情况来看，以危险方法危害公共安全罪成为一个正在崛起的口袋罪，在司法实践中被广泛适用。如何遏制口袋罪司法适用的强烈冲动，成为捍卫我国刑法中的罪刑法定原则的一个重大问题。

一、以危险方法危害公共安全罪的形成及其适用范围不断扩张的现状

传统的三大口袋罪已经成为历史，本文不再花过多的笔墨进行评论。在此，笔者拟就目前司法实践中较为突出的口袋罪即以危险方法危害公共安全罪的形成过程略加描述。

在 1979 年刑法第 105 条（放火、决水、爆炸或者以其他危险方法破坏工厂、

矿场、油田、港口、河流、水源、仓库、住宅、森林、农场、谷场、重要管道、公共建筑物或者其他公私财产、危害公共安全，尚未造成严重后果的，处3年以上10年以下有期徒刑）与第106条（放火、决水、爆炸、投毒或者以其他危险方法致人重伤、死亡或者使公私财产遭受重大损失的，处10年以上有期徒刑、无期徒刑或者死刑）就有关于以其他危险方法危害公共安全的表述。也许当初立法者并没有考虑将其设立为单独的罪名，否则很难理解在第105条的规定中没有出现投毒一词，但第106条的规定中却出现了投毒一词，而当时投毒罪是一个独立罪名。那么，如果遇有投毒行为，足以危害公共安全，但尚未造成严重后果的，能否依照第105条论罪呢？对此，高铭暄教授认为，回答是肯定的。因为该条所说的其他方法，逻辑上可以包括投毒。[①] 由此可见，以其他方法危害公共安全是一个概然性规定，担负着承接遗漏事项的使命。此后出现的姚锦云案，是第一次适用以其他危险方法危害公共安全的规定定罪的案例。姚锦云系北京汽车司机，为泄私愤，驾驶汽车在天安门广场向人群冲撞，撞死5人，撞伤19人（其中11人为重伤）。对于该案，北京市中级人民法院以“用驾驶汽车的危险方法致人重伤、死亡罪”的罪名，依照刑法第106条的规定，判处姚锦云死刑，剥夺政治权利终身。此后，在司法实践中又出现了以工业酒精兑水后冒充白酒进行销售，造成重大人员伤亡的案例，对此司法机关也是依照以其他危险方法危害公共安全的规定予以定罪。例如《最高人民法院公报》1985年第3期同时刊登了左成洪等以制造、贩卖有毒酒的危险方法致人死亡案和李荣辉以制造、贩卖有毒酒的危险方法致人死亡案。在李荣辉案中，最高人民法院认为：被告人李荣辉、邓国劲、王平等，无视国法，不顾人民生命安危，明知工业用酒精加水兑成酒食用对人体有危害，却故意大量兑制出售，造成多人中毒死亡、伤残的严重后果，其行为严重危害了公共安全，实属罪行特别严重、情节特别恶劣的犯罪分子，必须依法严惩。最高人民法院认为四川省重庆市中级人民法院和四川省高级人民法院

---

① 参见高铭暄：《中华人民共和国刑法的孕育诞生和发展完善》，94页，北京，北京大学出版社，2012。

对该案认定为以制造、贩卖有毒酒的危险方法致人死亡罪，依照刑法第 106 条第 1 款判处，定罪准确。[①] 最高人民法院的以上意见认可了上述案例的定罪，尤其是对于制造、销售这一明显不具有手段对公共安全的危害性而只有结果对公共安全的危害性的经济行为认定为危害公共安全的其他方法。当然，在当时以其他危害方法危害公共安全的犯罪还不是一个统一的罪名，而是根据行为人实际使用的危险方法确定罪名。对此，我国学者也持肯定的见解，认为这样做既反映了这种犯罪的特征，以区别于其他犯罪，符合罪名的内在要求；同时，也有利于积累经验，一旦条件成熟，就可将某种常见的危险方法通过立法上升为一种独立罪名。[②] 由此可见，当时更多的是把以其他危险方法危害公共安全的规定当作一个补漏性的条款，而不是一个独立罪名。此后，随着立法机关颁布了有关单行刑法，设立相关罪名，使以往按照以其他危险方法危害公共安全的规定定罪的行为转化为以其他独立罪名定罪的行为。例如，1993 年全国人大常委会《关于惩治生产、销售伪劣商品犯罪的决定》（以下简称《决定》）设立了生产、销售有毒有害食品罪，《决定》的内容被 1997 年刑法所吸纳。至此，以工业酒精兑水后冒充白酒进行销售，造成重大人员伤亡的行为不再按照以其他危险方法危害公共安全的规定定罪，而是以生产、销售有毒有害食品罪论处。例如，发生在 1996 年的李荣平等生产、销售有毒有害食品案，云南省曲靖地区中级人民法院认为：被告人李荣平等人，为了牟取暴利，无视国法，置广大消费者的生命健康安全于不顾，用甲醇大量兑制毒酒销售，致使 192 人因饮用毒酒而发生甲醇中毒，其中 35 人死亡，5 人重伤，152 人轻伤、轻微伤，其行为已构成生产、销售有毒有害食品罪。[③] 可见，随着刑事立法的发展，以其他危险方法危害公共安全罪的适用范围也逐渐收缩。

1997 年刑法修订后，1979 年刑法第 105 条（危险犯）与第 106 条（实害犯）

---

① 参见刘树德：《刑事指导案例汇览》，38 页以下，北京，中国法制出版社，2010。

② 参见陈兴良、曲新久、顾永忠：《案例刑法教程》，下卷，51 页，北京，中国政法大学出版社，1994。

③ 参见国家法官学院、中国人民大学法学院编：《中国审判案例要览（1998 年刑事审判案例卷）》，125 页以下，北京，中国人民大学出版社，1999。

变更为第114条与第115条，但其基本内容并没有发生重大变化。只是在2001年12月29日《刑法修正案（三）》对其条文表述方式进行了修改，删去了原条文所列举的事关公共安全的具体犯罪对象，使刑法第114条关于危险犯的表述与第115条关于实害犯的表述统一起来，并将投毒修改为投放危险物质，对危险物质进行了列举。值得注意的是，在1997年刑法修订以后，"两高"关于罪名的司法解释就将以其他危险方法危害公共安全的规定概括为以危险方法危害公共安全罪，由此产生了我国现行刑法中第一个不确定罪名。这里的不确定罪名是相对于确定罪名而言的，确定罪名是指法律对罪名概念的内容作了明白、确切的表述。不确定罪名是指法律并未对该罪名的内容直接作出明白、确切的表述，而需要人们结合有关的规定进行分析、推理，才能得出该罪名的内容性质与主要特征。关于这种不确定罪名，我国学者指出：不确定罪名尽管其内容不确定、不明晰，但它同样是对某一犯罪行为特征的概括，不失为刑法规定的一种方式。不确定罪名的设立是基于社会生活的复杂性。然而，由于其不确定性，也暗含着在分析、推定其内容时作出错误推定的可能性，因而在刑事立法中应尽可能地避免该方式的采用。[①] 然而，在此后的司法实践中以危险方法危害公共安全罪适用的频率越来越高，罪名的外延越来越宽，由此形成口袋罪。其中，以下三种情况以以危险方法危害公共安全罪论处，引起广泛争议。

一是投寄虚假炭疽菌行为的定性。上海曾经发生过肖永灵投寄虚假炭疽菌案，上海市第二中级人民法院对本案审理后认为，被告人肖永灵通过向政府新闻单位投寄装有虚假炭疽杆菌信件的方式，以达到制造恐怖气氛的目的，造成公众心理恐慌，危害公共安全，其行为构成了以危险方法危害公共安全罪，公诉机关指控的罪名成立。上海市第二中级人民法院于2001年12月18日以（2001）沪二中刑初字第132号刑事判决书对肖永灵做出有罪判决，认定其行为触犯了刑法第114条的规定，构成以危险方法危害公共安全罪，判处有期徒刑4年。[②] 对于

---

① 参见陈兴良主编：《刑法各罪的一般理论》，2版，91页，北京，中国人民大学出版社，2007。

② 参见游伟、谢锡美：《"罪刑法定"原则如何坚守——全国首例投寄虚假炭疽杆菌恐吓邮件案定性研究》，载游伟主编：《华东刑事司法评论》，第3卷，256页，北京，法律出版社，2003。

本案，我国学者明确指出：法院将“投寄虚假的炭疽杆菌”的行为解释为刑法第114条中的“危险方法”，这既不符合此种行为的性质，也不符合刑法第114条的立法旨趣，已经超越了合理解释的界限，而具有明显的类推适用刑法的性质。[①] 可以说，肖永灵案是错误适用刑法第114条关于以危险方法危害公共安全罪的典型案例，其所暴露出来的问题足以引起我们深思。在肖永灵案判决作出的11天后，即2001年12月29日，全国人大常委会通过的《刑法修正案（三）》就增设了故意传播虚假恐怖信息罪，肖永灵的行为正是典型的故意传播虚假恐怖信息行为，而非以危险方法危害公共安全的行为。通过肖永灵案可以看到，在以危险方法危害公共安全罪的适用上，第115条的实害犯出现重大偏差的可能性较小，第114条的危险犯出现重大偏差的可能性则较大。其实，就肖永灵案而言，不仅其结果不具有对于公共安全的危险性，而且其行为不具有对于公共安全的危险性。当然，肖永灵案只是个案，随着《刑法修正案（三）》增设了故意传播虚假恐怖信息罪，此类问题随之而解决。

二是盗窃窨井盖行为的定性。在城市管理中，丢失窨井盖是常见的，其中大部分窨井盖被他人盗窃。根据我国当时刑法规定，盗窃罪要达到一定的数额标准才能定罪，如果未能达到这一数额标准则不能定罪。窨井盖本身价值不大，而且一次性盗窃窨井盖的数量也不会太多。在这种情况下，就出现了盗窃窨井盖数额没有达到盗窃罪的定罪标准的行为无法定罪的情形，对此有些地方司法机关就套用以危险方法危害公共安全罪，由此出现了轻罪不能定而定重罪的奇怪现象。例如，孙大庆50岁，来自河南桐柏县。2008年10月曾因犯盗窃罪被劳动教养过一年。2010年8月，在郑州打工时，孙大庆结识了一名40岁拾荒者，在聊天中，孙大庆得知其平时出去弄点废铜、废铁一类的卖钱。于是，他想起了附近的拆迁工地，也想弄点废品，卖些钱花。20日凌晨，孙大庆蹬着人力三轮车来到了拆迁工地，找寻了三个小时却一直没有收获，不想空手而回，就打起了脚下窨井盖

① 参见周少华：《罪刑法定在刑事司法中的命运——由一则案例引出的法律思考》，载《法学研究》，2003（2）。

的主意。于是，选择了枝叶较多，容易遮挡路灯，光线昏暗的路段，趁着月色，在行人、非机动车、机动车都会经过的慢车道上一连撬起了三个正在使用的窨井盖，孙大庆把窨井盖装载上三轮车，用自带的篷布蒙上正准备离开，正好经过的公安巡逻车前来盘问，民警们发现了篷布下的窨井盖，随即孙大庆被带到了派出所。河南省郑州市二七区人民法院审理认为，孙大庆窃取正在使用中的公共交通通道上的市政公共设施，足以危害不特定多数人的生命、健康和财产安全，所幸尚未造成严重后果，其行为已构成了危害公共安全罪，依据刑法第114条之规定，判处被告人孙大庆有期徒刑三年。[①] 这是一个十分典型的案例，被告人盗窃窨井盖的行为数额没有达到盗窃罪的定罪标准，而被以以危险方法危害公共安全罪定罪。在司法实践中，对于盗窃窨井盖的行为定罪时首先考虑是否构成以危险方法危害公共安全罪，这已经成为一种定罪思维。即使盗窃窨井盖的犯罪数额达到了数额较大的标准，如果被告人盗窃窨井盖的行为危害了公共安全，仍以以危险方法危害公共安全罪论处。这里涉及以其他危险方法危害公共安全罪与盗窃罪等财产犯罪和人身犯罪的关系问题，将在后文探讨。

三是醉驾行为的定性。在《刑法修正案（八）》设立危险驾驶罪前，如何处理醉驾造成重大人身伤亡和财产损失的案件，成为司法机关需要面对的问题。对这些案件以交通肇事罪论处，似乎过于轻纵，因此司法机关开始利用以其他危险方法危害公共安全罪处理此类案件。其中最典型的是孙伟铭醉酒驾车造成重大人员伤亡、财产损失案。在本案二审期间，围绕着孙伟铭行为的定罪控辩双方展开了辩论。检方主张构成以危险方法危害公共安全罪，辩方主张构成交通肇事罪。四川省高级人民法院经审查认为，以危险方法危害公共安全罪和交通肇事罪均属于危害公共安全罪，二者的区别在于行为人对危害公共安全的后果所持的主观心态不同。前者为故意犯罪，行为人对危害后果持积极追求或放任的心态；后者为过失犯罪，行为人应当预见自己的行为可能造成危害后果，因疏忽大意没有预见，或者已经预见而轻信能够避免，以致发生危害后果。“上诉人孙伟铭购置汽

① 参见 http：//law. dahe. cn/c/fy/ajkb/2011/0509/3541. html，2012年12月4日访问。

车后，未经正规驾驶培训长期无证驾驶车辆，并多次违章。国家历来对车辆上路行驶有严格的管理规定。孙伟铭作为受过一定教育、具有完全刑事责任能力的人，明知国家的规定，仍漠视社会公众和重大财产安全，藐视法律、法规，长期持续违章驾车行驶于车辆、人群密集的公共道路，威胁公众安全。尤其是在本次醉酒驾车发生追尾交通事故后，孙伟铭不计后果，放任严重后果的发生，以超过限速二倍以上的速度驾车在车辆、人流密集的道路上穿行逃逸，以致又违章跨越道路黄色双实线，冲撞多辆车辆，造成四死一伤、公私财产损失数万元的严重后果。事实表明，孙伟铭对其本次行为可能造成严重危害公共安全的后果完全能够预见，其虽不是积极追求这种结果发生，但其完全放任这种结果的发生，其间无任何避免的措施，其行为完全符合刑法关于以危险方法危害公共安全罪的构成规定，应以以危险方法危害公共安全罪定罪。”为此，四川省高级人民法院于2009年9月8日作出（2009）川刑终字第690号刑事判决，认定被告人孙伟铭犯以危险方法危害公共安全罪，判处无期徒刑，剥夺政治权利终身。最高人民法院于2009年9月11日印发孙伟铭案，并颁布了《关于醉酒驾车犯罪法律适用问题的意见》（以下简称《意见》）。《意见》指出：“行为人明知酒后驾车违法、醉酒驾车会危害公共安全，却无视法律醉酒驾车，特别是在肇事后继续驾车冲撞，造成重大伤亡，说明行为人主观上对持续发生的危害结果持放任态度，具有危害公共安全的故意。对此类醉酒驾车造成重大伤亡的，应依法以以危险方法危害公共安全罪定罪。”①《意见》对于统一全国的定罪标准当然具有重要意义，但它的颁布也使以危险方法危害公共安全罪的适用范围得以拓展。即使在《刑法修正案（八）》设立危险驾驶罪后，仍然存在着适用以危险方法危害公共安全罪的余地。此外，还出现了吸食毒品后驾驶，因产生幻觉造成重大人身伤亡的行为被认定为以危险方法危害公共安全罪，以及疲劳驾驶，因昏睡造成重大人身伤亡的行为被认定为以危险方法危害公共安全罪等情形。

由上可知，以危险方法危害公共安全罪在其适用范围上呈现出越来越宽的趋

① 《最高人民法院公报》，2009（11），21页。

势，正如我国学者指出的，从道路交通秩序领域到市场经济秩序领域、公民个人权利领域、社会管理秩序领域，以危险方法危害公共安全罪的触角已经越伸越长。[①] 与此同时，以危险方法危害公共安全罪的拾遗补阙的功能性特征也越来越明显。它在一定程度上起到了填补刑法漏洞的作用，以便等待立法的跟进。正因为如此，以危险方法危害公共安全罪与罪刑法定原则之间的紧张关系也日益凸显。在满足对那些具有严重后果，但法律没有明文规定的行为进行严厉处罚的规范根据的同时，罪刑法定原则的公信力大为降低。而且，广泛地适用以危险方法危害公共安全罪还使危害公共安全犯罪与侵害人身犯罪及侵害财产犯罪之间的界限发生混淆，破坏了我国刑法中的罪名体系的内在逻辑结构。

二、口袋罪的形成原因在于其行为要件的开放性并缺乏必要的形式限定——以以危险方法危害公共安全罪为例的展开

以危险方法危害公共安全罪之所以被称为口袋罪，并不是因为其所包含的犯罪行为广泛，而是因为其缺乏必要的形式限定。从罪名上来看，该罪是以危险方法造成危害公共安全的犯罪，似乎其界限是明确的。但从法条表述上来看，该罪的行为是以“其他危险方法”危害公共安全的犯罪。因此，该罪名中的危险方法实际是放火、决水、爆炸、投放危险物质以外的方法。也正因为如此，以危险方法危害公共安全罪这个罪名并不贴切，容易使人产生其与放火罪、决水罪、爆炸罪、投放危险物质罪之间存在法条竞合的误解，因为放火、决水、爆炸、投放危险物质本身都是危险方法。但实际上以危险方法危害公共安全罪与放火罪、决水罪、爆炸罪、投放危险物质罪之间是并列关系，而不是从属关系。这种以“其他”方法或者行为作为一个独立罪名的行为方式的情形，在我国刑法中可谓绝无仅有。从“其他”方法或者行为的规定来看，在我国刑法中主要存在以下三种情形。

一是在描述性罪状中，“其他”方法作为行为方式的补充。例如刑法第263

① 参见孙万怀：《以危险方法危害公共安全罪何以成为口袋罪》，载《现代法学》，2010（5）。

条规定的抢劫罪，其行为是指以暴力、胁迫或者其他方法抢劫公私财物的行为。这里的其他方法是指对被害人采取暴力、胁迫以外的使被害人处于不知反抗或者不能反抗的状态的方法。例如用酒灌醉、用药物麻醉等方法使被害人处于暂时丧失知觉而不能反抗的状态下，将财物当场窃取。这种采取其他方法的抢劫行为，在其他国家刑法中是一种准抢劫罪。例如，《日本刑法典》第243条就设立了昏醉强盗罪，其是指使用安眠药、麻醉药、酒精而使他人的意识出现暂时性或持续性障碍而窃取其财物的行为。[①] 在这种情况下，被告人所采取的似乎是一种窃取的手段，但是利用其所造成的被害人不知反抗的状态而取得财物，以此在性质上与抢劫罪相同。我国刑法没有单独设立此类准抢劫罪，而是在抢劫罪的罪状中以"其他方法"涵括了准抢劫罪的行为类型。在这一规定中，"其他"一词本身虽然具有一定的不确定性，但受到不知反抗或者不能反抗这一抢劫行为的本质特征的限制，并且其行为的类型化程度较高。因此，抢劫罪的其他方法这一概然性规定并不存在违反罪刑法定原则的困扰。

二是在列举性的罪状中，"其他"行为作为专门一项加以规定。例如刑法第225条非法经营罪，共分四项规定了非法经营行为，其中第4项规定："其他严重扰乱市场经济秩序的非法经营行为"。不同于作为自然犯的抢劫罪，非法经营罪是一种法定犯，其行为的内涵并不稳定，而且行为的类型化程度也较低。在这种情况下，虽然存在"严重扰乱市场经济秩序"这一行为性质对"其他"行为的限制，但"其他"行为的范围仍然难以确定，只有不断通过法律规定或者司法解释的规定进行填补。这在一定程度上使非法经营罪成为一个口袋罪。[②] 应该指出，非法经营罪是从1979年刑法的投机倒把罪转化而来的，相对于投机倒把罪而言，非法经营罪的"口袋"有所限缩。尽管如此，在罪刑法定原则的法律语境中，非法经营罪所具有的口袋罪特征还是受到我国刑法学界的普遍诟病。

三是本文所要重点讨论的以危险方法危害公共安全罪，这个罪名是以"其他

---

① 参见［日］西田典之：《日本刑法各论（第3版）》，143页，北京，中国人民大学出版社，2007。

② 参见陈兴良：《中国刑法中的明确性问题——以刑法第225条第4项为例的分析》，载《中国法学》，2010（5）。

危险方法”作为其行为特征的。这里的“其他危险方法”与抢劫罪中的“其他方法”不完全相同，而与非法经营罪中的“其他严重扰乱市场经济秩序的非法经营行为”的表述较为接近。也就是说，在其他方法或者行为中，添加了用于界定其他方法或者其他行为的内容。这种表述似乎有助于限制其他方法或者其他行为，但实际上的效果适得其反。因为其所添加的内容并非该罪所特有，更容易造成根据该添加的内容进行宽泛的理解的情况。例如，以危险方法危害公共安全罪中的“其他危险方法”，放火、决水、爆炸、投放危险物质当然是危险方法，但我国刑法分则第二章所规定的危害公共安全罪中所有的犯罪方法在一定意义上都是危险方法。这样就会混淆以危险方法危害公共安全罪与其他危害公共安全罪之间的界限。这也正是在我国司法实践中常将重大的交通肇事犯罪定性为以危险方法危害公共安全罪的深层次原因。非法经营罪的“其他严重扰乱市场经济秩序的非法经营行为”也是如此。我国刑法分则第三章是破坏社会主义市场经济秩序罪，其中规定的所有犯罪都具有扰乱市场经济秩序的性质。这种情况下，对“其他严重扰乱市场经济秩序的非法经营行为”的认定，不是比照前三项规定进行同类解释，而是根据行为是否具有扰乱市场经济秩序的性质进行实质判断，其结果必然是极大地扩张非法经营罪的范围，使之成为口袋罪。

以危险方法危害公共安全罪与抢劫罪和非法经营罪这两种情形还存在着一个重大的区别。上述两个罪名中的“其他方法”或者“其他行为”是以罪名内的行为方式为参照的。如抢劫罪的其他方法是相对于暴力、胁迫而言的，非法经营罪的其他行为也是与前三项规定具有性质上的等同性的行为，尽管被归入的其他行为未必完全符合该犯罪的性质。而以危险方法危害公共安全罪的“其他方法”却是以罪名外的行为方式为参照的，因此，在一定意义上说以危险方法危害公共安全罪是依附放火罪、决水罪、爆炸罪、投放危险物质罪而存在的，其罪名的独立性都值得质疑。在以危险方法危害公共安全罪的规定中，立法者没有正面描述这种危险方法的具体特征，使其丧失了行为的形式特征，该罪名更多的是依赖“危害公共安全”这一本质特征而存在的。故在以危险方法危害公共安全罪的司法认定中，只有实质判断而无形式判断，这就很容易扩张其犯罪的边界，使之成为一

个名副其实的口袋罪。所以，以危险方法危害公共安全罪是我国现行刑法中最为典型的口袋罪。

基于罪刑法定原则，罪名的内容应当具有确定性，也就是构成要件的行为具有确定性，这种确定性恰恰是刑法明确性所要求的。其实，罪名的容量与口袋罪之间并无必然联系。在刑事立法中，立法者或者是通过行为方式来界定犯罪，或者是通过结果来界定犯罪：前者为行为犯，后者为结果犯。以行为方式界定犯罪的立法例，这里以盗窃罪为例进行分析。盗窃是一种行为特征，凡是符合这一行为特征的都可以认定为盗窃。在刑法教义学上，盗窃是指违反占有人的意思，将他人所占有的财物转移至自己占有的行为，通常称为窃取。[①] 因此，盗窃的界限是明确的，在一般情况下，不会将盗窃与其他财产犯罪相混淆。以结果界定犯罪的立法例，这里以故意杀人罪为例进行分析。故意杀人罪的客观构成要件表现为非法剥夺他人生命。生命被剥夺的状态也就是通常所说的“死”。因此，一种行为只要是能够引发他人死亡的结果，就被界定为是杀人行为。这样，死亡这个结果就为杀人行为提供了界定根据。因此，符合盗窃罪和故意杀人罪的行为虽然在整个犯罪行为中占有很大的比例，但我们并不会将盗窃罪和故意杀人罪说成是口袋罪。口袋罪的基本特征是其犯罪行为具有开放性，因此其犯罪的边界是模糊的。

其实，口袋罪在古代刑法中已然存在。例如，中国古代《唐律·杂律》规定：“诸不应得为而为之者，笞四十（谓律、令无条，理不可为者）。事理重者，杖八十。”这里的“不应得为”，就是法律条文没有明文规定，但是，根据伦理及情理不应该做的事情。《唐律疏议》在解释该规定的立法本意时指出：“杂犯轻罪，触类弘多，金科玉条，包罗难尽。其有在律在令，无有正条，若不轻重相明，无文可以比附。临时处断，量情为罪，庶补遗阙，故立此条。”由此，不应得为罪是整个《唐律》的兜底罪名，凡是法无明文，而且比附不能，但违反情理的行为，都可以入不应得为之罪。可见，不应得为罪是典型的口袋罪。尽管在

① 参见［日］西田典之：《日本刑法各论（第3版）》，116页，北京，中国人民大学出版社，2007。

《唐律》的特定语境中，不应得为罪具有其特定的意蕴[①]，然而，不应得为罪与现代刑法中的罪刑法定原则之间的紧张关系是不言而喻的。现代法治社会，基于罪刑法定原则，刑法规定类似不应得为罪这样的罪名是绝对不允许的。甚至条文表述的含混、模糊，都会被认为违反明确性原则而遭宣告无效。例如，《意大利刑法典》第 603 条将“用使人完全服从自己的方式将他人置于自己权力之下的行为”规定为犯罪。意大利宪法法院在 1981 年第 96 号判决中认为：该条规定的内容不符合宪法规定的明确性原则。因为无论从行为或者结果的角度来看，都既无法确定也无法区分什么样的行为可能使他人处于完全服从的状态，不可能为完全服从制定一个客观的标准，立法中的“完全”在司法中从未得到证实。[②] 相对于不应得为的规定，“完全服从”这样的表述要明确得多，但还被认为是违反明确性原则的。由此可见，在意大利，罪刑法定原则所要求的明确性原则是多么严格。

我国 1979 年刑法存在着类推制度，在这一背景之下，口袋罪或多或少具有其存在的合理性：既然刑法分则没有明文规定的行为，只要存在着最相类似的条文，都可以入罪，遑论刑法条文规定得含糊一些。1997 年刑法废除类推制度，规定罪刑法定原则以后，口袋罪存在的合理性荡然无存。因此，以危险方法危害公共安全罪在我国刑法中的存在是缺乏正当性的。一种缺乏自身独立的内涵而需要通过与其他犯罪的区分获得其内涵的罪名，无论如何也是说不过去的。所能设想的为该罪辩护的理由也许是，以危险方法危害公共安全罪虽然缺乏犯罪的形式界限，但该罪具有危害公共安全这一实质要素，可以根据这一实质要素进行判断：只要排除放火、决水、爆炸、投放危险物质等行为而具有危害公共安全性质的行为，都可以认定为以危险方法危害公共安全罪。就此而言，以危险方法危害公共安全罪的内涵仍然是明确的。这样一种辩解理由，当然是不能成立的。从表面上来看，这一理由似乎具有一定的说服力。例如，抢劫罪中的“其他方法”就是依靠“不知反抗或者不能反抗”这一实质要素加以明确的，不存在界限不清的

① 参见黄源盛：《唐汉法制与儒家传统》，第六章，213～259 页，台北，元照出版有限公司，2009。

② 参见［意］杜里奥·帕多瓦尼：《意大利刑法学原理（注评版）》，陈忠林译评，34 页，北京，中国人民大学出版社，2004。

问题。但需要注意的是，抢劫罪的手段的“不知反抗或者不能反抗”这一特征是抢劫罪所特有的，据此可以把抢劫罪与其他财产犯罪加以区隔。而危害公共安全这一实质要素则并非刑法第 114 条、第 115 条犯罪所特有，事实上，刑法分则第二章危害公共安全罪都具有危害公共安全的性质。因此，如果以危害公共安全这一实质特征作为认定以危险方法危害公共安全罪的规范根据，必然会使该罪成为刑法分则第二章危害公共安全罪的“兜底”罪名。应该指出，以危险方法危害公共安全罪是刑法第 114 条、第 115 条的“兜底”罪名，但它并不是刑法分则第二章危害公共安全罪的“兜底”罪名。关于这一点，张明楷教授曾经指出：刑法将该罪规定在第 114 条与第 115 条之中，根据同类解释原则，它必须与前面所列举的行为相当；根据该罪所处的地位，“以其他危险方法”只是刑法第 114 条、第 115 条的“兜底”规定，而不是刑法分则第二章的“兜底”规定。换言之，对那些与放火、爆炸等危险方法不相当的行为，即使危害公共安全，也不宜认定为该罪。[①] 此言甚是。因此，不能仅以是否危害公共安全作为认定以危险方法危害公共安全罪的根据，而要将有关行为与放火、决水、爆炸、投放危险物质进行比较，判断两者之间是否具有性质上的等同性。只有有关行为与放火、决水、爆炸、投放危险物资等行为性质等同的，才能适用以危险方法危害公共安全罪。

这里涉及我国刑法中的危害公共安全罪与其他人身犯罪、财产犯罪之间的关系。应该说，在其他国家的刑法典中，也都设有相当于我国刑法中的危害公共安全罪的罪名，例如日本称之为公共危险罪。日本学者西田典之指出：所谓公共危险罪是指侵害不特定或者多数人的生命、身体、财产的犯罪。其特征在于，其中多数属于抽象危险犯。[②] 这里的抽象危险犯，是相对于具体危险犯而言的，不仅不需要实害结果，而且不需要具体危险。而我国刑法中的危害公共安全罪大多是具体危险犯，甚至是实害犯。那么，对于危害公共安全罪在立法体例上的抽象危险犯与具体危险犯及实害犯的差别，到底会产生何种实质性的影响呢？这种实质

---

① 参见张明楷：《刑法学》，4 版，610 页，北京，法律出版社，2011。

② 参见［日］西田典之：《日本刑法各论（第 3 版）》，221 页，北京，中国人民大学出版社，2007。

性的影响就是：在危害公共安全罪是抽象危险犯的情况下，危害公共安全罪一般不会与人身犯罪和财产犯罪发生重合。例如，日本刑法中的放火罪可以区分为抽象危险犯与具体危险犯，具体罪名又分为对现住建筑物等放火罪、对非现住建筑物等放火罪、对建筑物以外之物放火罪。但无论如何，日本刑法中的放火罪是不包括致人重伤、死亡这一结果的。而我国刑法中的放火罪，第 114 条是具体危险犯，第 115 条是实害犯。尤其是在放火罪的实害犯中包含了致人重伤、死亡，以及重大财产损失的内容。因此，以抽象危险犯以及具体危险犯为特征的日本刑法中的放火罪，只是与毁坏财物罪之间存在竞合关系，与伤害罪、杀人罪等人身犯罪则不存在竞合关系。而以具体危险犯以及实害犯为特征的我国刑法中的放火罪，不仅与毁坏财物罪之间存在竞合关系，而且与伤害罪、杀人罪等人身犯罪也存在竞合关系。在这种情况下，无论是人身犯罪还是财产犯罪，只要危害公共安全就应当以危害公共安全罪论处，使危害公共安全犯罪与财产犯罪、人身犯罪都存在竞合关系，由此大大地增加了区分犯罪之间的界限的难度。只要危害公共安全就应当以危害公共安全罪论处，已经成为我国刑法中的一个定罪规则，深植于司法人员的大脑之中。其实，危害公共安全的行为未必要认定为危害公共安全罪，关键在于刑法在危害公共安全罪一章中有无明文规定。如果危害公共安全的行为在其他分则章节中已有规定，就应当按照有关规定认定，而不是一概认定为危害公共安全罪。例如，触犯生产、销售有毒有害食品罪的行为，在之前是以危害公共安全罪论处的，在 1997 年刑法设立了生产、销售有毒有害食品罪以后，就按照该罪认定。但触犯生产、销售有毒有害食品罪的行为也会对不特定的多数人造成重大人身伤亡和财产损失，在这个意义上也完全可以说具有危害公共安全的性质。但刑法将该罪规定在刑法分则第三章第一节生产、销售伪劣商品罪之中，因此有关行为就不能再以危害公共安全罪论处。

三、以同类解释规则严格限缩以危险方法危害公共安全罪的司法适用范围

以危险方法危害公共安全罪作为口袋罪，具有立法上的先天不足，因此在司

法适用的过程中，应严格限制其入罪条件。这就需要对以危险方法危害公共安全罪的“其他危险方法”进行同类解释。同类解释是法解释学上的一种较为特殊的解释规则，在以往关于刑法解释方法的论述中一般都未涉及。同类解释是体系解释的一种具体规则，体系解释强调将解释对象置于整个法律文本体系中进行情境化的理解，对解读“其他规定”等这样一些概然性规定尤其具有方法论的意义。同类解释规则（拉丁语为 Eiusdem Generis），是指如果法律上列举了具体的人或物，然后将其归属于“一般性的类别”，那么，这个一般性的类别，就应当与具体列举的人或物属于同一类型。[①] 将这一同类解释规则适用于对刑法第 114 条、第 115 条的解释，必然得出以下结论：在放火、决水、爆炸、投放危险物质或者其他危险方法的规定中，这里的“其他危险方法”应该具有与放火、决水、爆炸、投放危险物质的性质上的同一性。其实，在我国刑法教科书中，学者在解释其他危险方法时，都是这样解释的。例如，较早期的刑法教科书指出：“其他危险方法”是指像放火、决水、爆炸、投毒等方法一样，能够造成不特定多人死伤或公私财产重大损失的危险方法。[②] 但我国司法实践在“其他危险方法”的认定上与放火、决水、爆炸、投毒等方法的同一性渐行渐远，而越来越倾向于根据行为是否具有对于公共安全的危险性来认定以危险方法危害公共安全罪。例如，盗窃窨井盖的行为，其行为就是盗窃，这是毫无疑问的，那么，为什么可以将这种明显与放火、决水、爆炸、投毒等方法完全不具有同一性的行为认定为“其他危险方法”呢？我国学者指出：盗窃窨井盖的行为可以解释为以危险方法危害公共安全罪中的危险方法。判断某种方法是否与放火、决水、爆炸、投毒相当的危险方法，就是看这种方法能否造成与放火、决水、爆炸、投毒相当的危害结果。[③] 由此可见，在“其他危险方法”的判断中，结果的危害性的判断取代了方法的危险性的判断，而使“其他危险方法”的判断发生了偏失。

---

① 参见王利明：《法律解释学导论：以民法为视角》，262 页，北京，法律出版社，2009。

② 参见高铭暄主编：《中国刑法学》，377 页，北京，中国人民大学出版社，1989。

③ 参见张亚平：《盗窃窨井盖行为定性之若干思考》，载《黑龙江省政法管理干部学院学报》，2006（3）。

这里首先涉及的是对于我国刑法分则第二章危害公共安全罪的罪名体系的理解。危害公共安全罪的罪名排列并不是杂乱无章的，而是具有其内在逻辑的。张明楷教授将危害公共安全罪分为以下五类：一是以危险方法危害公共安全的犯罪，二是破坏公用工具、设施危害公共安全的犯罪，三是实施恐怖、危险活动危害公共安全的犯罪，四是违反枪支、弹药管理规定危害公共安全的犯罪，五是违反安全管理规定危害公共安全的犯罪。[①] 危害公共安全是以上五类犯罪的共同特征，其区别在于危害公共安全的内容不同。第一类的特征是手段本身具有公共安全的危险性，简称手段危险性。第二类的特征是公用工具、设施承载着公共安全，对这些对象的破坏具有公共安全的危险性，简称对象危险性。第三类的特征是恐怖活动的组织行为具有公共安全的危险性，简称组织危险性。第四类的特征是枪支、弹药作为工具具有公共安全的危险性，简称工具危险性。第五类的特征是责任事故犯罪，事故的结果具有公共安全的危险性，简称结果危险性。根据以上分析，危害公共安全罪的危险性可以区分为手段危险性、对象危险性、组织危险性、工具危险性和结果危险性。显然，这五种危险性是有所不同的。不可否认，各种危害公共安全的犯罪之间存在着竞合关系。例如，当行为人使用放火的方法破坏交通设施的时候，就存在放火罪与破坏交通设施罪的想象竞合。但在一般情况下，可以将不同的危害公共安全罪加以区分。就以危险方法危害公共安全罪而言，其危险性属于手段危险性，而这里的手段又是与放火、决水、爆炸、投放危险物质相当的手段，因此，手段是否具有与放火、决水、爆炸、投放危险物质行为的相当性，才是认定以危险方法危害公共安全罪的关键之所在。

这里应该指出，手段的危险性与结果的危险性是有所不同的。把盗窃窨井盖的行为认定为以危险方法危害公共安全罪，其错误就在于混淆了手段的危险性与结果的危险性之间的关系。窃取市区主干道上的地下保护设置物窨井盖的行为，确实对于过往车辆、行人的人身安全与财产安全造成了重大的隐患，具有结果的危险性。就盗窃行为本身而言，则并不具有对于公共安全的手段危险性，它与放

① 参见张明楷：《刑法学》，4 版，605 页，北京，法律出版社，2011。

火、决水、爆炸、投放危险物质等危险方法之间的区分是极为明显的。如果过分地以结果危险性考量，则会使许多普通的人身犯罪或者财产犯罪被错误地认定为以危险方法危害公共安全罪。例如徐敏超以危险方法危害公共安全案，就是一个典型的案例。[①]

在该案中，云南省丽江市中级人民法院经审理查明："2007年4月1日16时许，被告人徐敏超受吉林市雾凇旅行社的委派，带领'夕阳红'旅游团一行40人经昆明、大理来到丽江古城四方街游玩，途中因不理解昆明导游（地陪）彭某某的工作方法而产生隔阂，加之在古城，被告人担忧所带游客走散，便与彭某某发生争执。彭边哭边打手机离开后，被告人徐敏超走进古城四方街东大街食品公司门市专营工艺品商店内，问是否有刀，当店主寸某某拿出一把长约22厘米的匕首时，被告人徐敏超即夺过匕首，将寸某某刺伤，后挥动匕首向四方街广场、新华街黄山下段奔跑300余米，并向沿途游客及路人乱刺，造成20人伤害。经法医鉴定：有重伤1人，轻伤3人，轻微伤15人，未达轻微伤1人。"同年11月15日中国法医学会鉴定中心就徐敏超在作案时的精神状态及其责任能力，作出了"被鉴定人徐敏超在作案时患有旅行性精神病，评定为限制（部分）刑事责任能力"的结论。法院判决书详细分析论证了三个问题。一是被告人徐敏超的行为是否具有危及不特定的多数人的安全之现实可能性，认为这是判断其能否构成危害公共安全罪的关键。二是对被告人徐敏超持刀伤人的行为方式是否属于"其他危险方法"的界定。三是对所造成的危害结果是否超出行为人的预料和控制，即行为人对其行为造成的后果的具体认识，认为其不能左右危害公共安全罪罪名的成立。

以上判决书对涉及该案定性的三个问题的辩驳，确实进行了较为充分的说理，这是值得肯定的。但是，其中的逻辑错误与判断失误也较为明显。从逻辑上来说，判决书首先认定被告人的行为具有危害公共安全的危险性，然后再判断被告人的行为是否具有与放火、决水、爆炸、投放危险物质行为的相当性，这是存

① 本案载《人民司法》，2008（16）。

在问题的。正确的方法应该是：先判断被告人的行为是否具有与放火、决水、爆炸、投放危险物质行为的相当性，然后才考量是否具有公共安全的危险性，及以上两者之间存在逻辑上的位阶关系。因为，判断是否具有与放火、决水、爆炸、投放危险物质行为的相当性，是一种具有客观上的可比性的判断，具有一定程度的形式判断的特征。之所以说只是一定程度，是因为以危险方法危害公共安全罪的行为本身缺乏形式界定，它是依赖与放火、决水、爆炸、投放危险物质行为的类比而确定其行为特征的。尽管如此，这种类比还是具有一定的形式根据的，因而更为可靠。而行为是否具有公共安全的危险性的判断，完全是一个实质判断，缺乏规范标准。在这种情况下，就会使是否具有公共安全的危险性的判断丧失其规范限制。例如，是否具有公共安全的危险性判断中所强调的危及不特定的多数人的安全，这是所有危害公共安全犯罪的共同特征，除了第一类危害公共安全的犯罪以外，其他四类危害公共安全的犯罪都具有危及不特定的多数人的安全这一特征，据此并不能将以危险方法危害公共安全罪与其他危害公共安全的犯罪加以区分。不仅如此，危及不特定的多数人的安全甚至也不是危害公共安全的犯罪所垄断的性质，其他犯罪也可能具有危及不特定的多数人的安全的特征。例如，从境外将枪支、弹药走私入境的走私枪支、弹药行为与在境内运输、邮寄、储存枪支、弹药行为，在危害公共安全性质上并不存在区别，但前者被规定为扰乱市场经济秩序的犯罪，后者被规定为危害公共安全的犯罪。因此，根据行为是否具有危及不特定的多数人的安全这一特征，也不能将以危险方法危害公共安全罪与其他犯罪加以区分。只有在其行为具有与放火、决水、爆炸、投放危险物质相当性质的前提下，再判断行为是否具有危及不特定的多数人的安全这一特征，才是正确的。除此以外，判决书对持刀伤人的行为方式是一种与放火、决水、爆炸、投放危险物质相当的危险方法的判断，也是偏颇的。在放火、决水、爆炸、投放危险物质中，火、水、炸药、危险物质本身所具有的危险性是不能与刀子相提并论的。如果持刀向不特定的多人砍杀这样明显的杀人行为被认定为以危险方法危害公共安全罪，那么，持枪见人就射击的行为更应该被认定为以危险方法危害公共安全罪。如此一来，以危险方法危害公共安全罪的“口袋”会越来越大，将会吞

噬更多的人身犯罪和财产犯罪，成为罪名中的“利维坦”。

对于以危险方法危害公共安全罪的“其他危险方法”的判断，在司法实践中也有正确解释的判例。例如，在吴清等以危险方法危害公共安全案中，该案的裁判理由指出：对以“其他危险方法”的界定必须严格按照文义解释和同类解释规则进行，以社会大众对危害程度的一般理解为其外延，以危害公共安全的现实可能性为其内涵。根据刑法第114条的语境，依文义解释规则，“危险方法”是指危害公共安全的危险行为，即行为客观上必须对不特定多数人的生命、健康或者重大公私财产安全产生了威胁，具有发生危险后果的现实可能性。没有这种现实可能性，就不是危险行为。这是“危险方法”的内涵。在文义解释的基础上，还要按照同类解释规则来进行限制解释。也就是说，“其他危险方法”不是指任何具有危害公共安全可能性的方法，而是在危险程度上与放火、爆炸、投放危险物质等行为相当或超过上述行为危险性的方法。这是对“危险方法”的外延限制。因此那些虽然对公共安全有一定的危险，但还未危及不特定多数人的生命、健康或重大财产安全的行为，则不宜认定构成本罪。[①] 虽然这一裁判理由在对行为对于公共安全的危险性和行为与放火、决水、爆炸、投放危险物质的相当性的判断次序上，笔者并不赞同；但该裁判理由还是对于“其他危险方法”的判断进行了精彩的阐述，这是值得充分肯定的。

综观目前的司法实务，在以危险方法危害公共安全罪的“其他危险方法”的判断上，缺乏的并不是知识与经验，而是罪刑法定与刑法谦抑的法治理念。

（本文原载《政治与法律》，2013（3））

① 参见刘德权主编：《中国典型案例裁判规则精选（刑事卷）》，199～200页，北京，人民法院出版社，2010。

三、经济秩序犯罪

经济犯罪学初探

一、经济犯罪学的概念

经济犯罪学作为一门学科的出现，是与经济犯罪的产生与发展有着密切联系的。在 1872 年英国伦敦所举行的预防与控制犯罪的国际会议上，英国学者希尔（E. C. Hill）以"犯罪的资本家（Criminal Capitalists）"为题发表专题演讲，首次提出经济犯罪的概念。自此以后，经济犯罪逐渐引起人们的重视，并对经济犯罪进行深入的研究，由此而形成经济犯罪学这门学科。

在我国，经济犯罪学还是一门尚处在孕育之中的学科，在我国最新出版、收入一百五十余门学科的第一部《法学新学科手册》也未将其收入。但是，从犯罪学角度对经济犯罪进行研究，早在 1982 年 3 月 8 日全国人大常委会《关于严惩严重破坏经济的罪犯的决定》颁行以后就开始了。这几年来，我国刑法学界的一些学者对经济犯罪的形态、原因和对策都进行了研究，发表了一些论文，在某些刑法学专著中也涉及对经济犯罪的形态和原因的描述与探讨。这些都为经济犯罪学这门学科的诞生奠定了基础。

一门学科的诞生，命名是重要的；但更为重要的是对这门学科加以界定，阐明它的确切概念。我认为，经济犯罪学是一门以经济犯罪的形态、原因和对策作为研究的主要内容的学科。因此，可以将经济犯罪学概括为以下三句话：描述经济犯罪的形态；揭示经济犯罪的原因；阐述经济犯罪的对策。

经济犯罪学首先要描述经济犯罪的形态，这是研究的第一步。治病须从诊断入手，而诊断不能离开病症或曰病情。经济犯罪学的研究也是如此，它必须从描述经济犯罪的形态着手。在现实生活中，经济犯罪是形形色色、五花八门的，科学的研究要求对这些纷繁杂乱的经济犯罪现象加以归纳与整理。离开了这些工作，就谈不上严格意义上的科学研究。

经济犯罪学研究的第二步就是要揭示经济犯罪的原因。只有探明病因，才能对症下药。经济犯罪的原因，是一个十分复杂的问题，它与社会结构、经济体制、经济形态等有密切的联系。因此，对于经济犯罪原因的探讨，不能就事论事，只把眼光盯在经济犯罪上；而应当扩展思维的视野，把理论的触角伸向社会的政治、经济等各个方面，这是一项艰巨的系统工程。

对经济犯罪还要提出防治的法律对策与社会对策，这是经济犯罪学研究的第三步，也是最重要的一步。经济犯罪的对策，就其实质而言，就是控制经济犯罪的策略。在当今世界上，无论是资本主义国家还是社会主义国家，经济犯罪都是一大顽症，打击经济犯罪成为各国司法机关的首要任务之一，而经济犯罪防治对策对于预防和打击经济犯罪都具有十分重要的意义。

二、经济犯罪学与相关学科

经济犯罪学作为一门学科，与其他学科有着密切联系。正确地阐述经济犯罪学和其他相关学科的关系，对于建立经济犯罪学具有重要意义。

经济犯罪学与犯罪学关系十分密切，经济犯罪学实际上是犯罪学的分支学科。犯罪学是研究犯罪原因和犯罪预防的科学，或者说是研究犯罪现象产生、发

展、变化及消亡的客观规律的科学。犯罪学作为一门独立的学科，是在 19 世纪 70 年代产生的，意大利精神病学教授龙勃罗梭于 1876 年出版的《犯罪人论》一书，是现代意义上的犯罪学诞生的标志。在此以后的一百多年时间里，西方国家里众多的专家学者对犯罪学进行研究，形成各种流派，极大地推进了犯罪学的研究。最终，经济犯罪学从一般犯罪学中脱颖而出，成为一门独立的学科。当然，由于经济犯罪学脱胎于犯罪学，它与犯罪学之间有着明显的血缘关系。因此，犯罪学研究的一般方法论，对于经济犯罪学无疑具有重要的借鉴意义。所以，在承认经济犯罪学是一门独立的学科的同时，又不能把它与犯罪学截然割裂开来。

经济犯罪学与刑法学，尤其是经济刑法学的关系也十分密切。经济刑法学是一门以经济犯罪的法律规范为研究对象的学科，它在我们国家的提出，也是近几年来的事情。对经济刑法的深入研究不能离开经济犯罪学。因为作为经济刑法学研究对象的经济犯罪的法律规范，是在对经济犯罪的形态与原因的深刻认识的基础上产生的，实际上它是经济犯罪的法律对策的规范化。因此，无论是对于经济犯罪的法律规范的思辨研究还是注释研究，都离不开经济犯罪学的一般理论。

经济犯罪学还与经济学有着密切的关系。这个道理不言自明，无须论述。

三、经济犯罪学的结构与体系

经济犯罪学作为一门独立的学科，有其自身内在的逻辑结构，如前所述经济犯罪学实际上是三部曲：从经济犯罪的形态入手，引出经济犯罪的原因，根据经济犯罪的原因制定对策。形态—原因—对策，这就是经济犯罪学这门新学科的内在结构。

据此，我认为经济犯罪学的体系可由以下三篇构成。

第一篇：形态篇。在形态篇中，我们首先要研究与界定经济犯罪的概念。经济犯罪的概念，是整个经济犯罪学的基石，它不仅对于经济犯罪学的研究具有至关重要的意义，而且对于经济刑法学，包括经济刑法总论与经济刑法分论的研究，都具有重要意义。在界定经济犯罪的概念以后，我们要揭示经济犯罪的特征。除了揭示一般经济犯罪的特征以外，尤其是要揭示法人经济犯罪与共同经济犯罪的特征。因为法人经济犯罪是以法人的形式所进行的经济犯罪，法人组织的特殊性，也就决定了法人犯罪具有不同于一般经济犯罪的特殊性，应当加以专门研究。美国尼亚加拉大学犯罪学和刑事司法系的杰伊·S. 阿尔巴内塞在《法人犯罪学——对商业和政治组织违法行为的解释》一文中指出："与个人犯罪学不同，组织犯罪学或法人犯罪学只是在最近才得到研究者和决策者们系统的研究，这个发展姗姗来迟的主要原因是组织行为的复杂性。与个人不同，把有意义的动机、性质和区分特点归于法人实体要困难得多。对个人的犯罪行为常常可以用种族、性别、社会阶级以及其他属性来加以说明，而对组织却无法用类似的词语说明。尽管如此，利用研究个人违法行为的概念来研究法人违法行为仍是可能的。而且，控制法人犯罪行为的策略能否取得成功在很大程度上要取决于对这种行为的原因作出满意的解释。"杰伊的这段话充分说明了法人犯罪的特殊性以及对法人犯罪进行犯罪学研究的重要性。除法人犯罪以外，共同经济犯罪也是一个比较复杂的问题，尤其是经济犯罪集团，其内部组织结构与外部行为特征都不同于一般经济犯罪，因而在经济犯罪学中具有独立研究的价值。

第二篇：原因篇。相对于经济犯罪的形态而言，经济犯罪的原因是隐藏在深层的东西，属于本质的范畴。因而，对经济犯罪原因的研究具有相当的难度。由于经济犯罪与社会结构、经济形态联系的紧密性，对于经济犯罪的原因研究，不能不联系其他社会现象，例如应该对经济犯罪与社会主义初级阶段、商品经济和经济体制改革进行联结考察，从中揭示经济犯罪原因。经济犯罪除了上述宏观原因之外，它作为个人的行为，还有其个体原因，即犯罪人的心理原因与思维原因。对这些问题的探讨，构成经济犯罪原因的微观研究的重要内容。

第三篇：对策篇。经济犯罪学研究的根本目的在于提出相应的控制经济犯罪的对策。对经济犯罪发展趋势的科学预测，是提出对策的前提。因此，经济犯罪的预测研究应该是经济犯罪对策研究课题中应有之义。经济犯罪的对策，包括社会对策与法律对策，法律对策又可以分为立法对策与司法对策。这些对策构成一个对经济犯罪的社会—法律控制模式，根据控制论与系统论的基本原理，对经济犯罪的社会对策与法律对策及其相互关系进行系统的分析，就构成经济犯罪对策研究的全部内容。

（本文原载《现代法学》，1989（1））

经济领域中失范行为的评价及其法律抗制

当前，我国正处于社会转型的特殊历史时期，表现在经济上就是从计划经济向市场经济的转轨。在此新旧体制此消彼长的交替更迭之际，新旧法律同时并存而造成的内容冲突和新旧法律不能适时衔接而导致的时间空挡，引发了大量失范行为。在经济领域中，由于计划经济体制与市场经济体制的摩擦、碰撞，与两种经济体制相适应的经济运作规则的矛盾、冲突，失范行为更是大量增生。在这种情况下，从法律上如何评判与抗制失范行为，就成为一个值得深入研究的具有重大现实意义的理论问题。

一

失范（Anomie，又译为乏范）这个概念源自法国著名社会学家爱米尔·迪尔凯姆（Emile Durkher，又译为埃米尔·涂尔干）。迪尔凯姆将失范注解为“一种社会规范缺乏、含混或者社会规范变化多端以致不能为社会成员提供指导的社会情境”①。

① ［美］杰克·D. 道格拉斯、弗兰西斯·C. 瓦克斯勒：《越轨社会学》，53页，石家庄，河北人民出版社，1987。

因此，失范行为是指在失范状态下产生的没有规范或者难以规范的行为。我们认为，失范理论在一定程度上反映了我国经济体制转换时期所出现的某种无序状况。因此，可以借用失范行为这一概念对我国当前经济领域中的各种无规范现象加以概括。我国当前经济领域中的失范行为，大体上可以分为以下三类。

（一）缺乏规范的行为

这类失范行为是指现行法律未规定因而处于无法可依状态的行为。随着计划经济转向市场经济，商品经济就像一个在潘多拉之盒里长期囚禁的“妖魔”，一旦重见天日，立即在市场这一社会舞台上大施魔法，使以往的计划经济模式的一切价值标准和法律原则都黯然失色。在这种情况下，由于立法的滞后而出现的法律盲区由点到面地在扩张，市场经济条件下的大量经济行为既不受旧法的约束，又无新法可以规范，处于法律真空之中，其法律性质难以界定。例如，我国已经建立并且还在继续建立着一系列的生产要素市场，诸如证券市场、房地产市场、生产资料市场、劳动力市场、技术市场、信息市场等。有关的市场交易活动已经开展，然而调整这些活动的法律却付诸阙如，造成“游戏已经开始，规则尚未制定”的状态，致使上述市场的运行与操作缺乏法律依据，某些经济行为不受法律约束，其合法与非法、罪与非罪的界限难以确定。例如，在证券市场，操纵股市、徇私舞弊、私下交易、挪用股金等行为，由于《证券法》尚未出台而难以认定其非法性。在生产资料交易市场，垄断价格、把持市场、囤积居奇、散播虚假行情制造市场混乱等行为，也因为《生产资料交易法》尚在制定而不易界定其违法性。因此，这些被大多数实行市场经济的国家确认为非法，甚至是犯罪的经济行为，在当前我国却由于无法可依而逃避了法律制裁。同样，大量的正当经济行为，也由于无法可依而难以合法化。

（二）规范冲突的行为

这类失范行为是指由于新旧法律同时并存内容矛盾而难以选择法律准据的行为。我国的经济体制改革是从旧体制向新体制的转换，换言之，是从一种经济模式到另一种经济模式的变革，经济体制改革的目标模式是建立社会主义市场经济。然而，新旧体制的交替，不是一朝一夕所能完成的，而需要一个相当长的转

变过程，因为旧体制虽然弊端丛生，但它已经存在了数十年，有着巨大的历史惯性，不可能挥之即去。同时，新体制虽然具有强大的生命力，但它必须是建立在各种主观与客观条件同时具备的基础之上的，需要有一个孕育过程，不可能招之即来。这样，经济体制改革发展到一定程度，就不可避免地出现一个双重体制并存的时期。双重体制并不是经济体制改革的终极目标，而仅仅是新旧体制交替的不可避免的阶段。因此，双重体制的本身造成一系列严重后果：双重体制的并存导致微观决策行为和宏观控制行为的双重化，从而给经济生活带来了一系列的摩擦。反映在法律上，首先表现为新法与旧法之间的冲突：某一经济行为为旧法所禁止，却为新法提倡；某一经济行为为新法所否定，却为旧法所允许。由于旧法未废止，新法已颁行，内部矛盾的法律同时发生法律效力，往往使对同一经济行为的法律性质的认定出现截然相反的结论，在客观上造成某些经济行为不受法规调控。例如，企业突破经营范围跨行业经营的行为就是如此，《工商企业登记管理条例》规定禁止企业违反规定登记事项进行生产经营，将跨行业经营视为违法经营行为。然而，《全民所有制工业企业转换经营机制条例》则允许并鼓励企业打破行业界限，实行交叉经营，经营范围与方式不受登记注册的限制，将跨行业经营视为正当经济行为。两个法规对同一经济行为的规定相互矛盾造成适用上的困惑。如果说，新旧法律之间的冲突，旧法虽然没有明令废止，按照新法优于旧法的原则，尚可解决其法律适用问题。那么，各部门之间、各地区之间的法律冲突，确仍使人无所适从。

（三）难以规范的行为

这类失范行为是指违反现行法律规范，然而由于现行法律某些规定显见过时，适用则不合时宜，新法尚未出台因而难以适用法律规范的行为。现行法律大多是计划经济体制的产物，它以维护集中统一的计划经济为中心任务。随着经济体制改革的进一步深入，经济活动越来越多地富有市场性的特点。以资源配置为例，资源配置是指经济中的各种资源（包括人力、物力、财力）在各种不同的使用方向之间的分配。在计划经济体制下，以指令性方式分配资源成为经济中资源配置的基本方式，市场根本不起作用。在市场经济体制之下，由于产权关系规范

化和生产要素有可能在社会范围内重新组合，资源通过市场合理配置，从而实现资源配置市场化。由于计划经济体制与市场经济体制在一定程度上的对立性，市场经济行为往往是计划经济体制的法律所禁止和反对的，也就是说是违背现行法律规定的违法行为。尽管这些经济行为从实质上说是适应市场经济需要促进市场经济发展的正当行为，由于维护市场经济秩序、保障市场经济发展的法律尚未制定，因而其正当性难以得到法律的肯定。例如，炒卖证券的投机行为，买空卖空的期货交易行为，转手加价的买卖行为，居间中介的经济行为等，均是现行法律禁止的，但却是市场经济运行过程中所需要的正当经济行为。由于"理"与"法"的冲突，使司法工作人员陷入两难境地：如果适用现行法律，明显感到不合时宜；如果放任不管，又有悖于违法必究的社会主义法制原则。

二

从表面上看，失范行为是法律制作不适时和法律制作不规范引起的，也就是说是立法滞后造成了规范缺乏和规范难以适用的现象。实际上，这是一种社会结构变化所引起的文化现象。深层次地考察我国当前经济领域中的失范行为，就必然会得出以下结论：失范行为的出现与增生是我国社会结构转型和经济体制转轨过程中产生的不可避免的法律文化现象。

诚然，在任何一个社会里，一定程度的失范总是存在的，因而失范行为如同规范行为一样，是社会结构的产物，其形态、内容与数量决定于社会的结构与进展的程度。但是，迪尔凯姆所称的失范状态不是社会的常态，而是社会的异态，因而失范行为也称为社会异常。在失范状态下，文化结构与社会结构发生冲突。对此，美国社会学家罗伯特·K. 默顿（Robert K. Merton）有过精辟的论述。默顿认为，这里所说的文化结构是指社会通行的规范性的价值标准，它规定着各个社会集团和各阶层社会成员的规范的生活目的。这里所说的社会结构，是由不同角色、身份、地位的人所组成的社会关系。默顿指出，社会成员是通过一定的社会结构去实现文化结构给自己规定的生活目标的，就是说，社会结构是实现价值目标的手段。在这一目标与手段一致的情况下，每个社会成员能够通过合法的手段，去实现通行的价值目标。如果一个社会的文化结构与社会结构出现了矛盾，就会表现为，文化结构给人们规定了明确的价值目标，但社会结构却没有给每一个人提供实现这一目标的合法手段；或者，人们虽然感到有法可依，但不知道应当追求的价值目标到底是什么。[①] 我国当前正经历着从计划经济向市场经济转轨、从传统农业社会向现代工业社会转型的大变动。在这个特定的历史时期，文化结构与社会结构的断裂是不可避免的。在经济体制改革以后，各种经济主体的利益特殊性得到肯定，利益追求越来越成为社会主流意识形态所认可的价值目标。然而，社会规范严重滞后，它没有向人们提供实现利益目标的有效途径，因而产生综合性的失范效应。由此可见，失范的成因主要有以下三个。

（一）物质诱惑力的增强

追求物质利益，这是人的本性。在计划经济体制下，抹杀个人利益的特殊性，将追求物质利益视为大逆不道，因而人的物欲受到严厉的压抑，人性受到扭曲。在经济体制改革以后，压制人性的计划经济体制被破除了，人的物欲猛然间如同火山爆发般膨胀起来，尤其是商品经济刺激与诱发了人的自私之心，因为商品生产者的特殊经济利益是商品经济运动的出发点和归宿。在商品经济条件下，价值规律、市场机制迫使每个生产者抱着实现自身利益的动机进入交换过程。在商品交换过程中，交换主体之间客观上存在着相互关联，但对此，任何一方主观上都毫不关心。换言之，相互关联或共同利益本身对交换主体来说，不是他的行为动因，他的行为动因只是自己的利益。因此，商品经济使人产生强烈的自私动机。这种自私动机虽然在一定程度上是社会历史进步的动因，但它的过分膨胀不可避免地带来负面效果，导致失范行为的产生。正如迪尔凯姆指出："社会生活的剧烈变化也自然而然地使欲望迅速增长。繁荣愈盛，欲望愈烈。就在传统约束失去权威的同时，可望得到的报酬越厚，刺激就越大……脱缰野马般的激情就更

① 参见白建军：《犯罪学原理》，73～74 页，北京，现代出版社，1992。

加剧了这种无规则的混乱状态。”① 失范行为正是这种混乱状态的必然产物。

（二）社会整合力的减弱

社会是各种政治、经济、文化等社会因素平衡的产物。在一般情况下，虽然存在社会离心力，但从总体上说，社会整合力占优势，因而，社会处于静态的平衡状态。但是，社会平衡不是永恒的，各种社会因素发展的不平衡性，必然打破旧的平衡，实现新的平衡。在从旧的平衡到新的平衡的转变过程中，社会出现了暂时的失衡期。在这一时期，社会整合力大为减弱。正如迪尔凯姆指出：“只要这种失控的社会动力没有达到新的平衡，这段时期各种价值观都无一定，规则标准也无从说起。可能与不可能之间的界限模糊不清，人们很难区分什么是公正的，什么是不公正的；什么是合情合理的要求，什么是非分之想。由此人们的欲望便失去了约束。”② 我国经济体制改革，打破了计划经济体制，而市场经济体制又没有立即建立起来。因此，在经济生活中出现了一些空白点，其根本表现是缺乏经济秩序。在这种情况下，经济活动是不规范的，社会各阶层的成员都对经济活动的前景失去信心，人人都感觉到自己是在一个极不确定的环境中进行活动，感觉到预期的利益，甚至财产本身没有保障，于是必定会出现行为的短期化。这不仅是指企业行为的短期化，而且包括个人行为的短期化、政府行为的短期化、社会行为的短期化。在缺乏经济秩序的情况下，经济的混乱，以至社会的动荡不安，都难以避免。③ 因此，在改革的冲击下必然会引起社会的震荡，各种利益矛盾、观念冲突、心理失衡导致社会控制力的减弱，由此致使失范行为大量产生。

（三）规范内在化的阻滞

任何一个社会都存在社会规范，这种社会规范包括法律、习俗、道德、宗教、纪律等，它们都是行为的调节和导向规则，构成了一个社会的规范系统。但这种社会规范作用的发挥不能仅依赖于外力的强制，更在于规范的内在化，使之

① ［法］迪尔凯姆：《自杀论》，212页，杭州，浙江人民出版社，1988。

② ［法］迪尔凯姆：《自杀论》，212页，杭州，浙江人民出版社，1988。

③ 参见厉以宁：《非均衡的中国经济》，186页，北京，经济日报出版社，1991。

由外部的社会控制力吸纳为社会成员自我的内在控制力。规范内在化的前提是规范内容体现社会成员的共同利益。正如迪尔凯姆指出：一个规范只当人们认为公正而甘受约束时才有真正的效力。如果它只是靠习惯势力和压制来维持，那么，平静与和谐就只是假象：紊乱和不满就会在暗中滋长。表面上被控制住的欲望随时可能爆发出来。[①] 当前，我国经济体制改革的深入发展，推动了新旧法律的交替与置换，但由于这不是个别现象，而是涉及整体法律制度，甚至出现需要大规模地移植法律的情形，因而新旧法律的冲撞更为激烈。在这种情况下，不可避免地使法律规范内在化受到阻滞，因而出现法律虚置现象。法律虚置有三种情况：一是已经过时的法律未能及时被新法所置换因而虚置；二是过分超前的立法使得某些法律适用的条件不具备因而虚置；三是法律移植以后水土不服，南橘北枳，未能本土化因而虚置。在上述情况下，健全的规范虽然存在，但它们不能内化为社会成员的行为模式，因而形同虚设。更为严重的是，有法不依不如无法，因为违法不究致使法律的权威受到侵蚀，法律虚无的思想得以弥漫。因此，法律规范的内在化受到阻滞必然导致失范行为的增生。

三

失范行为是一个有待于评判的中性概念，它不同于被评判为负面行为的越轨行为或者偏差行为，因此，对于失范行为存在一个评判问题。失范行为的评判可分以下两种。

（一）功能评判

功能评判是基于功能主义（functionalism）理论，这种理论认为，一个社会的所有方面——制度、角色、规范等——都为一个目标服务，都是社会长期存在必不可少的。例如，法国社会学家迪尔凯姆认为，假若社会行为被当做有规则的行为，则任何社会都有造成偏差行为的可能，因为偏差行为与规则行为彼此相连

① 参见［法］迪尔凯姆：《自杀论》，210页，杭州，浙江人民出版社，1988。

不可分，相对地互为影响。所以，无论在什么结构的社会，均有犯罪问题存在，亦即犯罪并不专见于某种形态的社会。自有人类社会以来，它一直存在着，只不过是犯罪的形态随着社会结构的变迁而有所改变而已。因此，一定限度的犯罪系社会的“规则现象”，它是每一个社会都少不掉的一部分社会事实。[①] 因此，从功能分析的意义上来说，失范行为存在不仅有其一定的必然性，亦有其一定的合理性。因为经济体制改革是以破除计划经济体制为前提的，随之而来的社会出现规范上的空白。在这种情况下，大量的失范行为正是体制改革的产物，并且它的不断生长，适应着变革的需要，成为市场经济体制的先导。当然，在失范行为中，也有大量是具有负面效果的行为，这些行为如果不予制止，会严重阻碍经济体制改革的进程。但这些行为是经济体制改革推进过程中伴生的，在某种程度上说，它是由旧体制向新体制过渡的必要代价。

（二）价值评判

对失范行为的价值评判，是指基于一定的价值选择，对失范行为作出肯定或者否定的评判。无疑，对失范行为的价值评判应以市场经济运作的内在要求作为标准。我们认为，市场经济运作的内在要求可以概括为经济自由、公平竞争、诚实信用三大原则。经济自由原则旨在保证最大限度地发挥经济活力，提高经济效益。公平竞争原则旨在为经济主体提供参与经济活动的平等地位与均等机会。诚实信用原则旨在保障契约的被遵守，防止对合法经济权益的侵犯。三大原则均致力于维护市场经济秩序，保障市场经济运行。据此，凡是违背这三大原则的失范的行为，应在法律上评判为非法；危害严重的，则应认定为经济犯罪；否则，就应在法律上评判为合法。下面分别加以具体论述。

1. 根据经济自由原则评判失范行为

经济自由原则的内容主要是保障经济主体在经济活动中享有充分的自由，实行自由竞争。它一方面要求国家对经济实行必要的宏观控制以后，对微观经济活动不予干预。另一方面要求经济主体不得妨害与限制他人的经济活动，侵犯与损

---

① 参见林山田：《经济犯罪与经济刑法》，修订3版，63页，台北，三民书局，1981。

害他人的经济利益。根据经济自由原则考察失范行为，首先要认定某一行为是否为市场经济运作所需要的经济行为，其次要认定该行为是否妨害了他人的经济活动以及侵犯了他人的经济利益。例如，经济投机行为，在计划经济体制之下，被认为是非法的，予以严厉禁止。但在市场经济体制下，投机是事先预测将来价格变动趋势以谋取利润，它向未来不确定的价格进行挑战，促使市场富有流动性和具有朝气，因此，投机被认为是一种积极的攻击性的经济行为。此外，居间牟利、收取中介费、转手加价倒卖商品等都是符合市场经济活动规则的正当经济行为；而挪用他人股金进行股票交易、联手操纵股市等行为妨害他人经济利益，甚至损害社会经济利益，是违背自由竞争原则的不法行为。

2. 根据公平竞争原则评判失范行为

公平竞争原则要求在经济活动中经济主体处于平等地位，具有均等机会。如果侵犯他人经济权利，限制或者剥夺他人参与竞争的机会与条件，则是对公平竞争原则的违反。例如，不法约定把持市场，通过媒体诋毁他人产品信誉，均是以侵犯他人经济权利和妨害他人参与竞争为特征的不正当竞争行为。然而，有奖销售、优惠让利则是促进商品销售、有利经济发展的合法经济行为。因为它没有损害他人的经济效益，是符合公平竞争原则的正当行为。以回扣的方式进行促销，就其方式本身而言，是符合国际商业惯例的经济行为，也未违背公平竞争原则。至于经销人员在营销过程中收受回扣中饱私囊与利用回扣推销伪劣商品，则是回扣这一经济行为本身之外的问题，需要具体分析。

3. 根据诚实信用原则评判失范行为

诚实信用原则强调对契约缔结与履行的诚信态度，它要求经济主体在经济活动中重承诺、讲信用，不欺诈于人，不施害于人。考察某种经济行为是否违背诚实信用原则，主要看其是否运用欺诈手段损害他人的经济利益。例如，制造销售伪劣商品行为就是一种商业欺诈行为。假冒名牌、制作销售质量低劣的商品欺骗消费者，以侵害他人经济利益为前提牟取非法经济利益，严重地违反了诚实信用原则。如果危害结果严重的或者社会影响恶劣的，应该作为犯罪予以处罚。又如，企业或者个人之间拆借资金收取利息行为，如果查明确系出于调剂需要没有

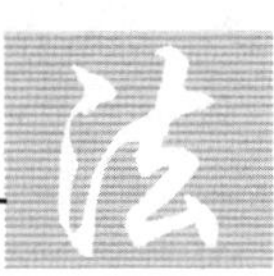

欺诈目的，则认定为借贷契约行为，是符合诚实信用原则的合法经济行为。当然，利率应当受到法律的限制。

四

失范行为作为一种社会现象将在相当长的时间内存在下去，这个问题的根本解决，有赖于市场经济体制的最终建立。当然，这并不意味着当前可以对失范行为无所作为。我们认为，对于失范行为应当持一种宽容的态度。在此前提下，对经济领域中的失范行为，应当通过法律的整肃作用，使正当经济行为合法化，对不正当经济行为则予以法律制裁。因此，经济领域中失范行为的法律抗制可以分为以下两个方面。

（一）失范行为的立法抗制

失范行为的立法抗制，主要是指加强经济领域的立法工作，缩短新旧法律衔接中的时间空档，消除新旧法律交替中的矛盾与冲突，使经济领域中的失范行为及时得以规制。

当前，我国法律的滞后性日益明显。诚然，这种滞后现象的产生，存在一定的客观原则，例如，法律基于稳定性的需要，必须等待经济关系基本定型以后再作规范。而当前我国经济体制改革不断深化，各种经济关系剧烈变动，旧的经济体制基于历史的惯性作用尚在经济生活中存在影响，而新的经济体制则正在孕育、萌生，尚未成熟。在这种情况下，法律的滞后也就是不可避免的了。正如意大利刑法学家菲利所言："法律总是具有一定程度的粗糙和不足，因为它必须在基于过去的同时着眼未来，否则就不能预见未来可能发生的全部情况。现代社会变化之疾之大使刑法即使经常修改也赶不上它的速度。"[①] 同时，法律的滞后还与人的认识能力有关。从立法上来说，立法者的认识能力是有限的，他必然受到各种主观与客观条件的限制，不能要求法律规定完美极致无懈可击。尽管如此，

---

① ［意］菲利：《犯罪社会学》，125 页，北京，中国人民公安大学出版社，1990。

我们仍然不能否定当前我国立法远远不能适应社会生活的滞后现象的产生，具有一定的主观原因。这种主观原因有二：一是经验型的立法指导思想。经验型立法，以已往的经验为基础，因此，这样的立法大多较为消极被动，主要表现为对于已经成熟的经验做法的一种法律认可，这样的立法当然比较保险，但却落后于社会生活的需要。尤其是在社会生活发生剧烈变动的情况下，更是如此。社会生活发展，迫切需要法律调整，而按照经验型立法，在没有经验的情况下不能贸然立法，因而出现法律盲区。二是立法者的一定程度的懈怠。不可否认，我国立法机关承担着繁重的立法任务，难免顾此失彼，捉襟见肘。但立法上的懈怠仍然存在，这主要表现为某些立法工作进展缓慢。我们认为，为了从立法上有效地抗制经济领域中的失范行为，首先必须超前立法，使法律对经济生活起到一种引导、规制作用，从而减少失范行为。其次还必须迅速改变立法懈怠状况。在经济体制转换过程中，立法者应该敏锐观察市场经济的实际情况，科学预测市场经济的发展前景，及时废止旧法，制定新法。使法律对市场经济作出敏捷的反应，做好法律的立、改、废工作。当前，立法机关应该尽快制定一系列调整市场经济关系、维持市场经济秩序的法律，例如公司法、商法、债法、证券法等。

失范行为的立法抗制不仅要求消灭盲区，更为重要的是，还要求法律的内容切合市场经济的实际。因此，光有法律的数量是不够的，还要有质量，后者比前者更为重要。市场经济对于我们来说还是一种新生事物，对于市场经济的运作规律还处于摸索阶段，因而立法上必然存在一定的困难。为此，有必要借鉴西方国家市场经济的立法经验，从而提高我国的立法水平。

（二）失范行为的司法抗制

失范行为的司法抗制，主要是指加强经济领域的司法工作，根据反映市场经济运作规律的政策与法律，正确地评判经济领域中的失范行为。

当前，我国司法工作中遇到的主要问题是如何正确处理“法”与“理”的矛盾。由于新旧经济体制的冲撞与摩擦，在我国现实经济生活中，大量存在“合理不合法”或者“合法不合理”的现象。在这种情况下，处理案件到底是依法还是依理？我们认为，法与理应该是统一的，法是理的外在形式，理是法的内在蕴

含。但在特定时期特定条件下，法与理的矛盾也是存在的，我们不应回避。解决法与理的矛盾，在司法工作中应当注意反对两种倾向：一是法律教条主义，二是法律虚无主义。法律教条主义是死抠法条，全然不顾法律适用的社会效果。即使不合时宜的法律，也死抱住不放，其结果是得之于法而失之于理。法律虚无主义是有法不依，以理代法，其结果是得之于理而失之于法。显然，这两种倾向都不可取。正确的态度应该是创造性地适用法律，在司法活动中有效地调节法与理的关系，使之尽量一致。

失范行为的司法抗制，对司法工作人员的素质提出了很高的要求。正确处理失范行为，司法工作人员不仅要有政策水平，还要有理论修养，不仅要精通法律，还要熟悉经济。尤其是要转变观念，使自己的思想跟上市场经济的发展。长期以来，我们都将司法机关的职能理解为专政工具，注意司法的政治功能。对于魔术般变幻的商品经济，我们的司法工作人员显得十分陌生，更何况随着从计划经济向市场经济的转轨，存在一个价值标准的变换过程。为此，司法工作人员应该及时补上市场经济这一课，树立为市场经济保驾护航的服务观。只有这样，司法工作才能在抗制失范行为中发挥积极作用。

（本文与刘华合著，原载《中外法学》，1993（3））

经济犯罪的立法对策

当前，如何有效地打击经济领域中的严重犯罪，促进经济体制改革的顺利进行，已经成为摆在我们面前的一个严峻任务。探讨对经济犯罪的法律惩治，不能离开立法和司法这两个环节。然而，就立法与司法两者的关系而言，立法乃司法之本，深入地研究经济犯罪的刑事立法（以下简称"经济刑事立法"），以形成遏制经济犯罪的最佳法律效果，对于充分发挥刑法在坚持改革和开放，发展社会主义商品经济中的保障功能，具有重大的意义。

我国现行经济刑事立法方式主要有三种：一是法典型，即在刑法典中专章或专条规定经济犯罪及其法定刑；二是修正型，即通过单行刑事法规对有关经济犯罪的规定进行修改、补充；三是延伸型，即在经济法规中，根据刑法典，对有关经济犯罪作出照应性或者比照性的规定。毋庸置疑，这三种立法方式在打击经济犯罪的斗争中，都发挥了很大的作用。但是也不能否认，它们本身尚不够完善，相互之间还缺乏协调，在很大程度上已经不能完全适应打击经济犯罪的客观需要。探本究源，经济犯罪的多变性和现行经济刑事立法方式的单一性之间的矛盾乃是造成这一状况的根本原因。

经济犯罪是与经济现象密切相关的一种社会痈疽，并且随着经济关系的变化

而异其外观。在我国社会主义商品经济日趋发展的形势下，经济犯罪在质和量两个方面都发生了很大变化，这种变化主要表现在：其一，传统财产犯罪中衍生出危害更大的经济犯罪。例如，从诈骗罪中衍生的合同诈欺、贷款诈欺等犯罪，它们虽具有传统诈骗罪的外观，但其侵害的客体主要是社会主义经济秩序，而不是财产所有权。其二，传统经济犯罪的性质发生变化。例如，在产品经济时代，长途贩运、承包渔利等都被认为是投机倒把行为。而在大力发展商品经济的今天，由于人们社会价值观念的变化，这些行为却获得了社会的肯定。反之，非法倒卖、哄抬物价等破坏商品经济秩序的投机倒把行为却日益突出。其三，随着新型经济关系的不断涌现，产生了与此相应的各种新型经济犯罪。例如，改革与开放冲破了僵化的经济体制，个体经济如雨后春笋，蓬勃发展，成为社会主义经济的重要补充形式。同时，破坏个体经济的犯罪也应运而生。

经济犯罪的这种多变性，决定了经济刑事立法方式必须具备适时、灵活的特征，否则，就不足以遏制经济犯罪的蔓延滋长。但我国现行经济刑事立法方式过于简单死板，难以适应打击经济犯罪的需要。当今社会，经济犯罪活跃多变，单纯法典型的立法方式，受其本身单一性、稳定性的制约，既不可能将经济领域中业已发生或将要发生的所有犯罪现象包罗无遗，也不可能频繁修改，反复补充。从这个意义上说，刑法典总是落后于经济生活的变化，这是一种必然现象。尤其是我国刑法典制定于经济体制改革之前，这一矛盾更为突出。现行修正型立法方式，虽在一定程度上缓和了这种矛盾，但不能从根本上解决问题。原因之一在于现行修正型立法方式对有关经济犯罪的修改、补充，主要着眼于从严惩处，几乎没有涉及犯罪构成内容，因此无法在犯罪构成方面来适应业已变化了的经济犯罪构成。原因之二在于对某种或者某几种经济犯罪法定刑的修改，往往“牵一发而动全身”，影响了刑法典原有的内部协调，不利于打击其他经济犯罪。例如，将投机倒把罪的法定最高刑上升为死刑后，伪造国家货币等犯罪的法定最高刑依然如故，两罪刑罚显失平衡。原因之三在于修正型立法方式有其局限性，不宜过多使用，这就大大限制了它的积极作用。延伸型立法方式就其实质来说，几乎没有独立的立法意义，而是法典型立法方式的一种附庸。无论是“依照刑法论处”的

照应性的规定，还是“比照刑法论处”的比照性规定，都体现了对刑法典的依赖性。这种立法方式最大的弊病在于：一旦刑法典已经落后于经济犯罪的变化，那么，与此相应的延伸型刑事法规就会随之成为一纸空文，其结果或是放纵犯罪分子，或是硬性适用，导致理论与实践的混乱。由此可见，上述三种立法方式实际上是一种以刑法典为轴心的单向制立法方式，这种立法方式不仅适应性差，而且各立法方式之间缺乏整体性，很难形成一个既互相独立，又互相依存的完整的经济刑事立法体系。

经济犯罪的多变性和现行经济刑事立法体系的单一性的矛盾，在司法实践中极易产生“无法可依、有法难依”的非正常现象。这种状况已经引起我国刑法学界的严重关注，有识之士奋袂而起，对如何完善我国经济刑事立法提出了许多颇有见地的意见。归纳起来，主要有以下四种观点：一是直接修改刑法典，二是制定经济刑法典，三是制定各种单行的规定经济犯罪的刑事法规，四是在经济法规中规定独立的具有罪状和法定刑的刑法规范。我们认为，经济犯罪的复杂多变性，决定了单向制的立法方式是难以与之抗衡的。经济刑事立法要适应经济犯罪的变化，必须根据我国国情，采用多向制的立法方式。在立法时，必须充分考虑经济刑事立法方式的多元性、层次性和有效性，认真把握诸元内涵之间内部和外部的协调统一，使其合理共存，产生同构效应，形成一套完整的经济刑事立法体系，从而最大限度地体现刑法对经济体制改革的保护作用。为此，我们提出如下经济犯罪的立法对策，即今后经济刑事立法应当采用以法典型、散在型、编纂型为主，以修正型、解释型为辅的多位一体的立法方式。

一、法典型

当我们指出刑法典在经济生活中的局限性时，丝毫也不否认刑法典在打击经济犯罪活动中的重大作用：恰恰相反，法典型立法方式始终在经济刑事立法体系中占有主导地位。在条件成熟的情况下，直接修改现行刑法典，使之最大限度地适应打击经济犯罪的需要，是完善经济刑事立法体系的一条重要途径。我们认

为，将来修改现行刑法典，要注意以下几个问题。

（一）根据经济犯罪隐蔽性的特征，刑法对经济犯罪的规定应该具有一定的明确性

经济犯罪不同于杀人、放火等传统刑事犯罪，其不法内涵与当时的经济政策、经济法规息息相关，且犯罪分子往往是以特定的身份为掩护、以搞活经济为幌子，在本人参与的经济活动中进行犯罪。因此，经济犯罪素有“隐形犯罪”之称。为此，刑法对经济犯罪的规定，不宜像对传统刑事犯罪那样，采用简单罪状。对那些基本定型的经济犯罪，刑法应当采用叙明罪状，尽可能详细地描述经济犯罪的构成特征（包括主观特征和客观特征）。这样，既有利于公民充分认识经济犯罪的不法内涵，警戒犯罪分子；也有利于司法部门划清罪与非罪、此罪与彼罪的界限。

（二）根据经济犯罪可变性的特征，刑法对经济犯罪的规定应该具有一定的包容性

经济体制改革必然会引起经济关系的变动，从而决定了经济犯罪的可变性。但刑法典不宜过多改动，应当具有相对的稳定性。为了尽可能地缓和这种矛盾，刑法对那些内涵复杂多变的经济犯罪，宜像对投机倒把、走私罪那样，采用空白罪状的规定。例如，若在刑法典中增设危害环境方面的犯罪时，无须将危害各种环境的犯罪行为一一列举，而只需概括性地将违反环境保护法规、污染环境的行为规定为犯罪；至于具体犯罪特征，则由各种环境保护法规加以规定。合理采用空白罪状的规定，有利于刑法典的相对简练，避免过于冗长。更重要的是，也有利于增加刑法的包容性和适时性。即使某些经济犯罪发生变化，依赖相应经济法规的敏捷反应，刑法典不用修改就能作出同步反应。

（三）根据经济犯罪危害性的特征，刑法对经济犯罪的规定应该具有一定的严厉性

在以经济建设为中心的社会主义初级阶段，经济犯罪严重干扰社会主义商品经济的发展，其危害性已经超过其他普通刑事犯罪。为此，在经济刑事立法上，须大量采取危险犯、行为犯的构成形式，不以实际发生一定的损害结果作为构成

犯罪或者犯罪既遂的要件。例如，对于污染环境的犯罪，可以分为危险犯和实害犯两种构成。污染环境足以使国家和人民生命财产造成重大损害的，是该罪的危险犯；污染环境已经使国家和人民生命财产造成重大损害的，是该罪的实害犯，并对此分别规定轻重有别的法定刑，以有效地惩治污染环境的犯罪。又如，传统的诈骗罪是结果犯，以是否诈骗到财物作为既遂和未遂的划分标准。而保险诈骗犯罪，真正把保险金诈骗到手的实际上很少，其主要危害在于破坏社会主义保险制度。因此，在外国刑法中，一般把它规定为行为犯。例如，联邦德国刑法第265条（保险诈骗）规定："（一）意图诈骗而对火灾保险之标的放火或对本身载货或运费有保险之船舶，使其沉船或触礁者，处一年以上十年以下自由刑。（二）情节轻微者，处六月以上五年以下自由刑。"有鉴于此，我国刑法将来在规定保险诈骗罪的时候，可以参照外国的立法例，将其规定为行为犯，只要出于诈骗保险金的故意，向保险公司非法索取保险金就构成犯罪既遂，不以实际占有保险金为要件。唯此，才能充分体现刑法对经济犯罪的否定评价的严厉性。

（四）根据经济犯罪复杂性的特征，刑法对经济犯罪的规定应该具有一定的协调性

社会经济关系纵横交错，与之相应，经济犯罪也错综复杂。有些经济犯罪同时侵犯了两种以上经济关系，刑法为了体现对不同经济关系的保护程度，常常采取法条竞合的立法方法。例如，制造、贩卖假药罪，不仅侵犯了国家工商管理秩序，而且侵犯了国家药品管理秩序。立法者将制造、贩卖假药罪规定为独立的犯罪，目的是要重点保护药品管理秩序。相对关于投机倒把罪的法条而言，它是特别法，投机倒把罪的法条是普通法。在行为人制造、贩卖假药的情况下，一行为同时触犯上述两个罪名，形成法条竞合。根据特别法优于普通法原则，应构成制造、贩卖假药罪。但刑法规定投机倒把罪法定最高刑为10年有期徒刑，全国人大常委会《关于严惩严重破坏经济的罪犯的决定》（以下简称《决定》）规定犯投机倒把罪，情节特别严重的，可以判处死刑；而刑法规定制造、贩卖假药罪法定最高刑却为7年有期徒刑。事实已经证明，投机倒把罪与制造、贩卖假药罪之间处罚之如此悬殊，不利于打击制造、贩卖假药罪。类似的情况包括盗窃罪与盗伐

林木罪等具有法条竞合关系的犯罪。因此，我们认为，采取法条竞合的立法方法，特别法的法定刑应当高于普通法，至少等于普通法，以使刑法对经济犯罪的量刑互相协调。

（五）根据经济犯罪贪婪性的特征，刑法对经济犯罪的规定应该具有一定的有效性

大多数经济犯罪是贪利性的犯罪，犯罪分子为了攫取非法经济利益，往往不惜铤而走险，敢践踏一切人间法律，甚至敢冒绞首的危险（马克思语）。近几年来，经济大案持续不断，屡有发生，即充分证明了这一点。我国刑法针对经济犯罪的这一顽症，除了适当调整经济犯罪的法定刑幅度外，还须注意刑罚种类的有效性。我们认为，今后修改刑法典，应当加强罚金刑、没收财产刑的立法规定，尤其是应该扩大罚金刑的适用范围。对那些较常见、危害性较大的经济犯罪，在主刑之后，必须规定“应当”同时并处罚金或者没收财产，以督促司法机关强制适用，从经济上充分遏制经济犯罪。此外，在刑罚的附加刑中，也有必要增设刑种。例如，对某些经济犯罪，可规定并处禁止从事某种特定职业（有期限或者无期限）、剥夺从事某种经济活动的权利（有期限或者无期限）、开除公职（对国家公务人员而言）等附加刑。这样是否会混淆刑罚与行政处罚的界限呢？回答是否定的。须知，某种处罚属于何种性质，并非与生俱来。根据实际需要，立法者完全有权重新加以调整。

二、散在型

如上所述，再完善的刑法典，随着经济关系的发展变化，难免有应接不暇之感。为了弥补法典型立法方式的这种缺陷，散在型立法方式势在必行。严格意义上的散在型立法方式，是指在经济法规中有条件地规定包含有独立罪名及其法定刑的刑事罚则，它是独立于法典型之外的一种经济刑事立法方式。

在经济法规中采用散在型立法方式，要受制于一定的条件。条件之一：刑法总则的规定对散在型刑法规范具有制约性。这就是说，经济法规中的刑事罚则只

规定个别罪名及其法定刑，不得违反刑法总则的一般规定。条件之二：散在型刑法规范所涉及的经济犯罪在刑法典中无明文规定。如果刑法典已有明文规定的犯罪行为，则无必要另行规定，附之以照应性规定即可。条件之三：各散在型刑法规范之间要协调一致。散在型刑法规范是以个别规范的形式出现的，在制定的时候，立法者很容易习惯于将该刑法规范置于其所在的经济法规的整体之中考察。而疏忽于将刑法规范与其他散在型刑法规范进行横向比较，以致各散在型刑法规范之间缺乏协调统一。

采用散在型立法方式，有利于保障社会主义商品经济的正常发展，体现了产品经济刑法观向商品经济刑法观的必然转化。这种立法方式不仅立法程序简便、实际适用明确，而且，更重要的是由于这种立法方式使经济法规中的刑事制裁部分，更为紧密地与权利、义务部分结合在一起，从而大大强化了经济法规的社会效果。同时，由于散在型刑法规范可以随经济关系的变化而变化，因而也弥补了刑法典因其稳定性所带来的局限，充分显示了适时、超前的立法特征。采用散在型立法方式，应当注意以下几个问题。

（一）立法权问题

根据我国宪法规定，国务院无刑事立法权。因此，散在型立法方式原则上不适用于国务院颁布的经济法规。在这类经济法规中，可以设立诸如“依法追究刑事责任”等照应性规范。但当某种经济违法行为在刑法中难以得到照应，而其社会危害性又确实已经达到应受刑罚处罚的程度时，我们认为，必要时可由全国人大常委会授权国务院在其颁布的经济法规中规定散在型刑法规范，但必须报全国人大常委会审核批准后方为有效。

（二）必要性问题

刑法的特点是运用刑罚的手段来调整一定的社会关系，它是统治阶级维护其政治上的与经济上的统治的最后法律防线，而且关系到对一个人的生杀予夺。质言之，统治阶级只有在不得已的情况下才动用刑罚。在经济领域，调整经济关系的主要是靠行政的、民事的法律手段，只有对某些严重危害社会主义经济秩序的行为才需要动用刑罚。由此可见，散在型刑法规范的设立要考虑其是否必要。凡

是其他法律手段足以慑止的，就没有必要使用刑罚手段。必须破除这么一种思想，即认为任何经济法规都必须在法律责任中规定违反该法的行为的刑事责任，否则不足以保证该经济法规的实施。我们认为，某一经济法规能否得以贯彻，主要在于该法是否科学地反映了客观规律因而是否可行，在于执法机关的严明，在于人民群众的觉悟，而不在于该法是否有刑罚作为其后盾。立法者应从刑罚经济原则出发，对散在型刑法规范的创制充分考虑其必要性，防止滥用刑罚。

（三）可行性问题

目前，经济立法一般是由经济立法人员参加，而无刑事立法人员的正式加入（包括草案的酝酿和拟定）。由于经济立法人员缺乏对刑法的全面理解，所以往往不看刑法典如何规定，也不问刑法典有无规定，制定出一些似是而非，甚至有悖于刑法基本理论的经济刑事罚则，由此造成理论与实践的混乱，影响了经济刑事罚则的可行性。例如，《食品卫生法（试行）》第41条规定："违反本法，造成严重食物中毒事故或者其他严重食源性疾患，致人死亡或者致人残疾因而丧失劳动能力的，根据不同情节，对直接责任人员分别依照中华人民共和国刑法第一百八十七条（玩忽职守罪——作者注）、第一百一十四条（重大责任事故罪——作者注）或者第一百六十四条（制造、贩卖假药罪——作者注）的规定，追究刑事责任。"这一条文对同一行为根据不同情节分别依照三罪论处，又没有规定分别定罪的具体条件，使司法机关很难适从。且不说一行为可同属三类性质各异的犯罪，在刑法理论上是否妥当，单从主观罪过来看，前二罪均为过失犯罪，如果行为人明知其危害结果而放任发生，又该当何罪？按制造、贩卖假药罪论处，既罪刑不相当，也显得不伦不类。为此，我们认为，现在是改变这种立法状况的时候了。散在型立法方式更需要立法人员的横向结合，因为诸如散在型刑法规范中罪状的表述、刑罚的轻重及其立法技术等问题，都要求立法人员站在全局的高度，协调统一，这项工作仅靠经济立法人员是无法完成的。我们希望，随着散在型立法方式的广泛采用，经济立法人员和刑事立法人员应当联合起来，协同作战。共同创制出确实有效可行的散在型刑法规范。

三、编纂型

经济法规的不断增加，必然导致散在型刑法规范积少成多，过于分散，从而给司法实践带来困难，这是无可避免的客观事实，为了弥补这种缺陷，编纂型的立法方式具有重要的现实意义。

在国外立法中，经济刑事立法经常采用框架立法的方式。例如，荷兰于1950年制定了《经济犯罪法》，将经济犯罪的实体法、程序法以及经济刑事司法组织上的措施等一并规定于一个独立的经济刑事法典之中。联邦德国也于1954年制定了《简化经济刑法》，规定了经济犯罪的实体法和程序法，并于1974年加以大幅度修改。这两个经济刑事法律文件均采用这种框架立法方式，即对所有经济犯罪行为分门别类之后，只提纲挈领地指出某种经济犯罪属于何种经济法令之第几条（款）。其实质内容，包括罪状与法定刑，则由各有关经济法令加以规定。这种立法方式的优点是系统性强，适用方便，利于查找；缺点是不易及时修改、补充，适时性差。

我国是发展中国家，经济体制正处于新旧交替之中，大量的经济法规有待制定颁行，且缺乏系统完整的立法经验，故不易采用法典型的框架立法方式。但是，这种立法方式能给我们以启迪，根据我国实际情况，我们建议采用编纂型的立法方式，即每年或更长时间（根据需要而定）由专门的立法机构对所有经济法规中的散在型刑法规范，按照一定的标准和体系，进行一次排列分类，系统整理。

编纂散在型刑法规范与制定经济刑法典是不能相提并论的。经济刑法典无非是将刑法典中所有经济犯罪部分加以人为地独立，形成单行法典，它不仅需要充足的酝酿时间、特定的立法程序，而且一旦制定，不易过多改动，适应性较差。但编纂散在型刑法规范，绝非刑法典的重复，而是将刑法典之外、散见于各经济法规中的刑法规范汇集于一个法律文件之中，使之更系统、更协调。它不仅可以按时进行编纂，程序简便，而且也可作必要的改动，适应性很强。

运用编纂型的立法方式，大致要注意以下几个问题。

(一) 编纂权归立法机关

法规编纂不同于法规汇编，后者不属立法活动范畴，它仅是指国家将一定时期内颁布的各种规范性文件，按年代顺序或部门之别汇编成册。而法规编纂是一种立法活动，它不仅可以按照一定的标准和原则，使散见于各种规范性文件中的某类法律规范系统化，而且必要时可以修改、补充原法律规范。因此，编纂散在型刑法规范，必须由专门的立法机关负责。立法机关在编纂的法律文件中，应当注意它的法律效力。以便于司法实际部门直接援引，并作为定罪量刑的法律依据。

(二) 分类编排

在编纂的法律文件中既要详细描述有关经济犯罪的主客观特征和法定刑，也要说明该经济犯罪属哪个经济法规之第几条（款），以表明编纂的法律文件与各经济法规之间的源流关系。这样，不仅便于司法实际部门直接引用，也便于人民群众认识与理解这些经济犯罪的不法内涵。编纂散在型刑法规范，可采用与经济部门法相应的划分标准，将各散在型刑法规范分类排列，使人一目了然。

(三) 关于效力问题

编纂散在型刑法规范既然是一种立法活动，可见它不仅仅是法律规范的简单组合。编纂的时候，若发现不妥之处，例如散在型刑法规范中罪状描述不确切，法定刑不协调，或需要增订新的内容等等，可进行修改、补充，以消除矛盾，加强协调。应当注意，虽然散在型刑法规范从经济法规中分离出来，具有相对的独立意义，但这并不意味着编纂的法律文件与相应的散在型刑法规范之间具有主从关系，原则上两者都具有法律效力。如果前者与后者有异，以前者为准。

(四) 建立专门的编纂机构

编纂散在型刑法规范不能靠临时性的编纂机构，因为编纂工作不仅要对散在型刑法规范进行编纂整理、系统归纳，而且为了及时发现问题、解决问题，还需要作大量的调查研究、司法统计工作，并且要善于总结经验，寻找规律，一旦条件许可，便代之以更成熟更完善的经济刑事立法方式。

事物总是错综复杂的，人们对事物的认识毕竟要受到来自客观或主观的某种限制。上述三种主要的立法方式虽然能够互相补充，互相协调，但并非在任何情况下都完美无缺。因此，辅之以修正型与解释型的立法方式，就能备急需之用，补他人之短。

四、修正型

修正型的立法方式是指立法机关通过一定立法程序，对法典型或者散在型刑法规范进行部分修改、补充，以调整法律与经济生活的矛盾。采用修正型的立法方式，应当注意以下几点。

（一）全盘考虑，避免影响刑法典内部原有的协调、各种散在型刑法规范之间的协调以及刑法典和散在型刑法规范之间的协调

这个问题如不加以注意，会影响刑法的社会效果。例如，全国人大常委会《决定》规定，对于走私、投机倒把等严重经济犯罪分子和犯罪事实知情的直接主管人员或者仅有的知情的工作人员不依法报案和不如实作证的，分别比照刑法分则渎职罪中的有关条文处罚。这实际上是在一定范围内规定了知情不举的犯罪。但是，这样一来，对反革命罪、危害公共安全以及其他严重刑事犯罪知情不举的，却不能构成犯罪，势必破坏了刑法典的协调统一。这在今后采用修正型立法方式时应当力求避免。

（二）严格措辞，保持法律术语的一致，以利于法律的统一适用

措辞是否严格，绝不仅仅是一个语言表述的问题，它直接关系到对法条如何理解，因而影响定罪量刑的问题。在必要时，宁可不厌其详，也要表述清楚，避免法律措辞含混不清。例如，全国人大常委会《决定》将套汇与走私并列、将索贿与受贿并称，这种表述方法，极易引起罪名上的混乱。《决定》还在对刑法第152条盗窃罪的法定刑作补充、修改以后，又指出国家工作人员利用职务犯前款所列罪行，情节特别严重的，按前款规定从重处罚。但根据我国刑法规定，国家工作人员利用职务盗窃公共财物的，实际上构成了贪污罪。这样，《决定》就混

淆了盗窃罪与贪污罪的界限。上述种种，由于文法不够严密，客观上影响了对法律的理解，这在今后采用修正型立法方式时应当防止发生。

（三）正式成文，及时公开颁布，以示法律的严肃性

修正型立法是以《决定》等形式出现的，是对原有法律的修改、补充，一旦公布，就具有法律效力，并根据新法优于旧法的原则，使被修正的法条全部或部分丧失法律效力。有鉴于此，修正型的法律文件一定要正式成文，颁布于众，尽量少用或不用“试行”的方式。很难想象，根据试行的法律条文，可以对一个人行使生杀予夺大权。采用修正型立法方式，还要避免通过内部文件方式来修改法律。否则，不利于健全社会主义法制、提高人民群众的法律意识。

五、解释型

解释型的立法方式是指立法机关通过对有关刑法规范实质内容的说明，以解决理论与实践中的分歧。立法解释虽然只是对现行法律进行文法或者论理上的说明，以明确其内涵与外延；但因为这种解释是由立法机关作出的，故在法律效力上明显不同于司法解释，并具有一定意义上的立法性质，或者可以称之为准立法。这种立法方式灵活便利，能够及时解决法律适用中出现的问题，将其列为经济刑事立法体系中的一种辅助立法方式，具有一定的现实意义。采用解释型立法方式，也要注意以下几点。

（一）解释权问题

采用解释型立法方式，首先要明确解释权限。根据我国宪法的规定，法律的解释权属于全国人民代表大会常务委员会。1981 年 6 月 10 日第五届全国人民代表大会常务委员会第 19 次会议通过的《全国人民代表大会常务委员会关于加强法律解释工作的决议》指出：“凡关于法律、法令条文本身需要进一步明确界限或作补充规定的，由全国人民代表大会常务委员会进行解释或用法令加以规定”。由此可见，立法解释权属于全国人大常委会。除此以外的任何其他机关，都无权对法律作出立法解释。

（二）及时性问题

立法解释要及时，发现问题不应拖延，而是要随时加以补充说明。只有这样，才能充分发挥解释型立法方式灵活便利的特点，使法律得以正确适用。在打击经济犯罪的斗争中，由于刑法许多条文已经不能适应当前的社会经济生活，在全面修改刑法典以前，本来是可以通过立法解释缓解这种矛盾的，但遗憾的是解释型的立法方式并没有得到足够的重视。

（三）系统化问题

在一般情况下，立法解释都是就个别经济犯罪问题所作的补充说明，内容零碎，以后逐步积少成多，不易系统掌握。这就要求立法机关经常加以归纳整理，使之自成体系，便于司法机关掌握。在修改刑法的时候，应该将经过司法实践证明是有效可行的立法解释的内容吸收到刑法中来，从而使之成为经济刑事法律自我完善的重要途径。

以上我们考察了各种经济刑事立法方式。必须指出，这些立法方式不是孤立的，而是互相依存、互相协调，从而形成一个完整的经济刑事立法体系。当然，如何从整体上协调各种经济刑事立法方式，是一个更为复杂的问题。为此，我们必须从刑法理论上深入探讨经济刑事立法问题，使具有中国特色的经济刑事立法体系在打击经济罪犯的斗争中逐步完善。

（本文与赵国强合著，原载《法学研究》，1988（2））

经济犯罪的防治对策

党的十一届三中全会决定我国以经济建设为中心，实行对外开放、对内搞活经济的政策，使国家的经济建设走上了健康发展的轨道，社会生产力得到很大发展，城乡人民的生活得到明显的改善。但是，由于国际和国内的种种原因，伴随而来的是经济犯罪大量增长，严重影响着我国社会主义现代化建设的顺利发展。实践证明，不把经济犯罪发展的势头压下去，不消除滋生经济犯罪的土壤与条件，社会主义现代化建设是搞不好的。邓小平同志在《坚决打击经济犯罪活动》的讲话中强调指出："我们要有两手，一手就是坚持对外开放和对内搞活经济的政策，一手就是坚决打击经济犯罪活动。没有打击经济犯罪活动这一手，不但对外开放政策肯定要失败，对内搞活经济的政策也肯定要失败。"[①] 邓小平同志的讲话，一语中的，发人深省，贯彻这一"两手抓"的思想，是当前和今后相当长时期里夺取现代化建设胜利的基本保证。

经济犯罪是一种复杂的社会—法律现象。打击经济犯罪，抑制经济犯罪的增长，是一项艰巨的系统工程，要采取多种对策，进行综合治理，而绝不是仅靠司

① 《邓小平文选》，2 版，第 2 卷，404 页，北京，人民出版社，1994。

法机关惩办一些经济犯罪分子所能奏效的。那么，我们应当采取哪些对策才能实现上述目的呢？本文拟联系我国的具体国情，从犯罪学角度，对经济犯罪对策的有关问题略述己见，供党政有关部门决策参考，并期望引起法学界同仁的重视，共同探讨如何使打击经济犯罪的斗争更好地保护经济建设和改革开放的顺利进行。

一

经济犯罪的对策，是指预防与控制经济犯罪的策略。经济犯罪的产生及发展与社会的政治、经济、文化、思想等多种因素存在着紧密的联系。因此，经济犯罪的对策不可能是单一的，而必然是多元的。也就是说，预防与抗制经济犯罪不仅要用法律对策，还要运用相关的其他对策和手段。就法律对策而言，它可以强化经济秩序的法律调整，从而使人们受到明确的、强调性的法律约束。同时，通过对各种经济违法和犯罪行为的惩罚，强化人们的守法意识，警戒具有犯罪动机的人。而其他的经济、政治、文化、思想、道德、纪律等对策，我们可以称之为社会对策。就社会对策而言，它主要是通过调整社会的经济结构和社会结构，理顺各种社会关系，向人们提供一定的价值导向，以铲除经济犯罪产生的土壤。如果我们把法律对策视为预防与抗制经济犯罪的硬对策；那么，社会对策就是预防与抗制经济犯罪的软对策。通过对经济犯罪实行“软硬兼施、双管齐下”的各种有效的预防与抗制措施，抑制和减少经济犯罪的发生，就是经济犯罪对策的最终目的。

各种预防和抗制经济犯罪的具体措施的有机配置与结合，构成经济犯罪的对策体系。经济犯罪的对策体系作为一个系统，具有其内在的功能与结构，这种内在功能和结构主要通过经济犯罪对策体系中各种对策之间的关系体现出来。为此，需要对经济犯罪对策体系内各种对策之间的关系进行探讨。

社会对策大体上可以分为两类：第一类是规范性的社会对策。所谓规范性的社会对策，是指通过向人们提供行为规则的方式以实现预防与抗制经济犯罪的目

的的社会对策。例如，行政监督、社会监督、重建道德与法制宣传等都是通过发挥习俗、道德、纪律等社会规范的作用以预防经济犯罪发生的社会对策。第二类是非规范性的社会对策。所谓非规范性的社会对策，是指通过发展经济、调整制度等方式，从根本上消除经济犯罪产生的土壤与条件的社会对策。在社会对策中，非规范性社会对策是基础，而规范性社会对策是重点。发展经济与调整制度，是任何一个社会赖以生存的必不可少的条件。也就是说，发展经济与调整制度本身并不是为了预防与抗制经济犯罪，而是基于人类社会自身生存与发展的需要。但这并不意味着可以把它们从经济犯罪的社会对策中排除出去，因为发展经济与调整制度是实现其他社会对策的基础。经济犯罪的产生与存在，都与经济落后和制度缺陷有关，因此，经济的大力发展与制度的调整完善，对于预防经济犯罪来说，具有根本性的意义，而且，行政监督、社会监督、重建道德与法制宣传这样一些规范性的社会对策，都只有在一定的社会条件下才能发挥作用，这些社会对策的实际效果在很大程度上受到经济条件和社会制度的制约。在经济犯罪的社会对策中，虽然非规范性的社会对策是基础，它制约着规范性的社会对策；但是，对于经济犯罪的预防与抗制产生直接作用的，却是规范性的社会对策。在规范性的社会对策中，行政监督从行政机关的内部关系上堵塞产生经济犯罪的漏洞；社会监督从社会经济活动这样一个更为广阔的范围内防止经济犯罪滋生；重建道德通过建立与社会主义有计划的商品经济相适应的道德规范并发挥这种道德对人们行为的约束与规范作用，铲除产生经济犯罪的思想基础；法制宣传则通过各种形式的宣传教育，使人民了解经济犯罪的危害性，动员人民与经济犯罪作斗争；并使那些可能实施经济犯罪的人接受法制宣传而幡然悔悟，因而对于预防与抗制经济犯罪具有重要的意义。由此可见，在社会对策中，规范性的社会对策居于主要地位。相对于非规范性的社会对策而言，它直接作用于经济犯罪，因而尤为重要。

法律对策包括立法对策与司法对策。立法与司法，是法律制度的两个基本方面，是国家预防和抗制犯罪的基本手段。二者之间的关系可以概括为：有法可依，有法必依，执法必严，违法必究。具体地说，首先要有法可依，即要有明确

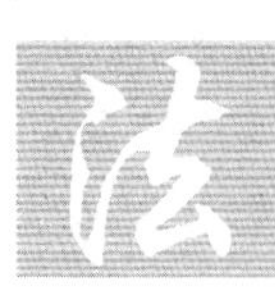

而完备的立法，为预防与抗制经济犯罪提供法律武器。但同时还必须做到有法必依，执法必严，违法必究。否则，即使再好的法律，如果不予执行，也如同废纸一样。总之，必须使立法与司法统一和协调起来，发挥其预防和抗制经济犯罪的最佳效果。

社会对策与法律对策是密切联系的。非规范性的社会对策对于立法与司法都具有重要的意义。立法是以一定的经济、政治条件为基础的，是对某种经济关系和政治关系的确认。因此，发展经济和调整制度等非规范性的社会对策对于经济犯罪的立法对策无疑具有重大影响。由于我国当前社会生产力落后，新旧体制并存，这些都对经济刑事立法活动带来了消极影响。只有通过大力发展经济、加速进行经济体制和政治体制的改革，才能为发展完善我国的立法创造良好的外部环境。从这个意义上说，经济犯罪的立法对策受非规范性的社会对策的制约。同时，经济犯罪的立法对策又对非规范性的社会对策具有一定的反作用。因为通过有效的立法活动，为司法活动提供法律依据，从而在一定程度上抑制经济犯罪的滋生，这就为发展经济、调整制度创造了社会条件，并能保障社会主义商品经济的顺利发展和经济体制改革的健康进行。而所有这一切，对于预防和抗制经济犯罪都具有重大意义。司法是立法的继续和延伸，只有通过司法活动，法律才能实现其对社会关系的调整功能。但是，司法活动又不能脱离一定的经济和政治的条件，并受其制约。在这个意义上说，非规范性社会对策对于经济犯罪的司法对策具有决定作用。在另一方面，又不能忽视司法活动对于经济和政治发展的重大影响。在预防和抗制经济犯罪中，司法活动以其特殊的运作方式，作用于经济犯罪，抑制经济犯罪的发生；同时为发展经济、调整制度创造条件。而发展经济、调整制度又能从根本上消除经济犯罪赖以产生与存在的社会条件。由此可见，非规范性的社会对策和经济犯罪的司法对策互相配合密切联系，共同对预防和抗制经济犯罪发挥作用。

不仅非规范性的社会对策对经济犯罪的法律对策具有相互作用的密切关系，规范性的社会对策更是与经济犯罪的法律对策具有直接的联系。就规范性的社会对策与立法对策的关系而言，规范性的社会对策主要是依靠和发挥习俗、道德、

法律等社会规范对人们行为的调整和导向作用，从而预防和抗制经济犯罪；立法对策，主要是通过制定修改法律规范，调整人们的行为，预防和抗制经济犯罪。

规范性的社会对策与立法对策的关系，主要表现为社会规范与法律规范构成预防与抗制犯罪的“社会—法律”规范控制系统；而规范性的社会对策与司法对策的关系主要表现为这一“社会—法律”规范控制系统的具体运作过程中的相互配合与协调。这集中体现在惩治经济犯罪和预防经济犯罪两个方面。首先，在惩治经济犯罪中，坚持司法对策为主、规范性的社会对策为辅的原则。司法机关在惩治经济犯罪的活动中，应当居于主导地位，起着领导作用。同时还应当注意动员和运用社会力量，使司法机关的专门力量与社会力量有机地结合起来，从而更加有效地揭露经济犯罪和追究经济犯罪分子的刑事责任。其次，在预防经济犯罪中，坚持规范性的社会对策为主、司法对策为辅的原则。预防经济犯罪，应以社会对策为主，司法对策为辅，因此社会对策实质上是治理和改革社会环境，即减少以至消灭各种促使经济犯罪产生的社会因素，这是从根本上解决问题，是治本之策。当然，惩治与预防密不可分，广义而言，惩治本身也是为了预防。因此，惩治经济犯罪，绝不应是单纯的惩罚，而是应当发挥刑罚的感化功能，通过刑罚一般预防与个别预防的有机结合，抑制经济犯罪的发生。

二

经济犯罪的社会对策，是以经济的、政治的、文化的、道德的各种方式或者措施，对社会结构进行调整和完善，消除、减少或者抑制促使经济犯罪产生的各种社会因素，从而协调、制约和影响人们的活动，维持社会经济秩序，防止经济犯罪的发生。由此可见，经济犯罪的社会对策具有以下特征：第一，多元性。经济犯罪的社会对策的多元性，是指社会对策的内容包括经济、政治、文化、道德等多方面的内容，这些内容互相作用，共同对经济犯罪产生预防和抗制的作用。经济犯罪的社会对策的多元性，说明了社会对策内容涉及方面十分广泛，这些内容在预防和抗制经济犯罪中，具有不同的功能。但它们与法律对策相比，具有共

同的属性，因而将其归为一类。但这并不意味着可以抹杀各种不同的社会对策各自的特殊性。第二，间接性。经济犯罪的社会对策的间接性，是指社会对策并不像法律对策那样直接地作用于经济犯罪，而是间接地起到预防和抗制经济犯罪的作用。经济犯罪的社会对策的间接性，说明了社会对策的作用有别于法律对策，尤其是刑事法律对策。刑事法律对策是直接为惩治经济犯罪而设置的，其他法律对策，包括经济法律对策和行政法律对策在预防经济犯罪中也具有较为明显的作用，但社会对策则不是如此，它的直接目的并不在于预防经济犯罪，而是在于使社会获得健康和谐的发展，预防和减少经济犯罪仅仅包含或者从属于这一目的。应当指出，我们承认社会对策对于预防和抗制经济犯罪的间接性，并不是否认社会对策在预防与抗制经济犯罪中的意义，而是在更深层的意义上肯定社会对策在预防与抗制经济犯罪中的意义，强调并且肯定预防与抗制经济犯罪与社会政治、经济、文化和道德的发展具有统一性。第三，根本性。经济犯罪的社会对策的根本性，是指社会对策与法律对策相比较，对于预防与抗制经济犯罪来说，更具有根本性的意义。如果说法律对策是治标，那么社会对策就是治本。对于经济犯罪应该治标与治本同时并举，但治标与治本相比较，治本是更为重要的。正是在这个意义上，德国著名刑法学家李斯特的下面这句话不愧为至理名言："最好的社会政策就是最好的刑事政策"，列宁也曾经十分精辟地指出："对防止犯罪来说，改变社会制度和政治制度比采取某种刑罚，意义要大得多"[①]。下面，我们对当前我国预防和抗制经济犯罪的社会对策分别加以论述。

（一）发展经济之对策

我国经过 40 年的社会主义建设，经济有了很大发展，人民生活水平得到了一定的提高。但是，我们国家仍然没有完全摆脱贫穷落后的局面。我国还处在社会主义初级阶段，人民日益增长的物质文化需要与落后的社会生产之间的矛盾，仍然是社会的主要矛盾，也是经济犯罪产生的根本原因。因此，为了有效地预防和抗制经济犯罪，就必须集中力量发展社会主义经济。从这个意义上来说，发展

① 《列宁全集》，2 版，第 4 卷，360 页，北京，人民出版社，1984。

社会生产力是预防和抗制经济犯罪的最好和最长远的社会对策。这主要表现在：第一，大力发展经济，极大地提高社会生产力，使社会主义的政治制度和经济制度得以巩固和发展，从而为预防和抗制经济犯罪创造政治条件。经济犯罪在我国当前的大量发生和存在，有深刻的社会原因，我国的社会主义的政治制度经济制度还不够完善，也是一个不容忽视的因素。因此，完善和发展我国社会主义的政治制度和经济制度，对于预防和抗制经济犯罪具有十分重要的意义。而完善和发展我国社会主义的政治和经济制度，又离不开经济的繁荣和社会生产力的提高。因此，发展经济对于预防和抗制经济犯罪的作用是显而易见的。第二，大力发展经济，极大地提高社会生产力，可以逐步消除经济犯罪产生的经济因素，从而为预防和抗制经济犯罪创造经济条件。我国当前经济犯罪的存在，还与经济不发达有着直接的关系。由于产品和某些原材料紧缺，长期供不应求，因而就为套购转手倒卖或抢购转手倒卖，从中牟利的经济违法活动提供了滋生的土壤。如果人们生活和生产需要的产品能够充分满足需要，按照正常的渠道可以得到，那么，转手倒卖等投机倒把犯罪就会逐渐减少乃至绝迹。由此可见，经济的充分发展，是预防和抗制某些经济犯罪的十分重要的前提条件。第三，大力发展经济，极大地提高社会生产力，可以为社会主义精神文明建设提供必要的物质基础，从而为预防和抗制经济犯罪创造思想条件。我国当前经济犯罪的存在，除了政治的和经济的原因以外，还与陈腐的意识形态的影响有关。为此，必须大力开展社会主义精神文明的建设，传播社会主义的思想意识形态。而这一切部离不开物质条件。因此，经济发展对于消除导致经济犯罪的腐朽意识形态具有重要意义。第四，大力发展经济，极大地提高社会生产力，可以为预防和抗制经济犯罪提供足够的专项资金。我国当前经济犯罪的大量发生，与司法机关的打击不力以及其他单位的防范不力有着密切关系。而为了查处经济犯罪和防范经济犯罪，必须建立相应的专门机构，配备专门人员；还需购置大量的专门设施。所有这一切，都离不开经济能力。经济大力发展，就可以拨出足够的专项资金用于预防和抗制经济犯罪。因此，经济能力是一个决定预防和抗制经济犯罪能力的重要因素。在这个意义上，我们也应当把发展经济纳入预防和抗制经济犯罪的社会对策的范围。

（二）调整制度之对策

制度是统治阶级制定的比较复杂而系统的行为规则，它对于人们的行为具有导向作用，从而将人们的行为纳入统一的适应社会发展需要的轨道。经济犯罪与一定社会的经济制度与政治制度有着极为密切的联系。一般地说，不断地调整社会制度是预防和抗制经济犯罪的一项十分重要的社会对策。我们认为，为了抑制经济犯罪率的增长和预防经济犯罪的发生，需要进一步深化经济体制的改革或加速政治体制的改革。第一，深化经济体制的改革。深化经济体制改革的重要内容之一，就是改革国家机构管理经济的职能，其目标模式就是国家与企业间的关系以市场为中介而间接化，达到“国家调节市场，市场引导企业”的经济模式。但实际状况与目的要求还相差甚远，行政机关直接干涉经济的情况仍很普遍。行政机关直接参与商品经济活动，一方面阻碍了市场机制的正常发展，阻碍了新旧体制的转换；另一方面，使得市场机制渗透到政府的机关活动之中，加之法制不健全和民主监督十分有限，从而导致以权谋私、贪污腐化等不正之风和经济犯罪活动，严重地困扰和腐蚀着国家政府机关，使得国家政治声誉遭到严重损害。因此，只有深化经济体制改革，才能抑制经济犯罪的发生。第二，加速政治体制改革。政治体制改革是经济体制改革的必然要求，对此我们必然予以高度重视。我国的政治体制改革虽然取得了一些成绩，但现实不容我们乐观。现在主要的问题是：某些党政机关官僚主义作风严重，工作效率极低；以权谋私，行贿受贿，贪污腐化，在一些机关和国家工作人员中间还相当严重。因此，必须加速政治体制改革，改革政府工作，提高办事效率，建立健全的民主监督制度，为预防和抗制经济犯罪创造政治条件。

（三）行政监督之对策

经济犯罪的行政监督之对策，是指国家有关机关通过对各级国家行政机关及其工作人员的行政活动实施全面而系统的严格监督，以预防与抗制经济犯罪。行政监督是当代国家政治生活的一个重要内容，也是行政管理的一个重要部分，并且是实现我国行政管理法制化、高效化的一个重要保证。同时，有效的行政监督对于预防与抗制经济犯罪也具有十分重要的意义。一方面，它可以消除行政机关

中的官僚主义和腐败现象。大量事实证明，没有监督的政府必然演变成腐败的政府。而官僚主义与腐败现象也正是大量经济犯罪产生的温床与土壤。另一方面，它可以对国家工作人员的具体行政活动进行有效的监督，从而保证其行政行为在法律规定范围内进行。这样，就可以防止国家工作人员利用职务上的便利实施经济犯罪活动。我国的行政监督可以分为一般监督、职能监督、主管监督和专门监督，下面分别就在预防与抗制经济犯罪中如何发挥这些行政监督和作用问题探讨如下：第一，一般监督之对策。一般监督是指各行政机关相互之间按照直接隶属关系而产生的一般性内部监督。行政体制当中，既有上下之间的关系，又有左右之间的关系，由此形成一个行政管理网络。一般监督是该行政体制内部相互进行监督的一种方法，它对于防止违法犯罪，包括经济犯罪的发生具有重要意义。第二，职能监督之对策。职能监督是指政府各职能部门就其所主管的工作，在自己职权范围内对其他部门实行监督。其中包括：财务监督、审计监督、工商监督、银行监督等，这些职能监督对于预防与抗制经济犯罪都具有重要意义。第三，主管监督之对策。主管监督是指国务院各部委和直属机关对地方各级人民政府相应的工作部门，上级地方人民政府工作部门对下级地方人民政府相应的工作部门，以及国务院各部委和地方各级人民政府工作部门对各自所属的企事业单位所进行的监督。主管监督，可以有效地控制下级部门及其工作人员的行政行为，对于预防与抗制经济犯罪的作用是不言而喻的。第四，专门监督之对策。专门监督是指政府设立专门机关对所有部门的行政工作实行全面性的监督。专门监督机构通过行使检察权、调查权、建议权和一定的行政处分权，对有关国家机关和企事业单位的违法案件进行处理，可以消除经济犯罪的隐患，同时及时揭露经济犯罪并转送有关司法机关予以刑事追究，从而达到预防和抗制经济犯罪的目的。

（四）社会监督之对策

经济犯罪的社会监督之对策，就是指依靠社会大众的力量，对商品经济活动进行社会监督，以预防和抗制经济犯罪的发生。这一对策对于预防和抗制经济犯罪具有重要的意义，应当引起我们的足够重视。我们认为，社会监督主要应当通过以下途径加以具体实现：第一，加强社会舆论的监督作用。社会舆论是反映社

会意见和要求的最基本途径，它对于维护商品经济活动的正常进行、预防经济犯罪以及对经济犯罪行为进行道德谴责等方面都具有极为积极的意义。第二，充分发挥党团的社会监督作用。政党和团体，尤其是作为执政党的中国共产党，应该在预防和抗制经济犯罪中充分发挥作用。第三，成立消费者协会等民间组织，以组织全社会的单位和广大人民群众，对经济活动进行社会监督、预防经济犯罪。在我国，自发的非血缘性民间组织的缺乏，使我们丧失了许多本来可以很容易得到的对经济犯罪进行社会监督的有益效果。

（五）重建道德之对策

社会经济生活的变化，必然引起人们道德观念的变化。我国目前所进行的经济和政治体制改革，是一场深刻的社会变革，因而必定对人们原有的道德观念产生强烈的冲击。这种冲击，一方面导致许多传统道德观念越来越不适应社会主义商品经济发展的要求；另一方面，又导致唯利是图、金钱至上的腐朽思想的泛滥。因此，要预防和抗制经济犯罪，我们就面临着重建社会道德的任务，使我们的社会道德既适应于社会主义商品经济生活的需要，又适合社会主义精神文明发展的要求。只有这样，才能为预防和抗制经济犯罪创造思想条件。

（六）法制宣传之对策

经济犯罪的法制宣传之对策，就是指通过对社会进行预防和抗制经济犯罪活动的法制宣传教育，以达到抑制经济犯罪的目的。

三

经济犯罪的法律对策在预防和抗制经济犯罪中，较之社会对策更具有直接性。经济犯罪对策可以分为立法对策与司法对策，下面分别予以论述。

（一）经济犯罪的立法对策

经济犯罪既触犯了刑事法规，也违反了经济法规和行政法规。就法律规范的作用而言，无论哪一种法规都具有预防经济犯罪的功能。因此，经济犯罪的立法对策，包括经济立法对策、行政立法对策和刑事立法对策，我们应从整体对策出

发，从立法的不同角度、不同层次探讨预防和抗制经济犯罪的途径。

1. 经济立法之对策

经济犯罪表现为从事非法的经济活动，因此，大量的经济犯罪是以违反经济法规为构成前提的。离开了经济法规就无法说明某种经济活动何以构成犯罪，在空白罪状的情况下更是如此。这就说明经济犯罪与经济违法之间有着不可分割的紧密联系。因为一般经济违法行为与经济犯罪之间并没有一条不可逾越的鸿沟。量变可以引起质变，一般经济违法行为达到一定危害程度就转化为经济犯罪。所以，加强经济立法的研究，健全和完善经济法规，最大限度地减少一般经济违法行为，不啻是预防经济犯罪的策一道防线。事实证明，经济立法工作的好坏，直接关系到经济犯罪的预防效果。在经济管理过程中，周密而完善的经济法规体系，无疑能够堵塞管理管制中的漏洞，形成安定的经济环境，建立良好的经济秩序，使违法分子无空可钻、无孔可入，从而能够最大限度地发挥经济法规的规范作用、强制作用和教育作用，预防和抗制经济犯罪。

2. 行政立法之对策

近年来，国家工作人员利用职务上的便利进行经济犯罪的现象十分严重。尤其是贪污受贿、挪用公款、非法倒卖等案件，更为新中国成立以来所罕见。上述现象之所以如此严重，除了有其特定的经济、政治原因以外，与我国至今没有健全的行政法规是息息相关的。因此，切实加强行政立法工作，严格规定国家工作人员的职责范围，堵塞管理上的漏洞，乃是预防经济犯罪的必不可少的重要途径。我们认为，加强行政立法的重要内容之一，就是制定“国家公务员法”，它有利于国家工作人员职责的规范化和制度化，有利于充分发挥人民群众的监督作用，从而有利于防范国家行政工作人员的经济犯罪。此外，还应该建立行政机关的内部控制系统。所谓内部控制系统，主要是指在国家工作人员的日常事务工作中，为了防止贪污受贿及其他舞弊行为的发生而采取的分工负责、相互制约的各种方法和措施。在国家机构中建立和完善内部控制系统，对防范国家工作人员经济犯罪具有重要意义。因为当前许多国家工作人员的经济犯罪都是利用了管理上的漏洞。如果我们能够按照内部控制的要求，建立起一套合理完善的控制制度，就可以有效地防范国家工作人员的经济犯罪。内部控制系统至少可以考虑以下内容：第一，职务分离，一般来说，两人同时作案的机遇要小于一人单独作案。因此，将某些不宜由一人担任的职务，尤其涉及财产管理和核算的职务，拆开由不同的人负责，能够起到互相牵制、互相监督的作用，有利于减少贪污受贿等犯罪。例如，授权人与执行人、会计与出纳、保管与记账、收款与发货等不宜由一人担任的职务，国外称为不相容职务，应当分别由二人或二人以上承担，这是内部控制的重要手段。第二，授权控制。授权控制指各级国家工作人员只有经过授权和审批，才能执行有关的业务活动，并在授权限定的范围内开展职务活动。授权可分为职务授权和特定授权。职务授权是指某人担任一项职务后，自动具有该职务所应具有的权限；而特定授权是执行某些特定业务的权力。权与责相辅相成，行使权力的同时必须承担相应的责任。为了防止国家工作人员滥用职权，对国家工作人员要根据授权范围，严格规定岗位责任制，完善检查监督制度。对于特定授权，要由授权人或授权人所指定的人员定期进行检查。第三，职务轮换，职务轮换是对某些业务性较强的财物管理职务实行定期或不定期的轮换制度。如果说，职务分离是通过两人以上相互制约来防止舞弊行为；那么，职务轮换就是防止合伙舞弊行为。因此，职务轮换是对职务分离的必要补充。第四，内部审计。努力加强和完善内部审计控制系统，充分发挥审计制度的监督职能，是防范国家工作人员利用职权进行经济犯罪活动的一条有效途径。

3. 刑事立法之对策

改革开放后，我国经济领域内的犯罪出现了许多新情况和新特点，但由于我国现行刑法典在调整社会经济关系的总体格局上，至今没有作出重大的变革，因而无法跟上改革的步伐以适应打击经济犯罪的需要。为此，我们认为首先要更新观念，既改变传统的刑法功能观，突出刑法的经济功能，将刑法的锋芒指向严重经济犯罪。在树立社会主义商品经济刑法观的基础上，修改现行刑法典。修改的内容包括：第一，犯罪方面，根据当前的经济犯罪状况及其变化趋势，对那些业已发生且危害较大，现行刑法典又无明文规定的经济违法行为，或者对那些随着经济体制改革的深入开展，预测不久将会出现或者增多的危害较大的经济违法行

为，通过刑法典明确规定为犯罪。同时，对现行刑法典已有规定，但内容过于抽象与笼统，缺乏可操作性的犯罪条款，予以适当的分解，便于司法实践中具体运用。第二，刑罚方面，完善罚金刑，主要是扩大罚金刑的适用范围，对经济犯罪，尤其是对严重的经济犯罪，都应规定罚金刑，并且提高罚金刑在刑罚体系中的地位，强化其适用方式。此外，还应当针对某些经济犯罪以经济职业、经济活动为掩护的特点，适当增加旨在剥夺犯罪分子某种资格的附加刑。第三，在经济刑事立法方式上，除刑法典中规定经济犯罪以外，还可以颁布专门的经济刑事法律，并且在经济法规中设置刑事制裁，使经济刑事立法方式多位一体，共同发挥预防和抗制经济犯罪的效应。

（二）经济犯罪的司法对策

对于预防和抗制经济犯罪来说，立法对策固然重要。但是，司法对策也具有同等重要的意义。因此，为了有效地惩治经济犯罪，我们还应当根据经济犯罪的特点，采取一系列行之有效的司法对策。司法是相对于立法而言的，指司法机关对法律的运用、解释和依照法律对民事、经济、行政和刑事案件进行审理并以此为目的而进行的活动。除民事司法以外，经济司法和刑事司法对于预防和抗制经济犯罪都具有一定的意义，下面分别加以论述。

1. 经济司法之对策

经济司法是国家整个司法制度的有机组成部分，具有调整经济关系，维护经济秩序，保障经济发展功能的法律机制。经济犯罪的经济司法对策是指在经济纠纷的审判中消除经济犯罪的隐患，防范经济犯罪于未然；同时，及时揭露经济犯罪的案件，以惩治经济犯罪于已然。因此，经济犯罪的经济司法对策主要是：第一，强化经济司法在预防经济犯罪中的功能。经济司法承担着处理一般经济违法行为的任务，通过处理经济纠纷，对经济违法行为予以必要的法律制裁，防止其向经济犯罪发展。经济纠纷的处理，实际上是一个使经济关系有序化的过程。在这个过程中，人民法院可以对违法行为予以必要的法律制裁，使经济违法行为的实施者受到惩罚和教育，从而预防经济犯罪的发生，同时，通过处理经济纠纷，使经济违法行为的被害人增强法律意识，更为有效地防范经济犯罪。因此，经济

司法工作人员不仅应当着眼于经济纠纷的处理，而且应当自觉地把自己的工作与对经济犯罪的预防联系起来，使经济审判工作成为预防经济犯罪的一道牢固的法律防线。第二，强化经济司法在惩治经济犯罪中的功能。经济犯罪具有一定的隐蔽性，一般人往往难以识别，甚至被害人在受到经济犯罪的侵害时，也往往不知自己是经济犯罪的被害人。因此，经济犯罪案件往往作为经济纠纷案件进入经济司法领域，在经济纠纷的处理中，及时发现经济犯罪案件并移送给刑事司法部门处理，对于惩治经济犯罪具有重要意义。最高司法机关曾先后颁布了一系列通知，要求及时查处在经济纠纷案件中发现的经济犯罪。但在司法实践中，还大量存在着以罚代刑，将经济犯罪案件当作经济纠纷案件处理的现象。

2. 行政司法之对策

行政司法在我国是近年才开始建立的，随着行政法制的加强，行政纠纷案件也随之出现，为了适应行政审判的需要，各级法院开始试办行政审判庭。随着《行政诉讼法》的施行，行政审判开始进入正轨，各级行政审判组织逐渐得以健全。经济犯罪的行政司法对策，主要是指通过行政审判，加强对行政部门的法律监督，以消除经济犯罪的隐患；同时，在行政审判中及时揭露经济犯罪，使经济犯罪分子得到法律制裁。因此，经济犯罪的行政司法对策主要是：第一，强化行政司法在预防经济犯罪中的功能。有效的行政管理活动，可以堵塞各种漏洞，从而防止经济犯罪的发生。而经济犯罪的滋生蔓延，又在很大程度上是由于行政管理的松散、行政监督的疲软造成的。人民法院的行政审判活动，通过对各种行政纠纷的处理，起到了监督行政机关的作用，使行政机关依法积极地履行其管理职能，因此对于预防经济犯罪具有积极的意义。第二，强化行政司法在惩治经济犯罪中的功能。行政司法本身并不处理经济犯罪案件，但由于行政纠纷有的是由国家工作人员利用职务上的便利进行经济犯罪活动引起的，有的是由于企业、事业单位、社会团体、个体工商业者或公民进行经济犯罪活动而引起的，因此在行政司法过程中，往往可以发现一些经济犯罪案件的线索，甚至直接发现经济犯罪事实。在这种情况下，应当及时将经济犯罪线索或经济犯罪案件向有关部门通报或移送，使经济犯罪案件得到及时查处，使经济犯罪分子得到法律制裁。

3. 刑事司法之对策

相对于经济司法和行政司法而言，刑事司法对于预防和抗制经济犯罪具有更直接的意义。经济犯罪的刑事司法对策，就是针对经济犯罪的特点和变化，在预防和抗制经济犯罪的过程中应当采取的策略方式和执法措施的总和。经济犯罪的刑事司法对策主要是：第一，加强刑事司法组织建设。加强司法队伍自身建设，扩充司法队伍，提高司法人员的业务素质和职业道德，健全司法机构，改革完善司法体制，是从司法组织上对付经济犯罪的重要措施。在加强刑事司法组织建设中，检察机关的建设对于预防和抗制经济犯罪尤其具有重要意义。检察机关是国家的法律监督机关，是查处经济犯罪案件的一支重要力量。但是我国目前的检察机关由于受人力与物力的限制，经济犯罪的查处能力还十分有限。为此，必须加强经济检察机构，使之适应打击经济犯罪的客观需要。第二，健全经济犯罪案件举报机构。经济罪案举报机构，是一种与犯罪作斗争的新形式。它加强了检察机关法律监督的职能，方便了人民群众的检举揭发，因而在严厉打击经济犯罪，强化法律监督，促进党政廉洁方面，收到了良好的效果。为了更好地发挥经济罪案举报机构的效能，我们认为，应当进一步完善举报制度，主要表现在：对举报人必须坚决依法保护，严厉惩处报复陷害者。还要完善举报的配套措施，并使举报的经济罪案得到及时有力的查处。第三，提高刑事制裁的有效性。在经济犯罪十分严重的情况下，对经济犯罪从重从快处罚是完全必要的，否则，刑罚就会失去应有的效应和作用，使犯罪分子得不到应有的惩罚和威慑，使企图走上经济犯罪道路的人得不到有力的警诫。当然，从重从快必须依法，并且要十分注重刑事制裁的有效性。因此，在惩处经济犯罪中，要注意适用罚金和没收财产等附加刑，追缴、退赔、没收违法所得和犯罪工具，让犯罪分子赔偿其犯罪行为所造成的经济损失。通过上述措施，剥夺经济犯罪分子再犯的经济条件和能力。在对经济犯罪实行从重从快惩处的同时，还应当坚决贯彻惩办与宽大相结合的刑事政策，对投案自首，积极退赃，或有检举立功表现的犯罪分子予以从宽处理。

（本文与曲新久合著，原载《政法论坛》，1992（5））

论经济犯罪的内在逻辑

在我国当前刑法学界，经济犯罪的概念始终是研究的热点之一。然而，令人遗憾的是至今对经济犯罪概念的研究仍然停留在揭示经济犯罪的外在形式上，以至于给人以浅尝辄止的感觉，且在经济犯罪的内涵与外延上观点聚讼，莫衷一是，未能达成共识。可以说，我国经济犯罪理论之所以难以发达，其症结就在于此。为了摆脱在经济犯罪概念研究上的困境，推进经济犯罪理论的深入发展，我们尝试对经济犯罪的内在结构进行探讨，由此引申出经济犯罪的概念。

一、经济犯罪的本质结构

经济犯罪是商品经济时代的产物，这是对经济犯罪进行历史考察必然得出的结论。质言之，商品经济在其运行过程中各种环节之间以及各环节内部之间的相互影响和相互作用，乃是产生经济犯罪的物质生活条件。所谓经济运行环节，从宏观的角度观察，可以包括物质资料的生产、分配、交换和消费四大环节；从微观的角度观察，则包括金融、价格、税收、投资等各项经济环节。因此，商品经济运行环节是一个极其复杂、庞大的动态领域，经济犯罪就是存在于这样一个动

态领域之中，离开了这个领域，就不存在经济犯罪。经济犯罪之所以复杂、多变，最根本的原因也在于此。

经济犯罪只能存在于各种商品经济运行环节之中，这一经济犯罪的存在特征决定了经济犯罪的行为方式必然表现为一种非法的经济活动。例如，发生在商品贸易环节中的非法倒卖行为，其行为人所从事的是一种非法的买卖活动；发生在金融管理环节中的伪造国家货币行为，其行为人所实施的是一种非法的制造行为；发生在自然资源管理环节中的破坏矿产资源行为，其行为人所进行的是一种非法的开采活动。由此可见，经济犯罪与经济活动总是息息相关、密不可分的。无论是以经济活动为掩护，行获取非法利益之实的诈欺性经济犯罪，还是无视法律、法令规定，公然铤而走险，意图牟取暴利的破坏性经济犯罪，其实质都在于行为人实施了某种非法的经济活动。

应当指出，这里所说的经济活动，包括了国家机构的经济行政管理活动。因为商品经济如同一架结构复杂的机器，为了保证它的正常运行，国家需要通过经济、行政、法律手段，以财政、货币政策为杠杆，对各项经济活动进行组织、管理、调整。所以，国家机构的经济行政管理活动具有鲜明的经济目的，它的商品经济的运行关系密切，是整个商品经济秩序的重要组成部分。经济行政管理人员在管理过程中违法乱纪、触犯法律，直接破坏商品经济秩序的行为，同样属于经济犯罪的范畴。

由是，经济犯罪必须发生于商品经济的运行领域之中，其行为方式必然构成一种非法的经济活动，这就是经济犯罪的本质结构，或曰经济犯罪的本质特征。它是认定经济犯罪最重要的依据，也是划分经济犯罪与其他犯罪的根本标志。例如，我国刑法在分则第三章规定的破坏集体生产罪虽然直接侵害了集体生产秩序，但其行为方式与经济活动并不发生联系，而纯粹表现为一种破坏活动，故不能将其视为经济犯罪。即使是同一类犯罪，有时也会发生分化现象。例如，同样是诈骗，以添置家用电器为诱饵骗取他人财物而构成犯罪的，就不属于经济犯罪；若以签订合同、刊登不实广告、自毁被保险物品骗取财物而构成犯罪的，就属于经济犯罪。又如，同样是受贿，为他人调动户口而受贿的，就不属于经济犯

罪；若在商品交易中，以所谓回扣、佣金等方式受贿的，就属于经济犯罪。显然，这类犯罪之所以会发生分化，根本原因就在于它们并不是在任何情况下都具备经济犯罪的本质特征。

值得注意的是，区分经济犯罪和其他犯罪，不能同刑法分则中的犯罪分类相提并论。前者是一种理论上的分类，其分类的基本意义在于使人们深刻认识经济犯罪的复杂性、危害性和规律性，以便采取有效的防范措施，确保商品经济的正常发展。而后者则是一种法定分类，其分类的基本意义在于通过立法规定，来充分揭示各类犯罪的性质及危害性。因此，认定经济犯罪，不能简单地以刑法分则中的犯罪分类为依据，而应当根据经济犯罪的本质特征进行科学的理论分类。例如，破坏集体生产罪虽属“破坏社会主义经济秩序罪”，但它不属于经济犯罪。又如，赌博罪和制造、贩卖假药罪虽同属一章，但前者不属于经济犯罪，而后者属于经济犯罪。至于类似诈骗、受贿这样一种本身会发生分化的犯罪，就更体现出经济犯罪的理论分类与刑法分则的法定分类之间的区别。

我们认为，在理论和实践中正确把握经济犯罪的理论分类和刑法分则的法定分类之间的辩证关系是具有一定的现实意义的。一方面，它有利于立法者充分了解经济犯罪的本质，掌握经济的活动规律，从而为完善经济刑事立法、遏制经济犯罪提供科学的理论依据，并在修订刑法时，有意识地使经济犯罪的理论分类和刑法分则的法定分类逐渐趋于一致。另一方面，它也有利于司法人员针对经济犯罪的特点和危害性，划清经济犯罪与其他犯罪的界限，对商品经济领域中的违法现象，及时地作出正确判断，有效地惩治一切经济犯罪活动。

要正确认识经济犯罪的本质特征，在理论上不能把经济犯罪与财产犯罪混为一谈。因为财产犯罪所侵犯的财产所有权客体作为一种法律上的意志关系是有其特定内涵的。所谓财产关系，是指财产所有人依法对自己的财产享有占有、使用、收益和处分的权利。这种权利同商品经济的运行既有不可分割的一面，又有相互区别的一面。就前者而言，商品经济的运行是以对财产所有权的确认为前提的。例如，在商品交换过程中，交换双方只有在对各自的商品享有合法所有权的情况下，才可能进行正常交换。由此可见，离开了财产所有权，商品经济的运行

就成了一个空架子。正因为这样，经济犯罪所侵犯的客体往往是一种双重客体。例如，利用签订经济合同的手段诈取他人财产的，其犯罪行为不仅侵犯了国家的工商管理活动，同时也侵犯了财产所有权。所以，有些同志主张以犯罪客体作为区分经济犯罪和财产犯罪的标志，这在理论上必然会引起混乱。但是，就后者而言，财产所有权毕竟不同于商品经济的运行。商品经济的运行是个动态的领域，它反映的是商品从生产到消费的整个运行过程，这个运动过程显然不同于财产关系中的占有、使用、支配和处分权。有的同志将商品经济的运行关系称为"动态的财产关系"，其道理恐怕也在于此。因此，可以说，在商品经济的运行过程中，总是包含了特定的财产所有权；但财产所有权本身却并不含有商品经济的运行内容，它是一种静态的社会关系，这就意味着，经济犯罪和财产犯罪有时会出现一种相互交叉的现象，即某种犯罪行为既侵犯了商品经济的运行关系，又侵犯了财产关系。在这种情况下，认定该种犯罪行为是否属于经济犯罪，关键要看其行为方式是否表现为实施了非法的经济活动。例如，盗窃或故意毁坏生产资料的行为虽侵害了生产秩序和财产关系两个客体，但其行为方式是秘密窃取或故意毁坏，它们与经济活动不发生直接关系，故不属于经济犯罪。有些财产犯罪，如抢劫、抢夺、敲诈勒索等犯罪，并不直接涉及社会经济秩序，更不表现为从事非法的经济活动，故不应该将其视为经济犯罪。我们认为，经济犯罪与财产犯罪是两个不同的概念，尤其是对那些传统的财产犯罪来说，应当根据经济犯罪的本质特征去具体分析，凡符合经济犯罪本质特征的，属于经济犯罪；反之，则不属于经济犯罪。事实上，只要我们紧紧抓住经济犯罪的本质特征，经济犯罪和财产犯罪的区分就不难界定。

从理论上区分经济犯罪与财产犯罪的界限具有重要的现实意义。例如，为了更准确地揭示各种犯罪的性质，在立法上就应当尽可能地将经济犯罪与财产犯罪区别开来；而要做到这一点，理论上当然要有一种明确的划分标志。目前，不少同志建议在修改刑法时应增设广告诈欺、保险诈欺、买卖诈欺等经济诈欺罪，其理论依据就在于此。其次，正确区分经济犯罪和财产犯罪，对经济犯罪作出科学的界定，也有利于深入探讨经济犯罪的原因、特征及各种对策，从而有利于加强法律对经济秩序的保护。否则，笼统地将不具有经济犯罪本质特征的财产犯罪一概归入经济犯罪的范畴，必然会导致经济犯罪理论上的混乱，因而难于从本质上把握经济犯罪所固有的活动规律，影响对经济犯罪采取有效的法律对策。

综上所述，那种把所有侵犯财产关系的犯罪都视为经济犯罪的观点，其实质是从根本上混淆了商品经济的运行与财产关系之间的界限，由此曲解了经济犯罪的内涵，不适当地扩大了经济犯罪的外延。尤其是有人把赌博罪、引诱、容留妇女卖淫罪、神汉、巫婆利用封建迷信诈骗罪都看作是经济犯罪，就更难以让人接受。按照这种观点，似乎只要和钱沾边的犯罪就是经济犯罪；如果是这样的话，我国刑法分则规定的拐卖人口、强迫妇女卖淫、组织、运送他人偷越国边境等犯罪行为岂不都成了经济犯罪?！我们认为，这些同志之所以如此毫无根据地扩大经济犯罪的范围，主要原因还在于没有科学地把握经济犯罪的本质结构。

二、经济犯罪的违法结构

经济犯罪的违法结构，是指经济犯罪所违犯的法律规范的种类及其性质。毫无疑问，经济犯罪作为一种犯罪行为，就必然触犯了相应的刑法规范，这是追究经济犯罪刑事责任的法律依据。然而，研究经济犯罪的违法结构仅仅从刑事法律的角度来揭示其违法性是不够的。因为经济犯罪的复杂性决定了它在违法结构方面的广泛性与层次性，刑事违法性所反映的只是经济犯罪的表面违法结构。所以，深刻认识经济犯罪违法结构的广泛性与层次性，不仅有助于进一步掌握经济犯罪的本质特征，而且有助于立法者加强刑事法律与其他法律之间的协调关系，从而形成一道遏制经济犯罪的恢恢法网。

除刑法规范以外，经济犯罪还违犯了以下三种法律规范。

（一）经济法规

众所周知，任何一个国家为了保证国民经济的正常发展，都必须对经济运行机制实行有组织的管理。这种管理大量表现为用法律手段，即通过颁布众多的经济法规，来调整国家机关、企事业单位和其他社会组织内部及其相互之间，以及

它们与公民之间在经济活动中所发生的各种社会关系。经济法规作为一种法律规范，对人们的经济活动具有明显的约束力。质言之，只有在经济法规所限定的范围内实施的经济活动，才是国家所允许的，并受法律保护。超出这个范围，就属于非法的经济活动。由此可见，经济犯罪在客观方面所表现出来的经济活动的非法性，首先违犯了旨在调整各种经济关系的经济法规。正是这种违法性，为追究经济犯罪的刑事责任提供了前提条件。在司法实践中，切实把握这一前提条件，有利于执法人员正确区分罪与非罪的界限。例如，有人认为，根据现行刑法，对民间高利贷行为可按投机倒把罪论处。我们对此不敢苟同。因为民间高利贷行为是否违法，在现行金融法规中并无明确规定。既然如此，认定民间高利贷行为就是投机倒把罪，显然缺乏法律依据，不符合经济犯罪的违法结构。即使情节严重，也只能以类推定罪。

经济法规是经济犯罪所违犯的最普遍、最常见的一种法律规范，充分认识经济犯罪的这种违法结构形式，对搞好刑事立法与经济立法之间的协调具有重要的指导意义。在通常的情况下，由于经济活动内容复杂，故刑法很难对足以构成犯罪的非法经济活动作详尽的描述。这种状况促使立法者对经济犯罪不得不大量采用空白罪状的立法技术。因此，为了使在刑法中被空白的经济犯罪罪状在相应的经济法规中得到详细、具体的反映，要求立法者在制定经济法规时，对各种非法经济活动的内容有明确的规定。否则，一旦刑法中被空白的罪状在经济法规中不能“对号入座”的话，就可能混淆罪与非罪的界限，也容易为不法分子所利用。

（二）民事法规

根据我国《民法通则》第 2 条规定，民法调整的是平等主体之间的财产关系和人身关系。尽管我国法学界对民法所调整的财产关系的主体范围认识不尽一致，但在财产关系是民法调整的主要对象这一点上是无可置疑的。由于财产关系与商品经济的运行关系密切，因此，有些经济犯罪所侵犯的客体既包括经济秩序，也包括财产关系；与此相应，这些经济犯罪在违法结构方面自然就违犯了经济与民事两种法律规范。有的经济犯罪，如贪污罪主要是侵犯了财产关系，故其违犯民事法规的违法结构则更为明显。

顺便指出，通观各国立法例，目前有不少国家的刑法典都将众多的经济犯罪规定在侵犯财产关系的犯罪之中。例如，罗马尼亚刑法典在侵害公共财物罪中规定了挪用罪；瑞士刑法典在对财产之犯罪中规定了商品伪造、以伪造商品交易、不法竞业、破产诈欺等犯罪；西班牙刑法典在侵犯财产之罪中规定了破产诈欺、阴谋改变物价、高利贷等犯罪；巴西刑法典在侵犯财产罪中规定了保险诈欺、买卖诈欺、破产诈欺等犯罪；法国刑法典在侵害财产之重、轻罪中规定了破产诈欺、妨害竞卖自由、侵犯商标权、操纵价格等犯罪。我们认为，国外的这种立法例不无可探讨之处。因为经济犯罪具有违犯民法规范的违法结构，并不等于经济犯罪就是财产性犯罪。我们承认经济犯罪的民事违法性，其主要意义在于充分揭示经济犯罪客体的复杂性，从中找出区分经济犯罪和财产性犯罪的根本标志。所以，为了在立法上突出刑法对商品经济关系的保护功能，也为了更好地贯彻罪刑相适应的基本原则，应当将那些虽在一定程度上违犯了民法规范、侵犯了财产关系，但主要是违犯经济法规、破坏经济秩序的犯罪，如经济诈欺罪，与财产性犯罪分离，以便在立法上形成较为系统的经济犯罪关系。

（三）行政法规

这里所说的行政法规，是专指有关规定国家工作人员行动准则的法律规范。一般来说，这类行政法规主要有两种表现形式：一是由立法部门制定的有关规定国家工作人员行为准则的单行条例、法令。如我国国务院发布的《国家行政机关工作人员贪污贿赂行政处分暂行规定》，我国香港地区颁布的《防止贪污条例》《廉政公署条例》都属于此类法规。二是散见于其他各种法律文件中的有关涉及国家工作人员行为准则的法律规范。如我国《会计法》《专利法》等法律文件中都有这类法律规范。

经济犯罪之所以具有违犯上述行政法规的违法结构，乃是因为某些经济犯罪，如挪用公款罪、贪污罪、受贿罪不仅具有经济犯罪的普遍特征，而且具有其他经济犯罪所不具有的个别特征，如犯罪主体是国家工作人员，客观方面利用了职务之便。还有些经济犯罪，如走私罪、投机倒把罪虽无特殊的主体要求，但国

家工作人员仍然可以利用职务之便独立地或内外勾结实施犯罪。由此不难认定，凡是由国家工作人员利用职务之便实施的经济犯罪，在违法结构方面必然同时违犯了有关规定国家工作人员行为准则的法律规范。在理论上揭示经济犯罪的这一违法结构，无疑对促使立法者重视国家工作人员的行政立法工作，加强国家机关的廉政建设具有十分重要的现实意义。

例如，近几年来，国家工作人员违法犯罪的现象十分严重，危害极大。这固然由多方面的因素造成，但与我国有关规定国家工作人员行为准则的法律规范残缺不全是不无关系的。这种状况不仅使不少政府机构职责不明，管理混乱，给不法分子违法犯罪打开了方便之门，而且为实际部门正确处理违法案件带来了困难。因此，迅速建立和完善这方面的法律制度，加强国家机关的廉政建设，已经成为党和政府所面临的迫切需要解决的重大问题。研究经济犯罪的行政违法性，其根本目的也就是指出行政法规在惩治和预防国家工作人员违法犯罪方面的重要性。

三、经济犯罪的心理结构

经济犯罪作为人的一种有意识的活动，必然反映了行为人对周围客观事物的认识和他们的态度。而研究经济犯罪的心理活动，有助于深刻把握经济犯罪的本质特征及活动规律，有助于有的放矢地采取有效的立法对策和司法对策，以便最大限度地抑制产生经济犯罪的心理动因。

在刑法理论中，犯罪人的心理活动主要表现为对他所实施的危害行为及其危害结果所抱的心理态度，即罪过形式，其中包括犯罪动机和犯罪目的。刑法中的罪过形式有两种基本形态：一是故意，二是过失。因此，研究经济犯罪的心理结构，首先需要解决的就是经济犯罪的罪过形式问题。

经济犯罪可以由故意构成，这在刑法学界是众口一词的。然而，经济犯罪是否可以由过失构成，许多学者的看法就不尽一致。我国台湾地区学者林山田在给经济犯罪下定义时，把经济犯罪看成是一种“意图谋取不法利益”的“图利犯

罪”。言外之意，经济犯罪只能由故意构成。为此，林山田认为，经济犯罪的违法方式有三种：一是行为人毫无良心谴责的顾忌，以非暴力（即智力）的诈骗、行贿或请托，或者滥用其雄厚的经济力，操纵市场，以追求不法利益。二是大胆地滥用整体的经济生活所必需的相互信赖，破坏经济活动规则中的诚实信用原则。三是非法地利用法律交往与经济交易中所允许的经济活动方式，并且巧妙地妥善安排，使他人不易察觉其实施的是犯罪行为。但是，与此相反，有些国家的刑法典或其他法律对某种明显属于经济犯罪的犯罪行为规定了相应的过失犯罪，或规定了由过失构成的经济违法行为。如奥地利刑法第 159 条规定了过失破产罪；瑞士刑法第 195 条规定了轻率破产罪，第 166 条规定了簿记懈怠罪；南斯拉夫 1977 年颁布的《经济违法法》第 11 条也明确规定，如果由于责任人的活动，或者由于责任人放松其应有的监督而造成经济违法行为，而确定哪些行为是经济违法行为的条例又没有规定此行为只能由故意构成的，则不管是故意还是由于过失造成的，责任人应对经济违法行为负责。

近几年来，我国学者在经济犯罪的罪过形式问题上也形成了两种不同的意见。第一种观点认为，经济犯罪只能由故意构成。例如，我国刑法学界有人指出，在司法实践中，过失造成社会经济重大损失的犯罪有重大责任事故罪和玩忽职守罪，它们均不属于故意破坏经济，故不宜归入经济犯罪的范畴。还有的同志在给经济犯罪下定义时，开宗明义地指出，经济犯罪是指在经济领域中，为谋取非法利益，危害社会主义经济建设，破坏社会主义经济秩序，依照刑法规定应受刑罚处罚的行为。显然，这就排除了过失构成经济犯罪的可能性。第二种观点认为，经济犯罪既可由故意构成，也可由过失构成。如有的同志主张应将重大责任事故罪和玩忽职守罪都归入经济犯罪的范畴，因为它们都破坏了经济建设。还有的学者在指出“经济犯罪是一种图谋不法利益的犯罪，是一种以经济手段图谋不法经济利益的犯罪”的同时，并不排除“对于经济犯罪的罪过形式还有从商品经济自身的特点出发进行考查的必要性”。由此认为，在商品经济制度下，对那些因严重的过失造成经济上的巨大损失的行为，理所当然应追究法律责任乃至刑事责任。因为从商品经济观来看，以作为形式获取不法巨额利润，与以不作为形式

损失合法的巨额利润，在天平的两端是完全“等值”的，并没有什么经济价值的不同。

我们同意上述第一种观点，即经济犯罪的罪过形式只能由故意构成，其主要理由如下。

首先，我们并不否认对因过失造成巨大经济损失的行为应当追究刑事责任；但是，就社会危害性的大小而言，罪过形式是一个不可忽视的重要因素。社会危害性的主客观一致乃是整个犯罪构成的理论基础，也是立法者对各种犯罪规定具体法定刑的理论依据。因此，分析社会危害性的大小，不能单从危害结果方面予以认定，否则，就无法解释为什么故意杀死一个人就可以被判处死刑，而因玩忽职守造成多人死亡的却不能被判处死刑。

其次，经济犯罪之所以复杂多变，根本原因在于这类犯罪手段狡猾、活动隐蔽，其行为人往往披着合法的外衣，行非法之实。更有甚者，有些行为人通晓经济活动规则，善于钻法律的空子，使旁人难以察觉其犯罪活动。由此可见，经济犯罪分子都是一些为谋取非法利益而敢于铤而走险的狡猾之徒。不少犯罪学家将经济犯罪称为职业犯罪、智力犯罪、隐形犯罪等，其道理也在于此。然而，过失犯罪并不具有这类特征。倘若认为经济犯罪的罪过形式可以是过失，显然不利于针对经济犯罪所固有的贪婪特征采取有效的预防和惩治措施。

最后，如前所述，经济犯罪的认定毕竟只是一种理论上的分类，而不是立法上的法定分类。个别国外立法例在规定破产诈欺罪的同时，并列规定过失破产罪，这并不能说明过失破产罪就属于经济犯罪的范畴。例如，我国刑法分则第八章虽然规定了行贿罪，但并非行贿罪只能由国家工作人员构成，立法者在渎职罪中规定行贿罪，仅仅是为了表明受贿与行贿之间不可分割的有机联系，这完全是一种立法技巧。某种犯罪是否属于经济犯罪，不取决于法律条文的排列顺序，而取决于该种犯罪是否具备经济犯罪的本质特征。

经济犯罪只能由故意构成，但这种故意内容也同其行为特征一样，是一种相当复杂的心理活动过程。一般来说，经济犯罪的故意特征主要表现为以下五种形态。

一是营利型。营利有合法与非法之分，营利型的经济犯罪属于非法营利。这类经济犯罪最显著的特征就在于行为人实施犯罪的根本目的是牟取非法利润。如生产劣质产品、倒卖生产资料等犯罪行为都属于此类经济犯罪。值得注意的是，营利型经济犯罪与营利性犯罪是有所不同的。如拐卖人口罪、赌博罪、引诱、容留妇女卖淫罪主观上都具有营利目的，但它们不属于经济犯罪。

二是诈欺型。这类经济犯罪的最大特征是以欺骗手段诈取他人财物，如合同诈欺、保险诈欺、贷款诈欺、破产诈欺等经济诈欺罪都属于此类经济犯罪。诈欺型的经济犯罪不同于一般的诈骗罪，它们的诈欺活动都发生在商品经济的运行之中，且直接侵害了社会经济秩序，故在刑法中具体规定各类经济诈欺罪，有利于预防和惩治诈欺型经济犯罪。

三是占有型。这类经济犯罪可以分为永久占有和暂时占有两种类型的犯罪。前者如贪污罪，后者如挪用公款罪。但不管是永久占有还是暂时占有，都表现为行为人通过非法手段来取得公共财产。占有型经济犯罪与财产性犯罪的区别不在于占有的财产是公共财产还是私人财产，而在于占有的结果是否直接破坏了社会经济秩序，在于其行为方式是否表现为实施了非法的经济活动。

四是交换型。这类经济犯罪的最大特点在于行为的多样性，如受贿罪、行贿罪、介绍贿赂罪都属于此类经济犯罪。交换型经济犯罪的行为人相互之间一般具有互为依存的关系，因而行为双方（或多方）主观上都明知自己是在与对方进行某种非法交易，己方的行为乃是他方行为的条件。像这类由多方默契而实施的经济犯罪，其中一方行为人必然负有某项经济行政管理的职权。

五是破坏型。这类经济犯罪的主要特征在于行为人对危害后果的发生往往持放任的态度。如污染环境、非法捕捞、非法狩猎等犯罪行为都属于此类经济犯罪。破坏型经济犯罪的行为人对危害后果持放任态度，无不是为了追求某种私利。如果行为人对破坏经济秩序的危害后果只有过失，则不属于经济犯罪。同样，如果行为人对破坏经济秩序的危害后果持希望的态度，则犯罪性质会发生质的变化。

研究经济犯罪的心理结构，还应当注意其犯罪动机与犯罪目的的一致性。无

论哪一种类型的经济犯罪，行为人主观上都是企图通过各种非法的经济活动来谋取横财，因而贪财图利就构成了经济犯罪行为人动机与目的的核心内容。根据这一心理特征，立法者为经济犯罪规定刑罚就需要有的放矢，加强经济制裁。对某些牟利目的明显的经济犯罪，要强制并科罚金刑；同时，为了提高刑罚对经济犯罪的特殊预防作用，修改刑法时有必要增设剥夺从事经济活动权利的附加刑。

综上所述，经济犯罪必然存在于商品经济的运行领域之中，其行为方式表现为从事非法的经济活动，这是经济犯罪的本质结构。经济犯罪不仅触犯了刑律，而且违犯了经济、民事、行政法规，这是经济犯罪的违法结构。经济犯罪只能由故意构成，贪财图利是其犯罪动机和犯罪目的的核心内容，这是经济犯罪的心理结构。这三种结构紧密联系，缺一不可，共同组成了经济犯罪的内在结构，揭示了经济犯罪概念的内涵与外延。为此，我们认为，在经济运行领域中，为谋取不法经济利益，违犯经济、民事、行政法规，从事非法经济活动，直接破坏社会经济秩序，依照法律应受刑罚处罚的行为，是经济犯罪。

（本文与赵国强合著，原载《法学评论》，1989（6））

经济犯罪与经济体制改革

我国的经济体制改革是一场深刻的社会变革。这一变革，不可避免地给社会带来了震荡，产生了一些消极的社会现象，而经济犯罪数量的激增就是其中之一。本文拟在对经济犯罪与经济体制改革进行联结考察的基础上，阐述作为我国当前经济犯罪主要原因的新旧体制之间的矛盾。

一

党的十一届三中全会以来，我们实现了工作重点的转移。当我国经济体制改革首先在农村取得了巨大成就以后，我们进入了以城市为重点的整个经济体制的改革。近几年来，经济体制的改革已经从启蒙和试验阶段，推进到经济领域的各个方面。目前，新的体制崭露头角，尚不健全；旧的体制根深蒂固，在很多领域仍处于主导地位。新旧体制的矛盾、冲突在经济的各个领域内都存在着，这就不免使经济秩序产生某些混乱现象，导致经济犯罪大量出现。

对于经济体制改革过程中出现的经济犯罪现象，应当如何认识呢？这实际上是一个正确认识经济犯罪与经济体制改革之间的关系的问题。在这一问题上，我

们认为应当克服以下两种错误观点。

第一种观点是将经济犯罪的产生归咎于经济体制改革。有人认为，经济犯罪是伴随着经济体制改革而出现的，如果没有经济体制改革，也就不会有经济犯罪。我们认为，从表面上看，在经济体制改革的过程中，确实出现了不少新的经济犯罪形态和类型，例如单位犯罪、合同欺诈等；然而，从本质上看，这种观点显然是把条件混同于原因。

第二种观点是把打击经济犯罪与经济体制改革对立起来。不可否认，前些年在打击经济犯罪的活动中，由于某些法律界限和政策界限不够明确，有些司法机关将一些超越现行法律与政策的行为作为经济犯罪来打击，而实际上这些行为有些是有利于社会的，故而出现了一些冤假错案。但是我们也不能由此而否定打击经济犯罪活动的必要性。事实上，打击经济犯罪正是为了保障经济体制改革的健康发展。应该指出，经济犯罪案件的增加，作为经济体制改革的一种伴生现象，是对经济体制改革的一种反动。从这个意义上说，打击经济犯罪与经济体制改革是并行不悖的。

应当看到，产生经济犯罪的原因与经济犯罪率上升的原因尽管有着一定的联系，但仍是两个不同的概念。改革初期，难免由于这样或那样的原因引起经济秩序的混乱，给经济犯罪分子以可乘之机，致使经济犯罪案件激增。而产生经济犯罪的社会原因，却要比造成经济犯罪率上升的社会原因深刻得多。当然，在一定时期内，产生经济犯罪的原因与经济犯罪率上升的原因也会发生重合，新旧体制的矛盾就是如此：它既是我国经济犯罪产生的原因，又是当前经济犯罪率上升的原因。

为了深刻地阐述新旧体制之间的矛盾对我国当前经济犯罪的具体作用机制，有必要对新体制与旧体制之间的矛盾进行科学的揭示。

新旧体制的矛盾是随着经济体制的改革而出现的。在我国经济学界，所谓经济体制改革是指在社会主义基本经济制度的范围内，从一种经济模式到另一种经济模式的变革。这种改革不是简单地对原有经济体制（在我国是指十一届三中全会以前的体制）里的具体细节进行修改补充，而是要对原有体制的不合理的基本

框架和主要运行原则加以改造。① 由此可见，经济体制改革是从旧体制向新体制的转变。经济体制改革的目标是建立计划和市场有机结合的经济模式，新旧体制的交替，不是一朝一夕所能完成的，而需要一个相当长的转换过程。因为旧体制虽然弊端丛生，但它已经存在了数十年，有着强大的历史惯性，不可能挥之即去；同时，新体制虽然具有强大的生命力，但它必须是建立在各种主观与客观条件同时具备的基础上的，需要有一个孕育过程，不可能招之即来。因此，经济体制改革发展到一定程度，就不可避免地出现一个双重体制并存的时期，这也正是新体制诞生前的阵痛阶段。

自十一届三中全会实行改革以来，尤其是以城市改革为重点的全面经济体制改革开展以来，我国的经济改革已经明显地走上了双重体制的轨道（俗称双轨制）。这种双重的计划体制、双重的物资流通体制和双重的价格体制三位一体的双重体制的并存，表明原有体制的僵局已经被打破，给经济生活带来了活力。因此，双重体制相对于原来僵化的体制来说是一个进步。但是，双重体制不是经济体制改革的终极目标，而仅仅是新旧体制交替的一个阶段。因此，双重体制的本身造成了一系列严重后果：双重体制的并存导致微观决策行为和宏观控制行为的双重化，从而给经济生活带来了一系列的摩擦。我国新体制与旧体制之间的矛盾所造成的后果主要表现在以下几个方面。

（一）双重管理体制导致经济生活中控制真空的出现

当旧体制的某些行政控制手段被放弃以后，新体制的间接控制手段没有相应地和及时地跟上，或者新体制的间接控制系统形成条件尚未成熟，过早地放弃了直接行政控制的手段。新旧体制交替过程中的这种间隙或脱节，往往会造成经济生活中控制的真空状态。

（二）双重计划体制导致企业生产上出现倾斜的现象

在双重计划体制的情况下，原来按照指令性计划进行生产的企业，开始把生产分为计划内和计划外两个部分；企业所需的物资供应，也分为两个来源，即中

① 参见刘国光主编：《中国经济体制改革的模式研究》，53页，北京，中国社会科学出版社，1988。

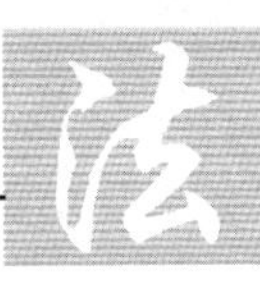

央统一分配的部分和自由采购的部分。与此相适应，计划内的产品实行国家用行政办法规定的牌价，计划外的产品则可按比较高的、不同程度地反映市场规律的价格（浮动价格、协议价格、自由价格）出售。由于同一种产品计划内价格和计划外价格相差很大，企业作为生产单位和销售单位，力争压低指令性计划指标，以便把多余的生产能力用于生产计划外产品；企业作为原材料的购买和使用单位，则力争多取得计划统一分配物资的指标。在计划执行过程中，计划内的产品往往通过各种渠道流向计划外，企业之间合同兑现率下降，冲击计划的实现，从而使计划内生产向计划外生产倾斜，影响国民经济的发展。

（三）双重价格体制导致流通领域产生混乱的局面

由于双重计划体制的存在，计划内产品与计划外产品实行双重定价，而且两者相差悬殊。这样，价格信号系统就发生了紊乱，一物多价削弱了货币作为一般等价物的作用，造成价值尺度的二元化，不符合价格同一性的原则。正因为如此，流通领域就出现了十分混乱的状态。一方面，双重价格的存在使流通环节有利可图，于是人们趋之若鹜，不合理的中间环节大量增加。另一方面，双重价格的存在使掌握计划内产品的人的权力增大，而又缺乏对这种权力的必要限制和监督，于是滥用权力的现象也就不足为怪了，权力的滥用又加剧了流通领域的混乱。

双重体制并存是经济体制改革的一个阶段，其存在有着深刻的客观基础，不可能在一朝一夕之内迅速完成新旧体制的转换与交替。因此，新体制与旧体制之间的矛盾将在一个相当长的时间内存在，经济犯罪作为新旧体制矛盾的产物，在相当长的时间内存在也就是不可避免的。在某种程度上说，经济犯罪增多是由旧体制向新体制过渡的必要的代价。

二

经济体制改革是一个牵涉面十分广而又极为复杂的问题，破和立都不可能在一朝一夕内完成，而存在一个新旧并存和转换的过程。在这一过程中，新体制与

旧体制之间存在着矛盾和摩擦，这一矛盾和摩擦是我国当前经济犯罪产生的主要原因，也将是未来一段时期内经济犯罪产生的主要原因之一。国务院《关于第七个五年计划的报告》指出："由于新体制需要逐步成熟，旧体制又在许多方面失去效应，因此宏观控制的难度增加，微观机制也一时难以合理，管理上势必出现这样那样的真空和漏洞，某些不法分子就利用这种情况进行投机倒把、贪污、盗窃、行贿受贿、走私、贩私等犯罪活动"。下面，我们从新旧体制在宏观与微观两个方面的矛盾对经济犯罪的影响加以阐述。

（一）新旧体制的矛盾从宏观上对经济犯罪产生的影响

从宏观上说，经济体制改革主要是一个国家对企业的间接控制问题。在经济学中，经济调节活动从其总体上来看，可以分为直接调节和间接调节两种模式。间接调节模式的最基本特征是国家调节市场，通过市场机制实现对企业生产经营活动的调节。经济改革的一个重要内容，就是由国家对经济的直接调节发展为对经济的间接调节，建立国家间接控制模式。在间接控制模式中，国家主要是通过参数调节市场而实现对国民经济运行的调节。这里所说的参数，是指国家为了使市场输出一个预期目标而向市场输入的可控变量。这种参数包括价格、税收等。同时，国家对经济的宏观间接控制还通过审计、工商管理等行政性手段实现。我国当前的经济体制改革，处于模式转换交替阶段。由于旧的经济体制和行政性计划体制及其控调功能不断衰减，而新的经济运行机制及其管理方式又不可能马上建立和健全，国家对经济的宏观控制弱化，由此而产生经济犯罪。正如1986年10月3日国务院《关于开展1986年税收、财务、物价大检查的通知》中指出："目前经济体制改革正在进行，新旧体制处于转换过程中，一些旧的制度尚未破除，新的制度还没有完全建立健全起来。在这种情况下，有的地方、部门和单位钻法制不健全的空子，无视国家财经纪律，偷税漏税，乱挤成本，谎报亏损，随意涨价，侵占国家收入，损害消费者的利益。有的人甚至从中贪污盗窃、行贿受贿，进行经济犯罪活动。这些问题的存在，不仅严重影响国家财政收入，而且败坏党风，腐蚀干部，有损改革，妨碍建设，危害极大"。

第一，价格。目前，我国虽然对价格体制进行了初步的改革，但由于宏观的

价格管理体制不够健全，加之相关的配套措施跟不上，因此出现价格管理上的混乱状态。尤其是价格的双轨制，使得一些人得以利用自己手中的特权或者凭借行业的优势，进行价格违法活动，从中牟取暴利。例如，某些行业凭借自己的垄断地位任意提高价格；有些租赁承包企业违反国家规定乱涨价，擅自提高收费标准；而一些物价管理部门对这类违反物价政策和法规的行为监督纠正不力；国营商业平抑物价的主渠道作用没有很好发挥。在这种情况下，利用价格双轨制进行非法倒卖犯罪活动或者哄抬物价犯罪活动的出现也就是必然的了。

第二，税收。在经济体制改革以后，国家对税收的作用越来越重视，企业实行了利改税，税收把企业的利益和国家的利益沟通起来。同时，税收的数量和种类都有了很大的发展。但是，我国的税收法制还不够健全，税收管理体制还不够完善。因此，偷税漏税等违反税收法规的经济违法犯罪活动大量发生。据测算，我国每年企业、个人偷漏税高达100多亿元。① 随着经济体制改革的不断深化，税收在国民经济中的杠杆作用还将进一步加强。如果我们的税收管理体制不能适应税收工作发展的需要，违反税收法规的经济违法犯罪活动还有增加的可能。

第三，审计。审计是国家审计机关通过对各级行政机关、企业事业组织的财务收支以及有关经济业务活动的审查，以评价行政机关、企业事业组织财务活动和经济业务活动的合法和有效性的一种监督手段。经济体制改革以来，我国的审计工作从无到有发展起来，在经济体制改革中发挥了重要作用。但必须看到，我国的审计机关建立的时间还不长，审计工作的经验还不多，在运用审计手段对国民经济进行宏观控制方面还存在一些疏漏之处，这就不可能完全堵塞住管理的漏洞，而使经济犯罪分子有机可乘。

第四，工商行政管理。经济体制改革以后，随着社会主义商品经济的发展，商品市场得以进一步开放与扩大，工商行政管理也存在一个转变职能的问题。这几年来，工商行政管理部门根据商业体制改革的需要，建立开放式、多渠道、少环节的市场体制，加强对各类市场的管理方面，取得了一些成就。但是，工商行

① 参见高尚全：《九年来的中国经济体制改革》，138页，北京，人民出版社，1987。

政管理还远不能适应经济体制改革与发展商品经济的客观需要。由于我们运用工商行政管理对市场进行宏观控制方面经验不足，存在一些漏洞，从而使犯罪分子有机可乘，导致经济犯罪的发生。例如，经济合同的管理，是工商行政管理的内容之一。工商行政机关是国家所指定的经济合同管理机关，它代表国家对管辖范围内的经济合同的订立、履行进行管理；对违约、违法应承担的经济、法律责任，以及发生纠纷时进行调解和仲裁。经济体制改革以来，随着横向经济交往的不断扩大，经济合同在发展社会主义有计划的商品经济中的作用越来越大，经济合同的数量大量增加。但我国的经济合同管理工作却远远不能适应经济生活的需要，经济合同比较混乱，一些人利用经济合同进行诈骗活动，严重地破坏了社会主义有计划的商品经济秩序。

（二）新旧体制的矛盾从微观上对经济犯罪产生的影响

从微观上来说，经济活动的主体主要是个体工商户和国营或者集体企业。新旧体制的矛盾在这两种主体身上都有所反映，从而导致经济犯罪现象的发生。现分别加以论述。

第一，个体工商户。个体经济是经济体制改革以后才大量涌现的，可以说是经济体制改革的产物，我国宪法修正案明确规定个体经济是社会主义经济的必要补充，确立了个体经济在我国经济生活中的法律地位。但是，随着个体经济的发展，也产生了一些消极因素，主要是刺激了一部分人的贪财图利的心理欲望。在经济体制改革以前，过分单一的所有制经济结构和在物质匮乏基础上的平均主义分配制度，虽然严重地扼杀了人民群众的生产积极性，从而阻碍了社会生产的发展，但是它也抑制了人们的贪婪的欲望。而随着个体经济的发展，对金钱财富的向往与追求的心理欲望陡然膨胀起来。如果仅有这种贪婪的欲望，而没有一定的外部环境与条件，那么，这种贪婪的欲望还不一定外化为经济犯罪行为。但在经济体制改革中，新旧体制之间的矛盾与摩擦，形成的对经济秩序的一定程度上的失控，恰恰为某些人进行经济犯罪活动创造了条件，从而产生经济犯罪。

第二，企业。企业是国民经济的基本细胞，是社会财富的直接创造者。在旧的僵化体制下，企业实际上成了行政机关的附庸，根本没有生产经营的自主权，

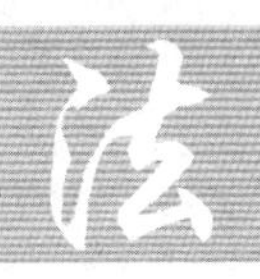

缺乏应有的活力。经济体制改革以后，打破了企业吃国家大锅饭的局面。越来越多的企业单位成为依法自主经营和相对独立的经济实体。但在企业内部，保证企业行为合理化的自我制约机制并没有建立起来。目前，企业和职工有了独立的利益，而必要的自我约束机制没有形成，这就使某些企业不是向管理要效益，而是靠短期行为提高效益。在某些情况下，为了追求本企业的利益，想尽办法钻双重体制的空子，甚至采取违法犯罪的手段。这就是我国目前存在大量单位犯罪的根本原因。在经济体制改革中，越来越多的企业成为相对独立的经济实体，这些企业所占有财产的相对独立性，决定了它在追求自身利益时有可能与社会整体利益、其他单位利益以及消费者利益之间发生矛盾。这种矛盾，从它的本质来说，实际上是商品经济中私人劳动与社会劳动矛盾的转化形态，在商品竞争和价值规律的作用下，必然转化为现实的矛盾。如果企业有合理的制约机制，能够加以正确处理，它将成为增强企业活力，促进企业自我改造和自我完善，进而推动整个社会经济发展的强大动力。如果不能正确处理，企业就会违背其宗旨，实施有害于社会的经济违法犯罪活动。

（本文与杨敦先合著，原载《中央政法管理干部学院学报》，1990（2））

社会主义商品经济与经济犯罪

党的十二届三中全会作出的《中共中央关于经济体制改革的决定》指出：社会主义经济是“在公有制的基础上有计划的商品经济”。这一论断，否定了传统的排斥商品货币关系的经济模式的理论与实践。随着我国社会主义商品经济的发展，经济犯罪的数量与类型也呈现出同步增长的趋势。如何建立商品经济的经济犯罪观？如何认识商品经济与经济犯罪之间的关系？如何分析商品经济的消极因素对经济犯罪产生的影响？这些问题对于当前惩治与预防经济犯罪，都有一定的理论价值与实践意义。本文拟对这些问题略抒己见，就正于刑法学界。

一

商品经济是一个川流不息的价值体系。商品经济的发展，不仅引起我国经济体制和经济运行机制的重大变革，而且必然引起人们思想道德观念以及法权观念的重大变化。恩格斯在《反杜林论》一书中指出：“人们自觉地或不自觉地，归根到底总是从他们阶级地位所依据的实际关系中——从他们进行生产和交换的经

济关系中，获得自己的伦理观念。”[①] 在同一本书中，恩格斯更加直截了当地断言：“一切以往的道德论归根到底都是当时的社会经济状况的产物”[②]。恩格斯虽然是针对道德观念而说这番话的，但它同样适用于法权观念。我们同样可以说，一切法权观念是由社会经济状况所决定的。在社会主义初级阶段，商品经济的存在与发展，对于人们的思想观念和法权观念都将带来重大影响，经济犯罪观也会发生剧烈的变动。

所谓经济犯罪观，是指对于经济犯罪的罪与非罪的评价标准的认识。根据我国刑法理论，社会危害性是犯罪的本质特征，它具有丰富的社会政治内容，与社会的政治、经济生活息息相关；而经济犯罪的社会危害性则更是与一定社会的经济状态密切相连。因此，社会危害性作为评价对象，是犯罪行为的客观存在的社会属性，是不以人们的主观意志为转移的。我国刑法中犯罪概念对社会危害性的概括只是对这种社会属性的法律表述而已，并不是立法者的杜撰和臆想。由此出发考察犯罪的社会危害性，我们必须坚持唯物的观点，承认社会危害性具有客观性，同时还应当承认社会危害性的可变性。因为在不同的历史时期，社会关系总会发生变动，经济结构也会发生变化，这些都将引起行为的社会危害性的变化。而经济犯罪观作为对经济行为的罪与非罪的评价标准的认识，主要是由经济形态所决定的，通过行为的社会危害性的变化而存在的。根据我国社会主义初级阶段的理论与实践，我们认为，应该完成由传统的产品经济的经济犯罪观到社会主义商品经济的经济犯罪观的转变。

产品经济的经济犯罪观是指与产品经济，即以产品统购包销、财政上统收统管为特征的经济相适应的经济犯罪观。这种经济犯罪观在党的十一届三中全会以前一直居于统治地位，目前还具有一定的影响。根据这种经济犯罪观，计划就是法律，计划是规定经济行为的唯一准则，任何违背或者破坏计划经济的行为，都是违法的，都要受到严格限制，以致给予严厉的刑事制裁。由于这种产品经

① 《马克思恩格斯选集》，2 版，第 3 卷，434 页，北京，人民出版社，1995。

② 《马克思恩格斯选集》，2 版，第 3 卷，435 页，北京，人民出版社，1995。

济的经济犯罪观是为计划经济服务的，因此，在特定的历史条件下有其合理性。但随着社会主义商品经济的发展，这种产品经济的经济犯罪观已经不能完全适应社会生活的需要，因而其不合理性越来越明显。在这种情况下，抛弃产品经济的经济犯罪观，建立社会主义商品经济的经济犯罪观，将是历史的必然选择。

商品经济的经济犯罪观是指与商品经济相适应的经济犯罪观。商品经济的活动，反映在人们的头脑中就是商品经济意识，商品经济意识对于商品经济的经济犯罪观的形成无疑具有重要影响。一般的商品经济意识主要表现为以下几个方面：(1) 交换价值观念。每个商品生产者都从商品的交换价值的角度，考虑是否生产以及生产多少。(2) 市场观念。每个商品生产者和经营者，都注重市场供求情况，了解市场交易行情变化。(3) 利润观念。在生产和经营活动中，权衡盈亏得失。(4) 等价观念。按照商品的价值自愿地等价交换，是商品交换行为的原则。(5) 竞争观念。以价格竞争、质量竞争，争取市场上的优势地位，促使优胜劣汰成为行为准则和生存之道。(6) 节约观念。为降低商品成本，增加赢利，思想上重视精打细算，节省开支，节约时间。(7) 风险观念。商品经济越发展，讲求高效率、快节奏的观念越强。这些商品经济意识直接或者间接地对商品经济的经济犯罪观的建立起着作用。根据这种经济犯罪观，应当以是否有利于社会主义商品经济的发展作为确定经济行为的罪与非罪的根本标准。

基于以上认识，我们认为商品经济的经济犯罪观主要应当包括以下内容。

第一，将私营经济纳入刑法保护的范围。1988 年 4 月 12 日七届全国人大一次会议通过的《中华人民共和国宪法修正案》第 1 条规定：“国家允许私营经济在法律规定的范围内存在和发展。私营经济是社会主义公有制经济的补充。国家保护私营经济的合法的权利和利益，对私营经济实行引导、监督和管理”。我国现阶段之所以还必须以私营经济作为社会主义经济的补充，主要是因为在我国目前生产力水平较低的状况下，一定范围内的私营经济的存在，对于促进生产、搞活经济、繁荣市场、方便人民都具有不可忽视的意义。既然私营经济的存在有其客观必然性，并在宪法上明确了它的法律地位，那么，将私营经济

纳入刑法保护的范围就成为当务之急，这也是商品经济的经济犯罪观的应有之义。

第二，将经济交易中的居间中介从刑法打击的对象中剔出。在以高度集中为特征的僵化的经济体制下，任何个人的经济行为都被视为投机倒把而予以打击。某些经济交易中的居间中介等行为，更是被视为大逆不道，被严加取缔。但是，随着社会主义商品经济的迅速发展，商品流通日益为人们所重视，而居间中介等行为在促进商品流通中起着重要作用。居间经纪人也大量出现，这些人在市场上穿针引线，传递商品信息，促成商品买卖，同时领取一定的佣金。不可否认，由于我国关于商品经济，尤其是商品流通的经济法制不健全，对于经济交易中的居间经纪活动缺乏必要的法律调整，因此居间经纪活动比较混乱，存在一些违法犯罪行为。但是，居间经纪活动本身是有利于社会主义商品经济发展的，因而不能再将其视为经济犯罪行为，应当把它从刑法的打击对象中剔除出去，这也是商品经济的经济犯罪观的必然要求。

总之，社会主义商品经济的发展必然带来人们思想观念的变化，对经济犯罪的评判标准也是如此。因此，我们必须从发展商品经济的角度来确定某一经济行为有罪还是无罪。只有这样，才能建立社会主义商品经济的经济犯罪观。

二

我国目前正在大力发展社会主义商品经济，在这种情况下，正确认识商品经济与经济犯罪之间的关系，具有十分重要的意义。我们认为，在商品经济与经济犯罪的关系问题上，以下两种观点是不可取的，有必要加以澄清。

第一种观点，把经济犯罪的产生简单地笼统地归咎于商品经济，并由此得出结论，商品经济本身就是经济犯罪的原因。例如，有些同志认为商品经济的市场性为经济犯罪提供了场所。商品经济的等价交换需要通过经济合同来调整，因此产生了利用合同进行投机、诈骗、贪污、受贿、走私、套汇等违法犯罪活动，商品经济的商品性为经济犯罪提供了对象。而商品经济的发展，股票、债券、信用卡、购货卡等有价证券的大量出现和使用，必然成为经济犯罪的对象或手段。[①]我们认为这种观点是不能成立的。因为论者只看到了经济犯罪与商品经济的外在联系，而没有深入细致地分析当前我国经济犯罪发生的机制。

我国台湾地区学者林山田先生曾用涂尔干的无规则理论解释经济犯罪。涂尔干认为，假若社会行为被当做有规则性的行为，则任何社会都有造成偏差行为的可能性，因为偏差行为与规则行为彼此相连不可分，相互影响。所以，无论在什么结构的社会，均有犯罪问题存在，只不过是犯罪的形态随着社会结构的变迁而有所改变而已。因此，一定限度的犯罪系社会的“规则现象”，它是每一个社会都少不掉的一部分社会事实。同时，偏差行为如同规则行为一样，是社会结构的产物，它的形态、内容与数量是决定于社会的结构与其进展的程度。因此，对于偏差行为，特别是犯罪行为的研究与观察，应从社会的结构及其功能的运作方式去分析研究，并寻求答案。[②] 根据这一理论，每一个特定历史阶段的经济犯罪，都与该社会的经济结构有关。而且，随着经济形态的转变，经济犯罪的形态也会发生变化。例如，林山田先生指出：“在早期单纯的畜牧业或农业的经济结构中，只有一些运用体力或暴力的偷窃或抢夺行为以及运用智力而行欺的诈骗行为，这些都是原始形态的犯罪，迨重商主义及资本主义兴起之后，形成了自由竞争的市场经济形态，经济交易关系的复杂与频繁及整个经济社会结构的改变，虽然社会还存在着原始形态的财物犯罪，但是却衍生了诸多新兴形态的图利犯罪，这即是经济犯罪”[③]。在林山田先生以及他所引述的涂尔干的上述论述中，有些是我们不能同意的，例如自有人类社会以来一直存在犯罪的观念；有些是值得商榷的，例如关于社会经济形态的划分的观点。但是，其中的一个重要观点，即在考察经济犯罪的形态及其原因的时候，应当联系其赖以存在的经济形态，却有一定的道理，可供我们参考。

随着经济体制改革的深化，我国的社会主义商品经济将得到大力发展，而经

---

① 参见李清龙：《商品经济犯罪原因》，载《政治与法律》，1988（4）。

② 参见林山田：《经济犯罪与经济刑法》，修订3版，63页，台北，三民书局，1981。

③ 林山田：《经济犯罪与经济刑法》，修订3版，63页，台北，三民书局，1981。

济犯罪也将完成从依附于产品经济的经济犯罪，向依附于商品经济的经济犯罪的转变。在商品经济的条件下，一经济犯罪的发生与商品经济有关，这是毫无疑问的。但如果简单地从商品经济的市场性为经济犯罪提供了场所等经济犯罪与商品经济的外在联系中得出商品经济是经济犯罪的原因的结论，却是我们不能苟同的。因为与某一事物有关的因素并非都是导致该事物发生的原因，只有在对与某一事物有关的因素进行科学界定的基础上，才能就这一问题得出正确的结论，经济犯罪与商品经济的关系也是如此。事实上，社会主义商品经济有积极因素和消极因素两个方面，其中积极因素是占主导地位的。社会主义商品经济的积极因素是指它为社会创造和提供大量的物质财富，在更大程度上满足人民群众的物质文化需要。就此而言，社会主义商品经济不仅不产生经济犯罪，而且能够为预防和逐渐消灭经济犯罪提供和创造物质条件。我们说经济犯罪与商品经济有关，主要是指经济犯罪与商品经济的消极因素之间具有某种联系。在一定意义上可以说，社会主义商品经济的消极因素是我国当前经济犯罪发生的原因。但是，第一种观点把经济犯罪的原因简单地归咎于商品经济，没有具体分析社会主义商品经济与经济犯罪之间的内在联系，是值得商榷的。

第二种观点，根本否认经济犯罪与商品经济有任何联系。这种观点认为，商品经济的社会主义性质决定了它同经济领域的违法犯罪没有内在的、必然的联系，它只能在生产资料为资本家占有制所决定的商品经济中才能找到依据。否则，就是混淆了社会主义商品经济与资本主义商品经济的本质区别，把由私有制决定的资产阶级腐朽观念和封建特权思想在经济领域的表现行为——经济违法犯罪，归咎于社会主义的商品经济，这是不符合客观实际的。[①] 我们认为，同那种简单地把经济犯罪的原因归咎为商品经济的观点一样，这种否定经济犯罪与商品经济之间存在任何联系的观点也是不可取的。因为在持这种观点的同志看来，社会主义商品经济是完美无缺的，因而抹杀了社会主义商品经济与其他社会形态的商品经济之间的共性，是从社会主义制度并不产生犯罪这一前提简单地推论出来

① 参见伍柳村、向朝阳：《发展商品经济与打击经济犯罪》，载《中国法学》，1988（4）。

的，不无武断之处。

为了正确地分析这个问题，我们有必要对社会主义商品经济与其他社会形态的商品经济的区别与联系加以阐述。社会主义商品经济既不同于小商品经济，也不同于资本主义商品经济，而是具有社会主义特征的商品经济。社会主义商品经济的特征主要表现在以下两个方面：(1) 社会主义商品经济是建立在公有制基础上的，它所体现的生产关系，是社会主义劳动者之间的互相合作和平等互利关系，而不再体现资本主义商品经济中剥削和被剥削的关系，也不同于小商品经济条件下截然分离的私人生产者之间的关系。(2) 社会主义商品经济是有计划的商品经济。社会主义商品经济是在全社会实行计划经济的前提下，有计划地发展的，而不是无政府状态下的商品经济。正因为如此，社会主义商品经济才有可能避免资本主义商品经济那种生产和交换的无政府状态，实现有计划按比例地协调发展。[①] 应当指出，社会主义商品经济虽然与其他社会形态的商品经济具有本质的区别，但不可否认，社会主义商品经济具有一般商品经济的共同特征。否认这一点，也不是历史唯物主义应有的态度。社会主义商品经济与一般商品经济的共同特征，主要表现在以下几个方面：(1) 社会主义有计划商品经济依然存在商品的二因素（价值和使用价值）和劳动的二重性（具体劳动和抽象劳动）。(2) 在社会主义有计划商品经济中，价值规律的贯彻也必须以竞争为条件，以价格的波动为形式。(3) 在社会主义有计划商品经济运行中，始终承认经济利益的差别，否定无偿调拨和平均主义。(4) 社会主义有计划商品经济的交易方式，同样以货币经济为基础，发展信用经济。(5) 社会主义有计划商品经济的交换范围，也要从国内市场到国际市场，建立完善的市场体系，发挥市场机制的作用。(6) 社会主义有计划商品经济也存在所有权和经营权的适当分离。[②] 社会主义商品经济与其他社会形态的商品经济的区别与联系说明，社会主义商品经济不是存在于真空之中的，它是在其他社会形态的商品经济的基础上发展起来的，它具有一般商品

① 参见马洪主编：《论社会主义商品经济》，9页，北京，中国社会科学出版社，1987。

② 参见刘炳瑛主编：《商品经济论纲》，206页，银川，宁夏人民出版社，1987。

经济的共性。因此，在资本主义商品经济条件下导致经济犯罪的那些商品经济的消极因素，在社会主义商品经济中依然存在。正是在这个意义上，我们认为那种否定经济犯罪与商品经济存在任何联系的观点是难以成立的。

在经济犯罪与商品经济的关系上，我们既要反对那种把经济犯罪的原因简单地归咎于商品经济的观点；又要反对那种否认经济犯罪与商品经济之间联系的观点。在此基础上，我们应该正确地认识社会主义商品经济与经济犯罪之间的关系。具体地说，就是一方面应当认识到社会主义商品经济的大力发展，可以为预防和逐步消灭经济犯罪创造物质条件；另一方面应当认识到社会主义商品经济的消极因素是导致经济犯罪蔓延滋生的一个重要原因。为此，我们要采取各种手段，限制商品经济的消极因素，消除经济犯罪产生的土壤；同时，又要坚定不移地大力发展社会主义商品经济，为逐步减少乃至最终消灭经济犯罪创造条件。

三

随着经济犯罪研究的深入发展，我国刑法学界不少同志得出了商品经济的消极因素是我国当前经济犯罪的重要原因这一结论。当然，对这个问题的认识也有一个不断深化的过程。开始，人们较多的认为商品经济消极因素是产生经济犯罪的一些外在表现，例如有的同志认为，商品经济的消极因素产生经济犯罪，主要反映在以下三点：(1) 它的某些自发性和盲目性，在竞争和市场调节中，不可避免地带来一些消极作用，甚至形成以次充好、投机诈骗、偷税抗税、假冒商标，以及为争夺原料、资金、市场而重金贿赂等经济违法犯罪。(2) 它的营利性、利润追求性，容易产生拜金主义并腐蚀人们的思想，从而导致某些人在合法手段无法盈利或欲壑难填时，铤而走险，使用违法犯罪的手段盈利和满足其贪欲，以致产生走私贩私、投机诈骗等违法犯罪活动。(3) 它促进了社会主义所有制的多元化发展。城乡合作经济、个体经济、私营经济、中外合资企业、中外合作企业和外商独资企业，都是近几年发展起来的。对于这些经济形式，一时难以制定出健全的法律规范和完善的管理制度，其中的漏洞使一些不法分子有机可乘，利用这

种情况进行犯罪活动就难以避免。而商品经济的市场性、盲目性又加剧了这些犯罪活动。[①] 其后，从社会主义商品经济所具有的商品经济的一般特征入手，探讨商品经济的消极影响与经济犯罪之间的关系。例如有人指出：社会主义商品经济仍然具有商品经济的一般特性，诸如价值、价格、利润等一系列商品经济形式，个别劳动与社会劳动、价值与价格、需求与供给等商品经济的自身矛盾，以及由这些矛盾表现出来的商品生产和交换的某种程度的盲目性、自发性等消极因素，还有在经济交往之中货币和商品拜物教的价值观念。这不仅是因为它们是任何商品经济社会都不可避免的现象，而且因为我国仍处于社会主义初级阶段，除了社会主义商品经济之外，客观上还存在并需要一些非社会主义性质的商品经济，如个体劳动者的商品经济和国家资本主义的商品经济。我国现阶段商品经济中的消极因素是客观存在的，所以就在一定条件下诱使一些人背离社会主义商品经济的轨道，并因此进行经济犯罪活动。[②] 我们认为，上述论述对于我们正确地认识社会主义商品经济的消极因素与经济犯罪的关系是十分有益的。但是，这些论述仍失之泛泛。为了加深对这个问题的理解，我们还应当进一步探讨商品经济的消极因素的根源及其对经济犯罪产生的具体影响。

我们认为，商品经济的消极因素是指商品经济对社会生活带来的消极影响。社会主义商品经济虽然在性质上有别于资本主义商品经济，但既然都是商品经济，那么必然又具有商品经济的共性。只有从这种商品经济的共性出发，才能深刻地揭示商品经济的消极因素产生的根源及其表现形式。

第一，商品经济的共性首先表现为任何商品经济的直接目的都是取得价值。商品是价值与使用价值的统一，但商品本质在于价值，使用价值只是价值的承担者。因此，商品生产直接追求的是价值，由此而带来的消极因素是，为追求价值而不择手段。在资本主义社会，早期的资本家像狼一样贪求剩余价值，马克思在《资本论》中曾引用托·约·登宁的一段话予以生动的揭露：“一旦有适当的利

① 参见张穹：《论商品经济的刑法观》，载《中国律师》，1988（1）。

② 参见王银主编：《经济犯罪探因》，96页，兰州，兰州大学出版社，1988。

润，资本就胆大起来。如果有10%的利润，它就保证到处被使用；有20%的利润，它就活跃起来；有50%的利润，它就铤而走险；为了100%的利润，它就敢践踏一切人间法律；有300%的利润，它就敢犯任何罪行，甚至冒绞首的危险。如果动乱和纷争能带来利润，它就鼓励动乱和纷争。”① 在社会主义商品经济条件下，追求价值这一商品经济的共性同样有它的积极方面和消极方面。这种两重性根源于商品经济的共性和社会主义基本经济规律具有矛盾统一的关系。社会主义企业作为相对独立的商品生产者，为了追求价值，就必须努力节约社会劳动，提高劳动生产率。另一方面，如果单以价值为追求目标，就潜伏着不择手段地追求价值的可能，这是商品经济的消极因素之一，在社会主义社会也不能完全消除。

由上可知，不择手段地追求价值，为获得价值不惜牺牲使用价值是商品经济可能带来的第一个消极因素。在我国，社会上大量存在的以次充好、以假充真、假冒商标、投机诈骗等经济犯罪就与商品经济的这一消极因素直接有关。这种假冒型的经济犯罪影响面广，危害十分严重。例如全国闻名的晋江假药案，还有假酒（甚至毒酒）案、假农药案、假化肥案、假种子案等等。

第二，商品经济的共性还表现在，任何商品经济必须在交换过程中实现产品的价值。因为价值的实体是凝结于商品中的社会劳动，商品只有通过市场交换，实现其价值，劳动的社会性质才能得到证明。在社会主义商品经济条件下，仍然存在着个别劳动和社会劳动的矛盾，劳动的社会性仍然要通过市场交换来确认，所以生产过程的盲目性和由此产生的商品拜物教是无法完全排除的。商品经济的社会联系的特征，是以物的依赖性为基础的人的独立性。这里所谓物的依赖性是指商品生产者对商品货币关系的依赖。商品货币关系支配着商品生产者的命运，使人对之产生一种神秘感、宿命感。如同马克思所指出的那样，劳动产品一旦作为商品来生产，就带上拜物教性质，因此拜物教是同商品生产分不开的。② 因

① 《马克思恩格斯全集》，第23卷，829页，北京，人民出版社，1972。

② 参见《马克思恩格斯全集》，第23卷，89页，北京，人民出版社，1972。

此，只要存在商品生产，就必然存在商品拜物教，在社会主义条件下也不例外。

由上可知，商品拜物教是商品经济可能带来的第二个消极因素。在商品拜物教的影响下，不少国家工作人员利用职务上的便利，大肆进行贪污、受贿、挪用公款等经济犯罪活动。社会上的一些经济犯罪分子，也利用手中的金钱向国家工作人员行贿、介绍贿赂，进行钱与权之间的肮脏交易。只要这种商品拜物教在社会上存在一天，那些追求金钱而置法律于不顾的经济犯罪就不会绝迹。

第三，商品经济的共性还表现为商品生产者的特殊经济利益是商品经济活动的出发点和归宿。社会主义商品经济活动同样要以商品生产者的自我利益为出发点和归宿。在商品经济条件下，价值规律、市场机制迫使每个生产者抱着实现自我利益的动机进入交换过程。在商品交换过程中，交换主体之间客观上相互关联，但对此，任何一方主观上都毫不关心。换句话说，相互关联或共同利益本身对交换主体来说，不是他的行为动因。他的行为动因只是自己的利益。因此，商品经济使人产生较为强烈的利己和自私的动机。

由上可知，自私自利是商品经济可能带来的第三个消极因素。自私自利，就其实质而言就是贪利。这一动机在一定条件下会导致经济犯罪。

应该指出，在我国现阶段，商品经济尚不发达，因此，商品经济的消极因素往往和其他因素共同作用，从而产生经济犯罪。例如，不择手段地追求价值，甚至不惜牺牲使用价值这一商品经济的消极因素，在我国当前生产力低下，商品严重短缺的条件下，就出现了大量假冒型的经济犯罪。而商品拜物教又往往和权力拜物教交织在一起，行政性公司泛滥成灾，“官倒”滋生，各种行（业）霸肆意横行，以权谋私之风盛行，这也是经济犯罪迅速增加的重要原因。

（本文与杨敦先合著，原载《中国法学》，1990（2））

对经济犯罪疑案的反思

进入 20 世纪 80 年代以后，中国司法界面临挑战与危机：经济犯罪疑案如同雨后浮萍，俯拾皆是，它严重地困扰着我们的法官、检察官、律师和刑法学家。一审判决有罪，二审判决无罪，再审又判决有罪，其中夹杂着被告人的上诉、公诉人的抗诉、律师的申诉，官司从基层法院一直打到最高法院，旷日持久，案卷堆积如山。最终判决仍然是疑惑犹在！

在我们的报刊上，从 1982 年的韩琨案，到 1986 年的赵伟通案、1987 年的刘亨年案，以至目前形成所谓“南有戴晓钟，北有戴振祥”的说法。当我们满腔激情地热衷于疑案讨论的时候，是否有人冷静地对产生的社会历史背景进行过反省，对走出百慕大式怪圈的途径进行过探索，对将来减少乃至消除经济犯罪疑案的条件进行过考察呢?

一

为什么从 80 年代初开始，尤其是最近几年来，经济犯罪疑案骤然增加? 只有站在一定的历史高度，才能准确地予以回答。回答这个问题，必须从现行的立法与司法出发。

1979年7月1日，第五届全国人民代表大会第二次会议一致通过了新中国成立30年来第一部刑法，于1980年1月1日起施行。然而，在刑法颁行之际，我国实行的是单一的计划经济模式，将人们的一切经济行为纳入计划。没有计划就是非法，违反计划就是违法，这一原则在这部刑法中也得到了充分体现。1979年，人们对严重束缚生产力发展的计划经济模式开始反思，改革提上议事日程。农村若干地区首先试行家庭联产承包制，给农村带来生机，却给法律留下了疑惑，经济犯罪疑案由此在农村首先出现。回顾一下80年代初期的报刊，不难发现热衷于讨论的是：破坏家庭联产承包的生产是不是破坏集体生产？某个农民承包了生产队的一个池塘，养了几千尾鱼，某人用炸药炸鱼并私自占有，构成破坏集体生产罪还是盗窃罪，是爆炸罪还是非法捕捞水产品罪？其所以成为疑案，是因为现实生活随着改革，已经超出了刑法的调整范围。当法律出现漏洞，需要由政策来加以弥补。1981年12月，《全国农村工作会议纪要》指出："目前实行的各种责任制，包括小段包工定额计酬，专业承包联产计酬，联产到劳，包产到户、到组、包干到户、到组等等，都是社会主义集体经济的生产责任制"。据此，各种形式的责任制，都属于集体经济的范畴，破坏这种生产是破坏集体生产。现实生活还没有发展到承认个体经济和个体生产的时候，政策也只是将这种实际上已经个体化的经济继续贴上集体经济的标签，使司法界从第一个经济犯罪疑案的漩涡中挣扎出来。

当发生在农村的经济犯罪疑案稍稍缓解的时候，城市告急了。1980年8月，国务院体制改革办公室《关于经济体制改革的初步意见》开始提出："我国现阶段的社会主义经济是生产资料公有制占绝对优势，在国家计划指导下的商品经济"，并指出要充分利用市场调节作用，由此拉开了城市经济体制改革的序幕。与此同步，城市经济犯罪疑案也开始出现，在投机倒把罪上表现得尤为突出。在计划经济体制下，一切违反计划的经济行为都是投机倒把，投机倒把罪往往与地下工厂、地下运输队、地下商店联系在一起。1980年出版的第一本《刑法分则讲义》列举的投机倒把行为中，包括非法开设工厂、商店，组织包工队、运输

队，雇工剥削他人，倒卖耕牛等在内。及至1981年，国务院《关于加强市场管理打击投机倒把和走私活动的指示》还将倒卖工农业生产资料、长途贩运、经纪、转包等行为视为投机倒把。

城市经济体制改革起步不久，农村经济早已突破集体经济的模式。个体经济如雨后春笋般地发展起来，合作经济也接踵而来。合作经济到底是个体经济还是集体经济？合作经济负责人非法侵吞共同财物，到底是盗窃还是贪污？合作经济的负责人共同私分共同财物，是对自己财产的合理分配还是贪污？这些问题，成为农村经济犯罪疑案讨论的主题。

计划经济模式被打破了，商品经济秩序不可能在一天之内建立起来，经济领域实际上处于无规则状态。人们的经济行为合法与非法、有害与无害失去了评价标准，对于其法律后果难以预料，而司法人员认定经济犯罪的准确性大打折扣，“心慈手软”也在所难免了。为此1982年3月8日五届全国人大常委会第22次会议通过了《关于严惩严重破坏经济的罪犯的决定》（以下简称《决定》）。该《决定》对刑法的有关条款进行了相应的补充和修改，主要内容是提高了走私罪、投机倒把罪、盗窃罪、贩毒罪、盗运珍贵文物出口罪、受贿罪等的法定刑，并且确定对包庇、窝藏经济犯罪分子、对经济犯罪分子不依法报案、不如实作证等犯罪的刑事责任。《决定》在打击经济犯罪中起到了重要作用。但是《决定》仅是提高走私、投机倒把等经济犯罪的法定刑，而对于罪与非罪的界限、此罪与彼罪的界限基本上没有作更加深入细致的划分。《决定》对甲罪比照乙罪论处，对丙罪按丁罪处罚，使罪与罪之间的关系更加纵横交叉，可操作性大为降低，对于经济犯罪，关键在于打不准，现在打得准的问题没有解决，却要打得狠，难怪疑案仍然层出不穷。

1984年十二届三中全会通过了《中共中央关于经济体制改革的决定》。这一决定明确肯定社会主义经济是在公有制基础上的有计划的商品经济。我国城乡经济体制改革进入了一个新的发展阶段。在城市，推行了在农村卓有成效的承包责任制，同时租赁制也得以推行。而横向经济联合，又打破了过去的条块分割，使经济关系在更大的时空范围内得以运行。经济成分的多元化，经济活动主体的复杂化，更使过去单一的国家工作人员的概念难以涵括现实生活中各种身份的犯罪主体，过去内涵简单的贪污罪的主体与客体发生了重大变异，贪污罪也变得难以认定了。

1985 年 3 月 13 日，中共中央发布了《关于科学技术体制改革的决定》。该《决定》提出建立技术市场，促进科研成果迅速转化为生产力。随着科学技术体制改革的深入发展，越来越多的科技人员走出书斋，来到生产建设第一线，将自己的技术贡献给社会。但与此同时，以科技人员作为犯罪主体的经济犯罪疑案大量涌现。其中较为典型的，如前述戴晓钟、戴振祥两案。

在日益复杂化的商品经济面前，我们的法律显得如此苍白无力。随着单一的计划经济体制的瓦解，经济合同关系、借贷关系、保险关系、破产关系、证券关系、广告关系、租赁关系、承包关系等等，使得经济活动空前活跃，经济生活空前繁荣，却也出现了空前混乱。经济犯罪已成为经济体制改革进一步深入的障碍。某些作为商品经济副产品的经济犯罪，如合同诈欺、发放高利贷、保险诈欺、破产诈欺、证券诈欺、广告诈欺等等，在我国刑法中却没有规定，只能套用诈骗罪条款。法律落后于现实生活，是经济犯罪定性的疑难性存在的一个显而易见的原因。

二

经济犯罪疑案大量存在，除了简约、过时的刑法条文难以裁剪、涵括剧烈变动的社会生活这一客观原因以外，还有立法人员与司法人员主观上的原因。

当我国第一部刑法颁布时，我国的政治生活还没有完全摆脱极左思潮的影响，刑法本身不可避免地具有历史局限性，仍然十分强调刑法的政治功能。例如反革命罪几个条文中，有 10 个挂死刑。而破坏社会主义经济秩序罪的 15 个条文，最高刑为有期徒刑 10 年，大多数条文的法定最高刑为 3 年，并缺乏可操作性，15 个条文中，有 7 个条文采取空白罪状的立法方式，对这些经济犯罪定罪，应当分别参照海关法规，金融、外汇、金银、工商管理法规，税收法规，商标管

理法规，森林法规，水产资源法规，狩猎法规。但是，在刑法颁布时，这些参照法规除有一个 1951 年制定的暂行海关法外，其他法规都付阙如，其作为罪与非罪的标准十分原则、概括，单凭刑法条文，根本无法定罪。

由于法律在经济生活中的作用日益突出，经济立法被提上了议事日程。于是，在短短的几年内，数十个经济法规问世。在经济法规的罚则中，涉及刑事责任问题。如果这些刑事罚则能为划分经济犯罪的界限提供明确的法律标准，从而减少经济犯罪疑案的发生，那也不失为一件幸事。然而由于立法技术问题和能否在经济法规中规定罪状和法定刑犹豫不决，经济法规的刑事罚则进一步加剧了法律的混乱。最为典型的是《食品卫生法（试行）》第 41 条规定："违反本法，造成严重食物中毒事故或者其他严重食源性疾患，致人死亡或者致人残疾因而丧失劳动能力的，根据不同情节，对直接责任人员分别依照中华人民共和国刑法第一百八十七条、第一百一十四条或者第一百六十四条的规定，追究刑事责任"。这一条文对同一行为根据不同情节分别依照三罪论处，却没有规定分别定罪的具体条件。且不说一行为可同属三类性质各异的犯罪，在刑法理论上是否妥当，单从主观罪过来看，前二罪均为过失犯罪，如果行为人明知其危害结果而放任发生，又该当何罪？按制造、贩卖假药罪论处，既罪刑不相当，也显得不伦不类。总之，刑法的落后与经济犯罪的翻新之间的反差越来越趋强烈。

但在司法中，面对一起又一起被提起的经济犯罪案件，只能作出有罪或者是无罪的选择，不能回避。在法律失之概括、政策失之模糊的情况下，司法工作无疑是困难的。应该说，最高司法机关对经济犯罪的各种界限作了大量的司法解释，这些司法解释实际上起到了准法律的作用。但是有了司法解释并不等于一切经济犯罪疑案都迎刃而解了。因为司法解释即使再具体，相对于千姿百态的案件来说，也是概括的。经济犯罪疑案的解决，有赖于每一个司法人员的思想修养与业务素质。而在这一点上，我们的司法人员面临着一个观念更新的问题。

在我们看来，并不是司法实践中发生的每个经济犯罪疑案都是货真价实的疑案。不少所谓疑案并不疑，其所以成为疑案，都是因为受传统的刑法观念束缚，不能用商品经济的刑法观去评价的结果。当然，也有少数情况是司法人员业务素

质低所致。

面对蜂拥而来的经济犯罪疑案，我们司法人员的思想准备显然是不足的。更为重要的是，长期以来在将司法机关的职能理解为专政工具的思想束缚下，对于变幻无穷的商品经济，我们的司法人员是陌生的，更何况随着从产品经济向商品经济的转轨，存在一个价值标准的变换过程。过去几十年来一直作为打击对象的长途贩运、居间渔利等经济行为突然成了法律保护的对象。而承包、租赁、经纪、技术转让、智力成果等等，又有一系列前所未闻的经济行为，对此如何划分罪与非罪的界限？在某些法律与政策上，只有规范计划经济的准则或者根本就是法律与政策的盲区。在前一种情况下，无异于按照打篮球的规则去裁判一场排球赛；而在后一种情况下，则简直是在踢一场没有规则的足球赛。无论在哪一种情况下，司法人员既不能放弃自己的职责，又没有预定的裁判规则，这就把他们推到了一个十分尴尬的地位。事实上，不少具有全国影响的经济犯罪疑案，只不过是计划经济的价值观与商品经济的价值观冲突的产物而已。例如戴振祥案，戴振祥有功还是有罪，如果从商品经济的刑法观来分析，改造利民道为民造福，为改革、开放创了新路子，其有功的结论是理所当然的。而从产品经济的刑法观来判断，既然国家没有允许民间经营商品房，那戴振祥越照经营商品房就是非法的，其有罪的判断也是不可避免的。

如果我们细心地观察对经济犯罪疑案的讨论，就会发现一个有趣的现象，对于有罪还是无罪的讨论大多超越了法律，求助于对社会有利还是有害这样一个社会政治的价值判断。当我们对某个案件以社会政治的价值标准作出正确判断的时候，是否想过：用抽象的理性正义之类的东西来判断具体行为的是非，总不是上策。然而，事态却总是向这个方向发展。

自从十三大报告中提出生产力标准以后，很快得到法学界的呼应。用生产力标准来区别经济犯罪的罪与非罪的标准，成为当今法学界的一个时髦话题。我认为，把它作为一个理论课题，进行深入系统的研究，无疑可以在刑法理论上有所建树，对刑事立法与司法都能起到指导作用。但如果以生产力标准来取代法律标准，将其作为具体办案的依据，则大可诘难。我们每一个司法人员是否都能掌握

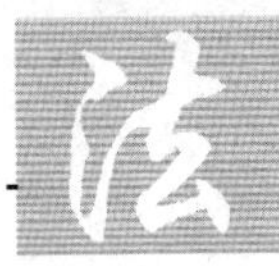

生产力这一抽象而空洞的标准呢？每一个司法人员对生产力标准在理解上的出入，就可能导致对具体案件认定上的失当，这难道不是显而易见的道理吗？

经济犯罪疑案的大量出现，除对于现行法律是一种挑战以外，对于现行的司法制度又何尝不是一种危机呢？诚然，观念的更新、业务素质的提高是重要的，但司法制度的改革是否更为迫切呢？

三

完全避免经济犯罪疑案的发生，当然是一种不切合实际的幻想。但是，使其降到一定的水准却是完全可能的。关键在于，我们应当采取相应的措施。

经济犯罪疑案非正常地大量出现，首先是一颗修改刑法的信号弹。在这种无法可依或者有法难依的情况下，我们的立法机关再也不能保持沉默了！可喜的是，立法机关已经把刑法的修改工作提到了议事日程。为了防止经济犯罪疑案的发生，我们的刑事立法至少应该做到以下两点。

首先，我们的刑法应该具有完备性。一部刑法对各种犯罪的规定，不可能包罗无遗，刑法的完备性总是相对的。但这并不妨碍我们对刑法完备性的追求。目前有相当一部分经济犯罪疑案，案情本身并不复杂，只是由于没有相应的法律规定，但又需要处理，因此不得不削足适履，由此而成为疑案。例如，利用职务上的便利骗取技术资料，复印以后出卖牟利的行为应如何定性，分歧竟达七种之多，有认为不构成犯罪的，有认为需要类推定罪的，有认为构成受贿罪的，有认为构成泄露国家机密罪的，有认为构成贪污罪的，有认为构成诈骗罪的，有认为构成盗窃罪的，凡此种种，不一而足。实际上，无论定上述哪一种犯罪都不十分贴切，如果法律规定了有关技术秘密的犯罪，例如泄露技术秘密罪、刺探技术秘密罪，那么一切问题就迎刃而解，疑案也就不疑。因此，刑法不完备是经济犯罪疑案发生的重要原因之一，使刑法相对完备，逐步消灭法律的盲区，无疑是十分重要的。由于刑法典需要相对稳定，采取刑法修正案的方式是可行的。刑法修正案既避免了对刑法动大手术，又及时地填补了盲区，不失为上策。

其次，我们的刑法应该具有明确性。立法是从千姿百态的案件中抽象出适用于所有案件的法律原则，因此具有高度的概括性，但是，立法应该是明确的，这是罪刑法定原则的应有之义。在我国刑法中，对犯罪的规定不是过于概括，就是失之含糊，使司法人员无所适从。尤其是经济犯罪，其不法内涵与一定时期的经济政策、经济法规息息相关，且犯罪分子往往是以特定的身份为掩护，在本人参与的经济活动中进行犯罪，因而具有隐蔽性。为此，在立法上，应采取叙明罪状的方式，加以确切、具体的规定。在西方，有些刑法学家主张经济刑法的立法者应有意识地订出一些界限不明确的行为的构成要件，而使潜伏性的犯罪行为人不能明确地知道刑罚的范围，在这种情况下，可使具有犯罪意图者的行为，止于合法的领域里。我们认为，这种观点是似是而非的，其结果不仅使潜伏性的犯罪行为人不能明确地知道刑罚的范围，也使司法人员对于罪与非罪的界限茫然，从而导致疑案迭出。因此，采取叙明罪状的方式对经济犯罪不厌其详地加以描述，是防止经济犯罪疑案发生的关键。

但是另一方面，经济犯罪疑案不可能因完备与完善的立法而消灭。从刑事司法的角度探讨防止经济犯罪疑案发生的措施，无疑是必要的。由此，提出了刑事司法制度改革的迫切性。

为了阐述这个问题，让我们稍稍把思维的触须伸得远一些。在当今世界上，大陆法系和英美法系这两大法系的互相融合、互相渗透，已经成为不可逆转的趋势。大陆法系实行成文法，其基本原则是“审判不依照判例，而依照法律”。在这种情况下，虽然可确保法制统一，但由于法条总是概括、抽象的，案件则是个别具体而又千差万别的，所以，当法律没有规定或者规定不够明确的情况下，疑案就会发生。英美法系实行判例法，其基本原则是“遵循先例”。根据判例法，某一判决中的法律规则不仅适用于该案，而且作为一种先例适用于以后该法院或下级法院所管辖的案件。只要案件的基本事实相同或相似，就必须以判例所定规则处理。判例法虽然有判例庞杂和文牍之嫌，但可比性强，为司法人员提供了一个具体感性的类比样板，并能适应形势变化的需要。在防止疑案发生这一点上，判例法优于成文法。随着两大法系的合流，在司法活动中，大陆法系国家在坚守

成文法的疆域的同时，已允许判例占有一席之地；英美法系虽然仍恪守“遵循先例”的传统，但同时也制定成文法。

我国是一个实行成文法的国家，判例的法律效力从来是不被承认的，虽然从1985年起，《最高人民法院公报》刊载了不少判例，在经济犯罪方面，例如《公报》1987年第1号刊载的赵恒东一案，对于司法实践具有指导意义，但还谈不上实行判例法。然而鉴于判例法在解决经济犯罪疑案上具有成文法不可比拟的优越性，我们认为，我国在坚持成文法的同时，采纳判例法，应该是一个可供选择的司法模式。

我们设想，将来成文法在我国仍然是法律的主要准绳，司法机关在处理经济犯罪案件的时候，要适用有关的刑事法律。但由于经济犯罪具有复杂多变的特点，应该在法律上赋予最高司法机关定期或者不定期公布经济犯罪判例的权力。这些判例也是司法机关处理经济犯罪案件的法律依据，对于同类或者相似的经济犯罪案件具有法律拘束力。我们坚信，随着判例制度的实行，经济犯罪疑案将会得到及时正确的解决。

（本文原载《法学》，1989（6））

经济犯罪的理论思考

一、经济犯罪的成因分析

经济犯罪的大量增加引起了人们的高度重视与深刻思考。要对经济犯罪现象作出科学的解释，首先应当分析其成因。本文试图从经济体制、社会结构与价值观念这三个层次，对经济犯罪的成因进行粗略分析。

经济犯罪作为一种非法的经济行为，首先与一定的经济体制具有密切联系。应该说，在任何经济体制下，都存在着违反这种经济体制的经济行为。我国当前经济犯罪的大量存在，在更大程度上与经济体制转轨有关。我国的经济体制改革是一场深刻的社会变革，这一变革必然会给社会带来一定的震荡，尤其是经济活动中无序状况的存在，更使经济犯罪得以蔓延。从本质上说，市场经济是法制经济，市场取向是民主取向，它以平等竞争作为其基本规则。但由于计划经济体制长期存在，已经形成一种历史的惯性。虽然计划经济模式从总体上已经被打破，但市场经济体制却不可能马上建立并完善起来，需要一个孕育与成熟的过程。在

这一特定历史条件下，新旧体制交替过程中的间隙或脱节，往往会造成经济生活中的失控；而新旧体制之间的摩擦与碰撞，更是直接导致经济生活中信号的紊乱。由于新旧体制之间的矛盾将在一个相当长的时间内存在，失范行为，包括各种形式的经济犯罪作为新旧体制矛盾的产物，也将存在于整个经济改革过程之中。在某种程度上说，经济犯罪是由旧体制向新体制过渡的必要代价。在这个意义上，我同意以下观点：失范行为，包括经济犯罪不能归咎于市场取向的体制改革，它不是市场经济的必然产物，而恰恰是尚未真正建立起平等竞争的市场机制与市场秩序的结果。

经济犯罪不仅是一种经济现象，而且是一种社会现象。因此，对经济犯罪成因的经济分析不能代替对它的社会分析。因为，经济犯罪同样是一定的社会结构的产物。社会结构是指社会各个部分的配合与组织，是所有制关系、物质和精神产品生产过程的社会分工、社会组合关系的总和。一定的社会结构是由一定的物质生活条件所决定的，并且表现出一种均衡的态势。我国当前的体制改革，在深层次上触及社会结构，面临着社会结构的转型。在这种情况下，社会结构内部产生了某种失调，影响和破坏了各种社会结构之间的平衡。而经济犯罪，在很大程度上是这种社会结构失调的产物。例如，在计划经济体制占据统治地位的社会结构中，人的物欲受到严重的压抑，人性被扭曲。在经济体制改革以后，尤其是在市场经济机制逐渐发育成熟的过程中，各种经济主体的特殊利益得到充分肯定，商品经济在一定程度上刺激与诱发了人的自私之心，利益追求越来越成为社会主流意识形态所认可的价值目标。但是，在客观上社会还未能建立与完善实现这种利益目标的有效机制。在这种情况下，就出现了美国社会学家罗伯特·K. 默顿所称的社会的文化结构与社会结构之间的断裂，从而产生综合性的失范效应。这种失范效应的突出表现之一是社会整合力的减弱，社会结构出现局部失调，从而导致失范行为，包括经济犯罪的产生。可以预见，只要这种社会结构的转型没有完成，经济犯罪还会在一定时期内继续存在下去。

经济犯罪的存在，当然有其经济的和社会的成因，但从更深刻的意义上考察，还与人的价值观念有关。在某种意义上说，经济犯罪是价值观念冲突的产物。价值观念属于思想的范畴，而人的思想无不决定于一定的物质生活条件，并且又具有相对的独立性。从计划经济向市场经济的转轨，从传统社会向现代社会的转型，必然伴随着价值观念的重大转换。但是，价值观念的转换不像化学元素的反应与置换一样可以在瞬间完成，而是存在一个新旧价值观念的冲突与嬗变过程。例如，市场取向必然导致平等竞争的价值观念，从而建立等价观念、竞争观念、风险观念、效率观念等商品经济意识。而计划经济则直接导致权力取向，权力观念的过分强调，以至形成权力本位或俗称为官本位。这种权力观念没有得到彻底的清理，将之带入市场经济，就会出现凭借行政权力的垄断性取得效益现象。这种现象也就是我们通常所说的以权谋私，贪污受贿、挪用公款等经济犯罪，正是以权谋私的极端表现。由此可见，在市场经济的价值观念尚未占据统治地位，而计划经济的价值观念仍然在社会生活与经济生活中发生作用的情况下，经济犯罪的存在有其深刻的思想根源。

通过以上对经济犯罪成因的分析，可以知道当前我国经济犯罪现象的大量存在有着经济、社会、思想等方面的原因。那种把经济犯罪归咎于旧社会的痕迹或者立法的滞后等观点，应该说是十分肤浅的。基于我们对经济犯罪成因的认识，对于经济犯罪存在的长期性应当具有足够的认识，希冀在一个较短的时间内，通过几次集中打击就可以消灭经济犯罪的想法是天真的，也是不切合实际。对于经济犯罪，刑罚惩治当然是重要的；但作为一种社会综合性失范效应的产物，对于经济犯罪更应采取社会的救治方法。这就是通过分析经济犯罪成风而得出的必然结论，相信它对我们会有启迪意义。

二、经济犯罪的对策剖析

揭示经济犯罪的成因，根本目的在于提出切实有效的预防与扼制经济犯罪的对策。“对策”一词，通常是指对付某一问题或者事件的策略。经济犯罪对策，就是预防与扼制经济犯罪的策略，策略是行动的先导，没有科学的决策和可行的策略，就不可能产生有效的行动。对于预防与扼制经济犯罪来说，亦是如

此。通过经济犯罪成因的分析，昭示了这样一个道理：经济犯罪的产生及发展与社会的政治、经济、文化、思想等多种因素存在着紧密的联系。因此，预防与扼制经济犯罪不仅是一个法律对策的问题，而且应当采取社会对策，这就是经济犯罪对策多元性的思想。基于这一立论，我们对经济犯罪的对策进行简单论述。

从经济的意义上来说，坚持市场取向，推进以市场经济为目标模式的经济体制改革是预防与扼制经济犯罪的根本出路。在经济犯罪成因分析中我们已经指出，经济活动中无序状况的存在是经济犯罪产生的重要原因之一。而经济活动中的无序状况又是与新旧经济体制转换相关联的，计划经济秩序仍然在某种程度上被维持着，而市场经济秩序而尚未完全建立起来。因此，经济生活中出现的各种矛盾，无法按照既定的规则加以协调与解决；经济行为不规范，经济环境不确定，人们在经济活动中没有稳定的心理预期。在这种经济活动无序颇多的状况下，经济活动定会正常运转是不可能的，经济犯罪大量产生也是不足为怪的。为了最大限度地扼制经济犯罪，首先应当从净化经济环境入手，这就是要通过推进新旧经济体制的转轨，建立并健全市场经济秩序，使经济活动完成从无序到有序的过渡。只有这样，才能大幅度地减少经济犯罪，从而保障经济生活的健康发展。

从社会的意义上来说，社会结构的调整是预防与扼制经济犯罪的唯一选择。社会结构的调整主要是指制度的调整。制度是统治阶级制定的比较复杂而系统的行为规则体系，它对于人们的行为具有导向作用，从而将人们的行为纳入统一的轨道。通过制度的调整，可以理顺各种社会关系，从而堵塞经济犯罪产生的各种漏洞。尤其是要对国家行政机关及其工作人员的行政活动实施全面而系统的严格监督，加速廉政建设。有效的行政监督，对于预防与扼制经济犯罪具有极其重要的意义。大量事实证明，没有监督的政府必然演变成腐败的政府。而腐败正是大量经济犯罪，尤其是职务型经济犯罪产生的温床与土壤。制度的调整还意味着各种利益关系的重新建构，社会角色的转换。总之，通过社会结构的调整，渡过社会失衡期，达到新的社会平衡，只有这样，才能为预防与扼制经济犯罪创造良好

的社会条件。

从观念的意义上来说，消除权力本位的计划经济观念，建立权利本位的市场经济观念对于预防与扼制经济犯罪具有十分重要的意义。经济犯罪的产生与存在，在相当程度上受人的价值观念的支配与影响。尤其是经济犯罪心理的形成，受到陈腐的价值观念的制约。只有逐步建立以权利为本位的市场经济观念，将通过平等竞争满足个人的利益冲动的价值观念内化为人们的行为准则，才能铲除经济犯罪生长的思想土壤。

从法律的意义来说，应当完善刑事立法，健全刑事司法，同时强化市场经济秩序的法律调整，从而使人们受到明确的、强制性的法律约束。尤其是通过对各种经济违法和犯罪行为的惩罚，强化人们的守法意识，警诫具有犯罪动机的人。在考察经济犯罪的法律对策的时候，从刑事政策的角度说，应当调整扼制经济犯罪的法律思路。我们过去习惯于从政治功能上分析经济犯罪并为惩治经济犯罪的活动定位。应当看到经济犯罪的复杂性，对经济犯罪采取一种比较现实的刑事政策，就是将刑事政策的目标模式确定为最大限度上将经济犯罪抑制在社会所能够容忍的范围之内，使之不对经济体制改革发生根本性的危害。对于那些政策界限不清的经济活动中的失范行为，可以采取一种比较宽容的态度，不要急于定性。当然对于那些严重危害市场经济秩序的经济犯罪应依法予以严厉惩治。在这样一种刑事政策思想的指导下，在刑事立法上应当改变目前滞后于社会经济生活的状态，敏捷地反映市场经济的现实需要，科学地预测在市场经济条件下经济犯罪的发展态势，及时废止旧法，制定新法。在刑事司法上应当加强经济刑事司法工作，根据反映市场经济运作规律的政策与法律，正确地认定并惩治经济犯罪。尤其是要正确处理经济犯罪认定中的法与理的矛盾，既要反对法律教条主义，又要反对法律虚无主义，在严格依法办案的前提下，以生产力标准作为适当的与必要的补充。谨慎稳妥地处理经济犯罪疑案，通过惩治经济犯罪的刑事司法活动，净化经济环境保障经济秩序，从而为市场经济的建立与发展提供法制保证。

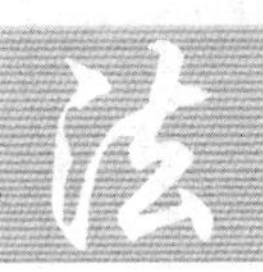

三、经济犯罪的司法认定

随着从计划经济向社会主义市场经济体制转轨，我国国民经济加速发展。与此同时，由于经济关系的剧烈变动，经济领域中的无序化现象在所难免；而且由于经济成分的多元化、经济主体的复杂化与经济形式的多样化，经济活动中罪与非罪的界限也更加难以划分。这就引发了关于经济活动中罪与非罪认定标准的争论。

关于经济犯罪的认定标准，我国刑法学界主要有三种观点：第一种观点认为，经济犯罪的认定标准是犯罪构成，即行为是否符合刑法规定的犯罪构成是划分经济活动中罪与非罪的根据。符合犯罪构成的为有罪；不符合犯罪构成的为非罪。因此，区分经济活动中罪与非罪的界限，只有一个标准，即犯罪构成。第二种观点认为，经济犯罪的认定标准是行为的社会危害性及其程度。凡是行为具有社会危害性并达到犯罪程度的为有罪；反之，行为不具有社会危害性或者社会危害性还没有达到犯罪程度的为非罪。第三种观点认为，经济犯罪的认定应以不符合“三个有利于”为标准。所谓“三个有利于”是有利于发展社会主义生产力，有利于增强社会主义国家的综合国力，有利于提高人民生活水平。也有学者将“三个有利于标准”简称为“生产力标准”。凡是符合生产力标准的为非罪，而不符合生产力标准的为有罪。在上述三种观点中，犯罪构成是法律标准，社会危害性与生产力则是非法律标准。显然，两者之间存在很大差别。在对个案的处理上，根据两种不同的认定标准，可能会得出罪与非罪的截然相反的结果。

认定经济犯罪标准应当坚持法律标准。但在当前提出非法律标准，主要是由于刑事立法的严重滞后性所造成的。我国现行刑法是建立在以集中统一为特征的计划经济基础之上的，因此它所规定的经济活动中罪与非罪的认定标准已经不适应当前市场经济的发展。为此，通过修改刑法使之适应市场经济体制已经迫在眉睫。随着社会主义经济走向市场，经济活动越来越受到市场规律的支配。在这种情况下，罪与非罪行为的社会危害性发生了巨大的变动。因而经济领域出现了大

量的失范行为，例如缺乏规范的行为、规范冲突的行为与难以规范的行为。经济活动中罪与非罪认定标准在失范行为面前显得无能为力，导致在司法实践中产生法与理的矛盾，即合法不合理，合理不合法。合法不合理是指某一行为依据犯罪构成的法律标准应当认定为犯罪，但其行为不具有社会危害性，甚至有利于社会生产力的发展。如在计划经济体制下，任何个人的经济行为都被认定为非法的，并予以打击，尤其是某些经济交易中的居间中介行为，更是被视为大逆不道、严加取缔。但是，随着市场经济的发展，商品流通日益为人们所重视，居间中介等行为在促进商品流通中起着重要作用。因此，对这些行为刑法应当予以保护。合理不合法则是指某一行为依据行为的社会危害性及其程度应当以犯罪论处，但法律没有明文规定，并且依据类推也无法认定为犯罪。如某些违反市场经济秩序的行为，诸如证券市场中操纵股市、徇私舞弊、私下交易、挪用股金；生产资料交易市场中垄断价格，把握市场、囤积居奇，散播虚假行情、不正当竞争，这些行为对市场经济危害甚大，但在刑法中都没有予以规定，所以难以依法惩处。正是面对法与理的这样一种两难抉择，法律标准难以独立成立，因而提出生产力标准作为法律标准的补充。

应当提出，法与理从应然的意义上说是统一的，法是理的外在形式，理是法的内在蕴含。但在当前经济转轨时期，由于新旧经济体制的冲撞与摩擦，我们不应回避法与理矛盾的客观存在。解决法与理的矛盾，在司法工作中应当防止两种倾向：一是法律教条主义，二是法律虚无主义。法律教条主义是死抠法条，全然不顾法律适用的社会效果，即使是不合时宜的法律，也死抱住不放，其结果是得之于法而失之于理。法律虚无主义是有法不依，以理代法，其结果是得之于理而失之于法，显然，这两种倾向都不可取。正确的态度应该是创造性地适用法律，在司法活动中有效地调节法与理的关系，使之统一起来。因此，在总体上必须坚持犯罪构成作为经济犯罪的认定标准，在法与理冲突的情况下，可以以生产力标准作为必要的补充。

在经济犯罪认定中，运用生产力标准应当注意，生产力标准是一种宏观的标准，并且十分抽象难以把握。因此，对生产力标准不能由司法人员个人任意解

释，而应当由有关司法机关作出统一的规定，以便一体遵循。当然，更为重要的是要及时修改刑法，使之满足市场经济的现实需要，使法与理一致，犯罪构成标准与生产力标准统一。但是，由于刑法具有一定的稳定性，并且修改刑法需要经过必要的法律程序，难以非常敏捷地反映社会生活。为此，有必要考虑建立中国的判例制度。经过立法机关的授权，由最高司法机关根据现实生活的变动，定期或者不定期地颁布有关经济犯罪的判例，使这些判例作为司法机关处理经济犯罪案件的法律根据，对于同类或者相似的经济犯罪案件具有法律拘束力。由于判例可比性强，为司法人员提供了一个具体的、感性的类比样板，以资仿效，并能适应形势变化，及时地满足市场经济发展的需要。

（本文第一部分原载《光明日报》，1993－07－14；
第二部分原载《光明日报》，1994－01－26；
第三部分原载《光明日报》，1993－05－19）

论数额与共同经济犯罪

一

共同经济犯罪不同于其他共同犯罪的一个重要特征，就是它往往与一定的犯罪数额相联系，而犯罪数额又有总额、参与数额、分赃数额、平均数额等之别，并且数额又是可分割的，是具有一定物质属性的，因而共同经济犯罪的处罚往往与数额发生密不可分的联系。

经济犯罪数额体现了一定物质财产的价值，在经济犯罪中，价值是其惩罚的基本尺度。我国刑事立法与司法都强调数额在经济犯罪的定罪量刑中的作用。在单独经济犯罪中，应以其非法占有数额作为惩罚的尺度，这是没有疑问的。但在共同经济犯罪中，如何根据一定的经济犯罪数额处罚各共同犯罪人，却是一个比较复杂的问题。对于这个问题，我国的刑事立法与司法解释存在一个演变过程。1952 年 4 月 21 日《惩治贪污条例》规定："集体贪污，按各人所得数额及其情节，分别惩治"。这里所谓集体贪污，就是指共同贪污；而按各人所得数额惩治，

是指按分赃数额处罚。1985 年 7 月 8 日“两高”《关于当前办理经济犯罪案件中具体应用法律的若干问题的解答（试行）》中指出：“对二人以上共同贪污的，按照个人所得数额及其在犯罪的地位和作用，分别处罚。共同犯罪的贪污案件，特别是内外勾结的贪污案件，对主犯应当依法从重处罚。贪污犯罪集团的危害更为严重。贪污集团的首要分子，要按照集团贪污的总数额处罚。”这一司法解释对贪污犯罪集团的首要分子要求按贪污总额处罚，对于共同贪污犯罪的其他人则仍按分赃数额处罚。由此可见，这一司法解释对于前述《惩治贪污条例》有所发展。1984 年 11 月 2 日“两高”《关于当前办理盗窃案件中具体应用法律的若干问题的解答》指出：“对于共同盗窃犯，应按照个人参与盗窃和分赃数额，及其在犯罪中的地位与作用，依法分别处罚。对主犯依法从重处罚。对盗窃集团的首要分子，应按照集团共同故意盗窃总额依法处罚”。这一司法解释除分赃数额外，又提出参与数额，并把它与分赃数额相提并论。但当两个数额存在差别，而又涉及适用刑法第 151 条还是第 152 条时，到底以哪一个数额为准，没有明确回答，在司法实践中无所适从；这一司法解释对首要分子也要求按犯罪总额处罚。1988 年 1 月 21 日全国人大常务委员会《关于惩治走私罪的补充规定》指出：“二人以上共同走私的，按照个人走私货物、物品的价额及其在犯罪中的作用，分别处罚。对走私集团的首要分子，按照集团走私货物、物品的总价额处罚；对其他共同走私犯罪中的主犯，情节严重的，按照共同走私货物、物品的总价额处罚”。同日通过的《关于惩治贪污罪贿赂罪的补充规定》也有类似规定，指出：“二人以上共同贪污的，按照个人所得数额及其在犯罪中的作用，分别处罚。对贪污集团的首要分子，按照集团贪污的总数额处罚；对其他共同贪污犯罪中的主犯，情节严重的，按照共同贪污的总数额处罚”。这两个补充规定不同于以往的刑事立法与司法解释的是，除首要分子对犯罪总额承担刑事责任以外，情节严重的主犯也按照共同经济犯罪的总数额处罚。此外，《关于惩治走私罪的补充规定》指出二人以上共同走私的，按照个人走私的货物、物品的价额处罚。这里所谓“个人走私”含义颇难理解，既然是共同走私，又何来个人走私？这里的个人走私的含义似乎是想与贪污罪中的个人所得相对应，主张以分赃数额处罚。但大部分走私都未能发展到分赃阶段即被破获，因此法律没有用个人所得，而采用了个人走私一词，但“个人走私”含义不清，必然造成司法实践中的有法难依。从以上刑事立法与司法解释的发展过程中可以看出：除经济犯罪集团的首要分子和情节严重的主犯对总数额负责以外，其他经济犯罪分子应以个人所得（或称分赃数额）论处。但在共同盗窃犯罪中，提到的参与数额，并不明确。对于投机倒把、受贿等其他共同经济犯罪，应以什么数额作为处罚标准，刑事立法与司法解释没有规定，一般都参照上述规定处理。

二

由于刑事立法与司法解释没有对共同经济犯罪的处罚标准作出统一规定，不仅造成司法上的混乱，而且在刑法理论上也其说不一，观点各异。概而论之，主要存在以下几种观点。

一是分赃数额说，主张各共同犯罪人只对自己实际分得赃物的数额承担刑事责任。有人提出：“一般共同犯罪原则上应以个人非法所得的数额作为处罚的基础，同时考虑其在共同犯罪中的地位和作用，综合予以量刑。但是，对于集团犯罪的首犯，则应当按照共同犯罪的总额处罚。”根据这种观点，在司法实践中，首先应当根据各自分赃的数额确定其适用刑法条款，然后按照个人参与犯罪和分赃数额、在共同犯罪中的地位作用和其他情节，进行全面分析，依法对各共同犯罪人处罚。

二是分担数额说，主张各共同犯罪人应对本人“应当分担”的数额负责。至于如何确定各共同犯罪人“应当分担”的数额，有人提出：综观被告人在共同盗窃犯罪中参与的数额，个人所得数额，以及其地位与作用和整个案情，先确定各被告人应承担百分之多少的责任，根据这个责任的百分之比数再换算成作为对共犯中每个行为者是否定罪和怎样处刑依据的“数额”（不等于个人分赃的真实数额）。例如，某甲伙同他人共同盗窃 1 万元，根据整个案情确定某甲应承担 60% 的责任，那么，某甲就应承担 6 000 元的盗窃“数额”。

三是参与数额说，主张各共同犯罪人应对本人实际参与的经济犯罪数额承担刑事责任。有人提出："任何一个共同犯罪，各个共犯的犯罪都是彼此联系、互为条件的。每个共同犯罪人的行为与犯罪结果之间都存在因果关系。对于自己参与实施的盗窃行为，共同犯罪人主观上有共同的故意，客观上有共同的行为，他理应对这些行为负责。可见，以参与盗窃财物的数额作为各共犯承担责任的主要依据，是由共同犯罪的特点决定的"。

四是犯罪总额说，主张以共同经济犯罪的财物总额作为确定各共同犯罪人的刑事责任的标准。有人提出："在经济犯罪等案件中，所有共犯都应对他们造成的公共财产损失的总额负责，而不应搞所谓'分别负责'。当然，在决定各个犯罪成员的处罚时，应根据各人所起的作用和责任大小、认罪态度好坏等加以区别对待，但是这种区别只能建立在对他们共同犯罪结果负责的基础之上的区别，否则，共同犯罪和单个人犯罪就没有什么区别了。"

五是综合说，实际上是折中说，主张综合考虑全案因素，确定各共同犯罪行为的大小、然后据此定罪量刑。有人提出："不能只对自己参与盗窃或分得的数额承担责任，而是按照各共犯在共同盗窃活动中的实际作用。结合各自窃取和分得的财物数额，分别承担各自应负的刑事责任"。

在上述五种观点中，我主张犯罪总额说，但又认为该说过于空泛，需要运用共同犯罪的一般原理，进一步加以阐述，以此作为共同经济犯罪的一般标准。至于其他几种观点，都存在不妥之处。下面，在辨析其他几种观点的基础上，对犯罪总额说加以论述。

分赃数额说将个人非法所得的数额作为处罚的基础。表面上看似乎十分公允：得多罚重，得少罚轻。但此说过于强调各共同犯罪人的刑事责任的独立性，忽视共同犯罪的刑事责任的整体性，存在较大的弊病。第一，违背共同犯罪处罚的一般原理。共同犯罪的特点是在主观上的共同犯罪故意的支配下，客观上实施了共同犯罪行为。因此，各共同犯罪人无论是主犯还是从犯，都应当对共同犯罪总的结果承担刑事责任。例如在共同杀人的场合，甲砍了一刀，将被害人砍伤，乙则一枪将被害人打死。在这种情况下，由于甲、乙具有杀人的共同故意，都应以故意杀人既遂论处，对甲既不能以故意杀人未遂定罪，更不能以故意伤害罪论处，这也正是共同犯罪区别于单独犯罪的特征。如果甲、乙没有共同杀人的故意，而只是同时犯，那么上述案例中甲、乙应分别对自己的行为承担刑事责任，即甲以故意杀人未遂论处，乙以故意杀人既遂定罪。共同经济犯罪，数额虽然具有可分割性，但也不能违背共同犯罪处罚的一般原则。因此，分赃数额说不符合共同犯罪处罚的一般原理。第二，违背罪刑相适应的刑法基本原则。根据罪刑相适应的原则，共同犯罪处罚要重于单独犯罪的处罚，因为共同犯罪具有单独犯罪不可比拟的危害性。但分赃数额说却将共同经济犯罪总额分解为个人所得的分赃数额，各共同犯罪人只以个人所得数额处罚，显然违背共同犯罪从重处罚的原则，实际上是轻纵了共同犯罪。适用分赃数额说，就会产生大罪化小、小罪化无的结果。按照共同犯罪的一般原则，参加共同犯罪的人越多，社会危害性就越大，处罚也就越重。但根据分赃数额说则会得出相反的结论：参加共同犯罪的人越多，各共同犯罪人的刑事责任反而越小；参加犯罪的人多到一定程度，甚至就不构成犯罪了。例如，二人共同盗窃 5 000 元，平均分赃各得 2 500 元，各共同犯罪人都应适用刑法第 152 条，处 5 年以上 10 年以下有期徒刑。如果三人共同盗窃 5 000 元，平均分赃各得 1 500 多元，各共同犯罪人都应适用刑法第 151 条，处 5 年以下有期徒刑，如果 20 人共同盗窃 5 000 多元，平均分赃各得 250 元，就不构成犯罪了。造成同样大小的经济损失，仅因为参加犯罪及分赃的人数不同，而导致各共同犯罪人的刑事责任大相径庭，显然有悖于罪刑相适应的刑法基本原则。第三，分赃数额说不仅在刑法理论上是有缺陷的。在司法实践中也难以贯彻。首先，在共同经济犯罪未遂的情况下，分赃数额说难以执行。在犯罪未遂的情况下，犯罪分子没有得到任何财物，如何根据分赃数额处罚？其次，在某些共同经济犯罪案件中，有个别犯罪分子没有贪利动机，分文不要，但在共同经济犯罪中却起主要作用，分赃数额说难以执行。再次，在共同犯罪所得由各共同犯罪人共同挥霍的情况下，也无法执行分赃数额说。最后，共同经济犯罪得逞但尚未分赃就被破获的案件，也无法贯彻分赃数额说。以上种种情况说明，分赃数额说在司法实践中难以贯彻到底，因而产生了一些混乱。同时，主张分赃数额说的学

者都赞同对经济犯罪集团的首要分子按集团犯罪的总额处罚。但为什么首要分子按总额处罚，其他共同犯罪人都不对共同故意范围内的总额负责，只按分赃数额处罚？没有得到刑法理论上的确凿证明。况且，对不同共同犯罪人实行不同的处罚标准，容易造成混乱。当然我们否定分赃数额说，并不意味着在对犯罪分子处罚时对分赃数额根本不予考虑，只是否定将分赃数额作为共同经济犯罪的处罚标准。

分担数额说，根据犯罪分子在共同经济犯罪中的作用，确定各共同犯罪人应当分担的数额，在一定程度上克服了分赃数额说的缺陷。因为在没有分赃数额的情况下，各共同犯罪人在共同经济犯罪中的作用都是客观存在的，据此可以换算成相应的应当分担的数额。但这除了如何将在共同经济犯罪中的作用（质）转换成应当分担的数额（量）比较复杂、缺乏可行性以外，还存在一个根本缺陷：这种观点仍然强调各共同犯罪人的刑事责任的独立性，忽视共同犯罪的刑事责任的整体性，把共同犯罪视为数个单独犯罪的简单相加。在这一点上，分担数额说与分赃数额说如出一辙。根据分担数额说，以犯罪分子在共同经济犯罪中的作用换算成应当分担的数额，实际上还是各共同犯罪人按比例地承担犯罪总额，只是它确定分担比例的方法不同于分赃数额说罢了。分赃数额说是以个人所得为标准将共同经济犯罪总额分为若干份额，分别由各共同犯罪人承担。而分担数额说则是以犯罪分子在共同经济犯罪中的作用为标准，由于作用是抽象的、不可计量的，所以需要换算成数额。由于作用这一因素具有抽象性，所以能适应各种案件，较之机械的分赃数额说具有一定的优越性，但仍然未脱分赃数额说的窠臼。按照分担数额说，各共同犯罪人应当分担的数额之和等于共同经济犯罪总额。因此，共同经济犯罪参与的人越多，各人分担的责任也就越小，同样会放纵共同犯罪。总之，分担数额说也是不可取的。

参与数额说以各共同犯罪人实际参加的共同犯罪数额作为处罚标准，对于共同实行犯是适用的。因为在共同实行犯的情况下，各实行犯在共同故意的支配下，彼此联系，互为条件，其共同的经济犯罪行为造成了总的犯罪结果。因此，各实行犯都应对本人参与的经济犯罪数额承担刑事责任。但参与数额说不能成为

共同经济犯罪处罚的一般标准，因为在共同经济犯罪中，除共同实行犯以外，还包括组织犯（即首要分子）、教唆犯和帮助犯。这些人在共同犯罪中属于非实行犯，即没有直接参与经济犯罪的实施，而是对经济犯罪进行策划、指挥（组织犯）；或者对经济犯罪进行教唆（教唆犯）；或者对经济犯罪进行帮助（帮助犯人）。因此，对于非实行犯，不能适用参与数额说，对于这一点，即使主张参与数额说的同志也是赞同的。由此可见，参与数额说只能是共同实行犯的处罚标准，而不能作为共同经济犯罪的处罚标准。

综合说，表面上看照顾到了各种因素，但实际上这种观点并没有真正解决问题。例如，甲、乙共同盗窃 3 000 元，每人分赃各得 1 500 元，如果按分赃数额说应适用刑法第 151 条，而按犯罪总额说则应适用刑法第 152 条。那么，按照综合说，到底是适用刑法第 151 条还是第 152 条？不能得到明确回答，所以综合说无济于事。

由于上述各种观点都存在一定的缺陷，我们认为只有犯罪总额说可取。但目前我国刑法界对于犯罪总额的论述对于空泛，容易使人发生误解。因此需要根据共同经济犯罪的具体情况加以深入分析。我们认为，犯罪总额是一个总的提法，对于组织犯来说，这一犯罪总额就表现为经济犯罪集团预谋实施的经济犯罪总数额，我们简称为预谋数额。对于共同实行犯来说，这一犯罪总额表现为参与数额。对于教唆犯来说，这一犯罪总额就表现为教唆的数额，即在教唆犯的唆使下被教唆人所实施的经济犯罪总额。

那么，犯罪总额说是否违背罪责自负原则呢？我国刑法学界有人认为，经济领域中的共同犯罪的情况比较复杂，不少是一案多犯，少则几人，多则十几人，甚至几十人。在共同犯罪的结合形式上，有的有主从，有的就很难区分主从；有的是一般结伙，也有的是集团犯罪。每个罪犯在犯罪活动中的地位与作用不同，犯罪所得的数额也不同，如果要每个罪犯都对全案赃物总额负责，对每个共犯都以共同犯罪数额作为量刑的基础，那就是不加区别地要每个罪犯都承担其他共犯的罪责，这不符合罪责自负的原则，扩大了打击面，不利于对犯罪分子的分化瓦解。我认为这种批评是不能成立的。罪责自负是一条原则，但共同犯罪的罪责自

负与单独犯罪的罪责自负并不完全相同。在单独犯罪的情况下，行为人对自己犯罪行为所造成的危害结果承担刑事责任，就是罪责自负。而在共同犯罪的情况下，由于各共同犯罪人主观上具有共同犯罪故意，在客观上互相配合共同造成了一定的危害结果。因此，各共同犯罪人都应该对共同犯罪的结果承担刑事责任，这就是罪责自负。例如，甲、乙共谋杀丙，甲砍了三刀，乙砍了三刀，共同将丙砍死。分开来看，甲、乙的各三刀都不足以致丙死亡。但六刀却足以致丙死亡。那么，能不能说甲、乙应该分别以故意杀人未遂论处，都对本人所砍的三刀承担刑事责任，否则是违反罪责自负的原则呢？回答是否定的。由此可见，共同犯罪不是单独犯罪的简单相加，而是各共同犯罪人的行为的有机结合，是一个密不可分的整体，共同犯罪的这一特点决定了共同犯罪人的罪责自负具有不同于单独犯罪的表现形式。并且，同案犯与共同犯罪不能等同。因此，全案总额与共同犯罪总额也不能画等号。在经济犯罪集团的案件中，可能一案有十几个人，其中有的实行犯参与了某几起经济犯罪，另一些实行犯则参与了其他几起经济犯罪。在这种情况下，首要分子应对预谋的总额承担刑事责任。在一般情况下，预谋总额就是全案总额。也有个别经济犯罪，全案总额大于预谋总额。则只参与预谋的首要分子只对预谋范围内的共同犯罪总额承担刑事责任。至于经济犯罪集团中的实行犯，则只对本人参与的总额承担刑事责任。而且，确定了对共同犯罪总额以后，还要根据犯罪分子在共同经济犯罪中的地位、作用等因素分主从，这怎么能说是不加区别呢？对共同犯罪人区别对待，并不表现在各共同犯罪人对本人分赃所得数额承担刑事责任上，而体现在综合地考察其在共同经济犯罪中的作用，并根据作用大小予以轻重有别的处罚上。分赃数额说表面上好像是区别对待，但实际上它对共同犯罪与单独犯罪一视同仁，这恰恰是一种不区别对待。

那么各共同犯罪人都对共同犯罪总额承担刑事责任，是否违背罪刑相适应原则呢？我国刑法学界有的学者认为，共同承担责任不是要每一个犯罪人都对共同犯罪的全部危害结果承担责任，也不是要对所有共同犯罪人都根据全部危害结果判处刑罚。毫无区别地令参加共同犯罪的每个成员均负全部的责任，违背了罪刑相适应原则。举例子说，假如 10 个人盗窃 1 万元，如果各共同犯罪人都对这 1

万元承担刑事责任，那么，就等于是 10 万元，不符合犯罪分子造成的实际损失，因此是加重了共同犯罪人的责任。我认为这一责难也是不能成立的。各共同犯罪人对共同犯罪总额承担刑事责任，是指各共同犯罪人对该共同犯罪总额都要承担一份刑事责任，而并不意味着每个共同犯罪人都必须对共同犯罪总额负全部刑事责任，或者负平均的责任。至于每个共同犯罪人所承担的那份刑事责任的大小，还要根据其在共同犯罪中所处地位和作用大小来加以确定。由于共同犯罪的社会危害性大于单独犯罪，因此，各共同犯罪人承担刑事责任的总量肯定要大于单独犯罪，但绝不意味着每个共同犯罪人都对共同犯罪总额承担全部刑事责任。假如甲、乙二人共同将丙杀害，甲、乙都应定故意杀人罪，那么是否就等于一案杀死两个人了呢？显然不能。在一般情况下，如果甲、乙有主犯与从犯之分，那么，主犯甲判处死刑，从犯乙判处 10 年有期徒刑。在这种情况下，甲、乙都对丙死亡的结果承担刑事责任，并不是说甲、乙都对丙死亡的结果承担全部责任。当然，如果甲、乙情节都特别严重，依法都判处死刑，也不能说就是违反罪刑相适应原则。既然在故意杀人罪中是如此，在经济犯罪中为什么不应当如此呢？

综上所述，我认为在对共同犯罪定罪的时候，应以犯罪总额为准。只有这样，才能充分体现对共同犯罪从重处罚的原则。

（本文原载《法学》，1988（12））

论经济犯罪之间的刑罚协调

经济犯罪之间刑罚的协调，是指对各种经济犯罪处罚在刑事立法与司法上的和谐统一。由于经济犯罪不仅在刑法典中规定，而且在经济法规和单行刑事法规中规定，并且涉及刑法的立法解释和司法解释，因此，经济犯罪之间刑罚的协调，既包括刑法典本身规定的不同经济犯罪之间刑罚的协调，也包括刑法典与经济法规、单行刑事法规规定的经济犯罪之间刑罚的协调，还包括刑法典与刑法的立法解释和司法解释的经济犯罪之间刑罚的协调。如果说，把上述刑法典本身规定的不同经济犯罪之间刑罚的协调称为内部协调，那么，刑法典与经济法规、单行刑事法规、刑法的立法解释、司法解释规定的经济犯罪之间刑罚的协调就可以称为外部协调。经济犯罪之间刑罚的协调，就是这种内部协调与外部协调、立法协调与司法协调的统一。

经济犯罪之间刑罚协调的要旨，在于对不同经济犯罪的惩罚应当保持一定的和谐统一的关系，使得对各种经济犯罪的惩罚都能达到罪刑相适应的要求，从而充分发挥刑法在坚持改革和开放，发展社会主义商品经济中的保障功能。

一

我国刑法是 1979 年 7 月颁布的。制定刑法时，我国处于产品经济时期，尚

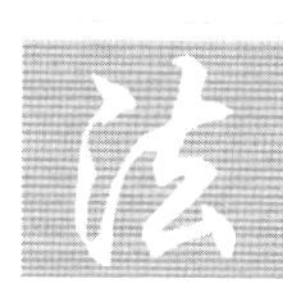

未进行经济体制改革，发展商品经济也没有提到议事日程上。所以，我国刑法对经济犯罪的规定比较原则，内容比较抽象，条文也不多。罪名只有二三十个，对各种经济犯罪规定的法定刑也是根据当时的情况。就制定刑法的当时情况来说，对各种经济犯罪规定的刑罚基本上是协调的。

党的十一届三中全会以后，我国实行对外开放、对内搞活经济的政策，对经济体制进行改革。随着经济体制改革的深入，商品经济的不断发展，经济关系复杂了，经济犯罪情况发生重大变化。这种变化主要表现在：其一，传统财产犯罪中衍生出各种新型经济犯罪，例如，从诈骗罪中衍生的合同欺诈、贷款欺诈、保险欺诈等犯罪。这些新型的经济犯罪虽然具有传统诈骗罪的外观，但其侵犯的客体主要是社会主义经济秩序，而不是财产的所有权。其二，打着为国家、为集体的旗号进行经济犯罪。从已经揭发出来的经济犯罪的情况看，不少案件是以单位名义，犯罪人拿着盖有公章的证件，用单位的银行户头，动用公家的款子，通过“正常”的渠道，在合法的幌子掩护下，大肆进行经济犯罪活动。有些案件甚至是由单位“集体讨论决定”，主要领导干部亲自出马打通门路，以进行“市场调节”“搞活经济”，“增加国家、集体收入”为名，有恃无恐地大搞犯罪活动。其三，内外勾结，结伙作案，涉及面广，牵连的人多。从近几年发生的经济犯罪情况看，单个人进行犯罪活动的也有，但数量不多，大量的是内外勾结，共同作案，集团案件也占有相当数量。这种共同犯罪案件和集体犯罪案件，涉及的人少则有几个人，多则有几十人，甚至上百人。这些人有的是一个单位、一个地区，有的是几个单位、几个地区，甚至涉及几个市或者几个省。其四，数额巨大，危害严重。新中国成立初期，“三反”中揭发出来的上万元的贪污案件是比较少的，而现在的贪污一万元、几万元、十几万元、几十万元甚至上百万元的案件为数很多。例如，1988 年全国共判处贪污案件被告人 8 248 名，其中贪污数额 5 万元以上不满 10 万元的有 166 人，10 万元以上的有 73 人，贪污数额最多的一人达 334 万元。其他经济犯罪情况也基本上如此。这些经济犯罪活动，给国家和集体利益造成的损失是相当严重的。

上述经济犯罪的变化情况表明，原来刑法典对有些经济犯罪规定的法定刑过

轻，已经不能适应同当前经济犯罪作斗争的需要。因此，国家立法机关通过立法活动，调整了某些经济犯罪的法定刑，最高司法机关也对某些经济犯罪刑罚的适用进行了解释，这些对经济犯罪之间刑罚的协调起到了一定的缓和作用。但是，由于缺乏通盘考虑，因而又出现了新的不协调。由于这种新的不协调的存在，在司法实践中处理某些经济犯罪案件时，常常遇到难题，并且产生争论，影响对一些严重经济犯罪的打击。

经济犯罪之间刑罚新的不协调是由于下列因素形成的。

（一）由于立法机关对某些经济犯罪法定刑的修改而引起经济犯罪之间刑罚的不协调

1982 年 3 月，全国人大常委会颁布了《关于严惩严重破坏经济的罪犯的决定》，1988 年 1 月颁布了《关于惩治走私罪的补充规定》《关于惩治贪污罪贿赂罪的补充规定》等。这些《决定》或《规定》提高了一些经济犯罪的法定刑，进一步明确了某些经济犯罪定罪量刑的数额标准，这是必要的。但是，由于只对某些突出的经济犯罪提高了法定刑，这就打破了立法时法定刑的整体结构，出现了新的不协调。例如，盗窃、诈骗、抢夺这三种犯罪，由于其侵犯的客体、犯罪的主体和主观方面都一致，所不同的只是实施犯罪的方法，所以在立法时将这三种犯罪规定在刑法第 151 条和第 152 条，适用同一法定刑。这在当时情况下，是体现罪刑相适应原则的。但是，在《关于严惩严重破坏经济的罪犯的决定》中，将数额巨大，情节特别严重的盗窃罪法定刑提高到死刑，而对诈骗罪和抢夺罪的法定刑未作调整，因而这三种犯罪的刑罚就失去了均衡。再如，刑法第 117 条规定的投机倒把罪和第 122 条规定的伪造或者贩运伪造的国家货币罪，这两种犯罪都违反金融管理法规，就这个意义上说，伪造或者贩运伪造的国家货币罪，也是一种投机倒把罪。但是，由于伪造或者贩运伪造的国家货币罪的社会危害性更为严重，立法时将其从投机倒把罪中独立出来，另立专条，规定了较投机倒把罪更为严厉的刑罚，这也体现了罪刑相适应的原则。但在上述决定中，对情节特别严重的投机倒把罪增加了死刑的规定，而对伪造或者贩运伪造的国家货币罪法定刑未作调整，因而造成了该两种犯罪刑罚新的不协调。

（二）由于经济法规中规定刑罚规范不严谨而引起的不协调

我国刑法实施以来，国家为适应经济发展的需要，制定了许多经济法规，在这些经济法规中，一般都规定了刑事处罚条款，亦称刑法规范或称刑事罚则。根据统计，立法机关利用这种形式对刑法二十多个条文进行了补充或修改。这样做的好处是可以适时而有效地打击经济犯罪，同时又在一定程度上修改、补充和完善了刑法。但是，从近几年经济法规制定的情况看，往往不考虑刑法典如何规定，也不看刑法典有无规定，制定出一些似是而非，甚至有悖于刑法基本理论的刑事处罚条款，因而出现了一些与刑法中对有些经济犯罪规定的刑罚的不协调，造成理论与实践的混乱，影响了经济刑事罚则的可行性。例如，根据我国刑法第128条规定，盗伐、滥伐林木罪最高法定刑是3年有期徒刑。鉴于近几年盗伐林木案发生较多，危害比较严重，原来刑法对这种犯罪规定的法定刑显然偏轻，不符合罪刑相适应原则。

1984年9月，全国人大常委会通过的《中华人民共和国森林法》对刑法第128条作了修改，加重了盗伐林木罪的刑罚。该法第34条第3款规定："盗伐林木据为己有，数额巨大的，依照刑法第一百五十二条的规定追究刑事责任"。这一规定解决了盗伐林木罪法定刑偏轻的问题，对严惩严重盗伐林木的犯罪是必要的。但是，刑法第152条规定数额巨大的盗窃罪的法定刑是5年以上10年以下，而刑法第128条盗伐林木罪的法定最高刑是3年有期徒刑，这样，就发生了这两种犯罪的法定刑幅度没有衔接，因而出现了空档。同时，该条规定的盗窃罪，如果情节特别严重的，可以判处10年以上有期徒刑或者无期徒刑，1982年3月8日全国人大常委会通过修改后可以判处死刑。如果盗伐林木数额巨大，情节又特别严重的，如何处理呢?《森林法》本身没有规定，这使司法机关无所适从。

（三）由于司法解释引起的不协调

刑法实施以来，特别是近几年来，最高人民法院、最高人民检察院关于办理经济犯罪案件具体应用法律问题进行了不少司法解释。这些司法解释对于统一各种不同的认识，使有关经济犯罪刑罚相互协调等都起到了一定的积极作用，但是，也由此产生了某些比较明显的不协调的情况。例如，我国刑法中规定的盗窃

罪和诈骗罪，这两种犯罪同属于侵犯财产罪。第 151 条规定盗窃、诈骗公私财物“数额较大”的才构成犯罪，“数额巨大”是法定刑升格的标准。立法上对“数额较大”“数额巨大”的具体数额没有明确规定。1984 年 11 月 2 日，最高人民法院和最高人民检察院在《关于当前办理盗窃案件具体应用法律的若干问题的解答》中，将构成盗窃罪“数额较大”的起点确定在 200 元至 300 元，个别经济发展较快的地区，可提高到 400 元，以 2 000 元至 3 000 元为数额巨大的起点。而 1985 年 7 月 8 日“两高”在《关于当前办理经济犯罪案件中具体应用法律的若干问题的解答（试行）》中，却将诈骗罪“数额较大”的起点确定为 500 元，10 000 元以上为“数额巨大”的起点。上述司法解释使盗窃罪和诈骗罪在量刑方面产生了严重失调现象。以犯罪数额同是 400 元来说，如属盗窃行为就构成犯罪，并可处 5 年以下有期徒刑，而如属诈骗行为就不构成犯罪；再以犯罪数额同是 3 000 元，如属盗窃罪就要判处 5 年以上 10 年以下有期徒刑，如属诈骗罪只能判处 5 年以下有期徒刑、拘役或者管制。要是将两种犯罪的社会危害性加以比较，诈骗罪的社会危害性并不比盗窃罪的小，而起刑数额和决定刑罚轻重的数额却是相差如此之大，这显然违反了社会危害性程度决定刑罚轻重的原则。

二

通过以上所述表明，发生经济犯罪之间刑罚不协调的现象，其原因来自刑事立法和刑事司法两个方面。因此，要达到经济犯罪间刑罚总体上再协调，同样不能离开刑事立法和刑事司法这两个方面。然而，刑事司法的协调是有限度的，它只能在不违背法律规定的范围内进行。因此，要达到经济犯罪间刑罚的协调，使得对每一种犯罪的处罚都能达到罪刑相适应的要求，实现刑事立法的再协调是基本的一环。

如何实现刑事立法再协调呢？具体来说就是以下几点。

（一）修改、补充现行刑法典

法典型的立法方式，在整个经济刑事立法体系中始终占主导地位。修改、补

充现行刑法典对协调经济犯罪之间刑罚的意义主要表现如下。

1. 增加新罪名。近年来，由于经济体制改革的深入，商品经济的日益发展和新型经济关系的不断涌现，有些经济行为的社会危害性已经达到一定的严重程度，需要给予刑罚处罚，但在刑法分则中无明文规定。对于这种情况，在司法实践中有的用类推加以解决，有的硬性引用刑法分则某些条文加以处罚。例如，侵占他人遗忘物的，类推以盗窃罪加以处罚；对于以营利为目的，制作、贩卖非法出版物的，直接以投机倒把罪加以处罚；对于利用合同进行欺诈的行为，以诈骗罪进行处罚等。对于这些犯罪行为与所引用的定罪量刑条文，在犯罪构成要件和社会危害性程度上有较大的差异，往往会导致量刑上的畸轻畸重，造成某些经济犯罪之间刑罚失去均衡。通过刑事立法的形式增加一些新罪名，并规定相应法定刑，就可以达到对这些犯罪的处罚实现罪刑相适应，也使不同经济犯罪之间的刑罚相协调。

2. 取消某些罪名。有的经济犯罪在量刑方面同其他经济犯罪无法协调。例如，贪污罪同盗窃罪存在严重不协调就是一例。按最高人民法院、最高人民检察院的解释，盗窃罪一般以 200 元至 300 元为数额较大的起点，而贪污罪一般以 2 000 元为数额较大的起点。这样在定罪数额标准上，贪污罪高出盗窃罪约十倍。在量刑上，盗窃二三千元就算数额巨大，可判处 5 年以上 10 年以下有期徒刑，而贪污 2 000 元～3 000 元才刚刚构成犯罪，只能判处 5 年以下有期徒刑或者拘役。对此问题如何解决，刑法理论界有三种观点：其一，把我国历来作为贪污罪处理的“监守自盗”行为，作为盗窃罪论处。其二，在量刑上对贪污罪与盗窃罪掌握一致的数额标准。其三，取消贪污罪的罪名。我们基本赞同第三种观点，认为把现行刑法中规定的贪污罪所包含的几种行为方式，分别纳入现有的或者新增的犯罪。具体意见是：(1) 对盗窃罪、诈骗罪分别以单独条文加以规定，把利用职务便利盗窃、诈骗公共财物的犯罪行为，分别规定为盗窃罪和诈骗罪的从重处罚的情节。(2) 增设侵占罪的条文，分两种情况规定：一种是规定普通的侵占公私财物的行为，另一种是规定利用职务便利，侵占公私财物的行为。后者的法定刑应当较前者的为重。

刑法作这样修改的好处：第一，体现对社会主义公共财产特殊保护的立法精神。第二，为从严惩治利用职务便利侵犯公共财产的犯罪人提供了立法保障。第三，借鉴外国的立法经验。许多国家刑法典中，都规定有侵占财物的犯罪。有些国家如罗马尼亚、保加利亚、蒙古、捷克等国的刑法典，把侵占公共财物与侵占私有财物分别定罪，以突出对公共财物的特殊保护。如果增设上述的侵占罪规定，就弥补了我国刑法中的一个缺陷，使立法得到了完善，对司法实践也更加有利。

3. 调整某些经济犯罪法定刑的内部结构。我国刑法制定时由于处在产品经济时期，有些经济犯罪发生很少，其社会危害性也相对较小，所以刑法规定的法定刑也较轻。例如，对偷税、抗税行为，假冒商标行为，盗伐、滥伐林木行为，非法捕捞水产品行为，非法狩猎行为等，法律规定必须是情节严重的才构成犯罪，即使构成犯罪，其最高法定刑才 3 年或者 2 年有期徒刑，而且都是单一情节的法定刑。随着商品经济的发展，上述经济犯罪迅速增加，其社会危害性也较大，刑法原来规定的法定刑显然偏轻，应适当提高，这种提高主要表现为增加这些经济犯罪的法定刑档次，将原来单一情节的法定刑，改为两个或者两个以上情节的法定刑。例如，刑法第 121 条规定："违反税收法规、偷税、抗税，情节严重的，除按照税收法规补税并且罚款外，对直接责任人员，处三年以下有期徒刑或者拘役"。可以增加"情节特别严重的，处三年以上五年以下有期徒刑"。

（二）经济法规中规定刑法规范

随着商品经济体制的确立和商品经济活动的日益频繁，经济犯罪形态已呈现不断翻新的趋势，刑法典必然发生不相适应的情况。为了弥补法典型立法方式这种缺陷，通过经济法规中规定刑法规范是解决问题的一条重要途径。关于如何在经济法规中规定刑法规范，各国立法例不尽相同，概括起来主要有两种形式：一种是在经济法规中有条件地规定含有独立罪名及其法定刑的刑事罚则。这种形式的立法例，是独立于刑法典之外的一种经济刑事立法方式。另一种是根据刑法典在经济法规中对有关经济犯罪，规定出照应性或者比照性的规范，这种立法例是只规定出罪状，而量刑则比照或者按照刑法分则有关条款规定的法定刑处罚。我

国经济法规中规定的刑法规范，是采取后一种立法方式。在有的刑法学论著中，也提出在我国经济法规中规定含有独立罪名及其法定刑的刑事罚则。如果所有经济法规中规定刑法规范都采取这种立法形式，这样，整个刑法典就变成只相当于刑法通则，很大一部分刑法分则条文就失去存在的意义了，这就破坏了刑法体系、结构的科学性，因而这种立法例形式是不可取的。

在经济法规中规定刑法规范，要遵守协调统一的原则。这种协调统一主要体现在：(1) 要与刑法典相协调，我国刑法典分为总则和分则两编。经济法规中规定刑法规范首先要受刑法总则的制约。例如，根据刑法规定，任何犯罪的成立，必然是主观要件和客观要件的统一，缺少其中任何一个方面都不能构成犯罪。其次，经济法规中的刑法规范，也要与刑法分则协调一致，互相衔接。例如，我国《渔业法》第 29 条规定："偷捕、抢夺他人养殖的水产品的，破坏他人养殖水体、养殖设施的……数额较大，情节严重，依照刑法第一百五十一条或者第一百五十六条的规定，对个人或者单位直接责任人员追究刑事责任。"《渔业法》的这一规定既根据渔业生产的特点，将新的危害社会的行为规定为犯罪，用刑罚加以制裁，又与刑法分则规定相衔接、相统一。(2) 不同经济法规中的刑法规范之间要协调统一。经济法规中的刑法规范，是以个别规范的形式出现的，所以在制定的时候，立法者很容易习惯于将刑法规范置于其所在的经济法规的整体之中考察，而疏忽于将该刑法规范与其他经济法规中的刑法规范进行横向比较，以致发生不同经济法规中的刑法规范缺乏协调统一。例如，关于法人能否成为犯罪主体，如果能够成为犯罪主体，其刑事责任如何承担等问题，我国海关法规定了法人可以成为走私罪的主体，并规定了负刑事责任的原则。而上面所述的渔业法规定，法人"偷捕、抢夺他人养殖水产品的，破坏他人养殖水体、养殖设施"构成犯罪的，却只规定惩罚直接责任人员。显然，这两个法规中规定的刑法规范就不是协调统一的。

（三）编纂经济法规中的刑法规范

由于改革、开放经济形势的发展，人们的经济行为数量大量增长，经济活动的范围日益广泛，国际经济交往更加频繁，因而调整各种经济关系的法规必将大

量增加，规定于经济法规中的刑法规范的数量和层次也会积少成多，但是，由于这些刑法规范分散规定在各种不同的经济法规之中，因而必然给司法机关运用这些刑法规范带来很多困难。为了弥补这个缺陷，对经济法规中的刑法规范进行编纂具有重要意义。

编纂经济法规中的刑法规范是一种立法活动，它在重新审查所有经济法规中的刑法规范的基础上，进行编纂整理、系统归纳。如发现某些经济法规中所规定的刑法规范罪状描述不确切，与所比照处罚的刑法条文不协调或者需要制定新的规范，可以进行修改、补充，消除矛盾，以达到刑法规范之间的协调，使之形成一个从某些共同原则出发的、有内在联系的统一体。编纂经济法规中的刑法规范时，应注意：（1）要详细描述有关经济犯罪的主客观特征。（2）明确该经济犯罪属于哪一个经济法规之第几条（款）。（3）不同刑法规范之间要协调统一。这样编纂出来的法律，既便于司法实践部门直接引用，也便于人民群众认识与理解这些经济犯罪的不同内涵。

编纂经济法规中的刑法规范同法律汇编是有着重要区别的。法律汇编不属于立法活动范围，它仅是指将国家一定时期内颁布的各种法律文件，按年代顺序或者部门之别汇编成册，方便使用。而法规编纂，它不仅可以按照一定的原则和体系，使不同经济法规所规定的刑法规范系统化，而且必要时可以修改和补充原来的刑法规范。

三

刑事立法上的协调是实现不同经济犯罪间刑罚协调的前提。但是，经济犯罪间刑罚协调的最后实现，还有赖于刑事司法。因为刑事立法的任务是创制一定的法律规范，设立一种假定的罪刑关系，而我国刑法分则对各种犯罪法定刑的规定方式，是采用相对确定的法定刑。每一种犯罪规定的法定刑，往往有几个刑种或者几个幅度可供选择；有些经济犯罪既规定有几种主刑，又规定有附加刑。对各种犯罪只要在法律规定的法定刑范围内，审判人可以根据犯罪行为及犯罪人的各种情况，任意选择宣告刑的刑种和幅度，无论如何选择都应视为合法。刑法这样规定，虽然它为做到罪刑相适应，不同经济犯罪之间刑罚的协调提供了法律基础，但却不能保证每个案件的审理结果都能做到刑罚间的协调。因为犯罪总是具体的，裁量刑罚也只能根据犯罪的具体情况，因此，对于具体犯罪来说，只有对案件综合考察，才能真正做到罪刑相适应，使不同经济犯罪间的刑罚达到真正的协调。所以，只有刑事立法上的协调，而没有刑事司法上的协调，不同经济犯罪之间刑罚的协调是不可能最后实现的。

在刑事司法中，要做到不同经济犯罪间刑罚的协调，应注意以下几点。

1. 正确掌握和运用刑法总则关于量刑情节的各项规定，为了帮助审判人员在审理具体犯罪案件时，确认哪些情节是证明犯罪人和犯罪行为的社会危害性较大，或者确认哪些情节是证明犯罪人和犯罪行为社会危害较小，我国刑事立法明确规定了从重处罚、从轻处罚或者减轻处罚的情节。但是，我国刑法对法定情节的规定，只允许在量刑时考虑，却没有进一步限制。例如，对于自首犯，可以从轻处罚。其中，犯罪较轻的，可以减轻或者免除处罚；犯罪较重的，如果有立功表现，也可以减轻或者免除处罚。根据法律这一规定，对于自首犯的不同情况处罚，有三种选择，应如何具体选择，法律未作限制；同时法律规定是“可以”在什么情况下予以考虑，在什么情况下可不予以考虑，从轻允许轻到什么程度等，法律均无具体规定。因而在司法实践中，轻罪重判，重罪轻判，同罪不同罚的现象时有发生。1989 年 10 月，四川省吴某某贪污 31 万元，因投案自首被从轻判处有期徒刑 3 年，缓刑 4 年。而几乎在同一时间，山西省刘某某贪污 2.6 万元，投案自首后被从轻判处有期徒刑 3 年，缓刑 3 年。贪污罪法定刑的规定是协调的，但对这两个案件的处理却不协调了。

2. 严格遵守刑法分则规定的法定刑。我国刑法分则对各种经济犯罪规定的法定刑，一般都划分了不同的档次，并规定了适用不同档次法定刑的条件。然而这种条件的法律用语多为“情节严重”“情节恶劣”“情节特别恶劣”“给国家和人民利益造成重大损失”等概括性用语。这种用语本身不能说明其确定的内涵和外延，应如何理解和掌握，是法学界和司法界长期进行探讨而至今没有解决的问

题，我们认为，最理想的是：最高人民法院能够经常将一些已处理的经济犯罪，在定罪和量刑方面都比较恰当的案例予以汇编公布，供各人民法院在处理经济犯罪时参考。这对克服刑法分则规定经济犯罪法定刑档次法律用语含糊，审判人员难以统一理解的缺点将起重要作用。因为每个经济犯罪案件情况虽然不同，但同一性质的案件之间，在其主要方面，往往有许多相同的地方，而在这些情节大致相同的案件之间，危害性是有可比较性的，因而其所处的刑罚也是有可比性的；即使具体案件与已有案例很不一致，也能找到量刑的一定可比之处。近几年最高人民法院汇编过一些较典型的刑事案例，对协调不同经济犯罪间的刑罚确实起了一定作用，但还没有形成制度。

对经济犯罪量刑时参考已经处理的案例，这与英美法系国家的判例制度有什么不同呢？在英美法系国家，某个判例一经产生，它不仅对本案当事人具有法律效力，而且它确立的原则，在理论上说，下级法院，甚至本法院在判决其他类似案件时，也必须遵循。在我国，国家制定的刑事法律是各级人民法院审理案件的最高准则，任何一级法院所作出的判决，都只对本案发生效力，而不能具有普遍约束力，即使最高人民法院所选编或判决的案例，也只是供各级人民法院审理案件时参考。也就是说，在我国，刑事判例不具有创制法律的功能。如果法官不仅在审理案件时实施法律，而且通过判决案例创制法律，就破坏了我国立法权统一的原则。当然，由于最高人民法院选编或判决的案例，一般都是适用法律正确，定罪量刑适当，诉讼程序合法的案例，因此，这些刑事案例虽然对审理类似案件并无约束力，但适当参考其定罪判刑，这对不同经济犯罪之间的刑罚的协调，提高办案质量是有重要指导作用的。就一定意义上说，这是吸收英美法系国家判例制度长处的一种具体表现。但从总体上说，我国在对经济犯罪量刑时参考已处理的案例，同英美法系国家的判例制度是有原则区别的。

3. 准确运用司法解释。刑法的司法解释属于司法的范畴，准确运用刑法的司法解释，是实现不同经济犯罪之间刑罚协调的重要一环。前面已经指出，我国刑法对经济犯罪法定刑的规定都比较原则，幅度也较大。这样规定的好处，是便于审判人员根据案件的具体情况，灵活运用刑罚。但其缺点是由于刑罚幅度较大，审判人员享有过于广泛的刑罚裁量权，对巩固社会主义法制不利。同时，由于我国各级人民法院审判人员的法律意识和业务素质有所差异，因而对有些情况大致相同的经济犯罪案件，各地区处理起来就各不相同，甚至差别很大。通过司法解释，对司法实践中一些易出偏差、易生分歧的经济犯罪的惩罚问题，作出明确而又具体的解释，把对某些经济犯罪法定刑的原则规定具体化，是协调全国打击经济犯罪，统一刑法执行的重要而有效的杠杆。也可以说，刑法司法解释是沟通刑事立法和刑事司法的桥梁。例如，对《森林法》中规定的盗伐林木"据为己有"及"数额巨大"的含义，刑法理论界和司法实践中大家认识不一，争论较大，以致影响了对盗伐林木罪的处理。为了解决这一问题，保证刑罚的协调统一，最高人民法院、最高人民检察院在《关于办理盗伐、滥伐林木案件应用法律的几个问题的解释》中，既对"数额巨大"的起点确定了一个大体统一的认识标准，同时对"据为己有"的含义作了限制解释。这就解决了盗伐林木罪法定刑偏轻的问题，使罪刑相适应原则得到了体现。

新中国成立以来，最高司法机关在刑法的适用方面作过好多解释，由于年积月累，数量很多，不同解释之间前后不一致的情况也有存在，其中大部分又没有公开，法学界和司法界人员都难以掌握，至于社会上一般群众更是知之甚少。为使刑法的司法解释能够被及时了解和掌握，也使不断颁行的司法解释不致因其日益增多和前后不一致的规定，而影响其对司法实践的指导作用，最高司法机关应有计划、有步骤地开展对刑法的司法解释的编纂整理工作。通过编纂整理，明令废止失效的解释，解决和消除纵横交错解释间的矛盾，以使刑法的司法解释进一步得到加强、发展和完善。

（本文与杨敦先合著，原载《北京大学学报》，1990（3））

经济刑法典（理论案）及其说明

一、《中华人民共和国经济刑法典（理论案）》

第一章　法　例

第一条　【制定根据】

本法以《中华人民共和国宪法》和《中华人民共和国刑法》为根据，结合我国经济犯罪的实际情况和经济刑事司法的客观需要制定。

第二条　【经济犯罪的概念】

在经济领域中，为谋取不法利益，违反经济法规，侵犯国家经济管理制度，依照本法应受刑罚处罚的，是经济犯罪；但情节显著轻微、危害不大的不以经济犯罪论处。

第三条　【法人犯罪及其刑事责任】

法人的主管人员和直接责任人员在执行职务活动中，以法人的名义，根据法人决策机构的旨意，为法人利益实施依照本法应受刑罚处罚的行为，是法人

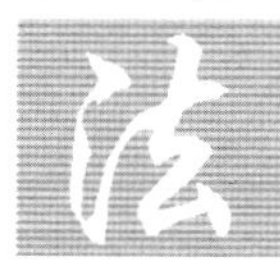

犯罪。

法人实施本法规定的经济犯罪的，对其主管人员和直接责任人员，参照本法对自然人犯罪的规定处罚，可以酌情从轻或者减轻处罚；但私营企业法人除外。对法人判处罚金。

非法人团体犯本法规定之罪的，适用前款之规定。

第四条 【共同经济犯罪及其刑事责任】

二人以上共同故意实施本法规定之罪的，是共同经济犯罪。

共同经济犯罪人应当对犯罪总额承担刑事责任。

第五条 【对经济犯罪适用的特定之刑】

国家工作人员利用职务上的便利犯本法规定之罪的，应当剥夺其从事公务活动的权利三年以上七年以下。非国家工作人员犯本规定之罪的，应当剥夺其从事工商活动的权利一年以上五年以下。

法人犯本法规定之罪的，除依本法第三条之规定处罚外，应当停业整顿；情节特别严重的，应当强制破产。

第六条 【经济犯罪累犯】

因犯本法规定之罪被判处有期徒刑以上刑罚的犯罪分子，刑罚执行完毕或者赦免以后，在五年以内再犯本法规定应当判处有期徒刑以上刑罚之罪的，是经济犯罪累犯，应当从重处罚。

法人在五年以内再犯本法规定之罪的，适用前款之规定。

第二章 侵犯海关、外汇管理制度的犯罪

第七条 【走私罪】

违反海关法规、逃避海关监管，运输、携带、邮寄国家限制进出口或者依法应缴纳关税的货物、物品进出境，情节严重的，处三年以下有期徒刑或者拘役，并处或者可以单处罚金；数额巨大的，处三年以上十年以下有期徒刑，并处罚金；情节特别严重的，处十年以上有期徒刑，并处罚金。

第八条 【走私违禁品罪】

违反海关法规，走私下述违禁品的，处三年以上七年以下有期徒刑，并处罚

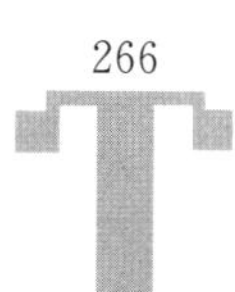

金；情节严重的，处七年以上十年以下有期徒刑，并处罚金；情节特别严重的，处十年以上有期徒刑或者无期徒刑，并处罚金或者没收财产：

（一）走私鸦片、海洛因、吗啡或者其他毒品；

（二）走私武器、弹药；

（三）走私伪造的货币；

（四）走私淫秽物品；

（五）走私国家禁止出口的文物；

（六）走私珍贵动物及其制品；

（七）走私黄金及其制品。

第九条 【武装走私罪】

违反海关法规，以武装掩护走私的，处三年以上十年以下有期徒刑，并处罚金；情节严重的，处十年以上有期徒刑或者无期徒刑，并处罚金或者没收财产。

第十条 【套汇罪】

违反外汇管理法规，套汇数额较大或者情节严重的，处三年以下有期徒刑或者拘役，并处或者可以单处罚金；套汇数额巨大或者情节特别严重的，处三年以上十年以下有期徒刑，并处罚金。

第十一条 【逃汇罪】

违反外汇管理法规，逃汇数额较大或者情节严重的，处三年以下有期徒刑或者拘役，并处或者可以单处罚金；逃汇数额巨大或者情节特别严重的，处三年以上十年以下有期徒刑，并处罚金。

第三章 侵犯市场管理制度的犯罪

第十二条 【非法倒卖罪】

违反市场管理法规，以营利为目的，倒卖下述物品，数额较大或者情节严重的，处五年以下有期徒刑，并处或者可以单处罚金；数额巨大的，处五年以上十年以下有期徒刑，并处罚金。情节特别严重的，处十年以上有期徒刑或者无期徒刑，并处罚金或者没收财产：

（一）倒卖国家禁止、限制自由买卖的物资；

（二）倒卖外汇；

（三）倒卖有价证券、计划供应票证或者其他票证；

（四）倒卖金银及其制品；

（五）倒卖文物；

（六）倒卖其他专营专卖物资。

非法倒卖犯罪集团的首要分子或者以非法倒卖为常业的，应当从重处罚。

国家工作人员利用职务上的便利非法倒卖的，应当从重处罚。

第十三条 【哄抬物价罪】

违反价格管理法规，以营利为目的，实施下述行为之一，情节严重的，处三年以下有期徒刑或者拘役，并处或者可以单处罚金；情节特别严重的，处三年以上七年以下有期徒刑，并处罚金：

（一）企业之间或者行业组织商定垄断价格的；

（二）大量抢购紧俏商品或者违反规定层层加价销售商品，致使物价上涨的；

（三）垄断市场货源或者商品交易，欺行霸市的。

第十四条 【制造、销售伪劣产品罪】

违反工商管理法规，在生产、流通中以假充真、以次顶好，制造、销售伪劣产品，致使消费者利益遭受重大损害的，处五年以下有期徒刑，并处或者可以单处罚金；情节严重的，处五年以上十年以下有期徒刑，并处罚金；情节特别严重的，处十年以上有期徒刑，并处罚金。

第十五条 【制造、销售伪劣药品罪】

违反药品管理法规，以营利为目的，制造、销售伪劣药品危害人民健康的，处五年以下有期徒刑，并处或者可以单处罚金；造成严重后果或者数额巨大的，处五年以上十年以下有期徒刑并处罚金；情节特别严重的，处十年以上有期徒刑或者无期徒刑，并处罚金或者没收财产。

第十六条 【制造、销售伪劣食品罪】

违反食品管理法规，以营利为目的，制造、销售伪劣食品危害人民健康的，

处五年以下有期徒刑，并处或者可以单处罚金；造成严重食物中毒事故或者其他严重食源性疾患的，处五年以上十年以下有期徒刑，并处罚金；情节特别严重的；处十年以上有期徒刑或者无期徒刑，并处罚金或者没收财产。

第十七条 【制造、销售、使用不合格计量器具罪】

违反计量管理法规，以营利为目的，制造、销售、使用不合格的计量器具，情节严重的，处五年以下有期徒刑，并处或者可以单处罚金。

第十八条 【制造、销售、运输毒品罪】

违反毒品管理法规，制造、销售、运输鸦片、海洛因、吗啡或者其他毒品，处五年以下有期徒刑，并处或者可以单处罚金；制造、销售、运输毒品的惯犯或者数额巨大的，处五年以上十年以下有期徒刑，并处罚金；情节特别严重的，处十年以上有期徒刑或者无期徒刑，并处罚金或者没收财产。

第十九条 【出版、印刷、发行、销售非法出版物罪】

违反出版管理法规，以营利为目的，出版、印刷、发行、销售非法出版的、报纸、期刊、图书、录音带、录像带或者非法出版物，数额较大或者情节严重的，处三年以下有期徒刑或者拘役，并处或者可以单处罚金；数额巨大或者情节特别严重的，处三年以上七年以下有期徒刑，并处罚金。

第二十条 【出版、印刷、发行、销售淫秽出版物罪】

违反出版管理法规，以营利为目的，出版、印刷、发行、销售淫秽书籍、图片、录像带、录音带或者其他淫秽出版物的，处五年以下有期徒刑，并处或者可以单处罚金；情节严重的，处五年以上十年以下有期徒刑，并处罚金。

第二十一条 【合同诈欺罪】

违反合同管理法规，利用合同诈骗公私财物，数额较大的，处五年以下有期徒刑，并处或者可以单处罚金；数额巨大情节严重的，处五年以上十年以下有期徒刑，并处罚金；情节特别严重的，处十年以上有期徒刑或者无期徒刑并处罚金或者没收财产。

第二十二条 【广告诈欺罪】

违反广告管理法规，刊登或者以其他方式传播虚假广告，诈骗公私财物数额较大的，处五年以下有期徒刑，并处或者可以单处罚金；数额巨大或者情节严重的，处五年以上十年以下有期徒刑，并处罚金。

第二十三条 【破产诈欺罪】

违反破产法规，在依法宣告破产以前的法定期间内或者在宣告破产以后，隐匿、私分或者无偿转让财产，严重损害债权人利益的，处三年以下有期徒刑或者拘役，并处或者可以单处罚金；情节特别严重的，处三年以上七年以下有期徒刑，并处罚金。

第二十四条 【非法竞争罪】

违反工商管理法规，实施下述不正当竞争行为，情节严重的，处三年以下有期徒刑或者拘役，并处或者可以单处罚金：

（一）诋毁其他企业信誉的；

（二）采取假冒商号、外观包装，刊登或者通过其他方法传播不实广告等手段推销产品的；

（三）其他不正当竞争行为。

第四章 侵犯证券、票证管理制度的犯罪

第二十五条 【伪造有价证券罪】

违反证券管理法规，以行使为目的，伪造支票、股票、债券、汇票、存折、存单或者其他有价证券的，处三年以下有期徒刑或者拘役，并处或者可以单处罚金；情节严重的，处三年以上七年以下有期徒刑，并处罚金。

伪造外国有价证券的，适用前款之规定。

第二十六条 【变造有价证券罪】

违反证券管理法规，以行使为目的，变造支票、股票、债券、汇票、存折、存单或者其他有价证券的，处三年以下有期徒刑或者拘役，并处或者可以单处罚金。

变造外国有价证券的，适用前款之规定。

第二十七条 【行使伪造、变造的有价证券罪】

违反证券管理法规，明知是伪造或者变造的支票、股票、债券、汇票、存

折、存单或者其他有价证券而行使的，处三年以下有期徒刑或者拘役，并处或者可以单处罚金。

行使伪造、变造的外国有价证券的，适用前款之规定。

第二十八条 【贩运伪造、变造的有价证券罪】

违反证券管理法规，明知是伪造或者变造的支票、股票、债券、汇票、存折、存单或者其他有价证券而贩运的，处三年以下有期徒刑或者拘役，并处或者可以单处罚金。

贩运伪造、变造的外国有价证券的，适用前款之规定。

第二十九条 【伪造交通运输票证罪】

违反票证管理法规，以营利为目的，伪造飞机票、车票、船票的，处三年以下有期徒刑或者拘役，并处或者可以单处罚金；情节严重的，处三年以上七年以下有期徒刑，并处罚金。

第三十条 【变造交通运输票证罪】

违反票证管理法规，以营利为目的，变造飞机票、车票、船票的，处二年以下有期徒刑或者拘役，并处或者可以单处罚金；情节严重的，处二年以上五年以下有期徒刑，并处罚金。

第三十一条 【伪造邮票罪】

违反票证管理法规，以营利为目的，伪造邮票的，处二年以下有期徒刑或者拘役，并处或者可以单处罚金；情节严重的，处二年以上五年以下有期徒刑，并处罚金。

第三十二条 【伪造税票、货票罪】

违反票证管理法规，以营利为目的，伪造税票、货票的，处三年以下有期徒刑或者拘役，并处或者可以单处罚金；情节严重的，处三年以上七年以下有期徒刑，并处罚金。

第三十三条 【变造税票、货票罪】

违反票证管理法规，以营利为目的，变造税票、货票的，处二年以下有期徒刑或者拘役，并处或者可以单处罚金；情节严重的，处二年以上五年以下有期徒

刑，并处罚金。

第三十四条 【伪造计划供应票证罪】

违反票证管理法规，以营利为目的，伪造计划供应票证，情节严重的，处三年以下有期徒刑或者拘役，并处或者可以单处罚金；情节特别严重的，处三年以上七年以下有期徒刑，并处罚金。

第五章 侵犯金融、保险管理制度的犯罪

第三十五条 【伪造货币罪】

违反货币管理法规，仿照硬币、纸币或者银行券的形状、特征、色彩制作假币，意图使其进入流通的，处三年以上十年以下有期徒刑，并处或者可以单处罚金；情节严重的，处十年以上有期徒刑或者无期徒刑，并处罚金或者没收财产。伪造外国货币的，适用前款之规定。

第三十六条 【变造货币罪】

违反货币管理法规，对硬币、纸币或者银行券进行改制，增加货币的票面价值，意图使其进入流通的，处三年以下有期徒刑或者拘役，并处或者可以单处罚金；情节严重的，处三年以上七年以下有期徒刑，并处罚金。

变造外国货币的，适用前款之规定。

第三十七条 【行使伪造、变造的货币罪】

违反货币管理法规，明知是伪造或者变造的硬币、纸币或者银行券而予以行使的，处三年以下有期徒刑或者拘役，并处或者可以单处罚金。

善意收受伪造或者变造的货币，察觉以后仍然继续行使的，可以从轻或者减轻处罚。

行使伪造或者变造的外国货币的，适用前两款之规定。

第三十八条 【贩运伪造、变造的货币罪】

违反货币管理法规，明知是伪造或者变造的硬币、纸币或者银行券，意图使其进入流通而予以贩运的，处三年以上七年以下有期徒刑，并处罚金；情节严重的，处七年以上十年以下有期徒刑，并处罚金。

贩运伪造或者变造的外国货币的，适用前款之规定。

第三十九条 【贷款诈欺罪】

违反信贷管理法规，采取捏造事实、隐瞒真相或者其他不正当手段，骗取不具备偿还能力的巨额贷款，到期无力偿还，致使公共财产遭受重大损失的，处三年以下有期徒刑或者拘役，并处或者可以单处罚金；情节严重的，处三年以上七年以下有期徒刑，并处罚金。

第四十条 【发放高利贷罪】

违反金融管理法规，以营利为目的，发放高利贷的，处三年以下有期徒刑或者拘役，并处或者可以单处罚金；情节严重的，处三年以上七年以下有期徒刑，并处罚金。

第四十一条 【保险诈欺罪】

违反保险管理法规，意图诈骗保险金而虚构保险事故或者隐瞒真相，向保险公司索取保险金的，处三年以下有期徒刑或者拘役，并处或者可以单处罚金；情节严重的，处三年以上七年以下有期徒刑，并处罚金。

第六章 侵犯税收管理制度的犯罪

第四十二条 【偷税罪】

违反税收法规，采取欺骗、隐瞒或者其他方式逃避缴纳税款，数额较大或者情节严重的，处二年以下有期徒刑或者拘役，并处或者可以单处罚金；数额巨大或者情节特别严重的，处二年以上五年以下有期徒刑，并处罚金。

第四十三条 【抗税罪】

违反税收法规，实施下述行为之一，情节严重的，处三年以下有期徒刑或者拘役，并处或者可以单处罚金；情节特别严重的，处三年以上七年以下有期徒刑，并处罚金：

（一）以各种不能成立的理由为借口，抵制税务机关的纳税通知，拒不缴纳税款的；

（二）公然拒绝向税务机关提供纳税账册、凭证或者其他资料，拒绝接受税务机关的检查，拒不缴纳应税的；

（三）公然对抗补税决定，拒不缴纳补税的。

聚众哄闹税务机关，或者围攻、谩骂、威胁、殴打税收工作人员的，以抗税罪从重处罚。

第七章　侵犯商标、专利管理制度的犯罪

第四十四条　【假冒商标罪】

违反商标法规，以营利为目的，实施下述行为之一，情节严重的，处三年以下有期徒刑或者拘役，并处或者可以单处罚金：

（一）未经注册商标所有人许可，在同种商品或者类似商品上使用与其注册商标相同或者近似的商标；

（二）未经注册商标所有人许可，制造或者销售他人注册商标标识的。

第四十五条　【假冒专利罪】

违反专利法规，以营利为目的，实施下述行为之一，情节严重的，处三年以下有期徒刑或者拘役，并处或者可以单处罚金：

（一）未经专利所有人许可，在其制造、使用或者出售的产品上，标注、缀附或者在与该产品有关的广告中冒用专利所有人的姓名、专利名称、专利号或者专利所有人的其他专利标记的；

（二）未经专利所有人许可，制造、使用或者销售其专利产品，或者使用其专利方法的。

第八章　侵犯经济秘密保守制度的犯罪

第四十六条　【泄露经济秘密罪】

违反经济秘密保守法规，泄露因身份、职务、职业或者技术关系所获知的技术秘密、产业秘密、商业秘密或者其他经济秘密，致使被泄露的企业、事业单位或者其他经济组织的合法权益遭受重大损失的，处三年以下有期徒刑或者拘役，并处或者可以单处罚金；情节特别严重的，处三年以上七年以下有期徒刑，并处罚金。

第四十七条　【刺探经济秘密罪】

违反经济秘密保守法规，刺探技术秘密、产业秘密、商业秘密或者其他经济秘密，致使被刺探的企业、事业单位或者其他经济组织的合法权益遭受重大损失

的，处三年以下有期徒刑或者拘役，并处或者可以单处罚金；情节严重的，处三年以上七年以下有期徒刑，并处罚金。

第九章　侵犯自然资源、环境保护制度的犯罪

第四十八条　【盗伐林木罪】

违反森林管理法规，盗伐森林或者其他林木的，处五年以下有期徒刑，并处或者可以单处罚金；情节严重的，处五年以上十年以下有期徒刑，并处罚金；情节特别严重的，处十年以上有期徒刑，并处罚金。

第四十九条　【滥伐林木罪】

违反森林管理法规，滥伐森林或者其他林木的，处三年以下有期徒刑或者拘役，并处或者可以单处罚金；情节严重的，处三年以上七年以下有期徒刑，并处罚金。

第五十条　【非法捕捞罪】

违反渔业管理法规，在禁渔区、禁渔期或者使用禁用的工具、方法捕捞水产品，情节严重的，处二年以下有期徒刑或者拘役，并处或者可以单处罚金；情节特别严重的，处二年以上五年以下有期徒刑，并处罚金。

第五十一条　【非法狩猎罪】

违反狩猎法规，在禁猎区、禁猎期或者使用禁用的工具、方法进行狩猎，情节严重的，处二年以下有期徒刑或者拘役，并处或者可以单处罚金；情节特别严重的，处二年以上五年以下有期徒刑，并处罚金。

第五十二条　【破坏珍贵动、植物资源罪】

违反野生动、植物保护法规，猎杀、捕捞或者砍伐国家重点保护的珍贵动、植物的，处五年以下有期徒刑，并处或者可以单处罚金；情节严重的，处五年以上十年以下有期徒刑，并处罚金。

第五十三条　【破坏矿产资源罪】

违反矿产资源管理法规，无证开采、越界开采或者采取破坏性方法开采矿藏，造成矿产资源严重破坏的，处三年以下有期徒刑或者拘役，并处或者可以单处罚金；情节特别严重的，处三年以上七年以下有期徒刑，并处罚金。

第五十四条 【破坏土地资源罪】

违反土地管理法规，破坏耕地或者其他土地资源，造成水土流失、沙化、盐渍化、沼泽化危险，情节严重的，处三年以下有期徒刑或者拘役，并处或者可以单处罚金；致使耕地不能复原，或者致使水土流失、沙化、盐渍化、沼泽化，情节特别严重的，处三年以上七年以下有期徒刑，并处罚金。

第五十五条 【破坏水资源罪】

违反水资源管理法规，非法改变河流、湖泊的水流状态或者以其他方法破坏水资源，情节严重的，处三年以下有期徒刑或者拘役，并处或者可以单处罚金；情节特别严重的，处三年以上七年以下有期徒刑，并处罚金。

第五十六条 【破坏草原资源罪】

违反草原管理法规，破坏草原植被，情节严重的，处三年以下有期徒刑或者拘役，并处或者可以单处罚金；造成草原沙漠化、退化、水土流失，情节特别严重的，处三年以上七年以下有期徒刑，并处罚金。

第五十七条 【污染环境罪】

违反环境保护法规，污染环境，情节严重的，处三年以下有期徒刑或者拘役，并处或者可以单处罚金；情节特别严重的，处三年以上七年以下有期徒刑，并处罚金。

第十章 侵犯财经管理制度的犯罪

第五十八条 【挪用公共款物罪】

国家工作人员违反财经管理法规，利用职务上的便利，挪用公共款物归个人使用；有下述情形之一，处五年以下有期徒刑，并处或者可以单处罚金；情节严重的，处五年以上十年以下有期徒刑，并处罚金：

（一）出于进行非法活动的动机，挪用公共款物数额较大的；

（二）出于进行营利的动机，挪用公共款物数额巨大的；

（三）出于其他动机，挪用公款数额巨大且超过三个月未还的或者挪用公物超过一年未归还的。其他受委托经手、管理公共款物的人员犯前款罪的，适用前款之规定。

第五十九条 【挪用社会援救款物罪】

违反财经管理法规，挪用国家救灾、抢险、防风、优抚、救济或者其他社会援救款物，情节严重，致使国家和人民利益遭受重大损害的，处三年以下有期徒刑或者拘役，并处或者可以单处罚金；情节特别严重的，处三年以上七年以下有期徒刑，并处罚金。

挪用上述社会援救款物归个人使用的，按照挪用公共款物罪从重处罚。

第六十条 【挪用教育经费罪】

违反财经管理法规，挪用教育经费，情节严重的，处三年以下有期徒刑或者拘役，并处或者可以单处罚金；情节特别严重的，处三年以上七年以下有期徒刑，并处罚金。

挪用教育经费归个人使用的，按照挪用公共款物罪从重处罚。

第十一章　侵犯国家经济管理职能的犯罪

第六十一条 【经济贪污罪】

国家工作人员违反国家经济管理法规，在经济活动中，利用职务上的便利侵吞或者以其他手段非法占有公共财物的，处五年以下有期徒刑，并处或者可以单处罚金；数额巨大或者情节严重的，处五年以上十年以下有期徒刑，并处罚金；情节特别严重的，处十年以上有期徒刑或者无期徒刑，并处罚金或者没收财产。

其他受委托从事国家经济管理活动的人员犯前款罪的，适用前款之规定。

第六十二条 【经济受贿罪】

国家工作人员违反国家经济管理法规，在经济活动中，利用职务上的便利要求或者收受回扣、手续费或者其他财物，归个人所有的，处五年以下有期徒刑，并处或者可以单处罚金；数额巨大或者情节严重的，处五年以上十年以下有期徒刑，并处罚金；情节特别严重的，处十年以上有期徒刑或者无期徒刑，并处罚金或者没收财产。

其他受委托从事国家经济管理活动的人员犯前款罪的，适用前款之规定。

第六十三条 【经济行贿罪】

在经济活动中，为谋取不正当利益，向国家工作人员或者受委托从事国家经

济管理活动的人员交付回扣、手续费或者其他财物的，处三年以下有期徒刑或者拘役，并处或者可以单处罚金；情节严重的，处三年以上七年以下有期徒刑，并处罚金。

第六十四条 【介绍经济贿赂罪】

在经济活动中，接受行贿人或者受贿人的请托而向第三者介绍贿赂的，处三年以下有期徒刑或者拘役，并处或者可以单处罚金。

国家工作人员利用职务上的便利犯前款罪的，处五年以下有期徒刑，并处或者可以单处罚金。

二、《中华人民共和国经济刑法典（理论案）》的说明

【说明之一】编撰《经济刑法典（理论案）》的意义

《经济刑法典》作为一种经济刑事立法方式，前几年在我国就有人倡议，并对其必要性、可行性进行了充分的论证。我们认为，随着商品经济的发展，经济犯罪的数量和形态都会有所增长。为此，制定专门的《经济刑法典》是完善经济刑事立法的重要途径之一。当然由于目前我国刑法学界对于经济犯罪的理论还相当薄弱，马上着手制定《经济刑法典》的主观和客观的条件还不成熟。为了进行这方面的理论探讨，我们在经济犯罪的理论研究的基础上，编撰了这部《经济刑法典（理论案）》。其意义如下。

其一，为经济刑法研究提供别开生面的表达形式。

以往我国的经济刑法研究，以注释法条为使命，在经济刑事立法极不完善的情况下，经济刑法的研究受掣于法条，难以超脱现行法条的显而易见的局限性。即使有个别对经济刑事立法完善的研究，由于只涉及个罪，难以系统地展示经济刑事立法的全景。而摆脱现行经济刑法的束缚，直接深入经济犯罪的实际中去，从中提炼出能够反映经济犯罪的实际情况的法条，将我们对经济刑法的研究成果以《经济刑法典（理论案）》的形式系统地表达出来，不失为对经济刑法的理论探索的一种尝试。

其二，为经济刑事立法提供可资借鉴的候选模式。

我国的经济刑事立法已经不能适应打击经济犯罪的客观需要，这已是我国刑法学界的共识。但如何发展完善我国的经济刑事立法，则是一个众说纷纭的问题。在当前立法机关已经着手修改刑法的背景下，探索经济刑事立法的恰当方式具有不可低估的现实意义。我们编撰的《经济刑法典（理论案）》，是我们就经济刑事立法而提出的一个系统的立法建议，可供立法机关参考借鉴。尽管在我国，民间编纂法典尚属罕见，但在国外不乏其例。例如美国法学会于 1962 年公布的《模范刑法典》，其学术价值和示范意义有目共睹。在它公布以后的 20 年间，美国就有半数州以它为蓝本对该州刑法进行了重大修订或者重新制定。这一事实说明，立法虽然是立法机关的使命，其他任何机关和个人不得染指。但为了使立法科学化、民主化，民间人士完全可以编撰法典，以供立法机关参考。我们编撰《经济刑法典（理论案）》也正是出于这样一种动机。

【说明之二】经济犯罪的概念

现行刑法第 10 条明确规定了犯罪的概念。经济犯罪是犯罪的特殊形态之一，有其不同于其他犯罪的特定之质，而且比其他犯罪更为复杂。为此，在《经济刑法典》中也有必要规定经济犯罪的概念。

关于经济犯罪的概念，我国刑法学界观点聚讼，莫衷一是。概而论之，存在大、中、小三种经济犯罪的概念。大经济犯罪概念认为，经济犯罪是指违反国家工业、农业、财政、金融、税收、价格、海关、工商、森林、水产、矿山等经济管理法规，或者盗窃、侵吞、骗取、哄抢、非法占有公共财物和公民的合法私人财物，破坏社会主义经济秩序和经济建设，使国家、集体和人民的利益遭受严重损害，依法应当受到刑罚处罚的行为。据此，可以把经济犯罪划为三个层次：一类是破坏社会主义经济秩序触犯刑律的行为；另一类是侵犯财产触犯刑律的行为；还有一类是以获取经济利益为目的的其他触犯刑律的行为。中经济犯罪概念认为，经济犯罪是指违反经济管理法规，危害社会主义的生产、流通和分配，侵犯全民所有制、集体所有制和公民私人所有的合法财产，破坏国家计划指导下的社会主义经济秩序，破坏国家机关、经济部门的正常经济活动，致使国家和人民

利益遭受严重损害，应当受到刑罚惩罚的行为。据此，可以把经济犯罪分为两大类：一类是我国刑法分则第三章规定的破坏社会主义经济秩序罪；另一类是我国刑法分则第五章规定的侵犯财产罪。除此以外，我国刑法分则其他章规定的某些侵害社会主义经济关系的犯罪，也属于经济犯罪。小经济犯罪概念认为，经济犯罪是指行为人为谋取不法利益，滥用商品的生产、交换、分配、消费等环节上所允许的经济活动方式和经济权限，违犯所有直接与间接规定的经济法规，危害正常的社会主义经济运行秩序的行为。据此，经济犯罪只能是破坏社会主义经济秩序罪，不能与财产犯罪混为一谈。

我们认为，经济犯罪必然发生于商品经济的运行领域之中，其行为方式表现为非法的经济活动，这是经济犯罪的本质特征。根据这一本质特征，我们可以科学地界定经济犯罪。商品经济的运行领域，即经济领域，这是对经济犯罪的最直接的界定。据此，可以把经济犯罪与财产犯罪加以区别。财产犯罪所侵犯的财产所有权作为一种法律上的意志关系有其特定内涵，指财产所有人依法对自己的财产享有占有、使用、收益和处分的权利。这种权利同商品经济的运行既有不可分割的联系的一面，又有相互区别的一面。就两者的联系而言，商品经济的运行是以对财产所有权的确认为前提的，在商品交换过程中，交换双方只有在对各自的商品享有合法所有权的情况下，才可能进行正常交换。正因为如此，某些经济犯罪所侵害的客体往往具有双重性：在侵犯了国家经济管理关系的同时，也侵犯了财产所有权。但是，就两者的区别而言，商品经济的运行是个动态的领域，它反映的是商品从生产到消费的整个运动过程，这个运动过程显然不同于财产关系中的占有、使用、支配和处分。因此，可以说：在商品经济的运行过程中总是包含了特定的财产所有权；但财产所有权本身却并不包含商品经济运行的内容。这就意味着，经济犯罪和财产犯罪有时会出现相互交叉，即某种犯罪行为既侵犯了商品经济的运行关系，又侵犯了财产关系。在这种情况下，区分经济犯罪与财产犯罪的关键在于行为方式是否表现为非法的经济活动。非法的经济活动，首先具有经济活动的一般内容，表现为生产活动、交换活动、分配活动和消费活动等。其次，这种经济活动又具有不法的内涵，是为国家的经济法律所确然禁止的。财产

犯罪的行为方式往往表现为对公私财产所有权的直接侵犯，不具有非法的经济活动这一特定的行为方式，因而应被摒弃于经济犯罪的范畴之外。

根据上述论述，我们认为小经济犯罪概念是可取的。当然，经济犯罪的个罪范围不能局限于现行刑法的规定，还应根据经济刑事司法的实际情况予以拓展。为此，我们在《经济刑法典（理论案）》第 2 条（经济犯罪的概念）对经济犯罪的概念表述如下："在经济领域中，为谋取不法利益，违反经济法规，侵犯国家经济管理制度，依照本法应受刑罚处罚的，是经济犯罪；但情节显著轻微、危害不大的不以经济犯罪论处"。

【说明之三】法人犯罪及其刑事责任

法人能否成为犯罪主体，在我国刑法学界是一个存在争论的问题，否定说与肯定说各执一词，聚讼不休。我们认为，随着我国经济体制改革的深入发展，法人越来越成为经济生活中独立的经济实体，某些法人为了牟取本法人的利益，违反经济法规，实施经济犯罪活动，是一个不可否认的事实。为此，刑法有必要对法人犯罪作出明确的规定，因而我们主张法人犯罪的肯定说。

法人犯罪具有不同于自然人犯罪的特点，而且远比自然人犯罪复杂。因此，在《经济刑法典》中应该明确规定法人犯罪的概念。关于法人犯罪的概念，我国刑法学界存在以下三种观点：一是法人名义说，认为法人犯罪无非是自然人利用法人名义犯罪。二是领导批准说，认为法人犯罪是指法人的代表、主管人或者直接责任人，经过法人决策机构的决定或授意、批准、认可，以法人的名义，实施侵害我国刑法所保护的社会关系的行为。三是法人利益说，认为法人犯罪是指法人代表、主管人员或者直接责任人员在其职务范围内以法人名义并为法人利益而实施的犯罪行为。我们认为，在上述三说中，以法人利益说为妥。因为法人犯罪是以法人作为犯罪主体的犯罪，其法律结果是法人受到一定的刑事处分，这与自然人利用法人的名义进行犯罪是根本不同的。在自然人利用法人的名义实施犯罪的情况下，作为犯罪主体的只能是自然人而非法人。因此，只有在法人的主管人员和直接责任人员为了法人的利益实施犯罪，才是法人犯罪。为此，《经济刑法典（理论案）》第 3 条第 1 款对法人犯罪的概念表述如下："法人的主管人员和直接责任人员在执行职务活动中，以法人的名义，根据法人决策机构的旨意，为法人利益实施依照本法应受刑罚处罚的行为，是法人犯罪”。

《经济刑法典（理论案）》第3条第2款在规定法人犯罪的概念的基础上，规定对法人判处罚金，这一点无异于现行法律。但在对法人的主管人员和直接责任人员的处罚上，不同于现行法律。现行法律，例如《关于惩治贪污罪贿赂罪的补充规定》第6条规定：“法人犯受贿罪的，除对法人判处罚金以外，对其直接负责的主管人员和其他直接责任人员，处五年以下有期徒刑或者拘役。”显然，对法人直接负责的主管人员和其他直接责任人员的处罚远远轻于自然人犯罪。由于上述《补充规定》的法人只限于全民所有制企业、事业单位、机关、团体，且主管人员和其他直接责任人员又未中饱私囊，因而其法定最高刑为5年有期徒刑，虽然嫌轻，却大体上是可以抵罪的。但如果按照这样一种立法例，每一法人犯罪都要专门规定法定刑，这在立法技术上说是不足取的。而且，法人犯罪并不限于全民所有制企业、事业单位、机关和团体，还包括私营企业法人。显然，私营企业法人犯罪的，对其主管人员或者直接责任人员只处以5年以下有期徒刑，就难以体现罪刑相适应的原则。基于以上考虑，在《经济刑法典（理论案）》中，我们对法人犯罪的处罚采取下述表述方式：“法人实施本法规定的经济犯罪的，对其主管人员和直接责任人员，参照本法对自然人犯罪的规定处罚，可以酌情从轻或者减轻处罚；但私营企业法人除外。对法人判处罚金”。

【说明之四】共同经济犯罪及其刑事责任

共同经济犯罪是相对于单独经济犯罪而言的，在共同经济犯罪的情况下，共同经济犯罪人应如何对犯罪数额承担刑事责任？在这个问题上，我国刑事立法和司法解释存在一个演变过程。1952年的《惩治贪污条例》规定按分赃数额（个人所知）处罚。1985年“两高”《关于当前办理经济犯罪案件中具体应用法律的若干问题的解答（试行）》规定，对贪污犯罪集团的首要分子按贪污总额处罚，对其他共犯按分赃数额处罚。1988年全国人大常委会《关于惩治贪污罪贿赂罪的补充规定》规定，对贪污犯罪集团的首要分子和情节严重的主犯按照贪污总额处罚，对其他共犯按分赃数额处罚。从上述对贪污罪的规定演变来看：从所有贪

污共犯按分赃数额处罚到首要分子和情节严重的主犯按贪污总额处罚，按贪污总额处罚的范围在逐步扩大。由于刑事立法与司法解释没有对共同经济犯罪的处罚标准作出统一规定，不仅造成司法上的混乱，而且刑法理论上也仁智各有所见，观点难以一致。概而论之，主要存在以下几种观点：一是分赃数额说，主张各共同犯罪人只对自己实际分赃物的数额承担刑事责任。二是分担数额说，主张各共同犯罪人应对本人应当分担的数额负责，至于应当分担的数额，应根据共犯所承担的刑事责任的百分比来确定。三是参与数额说，主张各共同犯罪人应对本人实际参与的经济犯罪数额承担刑事责任。四是犯罪总额说，主张以共同经济犯罪的财物总额作为确定各共同犯罪人的刑事责任的标准。五是综合说，主张综合考虑全案因素，确定各共同犯罪行为的作用大小，然后据此定罪量刑。

我们认为，在上述五说中，其他各说都存在一定的缺陷，只有犯罪总额说可取。共同犯罪人对经济犯罪总额承担刑事责任，是从共同犯罪原理中得出的必然结论。在共同犯罪的情况下，由于各共同犯罪人主观上具有共同犯罪故意，在客观上互相配合共同造成了一定的危害结果，因此，各共同犯罪人都应对共同犯罪的结果承担刑事责任。在共同经济犯罪的情况下，这一共同犯罪的结果表现为犯罪总额，因而各共同犯罪人都应对犯罪总额承担刑事责任。当然，各共同犯罪人对该犯罪总额承担刑事责任，并不意味着每个共同犯罪人都必须对共同犯罪总额负全部刑事责任，而是指各共同犯罪人对该共同犯罪总额都要承担一份刑事责任。至于各共同犯罪人所承担的那份刑事责任的大小，还要根据其在共同犯罪中所处地位和作用大小来加以确定。为此，《经济刑法典（理论案）》第 4 条第 2 款明确规定："共同经济犯罪人应当对犯罪总额承担刑事责任。"

【说明之五】经济犯罪不适用死刑

在现行刑法中，死罪共 34 个，几乎占犯罪的 20%，其中经济犯罪中的死罪为 7 个，占死罪的 20%。而且，根据全国人大常委会《关于处理逃跑或者重新犯罪的劳改犯和劳教人员的决定》中加重处罚的规定，对法定最高刑为无期徒刑的伪造国家货币罪、贩运伪造的国家货币罪和诈骗罪加重处罚，就有可能判处死刑。在废除死刑的呼声日益高涨的世界性潮流下，我国刑法中的死刑完全有必要加以限制，而其突破口就是废除经济犯罪的死刑。

经济犯罪不适用死刑，首先是由经济犯罪的性质决定的。当今世界上，除已有将近 50 个国家废除死刑以外，保留死刑的国家主要对谋杀、叛逆等极个别犯罪仍然适用死刑。因为谋杀、叛逆等犯罪严重侵害公民的人身权利和国家安全，因而有必要保留死刑。但经济犯罪大多是单纯取利的犯罪，其危害性主要体现在对国家经济制度的侵害，因而没有必要适用死刑。而且，经济刑事司法的实践已经证明，死刑不是预防经济犯罪的灵丹妙药。自 1982 年 3 月 8 日全国人大常委会《关于严惩严重破坏经济的罪犯的决定》颁布以后，走私、投机倒把等经济犯罪的法定最高刑都上升为死刑，但死刑并没有扭转经济犯罪泛滥的趋势。据 1987 年统计，全国检察机关 1986 年立案侦查的经济犯罪案件比 1984 年增加近 30%，比 1985 年增加 72.5%，其中查处的经济犯罪大案要案比 1985 年增长 1.2 倍。这一数据表明，死刑对经济犯罪的预防作用是微乎其微的。靠死刑之所以无法遏制经济犯罪，主要原因在于经济犯罪是由经济、政治、法律等各种因素造成的。例如，国家政策上的失误、经济管理上的混乱、政府机构中的腐败、行政关系网的干扰、社会监督的空泛、刑事立法的不足等。由此可见，要彻底改变经济犯罪屡打不下的局面，关键不在于刑之轻重，而在于如何完善法制、堵塞漏洞、清除腐败、违法必究。关于这一点，我国香港地区廉政公署对贪污、受贿虽不适用死刑，但通过及时的惩治、积极的防范、普遍的宣传使其大为减少的经验无疑是值得我们借鉴的。最后，考察各国立法例，也有助于我们对经济犯罪不适用死刑问题的认识。当今世界各国，在保留死刑的国家中，对经济犯罪不规定死刑；在废除死刑的国家中，对经济犯罪不规定无期徒刑，这几乎可以说是各国立法的通例。在几种主要的经济犯罪中，除《苏俄刑法典》对伪造货币罪、受贿罪等保留死刑以外，大多数国家对经济犯罪均无死刑之规定。为什么在商品经济发达、经济犯罪大量存在的各主要西方国家对经济犯罪都没有规定死刑，而在我国商品经济尚不发达的情况下，却对如此之多的经济犯罪适用死刑？这个问题应该引起我们的深思。

基于上述考虑，在《经济刑法典（理论案）》中我们对经济犯罪没有规定死

刑，而代之以无期徒刑。

【说明之六】经济犯罪罚金刑的适用

自刑罚步入科学时代以后，罚金在刑罚体系中的地位逐渐上升，甚至有取代自由刑而成为刑罚体系的中心的趋势。通观各国立法例，罚金刑的适用对象主要是经济犯罪与轻微犯罪，其中尤以经济犯罪作为罚金刑的首要对象。我国现行刑法虽然对某些经济犯罪也规定了罚金刑，但由于规定不甚合理、过于简单，客观上影响了罚金刑对经济犯罪的适用效果。为此，我们在拟定《经济刑法典（理论案）》的时候，对罚金刑的规定作了以下几项改进。

（一）罚金刑对经济犯罪适用的普遍性

我国现行刑法规定罚金的条文只有18条，其中经济犯罪的条文为数不多。以刑法分则第三章破坏社会主义经济秩序罪为例，共15个条文，规定罚金的是9个条文，另有两个条文（第116条、第121条）规定按照有关经济法规可以罚款，因而未规定罚金。我们认为，现行刑法只规定对部分经济犯罪适用罚金，是极不合理的。经济犯罪作为一种贪利性犯罪，对其适用罚金刑，可以收到事半功倍之效。而且，对经济犯罪以罚款代替罚金也是不妥的。罚款作为一种行政处罚方法，只能对那些经济违法行为适用。当某一行为已经触犯刑律构成经济犯罪的时候，就应规定适用罚金而不是罚款。基于上述考虑，我们对《经济刑法典（理论案）》中的经济犯罪都规定了罚金。

（二）罚金刑对经济犯罪单处与并处的兼用性

罚金作为一种附加刑，有单处与并处之分。我国现行刑法规定对经济犯罪有的是单处罚金，例如第127条的假冒商标罪；有的是并处罚金，例如第123条的伪造有价证券罪；有的是兼用单处与并处，例如第117条的投机倒把犯罪。我们认为，现行刑法的上述规定十分凌乱，无规律可循，因而需要改进。在《经济刑法典（理论案）》中，我们对经济犯罪规定的罚金刑是单处与并处兼用，这是比较合理的。

（三）罚金对经济犯罪适用的强制性

在立法上能否保证对经济犯罪强制适用罚金刑，除了在法定刑中要规定罚金

刑以外，还表现在对经济犯罪规定自由刑时，是否必须并科罚金刑。由于我国现行刑法在涉及自由刑与罚金刑并科的条文中，一律表述为“可以并处”，这样的规定就缺乏强制性，导致我国对经济犯罪罚金刑的适用率极低。有些国家对经济犯罪强制并科罚金刑，例如《联邦德国刑法典》第 41 条关于罚金与自由刑之并科的规定明确指出：犯罪人之行为在于得利或意图得利者，如斟酌其人身以及经济情况，纵于法未有罚金刑之规定，或只许选科，亦得与自由刑并科之。由于立法上的这种强制并科的规定，联邦德国 1960 年的罚金适用率已达 69.2%。我们认为，我国现行刑法中对经济犯罪规定罚金的选择并科法应予摈弃，而代之以强制并科法，即规定对经济犯罪判处自由刑以外，还应当并处罚金。

综上所述，我们在《经济刑法典（理论案）》中规定的罚金具有普遍性、单处与并处的兼用性和强制性三大特点，这样可以从立法上保证罚金刑对经济犯罪的有效适用。

【说明之七】对经济犯罪适用的特定之刑

我国刑法中的刑罚种类需要加以调整，尤其是对经济犯罪需要设置有效的刑罚方法，这是我国刑法学界的一致认识。为此，我们在《经济刑法典（理论案）》第 5 条规定了对经济犯罪适用的特定之刑，内容包括以下三个方面。

（一）国家工作人员利用职务上的便利犯本法规定之罪的，应当剥夺其从事公务活动的权利三年以上七年以下

这是一种资格刑，虽然刑法中剥夺政治权利这一刑种包括剥夺从事公务活动的权利的内容，但剥夺政治权利主要适用于反革命罪犯和严重的刑事犯罪分子，而且政治色彩较浓，剥夺的权能也较多。我们主张资格刑分立的立法例，即对现行刑法中的剥夺政治权利的内容予以分解，根据实际需要，既可以剥夺其中一项权利也可以同时剥夺数项权利。在《经济刑法典（理论案）》中设立对国家工作人员剥夺从事公务活动的权利的特定之刑，是资格刑分立的一种尝试。

（二）非国家工作人员犯本法规定之罪的，应当剥夺其从事工商活动的权利一年以上五年以下

这也是一种资格刑，其实际效果相当于行政处罚中的吊销营业执照。我国刑

法学界主张将吊销营业执照规定为刑罚的不乏其人，这一建议有其可取之处。但在法条上表述为剥夺从事工商活动的权利较妥，它的实际效果虽然与吊销营业执照相似，但法律蕴含却有所差别：剥夺从事工商活动的权利作为一种刑罚，不仅仅是一个吊销营业执照的问题，而是对工商活动权利的剥夺，其否定的社会、法律评价的严厉性显然重于作为行政处罚方法的吊销营业执照。

（三）法人犯本法规定之罪的，应当停业整顿；情节特别严重的，应当强制破产

停业整顿，对于法人来说是在一定期间内剥夺其从事工商活动的权利，因而也具有资格刑的性质。至于强制破产（又称为刑事破产，以区别破产法所规定的民事破产），对于法人来说，无异于判处死刑。

【说明之八】经济犯罪累犯及其处罚

现行刑法中规定了普通累犯和反革命累犯，反革命累犯属于特别累犯。在刑法理论上，特别累犯是指曾犯一定之罪又再犯此一定之罪或同类之罪的犯罪分子。经济犯罪是一种主观恶性较深、客观危害较大的犯罪。为此，在《经济刑法典（理论案）》第 6 条规定了经济犯罪累犯，它属于特别累犯的范畴。为了使经济犯罪累犯与反革命累犯相区别，我们仍对经济犯罪累犯被处刑罚种类和两罪之间的法定时间距离进行了限制，被判处刑罚种类同于普通累犯，都是被判处有期徒刑以上刑罚，但法定时间距离则为五年，较之普通累犯的三年为长。因而，经济犯罪累犯的构成条件严于普通累犯而宽于反革命累犯。同时，《经济刑法典（理论案）》还规定了法人经济犯罪累犯。

【说明之九】经济犯罪类罪的划分

《经济刑法典（理论案）》第二章至第十一章规定了十类经济犯罪，由此构成《经济刑法典（理论案）》的基本框架。由于目前我国刑法学界在经济犯罪的概念上各执己见，在经济犯罪类罪的划分上似无定论。其中较为通行的观点是将经济犯罪划为以下三类：一是破坏社会主义经济秩序罪；二是侵犯财产罪；三是其他有关贪利性的经济犯罪。我们认为，我国现行刑法中的经济犯罪，主要是指刑法分则第三章破坏社会主义经济秩序罪，除此以外，刑法分则第六章妨害社会管理秩序罪中的制作、贩卖假药罪，贩卖淫书、淫画罪，制造、贩卖、运输毒品罪，

盗运珍贵文物出口罪也属于经济犯罪。至于刑法分则第五章侵犯财产罪中的诈骗罪、贪污罪、刑法分则第八章渎职罪中的贿赂罪，具有财产犯罪与经济犯罪或者渎职罪犯与经济犯罪的双重属性，将其归入经济犯罪的范畴，是就其经济犯罪的属性而言的，并不能否认其财产犯罪的属性。但把财产犯罪作为经济犯罪的一类，显然有悖于经济犯罪的本质特征。由此可见，上述将经济犯罪分为三类的观点难以成立。因此，在拟定《经济刑法典》的时候，不能以现存的理论为基础，而应当重新考虑经济犯罪类罪划分的问题。

我们认为，在对经济犯罪进行类罪的划分的时候，首要的是划分标准问题。关于经济犯罪的分类标准，无非是以行为特征为标准还是以侵害客体为标准的问题。在外国刑法中，不乏以行为特征为标准的立法例，例如以伪造这一行为特征为标准，将各种伪造型的经济犯罪归为一类。这种归类法的优点是行为特征统一明确，便于认定。以侵害客体为标准对经济犯罪进行分类，在外国刑法中也不鲜见。例如以侵害国家货币制度这一客体为标准，将各种妨害货币的经济犯罪归为一类。这种归类法的优点是犯罪性质相同，容易识别。鉴于犯罪客体是我国刑法分则中犯罪分类的根据，我们拟定的《经济刑法典（理论案）》也坚持了客体归类法，以便在体例上与现行刑法相协调。

经济犯罪的本质特征是违反经济法规、侵犯国家的经济管理制度。国家的经济管理制度作为经济犯罪的侵害客体，可以进一步加以划分。循着这一思路，我们在《经济刑法典（理论案）》中将经济犯罪划分为以下十类：

（1）侵犯海关、外汇管理制度的犯罪；

（2）侵犯市场管理制度的犯罪；

（3）侵犯证券、票证管理制度的犯罪；

（4）侵犯金融、保险管理制度的犯罪；

（5）侵犯税收管理制度的犯罪；

（6）侵犯商标、专利管理制度的犯罪；

（7）侵犯经济秘密保守制度的犯罪；

（8）侵犯自然资源、环境保护制度的犯罪；

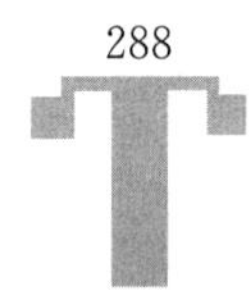

（9）侵犯财经管理制度的犯罪；

（10）侵犯国家经济管理职能的犯罪。

【说明之十】经济犯罪个罪的划分

现行刑法中经济犯罪的个罪约 20 个，主要集中在刑法分则第三章以及散见于他章。考察现行刑法中经济犯罪个罪的划分，我们认为存在的主要问题是那些个罪的内容过于庞杂，未能根据行为特征适当地设立个罪，而是把各种不同的行为归为一个罪，比较典型的是我国刑法中的投机倒把罪，倒卖行为、哄抬物价行为、买卖欺诈行为归入一个罪中，外延模糊，伸缩性大。还有的犯罪，例如伪造车票、船票、邮票、税票、货票罪，把五种犯罪对象归入一个罪，而这五种犯罪对象之间并无内在的联系，使个罪显得庞杂，不适应经济刑事司法的实际需要。而且，现行刑法中个罪的设立已经远远落后于社会生活的发展。随着商品经济的深入发展，出现了一些新型的经济犯罪，这些经济犯罪是在计划经济体制下所不曾有的。由于现行刑法是在经济体制改革以前制定的，因而经济犯罪个罪的设立显然已经不能适应当前打击经济犯罪的需要。为此，《经济刑法典（理论案）》在现行刑法的基础上，借鉴外国立法例并结合我国经济犯罪的实际情况，设立了 58 个罪名，其基本情况如下。

（一）保留现行刑法中的罪名

《经济刑法典（理论案）》将现行刑法中那些符合经济刑事司法需要的罪名予以保留，但根据实际情况作了适当的修改，这些罪名主要有：套汇罪，制作、贩卖假药罪（现改为制造、销售伪劣药品罪），制作、贩卖、运输毒品罪（现改为制造、销售、运输毒品罪），制作、贩卖淫书、淫画罪（现改为出版、印刷、发行、销售淫秽出版物罪），伪造有价证券罪，伪造计划供应票证罪，伪造、贩运货币罪，偷税罪，抗税罪，假冒商标罪，假冒专利罪，盗伐林木罪，滥伐林木罪，非法捕捞罪，非法狩猎罪，挪用公款罪（现改为挪用公共款物罪），挪用社会援救款物罪。

（二）分解现行刑法中的罪名

《经济刑法典（理论案）》将现行刑法中内容庞杂的罪名予以分解，这些罪名

主要有：

1. 现行刑法中的走私罪分解为：走私罪、走私违禁品罪和武装走私罪。

2. 现行刑法中的投机倒把罪分解为：非法倒卖罪，哄抬物价罪，制造、销售伪劣产品罪，出版、印刷、发行、销售非法出版物罪。

3. 现行刑法中的诈骗罪分解为：合同诈骗罪、广告诈骗罪、破产诈欺罪、贷款诈欺罪、保险诈欺罪（诈欺罪作为财产犯罪仍予保留）。

4. 现行刑法中的伪造车、船、邮、税、货票罪分解为：伪造交通运输票证罪，伪造邮票罪，伪造税票、货票罪。

（三）增设的罪名

《经济刑法典（理论案）》根据经济刑事司法的实际需要，增设了以下罪名：逃汇罪，制造、销售伪劣食品罪，制造、销售、使用不合格计量器具罪，非法竞争罪，变造有价证券罪，行使伪造、变造的有价证券罪，变造交通运输票证罪，变造税票、货票罪，变造货币罪，行使伪造、变造的货币罪，发放高利贷罪，泄露经济秘密罪、刺探经济秘密罪，破坏珍贵动、植物罪，破坏矿产资源罪，破坏土地资源罪，破坏水资源罪，破坏草原资源罪，污染环境罪，挪用教育经费罪，经济贪污罪，经济受贿罪，经济行贿罪，介绍经济贿赂罪。

（本文与赵国强合著，原载《法治通讯》，1989 年 8 月专刊）

关于设立非法竞争罪的建议

社会主义商品经济具有商品经济的一般属性，因而同样存在竞争。近几年竞争机制在社会主义商品经济中的作用愈来愈大。因此，对竞争的法律保护，就成为我国法制建设中的重要内容。而对不正当竞争行为的刑事制裁，也是对竞争的法律保护。不正当竞争行为是一个外延十分广泛的概念，假冒商标、假冒专利、哄抬物价、掺杂使假等，从广义上说，都属于不正当竞争的范畴。从狭义上说，不正当竞争行为指那些毁坏其他企业信誉、假冒其他企业的外观包装、假冒商号等行为。我认为在刑法中有必要设立非法竞争罪，以完善对竞争的刑法保护。

一、非法竞争罪的概念

非法竞争罪是指违反竞争法规，诋毁其他企业信誉，采取假冒商号、外观包装，刊登或者通过其他方法传播不实广告等手段推销产品或者通过其他不正当方法进行竞争，情节严重的行为。

非法竞争罪的出现是与竞争立法密不可分的。有关调整竞争的立法在国际上已有一个多世纪的历史。在自由资本主义向垄断资本主义发展的过程中，资本主

义国家的反不正当竞争立法从无到有、从零散规定到制定单行的反垄断法或不正当竞争法，对不正当竞争行为起到了一定的抑制作用。美国是最早制定反托拉斯法的国家。1890年制定了《谢尔曼法》，此后陆续制定了《克莱顿法》《米勒—泰丁法案》《联邦贸易委员会法》《鲁滨逊—巴德曼法案》《赛勒—凯福尔法》等主要法规，1974年又制定了《贸易法》。这些法规禁止的不正当竞争行为主要有：旨在控制数州贸易或商业的合同、联合或阴谋；限制旨在实行垄断的贸易联合或协定；旨在削弱竞争而采取的价格歧视、搭售商品，公司的合并，直接或间接控制另一公司的股票或资产，进口商之间成立限制竞争或导致进口商品涨价协议；欺诈性广告，毁谤竞争对手产品的广告等。日本为了维持其市场竞争，1947年颁布施行《关于禁止私人垄断和确保公平交易的法律》，该法的主要内容是禁止垄断，禁止通过廉价倾销手段排除其他竞争者，禁止通过股份保有或干部兼任直接控制对方；排除经济力的过分集中，禁止成立控股公司，限制竞争，以避免违反公共利益；禁止滥用经济力，禁止不当的交易歧视，不当利用交易上的优越地位等。该法还规定设立交易委员会，可以采取审判程序处理违法案件，还规定了违反该法的刑罚，对维持市场竞争秩序，发展经济起了很大作用。

在社会主义国家，防止、消除垄断，鼓励市场竞争也是一种发展趋势。匈牙利从1985年1月1日起实施《禁止非正当经济活动法》，宣布禁止一切与社会主义经营道德相抵触的以及损害竞争对手和消费者利益的经济活动。该法的主要内容是：禁止非正当竞争行为，禁止欺骗消费者，禁止对正常的经济竞争加以限制，禁止在提供或接受商品时以提供或接受其他商品为前提条件，禁止滥用企业经济优势，禁止实行非正当价格，并对违反该法的企业，根据不同情况予以不同的法律制裁。

除上述在专门的反垄断法或反不正当竞争法中对于非法竞争行为规定了刑事制裁以外，有些国家在刑法典中规定非法竞争罪或者不正当竞争罪。例如《罗马尼亚刑法典》第301条规定，为了哄骗进货方，使用假名或诈用原名生产与销售产品，以及将处于流通之产品加印有关专利权之说明，或使用其他商业与工业组织之经商名称与商标的，是不正当竞争罪。从以上规定可以看出，对不正当竞争行为的刑事制裁是保护竞争的客观要求，也是商品经济发展的必然要求。

我国由于平等竞争的社会环境发展不成熟，平等竞争的法律规则不健全，有些企业采取不正当手段进行竞争，严重地损害了国家、社会和其他企业的合法利益。为此，有必要将其中危害严重者定为犯罪，以保护社会主义有计划的商品经济的新秩序。

二、非法竞争罪的特征

（一）在客观上必须有非法竞争行为

社会主义企业之间的竞争必须以符合社会利益的正当手段进行，而不允许采取违背国家政策和法律的不正当竞争手段，损害国家、社会和其他企业的合法利益。不正当的竞争手段，主要表现在垄断和非法竞争两个方面。垄断是指行政机关或企业单位，采取单独行动或联合行动，扼杀竞争，或破坏自由竞争，破坏市场环境，损害国家和社会利益的行为。例如，行政机关采取行政手段实行地区封锁和部门分割，限制正常竞争；相互竞争的企业之间通过合同或协议，保持一致，共同行动，合谋控制产品价格和销售地区，损害其他企业的利益。非法竞争是指企业采取不正当手段损害、削弱竞争对手，为自己谋取非法利益，而阻碍竞争的正常进行。非法竞争罪中的非法竞争行为，不包括垄断，只是指采取非法手段，损害、削弱竞争对手，为自己谋取非法利益的行为。非法竞争通常采取下述手段。

1. 诋毁其他企业的信誉。这主要是指出于非法竞争的目的，故意贬低、毁坏其他企业（通常是竞争对手）的产品的质量，使其他企业的信誉受到损害，并在经济上遭受损失，以此削弱对方，提高自己的竞争力。

2. 采取假冒商号、外观包装、刊登或者通过其他方法传播不实广告等手段推销产品。前一种行为是通过贬低别人以抬高自己；后一种行为的特点则是弄虚作假抬高自己，在无形中贬低别人。由于假冒商标、假冒专利都已经成为独立的犯罪，不包括在非法竞争罪中。但假冒商号和外观包装，使消费者上当受骗，并使其他企业的信誉受到损坏，则属于非法竞争罪的范畴。不实广告是通过广告宣传，假冒名优产品或者获奖产品，以此推销自己的产品，其危害严重者应以非法

竞争罪论处。

3. 其他不正当竞争的行为。指除前述两种行为以外还会采取其他一些手段，而且随着经济的发展会花样翻新，在刑法条文中不可能全部列举，留待有权机关进行解释。为使对其他不正当竞争行为有所了解，下面引述国际法学会第31届（剑桥）会议通过的《关于不正当竞争的法律冲突规则》中禁止的违反诚实经营的竞争行为如下：以自己的产品冒充别人的产品；以不正当方式占有竞争者的成就，包括售卖竞争者的产品而称该产品出于自己的制造，以及以不正当方式占有和泄露商业秘密；从事不正当的广告宣传；破坏竞争者产品或企业的信誉或造谣中伤；实行不正当的价格竞争，例如赔本出售或在价格方面差别对待；不正当地干涉竞争的企业，如怂恿其雇佣人员离开职务，诱致破坏竞争者的合同或干预竞争者同其供应者或顾客之间的关系。以上规定可供参考。

（二）主观上必须要有非法竞争的故意

非法竞争罪的罪过形式只能是故意，而不能是过失。行为人明知实施这种不正当竞争行为会损害其他企业或者消费者的利益，而希望这种结果发生，主观上具有罪过。

三、非法竞争罪的处罚

实施不正当竞争行为的，并非都构成犯罪。对于不正当竞争行为应根据不同情况分别处以行政的、经济的、刑事的制裁。因不正当竞争而受侵害的法人或者自然人，可以提出诉讼请求，要求停止不法侵害，要求赔偿因不正当竞争行为所受到的损失。对于一般的不正当竞争行为，可由工商行政管理机关处以罚款、吊销营业执照、责令停止营业、没收非法所得等处罚；对于直接责任人员，可以给予行政处分和经济制裁，只有对于那些情节严重的不正当竞争行为才构成非法竞争罪，由司法机关依法追究刑事责任。根据非法竞争罪的社会危害性，我认为处三年以下有期徒刑或者拘役较妥，同时还应并处或者可以单处罚金。

（本文原载《法学》，1990（2））

论发放高利贷罪及其刑事责任

发放高利贷罪在我国现行刑法中虽没有规定，但目前在我国经济生活中，发放高利贷的情况十分严重，对社会主义金融制度危害很大。因此，我认为有必要在我国刑法中增设发放高利贷罪，其刑法条文可表述如下：

第××条　违反金融管理法规，以营利为目的，发放高利贷的，处三年以下有期徒刑或者拘役，并处或者可以单处罚金；情节严重的，处三年以上七年以下有期徒刑，并处罚金。

一、发放高利贷罪的概念

发放高利贷罪是指违反金融管理法规，以营利为目的，凭借自己手中的货币或者实物进行放高利贷的行为。

发放高利贷是一种剥削行为，也是一种侵犯金融制度的犯罪行为。在外国刑法中，也有关于发放高利贷罪的立法例，主要可以分为以下两种情况。

第一，在刑法中明确规定发放高利贷罪。例如，《西班牙刑法典》第六章题为高利贷及典当业，其中以三个条文的篇幅对发放高利贷罪作了规定。第542条

规定："经常从事放高利贷者，应处以短期苦役，并科以西币五千元至二十五万元之罚金"。第 543 条规定："以其他契约方式隐瞒从事放高利贷之事实，即使并非经常习惯如此，亦应处以前条规定之刑"。

第二，刑法虽然没有明文规定发放高利贷罪，但在其他犯罪中包括发放高利贷的内容。例如，《罗马尼亚刑法典》将发放高利贷行为作为投机倒把罪处罚，第 295 条（投机倒把）规定：下列行为处六个月至五年监禁，其中第四项行为是："发放有息借款或发放利率高于法律许可范围之贷款，或接受由未清之利息所生之利息"。又如，《意大利刑法典》在暴利罪中包括发放高利贷的内容，第 644 条（暴利罪）规定："乘他人急迫，贷以金钱或其他动产，而为自己或他人取得重利或使之给予或期约其他高利性之利益者，处二年以下徒刑，并科四万里拉以上八十五万里拉以下罚金"。

我国在经济体制改革以前，民间借贷很少发生，高利贷也基本上绝迹。但随着社会主义商品经济的发展，民间借贷日益活跃。尤其是在农村，党的农村政策给农村商品经济的迅速发展带来了生机，农村自给半自给经济开始向商品化、专业化方面转化，生产的规模和消费的能量大幅地增长，仅银行、信用社有限的定向贷款已满足不了发展生产的需要，这就势必通过民间借贷得以补充。据黑龙江省绥化市人民检察院会同市委、市政府的有关部门，对该市两个乡（镇）、四个村的调查，截至 1986 年 8 月末，存在有息借贷关系的共有 121 户，占上述四个村总户数的 92.5%，借贷金额 105 000 元，每个借贷户平均贷款 867 元。两个乡、镇 13 个村集体经济组织也不同程度地向农民有息贷款，总金额为 176 800 余元。从调查的情况看，农村民间借贷的范围越来越广，利息逐步升高，四分以上利息已占 20%左右。据此，笔者认为应当对民间借贷加强管理，进行积极引导，发挥其作用。引导措施应包括，颁布符合实际的民间借贷的指导利率、制定一次借贷累计利息额度等。同时，刑法中应当规定发放高利贷罪，对那些以发放高利贷为业，一贯从事高利盘剥的人绳之以法。

二、发放高利贷罪的特征

（一）客观上必须有发放高利贷的行为

从语义上说，高利贷是指索取特别高额利息的贷款。发放高利贷的行为，是指违反金融管理法规，凭借自己手中的货币或者实物，以超出国家金融法规的利率贷放，牟取暴利的行为。

那么，何谓超出国家金融法规的利率贷放呢？这个问题，应参照国家有关金融法规加以解决。关于民间借贷的利率，主要有两种：一是法定利率，即利率由法律加以规定；二是约定利率，即利率由当事人约定，但不得超过一定限度。新中国成立以来，我国政府和司法部门先后颁布了一些调整民间借贷关系的法规和政策，其中多处涉及利率问题。1950 年 10 月 20 日中央人民政府政务院《关于新区农村债务纠纷处理办法》第 9 条规定："今后借贷自由，利息由双方约定，政府不加干涉。"这一规定表明，当时政府对民间借贷的利率持放任态度。1952 年 11 月 27 日，最高人民法院在《关于城市借贷超过几分为高利贷的解答》中，转述了当时中央人民政府政务院财政经济委员会的意见，指出："根据目前国家银行放款利率以及市场物价情况，私人借贷利率一般不应超过三分。但降低利率目前主要应该依靠国家银行广泛开展信贷业务，在群众中大力组织与开展信用合作业务，非法令规定所能解决问题。为此民间自由借贷利率即使超过三分，只要是双方自愿，无其他非法情况，似亦不宜干涉"。这一意见说明，这个时期中央人民政府对民间借贷的利率由放任转为指导。1964 年，中共中央在《转发邓子恢同志关于城乡高利贷活动情况和取缔办法的情况》中指出："一切借贷活动，月息超过一分五厘的（1.5%）视为高利贷，月息不超过一分五厘的视为正常借贷。"这实际上是对民间利率持限制态度。近年来，我国对民间借贷利率未作限制性规定。1984 年 8 月，最高人民法院《关于贯彻执行民事政策法律若干问题的意见》第 69 条规定："有息借贷，其利率可适当高于国家银行贷款利率"。1988 年 7 月 18 日，最高人民法院院长任建新同志在第十四次全国法院院长会议

报告中指出："对私人借贷利率，目前法律尚无具体规定，可以允许适当高于国家银行的利率。可以高多少，在国家尚未制定出民间借贷法规之前，各高级法院可以根据本地实际情况酌情处理，以取得经验"。笔者认为，国家应及时制定民间借贷法，对民间借贷利率作出明确规定，为认定发放高利贷行为提供法律标准。

（二）主观上必须以营利为目的

所谓以营利为目的，是指行为人主观上是为了牟取暴利，并将其作为一种营生，甚至以此为业。

三、发放高利贷罪的处罚

笔者认为，发放高利贷罪可以分为两个罪刑单位：第一个罪刑单位处三年以下有期徒刑或者拘役，并处或者可以单处罚金；第二个罪刑单位处三年以上七年以下有期徒刑，并处罚金。

四、当前发放高利贷行为之探讨

在当前刑法尚没有规定发放高利贷罪的情况下，对发放高利贷行为应如何处理呢？笔者认为。

（一）对于一般发放高利贷的行为不宜定罪

所谓一般高利贷行为是指情节不严重、数额不大的发放高利贷行为。例如，被告人朱泰贞，系个体摊贩，从1982年6月至1983年6月，先后借给邹素芳现金5.4万余元，按月息10%至20%收取利息，共获利1.7万余元，邹素芳为了向朱泰贞还本付利，将诈骗来的3 100箱肥皂（每箱价值24元），以每箱12元的价格折算给朱泰贞抵债，计37 260元。朱泰贞不知肥皂来历，接收这些肥皂后，以每箱16元的价格，将其中的大部分卖给他人，共牟利1.14万余元。人民法院在审理此案的过程中，对朱泰贞的行为如何定性存在三种意见：第一种意见认为，被告人朱泰贞放高利贷，牟取暴利，数额巨大，并且大量倒卖肥皂，已构成

投机倒把罪。第二种意见认为，被告人朱泰贞放高利贷的行为已构成犯罪。由于刑法对这类犯罪没有定罪处罚的明文规定，应根据刑法第79条的规定，比照刑法第118条，类推适用投机倒把犯罪。第三种意见认为，刑法对发放高利贷的行为没有规定为犯罪，对被告人朱泰贞不应定罪处刑。笔者认为，本案朱泰贞的行为是一种发行高利贷的行为。当然，在现行刑法尚没有把发放高利贷明文规定为犯罪的情况下，由于发放高利贷本身较为复杂，因此，对本案既不能视为投机倒把犯罪，也不宜以类推定罪。当然，如果发放高利贷数额很大、情节严重的，可以考虑类推定罪。

（二）国家工作人员利用职务上的便利，挪用公款发放高利贷为个人牟取私利，应以挪用公款罪和贪污罪实行数罪并罚

1988年1月21日全国人大常委会《关于惩治贪污罪贿赂罪的补充规定》第3条规定，国家工作人员、集体经济组织工作人员或者其他经手、管理公共财物的人员，利用职务上的便利，挪用公款归个人使用，进行非法活动的，或者挪用公款数额较大、超过三个月未还的，是挪用公款罪。挪用公款用来发放高利贷，属于挪用公款进行非法活动，挪用公款行为本身构成犯罪。但发放高利贷所得数额达到贪污罪处刑标准以上的，这实际上是一种利用职务之便侵吞公共财物的行为，还应构成贪污罪。当然，如果发放高利贷所得数额较小，构不成贪污罪的，可以作为挪用公款罪的量刑情节，对行为人予以从重处罚。按照上述《补充规定》，“挪用公款数额较大不退还的，以贪污罪论处”。如果发放高利贷以后，公款不能收回从而不能退还的，应以贪污罪论处。

（三）银行工作人员利用职务上的便利，擅自提高利率，个人吃取息差的，应以受贿罪论处

国家对银行的各种贷款所应收取的利息都有明确的规定，银行工作人员在办理贷款业务时私自提高利率，实际上是利用职权向申请贷款的人提出的一种附加条件，如果他们不答应这种条件，就得不到需要的贷款。这是银行工作人员利用职务上的便利索取、收受财物的一种手段，这种行为完全符合受贿罪的特征，应以受贿罪论处。

（四）高利转贷行为应以投机倒把论处

所谓高利转贷，就是转贷者以低息借进资金，然后高利转借给他人，居间牟取暴利的行为。因此，高利转贷又称为倒放贷款。当前，一些地方出现的高利转贷的现象十分严重。例如，1984下半年至1985上半年，湖南省武岗县的城关镇和法相岩乡，先后有56人进行高利转贷现金的活动，他们以5%至50%的月息借进私款54.2万余元，然后以10%至100%的月息（个别月息高达120%）借用，共牟取非法利润47.4万余元，因此有的不到二三个月时间就成了身缠万贯的暴发户。同时，由于他们只顾牟利，不考虑能否收回本金，将大批巨款贷给那些从事非法经营活动和挥霍浪费的人，结果造成15.3万余元本金无法收回，严重地损害了资金所有者的利益。对于这类案件如何定性处理，在司法实践中存在两种不同的意见：第一种意见认为，高利转贷现金属高利贷性质，应当加以限制，但不宜视为投机倒把，更不能定罪科刑。第二种意见认为，高利转贷现金侵犯了国家的金融管理活动，违反了国家金融管理法规，应以投机倒把论处。我们认为，这种高利转贷行为，明显地侵犯了国家的金融管理活动，违反了国家的金融管理法规，具有投机倒把的性质和特征，应按投机倒把罪惩处。

（本文原载《政法学刊》，1990（2））

刑民交叉案件的刑法适用

刑民交叉[①]案件的处理，已经成为当前司法实践中的一个特别疑难的问题。在刑民交叉案件中，既存在民事不法，又涉及刑事犯罪。因此，如何区分刑事犯罪与民事不法的界限，就显得十分重要。如果不能正确处理刑民交叉案件，就会发生刑事犯罪与民事不法的混淆，从而导致出入人罪的后果。本文在界定刑民交叉案件的概念与特征的基础上，对刑民交叉案件的法律适用问题进行刑法教义学的考察。

一、刑民交叉案件的概念与特征

我国学者曾经对刑民交叉案件做过以下界定："所谓刑民交叉案件，又称为刑民交织、刑民互涉案件，是指既涉及刑事法律关系，又涉及民事法律关系，且相互之间存在交叉、牵连、影响的案件。"[②] 根据上述定义，刑民交叉案件主要是指民事法律关系和刑事法律关系重合的案件，这是以法律关系为视角所进行的

① 刑民交叉和民刑交叉含义是相同的，本文在使用的时候，一般采用刑民交叉一词，特此说明。

② 何帆：《刑民交叉案件审理的基本思路》，25～26 页，北京，中国法制出版社，2007。

界定。并且，这里的“刑”是指刑事诉讼；“民”是指民事诉讼。因此，上述定义侧重于从诉讼法角度对刑民交叉案件进行界定。笔者认为，刑民交叉案件，既然已经形成案件，从实体法的角度观察，刑事法律关系是指刑事犯罪，而民事法律关系是指民事不法，应当以此为内容对刑民交叉案件进行界定。因此，刑民交叉案件是指刑事犯罪与民事不法存在竞合的案件。在刑民交叉案件中，既存在刑事犯罪，又存在民事不法，并且两者之间具有某种重合性。对于刑民交叉案件，既不能仅仅从实体法进行考察，也不能仅仅从程序法进行考察，而是应当坚持实体法和程序法的双重视角。

刑民交叉案件涉及实体和程序两个领域，其中实体涉及民法和刑法两个部门法，程序则涉及民事诉讼法和刑事诉讼法两个部门法。不同的部门法对于民刑交叉案件关注的内容是完全不同的。

（一）民法意义上的刑民交叉

民法学者关注的是在刑民交叉案件中民事行为的效力问题，例如，在合同纠纷中涉及犯罪行为的，民事纠纷如何解决。民法学者提出了以下问题：（1）合同一方当事人涉嫌犯罪是否必然影响合同有效性？（2）借款人骗取担保是否影响贷款合同和担保合同效力？（3）企业高管以单位名义贷款构成诈骗罪是否免除单位民事责任？（4）同业拆借构成犯罪是否影响金融机构民事责任承担？（5）民间借贷涉嫌非法吸收公众存款罪是否影响其效力？（6）法定代表人私刻公章骗贷，所签合同是否应认定为无效？（7）法定代表人涉嫌合同诈骗罪是否影响单位所签合同效力？（8）银行内部工作人员犯罪的，是否免除银行民事责任？（9）银行负责人高息揽存构成犯罪是否免除银行民事责任？[①] 从这些问题可以看出，对于刑民交叉案件，民法学者更为注重的是：在刑民交叉案件中行为人构成犯罪的情况下，相应的民事行为是否仍然有效。

（二）诉讼法意义上的刑民交叉

诉讼法学者则主要关注在刑民交叉案件中，刑事诉讼与民事诉讼竞合的情况

---

① 参见《最高院关于“刑民交叉”问题的九个公布案例》，载 http：//www.360doc.com/content/16/0330/01/18154090 _ 546415813.shtml，2018 年 4 月 28 日访问。

下，究竟是优先选择刑事诉讼还是民事诉讼的问题。在我国法学界对于刑民交叉案件，大多数是从这个意义上进行讨论的。[①] 在司法实践中，刑民交叉案件的审理思路一般都偏向于诉讼法的考量。例如，1985 年最高人民法院、最高人民检察院、公安部《关于及时查处在经济纠纷案件中发现的经济犯罪的通知》指出："各级人民法院在审理经济纠纷案件中，如发现有经济犯罪，应按照 1979 年 12 月 15 日最高人民法院、最高人民检察院、公安部《关于执行刑事诉讼法规定的案件管辖范围的通知》，将经济犯罪的有关材料分别移送给有管辖权的公安机关或检察机关侦查、起诉，公安机关或检察机关均应及时予以受理。"该《通知》率先确立了对于刑民交叉案件审理的刑事优先的原则，对于此后审理民刑交叉案件产生了重大影响。此后，1998 年最高人民法院《关于在审理经济纠纷案件中涉及经济犯罪嫌疑若干问题的规定》第 10 条规定："人民法院在审理经济纠纷案件中，发现与本案有牵连，但与本案不是同一法律关系的经济犯罪嫌疑线索、材料，应将犯罪嫌疑线索、材料移送有关公安机关或检察机关查处，经济纠纷案件继续审理。"该条规定在对基于同一事实的刑民交叉案件坚持刑事优先原则的基础上，对于审理非基于同一事实的刑民交叉案件应当坚持民刑并立原则。这些司法解释对于刑民交叉案件的程序选择具有指导意义。

（三）刑法意义上的刑民交叉

刑法学者不同于上述民法学者和诉讼法学者，对于刑民交叉案件主要关注刑事犯罪与民事不法的区分。在刑事犯罪与民事不法竞合的情况下，当然应当按照犯罪论处，这在刑法上是没有任何疑问的。关键在于，刑事犯罪与民事不法如何区分，这才是刑法学者所关心的。根据我国《民法通则》第 106 条的规定，公民、法人违反合同或者不履行其他义务的，应当承担民事责任。公民、法人由于过错侵害国家的、集体的财产，侵害他人财产、人身的，应当承担民事责任。因此，根据民事违法行为的性质，民事违法行为可以分为两类：第一类是民事违约行为，即违反合同或者不履行其他义务的行为，可以简称为违约；第二类是民事

① 参见张卫平：《民刑交叉诉讼关系处理的规则与法理》，载《法学研究》，2018（3）。

侵权行为，即侵害他人的财产权利和人身权利的行为，可以简称为侵权。这两种民事违法行为都可能与刑事犯罪发生重合。

第一，民事违约与刑事犯罪的逻辑关系。在民法中，违约行为导致的民事责任就是违约责任，违约责任是指合同当事人违反合同规定的义务而应当承担的责任。[①] 在违约的情况下，如果民事不法导致违约，就是民事违约，行为人应当承担民事责任。如果是刑事犯罪导致违约，就是刑事违约，刑事违约就构成犯罪。民事违约未必刑事违约，而刑事违约则必然民事违约。在只是民事违约而并不构成刑事犯罪的情况下，严格来说，民事不法与刑事犯罪之间并不存在重合。因此，只要正确地认定民事违约或者刑事犯罪就可以把两者区分开来。问题在于，在司法实践中，这种民事违约和刑事犯罪往往纠缠在一起，它们之间的界限并不容易区分。因此，这种民事违约和刑事犯罪纠缠的情形也属于刑民交叉的范畴。例如，将代为保管的他人财物据为己有，这是民事违约，如果拒不返还，数额较大，就可能构成侵占罪。因此，民事违约和刑事犯罪本来是分属于民事和刑事两个领域，而在我国司法实践中两者却十分容易相混淆，因此需要加以研究。

第二，民事侵权与刑事犯罪的逻辑关系。在民法中，民事侵权导致的民事责任就是侵权责任，侵权责任是指行为人因其过错侵害他人财产、人身，依法应当承担的责任，以及没有过错，在造成损害以后，依法应当承担的责任。[②] 民事侵权责任的范围是十分宽泛的，既包括过错责任又包括无过错责任。现代刑法采用责任主义，因此与无过错的侵权责任之间没有关联性。过错的侵权责任则与刑事犯罪之间具有一定的重合性。例如我国《刑法》分则第四章规定的侵犯公民人身权利罪和第五章规定的侵犯财产罪，就与民事侵权中的人身侵权和财产侵权之间具有重合性。就人身侵权与侵犯公民人身权利罪的关系而言，例如杀人行为，同时触犯民法关于保护人身权利的法律规范和刑法关于故意杀人罪的法律规范，具有重合性，根据刑事优先原则，应当认定为犯罪，伤害行为也是如此。而侮辱行

① 参见王利明：《民法总论》，2版，315页，北京，中国人民大学出版社，2015。

② 参见王利明：《民法总论》，2版，315页，北京，中国人民大学出版社，2015。

为和诽谤行为，则要根据情节轻重。如果情节较轻，则可以作为侵犯名誉权的民事违法行为提起民事诉讼，要求侵权人承担民事责任。如果情节较重，则可以提起刑事自诉，要求侵权人承担刑事责任。一般来说，人身侵权和侵犯人身权利的刑事犯罪行为之间界限还是清楚的，不会发生混淆，因此不需要专门进行讨论。需要讨论的是财产侵权与侵犯财产犯罪之间的关系。

二、刑民交叉案件的犯罪认定

刑民交叉案件既涉及民法又涉及刑法，因而究竟是认定为民事不法，适用民法，还是认定为刑事犯罪，适用刑法，这是一个值得研究的问题。尤其是涉及犯罪，而犯罪关涉对生命、自由和财产的剥夺，因而应当引起高度重视。刑民交叉案件涉及极为复杂的民事法律关系，这就给犯罪认定带来极大的难度。

例如，这里有一个较为复杂的案件，案情如下：被告人文某系民营企业 A 公司的法定代表人，A 与国有事业单位 B 合作开发某个文创项目，双方签订联营协议，并建立共管账户。联营协议签订以后，并没有正式注册成立公司，而是由 B 的上级单位 C 以借款形式将 3 700 万元打入共管账户。被告人文某利用采购设备之机，捏造虚假购买合同，虚增货款 1 000 万元。两年后，联营协议被终止，C 公司接收联营项目资产，文某出任 C 公司总经理，因 C 公司系国营单位，文某此时具有国家工作人员的身份，并继续负责联营项目。在联营协议终止时，未做清算，C 公司的账面显示有 3 700 万元借款未收回。为了融资需要，C 公司的大股东决定成立清算小组，对联营项目进行清算。经过清算小组研究，建议用 3 700 万元债权整体收购联营体项目资产。文某担任 C 公司总经理，在资产清算过程中，继续隐瞒在联营期间虚增货款取得 1 000 万元的事实，致使该款项获得核销。对于本案，起诉书指控：被告人文某利用担任联营体负责人职务便利，通过捏造虚假购买合同方式套取国家资金 1 000 万元，用于偿还个人欠款和个人公司使用，之后利用担任 C 公司总经理的职务便利，在 C 公司收购联营体的过程中，将国有资金 1 000 万元通过制造虚假记账凭证向 C 公司申报虚假资产的方式进行平账，非法占有联营体国有资产 1 000 万元。法院判决认定，被告人文某在担任联营体负责人和 C 公司总经理期间，属于受委托从事公务人员，其利用职务便利，采用虚假合同方式，套取国有资产，最后通过收购联营体资产的方式最终实际占有国有资产，数额为 1 000 万元，其行为已构成贪污罪。

在以上案情中，存在三种民事法律关系，这就是资金借贷、合作经营和资产收购。

首先，本案中存在 A 公司和 C 公司之间的借贷关系。该借款具有特定用途，即打入共管账户，用于联营体的经营活动。根据民法原理，对于货币来说，占有即所有。因此，A 公司因借贷而取得对借款的所有权。但是，根据约定，借款用于特定用途，因此打入共管账户，双方对款项进行共同监管。在这种情况下，此款项处于共同占有的状态。这里需要对本案中的借款进行说明，本来该借款是应当由 C 借给其下属单位 B 公司的，然后以 B 公司的名义投入联营体，但因为违反财经制度而没有采用这种方式。同时，因为 A 公司作为民营企业也没有资金投入。在这种情况下，双方约定 C 公司将 3 700 万元借给 A 公司，作为联营项目的运作资金。其实，根据法律规定，国有单位是不能把资金出借给民营企业的。因此，在本案中共管账户中资金的归属问题，确实是一个较为复杂的问题。当然，被告人文某以 A 公司向 C 公司借款的行为不构成犯罪。

其次，在 A 公司和 B 公司之间还存在联营关系，组建联营体，文某担任联营体负责人。但联营体并没有注册成立，只是设立了一个共管账户，双方对资金进行监督。被告人文某利用虚假购买合同套取的资金，从民事法律关系上来说，不是出借方 C 公司的资金，而属于被告人担任法定代表人的 A 公司的借款，当然，是否属于联营体的资金有待商榷。值得注意的是，A 公司和 C 公司签订的“合作协议”第 5 条明确规定：A 公司在生产经营过程中，各种原因造成的经济损失，C 公司不予承担。就此而言，名为合作经营实际上是借款，即以联营的名义掩盖借贷关系。被告人文某利用担任 A 公司的法定代表人和联营体负责人的职务便利，利用虚假购买合同套取 1 000 万元资金的行为是否构成犯罪，如果认为共管账户的资金属于 A 公司的借款，当然被告人文某的行为就不可能构成

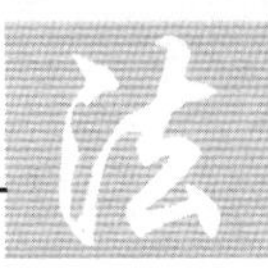

犯罪。

最后，C公司对联营体项目的资产收购。因为联营体项目完全是利用A公司向C公司的借款形成的。因此，利用C公司对A公司的3 700万元债权收购联营体，实际上就是将C公司的3 700万元债权予以核销。此时，被告人文某担任C公司总经理，具有国家工作人员身份。因此，起诉书和判决书都认定被告人文某利用职务便利，将虚假购买合同套取的1 000万元平账，这就是贪污。从逻辑上看，这一认定具有一定的根据。但被告人文某以A公司的名义与B公司合作经营，其虽然没有资金投入，但在项目运作过程中，做了大量工作。如果把3 700万元的借款投入的项目由C公司完全收回，则被告人文某的A公司在联营活动中就没有任何收入，这显然也不合理。而且，根据联营协议，在项目经营过程中的所有损失都应当由A公司承担。被告人文某在资产收购过程中隐瞒套取资金的事实，究竟是民事欺诈还是贪污，这是值得进一步讨论的。

通过文某贪污案的分析，我们可以看到在各种民事法律关系交织纠缠的情况下，犯罪认定上确实遭遇了极大的困难。如果不能正确分析民事法律关系，就不能准确地认定犯罪。为此，我们需要对刑民交叉的关系进行具体分析。

如前所述，从实体法的角度来说，刑民交叉是刑事法律关系和民事法律关系的交叉。这里的交叉又可以分为以下三种情形分别处理。

（一）形式上看似民事法律行为，实质上属于刑事犯罪行为

在一个案件中，虽然表面上存在民事法律关系，但实际上这种民事法律关系是虚假的，行为人以此掩盖刑事犯罪。对此，应当刺破民事法律关系的面纱，还其刑事犯罪的真实面貌。在现实生活中发生的套路贷案件，就是以民事法律关系掩盖犯罪的十分典型的例子。这里的套路贷，是指犯罪嫌疑人以违约金、保证金、行业规矩等各种名义，骗取被害人签订虚高借款合同、阴阳借款合同或者房产抵押合同等明显不利于被害人的各类合同。随后，制造银行流水痕迹，制造各种借口单方面认定被害人违约并要求偿还虚高借款。在被害人无力偿还的情况下，进而通过利用其制造的明显不利于被害人的证据向法院提起民事诉讼，以实现侵占被害人或其近亲属合法财产的目的。套路贷通常有以下行为特征：（1）制

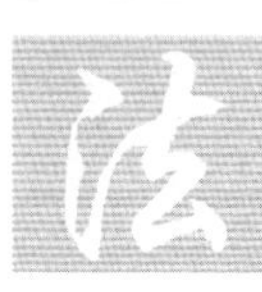

造民间借贷假象，对外以小额贷款公司名义招揽生意，与借款人签订合同。同时，以违约金、保证金等名目欺骗借款人签订不能按时还款时的虚高借款合同、房产抵押合同等明显不利于借款人的条款。(2) 制造银行流水痕迹，刻意造成借款人已经取得合同所借全部款项的假象。(3) 制造违约陷阱，当还款日期临近，借贷公司不主动提醒借款人，还常以电话故障、系统维护为名导致借款人无法还款。然后，公司就以违约为名，收取高额滞纳金、手续费等，并要求借款人立即偿还虚高借款。(4) 恶意垒高借款金额，在借款人无力支付的情况下，公司会再介绍其他假冒的小额贷款公司或个人，与借款人签订新的虚高借款合同予以平账，进一步垒高借款金额。

在套路贷案件中，被害人在犯罪分子的诱骗下，一步一步地落入陷阱，并且主动配合犯罪分子制造虚假证据，使自身陷于不利地位，最终造成重大的财产损失。套路贷是一个精心设计的圈套，犯罪分子以民事借贷关系掩盖诈骗犯罪的事实。只有揭开其民事借贷的面纱，才能认清其诈骗犯罪的本质。从刑法角度分析，这种以民事诉讼实现虚假债权形式的套路贷其实是一种诉讼诈骗。制造虚假债权的过程，被害人是明知的，并且也是配合的。当然，这是因为被告人隐瞒了虚增借款的真实目的。但这种诈骗只是取得被害人对虚增借款的配合，还并不是以此非法骗取被害人的财物，因而还不能将该行为直接认定为诈骗罪。这种虚增借款的行为实际上是此后的诉讼诈骗的预备行为，因此，被告人主要是利用银行流水等在被害人配合下形成的借款证据向法院提起民事诉讼，并以此最终实现虚假债权，才是真正的诈骗犯罪。

因此，在套路贷的案件中，民事上的合法只是一种假象，而诈骗犯罪才是其实质。

在套路贷案件中，犯罪分子以民事借贷掩盖刑事诈骗。从表面来看，确实存在借贷关系，并且有借款合同以及银行流水等证据。此类案件如果进行民事诉讼，犯罪分子胜诉的概率极大。因为被害人缺乏举证能力，无法还原真实。例如，我国《民法通则》第 58 条明确规定，一方以欺诈、胁迫的手段或者乘人之危，使对方在违背真实意思的情况下所为的民事行为无效。但被害人要通过举证

证明犯罪分子采取了欺诈或者胁迫手段或者乘人之危签订借款合同，事实上几乎是不可能的。为此，需要公权力的介入，通过公安机关的侦查活动，才能证明诈骗罪的存在。

在司法实践中，对于某些犯罪来说，民事法律关系的认定具有区分罪与非罪的重大意义。例如，虚设环节的贪污或者职务侵占案件的认定就是如此。这里的虚设环节的贪污罪或者职务侵占罪，是指采用虚增交易环节的方法，从中截留本应由所在国有单位或者其他单位获得的利润，或者使所在国有单位或者其他单位付出更多的交易成本，转由行为人予以非法占有。在这种案件中，行为人的行为是否构成贪污罪或者职务侵占罪，关键在于中间环节进行的交易是否具有真实内容。如果中间环节的交易活动不具有真实内容，该环节是虚设的，则行为构成贪污罪或者职务侵占罪。如果中间环节的交易活动具有真实内容，该环节不是虚设的，则行为不构成贪污罪或者职务侵占罪。对于那些虚设环节的贪污罪和职务侵占罪来说，行为人是利用虚设的民事法律关系以掩盖贪污或者职务侵占犯罪。此外，在诈骗罪的认定中，如果是以交易形式进行的诈骗，则该交易内容是虚假的，应当予以戳穿。如果该交易内容是真实的，即使在交易过程中存在民事欺诈，也不构成诈骗罪。例如目前在司法实践中存在利用大宗货物网络交易平台进行诈骗的案件，行为人设立各种各样大宗货物网络交易平台，但其中的交易内容是虚假的，例如交易的价格完全受行为人控制，采取对敲等方式，骗取他人财物，应当认定为诈骗罪。在这种案件中，大宗货物交易只不过是行为人骗取他人财物的手段。如果平台交易是真实的，只不过采用欺诈方法诱骗他人参加交易，或者采取价格操纵方式获取非法利益，则不能否定交易这一民事法律关系，因而不能认定为诈骗罪。

（二）形式上看似刑事犯罪行为，实质上属于民事法律行为

在一个案件中，在形式上似乎存在刑事犯罪，实质上则是民事法律行为。在这种情况下，应当严格区分刑事犯罪和民事不法的性质。

例如，在非法转让、倒卖土地使用权案件中，公司股东采取转让股权的方式转让土地使用权的，是否构成本罪，这是在司法实践中长期存在争议的一个问

题。从形式上来看，由于股权的转让，公司股东发生变更，土地权益随之发生变化。因此，土地使用权似乎发生了转移。对于此类案件，过去相当长的时间中，往往做出有罪判决。这种转让公司股权的行为，在《公司法》上是完全合法的，而在刑法上却被认定为犯罪，由此导致刑民之间的对立。对此，周光权教授认为，民事审判上的通行观念是公司股权转让与作为公司资产的土地使用权转让系两个独立的法律关系，现行法律并无强制性规定禁止房地产项目公司以股权转让形式实现土地使用权或房地产项目转让的目的。基于法秩序统一性原理，在刑事司法上就不能无视民法立场和公司法律制度，对于以股权转让方式转让土地使用权的行为，不能认定为非法转让、倒卖土地使用权罪。本罪的适用范围必须严格限定为股权转让之外的、行政法规上严格禁止的非法转让、倒卖土地使用权的行为，从而对本罪的客观构成要件要素进行限制解释。[①] 对于周光权教授的这一观点，笔者是完全赞同的。主要理由如下。

1. 公司股权不能等同于土地使用权。在通过转让股权的方式转让包括土地使用权在内的公司各项权益的情况下，土地使用权的所有者是公司。公司财产与股东权益是有所不同的。在通过转让股权的方式转让包括土地使用权在内的公司各项权益的情况下，转让的只是公司股权，公司的土地使用权并没有改变。即使是在土地出让金没有缴齐或者完全缴纳的情况下，尽管股东发生变更，土地出让金的缴纳主体并没有改变。

2. 违反土地管理法规的行为不能等同于非法转让土地使用权。根据土地管理法规的规定，依照有关土地管理法律法规的规定，土地使用权可以依法转让。但是，下列土地使用权不得转让：一是司法机关和行政机关依法裁定、决定查封或者以其他形式限制房地产权利的；二是依法收回土地使用权的；三是共有房地产，未经其他共有人书面同意的；四是权属有争议的；五是未依法登记领取权属证书的；六是未按照出让合同约定支付全部土地使用权出让金的；七是未按照出让合同约定的期限和条件进行投资开发、利用土地的；八是法律、法规规定禁止

① 参见周光权：《非法倒卖、转让土地使用权罪研究》，载《法学论坛》，2014（5）。

转让的其他情形。据此，如果存在上述八种违反土地管理法律法规的行为之一，可以根据违法情节严重程度考虑是否构成非法转让、倒卖土地使用权罪。有关转让行为是否认定为非法转让、倒卖土地使用权罪，应当由司法机关根据具体案情依法确定。违反以上规定转让土地使用权的行为，当然属于违法行为，但并不能将这些违法行为作为犯罪处理。

3.《刑法》第228条规定的非法转让、倒卖土地使用权罪，是指未经批准而将土地使用权转让或者倒卖给他人。例如，基本农田具有特定用途，未经土地管理机关批准改变土地性质而转让，就是一种非法转让，可以构成本罪。而非法倒卖土地使用权罪，是指以牟利为目的，以低价获得土地使用权，然后加价予以卖出的行为。这种非法倒卖土地使用权的行为，是未经国家土地管理机关批准的，并且是侵犯国家土地管理制度的，因而构成本罪。因此，以转让公司股权的方式转让土地使用权的行为，不能认定为非法转让、倒卖土地使用权罪。当然，如果以其他方式非法转让、倒卖土地使用权的，仍然可以构成本罪。

在讨论以公司股东转让股权的方式转让土地使用权的行为，是否构成非法转让、倒卖土地使用权罪的时候，存在一种实质判断的观点，认为这是以转让公司股权之名行非法转让土地使用权之实，是一种变相非法转让、倒卖土地使用权的行为，因此，还是应当认定为非法转让、倒卖土地使用权罪。否则的话，犯罪分子就会以此逃避法律制裁。应该说，这种观点在我国司法实践中具有一定的代表性。这里涉及如何对行为进行实质判断的问题，即在何种情况下，可以将某一形式上具备民事行为要素的行为判断为实质上的犯罪行为？例如，以借贷为名的受贿，形式上是借贷实质上是受贿。对以借款掩盖的受贿行为的认定，必须否定行为的民事属性，即刺破民事的面纱。只有这样，才能被认定为是受贿行为。2003年最高人民法院《全国法院审理经济犯罪案件工作座谈会纪要》第2条第6项，对以借款为名索取或者非法收受财物行为的认定做了以下规定："国家工作人员利用职务上的便利，以借为名向他人索取财物，或者非法收受财物为他人谋取利益的，应当认定为受贿。具体认定时，不能仅仅看是否有书面借款手续，应当根据以下因素综合判定：(1) 有无正当、合理的借款事由；(2) 款项的去向；(3) 双方

平时关系如何、有无经济往来；（4）出借方是否要求国家工作人员利用职务上的便利为其谋取利益；（5）借款后是否有归还的意思表示及行为；（6）是否有归还的能力；（7）未归还的原因；等等。”上述司法解释对民事借贷与以借贷为名的受贿之间的区分，从七个方面提供了区分的根据，对于正确区分两者具有重要参考价值。

这里存在一个值得深入探讨的问题：为什么通过转让公司股权的方式实质上转让土地使用权的行为，不能刺破股权转让的面纱而认定为非法转让、倒卖土地使用权罪，但在以借款的名义受贿的情况下，则应当刺破民事借贷的面纱而认定为受贿罪？笔者认为，这是因为在通过转让公司股权的方式实质上转让土地使用权的情况下，虽然从形式上似乎发生了土地使用权的转让，但其实发生流转的是公司的股权，而土地使用权并未变更，土地使用权仍然归属于同一公司。因此，不能把公司股权的转让等同于土地使用权的转让。在此，公司股权转让与土地使用权转让之间并不存在重合关系。但以借款的名义受贿，同时存在民事借贷关系和收受贿赂的情况下，前者只不过是后者的掩盖，该行为完全符合受贿罪的构成要件，因此，需要刺破民事借贷的面纱以揭露受贿的实质内容。

公司股东转让股权的行为，在《公司法》上是完全合法的。如果把这种在民事上是合法的行为认定为刑事犯罪，必然造成各个部门法之间的矛盾和冲突。这里涉及刑法教义学中的法秩序统一原理。所谓法秩序统一原理，是指各个部门法在合法化事由上具有统一的根据。在一个部门法中合法的行为，不得在另一个部门法中认定为违法。否则，就会造成法秩序内部的逻辑混乱。例如，德国学者指出：“法秩序仅仅承认统一的违法性概念，在各个部门法的领域里所不同的，只是违法行为的法律后果（例如，在民法里的损害赔偿、行政法里的撤销行政行为、国际法里的恢复原状、刑法里的刑罚和保安处分）。因此，合法化事由也应当是从整体法秩序中归纳出来的。法秩序的统一性原则是适当的。”① 在此，德

① ［德］汉斯·海因里希·耶赛克、托马斯·魏根特：《德国刑法教科书》上，徐久生译，438页，北京，中国法制出版社，2017。

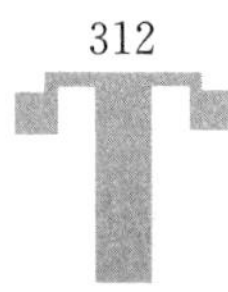

国学者是在讨论合法化事由，也就是正当防卫、紧急避险等违法阻却事由的时候，论及法秩序统一原理的，并从法秩序统一原理中合乎逻辑地引申出超法规的违法阻却事由的概念。所谓超法规的违法阻却事由，是指除正当防卫和紧急避险以外，其他对于符合构成要件行为具有出罪功能的事由。也就是说，无论是私法还是公法里的事由，均可以直接运用到刑法领域。德国学者指出："由于对合法化事由来源的领域不加限制，所以，若想对能够考虑到的全部合法化事由无一遗漏地加以举例，这无论在法律上还是在理论上均是不可能的。而且，对国家立法者而言，即使想将所有的合法化事由都通过立法加以规定也是根本不可能的。"①在这种情况下，承认超法规的违法阻却事由势所必然。因此，我们必须认识到，入罪须有法律规定，出罪无须法律规定，这是完全符合罪刑法定原则的。因为罪刑法定原则是限制入罪，但并不限制出罪。在法秩序统一原理的指引下，处理刑民关系的时候，要看某一行为在民事上是否合法。如果民事上是合法的，则可以排除犯罪的存在。

（三）刑事犯罪关系和民事法律关系的交织

刑事法律关系和民事法律关系的交织，是指在一个案件中，客观上存在刑民这两种不同的法律关系，并且这两种法律关系纠缠交织在一起。

我国刑法中的犯罪，尤其是财产犯罪，与民事法律关系之间存在密切的关联性。对于这些财产犯罪来说，正确地认定民事法律关系对于犯罪性质的判断，包括区分此罪与彼罪之间的界限具有重要意义。例如，我国《刑法》第 270 条第 1 款规定的侵占罪，是指将代为保管的他人财物非法占为己有，数额较大，拒不退还的行为。在此，行为人与他人财物之间存在保管关系。在民法上，所谓保管关系是指基于保管合同而产生的一种民事法律关系，行为人基于民法上的保管关系而取得对他人财物的占有。行为人正是利用这种对他人财物的先行占有之便，而将他人财物据为已有。这里应当指出，作为侵占罪成立的前提要件的保管关系中

① ［德］汉斯·海因里希·耶赛克、托马斯·魏根特：《德国刑法教科书》（上），徐久生译，439 页，北京，中国法制出版社，2017。

的保管是指广义上的保管，它除了包括民法上的保管以外，还包括民法上的委托、租赁、借用等其他情形。值得注意的是，《日本刑法》第 252 条第 1 款规定的侵占罪，描述为“侵占自己占有的他人财物”。日本学者将侵占罪的保护法益界定为委托信任关系。例如，大谷实教授指出：“成立侵占罪，虽然必须具有法律上或事实上的占有，但是，占有他人之物的原因，法律上则没有做明文规定。占有他人之物的原因限于具有委托信任关系的场合，只有将基于委托信任关系而占有的他人之物据为己有的时候，才构成侵占罪。没有委托信任关系的话，就是侵占遗失物罪。产生委托信任关系的原因，一般是以使用借贷、租赁、委任、寄托、雇佣等合同关系为基础的，但不必限于上述场合。”[①] 由此可见，日本刑法将侵占行为表述为“侵占自己占有的他人财物”，在刑法理论上对占有他人财物又进一步解释为违反委托关系。而我国刑法将侵占行为解释为“将代为保管的他人财物非法占为己有”，因此，在刑法理论上对占有他人财物解释为保管关系。其实，这里的委托关系和保管关系虽然称谓不同，内容则是相同的，都是指行为人基于法律上的原因而合法占有他人财物。这是侵占罪的特征，也是侵占罪等非占有转移的财产犯罪与盗窃罪等占有转移的财产犯罪之间的主要区别。可以说，侵占罪和盗窃罪的区别，从表象上来看，是财物存在的状态不同：侵占罪的他人财物是处于行为主体的占有之中，而盗窃罪的财物是处于他人占有之中。但这种财物存在状态的背后是行为人与他人财物之间的法律关系不同：在侵占罪中，行为人与他人财物之间存在保管关系或者委托关系，因此该罪不仅侵害他人财产权益，而且侵害委托信任关系。至于在盗窃罪中，行为人与他人财物之间并不存在这种法律关系。由此可见，行为人和他人财物之间是否存在这种民事法律关系，就成为侵占罪和盗窃罪区分的关键。

我们再来分析侵占罪和职务侵占罪的区分。我国《刑法》第 271 条规定的职务侵占罪是指公司、企业或者其他单位的人员，利用职务上的便利，将本单位财

---

① ［日］大谷实：《刑法讲义各论（新版第 2 版）》，黎宏译，273 页，北京，中国人民大学出版社，2008。

物非法占为己有，数额较大的行为。职务侵占罪的行为主体是特殊主体，即公司、企业或者其他单位的人员，并且该罪是利用职务上的便利实施的，侵占的是本单位财物。据此，可以将职务侵占罪和侵占罪加以区分。其实，从法律关系上更容易区分职务侵占罪和侵占罪。侵占罪在行为人和他人财物之间存在民法上的保管关系，这是一种平等主体之间的民事法律关系。而职务侵占罪在行为人和本单位财物之间存在单位内部管理关系，这是一种具有行政隶属性质的法律关系。因此，在司法实践中应当根据法律关系的性质区分职务侵占罪和侵占罪。例如，粮库和农户甲之间签订粮食委托保管合同，将粮库容纳不下的粮食委托给农户甲保管，并付给相应的粮食保管费用。甲利用保管之机，将粮食私自盗卖，造成粮库重大损失。该案，甲的行为应当如何定罪？即，是认定为职务侵占罪还是侵占罪？笔者认为，这里关键要分析粮库和甲之间签订的粮食保管合同的性质。该合同属于平等主体之间的民事法律关系，因此，对甲应当认定为侵占罪而不是职务侵占罪。如果甲受聘担任粮库的保管员，其利用保管员的职务便利盗卖粮食的，则应当认定为职务侵占罪。因为在这种情况下，甲是粮库的工作人员，与粮库之间具有隶属关系，其利用保管粮食的职务便利盗卖粮食的行为具有职务侵占的性质。

三、民法与刑法之间思维方法的比较

民法和刑法中都存在形式判断和实质判断，当然，民法更为注重形式判断，而刑法更为注重实质判断。这里应当指出，当我们说刑法更为注重实质判断，并不是说刑法中就不采用形式判断。实际上，基于罪刑法定原则，在构成要件的认定中，首先要根据刑法是否有明文规定进行形式判断，以此确定构成要件该当性。只有在具备构成要件该当性的基础上，才能进行实质判断，而实质判断的功能在于将那些虽然具备构成要件但不具有法益侵害性的行为排除在犯罪之外。民法和刑法的逻辑是不同的，因而民法与刑法的思维方法也存在差别。

例如，A 单位购买了一辆汽车，因为某种原因，汽车没有登记在 A 单位名下，而是登记在A单位司机B的名下。后来，因为司机B受到治安处罚，A单位将司机B开除。为此，司机B提起申诉。根据劳动协议，只有犯罪才能开除，而违反治安管理法的行为不是犯罪，司机B要求A单位根据劳动协议给予20万元的经济补偿。但A单位坚持不给，并停发司机B工资。司机B一气之下将汽车开走，扬言如果不给20万元补偿，汽车就不还给A单位。为此，A单位向法院提起民事诉讼，指称司机B将A单位的汽车私自开走，要求返还。这在民事诉讼中，是返还财物之诉。法院开庭查明，汽车登记在B司机名下，根据登记在谁的名下就归谁有的登记主义，法院驳回了A单位的起诉。根据民事诉讼原理，本案首先要提起确权之诉，先解决汽车的归属问题；然后再提起返还财物之诉。但A单位被法院驳回以后，十分生气，就向公安机关报案，说司机B把A单位的汽车侵占了，并且拿出了购买汽车时A单位购车款支出凭证。为此，公安机关就把司机B给抓了，指控司机B构成职务侵占罪。对于这一指控，辩护律师提出以下辩护意见：司机B将汽车开走的时候，A单位已经开除司机B，司机B已经不是A单位工作人员，不具备职务侵占罪的主体身份。这一辩护意见似乎有点道理，但实际上是不能成立的。因为虽然A单位做出了开除的决定，但该决定并没有实际执行，因为司机B没有进行交接，汽车还在司机B控制之下。因此，不能认定此时司机B不具备职务侵占罪的主体身份。实际上，此时辩护的切入点应该是司机B与A单位之间存在民事纠纷，即经济补偿款纠纷。如果存在纠纷，就不能构成犯罪。因此，这个案件起诉到法院以后，法院做出了无罪判决。不得已，A单位只能又向法院提起民事诉讼，先确权，然后要求返还汽车，司机B提起反诉，要求经济补偿，最终返还汽车和经济补偿这两项诉求在民事诉讼中得到一并解决。在这个案件中包含了民事法律关系和刑事法律关系。在这个案件中，存在以下三个值得讨论的问题。

（一）民法思维方法与刑法思维方法之间的差别

如前所述，民法是形式思维，强调法律关系。因此，在民法中注重法律关系的分析方法，在民事诉讼法中也是根据证据形式进行事实认定。但刑法与之不同，具有实质判断的性质。立法者在立法的时候，将某些具有法益侵害性的行为

设置为犯罪的构成要件，因此在通常情况下，符合构成要件的行为都是具有法益侵害性的。但在个别情况下，行为虽然符合构成要件但却不具有法益侵害性。在这种情况下，就需要通过实质判断将其排除在犯罪之外。这就是犯罪论体系中形式判断与实质判断直接的位阶关系。我们说刑法更强调实质判断，并不是否定形式判断的重要性和优先性，而是指在认定犯罪的时候不像民法那样拘泥于法律关系，而是直接考察行为是否具备犯罪的构成要件，而不受民事法律关系的制约。例如，在以上这个案件中，如果司机 B 在没有民事纠纷的情况下将 A 单位汽车占为己有，司法机关不会像民法那样思维，即先解决汽车的确权问题，然后再解决汽车的归属问题。而是根据证据直接认定汽车虽然是登记在司机 B 个人名下但实际上属于 A 单位财物，然后认定司机构成职务侵占罪。在证据判断上也是如此。在民事诉讼中，类似套路贷的案件中，由于被害人不能有效举证，因此只要形式上具备民事借贷的证据，就判决借贷关系成立。但在刑事诉讼中，即使存在民事借贷的证据，也要进行实质审查。这里应当指出，在民法中也规定在欺诈或者胁迫下签订的合同无效，但当事人在一般情况下根本就没有能力证明对方欺诈或者胁迫。但刑事诉讼则不同，由于公权力的介入，具有对证据进行实质审查的能力。

（二）民事纠纷阻却犯罪成立的根据

只要存在民事纠纷，就可以阻却财产犯罪，包括某些经济犯罪的成立。这已经成为我国刑法学界的共识。在司法实务中，对此虽然还存在争议，但法院一般都采纳民事纠纷阻却财产犯罪的观点。例如张某盗窃案。一审判决认定，经被告人张某作为担保人，介绍被害人赵某向袁某和崔某借款人民币 22 万元。由于被害人赵某一直未还钱给袁某和崔某，被告人张某电话通知袁某来成都开走被害人赵某的汽车用作抵押。张某趁赵某不备将放在被害人赵某酒店房间的汽车钥匙拿走，将赵某停放在此的一辆黑色奔驰越野车开走。被害人赵某发现车辆被开走后随即报警，并电话联系被告人张某，被告人张某认可将车辆开走，但拒绝退还车辆。经鉴定，该车价值人民币 78 万元。一审判决认为，被告人张某到酒店房间未经赵某同意将涉案车辆钥匙拿走，能够认定张某秘密窃取了钥匙，其后来又在赵某不知情的情况下将钥匙交予袁某将涉案车辆开走，其行为系秘密窃取。张某秘密窃取车辆虽是为了索取债务的合法目的，但是其手段具有非法性，主观上有以非法手段占有他人财物的故意，应视为具有非法占有目的。张某辩称与赵某之间有债权债务关系并无任何证据证实，赵某仅与袁某之间存在债权债务关系，但该债务完全可以通过合法途径实现其债权，且窃取的车辆价值明显高于债务数额，其在窃取车辆后也未及时实施实现债权的跟进行为，并明确表示拒绝退还，其占有涉案车辆的非法性明显。张某的行为已构成盗窃罪。张某盗窃被害人赵某车辆目的在于迫使其及时偿还债务，并且其在盗窃车辆之后将开走车辆的事实及时告知了赵某，并明确表示其清偿债务后即归还车辆，其实现债权目的的正当性及事后的告知行为对之前的不法手段具有补救功能，使其非法占有不同于一般盗窃，所反映的行为的社会危害性大大降低，且涉案车辆已被追回并发还赵某，赵某也书面表示对被告人张某的行为予以谅解。故张某的行为虽构成盗窃罪，但鉴于犯罪情节轻微，不需要判处刑罚。据此，原判依照《刑法》第264条、第37条之规定，认定：被告人张某犯盗窃罪，免予刑事处罚。一审判决宣判后，原公诉机关、原审被告人张某不服，分别提出抗诉、上诉。上诉人张某及其辩护人的主要上诉理由及辩护意见如下：本案系经济纠纷，张某为实现自己和朋友的债权，利用与赵某的熟识关系获取了车辆的钥匙，张某自身没有盗窃及非法占有他人财产的故意，不构成盗窃罪。原审判决认定事实错误和法律适用错误，请求二审法院依法撤销原判决，依法改判上诉人无罪。二审判决认为：在本案中，在案借条、证人证言等证据，能够证实袁某与赵某存在民间借贷关系，且当借款到期后，债权人袁某确有向债务人赵某催讨还款的情形，而上诉人张某身为担保人，为帮助袁某实现债权，利用与赵某的熟识之便，实施了帮助袁某获取赵某车辆钥匙并驶离车辆固定停放地点的行为，随后该车辆即交予袁某单独留置并使用，张某本人并未直接占有车辆，该车辆已在袁某移送民间借贷诉前财产保全后返还赵某。张某在协助袁某取得赵某的车辆后，并无逃匿、潜逃的表现，之后张某亦在与赵某的多次联系中，承认其帮助袁某实现债权的行为，其拒绝返还车辆仅证明其有迫使赵某尽快清偿债务的动机，而无证据证明其本身具有非法占有目的。鉴

于张某的行为依法应属于民事法律关系调整的范围，且本案尚缺乏其他证据证实张某主观上有非法占有他人财物的目的以及客观上实施了《刑法》第 264 条规定的盗窃犯罪行为，故张某的行为不符合盗窃罪的构成要件，其行为不构成犯罪。故原判认定张某犯盗窃罪的证据不足，原公诉机关指控张某所犯罪名不能成立，上诉人张某及其辩护人所提张某无罪的上诉理由、辩护意见成立，本院予以采纳。据此，依照《中华人民共和国刑事诉讼法》225 条第 1 款第 3 项、第 195 条第 3 项之规定，判决上诉人张某无罪。

张某盗窃案的一审判决虽然认可存在债务纠纷，但仍然以索取债务的目的合法，但其手段具有非法性为由，认定盗窃罪成立。只是考虑到本案的特殊性，判决免予刑事处罚。但这种做法是两头不讨好，因此被告人上诉、检察院抗诉。其实，以非法手段实现合法目的，只有当这种手段是侵犯人身的手段的时候，才能构成侵犯人身罪。例如，为了索要债务而将他人非法拘禁。在这种情况下，可以构成非法拘禁罪。如果行为人采取财产犯罪的手段实现其合法的财产利益，则不构成财产犯罪。因此，二审法院判决被告人无罪是完全正确的，这是司法实践认可民事纠纷阻却财产犯罪的一个典型案例。

那么，为什么民事纠纷可以阻却财产犯罪呢？笔者认为，主要是因为在具有民事纠纷的情况下，虽然行为符合财产犯罪的客观构成要件，例如在本案中，张某确实实施了违背他人意志而占有他人财物的盗窃行为，但因为该盗窃行为的目的不是无对价地将他人财物据为己有，而是为了逼迫对方归还欠款，实现债权，因此不具有盗窃罪所要求的主观违法要素，即非法占有的目的。

（三）公安机关插手经济纠纷的问题

禁止公安机关插手经济纠纷，这是中央三令五申的一条禁令，但效果并不好。应该说，在公安机关插手经济纠纷的案件中，绝大多数是公安机关不能正确区分经济纠纷和刑事犯罪。换言之，如果一开始就知道是经济纠纷，也许就不会插手了。正是因为难以区分经济纠纷和刑事犯罪，所以客观上插手了，主观上其实并不愿意插手。只有极少数情况下是明知是经济纠纷而插手。不能区分而插手经济纠纷，除了司法机关要为地方经济发展保驾护航等口号掩盖下的地方保护主

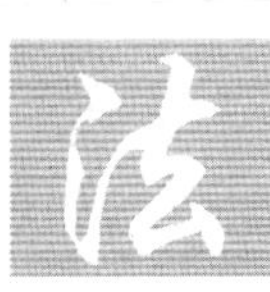

义之外，还与先刑后民的程序设置有关。根据目前的司法解释，对于刑民交叉案件采用先刑后民的原则，即先审理刑事案件，然后才审理民事案件。如果民事法律关系与刑事法律关系完全重合，则刑事案件的审理完全代替了民事案件的审理。因此，在这种情况下，先刑后民的结果是以刑代民。在现实生活中，确实也存在某些当事人对追究犯罪的公权力恶意利用的现象，对于民事诉讼也打不赢的案件，要求公安机关追究刑事责任。因此，避免公安机关插手经济纠纷的前提是正确区分经济纠纷和刑事犯罪。在能够正确区分经济纠纷和刑事犯罪的情况下，可以采取先刑后民。既然行为已经构成犯罪，就直接进入刑事诉讼程序，不能再进行民事诉讼。但对于那些一开始难以区分经济纠纷和刑事犯罪的案件，公安机关不能以先刑后民为由进行管辖，而是采取先民后刑的程序，即民事诉讼优先，在民事诉讼中发现犯罪，再移交公安机关处理。

（本文原载《法律科学》，2019（2））

论出版活动中犯罪的司法与立法问题

一

出版物是人民群众的精神食粮，出版业是生产精神产品的特殊行业。但是，最近几年社会上非法出版活动十分猖獗，一些不法分子伪造或者盗用合法出版单位的名义，大量非法印制有害的书刊和音像出版物。为此，中央有关部门颁布了一系列法规，制止和打击各种出版、印刷、发行、销售非法出版物的行为。例如，国务院国发［1980］163 号文件明确规定："地方性各类刊物……未经主管部门批准，未办妥登记手续，一律不得编印、出版、发售"。文化部、国家工商行政管理局、公安部 1985 年 2 月 15 日颁布的《关于加强报刊发行管理工作的通知》规定："未经批准登记的报刊不得在社会上公开出售，如有发现，一律取缔"。广播电影电视部、商业部、国家工商行政管理局 1986 年 2 月 4 日颁布的《关于整顿录音录像制品市场，制止违章翻录销售活动的通知》中，重申了国务院批准的《录音录像制品管理暂行规定》中有关产、销的原则规定："发行销售

的录像制品，必须由国家批准音像制品出版单位出版。没有营业执照的任何单位，均不得从事音像制品的商品复录生产业务。对于不注明音像制品出版和复录生产单位名称的音像制品，任何单位都不得经销。”国务院在 1987 年 7 月 6 日颁布了《关于严厉打击非法出版活动的通知》，该《通知》明确界定了非法出版物的范围，并指出：“对从事非法出版活动情节恶劣，后果严重，触犯刑律者，应当依法追究刑事责任”。但是，我国现行刑法中并未设立出版、印刷、发行、销售非法出版物罪；因此，对非法出版活动一般视为投机倒把行为，情节严重的，以投机倒把罪论处。例如，最高人民法院、最高人民检察院 1987 年 11 月 27 日发出的《关于依法严惩非法出版犯罪活动的通知》规定：“以牟取暴利为目的，从事非法出版物的出版、印刷、发行、销售活动，非法经营或者非法获得的数额较大，情节严重的，以刑法第一百一十七条投机倒把罪论处；数额巨大的，适用刑法第一百一十八条；情节特别严重的，适用《全国人民代表大会常务委员会关于严惩严重破坏经济的罪犯的决定》第一条第（一）项的规定”。我认为，在现行刑法没有单独设立出版、印刷、发行、销售非法出版物罪的情况下，对非法出版行为以投机倒把罪论处是合适的。但非法出版行为主要是违反出版管理法规，其性质有别于其他违反工商管理法规的投机倒把行为。为此，我主张在刑法中单独设立出版、印刷、发行、销售非法出版物罪，以利于和这种犯罪行为作斗争。现为出版、印刷、发行、销售非法出版物罪试拟刑法条文如下：

> 第×条 （出版、印刷、发行、销售非法出版物罪）
>
> 违反出版管理法规，以营利为目的，出版、印刷、发行、销售非法出版的报纸、期刊、图书、录音带、录像带或者其他非法出版物，数额较大或者情节严重的，处三年以下有期徒刑或者拘役，并处或者可以单处罚金；数额巨大或者情节特别严重的，处三年以上七年以下有期徒刑，并处罚金。

下面，根据试拟的刑法条文，对出版、印刷、发行、销售非法出版物罪的有关问题进行探讨。

（一）非法出版物的界定

何谓非法出版物？明确这一问题，对于认定出版、印刷、发行、销售非法出

版物罪具有重要意义。国务院1987年7月6日《关于严厉打击非法出版活动的通知》第1条规定："除国家批准的出版单位外，任何单位和个人不得出版在社会上公开发行的图书、报刊和音像出版物，违者属非法出版活动。非出版单位编印、翻录内部使用的非营利性的资料性图书、报刊和音像出版物，须报经主管单位批准，并经县级以上（含县级）新闻（文化）行政机关或音像管理机关核准并发给准印证，方可印制。违者亦视为非法出版活动"。根据这一规定，凡不是国家批准的出版单位印刷的在社会上公开发行的报纸、期刊、图书、录音带、录像带等，都属于非法出版物。非出版单位未经主管单位批准并经县级以上（含县级）新闻出版（文化）行政机关或者音像管理机关核准并发给准印证，而私自编印、翻录内部使用的非营利的资料性图书、报刊和音像出版物，也是非法出版物。上述区分合法与非法的界限，以出版物本身是否取得国家有关部门认可为依据。按照有关法规，只有经国家出版管理部门审批登记、经所在地工商行政管理机关注册并领取了营业执照的出版单位，才是合法出版单位。凡不是合法出版单位印制的供公开发行的出版物，均属非法出版物。同时，虽然不是出版单位，经过有关出版管理部门批准，可以印制内部使用的出版物。如果未经批准而私自印制，亦属于非法出版物。根据新闻出版署、公安部、广播电影电视部、国家工商行政管理局1988年3月8日印发的《依法查处非法出版犯罪活动工作座谈会纪要》，非法出版物的形式主要有：伪称根本不存在的出版单位印制的出版物；盗用国家批准的出版单位的名义印制的出版物；盗印、盗制合法出版物而在社会上公开发行销售的出版物；在社会上公开发行的、不署名出版单位或署名非法出版单位的出版物；承印者以牟取非法利润为目的，擅自加印、加制的出版物；被明令解散的出版单位的成员，擅自重印或以原编辑部名义出版的出版物；其他非出版单位印制的供公开发行的出版物。

在确认是否属于非法出版物的时候，应当由司法机关委托当地的省、自治区、直辖市出版物主管部门组织具有专门知识和一定政治素质的人进行鉴定。出版物的鉴定，必须由三名以上经出版物主管部门指派、经司法机关聘请的人进行；鉴定后，应写出鉴定书；鉴定人、指派鉴定人的单位应在鉴定书上签字或加

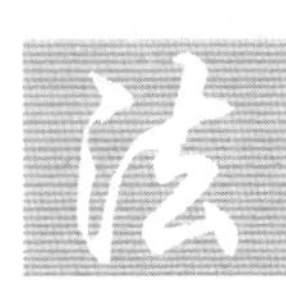

盖印章；鉴定书应较具体地写明鉴定结论的根据。对鉴定结论发生争议或有异议时，属图书报刊的，应提请国家新闻出版署组织专人复核。

（二）客观行为的特征

出版、印刷、发行和销售，是非法出版物从出笼到向社会传播、扩散的全过程，或者说是四个紧密相连的环节。在这四个环节中，出版是主要的，因此，出版非法出版物的行为，首先应当受到打击。出版、印刷、发行和销售，是该罪的四种行为方式，同时实施上述四种行为的，固然构成本罪，只实施了上述四种行为之一的，也构成本罪。

关于本罪的行为，国务院 1987 年 7 月 6 日的《关于严厉打击非法出版活动的通知》称为“委印、承印、翻录、销售”。国务院 1987 年 9 月 17 日的《投机倒把行政处罚暂行条例》则称为“印制、销售、传播”。最高人民法院、最高人民检察院 1987 年 11 月 27 日《关于依法严惩非法出版犯罪活动的通知》概括为“出版、印刷、发行、销售”。比较以上几种表述，我认为“两高”的《通知》较为准确。因为委印，是指委托印刷，实际上就是出版；承印，就是指印制；翻录，也可以包括在个人的印刷之中；而印制，不如使用印刷一词规范；至于传播，则是指发行与销售，直接使用发行与销售，较之传播更为确切。因此，将这些行为概括为“出版、印刷、发行、销售”是科学的。

（三）主观目的的确认

出版、印刷、发行、销售非法出版物罪，是故意犯罪，并且主观上具有营利的目的。如果只实施了印刷、发行和销售行为之一的，还必须是明知非法出版物而予以印刷、发行和销售；如果不知其为非法出版物而予以印刷、发行和销售的，不构成本罪。

（四）数额情节的认定

出版、印刷、发行、销售非法出版物，只有在数额较大或者情节严重的情况下才构成犯罪。那么，如何确定数额较大呢？新闻出版署、公安部、广播电影电视部、国家工商行政管理局 1988 年 3 月 8 日印发的《依法查处非法出版犯罪活动工作座谈会纪要》指出：由于非法出版活动本身具有的不付稿酬、印制量大、

利润高等特点，如果对非法出版犯罪案件完全适用《关于当前办理经济犯罪案件中具体应用法律的若干问题的解答（试行）》中关于“数额”的规定，就不恰当了。但是，目前司法机关处理这类案件较少，非法出版活动的情况又较复杂，要提出一个比较适当的量刑数额标准，条件还不够成熟，需要通过司法实践总结经验。当前，各省、自治区、直辖市可参照“两高”1985年规定的数额，根据本地区的实际情况，规定本地区应掌握的数额标准。我们认为，这种观点是正确的，目前司法机关可照此办理。但在单独设立出版、印刷、发行、销售非法出版物罪以后，最高司法机关应对起刑点的数额作出明确的司法解释。

在认定出版、印刷、发行、销售非法出版物罪的时候，除了考虑数额是否较大以外，还要考察情节是否严重。根据《依法查处非法出版犯罪活动工作座谈会纪要》，下列是严重情节：非法出版物内容的毒素大、危害性大；长期从事或多次搞非法出版活动；经行政处罚仍不悔改；利用职权搞非法出版活动；非法出版物已发行到社会上等。如果数额虽然不够起刑点的标准，但具有上述严重情节的，仍应构成犯罪。如果非法获利数额不够起刑点的标准而又不具有上述严重情节的，就属于一般的经济违法行为，可由工商管理部门予以行政处罚，不构成本罪。

（五）处罚标准的确立

当前在司法实践中，出版、印刷、发行、销售、非法出版物的行为以投机倒把罪论处，而按照全国人大常委会的《关于严惩严重破坏经济的罪犯的决定》，投机倒把罪的法定最高刑是死刑。据此，出版、印刷、发行、销售非法出版物的行为从理论上说是可以判处死刑的，但在司法实践中并未出现这种案例。我认为，出版、印刷、发行、销售非法出版物的行为，其社会危害性程度显然低于其他投机倒把行为，因而对出版、印刷、发行、销售非法出版物的行为适用投机倒把罪的法定刑，有悖于罪刑相适应的刑法基本原则。在司法实践中对出版、印刷、发行、销售非法出版物行为判刑较重的，一般也在七年以下。据此，我认为在单独设立出版、印刷、发行、销售非法出版物罪以后，其处罚标准可以确立为：数额较大或者情节严重的，处三年以下有期徒刑或者拘役，并处或者可以单处罚金；数额巨大或者情节特别严重的，处三年以上七年以下有期徒刑、并处罚金。

二

淫秽出版物，是一种精神鸦片，对人民群众，尤其是青少年的思想毒害极大。淫秽出版物，在世界各国都受到严厉禁止。为了保护人民，尤其是青少年的身心健康，巩固社会治安，我国一贯坚持对出版、销售淫秽书刊、图画的行为进行坚决、严肃的斗争。我国现行刑法第170条规定了制作、贩卖淫书、淫画罪，指出：以营利为目的，制作、贩卖淫书、淫画的，处三年以下有期徒刑、拘役或者管制，可以并处罚金。近年来，随着对外开放，淫秽出版物通过各种渠道流入国内，目前淫秽书刊已经成为一大社会公害。在全国许多地方，利用诲淫性的物品进行犯罪活动的情况相当严重。在1988年前后，参加制作、贩卖淫书、淫画活动的，不仅有流氓犯罪分子，而且文化出版单位、个体书报商贩等，并且都以营利为目的，致使淫书、淫画的传播更为广泛与迅速。为此，1988年7月5日新闻出版署发布了《关于重申严禁淫秽出版物的规定》，指出："淫秽出版物应一律查禁。对出版、印刷、贩卖、出租、窝藏淫秽出版物者，根据法律规定，应由公安、司法机关依法惩处"。根据当前司法实践，现行刑法第170条关于制作、贩卖淫书、淫画罪的规定，已经不能适应与淫秽出版物作斗争的客观需要。为此，我们主张将现行刑法中的制作、贩卖淫书、淫画罪修改为出版、印刷、发行、销售淫秽出版物罪，以利于和这种犯罪行为作斗争。现我们为出版、印刷、发行、销售淫秽出版物罪试拟刑法条文如下：

第×条　（出版、印刷、发行、销售淫秽出版物罪）

违反出版管理法规，以营利为目的，出版、印刷、发行、销售淫秽书籍、图片、录音带、录像带或者其他淫秽出版物的，处五年以下有期徒刑，并处或者可以单处罚金；情节严重的，处五年以上十年以下有期徒刑，并处罚金。

下面，根据试拟的刑法条文，对出版、印刷、发行、销售淫秽出版物罪的有

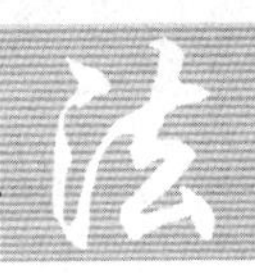

关问题进行探讨。

（一）淫秽出版物的界定

现行刑法第170条将本罪的对象表述为淫书、淫画，但在现实生活中，除淫书、淫画以外，还存在淫秽录音带、录像带等。对此应如何处罚？对于制作、贩卖淫秽录像带的行为我国司法机关曾经以类推适用刑法第170条，后来对这种行为一律直接引用第170条定罪判刑。甚至对于播放淫秽录像的，也以制作、贩卖淫书、淫画罪论处，例如最高人民法院1985年7月8日《关于播放淫秽录像、影片、电视片、幻灯片等犯罪案件如何定罪问题的批复》。我们认为本罪对象应加以适当地扩大，使之符合实际情况。关于这一点，在有关文件中也可以得到反映。例如，1985年4月17日国务院《关于严禁淫秽物品的规定》就以淫秽出版物一词取代淫书、淫画，并加以明文列举，指出："具体描写性行为或露骨宣扬色情淫荡形象的书籍、报刊、抄本、录像带、录音带、图片，属于淫秽出版物，必须严厉禁止。"

如何界定"淫秽"，是认定出版、印刷、发行、销售淫秽出版物罪的关键。我们认为，在确定是否属于淫秽出版物的时候，应当考虑以下因素：

1. 国情因素，是指文化素质、承受能力和不同国家和民族在性生活方面的风俗传统，中华民族性生活的风俗传统是比较严肃的，淫秽的标准也应严格掌握。

2. 读者因素，是指淫秽书画对读者思想观念的影响，主要是指在性关系方面的道德观念的影响。在考虑读者因素时，尤应注重青少年的因素，往往以对青少年的影响力作为判断淫秽的标准。

3. 价值因素，是指在判定夹杂淫秽内容的书画是否属于淫秽书画时，应当考虑该书画的艺术价值和科学价值，以避免将有艺术价值的文艺作品，表现人体美的美术作品，有关人体的生理、医学知识和其他自然科学作品列入淫秽书画之列而予以查禁。

4. 动机因素，是指在确定淫秽书画时，还应当考虑作者意图，作者意图是研究抑或是传播，对于判断书画是否淫秽具有参考价值。

基于上述因素，世界各国及地区的刑法以及判例都提出了相应的淫秽标准。例如苏联刑法理论认为，凡用粗野的自然主义的和淫秽的形式来表现性关系的作品、图画或其他东西都为淫秽物品。英国 1959 年淫秽出版物法令规定，一个物品因其产生的作用或者其中一部分作用会使接触到这一物品的人堕落腐化的，即为淫秽物品。美国最高法院判例提出，普通人在使用当前的社会标准，把一个物体作为整体考察时，如认定该物品是能推动人们色情淫欲，而没有多少文学的、艺术的、政治的或科学的价值的，是淫秽物品。日本判例提出，凡刺激性欲、损害普通人正常羞耻心，违反善良的性道德观念的文书、图画及其他一切东西，都属于淫秽物品。但是，纯科学著作和优秀文艺作品除外。我国香港地区 1987 年《管制色情及不雅物品条例》认为，凡是淫亵性展示人体性器官或耻毛部分、有关自慰行为的明显描绘，有关同性恋行为的描写、有关性恋行为的描写、有关性变态行为的描写和描述、有关乱伦和强奸的描写和描述都被视为色情及淫秽读物。

根据我国国情，新闻出版署于 1988 年 12 月 27 日公布《关于认定淫秽及色情出版物的暂行规定》（以下简称《暂行规定》），提出了淫秽出版物的认定标准。该《暂行规定》第 2 条指出："淫秽出版物是指在整体上宣扬淫秽行为，具有下列内容之一，挑逗人们的性欲，足以导致普通人腐化堕落，而又没有艺术价值或者科学价值的出版物：（一）淫亵性地具体描写性行为、性交及其心理感受；（二）公然宣扬色情淫荡形象；（三）淫亵性地描述或者传授性技巧；（四）具体描写乱伦、强奸或者其他性犯罪的手段、过程或者细节，足以诱发犯罪的；（五）具体描写少年儿童的性行为；（六）淫亵性地具体描写同性恋的性行为或者其他性变态行为，或者具体描写与性变态有关的暴力、虐待、侮辱行为；（七）其他令普通人不能容忍的对性行为的淫亵性描写"。我认为，这一淫秽出版物的标准具体明确，具有较强的可操作性，在司法实践中，应当根据这一标准予以认定。同时，根据《暂行规定》，还应把淫秽出版物与色情出版物加以区分。《暂行规定》第 3 条指出："色情出版物是指在整体上不是淫秽的，但其中一部分有第二条（一）至（七）项规定的内容，对普通人特别是未成年人的身心健康有毒害，而

缺乏艺术价值或者科学价值的出版物”。因此，出版、印刷、发行、销售色情出版物的行为，虽然也是违反出版管理法规的行为，应予行政处罚，但不构成犯罪。如果色情出版物是非法出版的，则应以出版、印刷、发行、销售非法出版物罪论处。根据《暂行规定》第 5 条，淫秽出版物由新闻出版署负责鉴定或者认定。新闻出版署组织有关部门的专家组成淫秽出版物鉴定委员会，承担淫秽出版物的鉴定工作。各省、自治区、直辖市新闻出版局组织有关部门的专家组成淫秽出版物鉴定委员会，对本行政区域内发现的淫秽出版物提出鉴定或者认定意见报新闻出版署。

（二）客观行为的特征

现行刑法第 170 条将本罪的行为表述为制作、贩卖。在刑法理论上一般认为，制作是指撰写、绘制、拍照、印刷等行为。贩卖是指将自己手中的淫书、淫画卖予他人。制作一词给人的印象是手工作业，现在的出版、印刷已经远远超过了制作一词的内涵；贩卖一词也给人以小规模买卖的印象，现在的发行、销售范围之广、流通之快，已经远非贩卖一词所能包括。而且，现在的有关司法解释也都不再使用制作、贩卖这些词汇，而代之以出版、印刷、发行、销售。例如，1987 年 11 月 27 日最高人民法院、最高人民检察院《关于依法严惩非法出版犯罪活动的通知》第 2 条规定：“以营利为目的，从事淫书、淫画、淫秽录像的出版、印刷、发行、销售活动的，以刑法第一百七十条制作、贩卖淫书、淫画罪论处”。因此，我认为应将制作、贩卖改为出版、印刷、发行、销售。

（三）主观目的的确认

主观上是否具有营利的目的，是认定本罪的一个重要标准。如果并非出于营利目的，而只是供本人玩赏，或者给他人阅看，并未出售牟利的，应当予以批评教育，但不构成本罪。

（四）处罚标准的确立

关于淫秽出版物的犯罪，世界各国处刑轻重不一。苏联处 3 年以下剥夺自由或者 100 卢布以下罚金；联邦德国处 1 年以下自由刑或并科罚金。英国处 2 年以下监禁或者罚金。日本对散布、贩卖淫秽物品的处 2 年以下惩役或 5 000 元以下

罚金，对进口的处5年以下惩役。美国规定，邮传淫秽物品的，初犯者处5 000元以下罚金或5年以下监禁；再犯者处10 000元以下罚金或10年以下监禁。我国现行刑法第170条规定制作、贩卖淫书、淫画的法定最高刑是3年有期徒刑。但在司法实践中，大量出版、印刷、发行、销售淫秽出版物的，只处3年有期徒刑不足以抵罪。为此，1987年11月27日最高人民法院、最高人民检察院《关于依法严惩非法出版犯罪活动的通知》规定："以营利为目的，从事淫书、淫画、淫秽录像的出版、印刷、发行、销售活动，非法经营或者非法获利的数额巨大或情节严重的，不仅触犯了制作、贩卖淫书淫画罪，也触犯了投机倒把罪，应以投机倒把罪论处"。我认为，制作、贩卖淫书、淫画罪与投机倒把罪之间具有特别法与普通法的法条竞合关系，依照重法优于轻法的原则，在数额巨大或者情节严重的情况下以投机倒把罪论处并无不可。但为了有效地惩治出版、印刷、发行、销售淫秽出版物的行为，我主张将本罪的法定刑修改为：处5年以下有期徒刑，并处罚金或者可以单处罚金；情节严重的，处5年以上10年以下有期徒刑，并处罚金。

（本文原载《法律学习与研究》，1990（4））

论证券犯罪及其刑事责任

证券尤其是股票和债券在当前推行社会主义市场经济模式中越来越显示出其独特的魅力。但是伴随着证券业的迅速发展，证券市场中的违法犯罪现象也相伴而生。由于我国目前的证券市场尚处于缺乏高度有效管理的阶段和状态，统一的证券法、证券交易法尚付阙如，仅有的一些有关证券方面的法规也十分零散且不统一，关于惩治现代意义上的证券犯罪的刑事法律更是无以寻觅。在当前证券立法的呼声日益高涨、证券立法步伐加快的情况下，证券犯罪的刑事立法应该纳入我们的视野，关于证券犯罪的研究也应该提高到重要的地位，为证券犯罪的刑事立法和打击证券犯罪的刑事司法服务，推进我国证券市场、证券业的健康发展。

一、证券犯罪的概念及法律特征

证券犯罪是指证券发行人、证券经营机构、证券管理机构、证券监督机构、证券服务机构、投资基金管理公司、证券业自律性管理机构以及其他组织，证券业从业、管理人员以及其他人员，违反证券法规，故意非法从事证券的发行、交易、管理或其他相关活动，严重破坏证券市场的正常管理秩序，侵害证券投资者的合法权利，应受刑罚处罚的行为。从犯罪构成理论来分析，证券犯罪具有下列构成特征。

（一）证券犯罪侵害的客体是证券市场的正常管理秩序和证券投资者的合法权益

证券市场的运作客观上要求公正而高效的管理秩序。同时，证券市场又是证券投资者的市场，其前提条件是证券投资者能获得公平、公正、公开这证券市场三大基石原则的保障，而证券犯罪正是严重地侵犯这三大原则，从而侵害了证券投资者的合法利益。可见，证券犯罪在多数情况下侵害的是双重客体，其中证券市场的正常管理秩序是起决定作用的，是主要客体。

（二）证券犯罪在客观方面表现为违反证券法规，非法从事证券的发行、交易、管理活动或其他相关活动的行为

这里所说的违法性，不仅是指证券犯罪的刑事违法性，而且还指其行政违法性。在一定意义上说，证券犯罪的行政违法性是其刑事违法性的前提。这里的证券法规是一个广义的概念，包括有关证券法律、行政法规和规章以及地方性证券法规。目前，这方面的法规有国务院颁布的《股票发行与交易管理暂行条例》（以下简称《条例》），上海颁布的《上海市证券交易管理办法》（以下简称《办法》），还有国务院颁布的《禁止证券欺诈行为暂行办法》（以下简称《暂行办法》）等。

证券犯罪在客观上还表现为非法从事证券的发行、交易、管理活动或其他相关活动的行为。应该指出的是，证券犯罪并非是一个罪，而是类罪，包括发生在证券活动中的违反证券法规的各种犯罪。我国《刑法》第123条规定的伪造有价证券罪，就属于证券犯罪的范畴。除此以外，证券犯罪还应当包括下列犯罪行为：（1）非法发行证券；（2）虚假陈述；（3）内幕交易；（4）操纵证券市场；（5）欺诈客户；（6）利用职务或业务便利买卖证券；（7）扰乱证券市场；等等。

（三）证券犯罪的主体既可以是法人（单位），也可以是自然人（个人）

1. 法人（单位）作为证券犯罪的主体，可包括以下单位：证券发行人以及证券经营机构、证券管理机构、证券服务机构、投资基金管理公司、证券业自律性组织以及其他组织机构。证券犯罪作为法人犯罪，应当实行双罚制：一方面对法人单位处以罚金；另一方面，要追究从事证券活动机构的直接负责的主管人员

和直接责任人员的刑事责任。

2. 自然人（个人），作为证券犯罪主体的，包括以下个人：(1) 证券业从业人员，即从事证券发行、交易及其他相关活动、业务机构中的工作人员。(2) 证券业务管理人员，即证券管理部门和证券业自律性管理组织中的工作人员。(3) 其他人员，例如证券投资者等。

（四）证券犯罪在主观上表现为故意，往往是直接故意

证券犯罪，除从犯罪构成理论角度分析具有上述构成特征外，还具有其独特的现象特征。

1. 特定性。证券犯罪大都发生在证券的发行、交易、管理活动过程中或其他相关的特定活动过程中。

2. 复杂性。一是犯罪手法隐蔽多样。证券犯罪是使用非暴力的一种智力犯罪，罪犯大多具有个人的特殊条件，一般均有较高的智力，狡猾奸诈而又沉着谨慎，同时又往往具有证券方面的专门知识，熟悉有关证券活动的操作规范和程序。因此，他们在施行犯罪前，往往有计划有准备，寻找最适合的实施犯罪的机会，使一般受害人难以察觉。从犯罪方式上看，大都是对证券活动中诚实信用原则的滥用，而且通常表现为非法利用证券管理法规所允许的证券活动方式，运用现代高科技提供的成果如电脑自动操作设备、系统等来作案，巧妙安排，使人误认为其行为合法，或只是民事上的一般侵权纠纷或经济纠纷。二是证券犯罪涉及法律、法规繁杂。证券业是一个专业性、技术性较强的行业，它涉及证券发行、证券交易、财会标准和制度、银行法等一系列法律法规。同时，政府对证券业管理的法规、政策、方式都不同于其他行为，因而证券犯罪不但与许多证券管理法规相关，而且与大量其他有关的行政法规相关。行为人的行为是刑事违法还是仅仅行政违法，在证券管理法规中又具有很大的易变性。因此，这势必增加对证券违法犯罪者进行刑事追究的难度。

3. 抽象性。证券犯罪由于具有复杂性，因而又具有高度的抽象性。证券犯罪客体为双重客体，其客体往往超出单个人的利益范围，而是侵害了所有持有某种证券人和同时正在证券市场上竞价交易的投资者的合法权益。另外，证券市场

行情瞬息万变，被侵害的利益又难以具体确定，利益损害程度也较为抽象；同时，电脑操作、自动报价系统等现代人工智能、自动化办公设施在证券活动中运用，从而使很多证券犯罪行为人作案后往往不留下以人的感官即刻就可以发现或感知的犯罪痕迹。

4. 严重性。由于证券犯罪大多发生在证券发行、交易中，牵涉面广，涉及的证券投资者为数众多而又难以确定，因而一旦出现证券犯罪，往往会对整个证券市场产生强大的冲击波，产生连锁反应，影响证券市场的行情，使证券价格产生巨幅波动，损害证券投资者对证券市场的信任和安全感，从而会极大地造成严重的经济损失。在实际生活中，因内幕交易、操纵证券市场、欺诈客户等证券犯罪活动，造成的经济损失动辄上百万元甚至千万元。

二、证券犯罪的类型

证券犯罪是法定犯，是以存在违反证券法规的违法行为为前提的，只有违反了证券法规的行为，经过刑事法律的选择，将其中严重的违法行为规定为犯罪，加以刑事制裁，才为证券犯罪。因此，我国在规定证券犯罪的大类时，应当以我国证券市场依据的基本制度为依据。证券市场的几项基本制度是：证券监管制度、证券信息公开制度、证券信息保密制度、证券市场操作制度。必须将违反证券法规，侵害这几项制度的严重违法行为规定为犯罪，加以惩治。

（一）危害证券监管制度的证券犯罪

该类犯罪主要是指非法发行证券行为。证券管理制度是国家证券管理机关对证券市场进行宏观管理的基本制度，以防止不符合证券发行条件的“人”和“证券”进入证券市场。任何国家，不论其采取“注册制”“批准制”，或其他制度，都必须对证券市场实行一定的监督和管理。我国无论采取“额度控制制”，还是“审批制”，也都旨在对证券市场进行宏观监督管理。任何摆脱、逃避国家证券管理机关的监管活动，擅自非法发行证券的行为，都从根本上侵害我国证券市场和证券事业，应受到刑事处罚。

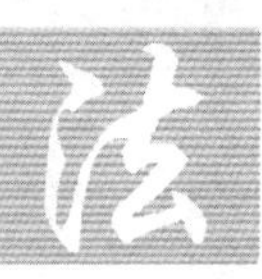

（二）危害证券信息公开制度的证券犯罪

该类犯罪主要是指虚假陈述行为。证券信息公开是现代证券市场的一项基本管理原则。保持证券市场良好的透明性，是保证社会公众对证券市场信心的重要方式，也是防止证券诈骗的重要手段。根据该制度要求，证券发行人、证券经营机构、证券服务机构以及其他与证券的发行、交易、管理等有关的人在依法应向国家证券管理机关提供报告、证明、说明、申请、记录等各种文件中，应依法充分、完整地向社会公开所有与证券投资有关的信息，依法准时、完整地报告各种可能影响证券发行、交易和投资人决心的信息，这是实现证券市场有效管理的保障。凡是在文件中对重要事实作虚假、严重性误导陈述或重大遗漏，都从根本上侵害了证券信息公开制度，这些行为应被作为犯罪加以惩治。

（三）危害证券信息保密制度的犯罪

该类犯罪包括内幕交易行为和利用职务和业务便利买卖证券的行为，即非法持有证券行为。证券信息保密制度是证券市场公平、公正原则的重要保障。在证券市场中，所有的投资者对于重要情报都享有同等的权利，在重要情报公布于众之前，掌握这种内幕信息的人员不得利用它为自己或他人牟利或者避免损失服务，也不允许有关证券机构中工作人员或其他人员利用与证券发行、交易、管理等有关的职务业务的便利买卖证券。否则，就使其他的证券投资者处于极不公平、公正的投资位置上。因此，对于危害证券信息保密制度的严重违法行为，应规定为一种犯罪行为，加以惩罚。

（四）危害证券交易操作制度的犯罪

该种犯罪包括欺诈客户、操纵证券市场和扰乱证券市场行为。设立证券交易操作制度目的在于，保护证券市场中敏感的价格免受非法的操纵和控制，使其准确地根据投资市场供求关系和价值规律的法则运作，为证券投资者提供一个公平、诚实信用、有序的投资场所。欺诈客户、操纵证券市场和扰乱证券市场的行为，都会在证券市场上造成虚假的供求关系，致使证券价格非正常地反映价值规律的暴涨暴跌，从而从根本上破坏证券投资者对证券市场的信任感。因此，凡是危害证券交易操作制度的严重违法行为，都应规定为犯罪加以制裁。

三、我国应规定的几种证券犯罪

根据目前我国实际情况，为了适应证券市场客观发展的需要，亟待增设一些具体的证券犯罪，对证券发行、交易、管理或其他相关活动中严重违反证券法规的行为加以制裁。我们认为，应当设立下列具体的证券犯罪新罪名。

（一）非法发行证券罪

本罪是指以获取经济利益为目的，违反证券法规，未经国家证券管理机关批准、擅自非法发行证券，情节严重的行为。《条例》第 7 条规定："股票发行人必须是具有股票发行资格的股份有限公司"。第 8 条规定了发行人申请公开发行股票的条件，第 70 条明确将未经批准发行或者变相发行股票的行为规定为违法行为，第 78 条规定构成犯罪的，依法追究刑事责任。可见，发行证券需具有发行资格和条件，同时还要获得证券主管机关的批准。非法发行证券行为，情节严重的，是一种犯罪行为，应受刑罚惩罚。

本罪在客观上表现为非法发行证券，情节严重的行为。"非法发行证券行为"包括未经批准，不具有发行资格而擅自非法发行证券的行为和具有合法发行资格但未按照有关证券法规的规定而实施非法发行证券的行为。非法发行证券行为主要包括但不仅限于下列行为：未经批准发行或者变相发行证券的；以欺骗或者其他不正当手段获准发行证券或者获准进行证券交易的；没有按照规定方式、范围发行证券，或者在招股说明书失效后销售股票的；发行歧视性股票（非同股同权）的；买卖不允许自由买卖的股票（如法人股）的；等等。

本罪的主体大都为法人单位或者非法人组织。自然人单独成为本罪主体的情况极少。

（二）虚假陈述罪

本罪是指证券发行人、证券经营机构、证券专门服务机构以及其他依法应向国家证券管理机关提交报告、证明、说明、申请、记录等各种文件的人，违反证券法规，在所提交的文件中，故意作虚假、严重误导性陈述或者有重大遗漏，情

节严重的行为。《条例》第16条、第34条等条文对发行人、上市公司提交的招股说明书、上市公告书、公司报告书等有关文件规定必须内容真实、准确、完整；第18条、第35条规定：为发行人、上市公司出具文件的注册会计师、专业评估人员、律师以及各自所在的机构，应对其出具文件的内容的真实性、准确性、完整性进行核查和验证。《条例》第73条、《暂行办法》第11条都明确规定在应依法提交的文件中作虚假陈述的行为是一种违法行为，应加以禁止；《办法》第20条规定："发行者向证券主管机关提交的以及向投资者公布的文件和资料必须真实、完整，不得有虚假记载或欠缺重要事项。"第78条规定：对违反第20条之规定，情节严重构成犯罪的，应依法追究刑事责任。

本罪客观方面表现为行为人在依法应提交的文件中，违反证券法规，对重大事实故意作虚假、严重性误导或者遗漏，情节严重的行为。主要表现为两个方面：一是没有向公众公开重要信息，二是没有向国家证券管理机关报告重要信息。在行为方式上可以是作为形式，如故意作虚假或严重误导性陈述；也可以是不作为形式，如故意遗漏或沉默，都不影响本罪的成立。所谓虚假陈述，是指故意捏造事实，隐瞒真相，或者严重误导性陈述即夸大或缩小，不恰当地陈述有关涉及证券市场正常运作的内容和事项；或者重大遗漏，即遗漏直接涉及证券市场运作状态，影响投资人利益重大的内容和事项。当然，行为人必须是对重大事实作虚假陈述，否则不能构成犯罪。某种事实是否重要，在国外是通过判例来确定的，由此发展起来的标准是：该事实是否会影响一个正常的投资者购买或抛售证券的决定，是否可能使投资者获得或失去财产利益。在我国，目前《暂行办法》第11条中，对重大事实作了"对证券发行、交易及相关活动的事实、性质、前景、法律等事项"以及"致使投资者在不了解事实真相的情况下"的规定。虚假陈述行为包括下列各种行为：（1）发行人、证券经营机构在招募说明书、上市公告书、公司报告及其他文件中作出虚假陈述；（2）律师事务所、会计师事务所、资产评估机构等专业性证券服务机构在其出具的法律意见书、审计报告、资产评估报告及参与制作的其他文件中作出虚假陈述；（3）证券交易所、证券业协会或其他证券业自律性组织作出对证券市场产生影响的虚假陈述；（4）发行人、证券

经营机构、专业性证券服务机构、证券业自律性组织在向证券监管部门提交的各种文件、报告和说明中作出虚假陈述；（5）在证券发行和交易及其相关活动中的其他虚假陈述。

本罪的主体，一般为法人组织，包括发行人、证券经营机构、专业性证券服务机构（如律师事务所、会计师事务所、资产评估机构）、证券交易所及证券业自律性组织。

（三）内幕交易罪

本罪是指以获取利益或者减少损失为目的，违反证券法规，利用内幕信息，进行证券买卖，情节严重的行为。内幕交易行为在世界各国和地区的有关法律规定中都是严格加以禁止的。我国有关证券法规也严格禁止内幕交易行为。《条例》第 72 条将内幕人员泄露内幕信息，根据内幕消息买卖股票或向他人提出买卖股票建议的行为规定为证券违法行为。《暂行办法》第 13 条对内幕交易规定了行政处罚，第 2 款规定：内幕人员泄露内幕信息，除按前款规定予以处罚外，还应当依照国家其他规定追究其责任。我们认为，这里所谓“其他责任”，应当包括刑事责任。《办法》第 39 条第 2 项规定：禁止利用内幕消息，从事证券买卖。违反者，情节严重的，根据第 78 条的规定，可提请司法机关依法追究行为人的刑事责任。

本罪在客观上表现为违反证券法规，利用内幕信息，进行证券交易的行为。这里的内幕信息，是指有关发行人、证券经营机构、有收购意图的法人、证券监督管理机构、证券业自律性管理组织以及与其有密切联系的人员所知悉的尚未公开的可能影响股票价格的重大信息。不包括运用公开的信息和资料对证券市场作出的预测和分析。所谓内幕交易行为是指直接或间接地利用所掌握的内幕信息进行证券买卖，或将内幕信息泄露给他人，从而使自己或他人获取经济利益或避免损失的行为。内幕交易行为主要表现为以下几种：内幕人员利用内幕信息买卖证券或者根据内幕信息建议他人买卖证券；内幕人员向他人泄露内幕信息，使他人利用信息进行内幕交易；非内幕人员通过不正当的手段或者其他途径获得内幕信息，并根据该信息买卖证券或者建议他人买卖证券等。

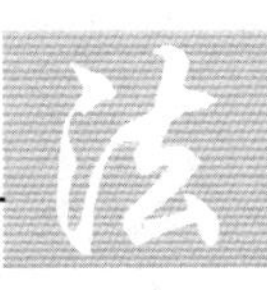

本罪的主体是内幕人员，指由于持有发行人的证券，或者在发行人或者与发行人有密切联系的公司中担任董事、监事、高级管理人员或者由于其会员地位、管理地位、监督地位和职业地位，或者作为雇员、专业顾问履行职务，能够接触或者获得内幕信息的人员，包括：发行人的董事、监事、高级管理人员、秘书、打字员，以及其他可以通过履行职务接触或获得内幕信息的职员；发行人聘请的律师、会计师、资产评估人员、投资顾问等专业人员，证券经营机构的管理人员、业务人员，以及其他因其业务可能接触或者获得内幕信息的人员；根据法律、法规的规定对发行人可以行使管理权或者监督权的人员，包括证券监管部门和证券交易所的工作人员，发行人的主管部门和审批机关的工作人员，以及工商、税务等有关经济管理机关的工作人员等；由于本人的职业地位、与发行人的合同关系或者工作联系，有可能接触或者获得内幕信息的人员包括新闻记者、报刊编辑、电台主持人以及编排印刷人员；其他可能通过合法途径接触到内幕信息的人员。另外，非内幕人员通过不正当途径获取内幕信息进行证券买卖的，也可构成本罪；非内幕人员与内幕人员内外勾结进行内幕交易的，可以成为本罪的共犯。

（四）非法持有证券罪

本罪指违反证券法规，故意非法持有、买卖证券，情节严重的行为。我国有关证券法规规定禁止某些人持有、买卖证券。违反者，其行为将是一种证券违法行为，严重的，将构成犯罪，应依法承担相应的刑事责任。《办法》第40条规定，禁止下列五类人员直接或间接为自己进行股票买卖：证券主管机关中管理证券事务的有关人员；证券交易所管理人员；证券经营机构中与股票发行或交易有直接关系的人员；与发行者有直接行政隶属或管理关系的机关工作人员；其他与股票发行或交易有关的知情人。《条例》第39条规定：“证券业从业人员、证券业管理人员和国家规定禁止买卖股票的其他人员，不得直接或者间接持有、买卖股票”。第40条规定：“为股票发行出具审计报告、资产评估报告、法律意见书等文件的有关专业人员，在该股票承销期内和期满后六个月内，不得购买或者持有该股票”。“为上市公司出具审计报告、资产评估报告、法律意见书等文件的有关专业人员，在其审计报告、资产评估报告、法律意见书等文件成为公开信息前，不得购买或者持有该公司的股票；成为公开信息后的五个工作日内，也不得购买该公司的股票。”

本罪在客观上表现为国家禁止持有、买卖股票的人员，违反有关证券法规，非法持有、买卖股票，情节严重的行为。行为人只要在客观上实际持有某种股票即构成本罪。根据有关法规，非法持有证券行为有以下几种：（1）证券业从业人员、证券业管理人员直接或间接地持有、买卖股票；（2）为股票发行出具审计报告、资产评估报告、法律意见书等文件的有关专业人员，在该股票承销期内和期满后6个月内，购买或持有该种股票；（3）为上市公司出具审计报告、资产评估报告、法律意见书等有关文件的有关专业人员，在这些文件成为公开信息前，购买或者持有该公司的股票；或为公开信息后的5个工作日内，购买或持有该公司的股票；（4）国家法律规定的其他人员非法持有证券的行为。需要指出的是，对于证券业从业人员、管理人员在任何时候都不得持有股票，否则构成本罪；而对于上述（2）、（3）中所列的有关专业人员只是在一定期限内对某种特定的证券（即其本人参与其发行、交易相关活动的证券）不得持有，并非对所有的证券或其他证券不能持有、买卖。此外，超过法律规定的期限后，这些有关专业人员仍可持有、买卖该种证券。

本罪的主体为特殊主体，即有关法律、法规明确规定禁止持有、买卖证券的人员。

（五）欺诈客户罪

本罪指以获取利益或减少损失为目的，违反证券法规，在证券发行、交易及其相关活动中欺诈客户，情节严重的行为。欺诈客户罪是各国和地区证券法规中常见的犯罪，是经济欺诈罪的一种。证券欺诈有广义、狭义之分。广义的证券欺诈包括虚假陈述、内幕交易、操纵市场等行为；而狭义的证券欺诈仅指在证券发行、交易及相关活动中实施欺诈投资者的行为。《暂行办法》的证券欺诈是在广义上使用的，而这里所称的欺诈客户罪，是在狭义上使用的，两者应当加以严格区分。我国有关证券法规也将欺诈客户行为规定为一种违法行动，加以禁止。

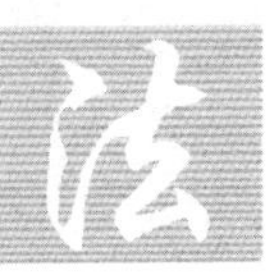

《暂行办法》第9条规定："禁止任何单位或者个人在证券发行、交易及相关活动中欺诈客户。"

本罪在客观上表现为在证券发行、交易及相关活动中，欺诈客户情节严重的行为。根据《暂行办法》第10条规定，欺诈客户的行为包括：(1) 证券经营机构将自营业务和代理业务混合操作；(2) 证券经营机构违背被代理人的指令为其买卖证券；(3) 证券经营机构不按国家有关法规和证券交易所业务规则的规定处理证券买卖委托；(4) 证券经营机构不在规定时间内向被代理人提供证券买卖书面确认文件；(5) 证券登记、清算机构不按国家有关法规和本机构业务规则的规定办理清算、交割、过户、登记手续；(6) 证券登记、清算机构擅自将顾客委托保管的证券用作抵押；(7) 证券经营机构以多获取佣金为目的，诱导顾客进行不必要的证券买卖，或者在客户的账户上翻炒证券；(8) 发行人或发行代理人将证券出售给投资者时未向其提供招募说明书；(9) 证券经营机构保证客户的交易收益或者允诺赔偿客户的投资损失；(10) 其他违背客户真实意志，损害客户利益的行为。

本罪的主体为一般主体，自然人和法人均可成为本罪的主体，其中法人主要是指下列单位：发行人或其代理人；证券经营机构；证券监管机构；证券登记、清算机构；证券交易所；专业性证券服务机构；其他机构。

（六）操纵证券市场罪

本罪是指以获取利益或者减少损失为目的，利用其资金、信息等优势或者滥用职权操纵证券市场，影响证券市场价格，制造证券市场假象，诱导或者致使投资者在不了解事实真相的情况下作出证券投资决定，损害投资者利益，扰乱证券市场，情节严重的行为。在世界各国和地区都将操纵证券市场行为作为一种犯罪，加以严惩。在我国，有关证券法规中，也将操纵证券市场的行为规定为违法行为，情节严重的构成犯罪。本罪在客观方面表现为非法操纵证券市场情节严重的行为。在我国，根据《暂行办法》第8条规定，操纵证券市场的行为主要有以下几种：通过合谋或者集中资金操纵证券市场价格；以散布谣言等手段影响证券发行、交易；为制造证券的虚假价格，与他人串通，进行不转移证券所有权的虚买虚卖；出售或者要约出售其并不持有的证券，扰乱证券市场秩序；以抬高或者压低证券交易价格为目的，连续交易某种证券；利用职务便利，人为地压低或者抬高证券价格；其他操纵证券市场的行为。

本罪的主体为一般主体，法人（单位）或自然人（个人）皆可构成本罪。

（七）非法扰乱证券市场秩序罪

本罪指出于获取利益或其他不正当利益的目的，违反证券法规，以任何形式、方法，干预证券发行、交易、管理、监督及其他相关活动，情节严重的行为。干扰证券市场秩序行为有广义、狭义之分。广义上的非法干扰证券市场的行为包括所有的证券犯罪；狭义上的非法干扰证券市场秩序的行为是指未经合法授权而干预证券市场活动或虽经合法授权但却违法干预证券市场活动。非法干扰证券市场罪正是从狭义上来说的。《条例》第 74 条规定，任何人或单位不得采取散布谣言等手段影响股票发行、交易。《办法》第 39 条第 6 项规定，禁止以任何直接或间接方法扰乱市场秩序。违反该规定，情节严重的，根据第 78 条，以犯罪论处。

本罪在客观方面表现为违反证券法规，非法扰乱证券市场秩序情节严重的行为。具体包括两个方面：一是没有得到合法授权，而以任何形式、方法对证券的发行、交易、管理、监督及其他相关活动进行非法干预，扰乱正常的证券市场秩序；二是虽经合法授权，但却没有依法对证券市场进行合法的干预，而是滥用授权对证券市场活动进行非法干预，扰乱证券市场的正常秩序。无论是有合法授权还是无合法授权，其实质都是对证券活动的非法干预，其结果都是扰乱了证券市场正常的秩序。

四、证券犯罪的立法模式

目前，我国证券市场处于启动阶段，国家统一的证券法、证券交易法尚未出台，只有一些全国性或地方性的证券发行、交易、管理方面的法规，且很不完备。此外，我国关于公司、银行、投资、金融、票据方面的立法也尚未配套。在

这种情况下，证券犯罪的立法应当选择何种模式，是一个值得研究的问题。我国刑法对经济犯罪，大体上采用三种立法方式：一是在刑法典中规定经济犯罪，二是在刑法典之外颁布专门性的刑事法律，三是在有关行政法或经济法中规定刑事条款。我们认为，当前我国宜采用单行刑法的立法模式，即在颁布《证券法》的同时，通过《关于惩治证券犯罪的补充规定》，在证券法中对各种证券违法行为作出具体的列举式规定，然后经过科学选择将严重的证券违法行为作为证券犯罪在《补充规定》这一单行刑法中加以集中规定。两者相互协调，共同为惩治证券犯罪提供法律依据。在将来修改刑法时，把那些实践证明较为成熟的证券犯罪的立法规定，纳入刑法典中，从而更进一步完善我国证券犯罪的立法。

（本文与陈正云、张旭合著，原载《中国法学》，1994（4））

金融犯罪论

金融犯罪是我国当前经济犯罪的一种表现形态。而且，由于我国正处于经济体制转轨时期，市场经济秩序不够健全，金融法制不够完善，因而金融犯罪大有愈演愈烈之势，对社会经济秩序造成了极为严重的危害。为此，全国人大常委会于 1995 年 6 月 30 日通过了《关于惩治破坏金融秩序犯罪的决定》，为惩治金融犯罪提供了法律依据。本文立足于该决定的立法精神，对金融犯罪的有关问题加以研究。

一、金融犯罪的概念

在论述金融犯罪之前，有必要对与金融犯罪有关的概念加以界定。

（一）金融

金融是指货币资金的融通，也是货币流通的调节和信用活动的总称。金融一般指同货币流通与银行信用有关的一切活动，如货币的发行、存款的组织、贷款的发放以及贴现市场和证券市场的活动等，这些都属于金融的范畴。

金融活动的主要机构是银行和其他金融机构。有关资金流通与货币信用的一

切金融活动主要是通过银行的各种业务来实现的。银行是商品和货币经济充分发展的产物，是经营货币信用的特殊企业。我国的银行分为中央银行和商业银行。中央银行是指中国人民银行，它是国务院领导和管理全国金融事业的国家机关；商业银行主要指各专业银行，包括中国工商银行、中国农业银行、中国银行、中国人民建设银行、中国交通银行等。除了银行以外，从事金融活动的还有其他金融机构。其他金融机构包括信托投资公司、农村信用合作社、城市信用合作社以及中央银行批准成立的其他金融组织。金融是国民经济的命脉，它在市场经济条件下具有十分重要的作用。

（二）金融法

金融业务和金融管理一般都要通过银行组织和其他金融机构进行。银行组织和其他金融机构在从事金融业务和金融管理的过程中，必然要同社会发生与货币流通、银行信用活动有关的各种经济关系，即金融关系。为了促进金融关系的正常发展，保证金融事业的顺利进行，国家制定了一系列的以调整金融关系为对象的法律规范，这就是金融法。金融法是指国家意志规定的有关调整金融关系和金融活动的各种法律、法规、条例、规定、章程、决定、制度等法律规范的总称。金融法律关系一般包括银行、货币、信贷、票据、信托、储蓄、证券交易、外汇管理、黄金买卖等法律关系。货币资金的融通是通过以银行为主的各种业务活动实现的，如货币的发行、流通和回笼，各种存款的吸收和使用，外汇结算，信托、投资，金银、外汇、证券的买卖，票据的贴现等。银行法是金融法的主体内容。世界上多数国家的银行法都有中央银行法、商业银行法、信托银行法、投资银行法等的区分，同时还有货币法、票据法、信贷法、证券交易法、外汇管理法等金融立法，形成一套严密的金融制度体系。我国现阶段金融法的内容大致可包括八个方面：（1）关于银行、保险等金融机构的法律地位和业务范围的规定；（2）关于货币发行和管理的法律规定；（3）关于外汇和金银管理的法律规定；（4）关于存款、贷款、储蓄等信贷管理的法律规定；（5）关于票据贴现和结算的法律规定；（6）关于信托业务的法律规定；（7）关于金融市场管理的法律规定；（8）关于保险的法律规定等。

金融法在现实经济生活中具有重要意义。金融法是设立金融机构，进行金融业务活动，加强金融管理的法律依据；是处理金融组织与企事业单位、居民之间的借贷法律关系的准则；是保证国家金融政策、行业政策正确贯彻执行的重要工具；对打击金融业务犯罪活动以及逃汇、套汇等扰乱金融市场的活动，发挥金融机构的监督作用，促进廉政建设也有积极意义。

（三）金融刑法

金融刑法是专业刑法或经济刑法之一种，指规定与金融业务有关的经济犯罪及其处罚的刑法规范。金融刑法具有三种表现形式：一是刑法典，即在刑法典规定金融犯罪。二是附属刑法，例如我国台湾地区刑法学者林山田先生指出：金融刑法系指限定于“银行法”“证券交易法”“妨害货币惩治条例”“管理外汇条例”“票据法”等法规而与金融经济有关之经济刑法。[①] 三是单行刑法，例如我国全国人大常委会《关于惩治破坏金融秩序犯罪的决定》，就是以单行刑法的形式规定了金融犯罪。

（四）金融犯罪

关于金融犯罪，我国刑法学界还缺乏有深度有力度的理论探讨。关于金融犯罪的概念，我国刑法学界有人认为，金融犯罪有广狭两义之分。广义的金融犯罪，是指金融活动中一切侵犯社会主义经济关系，依照法律应当受到刑罚处罚的行为；狭义的金融犯罪，是指金融系统工作人员，在金融活动中，侵犯社会主义经济关系，依照法律应当受到刑罚的处罚的行为。[②] 这里的广义金融犯罪与狭义金融犯罪之间区分的根据与标准不甚了然。这一观点将研究范围限定为狭义的金融犯罪，即金融系统工作人员的经济犯罪，主要涉及的犯罪是：贪污罪、贿赂罪、盗窃罪、诈骗罪、投机倒把罪、走私罪、伪造国家货币罪和贩运伪造的国家货币罪、玩忽职守罪。在这些犯罪中，除伪造国家货币罪和贩运伪造的国家货币罪属于金融犯罪、在诈骗罪中涉及金融诈骗、在玩忽职守罪中涉及金融系统玩忽

① 参见林山田：《经济犯罪与经济刑法》，修订3版，149页，台北，三民书局，1981。

② 参见谭秉学、王绪祥主编：《金融犯罪学概论》，9页，北京，中国社会科学出版社，1993。

职守以外，其他的都不是金融犯罪。我国刑法学界还有人认为，金融犯罪的罪名，从刑法分则来看，集中在破坏社会主义经济秩序罪、侵犯财产罪、渎职罪和妨害社会管理秩序罪这四章中，具体罪名包括：诈骗罪，贪污罪，挪用公款罪，贿赂罪，巨额财产来源不明罪，走私罪，投机倒把罪，逃套外汇罪，伪造货币、贩运伪造的货币罪，伪造有价证券罪，挪用特定款物罪，隐瞒境外存款不报罪，盗窃罪，冒充国家工作人员招摇撞骗罪，妨害公文、证件、印章罪，玩忽职守罪。[①]

我认为，以上关于金融犯罪概念的界定，存在一个根本问题，就是把金融犯罪与发生在金融活动中的犯罪这两个概念混为一谈了。贪污、受贿、挪用公款等经济犯罪，在各个领域都会发生，能不能说发生在金融活动中，就成了金融犯罪了呢？显然不能。如果这样说，那么，这些犯罪发生在公司活动中，就成了公司犯罪；发生在税收活动中，就成了税收犯罪。如此一来，金融犯罪、公司犯罪、税收犯罪这些经济犯罪类型之间就没有任何区别了，也就失去了对这些犯罪类型专门研究的必要。当然，在金融犯罪概念的探讨中，出现这种情况，与立法规定滞后有关。全国人大常委会《关于惩治破坏金融秩序犯罪的决定》的颁布，为金融犯罪的理论研究提供了法律根据。

我认为，对金融犯罪的界定，应该从金融这一概念的特定含义出发，并以金融法的范围为根据。如前所述，金融是货币资金融通之意，属于金融法范围的包括：银行法、货币法、票据法、信贷法、证券法、外汇管理法、保险法等。尽管目前金融立法尚不完善，但在这些领域都有相关的法律和行政法规。根据这一范围，我认为，金融犯罪是指以欺诈、伪造以及其他方法侵犯银行管理、货币管理、票据管理、信贷管理、证券管理、外汇管理、保险管理以及其他金融管理，破坏金融秩序，依法应受刑罚处罚的行为。因此，金融犯罪，主要包括：（1）银行管理犯罪，即银行工作人员玩忽职守犯罪；（2）货币犯罪，即伪造、变造货币等犯罪；（3）票据犯罪，即伪造、变造票据以及票据诈欺犯罪；（4）信贷犯罪，即集资诈欺等犯罪；（5）证券犯罪，即证券诈欺、操纵股市等犯罪；（6）外汇犯

---

① 参见白建军：《金融欺诈及预防》，245 页以下，北京，中国法制出版社，1994。

罪，即套汇、逃汇犯罪；（7）保险犯罪，即保险诈欺犯罪。从行为方式来看，诈欺和伪造（包括变造）是两种主要的犯罪手段。我国全国人大常委会《关于惩治破坏金融秩序犯罪的决定》由于立法上的原因，未将外汇犯罪与证券犯罪规定进来，但包含了大部分金融犯罪。

二、金融犯罪的特征

随着我国深化改革、扩大开放，向市场经济体制转轨，金融领域中不断出现一些新的犯罪行为，犯罪活动十分突出，伪造货币和伪造票据、信用证、信用卡等金融诈骗犯罪明显增加，诈骗数额越来越大，危害十分严重。为了维护金融秩序，惩治伪造货币和金融票据诈骗、信用证诈骗、非法集资诈骗等破坏金融秩序的犯罪，全国人大常委会于1995年6月30日通过了《关于惩治破坏金融秩序犯罪的决定》（以下简称《决定》）。

（一）《决定》的主要内容

《决定》对刑法作了以下修改、补充。

1. 关于新罪名的增设

《决定》增设了以下新罪名：（1）金融机构工作人员购买伪造的货币或者以伪造的货币换取货币罪；（2）持有、使用伪造的货币罪；（3）变造货币罪；（4）擅自设立金融机构罪；（5）非法吸收或者变相吸收公众存款罪；（6）集资诈欺罪；（7）违反规定向关系人发放贷款罪；（8）违反规定向关系人以外的其他人发放贷款罪；（9）贷款诈欺罪；（10）伪造、变造金融票证罪；（11）金融票据诈欺罪；（12）信用证诈欺罪；（13）信用卡诈欺罪；（14）违反规定为他人出具信用证罪；（15）保险诈欺罪。这些罪名涉及货币犯罪、票据犯罪、保险犯罪等诸多的金融犯罪，而且新罪名设立之多也是以前的以“决定”形式颁布的单行刑法中所罕见的，表明立法机关对于惩治金融犯罪的决心之大。

2. 关于旧罪名的修改

《决定》还涉及对刑法（指1979年刑法，下同）旧罪名的修改，例如伪造货

币罪，过去货币仅指国家货币即人民币，现在《决定》第23条明确规定货币包括人民币和外币。又如，《刑法》第122条规定了贩运伪造的国家货币罪，这里的贩运含义不明确：有人理解为贩卖和运输，有人理解为仅指运输。对贩卖理解也有不同：有的理解为又买又卖，有的理解为卖。如此等等，影响了司法适用。现在，《决定》第2条明确规定了出售、购买、运输伪造的货币罪，用出售、购买、运输取代贩运，含义明确，便于认定。

3. 关于法人犯罪的规定

法人犯罪是当前经济犯罪中的一个新特点，金融领域法人犯罪也十分突出。为此，《决定》对以下犯罪规定法人可以成为犯罪主体：(1) 非法设立金融机构罪；(2) 非法吸收或者变相吸收公众存款罪；(3) 集资诈欺罪；(4) 违反规定向关系人发放贷款罪；(5) 违反规定向关系人以外的其他人发放贷款罪；(6) 伪造、变造金融票证罪；(7) 金融票据诈欺罪；(8) 信用证诈欺罪；(9) 违反规定为他人出具信用证罪；(10) 保险诈欺罪。尤其引人注目的是，《决定》对违反规定向关系人发放贷款等三种过失犯罪规定了法人犯罪。

4. 关于刑罚处罚的加重

《决定》为了严惩金融犯罪，规定了较重的刑罚，主要表现在：(1) 对旧罪名的法定刑有所提高。例如伪造货币罪，《刑法》第122条规定的法定最高刑是无期徒刑，《决定》提高到死刑。死刑主要适用于以下三种人：伪造货币集团的首要分子；伪造货币数额特别巨大的；有其他特别严重情节的。(2) 对从旧罪名分离出来的新罪名的法定刑有所提高。例如集资诈欺罪是从刑法规定的诈骗罪中分离出来的，刑法中诈骗罪的法定最高刑是无期徒刑，而《决定》提高到死刑。又如，违反规定向关系人发放贷款等三种金融机构工作人员玩忽职守的犯罪，法定最高刑为有期徒刑15年，而《刑法》第187条规定的玩忽职守罪的法定最高刑为有期徒刑5年。当然，《决定》不是一概从重，而是有的犯罪的法定刑向轻调整。例如保险诈欺罪，是从诈骗罪中分离出来的，刑法规定诈骗罪的法定最高刑是无期徒刑；而《决定》规定保险诈欺罪的法定最高刑为15年有期徒刑。

5. 关于经济制裁的设置

《决定》注重对金融犯罪的经济制裁，《决定》除在第22条规定“犯本决定规定之罪的违法所得应当予以追缴或者责令退赔被害人；供犯罪使用的财物一律没收”以外，还对各种犯罪规定了数额明确的罚金，其中罚金最高额可达50万元。而且，对罚金规定像有期徒刑一样有下限和上限之分，规定了一定的幅度，便于司法操作。

6. 关于法律之间的协调

《决定》除对金融犯罪的罪名与处罚作了明确规定以外，还注意了与其他法律的协调。例如，《决定》第3条规定：“走私伪造的货币的，依照全国人民代表大会常务委员会《关于惩治走私罪的补充规定》的有关规定处罚。”这就避免了重复规定。类似的规定还有第18条和第19条。第18条规定：“银行或者其他金融机构的工作人员在金融业务活动索取、收受贿赂，或者违反国家规定收受各种名义的回扣、手续费的，分别依照全国人民代表大会常务委员会《关于惩治贪污罪贿赂罪的补充规定》和《关于惩治违反公司法的犯罪的决定》的有关规定处罚。”第19条规定：“银行或者其他金融机构的工作人员利用职务上的便利，挪用单位或者客户资金的，分别依照全国人民代表大会常务委员会《关于惩治贪污罪贿赂罪的补充规定》和《关于惩治违反公司法的犯罪的决定》的有关规定处罚。”这种照应性的规定有助于明确法律界限。此外。为了惩治金融机构工作人员与社会上的犯罪分子串通进行金融诈骗犯罪活动，《决定》第20条还规定：“银行或者其他金融机构的工作人员，与本决定规定的进行金融诈骗活动的犯罪分子串通，为其诈骗活动提供帮助的，以共犯论处。”不仅如此，《决定》还对某些金融诈欺等行为情节轻微，不构成犯罪的，派生了行政处罚的规定。《决定》第21条规定：“有本决定第二条、第四条、第五条、第十一条、第十二条、第十四条、第十六条规定的行为，情节轻微不构成犯罪的，可以由公安机关处十五日以下拘留、五千元以下罚款。”

（二）金融犯罪的共同特征

《决定》规定的各种金融犯罪，具有各自不同的构成特征，但它们作为一类

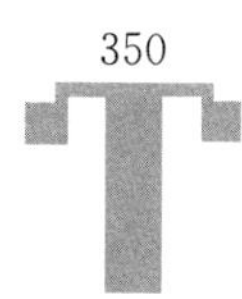

犯罪，具有某些共同特征，主要表现如下。

1. 客体特征

金融犯罪侵犯的客体主要是金融秩序。金融活动是一个动态的运动过程，各种机构与人员参与其间。如果没有一定的法律秩序，金融活动就会混乱不堪。而金融活动的无序化，必然对国民经济产生严重的破坏作用。因此。对于那些严重破坏金融秩序的犯罪行为，必须严格依法追究刑事责任。金融犯罪侵犯的金融秩序，内容十分广泛，包括货币管理制度、银行管理制度、票据管理制度、信贷管理制度、保险管理制度等。金融犯罪除了侵犯金融秩序以外，金融诈欺犯罪还侵犯了国家、集体或者公民个人财产所有权。金融诈欺犯罪是以非法占有他人财物为目的的，一旦犯罪得逞，公私财物就会被犯罪分子非法占有，从而侵犯公私财产所有权。

金融犯罪的对象也不同于其他类型的经济犯罪。金融犯罪的对象作为人，包括法人和自然人。金融犯罪在许多情况下都是以银行或者其他金融机构作为犯罪对象的，如果这些金融机构管理不善，金融机构的工作人员玩忽职守，就会上当受骗，使国家和集体公共财产蒙受巨大损失。金融犯罪的对象也可能是自然人，即普通公民。金融犯罪的对象作为物，包括货币、金融票据、信用证、信用卡等金融信用工具。

2. 客观特征

金融犯罪的客观行为主要有以下几种类型。

(1) 诈欺行为。在金融犯罪中，诈欺行为占有重要比例。诈欺即诈骗，其本质特征在于虚构事实和隐瞒真相，使人发生认识上的错误，从而上当受骗。在金融犯罪中，以诈欺为行为特征的犯罪有：1）集资诈欺罪；2）贷款诈欺罪；3）金融票据诈欺罪；4）信用证诈欺罪；5）信用卡诈欺罪；6）保险诈欺罪。此外，明知是伪造的货币而使用的，实际上也是一种欺诈行为。我国刑法学界有人指出：金融犯罪可以还原为一个字：骗。贪污挪用案件中以假账、假票据、假凭证窃取公款并掩盖罪行的行为；金融诈骗案件中的信用证诈骗、票据诈骗、贷款诈骗、引资诈骗、内幕交易、保险诈骗、信用卡诈骗；贿赂案件中的秘密交易，

走私，投机倒把，逃套外汇，伪造货币，招摇撞骗，伪造有价证券，伪造公文、证件，印章，等等，都离不开一个“骗”字。尽管这些骗局的作者有的来自银行系统外部，有的来自银行系统内部，尽管不同个案中“骗”的标的、道具、角色有所不同，但在犯罪学看来，个别差异中所包含的共同点，就是“骗”。金融犯罪行为所触犯的十几个法条，其罪名、罪状中的交叉、重合部分，也是一个“骗”字。可以说，这些法条是把“骗”拆成了若干个罪名。当然，以欺骗手段侵吞他人财物的不一定都是金融犯罪。因此，严格说，所谓金融犯罪就是以金融机构或相关主体为被害对象的财产欺诈行为。“骗”是描述金融犯罪现象的结论，也是解释金融犯罪原因的起点。[①] 尽管论者对金融犯罪的罪名在理解上与我们有所不同，但上述论断确有其精辟之处，可以说是一针见血地揭示了金融犯罪的本质特征。在一定意义上，我们可以把金融犯罪归结为金融诈欺犯罪。由此可见诈欺行为在金融犯罪的客观行为中的重要性。

（2）伪造、变造行为。伪造、变造行为与诈欺行为有着一定的联系，但它本身还不是诈欺，而是诈欺的预备行为。由于伪造、变造行为的独立性和它具有的危害性，《决定》以之为单独的犯罪加以规定，以区别于诈欺行为。金融犯罪中，以伪造、变造为行为特征的犯罪有：1）伪造货币罪；2）变造货币罪；3）伪造、变造金融票证罪。

（3）其他行为。其他行为包括伪造货币的出售、购买、运输、持有、使用等。其中，持有行为尤其引人注目。《决定》规定了持有伪造的货币罪。持有是一种区别于作为与不作为的行为方式，以往在我国刑法中已有非法持有毒品等数种持有型犯罪。这次，《决定》又增加了一种持有型犯罪。

3. 主体特征

金融犯罪的主体可以分为自然人与法人两部分。自然人中，又可以分为一般主体与特殊主体，其中特殊主体主要是指银行或者其他金融机构的工作人员。法人则主要是指银行或其他金融机构以及其他企事业单位。

---

① 参见白建军：《金融欺诈及预防》，261 页，北京，中国法制出版社，1994。

4. 主观特征

根据《决定》的规定，金融犯罪在主观上主要是故意犯罪，也有过失犯罪。过失犯罪主要是指银行或者其他金融机构以及工作人员玩忽职守构成的犯罪。在故意犯罪中，除一般故意以外，《决定》对两种情况分别作了规定。

(1) 明知。《决定》在不少条文中，规定行为人对某种事实必须“明知”才能构成犯罪，这是对某些金融犯罪的主观要件的特殊要求。《决定》规定明知的主要有以下几个条文：1) 第 2 条规定：明知是伪造的货币而运输，数额较大的，构成运输伪造的货币罪。2) 第 12 条规定构成金融诈欺罪的两种情形：第一，明知是伪造、变造的汇票、本票、支票而使用的；第二，明知是作废的汇票、本票、支票而使用的。明知的规定，有助于区分罪与非罪的界限。

(2) 以非法占有为目的。《决定》在某些条文中，规定了以非法占有为目的。《决定》规定以非法占有为目的的主要有以下几个条文：1) 第 8 条集资诈欺罪；2) 第 10 条贷款诈欺罪。值得注意的是，其他金融票据诈欺罪、信用证诈欺罪、信用卡诈欺罪和保险诈欺罪没有规定以非法占有为目的。我认为，在金融诈欺犯罪中，规定以非法占有为目的，有助于区分罪与罪的界限。例如，集资诈欺罪是以非法占有为目的的，这样就可以把它和一般的非法集资行为区分开来。一般非法集资行为，没有非法占有的目的；情节严重的，可构成非法吸收或者变相吸收公众存款罪。

在金融犯罪的主观特征中，存在一个值得讨论的问题是：间接故意能否构成金融诈欺罪？对此，我国刑法学界有人进行了探讨，指出：在认定金融诈骗犯罪，特别是处理涉外金融诈骗案件的司法实践中，提出了一个问题，即，在事中甚至事后的间接故意支配下，是否可能实施诈骗行为？如果行为人事中甚至事后方才意识到自己的行为可能使对方陷于某种错误认识，随即起意，放任了对方由于自己的不注意进而自愿交付财产这一结果的发生；或者行为人事前对自己的履约能力并无把握，抱着侥幸心理或随机应变的态度，于事中或事后放任危害结果的发生，是否构成诈骗？对此，论者认为，从金融诈骗案例出发，如果一定要求有直接故意才能成立诈骗罪，不利于对有些金融诈骗的打击。根据论者的这一意见，间接故意也能构成金融诈欺罪。① 我认为，金融诈欺犯罪主观上只能以直接故意构成，并且主观上要有非法占有的目的。因为诈欺的动机或者意图可以产生在行为过程中，甚至在所谓事后，但主观上诈骗故意却不能离开非法占有的目的而存在。例如，论者所说行为人在事中甚至事后方才意识到自己的行为可能使对方陷于某种错误认识，随即起意，放任了对方由于自己的不实际进而自愿交付财产这一结果的发生。其实，在这种情况下，谈不上放任的问题。因为刑法中的希望与放任，都是针对危害结果而言的。诈骗犯罪中的结果是占有财物，就此而论，诈骗不可能是放任而只能是希望。他人自愿交付财产行为并非诈骗罪的危害结果，而只是客观犯罪结果的前提，不能把对这一他人行为的心理态度误认为诈骗犯罪的主观罪过。尽管他人自愿交付财物有交付或者不交付两种可能性，似乎存在放任问题。但在他人交付的情况下，行为人非法占有了。只有这种非法占有的心理态度才是诈骗犯罪的主观罪过，而这种主观罪过只能是直接故意。至于论者所说行为人事前对自己的履约能力并无把握，抱着侥幸心理或随机应变的态度，于事中或者事后放任危害结果的发生，则应当具体分析：如果事后履行了合同，当然不发生诈骗犯罪的问题。如果事后没有履行合同，还要看是能够履行而不履行，还是客观上不能履行。如果是客观上不能履行，而又积极采取措施挽回损失的，则不存在诈骗犯罪；如果事前陈述不实，事后虽然因客观原因不能履行合同，但又不积极采取措施挽回损失，例如占有的预付款拒不退回等，这时已经构成诈骗犯罪，主观罪过是直接故意。至于能够履行不履行，那是诈骗的直接故意是十分明显的，不能认为是间接故意。

在这里还有一个问题需要指出，就是所谓事前故意与事后故意的问题。我认为，事前故意与事后故意概念是不科学的。诈骗犯意产生在事前，并不能说是事前故意，而是预谋故意。同样，诈骗犯意产生于事后（例如保险诈欺在投保之后），也不能说是事后故意。

① 参见白建军：《金融欺诈及预防》，14～16页，北京，中国法制出版社，1994。

三、金融犯罪的比较

关于金融犯罪，各国刑法（包括刑法典、单行刑法和附属刑法）都有所规定。在此，仅就有关国家的刑法关于金融犯罪的规定作一简单的比较。

（一）德国刑法关于金融犯罪的规定

德国在其刑法典中，关于金融犯罪的规定，主要内容如下。

1. 德国刑法第八章“伪造货币和印花税票”，主要规定了货币犯罪和信用卡犯罪。第 146 条（伪造货币）规定：（1）实施下列行为之一的，处 2 年以上监禁：1）以供流通或可能流通为目的，或者以增加票面价值为目的，伪造货币的；2）以相同目的取得这种伪造货币的；3）将在第 1 项或第 2 项条件下伪造、变造或取得的伪币作为真币流通的。（2）情节较轻的，处 5 年以下监禁，或处罚金。第 147 条还规定了使用伪币罪。

同时，第 151 条还规定，下列有价证券之一，如果为了防止伪造而采用特殊方法和以特种纸张印制的，视同货币，伪造这种有价证券的以伪造货币罪论处：（1）注明一定金额，可作交付手段的记名或不记名票据；（2）股票；（3）投资公司发行的股份证书；（4）第 1 项至第 3 项有价证券的利息、红利和债权证书以及有关此类有价证券兑现证书；（5）已印有一定票面金额的旅行支票、汇票。由此可见，在德国刑法中，作为金融票据的有价证券，是视同货币予以刑法保护的，伪造这类金融票据的行为并未单独设罪。

第 152 条规定了伪造欧洲空白支票和空白信用卡的犯罪：（1）以虚假的国内或外国的欧洲空白支票进入或可能进入流通领域为目的，而实施下列第 1 项行为的，处 2 年至 10 年监禁，实施下列第 2 项行为的，处 5 年以下监禁，或处罚金：1）为本人或他人制造、出售或转让虚假的欧洲空白支票；2）为本人或他人制造、取得这种虚假的欧洲空白支票而预备制造、提供、保管或转让下列物品的：（a）用于上述犯罪的感光板、模型、活字组版、印刷组版、影印底片、金属模板或类似设备；（b）用于制造及有意防止伪造空白支票的特种纸或类似纸张。

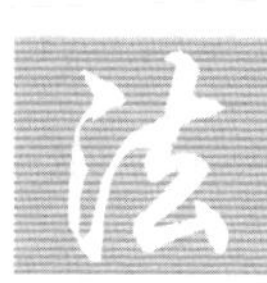

(2) 实施第1款第1项犯罪，情节较轻的，处5年以下监禁，或处罚金。(3) 以使用或可能使用虚假的国内或外国的欧洲空白信用卡为目的，在法律交易中以欺诈的方式实施第1款中有关空白信用卡犯罪行为的，处罚与第1款相同。

2. 德国刑法第二十二章“诈骗和背信犯罪”，主要规定了金融诈欺罪。主要罪名包括：第264条a（资本投资诈骗），该条规定：（1）下列人员之一的，1）共同拥有债券和预定股出卖权或共有股份以保证从企业利益中获取利润的；2）为了增加投资资本共同出卖上述股份的，以宣传册或意思表示或陈述方式，为了决定股份的取得或增加，就企业财政状况资料中应考虑的情况向多人宣传不正确的有利的消息或隐瞒不利事实的，处3年以下监禁或罚金。(2) 企业以自己的名义但为第三人的利益进行管理，行为人为了财产共有权实施诈骗的，准用第1款的规定。(3) 基于行为人的行为，行为人自动阻止因获得或增加资本投资所产生的结果的，不依第1款和第2款的规定处罚。非因行为人的行为而结果未产生的，只要行为人有自动且真诚的努力，不予处罚。

第265条（诈骗保险金）规定：（1）以诈骗为目的，对火灾保险标的物纵火，或使载货或运费有保险的船舶沉没或触礁的，处1年以上10年以下监禁。(2) 情节较轻的，处6个月以上5年以下监禁。

此外，德国刑法第265条b还规定了信贷诈骗罪。该条规定：(1) 为了一个工厂或企业或虚设的工厂或企业，关于信贷条件的许可、保持或变更的申请，向另一工厂或企业为下列行为之一的，处3年以下监禁，或处罚金：1）就有利于贷款人且对其申请的决定具有重要意义的经济状况提出虚假的或不完全的报告，特别是财政报告、盈亏报表、资产报告或鉴定书，或者作虚假的或不完全的书面报告；2）资料或报告所表明的经济状况未就经济恶化作出报告，而其对申请的决定又非常重要的。(2) 自动阻止债权人基于行为人的行为予以给付的，不依第1款处罚。非因行为人的行为而不给付的，只要其自动且真诚努力阻止提供给付的，不予处罚。(3) 第1款中的概念：1）工厂或企业是指与其标的物无关，由于其性质和经营范围，作为商业场所建立的；2）信贷指一切形式的金钱借贷、承兑借贷、金钱债权的有偿及延期，票据贴现、担保、保证及其他担保。由此可

见，德国刑法对金融诈欺犯罪的规定是细密而周详的，值得我国借鉴。

(二) 美国刑法关于金融犯罪的规定

美国是一个判例法国家，但仍然存在制定法。其中，《美国模范刑法典》虽然不是正式生效的刑法典，但却是各州刑法典的范本。在《美国模范刑法典》中，涉及金融犯罪的规定。该刑法典第224.1条规定了伪造文书罪：以欺诈人或加损害于人为目的或明知其行为有促使他人易于为欺诈或加害行为，而为下列所揭之行为者，即犯伪造文书罪：A. 无本人之授权而变更他人之文书。B. 并无本人之授权而竟表示为本人所作成，或表示与实际不符之时日、地点或作成之顺序，或并无原本存在而竟作成、完成、签名盖章、认证、发行、交付表示为其副本之文书。C. 明知为A、B各款所定方法所伪造之文书而行使者。根据该刑法典的解释，文书包含印刷物或其他纪录情报之手段、货币、硬币、代用货币、邮票、印类、信用卡、徽章及其他表示价值、权利、特权、同一性之记号在内。由此可见，《美国模范刑法典》笼统规定了伪造文书罪，包括伪造货币、信用卡等金融犯罪在内。

《美国模范刑法典》还规定了空头支票和信用卡犯罪。第224.5条（空头支票）规定：明知付款人不为支付，签发或使用支票或其他见票即付之汇票者即犯轻罪。关于本条之适用，在下列所定场合，推定签发人明知其支票或汇票（远期支票或汇票不在此限）不能兑现。对于以空头支票为手段所犯窃取罪之追诉时亦同。(1) 签发支票或汇票时，签发人与付款人之间并无账户。(2) 于签发30日内提示时，付款人以存款不足为理由拒绝支付，签发人接受拒绝之通知后10日内不为存款之补充时。

第224.6条（信用卡）规定：明知有下列所揭事实，而以取得财物或服务为目的，使用信用卡者，即为犯罪：(1) 该信用卡系盗品或伪造物。(2) 该信用卡已被取消或解约。(3) 依其他理由，该信用卡被发行人禁止使用。于以第3款追诉时，行为人以优越之证据证明其有意思及能力承担因使用该信用卡对发行人所生之一切责任时，即以之为积极抗辩。信用卡系指对于被指名人或持有人或依据其请求所交付或提供之财物或服务，表示承担支付对价之意旨之文书及其他证据

而言。关于本条之罪，使用信用卡取得或欲取得之财物或服务之价额超过 500 美元时即属第 3 级重罪，其他之场合属轻罪。

除《美国模范刑法典》有关金融犯罪的规定以外，在附属刑法中也有此类规定。例如，美国《银行保密法》就规定了由银行或银行的主要股东、董事及其他雇员构成的金融犯罪。《银行保密法》规定了报告制度，根据该法的规定，银行和其他金融机构有责任填写两种有关各种货币交易的报告，即货币交易报告和货币票的转移报告。依《银行保密法》的规定，故意违反保存记录与报告规则要求的行为，可处 25 万美元以下罚金和 5 年监禁刑。

四、金融犯罪的成因

随着改革开放和市场经济的发展，金融犯罪有增无减，大有愈演愈烈之势。从当前金融犯罪的情况来看，金融犯罪具有以下特点。

1. 智能性

在犯罪学上有暴力犯与智能犯之分。暴力犯是指以强暴的方法对一定客体造成危害的犯罪，如杀人、伤害、抢劫、强奸等，这些犯罪往往使用暴力手段，并对客体造成物质性的损害。而智能犯是指犯罪主体使用一定的智力手段而实施的犯罪，例如诈骗，伪造公文、印章，贪污等犯罪。在西方国家，这些罪的犯罪主体大多是在社会上具有一定身份的人物，因此又称为绅士犯罪或者白领犯罪。金融犯罪就是典型的智能犯，犯罪人具有较高的文化程度和智商，因而犯罪不易发现。

2. 专业性

金融犯罪往往是利用其特有的专业特长进行犯罪，其犯罪手段具有专业性。大多数金融犯罪往往凭借其金融专业知识作案。例如，涂改银行票据、单证，伪造信用证、信用卡以及金融票据、信用证、信用卡诈欺等犯罪，都不能离开一定的金融专业知识。

3. 隐蔽性

金融犯罪的行为人在犯罪前大多经过深思熟虑，精心策划；犯罪时手段狡

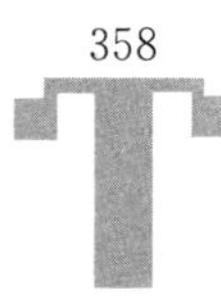

猾，花样翻新，且有各种经济活动作掩护；犯罪后又有足够的时间湮灭罪迹，或订立攻守同盟。凡此种种，都给金融犯罪的侦破带来不少困难，以致不少金融犯罪案件具有较长的潜伏期，甚至迟迟得不到揭露。因此，金融犯罪具有较高的犯罪暗数。犯罪暗数是指潜伏犯罪总量指标的估计值。所谓潜伏的犯罪，又称未知的犯罪或未登记的犯罪，是指确已发生，但由于各种原因未被计算到官方犯罪统计中的犯罪。由于金融犯罪的隐蔽性，其犯罪暗数总高于其他犯罪。根据金融犯罪的以上特点，进一步分析金融犯罪的成因，主要有以下几个方面。

第一，金融立法滞后。我国的金融制度虽然建立已经四十多年，但在金融立法方面，还有很大的差距。因此，在金融管理上，主要还是依靠行政手段，法制还不够健全。例如，随着市场经济的发展，近年来我国金融机构开展了大量新的金融业务，更新了一些金融业务手段，例如信用证、信用卡以及其他金融票证的广泛使用，证券业务、保险业务的开展，等等。然而，相应的金融立法未能及时跟上，使得在金融领域无法可依的现象还十分严重。这就为金融犯罪提供了客观条件，不少金融犯罪分子，正是钻了法律漏洞。例如沈太福非法集资案，之所以越搞越大，与关于社会集资的法规不健全有着很大的关系。

第二，金融管理松懈。金融犯罪的大量发生，还与金融机构的管理松懈有着密切关系。金融业务，关系到成千上万的资金的流通与投放，是一项十分重要的工作。但我国在金融机构的管理上还存在漏洞。由于金融机构迅速发展，尤其是银行以外的其他金融机构大量建立，人员来源复杂，缺乏具备扎实的金融业务知识和良好的政治道德水准的干部，管理混乱。尤其是信贷审批、发放、回收等业务环节，没有建立严格监督的相互制约的机制，以致一些社会上的犯罪分子通过简单地给一两个内部犯罪分子行贿送礼的方法，便可以打通所有关节，达到贷款诈骗的目的。

第三，拜金心理作祟。市场经济是商品经济，商品经济虽然对于生产力的发展带来了促进作用，但同时也产生了一些消极影响。这种消极影响之一就是引发了社会上的拜金心理，这种拜金心理又称为商品拜物教。在商品拜物教的影响下，金融机构工作人员思想受到严重的侵蚀。有些金融机构工作人员不是廉洁奉

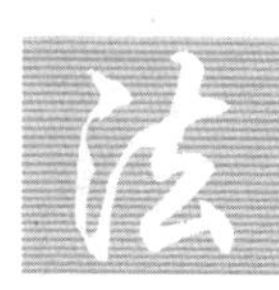

公，遵纪守法，而是利用职务上的便利，大肆进行贪污、受贿，发放人情贷款、关系贷款，有的甚至与犯罪分子内外勾结进行金融诈骗。社会上的犯罪分子更是在拜金心理的支配下，一心向“钱”看，把金融机构作为犯罪目标，把肮脏的黑手伸向金融机构，贷款诈欺、信用证诈欺、金融票据诈欺等，无不以金融机构为犯罪对象。

五、金融犯罪的对策

金融犯罪的对策，是以金融犯罪的防范为中心的。对于金融犯罪防范来说，仅靠刑罚惩治是不够的，主要应该针对金融犯罪的特点和成因，有针对性地采取各种措施，堵塞管理上的漏洞，防患于未然。为此，必须采取以下防治对策。

（一）健全金融法制

我国的金融法制还处于创立阶段，金融法制不健全，多数情况是一些内部规章制度代替金融立法。这种情况致使我国的金融体制不能适应市场经济的需要。在经济改革过程中，金融制度改革也提到了议事日程。经济体制改革的总目标中对现有金融管理体制进行改革所要达到的是加强宏观经济控制，调整基本建设投资规模和消费基金的增长，发展经济，稳定货币，提高经济效益等，使银行和其他金融机构的地位和作用越来越加强，从而形成我国社会主义的金融组织体系、金融市场体系和信贷外汇等金融管理体系。为了达到这个目标，必须辅之以健全的金融法制。为此，我国已经制定了《中国人民银行法》和《商业银行法》，并且正在制定《票据法》《保险法》等有关金融法律。随着金融法制的建立和健全，使金融活动真正做到“有法可依，有法必依，执法必严，违法必究”。这样，就能将金融业务活动纳入法制的轨道，金融犯罪的防范就有了法制的保障。因此，金融法制的健全对于金融犯罪的防范来说，是一项基础建设。

（二）严格金融管理

我国的金融管理体制正面临着从计划经济向市场经济的转轨。在计划经济条件下，我国在银行设置上，基本上是由一家综合性的国家银行包揽一切金融事

业，管理得太死，不利于搞活金融。在金融管理的手段上，主要是依靠行政命令的办法。随着改革开放的发展，我国逐渐把中国人民银行建立成中央银行，而将过去的专业银行建成商业银行并推向市场。在这种情况下，过去的金融管理制度已经不适应当前现实经济生活的要求，暴露出许多管理上的漏洞，面临着改革。尤其是社会上各种其他金融机构大量出现，管理工作更是跟不上。当前我国金融犯罪之所以如此严重，在很大程度上是金融管理不善的客观表现。为此，必须严格金融管理，建立起科学的金融业务活动准则。例如，为了防止贷款诈欺犯罪的发生，应当对借贷方自有资金、物资、财产及其保证条件，由工商、税务、上级主管和经办银行共同配合，进行综合性审查，并对审批权作适当限制，不搞“一支笔”拍板。此外，有必要确立金融机构依法独立行使贷款审批权不受非法干预的原则，以及谁审批谁负责的审批责任制。又如，为了防止金融票据诈欺、信用证诈欺和信用卡诈欺等犯罪的发生，在金融结算业务的管理上应当建立票证回笼管理制度，以及加强各金融机构之间的相互协调和监督工作，堵塞漏洞。

（三）加强思想教育

在当前社会风气不正的情况下，为防范金融犯罪的发生，加强对金融机构工作人员的思想教育是十分重要的。金融机构工作人员天天与金钱打交道，没有一定的思想觉悟，很容易被金钱诱惑、被铜臭腐蚀，从而走上犯罪道路。为此，要加强对金融机构工作人员的以下几个方面的教育：（1）政治教育。通过政治教育，使金融机构工作人员提高思想认识，更加自觉地抵制拜金主义的侵蚀。（2）法制教育。通过法制教育切实增强金融机构工作人员的法制观念，依法经营，积极同各种金融违法行为作斗争。（3）道德教育。道德教育，主要是职业道德教育。要在社会共同道德准则的指导下，制定符合金融行业特点的职业道德规范，作为本行业职工遵行的准则。通过道德教育，培养职工的道德情操，增强对金融犯罪的免疫力和抵抗力。（4）纪律教育。金融纪律是一切金融机构工作人员必须遵守的行为准则。通过金融纪律教育，使从业人员严格执行金融政策，防止金融犯罪的发生。

六、金融犯罪的立法完善

关于金融犯罪，在我国《刑法》中，只有第122条伪造国家货币或者贩运伪造的国家货币，第123条伪造支票、股票或者其他有价证券的规定，全国人大常委会《关于惩治破坏金融秩序犯罪的决定》修改、补充了金融犯罪，从而使金融犯罪成为一个较完整的经济犯罪类型，并使惩治金融犯罪有法可依。但《决定》关于金融犯罪的规定也还存在不足之处。下面，我联系还在进行的刑法修改工作，对金融犯罪的立法完善问题加以探讨。

（一）罪名设置的完善

《决定》虽然改变过去刑事立法中宜粗不宜细的做法，对各种金融犯罪作了较为细致的规定。但从罪名设置上来看，还存在有待进一步完善之处。

1.《决定》第6条第1款规定了擅自设立金融机构罪，第2款规定：伪造、变造、转让商业银行或者其他金融机构经营许可证的，依照前款的规定处罚，那么，第2款规定的是一个独立的罪名呢还是属于擅自设立金融机构罪的一种特殊情况?《决定》的规定不甚明确。伪造、变造商业银行或者其他金融机构经营许可证的，可分为两种情况：一是本人为擅自设立金融机构而伪造、变造金融机构经营许可证；二是明知他人擅自设立金融机构而为他人伪造、变造金融机构经营许可证。这两种情况：前者是擅自设立金融机构罪的预备行为；后者是擅自设立金融机构罪的帮助行为。至于转让商业银行或者其他金融机构经营许可证的，更是一种擅自设立金融机构罪的帮助行为。根据以上分析，没有第2款的规定，对于此类行为可按照本罪之预备行为与共犯行为处罚。而有了这一规定，使人误解为一种独立的罪名，立法不够明确。

2.《决定》第9条第1款规定了违反规定向关系人发放贷款罪，第2款规定了违反规定向关系人以外的其他人发放贷款罪。两罪法定刑相同，但适用法定刑的情节要求不同：前者是较大损失、重大损失；后者是重大损失、特别重大损失。立法意图是想对两种情况区别对待。应该说，这一立法意图是正确的，但在

立法技术上显得较为笨拙。《决定》将两罪规定成互相独立的两个罪名，但在罪名上，又似乎有联系：前者是违反规定向关系人发放贷款罪，后者是违反规定向关系人以外的其他人发放贷款罪。实际上，如果对这两个罪名采法条竞合的立法方式，就可以比较好地解决这个问题。首先应当规定违反规定发放贷款罪，这是普通法，然后再规定违反规定向关系人以外的其他人发放贷款罪，这是特别法。这样，两罪的关系就理顺了。在立法上，确立罪名的时候，应当采取先一般后特殊的原则，这是一个值得注意的问题。

3.《决定》第 11 条规定了伪造、变造金融票证罪，包括伪造金融票据、信用证、信用卡和其他金融凭证；第 12 条规定了金融票据诈欺罪；第 13 条规定了信用证诈欺罪；第 14 条规定了信用卡诈欺罪。这几种犯罪的规定中，第 11 条是以行为特征为设立罪名的依据，而后 3 条以对象特征为设立罪名依据。两种做法不够协调，尤其是伪造、变造金融票证罪过于笼统，而且票证与票据的区别相当微妙，不易理解，我认为，比较好的做法是统一采用以对象特征为设立罪名依据的方法，分别规定伪造金融票据罪和金融票据诈欺罪，伪造信用证罪和信用证诈欺罪，伪造信用卡罪和信用卡诈欺罪，伪造银行结算凭证罪和银行结算凭证诈欺罪。这样，罪名更明确，罪名之间的关系也比较清楚。

（二）刑罚设置的完善

《决定》为了有效地惩治金融犯罪，加重了金融犯罪的刑罚处罚，这是完全必要的。但与此同时，也带来了刑罚设置上的不协调问题，值得我们注意。

《决定》增设了三个死刑：一是伪造货币罪，二是集资诈欺罪，三是金融票据诈欺罪。我们且不说伪造货币罪的死刑问题，就从集资诈欺罪和金融票据诈欺罪的死刑来看，引起了它与贷款诈欺罪和其他金融诈欺罪的刑罚不协调。《决定》之所以将集资诈欺罪的法定最高刑规定为死刑，主要是由于出现了沈太福、邓斌等犯罪案件，集资诈欺的犯罪数额达 10 亿元、30 亿元之巨。但贷款诈欺数额也可能十分巨大，从犯罪的社会危害性上来说，与集资诈欺罪不相上下，而《决定》规定该罪的法定最高刑是无期徒刑。之所以对贷款诈欺罪没规定死刑，无非是考虑到死刑条款不能太多，现实生活中还没有出现贷款诈欺数额十分巨大，需

要判处死刑的案例。现在问题是：在设置死刑的时候，是否以现实生活中发生的个别案例为转移呢？我认为，死刑的设置是一项十分严肃的工作，应当全面衡量犯罪的社会危害性，并与其他犯罪的刑罚相协调，而不能以现实生活中发生的个别案例为依据。

（本文部分内容曾在《法学》（1996（1））、《法制日报》（1995－12－14，1995－12－21，1995－12－28）上发表）

金融欺诈的法理分析

1995年6月30日，全国人大常委会通过了《关于惩治破坏金融秩序犯罪的决定》（以下简称《决定》），设立了有关金融诈欺的犯罪，为惩治金融诈欺犯罪提供了法律根据。本文拟对金融诈欺加以法理分析，以期对金融诈欺进行科学界定。

一

在论及金融诈欺犯罪的时候，首先碰到的是诈欺这一法律术语。从目前的资料来看，这一术语在使用上较为混乱：有称诈骗的，有称欺诈的，有称诈欺的。从法律文本来看，刑法称诈骗，民法称欺诈，各不相同。为此，有必要对这些术语加以辨析。欺诈与诈欺，字序不同，从含义上来说并无区别。从法律用语来看，诈欺更为准确。例如，《唐律·诈伪》第三百七十三条规定："诈欺官私以取财物者，准盗论。"这里使用的是诈欺一词。中华民国1928年及1935年刑法均采诈欺这一概念。例如中华民国1935年刑法第339条规定，诈欺是指意图为自己或第三人不法之所有，以诈欺使人将本人或第三人之物交付的行为。在日本刑

法中，也称为诈欺罪，指以欺骗的方法来骗取相对人的财物，或者取得财产上的利益，或使他人取得的行为。[①] 至于英美刑法，由于翻译上的原因，有译成诈欺的，也有译成欺诈的，还有的则译成诈骗。例如，fraud 一词译作诈欺，指为获得物质上的利益而通过陈述或行为所作的虚假表示。fraud 本身并非一种罪行，但它是某些犯罪的一个构成要件。作为罪名，英文中使用的是 cheat，又被译作诈骗。[②] 排除翻译上的因素，欺诈与诈欺，拟采诈欺为好。诈骗是我国刑法特有的一个术语，《刑法》第 151 条规定的是诈骗罪，《决定》对金融诈欺犯罪的规定，也仍然系诈骗一词。应该说，诈欺与诈骗两个术语并无本质区别，但在词义上存在微妙的差别。诈骗一词更具动作感，而且是一个及物动词，例如诈骗公私财物，搭配起来十分通顺。而诈欺一词更具状态感，也能表示一种行为，是一个不及物动词。但作为罪名，称诈欺似乎更妥。例如保险诈欺罪就比保险诈骗罪更为贴切。而且，民法中只有欺诈之称而无诈骗之名。采用诈欺一词也利于法学各学科术语统一，并且通用。

对金融诈欺的语义分析不能代替内容的分析。那么，到底什么是金融诈欺呢？顾名思义，金融诈欺就是发生在金融领域中的诈欺活动。这样一种宽泛的定义，不足以准确地揭示金融诈欺的本质特征。由于我国刑法理论中，目前尚未见到完整的金融诈欺的概念。为了使金融诈欺的概念建立在科学的理论基础之上，我们先来对金融诈欺的外在形态加以分析。

诈欺的法律渊源可以追溯到古罗马法。在古罗马法中，诈欺可以分为两种：第一种是作为法律行为瑕疵之诈欺（dolus faudus），指以欺骗手段使相对人陷于错误或利用相对人的错误使之成立不利的法律行为。第二种是作为私犯的诈欺（dolus mains），指行为人用欺骗手段使对方为或不为某种行为。[③] 在现代民法理论中，这两种诈欺又分别称为法律行为制度中的诈欺与侵权行为法中的诈欺。两

① 参见［日］木村龟二主编：《刑法学词典》，703 页，上海，上海翻译出版公司，1991。

② 参见［英］伊丽莎白·A. 马丁：《牛津法律词典》，211、78 页，上海，上海翻译出版公司，1991。

③ 参见周枏：《罗马法原论》，下册，590、794 页，北京，商务印书馆，1994。

者的构成要件并不相同：法律行为制度中的诈欺以导致被诈欺人的错误意思表示为最终构成要件，而侵权行为法中的诈欺以导致被诈欺人的实际损失为最终构成要件。并且，两者的法律后果也有所不同：法律行为制度中的诈欺的法律后果仅限于构成无效的法律行为，而侵权行为法中的诈欺的法律后果则在于使诈欺人承担赔偿责任。当然，当法律行为制度中的诈欺行为成立后而导致实际损害后果时，都不妨嗣后构成侵权行为法中的诈欺行为。[①]

在刑事诈欺中，也有类似于上述民法中的两种诈欺。例如我国学者白建军在论及贷款诈骗时指出，存在两种意义上的贷款诈骗。狭义上的贷款诈骗是指只要行为人以诈欺的方法获取银行贷款，便构成此罪，其故意的内容不包括占有贷款不予归还。广义上的贷款诈骗既包括骗取由正常方式无法获得的贷款的行为，也包括骗取并占有贷款的行为，还包括骗取贷款授信资格后，进一步骗取他人财产的行为。[②] 这里所谓以诈欺的方法获取银行贷款的诈欺相当于民法上的法律行为制度中的诈欺，以具有使被诈欺人陷于错误的虚假陈述行为为已足。在这个意义上，只是骗用贷款。而所谓骗取贷款并占有贷款的贷款诈欺相当于民法上的侵权行为法中的诈欺，以非法占有他人财物为必要。在这个意义上，可以说是骗取并占有贷款。如果对这两者不加区分，就会出现不同刑法中的同样罪名内容却截然有别的情况：例如《德国刑法典》第 265 条 b 规定的是信贷诈骗罪，根据该条第 3 款的解释，这里的信贷指一切形式的金融借贷、承兑借贷、金钱债权的有偿及延期，票据贴现、担保、保证及其他担保。因此，信贷诈骗就相当于我们所说的贷款诈骗，但其行为却表现为：（1）就有利于贷款人且对其申请的决定具有重要意义的经济状况提出虚假的或不完全的报告，特别是财政报告、盈亏报表、资产报告或鉴定书，或者作虚假的或不完全的书面报告；（2）资料或报告所表明的经济状况未就经济恶化作出报告，而其对申请的决定又非常重要。[③] 而我国《决

---

① 参见董安生：《民事法律行为》，152、153 页，北京，中国人民大学出版社，1994。

② 参见白建军：《金融诈欺及预防》，35 页，北京，中国法制出版社，1994。

③ 参见储槐植主编：《美国德国惩治经济犯罪和职务犯罪法律选编》，301 页，北京，北京大学出版社，1994。

定》第10条也规定了贷款诈欺罪是指以非法占有为目的，诈骗银行或者其他金融机构的贷款，数额较大的行为，具体表现为：（1）编造引进资金、项目等虚假理由的；（2）使用虚假的经济合同的；（3）使用虚假的证明文件的；（4）使用虚假的产权证明作担保的；（5）以其他方法诈骗贷款的。由此可见，上述两种贷款诈欺罪，构成要件完全不同：德国刑法中的是骗用贷款，而我国刑法中的却是骗取并占有贷款。而且，两罪的法定刑也不同：德国刑法中的信贷诈骗罪的法定最高刑是3年，而我国刑法中的贷款诈欺罪的法定最高刑是无期徒刑。因此，我们可以把金融诈欺分为两种：第一种是虚假陈述的金融欺诈，第二种是非法占有的金融诈欺。由于这两种金融诈欺在性质上存在重大差别，如果不加区分，很难对金融诈欺作出科学的界定。

二

虚假陈述的金融诈欺是指以非法获取利益为目的，违反金融法规，在金融业务活动中虚构事实或者隐瞒真相，以非法获取利益的行为。金融活动是以高度的信用为基础的，因而信用是金融的生命。金融活动的这种信用性，要求参与金融活动的任何个人与法人应当遵循诚信原则。虚假陈述的金融诈欺违背诚信原则，严重地扰乱金融秩序。因此，金融越是发达的国家，这种虚假陈述的金融诈欺犯罪化的程度也就越高。例如，在美国刑法中，诈骗犯罪是以虚假陈述为主要内容的，一般虚假陈述罪是指在美国政府部门或其代理机构管理的事务中，明知或故意地弄虚作假，掩盖真相，制造或使用假文字材料欺骗政府部门或其代理机构的行为。在金融犯罪中，美国法规定了各种与金融活动相关的虚假陈述的犯罪。例如，《美国法典》第18篇第1014节规定了虚假的贷款与信用申请罪，指在向联邦提供保障的银行提交贷款或信用申请时，明知地制作虚假陈述或故意过高估计财产的行为。《美国法典》第18篇第1344节，称为《银行诈骗法》，该法规定了银行诈骗罪，内容是："凡明知地实施，或试图实施如下犯罪计划或阴谋的，处100万美元以下罚金或30年以下监禁刑，或者二者并处：（1）诈骗金融机构；

（2）为了得到由金融机构所有、监管或控制下的金钱、资金、信用卡、资产、证券或其他财产，而为虚假或诈欺性陈述、承诺等行为。”在美国司法实践中，构成银行诈骗的行为有：向银行提出各种形式的虚假陈述，向银行提供虚假信息等。在美国《证券法》中，证券诈骗罪更主要是指虚假陈述的诈欺行为，因而诈骗一词在相当广泛的意义上使用。为此，美国学者甚至认为，从本质上讲，联邦证券法律就是反诈骗法。联邦证券法律把消除诈骗的责任完全置于知道事实的人身上，即使揭露事实真相不符合这个人的利益。相反，潜在的受害人则没有查明事实真相的义务。这一点与普通法的诈骗原则完全不同。普通法的原则是：“如果一个人用谎言伤害了另一个人，那么，这个人本来就不应该相信这个谎言。”换言之，在联邦证券法律中已经抛弃了这种“买主自行当心”的原则。[①] 由此可见，在美国联邦证券法中，对证券管理机构与从业人员提出了更高的诚信要求。联邦证券法律甚至明确规定，沉默本身有时可以构成诈骗，因为不说出事实本身可能会导致对已知事实的误解；同时，如果负有责任的一方隐瞒真实情况的话，可能会破坏某些信任关系。美国证券法律中的证券诈骗包括以下这些行为：（1）与股票的提供、购买和出售等活动有关的各种诈骗行为；（2）出售未注册证券；（3）注册登记中的虚假说明；（4）在证券注册的豁免申请书中作虚假说明等。应该说，美国联邦证券法律中使用诈骗一词存在过于宽泛的倾向，甚至把某些操纵股市行为也涵括在证券诈骗之中。尽管如此我们还是可以看到，美国刑法中的诈骗在很大程度上是指虚假陈述，在金融诈欺中更是如此。

在金融活动中，从非法占有的诈欺扩张到虚假陈述的诈欺，不仅是金融活动的诚信原则的要求，而且也是惩治金融犯罪的诉讼活动的客观需要。因为非法占有的金融诈欺对犯罪的构成要件要求程度高，证据上的证明要求严格，不利于惩治那些极为隐蔽的金融诈欺行为。因而，传统的非法占有的金融诈欺规定难以体现对金融秩序的严密保护。例如德国联邦司法部曼弗雷德·默亨施腊格博士指出：实践已经表明，尽管《刑法典》传统的犯罪规定，例如诈骗、背信与伪造证

① 参见周密主编：《美国经济犯罪和经济刑法研究》，257～258页，北京，北京大学出版社，1993。

件（逃税和矿产中的犯罪规定除外），依然是追究经济犯罪的主要基础之一，但已不足以对经济犯罪中某些新的现象进行惩处。特别是诈骗的犯罪规定主要是针对个人一目了然的经济案件设置的，并且是为了保护个人的财产。在保护个人财产方面，虽然可以将其视为法治及其效果的合理代表，但它还是管不了这样的问题，即无名氏的犯罪方式和现代生活中错综复杂的经济网络的背后隐藏着的犯罪行为。如果任其蔓延，我国经济制度重要部位的正常运转就会受到威胁。早在一百多年以前，当时的立法机构就已断言："诈骗的定义对普通的生活环境是够用了，但在股份业方面适用这一定义就不灵了。"[①] 传统的诈骗概念之所以失灵，是因为传统诈骗罪不是结果犯，要求证明诈骗结果的存在。正如默亨施腊格博士指出，在投资诈骗案和招揽客户的其他非法手段上，将诈骗与财产损失之间的因果关系联在一起，就会给案件的审判带来问题，因为断案时必须确定财产的损失。恰恰在这一点上，我们遇到了困难。在投资活动中，要追究对方在报价上的欺诈行为，就要在法庭裁定时确定投资所获得的实际价值，而实现这一点是十分困难的，尤其是投资者的最终损失往往要在很久以后才能显示出来，所以损失的确定会遇到极大的困难。[②] 考虑到以上举证上的困难，出于刑事政策上的考虑，需要在诈欺犯罪方面将刑法的防御战线往前推进，于是产生了所谓"抽象的危险构成要件"（Abstrakte Gefachungstatbestaende），即只要在金融活动中存在诈欺行为，就足以构成犯罪。

在我国刑法中，仍然以非法占有的诈欺犯罪为主，但在 1995 年 2 月 28 日通过的《关于惩治违反公司法的犯罪的决定》中，规定了有关公司犯罪中的虚假陈述的诈欺犯罪。例如，该决定第 1 条规定的虚假注册资本骗取公司登记罪，第 2 条规定的虚假出资罪，第 3 条规定的使用虚假方法发行股票、公司债券罪，第 4 条规定的提供虚假不实财务会计报告罪，第 5 条规定的隐匿公司财产或者未

---

① 储槐植主编：《美国德国惩治经济犯罪和职务犯罪法律选编》，443 页，北京，北京大学出版社，1994。

② 参见储槐植主编：《美国德国惩治经济犯罪和职务犯罪法律选编》，444 页，北京，北京大学出版社，1994。

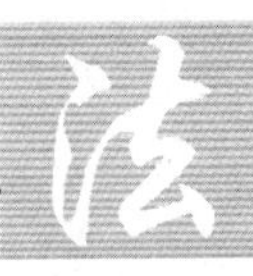

清偿债务前分配公司财物罪，第 6 条规定的故意提供虚假证明文件罪，都属于虚假陈述的诈欺犯罪。但在 1995 年 6 月 30 日通过的《关于惩治破坏金融秩序犯罪的决定》中，只对非法占有的金融诈欺作了规定，而对虚假陈述的金融诈欺却未作规定。例如《决定》第 10 条规定的贷款诈欺罪，以非法占有为目的，因而未将在申请贷款中虚假陈述的行为犯罪化。随着我国金融活动的进一步发达，虚假陈述的金融诈欺行为必然更多地出现并表现出更大的社会危害性，因而也就会提出犯罪化的客观要求。

应当指出，虚假陈述的金融诈欺主要表现在证券活动中，证券诈欺主要就是指这种形式的诈欺而言的。证券诈欺有广义、狭义之分。广义的证券诈欺是指：用明知是错误的、虚假的、欺诈的，或是粗心大意制作的，或不诚实地隐瞒了重大事实的各种陈述、许诺或预测，引诱他人同意收购或买卖证券的行为。这种行为大多被各国法律规定为犯罪行为，其内容实际上包括了操纵市场行情、违反公开情报义务等。狭义的证券诈欺仅指欺骗顾问（即欺骗客户），其范围不包括操纵行情、违反公开情报义务等行为，仅指欺骗客户的行为人利用与证券投资人进行交易的机会或利用其受托人、管理人或代理人地位，通过损害投资人、委托人、被管理人或被代理人的利益而进行证券交易，或以虚假陈述诱导顾客委托其代为买卖证券，企图由此获取经济利益或避免损失，或其他不忠实履行其作为受托人、管理人或代理人应尽义务的行为。[①] 证券诈欺，无论是广义还是狭义，都与非法占有的诈欺存在明显区别，它是一种虚假陈述的诈欺。证券诈欺虽有欺诈之本质，但其客观行为的主要特征是内幕人员进行交易、操纵市场、欺诈客户、虚假陈述等行为。不管行为人采取何种诈欺方式，都不是从被害人手中获取利益，而是要通过利用资金、信息等优势或滥用职权、操纵市场、制造证券市场假象，诱导或者致使投资者在不了解事实真相的情况下作出证券投资的决定，从而使其获得利益或者减少损失。因此，证券诈欺行为的特征是诈骗罪所不能包容

① 参见顾肖荣主编：《证券违法犯罪》，103 页，上海，上海人民出版社，1994。

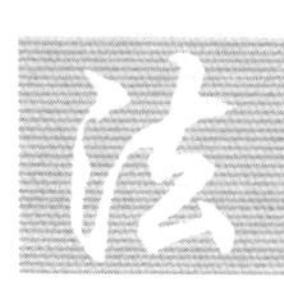

的。[1] 由于我国证券立法的滞后，虽然颁布了《禁止证券欺诈行为暂行办法》，但证券诈欺亟待以犯罪论。证券活动中，除从业人员的诈欺行为以外，还有证券投资者的诈欺行为。由于这种诈欺行为没有法律规定，因而在司法实践中，缺乏有效的惩治。例如，北京发生的田国英等人以诈欺方法透支购买股票案中，这些股民在买卖股票时，明知不允许透支，也未得到证券商的同意，自知保证金不足，以诈欺手段下单购买股票，透支数额上千万元，后因股票下跌，造成数百万元损失。对于此案如何处理，司法机关存在分歧意见。由于对于这种透支炒股行为没有法律规定，因而较为一致的意见认为，自知保证金不足，下单买股即具有骗的行为，被告人使用诈欺方法占用他人资金炒股，盈利是非法的，亏损亦应由被告人承担全部责任。但由于透支时被告人的行为是使用、处分他人的财物，并无明确占有行为，造成损失应比照诈骗罪类推定罪。这种没有非法占有目的，但客观上采用诈欺方法获取利益或者造成损失的行为，是金融诈欺的重要表现形式之一。

三

非法占有的金融诈欺是指以非法占有财物为目的，在金融业务活动中虚构事实或者隐瞒真相，以非法占有财物的行为。非法占有的金融诈欺不仅违反诚信原则，更为重要的是它是一种侵犯他人的财产所有权的行为。金融活动是与金融利益息息相关的，而财产所有权是金融利益的内核。正是在金融活动中，财产所有权的各项权能得到充分利用，并促进经济的发展。非法占有的金融诈欺利用金融工具，例如信用证、信用卡以及其他金融票据，或者通过金融活动，例如贷款、集资和保险，骗取他人财物，具有严重的社会危害性。从利用诈欺方法骗取财物这个意义上说，非法占有的金融诈欺与传统的诈骗罪并无本质的区分，是一种发生在金融活动中的诈骗犯罪。但这两种诈骗无论在性质上还是表现形式上又存在一定的差别。对此，又不能不予以充分的关注。非法占有的金融诈欺罪是从传统

① 参见苏惠渔等主编：《市场经济与刑法》，538页，北京，人民法院出版社，1994。

的诈骗罪中分离出来的，两者之间存在特殊法与普通法之间的法条竞合关系。非法占有的金融诈欺罪与传统的诈骗罪相比较，具有以下特点。

1. 客体的双重性

传统的诈骗罪是财产犯罪，它以特定的财产作为诈骗的对象，因而侵害的是单一的财产所有权。而非法占有的金融诈欺罪是经济犯罪，它不仅侵害财产所有权，而且扰乱金融秩序。它是一种以金融机构作为诈骗的对象，发生在金融领域中的诈骗罪。

2. 手段的特殊性

非法占有的金融诈欺罪和传统的诈骗罪一样，都具有诈欺的性质，但在诈欺手段上两者有所不同。传统的诈骗罪是采用一般的诈术，使相对人陷于错误，从而仿佛自愿地把财物交付给行骗人。而非法占有的金融诈欺罪采用的是特定的方法，例如贷款诈欺，是借贷款之名行非法占有贷款之实。又如信用证、信用卡诈欺，是利用信用证、信用卡这种现代金融活动的工具进行诈骗。由于信用证、信用卡在管理上都具有一套严密的制度，因此这种诈欺犯罪更具有隐蔽性，是一种高智能的犯罪。

3. 影响的广泛性

非法占有的金融诈欺罪不像传统的诈骗罪那样，只是对一人一事的诈骗，而是对金融机构或者投资人的诈骗，是一种对公众或对社会的诈欺，影响面十分广泛。例如集资诈欺，被骗者是社会公众，可能涉及成千上万的人。而且，还会出现跨国性的金融诈欺。例如发生在河北衡水的备用信用证诈骗案，就是境外犯罪分子梅直方等人以引入巨额投资为诱饵，与中国农业银行衡水支行签订了一份引资 100 亿美元的协议，骗取金额达 100 亿美元的备用信用证。这种国际投资诈欺活动的全过程往往涉及几个国家或地区，从事国际投资诈欺者和遭受诈欺活动的受害者往往是分属不同国家的公民和法人，国际投资诈欺所骗取的资金往往在不同的国家或地区银行间迂回流动。①

① 参见邵沙平：《预防和控制国际投资诈欺的法律问题探析》，载《法学评论》，1995（6），18 页。

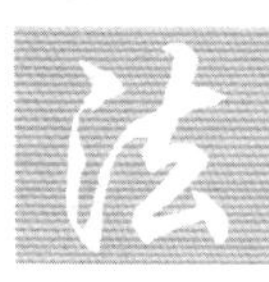

4. 后果的严重性

传统的诈骗罪，一般来说，骗取的数额总是有限的。而非法占有的金融诈欺罪骗取的数额是传统诈骗罪难以企及的。例如沈太福非法集资达十多亿元，而邓斌非法集资则达三十多亿元。因而，这些金融诈欺都造成极为严重的危害后果。不仅公私财产受到巨大损失，而且严重地扰乱了金融秩序。

鉴于非法占有的金融诈欺罪具有不同于传统的诈骗罪的特点，各国刑法在传统诈骗罪之外，往往对这种金融诈欺罪加以特别规定。例如《德国刑法典》除在第 263 条规定了传统的诈骗罪以外，还专门规定了保险诈骗、补贴诈骗、投资诈骗等金融诈骗罪。我国于 1995 年 6 月 30 日通过的《关于惩治破坏金融秩序犯罪的决定》设立了以下非法占有的金融诈欺罪：（1）集资诈欺罪，指以非法占有为目的，使用诈骗方法非法集资的行为。（2）贷款诈欺罪，指以非法占有为目的，采用编造引进资金、项目等虚假理由，使用虚假的经济合同，使用虚假的证明文件，使用虚假的产权证明作担保或者以其他方法诈骗银行或者其他金融机构的贷款的行为。（3）金融票据诈欺罪，指以非法占有为目的，明知是伪造、变造的汇票、本票、支票而使用，明知是作废的汇票、本票、支票而使用，冒用他人的汇票、本票、支票，签发空头支票或者与其预留印鉴不符的支票骗取财物，汇票、本票的出票人签发无资金保证的汇票、本票或者在出票时作虚假记载，骗取财物的作为。（4）信用证诈欺罪，指以非法占有为目的，使用伪造、变造的信用证或者附随的单据、文件，使用作废的信用证，骗取信用证或者以其他方法进行信用证诈欺活动的行为。（5）信用卡诈欺罪，指以非法占有为目的，使用伪造的信用卡、使用作废的信用卡、冒用他人信用卡或者恶意透支的行为。（6）保险诈欺罪，指以非法占有为目的，虚构保险标的或者以其他方法骗取保险金的行为。这些犯罪基本上涵括了非法占有的金融诈欺的各种行为，为惩治金融诈欺犯罪提供了刑法根据。

四

虚假陈述的金融诈欺与非法占有的金融诈欺，是金融诈欺中两种性质有别而

又互相联系的诈欺。应当指出，以往我们在界定金融诈欺的时候并没有明确地认识到这两种诈欺的区别，而往往混为一谈。刑法学界论及金融诈欺，主要是指非法占有的金融诈欺，而金融学界论及金融诈欺，则更多的是指虚假陈述的金融诈欺。我认为，由于这两种金融诈欺性质有所不同，因而应当分而论之。在揭示两种金融诈欺的不同性质的基础上，采取切实的防范对策，包括刑事惩治对策。我认为，从刑法理论上来说，虚假陈述的金融诈欺与非法占有的金融诈欺存在以下区别。

1. 虚假陈述的金融诈欺是行为犯，而非法占有的金融诈欺是结果犯。行为犯与结果犯，在犯罪构成要件上有所不同：行为犯是指法律规定只要具备一定的犯罪行为即可构成的犯罪，无须发生一定的犯罪结果。而结果犯是指法律规定不仅要求具备一定的犯罪行为，而且要求这种行为必须造成一定的犯罪结果才能构成的犯罪，如果没有这种犯罪结果则以犯罪未遂论处。虚假陈述的金融诈欺由于这种行为具有高度的危险性，或者这种行为不可能造成实体性的犯罪结果，或者这种行为造成的犯罪结果在证据法上难以得到确切的证明，只要实施了这种虚假陈述行为即可构成犯罪。例如在证券诈欺中，散布虚假信息诱使股民购入或者抛出某种特定的股票，其被骗人不是特定的，而是一般股民，虽然必然造成股民的经济损失，但这种损失本身却难以测量。因而，只要有这种诈欺行为即可构成犯罪。非法占有的金融诈欺，它是以占有一定财物为目的的，而且在一般情况下，被骗人是特定的，因而可以将其骗取的财物作为犯罪结果，并且这种财物是可以计量的。所以，对于非法占有的金融诈欺在法律上规定为结果犯。

2. 虚假陈述的金融诈欺是营利犯，而非法占有的金融诈欺是占有犯。这两种金融诈欺都具有获取一定非法利益的主观意图，因而都属于贪利型犯罪。但其贪利方式有所不同：虚假陈述的金融诈欺主要还是意在通过一定的金融业务活动获取财产性利益，但由于在从事金融业务活动中存在诈欺行为，因而其利益是非法获取的，为法律所禁止。而非法占有的金融诈欺则是采用诈欺手段直接占有他人财物，其非法性更加明显。在这个意义上说，虚假陈述的金融诈欺是间接获

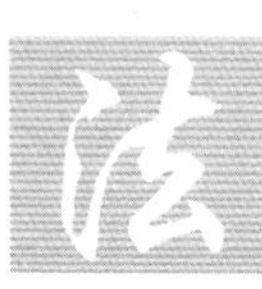

利，而非法占有的金融诈欺则是直接获利。以贷款诈欺为例，虚假陈述的贷款诈欺是在不符合贷款条件的情况下，采取诈欺方法获取贷款，意图通过贷款营利，主观上只有占用贷款的故意；而非法占有的贷款诈欺则是采取诈欺方法骗取贷款，并直接将贷款据为己有，主观上具有占有贷款的故意。

3. 虚假陈述的金融诈欺是行政犯，而非法占有的金融诈欺是刑事犯。在刑法理论上有行政犯与刑事犯之分，行政犯是指以违反行政法规为前提而构成的犯罪，这种犯罪的犯罪性是由法律规定而确定的，属于行政不法，因而又称法定犯。虚假陈述的金融诈欺首先是一种违反金融法规的行为，它的客体是金融管理制度，因而是一种行政犯。刑事犯是指直接违反刑事法规而构成的犯罪，这种犯罪的犯罪性是其行为本身自然蕴含的，属于刑事不法，因而又称自然犯。非法占有的金融诈欺是从传统的诈骗罪中游生出来的，属于传统诈骗罪的范畴，即使没有刑法的特别规定，也可以依照传统的诈骗罪处罚。它的客体首先是财产所有权，其次才是金融管理制度，因而是一种刑事犯。这两种金融诈欺，相对而言，虚假陈述的金融诈欺的违法程度低，非法占有的金融诈欺的违法程度高。

正因为虚假陈述的金融诈欺与非法占有的金融诈欺存在以上区别，因而在控制对策上应当有所区别，并且互相协调，建构防范金融诈欺的严密法网。尤其是在那些既存在虚假陈述的金融诈欺，又存在非法占有的金融诈欺领域，应当将两者同时予以犯罪化。如果只将非法占有的金融诈欺犯罪化，而这种犯罪在构成要件上要求发生一定的结果，并且主观上非法占有的目的也往往难以证明，就会造成刑事追诉上的困难，甚至徒劳无功。在这种情况下，如果将虚假陈述的金融诈欺予以犯罪化，构架所谓“截堵的构成要件”（Auffang Statbestand），就可以防堵此种漏洞。例如，对于贷款诈欺，只要作出贷款的虚假陈述就构成犯罪。如果已经骗取贷款，并且主观上具有非法占有目的的，则以非法占有的贷款诈欺罪论处。即使不能证明主观上具有非法占有的故意，也可以退而求其次，以虚假陈述的贷款诈欺罪论处。在其他金融领域中，例如证券活动等，如果不可能发生非法占有的金融诈欺的，则应将虚假陈述的金融诈欺行为予以犯罪化，维护金融秩序

不受非法侵害。应当指出，我国刑法对于非法占有的金融诈欺由于《关于惩治破坏金融秩序犯罪的决定》的出台，立法规定已经较为完备，刑法理论上也予以了充分的关注。而对于虚假陈述的金融诈欺在刑事立法上没有严密的规范，甚至还是空白，刑法理论上也缺乏深入的研究，因而更应引起我们足够的重视。

（本文原载《中外法学》，1996（3））

金融诈骗犯罪的法律适用问题

金融诈骗犯罪是司法实践中认定起来较为困难的犯罪，这和法律规定本身不够完善有关系，更主要的原因是金融诈骗犯罪往往和多种金融法律关系纠合在一起，罪与非罪的区分和此罪与彼罪的区分，都会产生一些疑难问题，需要我们认真加以研究。

（一）关于金融诈骗犯罪中的非法占有

犯罪目的是指通过实施犯罪行为所要达到的犯罪结果，往往存在于直接故意的犯罪中。犯罪结果是犯罪目的的客观化，犯罪目的实现了，就转化为犯罪结果。对直接故意犯罪来说，犯罪目的是其重要的内容。

刑法理论上，犯罪目的可以分为两种：一种是包含在直接故意当中的目的。在这种情况下，犯罪目的是直接故意犯罪当中不可缺少的组成部分，认定直接故意犯罪的时候就包含了。例如直接故意杀人，目的就是非法剥夺他人生命，这个目的包括在杀人故意当中。这种目的由于为直接故意本身所包含，法律上往往没有另外加以规定。盗窃、诈骗、抢夺，都具有非法占有他人财物的这种目的，但都为这些犯罪故意所包含。盗窃故意本身就包括非法占有他人财物这一主观目的，刑法没有单独加以规定，也没有必要，它本身就包含了。

另外一种是超出了直接故意内容的目的，这种目的和直接故意有所不同，不能为直接故意所包含。这种目的在刑法当中往往有规定，必须具备这种特定目的，才能构成犯罪。这在刑法理论上称做目的犯。目的犯的目的内容是行为人主观上想要去实施的某一种行为，这种行为对于成立这种犯罪来说不需要，但是目的需要。例如，关于走私淫秽物品罪，刑法规定以牟利或者传播为目的。按照这个规定，走私淫秽物品本身并不当然构成该罪，只有是出于牟利或者传播这样的目的走私的才构成该罪，可以说，不是为了牟利或者传播，即使走私，也不构成该罪。是否以牟利和传播为目的，就成为区分罪与非罪的界限。牟利或者传播是行为人的主观目的，走私物品是为了贩卖牟利或者在公众当中传播。但是，对于构成该罪来说，并不需要行为人去实施牟利行为或者传播行为，只要主观上有这种目的就可以，不一定要把这个目的付诸实施。因此，在理论上就把这种目的叫做超过的主观要素，就是这种目的超过其走私的客观行为。刑法中对这种目的犯的规定还是比较多的，例如很多条文都规定了以营利为目的，像《刑法》第217条规定的侵犯著作权罪，只有以营利为目的实施了所列举的四种行为，才构成犯罪；如果不是以营利为目的，即使实施了这四种行为，也不能构成犯罪。营利是目的，但实际上是不是已经赢利了，并不影响该罪成立。

在另外一些情况下，刑法没有明确规定是否具备某种特定目的才能构成犯罪，但理论上往往认为这种犯罪的构成也需要具备犯罪目的，如果没有这种目的则不构成犯罪，这是非法定的目的犯。由于具有非法定性，法律没有规定，到底要不要这个目的，在理论上往往存在争议。例如关于伪造货币罪，我国刑法规定伪造货币的就构成伪造货币罪。在外国刑法中，往往规定以行使为目的或者意图流通而伪造货币才构成犯罪。换句话说，虽然客观上伪造了一张货币，但是主观上并不是为了去使用它，而是为了收藏，也不构成伪造货币罪。但是，我国的刑法中没有这样的规定，从法条上看，那么，是否可以解释为只要伪造了，不管出于什么目的，都构成伪造货币罪呢？我的回答是否定的。在此应当作限制性解释，尽管法条没有规定，仍然要求具有行使目的。虽然这种不是为了行使而伪造货币的情况是非常个别的，但在理论上不能排除这种情况。伪造货币以行使为目

的，这只是一种目的，并不要求你行使，你只要伪造了，你是为了行使，就可以构成伪造货币罪，至于你有没有实际行使并不影响本罪成立。从这个意义上说，这种行使的主观目的是超过的主观要素。犯罪中存在一个如何处理主观和客观关系的问题。一般情况下，主观和客观应当是相一致的，比如说客观上是杀人行为，主观上具有把这个人杀死的目的，主客观是统一的。但是，在目的犯的情况下，法律所规定的这个目的超出了法律所规定的本罪的客观行为。本罪的行为是伪造，伪造要求有伪造的故意，但是它不仅仅要有伪造故意和伪造行为，而且还要求有行使的目的，这个行使的目的就超过了伪造的行为，所以称之为超过的主观要素。又比如关于虚开增值税发票罪，刑法同样也没有规定以骗取税款为目的，立法的时候可能没有考虑到不是为了骗取税款而虚开增值税发票的情况。但前些年，就出现了不是以骗取税款为目的而虚开增值税发票的案件。例如有一个大公司下面的两个子公司，相互之间虚开增值税发票，它们的目的不是拿这个虚开的增值税发票去骗税，而是为了虚增业绩。因为作为上市公司，需要表明自己公司有很高的营业额。如果只从刑法规定来看，只要是虚开就可以构成该罪。但是，这种虚开不是以骗取税款为目的，而《刑法》第 205 条所规定的虚开增值税发票罪惩治的是为了骗取税款而虚开的行为。在这种情况下，对上述案件怎么处理？我认为像这种不是为了骗取税款而虚开增值税发票的行为不应当以虚开增值税发票罪定罪，如果对这种妨碍发票管理的行为要定罪，应当另外加以规定。因为虚开增值税发票罪比较重，妨碍发票管理是比较轻的罪。如果这种观点能够成立，也就意味着虚开增值税发票应当是目的犯，应当是以骗取税款为目的，不是以骗取税款而虚开的，不应当构成该罪。刑法中这种非法定目的犯的情况比较多，实践当中，在认定的时候可能会出现争议。我认为，从立法精神出发，某些条款当中，尽管没有规定以特定的目的作为犯罪必备条件，但从立法精神出发还是应当承认这是非法定的目的犯。只有这样才能正确区分罪与非罪。当然，比较理想的做法是立法上对这些特定的目的加以明确规定，这样可以给司法机关正确认定犯罪提供一个法律根据。

金融诈骗中的犯罪目的是非法占有。这是不是所有的金融诈骗罪都必须具备

的犯罪构成要件？因为刑法关于金融诈骗的规定当中，有些规定了以非法占有为目的，另外一些却没有规定。比如《刑法》第 192 条“集资诈骗罪”规定以非法占有为目的，《刑法》第 193 条“贷款诈骗罪”也规定了以非法占有为目的；但是《刑法》第 194 条“票据诈骗、金融凭证诈骗罪”、第 195 条“信用证诈骗罪”、第 196 条“信用卡诈骗罪”都没有规定以非法占有为目的。这种情况下，非法占有为目的是不是金融诈骗罪构成的必备要件？这个问题在理论上存在两种观点：一种观点认为，按照法律的字面规定，有些犯罪规定要有这个目的，有些犯罪没有规定要有这个目的，应当根据法律规定有无分别认定。因为如果需要的话，法律会规定，法律没有规定就等于不要求有这种目的。根据法律的有无规定来区分金融诈骗罪是否需要非法占有的目的这个观点，一度有相当多的人赞同，实践中也有些人在处理案件的时候持赞同观点。另一种观点相反，认为只要是金融诈骗罪，无论刑法条文中是否规定，以非法占有为目的都是金融诈骗罪必不可少的条件。这两种观点中，我个人同意第二种。

现在出现了几个问题：前面讲过犯罪目的有两种：一种是直接故意所包含的，另一种是超出了直接故意的范围。那么，非法占有的目的对于金融诈骗罪来说到底是这两种当中的哪一种？我认为，非法占有目的是应当包含在故意诈骗犯罪当中的，诈骗故意里面必然包含以非法占有为目的，没有非法占有的目的就不是诈骗行为。也就是说，刑法当中规定是诈骗就不需要再另外规定非法占有的目的。刑法关于盗窃、普通的诈骗、抢夺犯罪都没有规定以非法占有为目的，它本身就包含在里面了，没有必要规定。即使是超出了主观故意的那些目的，就是目的犯的目的，如果没有规定，都可以在理论上把这些解释进去。像这种直接故意范围内所包含的目的，更是这种犯罪必须具备的，无论是法律有无规定。因此，并不是那些没有规定的，法律不要求，而是那些法律有规定的是一种提示。这里涉及对法律的解释问题。法律为何在有些地方有规定，有些地方没有规定？第一种观点把它理解为有规定的就要，没有规定的就不要。我认为，不能作这样的解释，没有规定也需要。之所以规定，是因为它有另外的意图，例如《刑法》第 192 条“集资诈骗罪”，规定了非法占有的目的。之所以要规定非法占有的目的，

就是因为要把集资诈骗罪和非法吸收公众存款罪相区分。因为非法吸收公众存款也是一种集资，这两种犯罪的区分主要就在于有没有非法占有的目的，非法占有为目的是此罪与彼罪区分的法律要件，如果不规定非法占有的目的，就很难把集资诈骗罪和非法吸收公众存款罪相区分。在贷款诈骗罪中，刑法规定了非法占有的目的。之所以规定，主要是因为要把贷款诈骗和那些在贷款当中弄虚作假的行为加以区分。贷款要办理很多手续，提供很多资料，有些贷款单位为了获得银行贷款可能弄虚作假，但是，他主观上并没有去骗取贷款，也就是非法占有贷款，没有非法占有的目的。在这种情况下，非法占有目的是否存在就成为罪与非罪的界限。由此可见，在有规定的情况下，非法占有目的对于诈骗犯罪的成立当然是重要的，在没有规定的情况下，也是犯罪成立必不可少的要件。如果没有非法占有的目的，这种诈骗本身就不可能构成。

金融诈骗罪与普通诈骗罪之间是一种法条竞合关系。构成金融诈骗就必然符合普通诈骗罪的特征。如果刑法没有专门规定金融诈骗罪，那么，对于金融诈骗行为理所当然应当按照普通诈骗罪来处理。《刑法》第266条规定的普通诈骗罪，是一个普通法，金融诈骗罪是一个特别法，按照特别法优于普通法的法律原则，应当按照特别法来定罪。金融诈骗必然具备了普通诈骗的法律特征，普通诈骗中非法占有的目的是必不可少的内容，所以金融诈骗罪应当具备非法占有目的。过去，各地做法也不一样，但从现在的情况看，这个问题已经通过最高人民法院《关于审理金融犯罪案件的会议纪要》得到了解决。这种会议的纪要实际上就是司法解释，其中，该纪要就明确讲，非法占有目的对于金融诈骗罪构成是必不可少的要件。关键是在司法实践中如何认定非法占有的目的，这个问题比较困难一些。金融诈骗罪中非法占有为目的的认定，直接影响到罪与非罪的界限。尤其是在信用证诈骗罪中，刑法规定了四种行为：一是使用伪造、变造的信用证或者附随的单据、文件，二是使用作废的信用证，三是骗取信用证，四是以其他方法进行信用证诈骗活动。其中，使用作废的信用证，诈骗的故意和非法占有的目的都比较明显，但是像第一种情况，能不能说客观上实施了这种行为就构成了信用证诈骗罪呢？不能这样说。这里有两个概念应当加以区分：骗开信用证与信用证诈

骗。因为开信用证必须办理手续，而且手续必须是真实的。在开信用证过程中搞了一些假手续，等于这个信用证是骗开的，但这个行为本身不等于就是信用证诈骗行为。信用证诈骗行为根本的内容是要通过骗开信用证来非法占有信用证项下的有关款项，目的是占有而不是通过虚假手段获得信用证。信用证的问题比较复杂，因为中国和国外的情况不一样，国外的信用证有一种融资的功能，长期的信用证要 180 天以后才归还信用证项下的款项，这里存在一个时间差，在这 180 天内可以占用这笔资金。实践当中，有些信用证诈骗案件的行为人确实是为了非法占有信用证项下的款项，但也有些案件中行为人主观上是为了非法使用信用证项下的款项，在开信用证的时候弄虚作假，但主观上不是想占有这个款不还。有些案件是循环开虚假的信用证。有一个案件，被告人是国有公司的法定代表人。这个公司没有投资，而是和银行有关人员互相勾结，通过虚开信用证的方法，使用信用证项下的款项，到期了再新开，再归还，这样循环。银行也知道没有信用证项下的贸易，附随单据都是虚假的，但是把钱给他了，前后大概一个多亿。最后银行的负责人员和被告人被抓了，检察机关给他定信用证诈骗罪。这个案件就涉及主观目的问题，被告人主观上是不是为了非法占有信用证项下的款项？从表面上看，他确实伪造了一些信用证的附随单据，这个信用证本身也是假的，但他是为了暂时使用信用证项下的这些钱，而且到时他就归还，归还再开，这个银行也知道。说是诈骗银行，银行本身就知道，而且银行也是通过总行集体研究同意给他用的，在这种情况下定他信用证诈骗罪确实有些问题。

非法占有为目的是行为人的主观意图，这里涉及一个问题：司法实践中，认定犯罪时比较注重客观行为，比较注重证据证明这种客观行为是否存在，但是主观意图怎么来证明，这方面显得比较缺乏。行为人主观意图的证明是很重要的，我看过很多判决书，列举了很多证据，证明他客观上有这些行为，但就这个罪来说，客观上有这些行为还不足以定罪，关键看主观上是否明知，而这却没有证据证明。这样的一种认定，从证据上来说是不完整的。就像共同犯罪中的帮助犯，他去杀人，我给他提供一把刀，既要有证据证明他杀人用的就是我给他的那把刀，又必须证明我主观上明知他要去杀人而把刀借给他，这样才构成杀人共犯。

司法实践中，就行为人主观作出证明，这是很大的课题。有的司法人员对于行为人主观上故意或者明知的证明，往往缺乏充分的重视。

有些犯罪中，主观的东西不需要证明，只要证明客观的行为就够了，但并不是每一种犯罪都是只要证明客观行为，主观目的就不需要证明了，不是这样的。像我们所讲的目的犯，还要证明目的。牟利和传播是目的，只存在走私行为，如果没有证据证明是以牟利或者传播为目的，犯罪不能成立。即使是在一般的犯罪当中，有些主观故意，有些明知，都需要证明，如果不能证明他是明知，那么，即使在客观上有这个行为，也不能够定罪。但是，我们证明这种主观意图的证据意识比较薄弱。

主观的心理状态是行为人的一种心理活动，如果靠被告人来证明，问他有没有犯罪目的，他肯定说没有，但也不排除被告人认罪态度好，什么都交代，但是不能依照他的口供来证明。因此，主观的意图必须要以客观行为来证明，应当注意一种方法，这就是推定。过去理论上和司法实践中，对于推定的研究比较少，而这种司法推定在英美法系国家是广泛采用的，主要是用来证明行为人主观罪过的一种方法，这是很值得研究的。这种推定就是根据已知的或者客观的事实来推断行为人主观上的某种心理状态，即使你不承认，但有客观行为来证明。比如走私淫秽物品罪以传播为目的，问他是不是，被告人回答不是。但是能够从客观上推定有这个目的。走私淫秽物品，10 张或者 20 张，内容都不一样，说是为了自己看，还不能驳倒他，如果内容都一样，还说是为了自己看，不是为了传播，他的话显然不能成立。如果走私大量相同的淫秽物品，就可以推定他主观上有传播的目的，不需要去问他了，因为有这个客观事实摆在那里。

明知也需要推定。关于明知，最高人民法院研究室作了一个解释，分为已经知道和应当知道：已经知道是指有证据证明他知道或他自己承认知道。应当知道这个词我认为会引起误解，应当知道是以不知道为前提的，你说不知道，但是你是应当知道的。刑法中规定是应当预见而没有预见，那么这个应当预见就是说以他没有预见为前提，而应当知道以他不知道为前提，说他不知道但却是应当知道的，而不是不应当知道的，因此，应当知道用来作为明知的一种描述，我认为是

不确切的，容易给人造成误解。实际上想表达的意思，我觉得是推定知道，应当叫做已经知道（有证据证明知道）和推定知道。有证据证明知道，是他本人承认或者有客观的证据证明；另外一种是他说不知道，但我们推定他知道。推定就是根据一些已知的客观事实来推定他是知道的。这里也有一个明知认定当中的推定问题，非法占有的目的同样也要靠这种推定。有些金融诈骗案件中，被告人已经把这个钱占有了，占有的事实很清楚，但占有的目的不清楚，被告人又拒不供认，就需要靠推定。但关于这个问题理论上研究得不够。推定要有推定的规则，也就是说在什么情况下可以推定出什么结论。这些推定的规则还没有在我国建立起来，而国外这方面的规则很完善。从我国有关的司法解释和法律规定来看，实际上还没有明确提出推定的概念，但是在不知不觉中已经采用了这种方法。关于金融诈骗罪非法占有的目的，实际上在有关的司法解释里面也采用了推定的方法，最高人民法院《关于审理金融犯罪案件的会议纪要》就明确规定了非法占有的目的是指具有下列情形之一：第一，明知没有归还能力而大量骗取资金的；第二，非法获取资金后逃跑的；第三，肆意挥霍、骗取资金的；第四，使用骗取的资金进行违法犯罪活动的；第五，抽逃、转移、隐匿资金以逃避返还的；第六，隐匿、销毁账目或者搞假破产、假倒闭以逃避返还资金的；第七，其他非法占有资金拒不返还的。这七种情况都是指客观行为。我认为这就为司法机关推定行为人主观上是否具有非法占有目的提供了一个法律根据。按照推定的规则，只要有上述七种行为中的一种，就可以认定行为人有非法占有的目的。在这种情况下，非法占有目的不再需要从被告人口供当中获得，而从他的客观行为中获得。例如明知没有归还能力而大量骗取资金，可以推定主观上有非法占有的目的。因为，本来已经亏损了，没有归还能力，还用虚假手段来获取资金，你得到这个资金将来不可能归还，就推定你主观上有非法占有的目的，而不需要再考虑其他的问题了。这种推定，我认为是很重要的。推定的问题涉及一些逻辑学和证据学的问题，需要从理论上进行研究，如果研究出一些推定的规则，对于司法机关正确认定行为人主观方面的犯罪构成要件是很有帮助的。

（二）关于金融诈骗犯罪中的共犯问题

金融诈骗中的共犯问题有两种情况：一种是金融诈骗分子互相勾结，也就是

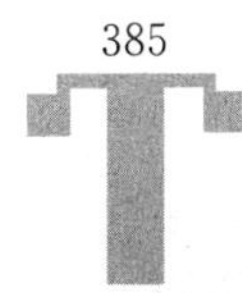

金融机构的内部人员和社会上的人互相勾结诈骗金融机构的财产，比如有的信用证诈骗、贷款诈骗、金融凭证诈骗、金融票据诈骗，等等。在这种内外勾结进行金融诈骗的情况下，如果涉及不同罪名，怎么来处理？在什么情况下，他们构成共同犯罪？什么情况下他们构成不同的犯罪？这涉及有身份的人和无身份的人共同犯罪，如何定罪的问题。因为，刑法中规定的犯罪，有些是一般主体的犯罪，对于犯罪人没有身份上的要求，只要达到了法定的行为年龄，具备了行为能力就可以构成。另一种是特殊主体犯罪，对犯罪人的身份有特殊的要求，没有这种身份的人不能构成这种犯罪。这就涉及有身份的人和无身份的人共同实施犯罪的问题。

在经济犯罪中经常出现有身份的人和无身份的人内外勾结共同犯罪的情况。如果内外勾结的犯罪，法律规定了一个相同的犯罪，定罪比较容易，是主犯和从犯的问题。但是，一般情况下，法律规定了不同的罪名。1985 年颁布的司法解释就规定对于内外勾结进行盗窃、贪污，按照主犯的身份来定罪：如果主犯是国家工作人员，那么从犯也按照国家工作人员来定贪污罪；如果主犯不是国家工作人员，那么国家工作人员也按照盗窃的共犯来定罪。这个司法解释就是要解决特定身份的人和无特定身份的人共同犯罪时如何定性的问题。但是，这个司法解释出来以后，在理论上受到了批评。我也不同意这个司法解释的观点，司法解释所讲的按照主犯身份来定，我认为它不符合共同犯罪定罪的法理。主要的问题就在于主犯、从犯是一个解决共同犯罪量刑的问题（概念），而定这个罪还是那个罪是定罪（定性）的问题。定罪和量刑是两个不同的问题，逻辑上而言，定罪是前置于量刑的，首先应该解决定罪问题，主犯、从犯这种规定是按照犯罪人在共同犯罪中的作用来解决它的量刑问题，主犯从重，从犯从轻，量刑的问题是在已经解决定罪问题的基础上才提出来的。定贪污还是定盗窃，是定罪的问题，怎么能用量刑的概念来解决定罪的问题呢？不符合逻辑，已经定罪才有主犯和从犯。在共同犯罪情况下，共犯在实施犯罪中有分工，解决共同犯罪人的定罪时要根据共犯和正犯来区分。共犯的特点是他本人没有实施刑法分则中所规定为犯罪的这些行为，而是对他人犯罪进行组织、策划或者提供便利和帮助。共犯和正犯之间往

往有密切联系，例如教唆犯，他本人并没有去实施，为什么要定罪？因为真正实施犯罪行为的人的犯意是因教唆而产生的，教唆犯就要对被教唆人所实施的行为负责任。共犯在法律性质上对于正犯有一种从属性，共犯的犯罪性质、罪名是取决于正犯的，帮助犯从属于被帮助犯的犯罪性质，这是解决共同犯罪人的定性问题的基本思路。

对于内外勾结进行盗窃和贪污的，以什么来解决定性的问题，司法解释讲的是按照主犯的身份来定罪。这是一种观点。这种观点，我认为在法理上可能出现问题，而且在实际操作过程中也可能出现问题。例如按照主犯来定罪，那两个人都是主犯怎么办？还有一种说法，即都应当按照有身份的人来定罪，就是按照正犯所触犯的罪名来定。如果非国家工作人员是共犯，也就是一个教唆、一个帮助，这样是可以的，但是如果是共同实行就不好办了，内外勾结进行盗窃或者贪污，国家工作人员也参与了犯罪的实行，他不单单是个共犯，这是一个有身份的人和无身份的人共同的实行，这种情况下定罪可能有问题了。如我国刑法只规定有一个杀人罪，但是在外国刑法中，根据杀人的对象不同，往往分为两个不同的杀人罪：一个是普通杀人，一个是杀害近亲属。后者是独立的罪名，判得比较重，比如儿子杀害父亲，这是一个特殊主体的犯罪。如果儿子与他人勾结一起杀害自己的父亲，在这种情况下，严格来说，应该分别定罪比较好，被告人和死者之间有这种特殊关系就定这个罪，另外一个被告人与死者没有这个关系就按照普通杀人罪来定。因此，两个人共同实行同一个行为，根据他们的身份不同分别规定两个不同的犯罪，就应当按照两个不同的罪名来定，仍然是一个共同犯罪，但是罪名不一样。这个观点我个人比较赞同。内外勾结共同进行盗窃或者贪污的，应该按照他的身份分别定罪，国家工作人员定贪污，非国家工作人员定盗窃，这种做法比较符合法理。但是，在实践当中如果按照这种方法来定，会导致量刑上的不平衡。这就是立法和司法解释的不同规定导致的，本来是贪污比盗窃重，按照法律规定来说，也是比盗窃要重，但通过司法解释，实际上是倒过来，盗窃比贪污要重，贪污按照法律要够 5 000 元才构成犯罪，盗窃 1 000 元就构成犯罪。在这种情况下，两个人共同实行，如果分开定罪，非法占有了 3 000 元，结果是

国家工作人员定贪污不构成犯罪，非国家工作人员定盗窃构成犯罪，这显然是不合理的。按照道理来说应该分开定罪，但分开定罪，由于现在的法律规定，又会造成两者之间量刑上的极不协调，造成不公平。在这种情况下作为变通的方法，还是都定贪污比较好些。理论和现实与法律规定有时候会发生对立，怎么处理好这种关系，是一个比较复杂的问题。

1997年修订的刑法中，第382条第3款就对贪污的共犯作了明确的规定：与前两款所列人员勾结，伙同贪污的，以共犯论处。这就解决了有身份人和无身份人共同犯罪如何定罪的问题。国家工作人员和非国家工作人员相勾结共同贪污，对非国家工作人员应当按照贪污的共犯来定罪。无身份的人不可能单独成为有身份的这种犯罪的实行犯，可以成为有身份犯罪的共犯。强奸罪的主体只能是男性，女性不能成为强奸罪的正犯，只能成为间接正犯，她可以教唆不满14周岁的人进行强奸，可以成为共犯，但不能成为正犯。按照这个规定对无身份的人应当按照有身份的人犯罪的共犯来处理，包括组织、教唆、策划、帮助，但是能不能包括共同实行？这仍然是有疑问的，如何理解共犯，刑法理论本身的概念就很混乱，至少在三种含义上使用：一是把其当做共同犯罪的简称；二是把共犯当做共同犯罪人的简称；三是在与正犯相对应的意义上来理解共犯，就是帮助或者教唆、组织犯。如果按照这一狭义的共犯来理解，第382条第3款所说的以共犯论处，是指以教唆、帮助、组织犯为主，但是不能包括共同实行，它解决的是共犯和正犯的关系，而不包括共同实行的关系，在这种情况下如何来解决，仍然是一个值得研究的问题。

2002年颁布了关于经济犯罪案件审理当中共同犯罪的司法解释，它讲到的问题是贪污和职务侵占如何定罪的问题。两者都是有身份的人才能构成的，但是这两种身份又不一样，在实践中就发生了这两种不同身份的人互相勾结来侵占财物。比如，同一个单位里面，由国家机关或者国有公司、企业委派来的，是国家工作人员，这个企业本身是集体企业或者中外合资或合作企业，企业的聘任人员，就不是国家工作人员，他们互相勾结侵占企业财物，应当怎么定罪？按照主犯的身份来定，首先要看利用谁的身份：如果只利用了国家工作人员的身份，没

有利用另外一个人的身份，对另外一个人应当按照贪污的共犯来处理；如果只利用了非国家工作人员的身份，没有利用国家工作人员的身份，应当定职务侵占罪。现在复杂的地方就在于两个人共同利用职务的便利来占有这个财物，在这种情况下，按照我的理解应当分别定罪，因为国家工作人员的这个行为，法律已经单独定罪了，就应当按照这个罪来定，不是国家工作人员的，刑法规定了职务侵占罪，就应当按照职务侵占罪来定。分别定罪比较合适，表明立法者对于不同身份的人实施同一种行为作出不同的法律评价。由于这个问题有明确的司法解释，我们要按照司法解释来处理。

在金融诈骗犯罪中内外勾结进行犯罪时如何来定罪，同样也存在问题。比如，上海有一个案件，某商业银行负责某大企业的贷款业务员，和别人勾结起来，让别人给他伪造印章、贷款的单据凭证，然后利用自己的职务便利，以这个企业的名义向银行贷款，诈骗了一个多亿。被告人是以这个企业的名义来贷款，这个企业根本不知道，他的材料都是伪造的，赃款的一部分给了帮助他伪造印章、贷款单据凭证的人，绝大部分自己占有。关于这个案件讨论中出现不同意见：第一种意见认为应该定贷款诈骗罪，因为他是和社会上的人相勾结，一起诈骗这个银行的贷款；第二种认为应定职务侵占罪，因为在贷款诈骗中，被告人利用了自己是商业银行驻这个企业的信贷员的便利，才完成了这个诈骗行为。如果没有这个职务，这个贷款诈骗不可能完成，所以应当定职务侵占罪，另外那个人也应当是职务侵占罪的共犯。这两种犯罪的法定刑不一样，职务侵占可能轻点，最多15年，贷款诈骗可能到无期。就他本人的行为而言，实际涉及了职务侵占和诈骗两者之间的关系。职务侵占是由于他的主体身份，因为他是商业银行的工作人员，不是国家工作人员，如果是国家工作人员就定贪污了。职务侵占实质上是一种贪污，只是主体身份不一样，客观行为都是一样的，都是利用职务上的便利，侵吞、占有、骗取、窃取单位财物。贪污罪的构成要件，本身就包含了利用职务之便的诈骗。从这个意义上说，我认为定贪污也好，定职务侵占也好，普通的诈骗罪和其他的诈骗罪之间存在着一种法条竞合，一般人诈骗就定诈骗罪，一般人贷款诈骗，就定贷款诈骗罪。但是如果是有职务便利的人，有身份的人，利

用这个职务便利骗取贷款，就构成职务犯罪。这种案件从理论上来说，定职务侵占比较合适，社会上的人在他实现职务侵占过程中，为他提供了便利，实施了共同侵占行为，应该按照职务侵占共犯来处理。

还有另外一种情况的内外勾结，是以社会上的一般人为主导来实施犯罪，比如说金融凭证诈骗和票据诈骗，持假票据到银行使用，银行的工作人员也知道是假的，仍然承兑给他或者为他完成诈骗提供帮助。在信用证诈骗中，银行工作人员明知是假的，还为他开具信用证，这种情况下，对于社会上的人按照金融诈骗来定罪，对银行的工作人员按照金融诈骗罪的共犯来处理，还是按照他本身的职务犯罪来处理，比如违法承兑罪。这应当划分一个界限：如果他们事先内外有勾结，有共谋，社会上的这个人伪造金融凭证来银行使用，银行工作人员予以配合，在这种情况下把银行工作人员定成共犯比较合适。如果事先没有沟通、预谋，仅仅是银行工作人员在履行职务时玩忽职守，不负责任，导致巨款被骗、被兑付，应当按照玩忽职守的渎职犯罪来处理。

（三）关于单位金融诈骗犯罪的认定

金融犯罪当中大量的都是以单位来实施的。首先，怎么看待单位犯罪和个人犯罪的关系？《刑法》第30条对于单位犯罪的定罪原则有一个比较笼统的规定，主要是指明了五种单位犯罪主体，但对于单位的客观行为和主观过错，没有具体规定。我认为单位犯罪除了在主体上和个人犯罪有所不同以外，在主观和客观两个方面都与个人犯罪有区别。从客观方面来说，单位犯罪所实施的犯罪是由刑法分则规定的犯罪，它有三种：一种是犯罪单位和个人都可以实施，或者说单位和个人实施都定一个罪，金融诈骗罪中就有这样的情况，无论是单位实施保险诈骗罪，还是个人实施保险诈骗罪，都定保险诈骗罪。另一种情况是：某一种犯罪虽然单位和个人都可以实施，但是法律对单位和个人分别规定了两个不同的罪名，比如受贿，个人实施的定受贿罪，单位实施的定单位受贿罪。还有一种情况是：犯罪只能由单位构成，个人不能构成，如私分国有资产罪，主体就是国有公司企业、国家机关单位，个人不可能构成这个罪。单位犯罪和个人犯罪在主观上有区分。个人犯罪是个人自己决定去实施的。单位犯罪可以分为两种情况：一是单位

的决策机构集体研究决定实施某种犯罪，这种情况下，单位犯罪的性质比较容易认定，比如说公司的董事会决定实施某一种犯罪，这个犯罪行为是单位行为。二是单位的负责人员决定实施某种犯罪，这种情况往往发生在个人负责制的情况下。这个由个人决定实施的犯罪，为何要定为单位犯罪？这个问题有两点：其一，他这种行为是职务行为，不是个人行为，通过他的职务行为所决定的这样的犯罪归结为单位犯罪。其二，如果是经济犯罪，他是为单位牟取利益，这是单位犯罪的主观方面的重要内容，也是单位犯罪和个人犯罪在主观上的区分，如果不是为单位牟取利益，无论是直接责任人员个人决定还是单位的董事会决定，同样是个人犯罪。例如单位的领导决定去走私，是以单位的形式，但也是个人犯罪，不是为了单位利益，如果是为了单位利益，即使你的行为是一个人实施的，也应当认为是单位行为。一个工厂的会计，收到一笔钱，本应如实记载，要交税。但这个会计采用大头小尾的方式开假发票，使这个单位偷逃了 3 万元税款。这个行为是他个人决定的，单位领导都不知道，会计的目的就是使单位少交税。那么这个行为是不是单位行为？是单位构成偷税罪，还是他个人构成偷税罪？这就有很大争议了。有的人认为这种情况是他个人决定，单位也不知道，如果单位知道可能会制止他这种行为，个人背着单位作假，在客观上确实是使单位少交了 3 万元，但是要判单位犯罪，单位会认为很冤。如果作为个人犯罪来看，他个人没有得到好处，是为单位省下 3 万元，个人也会觉得冤。对于这种情况，我认为还是定单位犯罪，因为这个人毕竟是你单位的工作人员，这个行为是职务行为，而且是为了单位利益偷税的，虽然单位领导不知道，但客观上单位确实少交了 3 万元税款，还是应当认定为单位犯罪。但是在量刑的时候，考虑到这个行为主要是个人决定的，个人应承担主要责任，可以对单位判得比较轻，甚至可对单位免除处罚。

在金融诈骗犯罪中，同样涉及单位犯罪和个人犯罪的区分。首先，金融诈骗犯罪是不是以单位的名义来实施？还有就是诈骗获得的钱是归单位还是归个人？我认为这两个问题应当同时具备，应当从这两方面来考察，才能正确区分单位犯罪和个人犯罪。是以单位名义来实施的，而且这个财物也是进入这个单位的账目，归单位所有，这种情况我认为定单位金融诈骗罪比较合适。《刑事审判参考》

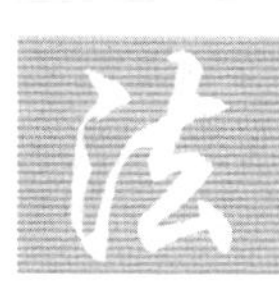

刊登的“张贞练虚开增值税专用发票案”，对于正确区分单位犯罪与个人犯罪具有指导意义。该案的裁判理由指出，单位犯罪必须同时具备两个条件：一是犯罪是以单位名义实施的；二是违法所得归单位所有，此特征是区别单位犯罪与自然人犯罪的关键所在。本案中，张贞练不论是以停业的湛江市贸易开发公司名义办理营业执照年检和税务登记证，还是向税务主管部门领购增值税专用发票，虚开增值税专用发票等，都是以单位名义实施的，但这些只是表面现象，因为虚开增值税专用发票犯罪的特殊性决定了此类犯罪不以单位名义将难以实施。除此之外，更重要的是张贞练虚开增值税专用发票的违法所得并没有归单位所有，而是绝大部分都被张贞练用于个人经商和挥霍。因此，一、二审法院认定张贞练为自然人犯罪是正确的。

实践当中，审理单位犯罪还存在一些问题，有些是实体法上的，有些是诉讼程序上的。单位犯罪在刑法上规定的罪名比较多，但在司法实践当中，对单位犯罪的处理和法律的规定之间还有很大的差距，主要的问题是应当认定单位犯罪而没有认定的现象比较严重，单位犯罪必须是检察机关按照单位犯罪来起诉，法院才能按照单位犯罪来处理。法院和检察院在单位犯罪的诉讼程序上如何协调？最高人民法院有关的司法解释提到了这样的观点：单位犯罪应当由检察机关对单位提出指控，法院才能根据单位犯罪进行判处。如果检察院没有指控，只指控单位中的直接负责主管人员和直接责任人员，法院应当与检察院协调，让检察院补充指控，如果检察院不指控，则只就起诉中的单位负责主管人员和直接责任人员来判刑。这里出现一个问题：检察院要不要对单位进行指控？如果一个单位犯罪案件中，检察院既指控了单位中的直接负责主管人员和直接责任人员，又指控了单位，那么由谁来代表这个单位出庭？对于这个问题理论上有分歧：有的人认为被告人既代表了个人又代表了单位，因此由一个人来代表就可以了。还有一种观点认为单位利益和个人利益之间是有冲突的，有可能单位往个人上推，因此不能由他个人来代表这个单位，个人只能代表个人，对单位要另起诉，应当另找人代表这个单位出庭受审，单位也可以委托律师为其进行辩护。但是检察院认为如果指控单位犯罪，这个单位就要找一个代表单位的人出庭，这就很麻烦，有些单位不

愿意出庭，没有人出庭，所以检察院就不愿意指控单位，以减少麻烦。这个问题值得研究。

在单位犯罪的认定中，还有一个问题：某些情况下单位已经被依法撤销、注销或者宣布破产或者发生变更，如果追究单位的刑事责任，在犯罪的时候是以单位的名义实施的，在审理的时候，这个单位已经撤销了、变更了或者与其他单位合并了，这个单位在法律上已经不存在了，这种案件怎么审理？最高人民法院关于审理单位犯罪的司法解释里也没讲到这个问题。在《刑事审判参考》中“郑州三星集资诈骗案”讲到了这种情况，就是在审理的时候，这个单位已经不存在了，那么就不再对单位进行追究了。这个可以比照个人，自然人已经死亡了，也不可能对他进行审判了；单位在审判的时候已经不存在了，在法律上已经消亡、消失了，也不能再追究了，只能对单位的直接负责主管人员和直接责任人员追究刑事责任。这样做会不会导致某些单位逃避刑事追究，一旦案发了，就把这个单位变更，或者与另外单位合并？可能会发生这样的情况，因此，需要认真地加以注意。怎么样解决这个问题？但目前来看，单位已经在法律上消亡，不能再对它进行审判。

单位犯罪中还可能出现的一个问题，就是《刑法》第 30 条规定“法律规定为单位犯罪的，应当负刑事责任”，在刑法分则中，有些犯罪并没有规定为单位犯罪，但在现实生活中存在着以单位名义实施这种犯罪的情况，按照罪刑法定原则，不能追究单位的刑事责任。但能不能追究单位中直接负责的主管人员和其他直接责任人员的刑事责任？这是一个值得研究的问题。

金融诈骗罪当中其他的诈骗罪都规定了单位可以构成，只有贷款诈骗罪法律没有规定单位可以构成。立法者为什么不规定单位可以构成贷款诈骗罪？现实生活中实施贷款诈骗的，绝大部分是单位，个人进行贷款诈骗是少数。立法者之所以没有规定，主要是因为考虑到现在贷款的主体绝大多数都是国有或集体的公司、企业、事业单位，而且在贷款当中这种不规范的、虚假的现象广泛存在，如果规定单位可以构成贷款诈骗罪，可能会造成罪与非罪界限区分上的一些混乱，可能会导致扩大打击面。所以，在规定的时候不是疏忽了，而是有意不规定。这是一个立法者的考虑，这个想法对不对，我认为值得研究。这个想法有问题，如果是这样，那干脆贷款诈骗罪也没有必要规定，因为贷款诈骗主要是单位实施的，既然不规定单位为主体，这种规定有什么用呢？这种担心本身是对的，但我认为解决这种担心的方法、手段不对。我认为这种问题可以这样考虑。

我曾经专门研究过经济诈骗，这种诈骗实际上有两种：一种是非法占有财物的诈骗，这种诈骗是一种传统的诈骗，是一种非常古老的犯罪，是侵犯所有权的犯罪。现在讲的金融诈骗实际上是从财产诈骗中分出来的，从性质上说与一般的诈骗没有不同，仍然是以侵犯他人所有权为主，但是有双重客体，它也扰乱金融秩序。但这是一个附带的，只是发生在特定的金融领域或者使用的工具和金融有关，比如金融票据诈骗、信用卡诈骗、信用证诈骗；或者诈骗的是金融机构的财物，比如贷款诈骗或者以一些扰乱金融秩序的手段进行诈骗，像集资诈骗，等等，都与金融有关，但就本质而言仍然是诈骗，仍然是侵犯财产所有权的诈骗，这是一种古老的诈骗。按照马克思、恩格斯的观点，只要有了财产所有权，就有了盗窃、诈骗这样的犯罪。另外一种诈骗也就是我们所说的虚假陈述的诈欺，这种诈欺的主要目的是获得财产利益，但是它不同于非法占有他人财物的欺诈，它不是使用欺诈的方法直接占有他人的财物，而是通过弄虚作假、虚假陈述来获取某种经济利益，这种获取还采用了一定的经营方法和手段。这是两种诈欺。这种虚假陈述的诈欺应该说是比较新型的犯罪，是经济发达以后在经济领域中广泛存在的犯罪。我们原先只是处理、惩治非法占有的诈骗，随着经济的发展，刑法对这个虚假陈述的诈骗也加以惩治。非法占有的诈骗直接占有他人的财物，虚假陈述的诈骗在犯罪的表现上可能和一般的诈骗有所不同。经济领域中，经济诈欺主要是指这种虚假陈述的诈欺。世界各国往往用犯罪来加以规定。我国刑法也有类似的规定，比如在证券犯罪中，诱骗投资者买卖证券，编造并且传播证券交易虚假信息，都是虚假陈述的诈欺。诱骗本身就是欺骗，搞虚假的东西欺骗投资者，通过这种买卖信息来获利，但是这种获利又不像诈骗一样直接从你兜里掏钱，是买卖亏损了。通过这种经营活动来获利，也是经济活动中的犯罪，但与直接非法占有他人财物的犯罪还是有区分的。这两种诈骗实际上具有相关性，它们之间有

联系，应该同时规定为犯罪。非法占有财物的这种诈骗是一种高度犯罪，而虚假陈述的诈骗是低度犯罪，它们之间是高度罪与低度罪的关系。

这个问题处理比较好的是刑法中的集资诈骗罪和非法吸收公众存款罪。集资诈骗罪是以非法占有为目的占有他人财物的诈骗，以集资为名，钱归个人占有，根本就不想还；非法吸收公众存款实际上就是非法集资，之所以能把钱集来，肯定是弄虚作假，也是以高息来吸引，肯定会有欺骗性的因素。但是，集资者并不像前者那样拿了钱就个人占有，而是想用这笔钱从事经营活动，然后归还给他人，就是说没有非法占有他人财物的主观目的。但是这种行为是扰乱金融秩序的行为，所以刑法也把它规定为犯罪。这两个罪，前者比较重，后者比较轻。这两个行为都规定为犯罪的情况下，司法机关就比较容易处理了。一个集资的案件，如果查出主观上具有非法占有的目的，就定他集资诈骗罪，是重罪；如果证明不了，但是客观上存在着非法吸收公共资金的行为，那就定他非法吸收公众存款罪，是一个轻罪。这两个罪互相配合，高度罪定不了，定低度罪，低度罪起到了一个兜底的作用。这两者性质也不一样，这样就能对社会关系作比较全面的保护，也给司法机关处理这类案件带来便利。尤其是对于控方，低度犯罪中非法占有为目的的证明难度很大，而证明虚假陈述，这个难度比较低，重的定不了，有轻的兜底。司法机关处理这种案件的时候，只要查出非法集资的事实就可以。

但在其他的犯罪上，这个问题没有解决好。比如说贷款诈骗，它是以非法占有为目的，骗取贷款，占有贷款，但实际上也有低度的虚假陈述的诈欺，在获得贷款当中，进行舞弊，弄虚作假，虚报材料，欺骗银行，骗取贷款，但并不是贷款拿到以后就不想归还。只是企业的业绩不好，向银行说明后，银行不会借款给我了，银行贷款之后，我还是要经营活动，赢利之后还给银行，没有非法占有的目的。这种情况应当设一个低度的犯罪，或者叫贷款舞弊罪，那么，类似的情况就容易处理了。如果证明你在贷款时弄虚作假而且有非法占有的目的，就定贷款诈骗罪；如果不能证明有非法占有目的，但是在贷款过程中弄虚作假欺骗银行，就定低度罪，这两个犯罪就可以起到互相配合的作用。能够证明他有非法占有目的，就定罪，但是有些案件证明不了，确定手段是弄虚作假，贷了许多的款不能

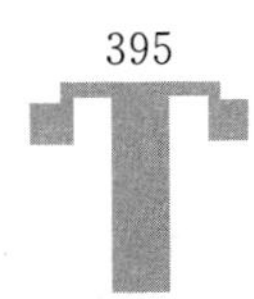

归还了，这种案件要定无罪，不好交代；轻罪没有就定重罪，对被告人不利，搞得司法机关也很为难。

贷款诈骗在刑法中没有规定单位可以构成犯罪的情况下，在理论上有两种观点：一种观点认为尽管刑法没有规定单位可以构成，单位的直接主管负责人员和直接责任人员已经具备构成犯罪的要件，可以按照个人的犯罪来处理。另一种观点认为单位的直接主管人员和负责人员也不能按照犯罪来处理。问题就在于单位的刑事责任和单位主管人员、负责人员的刑事责任之间的关系。第一种观点中两者是不能分开的，第二种观点中两者是依存关系。我个人比较同意第二种观点。不追究单位的刑事责任，也不能追究单位主管人员、负责人员的刑事责任。因为单位主管人员、负责人员的刑事责任是依附于单位犯罪而成立的，它是以单位构成犯罪并且承担刑事责任为前提的，只对个人处罚，显然不公正。对于这个问题最高人民法院、最高人民检察院的意见不统一。最高人民检察院在 1996 年有一个关于单位是否可以构成盗窃罪的批复，认可在认定单位不构成犯罪的情况下追究单位中自然人的刑事责任。最高人民法院的观点是在刑法中没有规定单位构成犯罪的情况下，不能追究单位自然人的刑事责任，这是一个答复，并不是很正式的司法解释。最高人民法院关于贷款诈骗罪有明确的规定：在刑法没有规定单位可以构成犯罪主体的情况下，不能以贷款诈骗罪定罪量刑，也不能追究单位主管人员、负责人员和其他自然人的刑事责任。但是在司法实践中，对于单位十分明显地以非法占有为目的，并签订借款合同诈骗银行或者其他金融机构的贷款，符合《刑法》第 224 条合同诈骗罪构成要件的，以合同诈骗罪处罚。这是最高人民法院的观点。单位犯罪应该有限制，应该在经济犯罪、财产犯罪这样的范围之内，如果超出这个范围，就会认定为共同犯罪，所以在研究单位犯罪的问题上要严格遵循刑法的规定。

单位金融犯罪中的共同犯罪，涉及三个层次的问题：第一是单位内部的共同犯罪，个人往往也要承担刑事责任。如果个人是一人就是个人犯罪，然后是单位犯罪，如果单位当中是二人到三人对单位犯罪承担刑事责任，要以他们分别起的作用来划分。司法解释规定在某些情况下，如果主犯、从犯不好区分的，不一定

非得区分出两者。如果可以区分就分别处理。如果不能区分，是按照主犯还是按照从犯处理？按照一般理解，如果不区分主犯、从犯，则都是按照主犯处理，那两个人都有可能处理重了。这是一个问题。第二是两个单位之间的共同犯罪，单位和单位之间勾结起来进行共同犯罪。在这种情况下，应当把单位看成个人，按照共同犯罪定罪量刑的原理来处理，它们之间要区分主犯、从犯，要按照它们在共同犯罪中的作用分别处罚。第三是单位和个人之间的共同犯罪，个人是单位外的个人。这种情况又有两种：一种是单位和个人都可以进行并且定同一个罪名，处罚要按照他们不同的作用来进行；另一种情况是单位和个人都构成犯罪，但是刑法规定了不同的罪名，要定不同的罪。个人与单位勾结起来犯只有单位才能构成的犯罪，个人不能构成犯罪，对于个人应当按照这个罪名的共犯处理。在考虑量刑的时候也要考虑到单位和个人之间的责任划分问题，有些是没有区分的，有些是有区分的，是单位责任大、个人责任小，或者个人责任大、单位的责任小，应分别处理。

（四）关于金融诈骗犯罪的法条竞合问题

在金融诈骗犯罪的法条竞合中，是普通诈骗罪与金融诈骗罪之间的法条竞合。《刑法》第 266 条关于普通诈骗罪的规定中有这样一句话：本法另有规定的，依照规定。关于金融诈骗罪的规定就属于“另有规定”的情形。因此，在普通诈骗罪与金融诈骗罪之间存在着特别法与普通法的法条竞合关系。金融诈骗罪相对于普遍诈骗罪来说，客观上的诈骗行为与主观上的非法占有目的都是相同的，不同之处在于：诈骗方法特殊，例如集资诈骗、票据诈骗、金融凭证诈骗、信用证诈骗、信用卡诈骗、有价证券诈骗等；或者诈骗对象特殊，例如贷款诈骗。根据特别法优于普通法的原则，在普通诈骗罪与金融诈骗罪竞合的情况下，应定金融诈骗罪。但在司法实践中存在一些值得研究的问题，例如金融诈骗罪的起刑点及量刑幅度的数额标准高于普通诈骗罪。按照最高人民检察院和公安部 2001 年《关于经济犯罪案件追诉标准的规定》，个人集资诈骗 10 万元为数额较大，而个人普通诈骗公私财物 2 000 元以上就是数额较大，3 万元以上为数额巨大。对于这种诈骗数额未达到金融诈骗罪的起刑点，但远远超过普通诈骗罪的起刑点的，到底应当如何处理？对此，在司法实践中存在两种意见：第一种意见认为对于这种未达到金融诈骗罪的起刑点但达到普通诈骗罪起刑点的金融诈骗行为，应以普通诈骗罪论处。第二种意见认为，在刑法未作明文规定的情况下，特别法与普通法的竞合不能采用重法优于轻法原则，只能采用特别法优于普通法的原则，按照特别法不构成犯罪的，不能以普通法规定的犯罪论处。我赞同上述第二种观点，只有这样才能严格坚持罪刑法定原则。

（本文原载《审判研究》，2004年第1辑，北京，法律出版社，2004）

论金融诈骗罪主观目的的认定

根据我国刑法理论，犯罪目的是行为人意图通过犯罪行为达到的犯罪结果。因此，在直接故意犯罪中都存在犯罪目的。对于一般犯罪来说，犯罪目的是附属于直接故意而存在的，只要存在这种犯罪的直接故意，就必然存在与之相关的犯罪目的，在司法活动中，不需对这种犯罪目的加以专门的认定。但在金融诈骗犯罪中，犯罪目的对于某些金融诈骗犯罪的成立来说，是区分罪与非罪、此罪与彼罪的标志，因而正确地认定其是否具有非法占有的目的，对于保证定罪的准确性具有重要的意义。

我国刑法分则第三章第五节，规定了以下八种金融诈骗罪：集资诈骗罪（第192条）、贷款诈骗罪（第193条）、票据诈骗罪（第194条第1款）、金融凭证诈骗罪（第194条第2款）、信用证诈骗罪（第195条）、信用卡诈骗罪（第196条）、有价证券诈骗罪（第197条）、保险诈骗罪（第198条）。从法条规定来看，只有集资诈骗罪与贷款诈骗罪规定了以非法占有为目的，而其他金融诈骗罪均未规定此种目的。这样，就引申出一个问题：除集资诈骗罪与贷款诈骗罪以外的金融诈骗罪是否要求以非法占有为目的；如果要求的话，在立法上为什么不加规定，而唯独对集资诈骗罪与贷款诈骗罪加以规定？

回答这个问题，要从金融诈骗罪的性质谈起。金融诈骗罪是从普通诈骗罪中分离出来的，两者之间具有特别法与普通法的法条竞合关系。诈骗罪是财产犯罪，而金融诈骗罪则具有金融犯罪与财产犯罪的双重属性。概言之，金融诈骗罪侵犯的是复杂客体，一方面侵犯了金融秩序，另一方面侵犯了公私财产的所有权。就侵犯财产所有权的犯罪来说，主观上的非法占有目的是题中应有之义。因为侵犯财产所有权的犯罪，是以非法占有为其行为特征的。占有是一个民法上的概念，是所有权中的一项权能。在民法理论上，一般认为所有权有三项权能，这就是占有、使用与处分。在这三项权能中，占有是前提，是所有权性质的根本体现。占有是指对财产的实际控制，占有存在合法占有与非法占有之分。合法占有是根据法律规定或其他合法原因占有他人财产。非法占有是指非所有人没有法律上的根据而占有他人的财产。财产犯罪之所谓占有，当然是非法占有。侵犯财产所有权的犯罪，在客观上都是以非法占有为特征的，只不过占有的方式不同，有秘密窃取的，有公然夺取的，有欺诈获取的，有暴力劫取的，由此而区分为不同类型的财产犯罪。财产犯罪既然是以占有为其行为的本质特征，行为人主观上当然也就具有非法占有的目的。换言之，主观上的非法占有目的是客观上的非法占有行为的反映。同时，非法占有的目的也为界定非法占有的行为提供了主观依据。在占有与挪用难以区分的情况下，查明行为人主观上是否具有非法占有的目的就具有十分重要的意义。

既然金融诈骗罪具有财产犯罪的性质，其客观上具有非法占有的目的是理所当然。那么，在刑法条文中，为什么对集资诈骗罪与贷款骗罪规定了以非法占有为目的，而对其他金融诈骗罪却未规定这种目的呢？我认为，对于在法条上未规定以非法占有为目的的金融诈骗罪，并非不要求行为人主观上具有非法占有的目的，而是因为这种欺诈行为本身就足以表明行为人主观上是具有非法占有的目的。在此，涉及客观行为与主观目的的关系问题。从刑法理论上来说，主观目的是不能脱离客观行为而存在的，它对客观行为起支配作用。主观目的虽然是行为人的主观心理活动，但它通过客观行为表现出来。因此，在一般情况，根据其客观行为就足以认定其主观目的的内容。例如，在盗窃的情况下，行为人实施秘密

窃取行为，使他人丧失对本人财物的控制，就足以表明主观上的非法占有他人财物之目的的存在。金融诈骗罪也是如此。在刑法来规定以非法占有为目的的金融诈骗罪中，其行为都足以表明主观上的非法占有目的之存在。例如，《刑法》第194条规定的票据诈骗罪，列举了以下五种金融票据诈骗行为：（1）明知是伪造、变造的汇票、本票、支票而使用的；（2）明知是作废的汇票、本票、支票而使用的；（3）冒用他人的汇票、本票、支票的；（4）签发空头支票或者与其预留印鉴不符的支票，骗取财物的；（5）汇票、本票的出票人签发无资金保证的汇票、本票或者在出票时作虚假记载，骗取财物的。上述行为的特点或者是使用无效的金融票据（包括伪造、变造的、作废的或者空头支票等），在这种情况下，只是主观上明知其无效而仍然使用，就足以表明非法占有目的的存在；或者是冒用他人的金融票据，冒用人对此没有所有权，因此，主观上非法占有的目的也十分明显。值得注意的是，《刑法》第196条规定的信用卡诈骗罪，列举了四种行为，其中有三种行为，即：使用伪造的信用卡，使用作废的信用卡，冒用他人信用卡，从其行为即可看出主观上的非法占有目的，因而刑法没有规定以非法占有为目的。但第四种行为，即恶意透支，刑法在定义中明确规定："前款所称恶意透支，是指持卡人以非法占有为目的，超过规定限额或者规定期限透支，并且经发卡银行催收后仍不归还的行为。"在此，就规定恶意透支必须以非法占有为目的，以此与善意透支行为相区分。在集资诈骗罪和贷款诈骗罪的情况下，之所以刑法明确规定以非法占有为目的，我认为，主要是因为从其行为还不足以认为行为人主观上具有非法占有的目的。集资诈骗罪，其特点是以集资的形式进行诈骗，在集资过程中以非法占有为目的的，构成本罪。如果虽然是非法集资，并在集资过程中采取了虚假的方法，但主观上没有非法占有目的的，只能构成非法吸收或变相吸收公众存款罪，而不构成集资诈骗罪。因此，在这种情况下，是否存在非法占有的目的，就是区分集资诈骗罪与非法吸收或变相吸收公众存款罪的关键。贷款诈骗罪，其特点是在贷款过程中，虚构事实，隐瞒真相，以非法占有为目的，骗取贷款。如果在贷款过程中虽然使用了虚假方法，但主观上并没有非法占有目的的，只是违章贷款，属于一般的金融违法行为，而不能构成贷款诈骗罪。因此，在这种情况下，是否存在非法占有的目的，就是区分贷款诈骗罪与贷款违法行为的关键。

那么，在司法实践中如何正确地认定金融诈骗罪的非法占有目的呢？我认为，主观上的非法占有目的虽然是一种主观上的心理活动，但它并非是脱离客观外在活动而存在的。因此，应当结合行为人的客观行为加以认定。在此，存在一个通过客观行为推定其主观上的非法占有目的的问题。我国刑法理论中，对于司法推定问题研究不多，实际上这是一个十分重要的问题。在英美法系刑法中，通常都是承认司法推定的。例如，英国学者指出：根据对某个事实的证明，陪审团可以或者必须认定另外某个事实（通常称“推定事实”）的存在，这就叫做推定。其中，推定又可以分为法律的推定与事实的推定。“可以”和“必须”是区分法律的推定和事实的推定的依据。在陪审团必须认定事实的存在时，推定是法律的推定。如果陪审团根据对某一其他事实的证明而可以认定推定事实的存在，推定是事实的推定。英国学者认为，事实的推定往往是能够证明被告人心理状态的唯一手段，因而在刑事司法中起着非常重要的作用。法官应该对陪审团作出这样的指示，即它有权从被告人已经实施的违禁行为的事实中，推定出被告人是自觉犯罪或具有犯罪意图，如果被告人未作任何辩解，推断通常成立。① 应该指出，司法推定与严格责任是有所不同的。尽管在严格责任的情况下，有时并非完全的无罪过，而只是这种罪过无须证明；而司法推定是证明行为人主观罪过存在的方法之一。因此，严格责任与司法推定之间的区别表现为：无须证明和需要证明。对于金融犯罪的主观占有目的来说，如果行为人拒不供认，就应当通过司法推定的方法加以证明。

那么如何加以推定呢？从逻辑上来说，推定是指通过证明某一已知事实的存在而推断另一事实的存在。因而，在已知事实与推断事实之间必须存在某种内在联系。否则，这种推定就缺乏科学性。在金融诈骗罪中，如果刑法条文未规定以

① 参见［英］鲁珀特·克罗斯、菲利普·A. 琼斯：《英国刑法导论》，赵秉志等译，55～56页，北京，中国人民大学出版社，1991。

非法占有为目的，则其客观行为本身就足以表明这种非法占有目的的存在，因而无须推定。但在集资诈骗罪和贷款诈骗罪中，刑法条文明确规定了以非法占有为目的，因而这种非法占有目的就需要专门加以证明，而这种证明的重要方法就是通过客观事实加以推定。有关的司法解释为这种司法推定提供了根据，因此有必要对有关司法解释加以论述。

关于集资诈骗罪的非法占有目的，在 1996 年 12 月 16 日，最高人民法院《关于审理诈骗案件具体应用法律的若干问题的解释》（以下简称《解释》）中有所涉及。应当指出，这一司法解释虽然是在 1997 年刑法修订前颁布的，但其内容与修订后的刑法并无抵触，因而仍然可以参照执行。《解释》指出：具有下列情形之一的，应当认定其行为属于“以非法占有为目的，使用诈骗方法非法集资”：（1）携带集资款逃跑的；（2）挥霍集资款，致使集资款无法返还的；（3）使用集资款进行违法犯罪活动，致使集资款无法返还的；（4）具有其他欺诈行为，拒不返还集资款，或者致使集资款无法返还的。从以上规定来看，构成集资诈骗罪的情形，都落脚在无法返还或者拒不返还上。就拒不返还而言，行为人将非法集资款据为己有的主观目的是十分明确的，例如携带集资款逃跑，就是拒不返还的情形。在这种情况下，行为人采用欺骗方法获取集资款，然后又携带集资款逃跑，表明行为人主观上具有非法占有的目的。但在无法返还的情况下，问题就略显复杂。显然，不能根据无法返还这一事实本身推断行为人主观上具有非法占有的目的，否则就会混淆集资诈骗罪与非法吸收公众存款罪的界限，且有客观归罪之嫌。因为在非法吸收公众存款的情况下，行为人利用人们的获利心理，以高利息相引诱，骗取公众存款，从事非法营利活动。但由于行为人承担风险的能力较弱，一般不具有银行那样的物质基础，缺乏对存款的组织管理，因而根本无法保证存款人的资金安全，最终必然以无法返还而案发。换言之，如果不出现这种无法返还的情况，往往就不会案发。因此，无法返还是非法吸收公众存款罪和集资诈骗罪中都存在的客观结局，仅此还难以将两罪加以区分。为了查明行为人主观上是否具有非法占有的目的，还必须进一步追问无法返还的原因是什么。申言之，需要设定司法推定的已知事实，这是司法推定的客观前提。在《解释》中较为明确地提出了两种情形：一是挥霍集资款，致使集资款无法返还的。在这种情况下，只有证明挥霍集资款的事实存在且无法返还，就可以推定行为人主观上存在非法占有的目的。应当指出，在这种情况下，应当证明挥霍集资款与无法返还之间具有因果关系，即前者是后者的主要原因。如果虽然存在挥霍现象，但挥霍数额较小，尚不是无法返还的主要原因，仍然难以推断其主观上非法占有目的存在。二是使用集资款进行违法犯罪活动，致使集资款无法返还的。这里的违法犯罪活动，主要是指经济违法犯罪活动，例如进行走私、非法经营等活动。使用集资款进行违法犯罪活动，使得集资款变成犯罪款项，其必然结果是被国家没收。一旦案发集资款就无法返还，这是在行为人意料之中的。在这种情况下，也可以推定行为人主观上具有非法占有的目的。

关于贷款诈骗罪的非法占有目的，在《解释》中并未明文列举规定推定的已知事实。但列举了下述构成犯罪的其他严重情节：(1) 为骗取贷款，向银行或者金融机构的工作人员行贿，数额较大的；(2) 挥霍贷款，或者用贷款进行违法活动，致使贷款到期无法偿还的；(3) 隐匿贷款去向，贷款期限届满后，拒不偿还的；(4) 提供虚假的担保申请贷款，贷款期限届满后，拒不偿还的；(5) 假冒他人名义申请贷款，贷款期限届满后，拒不偿还的。此外，《解释》还列举了下述"其他特别严重情节"：(1) 为骗取贷款，向银行或者金融机构的工作人员行贿，数额巨大的；(2) 携带贷款逃跑的；(3) 使用贷款进行犯罪活动的。上述情形虽然是贷款诈骗罪的定罪量刑情节，除行贿一项以外，对于认定主观上的非法占有目的都具有一定的意义。行为人采用行贿手段诈骗贷款的，实际上是牵连犯，对此司法解释视为犯罪情节，不实行数罪并罚。这与主观上的非法占有目的无关，其他情节与主观上的非法占有目的具有一定的关联。根据上述规定，我国学者指出，对于具有下列情形之一的，应认定为具有非法占有目的：(1) 假冒他人名义贷款的；(2) 贷款后携款潜逃的；(3) 未将贷款按贷款用途使用，而是用于挥霍，致使贷款无法偿还的；(4) 改变贷款用途，将贷款用于高风险的经济活动，导致重大经济损失，致使无法偿还贷款的；(5) 使用贷款进行违法犯罪活动的；(6) 隐匿贷款去向，贷款到期后拒不偿还的；(7) 提供虚假的担保申请贷款，造

成重大损失，致使贷款无力偿还的；等等。[①] 我认为，上述论述是可取的，根据这些情形可以推定行为人主观上具有非法占有的目的。

在我国刑法中，以非法占有目的作为犯罪构成主观要件的犯罪，除金融诈骗罪以外，还有其他诈骗犯罪以及财产犯罪。在司法实践中，主观上是否具有非法占有的目的往往是控辩双方争论的焦点问题之一。作为控方，承担着关于主观上非法占有目的的证明责任。这种证明责任往往通过司法推定来实现，在法律没有具体规定的情况下，司法推定显得尤为重要。我认为，司法解释应当为这种司法推定提供更为明确的根据，刑法理论上应当对司法推定的一般规则进行更为深入的研究。

（本文原载姜伟主编：《刑事司法指南》，2000 年第 1 辑，北京，法律出版社，2000）

① 参见鲜铁可：《金融犯罪的定罪与量刑》，170 页，北京，人民法院出版社，1999。

保险欺诈罪初探

近年来，我国保险事业全面恢复并重新得到蓬勃发展。但是，也发生了一些诈骗保险金的犯罪。这类犯罪在保险事业发达的资本主义社会是司空见惯的，目前在我国虽还只是初露端倪，但大有上升之势。对此，必须引起有关立法和司法机关以及保险机关的高度重视。

诈骗保险金的犯罪具有以下几个特征。

1. 诈骗保险金的犯罪侵犯了公共财产的所有权。保险金，又称保险金额，是指当事人约定，在保险事故发生后，保险人负责赔偿的最高金额。保险金不同于保险费，保险费是指投保人按照保险金额的一定比例向保险人交纳的费用。投保人交纳保险费以后，在保险期限以内发生保险事故时就有权向保险公司索取保险金。如果没有发生保险事故，投保人就无权得到保险金。保险金虽然来源于各投保人的保险费，但一经缴纳就成为保险公司的公共财产。而诈骗保险金的犯罪，意图非法占有保险金，其行为侵犯了公共财产所有权。

诈骗保险金的犯罪不仅侵犯了公共财产的所有权，而且侵犯了我国社会主义的保险制度。1982 年国务院在批转《关于国内保险业务恢复情况和今后意见》的通知中指出："积极开展保险业务逐步建立我国的经济补偿制度，对于保险企

业正常生产和经营，安定人民生活，减少社会财富损失，都是有利的，同时，也是积聚建设资金的一个重要渠道。这是一件利国利民的好事，是国民经济活动中不可缺少的一环”。现在，保险工作在国民经济中的地位越来越显得重要，因而加强对保险制度的法律保护，是社会主义法制建设的重要任务之一。保险制度不仅是一种经济补偿制度，而且是社会保障系统的重要环节，在社会治安的综合治理中发挥着不可忽视的作用，把保险纳入社会治安综合治理的轨道，是一个有远见的创举和改革。符合公共安全和保险事业发展的需要，开辟了社会治安综合治理的新领域，对社会生活的安定化和社会生产的正常化都起着积极的保障作用。诈骗保险金的犯罪严重地干扰了保险公司的正常营业活动，危害着我国社会主义保险制度。

2. 诈骗保险金的犯罪在客观上表现为保险诈欺行为，即虚构保险事故或者隐瞒事实真相，非法向保险公司索取保险金的行为。从当前已经揭露出来的案件看，诈骗保险金的犯罪具有以下两种形式。

一是为诈取保险金，自行毁灭保险标的，人为地制造保险事故。例如，河南省新乡市汲县城郊乡下元村农民魏连群于 1985 年 1 月贷款 10 万元，购买了投影机、录像机，从事放映业务，因生意不好，贷款还不了，竟想利用保险公司收回本钱。1986 年 3 月 15 日，他将价值 14 万元的全套设备、家具投了保险，3 月 20 日晚上他把东西砸坏，意图从保险公司骗取保险金。

二是隐瞒事实真相，发生事故以后向保险公司投保，意图诈骗保险金。例如，保险人黄泽平于 1986 年 4 月 22 日发生交通事故以后，隔日在中国人民保险公司四川省垫江县支公司办了机动车辆保险业务，随后向保险公司索赔撞坏马自达车辆损失 7 655 元。经垫江县支公司发现投保人弄虚作假，决定拒赔，使黄泽平诈骗保险金的行为未能得逞。

以上案件无不以诈骗为手段，只要保险公司在工作上稍有疏忽，就会被犯罪分子钻空子，使国家财产遭受重大损失。要看到随着各种保险业务的全面展开，诈骗保险金的形式也会花样翻新，目前国外存在为亲人或本人订立人寿保险合同，而后谋杀亲人或觅人替死，以诈取保险金的犯罪。这样的案件国内虽尚未见

披露，但不能排除将来出现的可能性。

3. 诈骗保险金的犯罪是故意犯罪，即明知自己的诈骗行为会非法侵占公共财产、危害社会主义保险制度，而希望这种危害结果发生。诈骗保险金的犯罪故意可能产生于投保以前，也可能产生于投保以后。前者例如有些犯罪分子正是为了诈骗保险金而投保，投保是其实现犯罪计划的一个步骤。后者例如有些犯罪分子投保时虽无诈骗保险金的故意，而是在保险期间萌发了犯罪故意。

认定诈骗保险金的犯罪故意，对于在司法实践中正确认定诈骗保险金的犯罪具有重要意义，尤其是在犯罪处于预备阶段，有无诈骗保险金的故意是区分罪与非罪的标准。例如，投保以后，在保险期间自行毁灭保险标的的行为，并非都是诈骗保险金犯罪的预备行为。只有那些在诈骗保险金的犯罪动机的驱使下自行毁灭保险标的，才是诈骗保险金犯罪的预备行为。如果不是出于诈骗保险金的动机，而是因为其他非犯罪的动机，例如夫妻反目而在盛怒之下毁坏保险标的就不能视为犯罪。当然，如果自行毁坏保险标的之时虽无诈骗保险金的犯罪故意，之后又产生了犯罪故意，隐瞒事实真相，向保险公司索取保险金，仍然可作为犯罪论处。

4. 诈骗保险金犯罪的主体只能是投保人。在保险法中，投保人又称要保人，是指对保险标的具有保险利益、向保险人申请订立保险合同，并负有交付保险费义务的人。投保人可能是自然人，也可能是法人。例如《中国人民保险公司企业财产保险条款》（1982 年 3 月）中规定的被保险人就是法人。那么法人能否成为诈骗保险金犯罪的主体呢?

例如，某企业因经营不善，连年亏损，入不敷出，工人的工资也发不下去。该企业负责人不是积极想办法扭亏为盈。为了摆脱这种被动局面，企业负责人竟然想人为制造保险事故以诈取保险金。该企业投保以后，企业负责人带领有关人员放火烧毁厂房以及设备，然后向保险公司索取巨额保险金。该企业负责人的行为显然构成了犯罪，至于法人能否成为犯罪主体，在刑法理论上可以探讨。

以上我们从四个方面探讨了诈骗保险金犯罪的构成特征。鉴于诈骗保险金的犯罪具有其不同于其他诈骗犯罪的特点，是一种危害保险制度的经济犯罪，有些

国家的刑法典明文规定了这种犯罪。例如，联邦德国刑法第265条（保险诈骗）规定："（一）意图诈骗而对火灾保险之标的放火或对本身载货或运费有保险之船舶，使其沉没或触礁者，处一年以上十年以下自由刑。（二）情节轻微者，处六月以上五年以下自由刑"。我国现行刑法对诈骗保险金的犯罪没有明文规定。因此，在目前对诈骗保险金行为可以按照诈骗罪论处。但我们认为，诈骗保险金犯罪的本质特征是危害我国社会主义的保险制度，属于侵害社会主义经济秩序的犯罪，而且其行为大都处于预备或者未遂阶段，具有一定的特殊性。有鉴于此，我们建议随着诈骗保险金的犯罪在现实生活中的大量发生，应当使其独立成罪。在立法技术上可以参照外国，把诈骗保险金犯罪规定为危险犯，只要出于诈骗保险金的故意，向保险公司非法索取保险金就构成犯罪既遂，不以实际占有了保险金为条件。

鉴于当前在司法实践中诈骗保险金的犯罪很少处理的情况，应该引起我们足够的重视，切不可只当做一般错误批评了事，否则，就不能有效地保障保险公司的正常营业活动。

（本文原载《法学》，1987（2））

金融犯罪若干疑难问题的案例解读

金融犯罪是指金融领域的犯罪，是我国刑法中的一种犯罪类型，指违反金融管理法规，破坏金融管理秩序或者进行金融诈骗的犯罪，有狭义和广义之分。狭义上的金融犯罪是指破坏金融管理秩序罪，而广义上的金融犯罪则包括破坏金融管理秩序罪和金融诈骗罪。

一、破坏金融管理秩序罪

破坏金融管理秩序罪是指违反金融管理法规，破坏金融管理秩序，情节严重的行为。破坏金融管理秩序罪具有以下特征。

（一）违反金融管理法规

金融管理法规是指调整金融关系和金融活动的各种法律规范的总和。其中：

1. 金融机构，是指从事金融服务业有关的金融中介机构

金融服务业包括银行、证券、保险、信托、基金等行业，与此相应，金融中介机构也包括银行、证券公司、保险公司、信托投资公司和基金管理公司等。金融机构是金融活动的主体，金融机构可以做以下分类。

第一，按照金融机构的管理地位，可划分为金融监管机构与接受监管的金融企业。例如，中国人民银行、中国银行业监督管理委员会、中国保险监督管理委员会、中国证券监督管理委员会等是代表国家行使金融监管权力的机构，其他的所有银行、证券公司和保险公司等金融企业都必须接受其监督和管理。第二，按照是否能够接受公众存款，可划分为存款性金融机构与非存款性金融机构。存款性金融机构主要通过存款形式向公众举债而获得其资金来源，例如商业银行、储蓄贷款协会、合作储蓄银行和信用合作社等，非存款性金融机构则不得吸收公众的储蓄存款，例如保险公司、信托金融机构、政策性银行以及各类证券公司、财务公司等。第三，按照是否担负国家政策性融资任务，可划分为政策性金融机构和非政策性金融机构。政策性金融机构是指由政府投资创办、按照政府意图与计划从事金融活动的机构。非政策性金融机构则不承担国家的政策性融资任务。第四，按照是否属于银行系统，可划分为银行金融机构和非银行金融机构；按照出资的国别属性，又可划分为内资金融机构、外资金融机构和合资金融机构；按照所属的国家，还可划分为本国金融机构、外国金融机构和国际金融机构。

我国刑法中的破坏金融管理秩序罪涉及对上述各种不同金融机构的行为。例如，《刑法》第 188 条规定的违规出具金融票证罪和第 189 条规定的对违法票据承兑、付款、保证罪，都是以银行或者其他金融机构和工作人员为犯罪主体的，是对这些金融机构和工作人员的行为的规制。而《刑法》第 185 条之一规定的背信运用受托财产罪和违法运用资金罪的犯罪主体是商业银行、证券交易所、期货交易所、证券公司、期货经纪公司、保险公司、社会保障基金管理机构、住房公积金管理机构等公众资金管理机构，以及保险资产管理公司、证券投资基金管理公司等。

2. 金融工具，是指在金融市场中可交易的金融资产，是用来证明贷者与借者之间融通货币余缺的书面证明，其最基本的要素为支付的金额与支付条件

金融工具包括股票、期货、黄金、外汇、保单等，也称为金融产品、金融资产、有价证券。因为它们是在金融市场可以买卖的产品，故称金融产品；因为它们有不同的功能，能达到不同的目的，例如融资、避险等，因此称金融工具；在

资产的定性和分类中，它们属于金融资产，故称金融资产；它们是可以证明产权和债权债务关系的法律凭证，因此称有价证券。

3. 金融活动，也可以称为金融业务，包括信贷、信托、金银买卖、外汇交易、证券交易、保险业务、票据贴现等

金融法规主要围绕以上内容进行规定。如：规范金融主体的法律，包括银行法等；规范金融工具的法律，包括货币法、票据法等；规范金融业务活动的法律，包括信托法、外汇管理法和证券法等。

金融犯罪具有法定犯的特征，在金融犯罪认定的时候，应当参照金融管理法规。我国《刑法》中的犯罪可以分为自然犯与法定犯，这种分类不仅具有犯罪学的意义，而且具有刑法学的意义。自然犯表现为刑事不法，而法定犯表现为行政不法。自然犯和法定犯在构成要件上存在较大差异。例如，法定犯往往以违反某种前置性的行政经济法规为前提。金融犯罪在大多数情况下都是法定犯，但也存在少数自然犯。作为一种法定犯，金融犯罪违反的是金融管理法规。

正确理解金融管理法规，对于正确认定金融犯罪具有十分重要的意义。例如，根据我国《刑法》第 180 条第 1 款的规定，内幕交易罪是指证券、期货交易内幕信息的知情人员或者非法获取证券、期货交易内幕信息的人员，在涉及证券的发行，证券、期货交易或者其他对证券、期货交易价格有重大影响的信息尚未公开前，买入或者卖出该证券，或者从事与该内幕信息有关的期货交易，或者泄露该信息，情节严重的行为。在以上规定中，根据内幕交易发生领域，可以分为发生在证券交易过程中的内幕交易罪和发生在期货交易过程中的内幕交易罪。其中，证券交易和期货交易，都属于特定的金融活动，其含义应当根据相关金融法规予以确定。以证券内幕交易罪而言，这里的证券交易是指发生在证券交易市场，也就是所谓二级证券交易市场的证券交易活动。但在证券交易活动中，还存在所谓一级证券交易活动。也就是说，证券市场分为一级市场和二级市场，因此，证券交易也就可以分为一级市场的证券交易和二级市场的证券交易。一级市场是指首次发行，用于公司首次发售证券。公司在发售债券和股票时有两种类型的一级市场：公开发行和私下募集。大部分公开发行的债券和股票由投资银行集

团承销进入市场，承销集团从公司购买新发行的证券到自己的账户，然后以较高价格售出。公开发行债券和股票必须在证券交易委员会注册登记和核准；注册登记要求公司在注册登记书中公开其所有重要的信息。二级市场是指在债券和股票首次发售后的交易。二级市场也可以分为两种类型：拍卖市场和经纪人市场。拍卖交易是指在拍卖市场上交易，证券交易所就是证券交易的拍卖市场，因此，在证券交易所进行的证券买卖就是二级市场的证券交易。在通常情况下，内幕交易都发生在二级市场。那么，发生在一级市场的内幕交易是否构成我国刑法中的内幕交易罪呢？这个问题，实际上涉及对我国《刑法》第180条规定的内幕交易罪中的证券交易这个概念的理解。即，这里的证券交易是否包括一级市场的证券交易。这个问题，看似只是一个对刑法的理解问题，但涉及具体案件就是一个罪与非罪的问题。

【案例1】马某内幕交易案

被告人马某，原系某上市公司的董事长。根据控方指控，2006年4月30日至2007年3月26日间，被告人马某身为上市公司董事长，在掌握众多涉及股票交易价格有重大影响的内幕信息敏感期内，以自己家庭成员成立的公司，以每股0.189元的价格购买某公司持有的上市公司137万股社会法人股股权。2014年11月25日上市公司股改成功后，马某将上述股票全部出售，非法获利984万余元。

综上所述，犯罪嫌疑人马某在2006年4月30日至2007年3月26日期间，参与、决策上市公司重大事项过程中，利用其掌握的大量内幕信息，为获取私利，在众多内幕信息敏感期内，以隐瞒、欺骗的手段购买某公司持有的上市公司105万元社会法人股，其行为构成内幕交易罪。马某的行为严重侵犯了上市公司股东和广大投资者的合法权益。同时严重破坏了股票交易市场公平、公正的交易秩序，情节特别严重。

在本案中，马某是利用担任上市公司董事长知悉对于公司的利好信息，将上市公司股东持有的社会法人股予以收购。社会法人股是一种非流通股，并且收购社会法人股是一级市场的私下交易，而不是在二级市场的交易。此种利用内幕信息从事一级市场的股票交易行为，是否构成内幕交易罪呢？

对此，中国证券监督管理委员会的“认定函”指出：“本案涉及股票买入来源为该公司股权分置改革之前的非流通社会法人股，不是通过交易所公开集中交易渠道买入，对当时二级市场交易一般投资者权益的影响，与常见内幕交易案件相比具有一定特殊性，建议司法机关对交易行为的社会危害性考量时予以充分关注。”虽然这一“认定函”并没有明确否定社会法人股的交易属于内幕交易罪中的证券交易，但还是指出这种非流通社会法人股的交易具有特殊性，在认定内幕交易罪的时候应当予以特别关注。我认为，内幕交易罪的证券交易只能是在二级市场的交易，而不包括一级市场的交易。因此，本案被告人的行为只是对他人民事权利的侵害，而不构成对证券市场秩序的破坏，所以不构成内幕交易罪。

我国刑法中的内幕交易罪，保护的法益是证券、期货市场秩序及一般投资者的合法权益。

第一，证券内幕交易行为破坏了证券市场公平的交易秩序。《证券法》第3条规定，证券的发行、交易活动，必须实行公开、公平、公正的原则。可见，公平交易秩序是证券市场的基本秩序，但是，内幕交易行为会对证券市场的公平交易秩序造成破坏。内幕信息具有价格敏感性，公开后通常能够引起股价的变化。内幕信息知情人掌握内幕信息，并能够通过内幕信息的内容预判股价的走势。行为人在内幕信息敏感期内利用内幕信息进行交易，实际上就是在预知股价走势的情况下先行一步，如同赛跑中的抢跑者，使自己始终保持在领先的地位。因此，在内幕信息敏感期内，内幕信息知情人和普通投资者因为信息不对称而处于不平等的地位，如果内幕信息知情人在内幕信息敏感期内进行证券交易，则破坏了市场公平的交易秩序。

第二，证券内幕交易行为损害了一般投资者的合法权益。内幕信息知情人因为掌握内幕信息而处于优势地位，必然会损害市场中一般参与者的合法权益。一方面，持有利好内幕信息的行为人提前购入证券，过早地消化相关利好信息，使得内幕信息公布后股价上涨空间变小甚至形成泡沫，独享利好信息带来的红利。另一方面，持有利空内幕信息的行为人提前抛售证券，规避风险，将股价下跌的风险转嫁到一般投资者的头上。

第三，非流通股的交易与内幕交易罪的保护法益无关，不属于内幕交易罪的打击范围。本案中涉案证券是未进入公开集中交易系统的社会法人股，属于非流通股，其流通权受到限制。在我国，非流通股不能在证券二级市场进行交易，只能通过协议或者拍卖等方式进行转让。非流通股的交易不会影响证券市场秩序，也不会损及一般投资者的权益，与内幕交易罪的保护法益无关，不属于内幕交易罪的打击范围。一方面，非流通股的交易不会影响证券市场秩序。在我国，非流通股交易与流通股交易具有本质区别。非流通股交易不会通过交易所主机寻找买家或者卖家，也不通过交易所主机对转让双方价格进行撮合。首先，非流通股交易中，交易主体通过自己寻找交易相对方，不存在公开流通非流通股的市场，也不像二级市场一样存在公开集中的交易渠道，因此，非流通股的交易不会影响到证券市场秩序。其次，非流通股协议交易的价格，并没有固定的量化标准，也没有公开的竞价机制，主要是基于双方的平等协商来确定。只要双方是基于平等、自愿的原则进行交易，就没有损害证券市场秩序。

第四，在非流通股交易中，内幕信息不具有明显的价格敏感性，内幕信息知情人不具有特别的优势地位。以重大利好消息为例，一般而言，重大利好消息可以影响二级市场的证券价格，其基本原理在于，重大利好消息提高了投资者对公司的价值预期，导致更多的投资者购入公司证券，从而拉升公司证券价格。上述规律能发挥作用的前提是存在一个自由市场，二级市场就是自由市场，因此上述规律在二级市场中能发挥作用。但是，非流通股不能在自由市场中流通，即使公布重大利好消息，也不会出现更多的投资者参与竞价，不会拉升证券价格。因此，在非流通股的转让中，内幕信息并不具有与其在二级市场中相当的价格敏感性，内幕信息知情人也就不具有特别的优势地位。在这样的情况下，双方进行交易不会损害公平的交易秩序。另外，非流通股的交易不会损害一般投资者的权益。首先，非流通股的交易属于场外交易，并没有公开匹配交易对手的机制，一般投资者不会参与到非流通股的交易中，也就无法损及一般投资者的权益。其次，非流通股的价格与二级市场的证券价格互不影响。非流通股属于场外交易，交易价格由交易双方协商而定，与二级市场的证券价格互不影响。因此，不会因为行为人利用内幕信息提前交易而独享利好消息或者转嫁风险，即使在交易中利用了内幕信息也不会损害一般投资者的权益。

（二）破坏金融管理秩序犯罪属于秩序犯罪

我国刑法保护法益，可以分为人身、财产和秩序这三种基本类型，其他法益在一定程度上都可以还原为以上三种法益。秩序的特征是一种社会关系，它又可以分为经济管理秩序和社会管理秩序。金融犯罪属于破坏经济管理秩序的犯罪，金融管理秩序属于经济管理秩序的重要组成部分。

在破坏金融管理秩序罪中，行为方式可以分为两种类型：第一种类型是传统的自然犯的行为。例如，货币犯罪中的伪造、变造、持有等。对于这些行为，可以按照其含义进行理解。第二种类型是法定犯的行为，主要是指违法的金融行为。在这种情况下，对于行为的理解除了规范要素以外，重点在于某种金融行为。例如，我国《刑法》第188条规定了违规出具金融票据罪，是指银行或者其他金融机构的工作人员违反规定，为他人出具信用证或者其他保函、票据、存单、资信证明，情节严重的行为。本罪的行为是出具金融票据，也就是出票行为。此外，我国《刑法》第189条规定了对违法票据承兑、付款、保证罪，是指银行或者其他金融机构的工作人员在票据业务中，对违反票据法规定的票据予以承兑、付款或者保证，造成重大损失的行为。本罪的行为是票据承兑、付款、保证。这里的承兑、付款、保证是票据业务的三种方式。承兑是指汇票付款人承诺在汇票到期日支付汇票金额的一种附属的票据行为。付款是指票据的付款人、承兑人或者担当付款人在票据到期时对持票人支付票据金额，从而消灭票据关系的行为。保证是指票据债务人以外的第三人为担保特定票据债务的履行，以负担同一内容的票据债务为目的而进行的一种附属票据行为。以上两种金融犯罪都是以违反票据法为前提的，具有规范的构成要件要素。只有违反具体的票据法才能构成犯罪。对于这两种犯罪的区分来说，还要判断被告人的行为究竟是金融票据的出票行为还是金融票据的承兑、付款、保证行为。如果将这两种金融行为混淆，就会混淆两种不同犯罪的界限。

【案例 2】刘某违规出具金融票证案

刘某自 2004 年 2 月至 2008 年 3 月担任某银行长清支行行长、法定代表人，负责长清支行全面工作。郑某某系长清支行客户经理，朱某系恒通公司法定代表人。恒通公司于 2002 年起在长清支行办理承兑汇票业务，2004 年刘某担任行长之后，恒通公司的业务继续。2006 年在为恒通公司办理继续授信时，长清支行为减少风险敞口，要求恒通公司增加抵押物及担保人等保证措施。该方案经长清支行集体研究并报请上级分行的批准。2006 年 10 月下旬，恒通公司于 2006 年 4 月27 日向长清分行申请的 2 680 万元的银行承兑汇票到期，恒通公司无力还款，形成了银行垫款。经长清支行集体研究决定，继续为其办理承兑，通过以票换票的方式进行还款。2006 年 10 月 31 日，恒通公司人员与某地方银行工作人员一起，带着该银行开出的面额 1 700 万元的银行本票到长清支行，长清支行为恒通公司承兑了三张总额 1 630 万元的银行承兑汇票。恒通公司将银行承兑汇票在某地方银行贴现，在银行承兑汇票 1 630 万元的金额之外，加上个人借得的款项 70 万元，共计 1 700 万元，用于归还前期银行承兑汇票逾期形成的垫款和交纳当日长清支行承兑的银行承兑汇票的保证金。2007 年 4 月 30 日，1 630 万元的银行承兑汇票到期后，恒通公司无力还款，长清支行通过民事诉讼程序收入全部本金及利息 107 万元。2016 年 9 月份，检察机关以涉嫌违规出具金融票证罪为由向法院提起了公诉。

本案的焦点问题是，刘某的行为是否构成违规出具金融票证罪。根据刑法对于本罪的规定，包括两个问题：第一，被告人的行为是否属于出具金融票据的行为，在本案中，被告人的行为是否属于金融票据的出票行为？第二，被告人的行为是否违规？即是否违反相关金融法规的规定？从本案的情况来看，刘某的行为不构成违规出具金融票证罪。在此，我们主要考察长清支行对涉案银行承兑汇票的承兑行为是否属于金融票证的出具行为。根据刑法及相关规定，违规出具金融票证罪中的出具是指票据的开票行为，而在本案中，长清分行的涉案行为是承兑行为而非开票行为，不符合违规出具金融票证罪的构成要件。

首先，违规出具金融票证罪中的出具是指票据的出票行为，而不包括承兑行

为。《票据法》第19条规定，汇票分为银行汇票和商业汇票；《支付结算办法》第73条规定，商业汇票分为商业承兑汇票和银行承兑汇票。《票据管理实施办法》第8条规定，商业汇票的出票人，为银行以外的企业和其他组织。银行承兑汇票是由在承兑银行开立存款账户的存款人出票，向开户银行申请并经银行审查同意承兑的，保证在指定日期无条件支付确定的金额给收款人或持票人的票据。可见，与本票和银行汇票不同，银行承兑汇票的出票与承兑由不同的主体进行，先由银行以外的企业或其他组织进行出票，后由银行对汇票进行承兑，出票才是票据的签发，承兑则是银行对于汇票到期付款的承诺，两者完全不同。而出具一词虽未在票据法规中出现，但依据其字面含义，应指出票行为，而非承兑行为。

其次，我国刑法针对非法票据行为分别规定了违规出具金融票证罪与对违法票据承兑、付款、保证罪，其目的就是将违规出票行为与其他附属票据行为区别对待。根据《票据法》规定，票据行为包括出票、背书、承兑、保证、付款。其中，出票为主票据行为，其他为附属票据行为。因此，违规出票行为可能构成违规出具金融票证罪，而对违法票据承兑、保证、付款行为可能构成对违法票据承兑、付款、保证罪。并且，两罪的定罪标准不同，违规出具金融票证罪的成立要求情节严重，包括损失达到一定数额或出具票证金额达到一定数额、多次出具票证等；而对违法票据承兑、付款、保证罪的成立要求必须造成重大损失。可见，刑法对两者处罚的严厉程度是有所不同的。根据最高人民检察院、公安部《关于公安机关管辖的刑事案件立案追诉标准的规定（二）》，违规出具金融票证案的立案追诉标准是：(1) 违反规定为他人出具信用证或者其他保函、票据、存单、资信证明，数额在100万元以上的；(2) 违反规定为他人出具信用证或者其他保函、票据、存单、资信证明，造成直接经济损失数额在20万元以上的；(3) 多次违规出具信用证或者其他保函、票据、存单、资信证明的；(4) 接受贿赂违规出具信用证或者其他保函、票据、存单、资信证明的；(5) 其他情节严重的情形。而对违法票据承兑、付款、保证案的立案追诉标准是造成银行或者其他金融机构损失20万元以上。在本案中，对于银行承兑汇票的违法承兑行为，所涉嫌的是对违法票据承兑罪，而非违规出具金融票证罪。根据起诉书认定，涉案银行

承兑汇票到期后已经通过民事诉讼程序收回本息，并未给长清支行造成损失，因此不符合违法票据承兑罪中造成重大损失的要求，该罪名不能成立。

在本案中，长清支行之所以决定通过增加抵押及保证人的方式继续为恒通公司办理授信及汇票承兑，是为了给恒通公司以恢复盈利的机会，以便收回拖欠的垫款，而非为了刘某个人利益，其个人没有从中获取任何好处，最终受益的是长清支行。而且，长清支行对涉案汇票的承兑虽表面违规，但并未增加其资金风险，相反风险有所减少，事实上也未给长清支行造成任何损失。长清支行对涉案汇票的承兑虽然表面上存在违规，但由于采取以票换票的方式，保证了汇票贴现的资金用于归还前期承兑汇票逾期形成的垫款和交纳当日长清分行承兑汇票的保证金，而不会让汇票流入市场，增加建行的资金风险。相反，由于朱某将个人所借得的款项 70 万元也用于还款，通过这一行为，长清分行的资金风险不但没有增加，反而减少了 70 万元。在涉案汇票到期后，长清支行通过民事诉讼程序收回全部本金及利息 107 万元，实际上也未给长清支行造成损失。并且，长清支行的汇票承兑行为未给担保人及他人造成任何损失。在本案中，担保人本应在恒通公司违约时承担担保责任。而刘某个人出资买受了建行债权，并免除了担保人的债务，法院已经扣划完毕的担保人应予支付的 57 万元也由刘某出资予以返还。因此，担保人没有为担保行为承担任何责任，担保人也出具了不再追究责任的证明材料。

通过以上分析，可以得出结论如下：在本案中，长清支行的汇票承兑行为并非出票行为，不属于违规出具金融票证罪中的出具行为，不符合该罪名的要件要求；同时，长清支行的汇票承兑行为经集体研究决定，为了单位利益而实施，属于单位行为而非个人行为，虽然所承兑的票据表面上看有违规之处，但没有给银行增加资金风险，也没有损害担保人等他人的利益，不具有社会危害性，因此不构成犯罪。

（三）破坏金融管理秩序罪的罪量要件

这里涉及刑事犯罪与行政不法的区分，同时也涉及司法权与行政处罚权的分割与衔接。金融管理机构，例如证券监督管理委员会（证监会）、保险监督管理

委员会（保监会）、外汇管理局等金融监管机构都具有对金融行政违法行为的处罚权。对于那些情节较轻的金融违法行为，由金融监管机构处罚。只有当金融违法行为情节严重的时候，才构成犯罪，进入司法程序。

破坏金融管理秩序罪在绝大多数情况下，都是结果犯而不是行为犯。也就是说，只有造成一定的结果才能构成犯罪。从刑法对破坏金融管理秩序罪的罪名规定来看，此类犯罪的结果形态主要表现为以下五种情形。

1. 数额犯，即以达到一定的数额标准作为构成犯罪的条件

例如，伪造、变造货币的犯罪，就是以数额较大作为犯罪成立条件的。即使像伪造货币罪，刑法条文没有规定以数额较大作为定罪根据，但有关司法解释仍然规定，伪造货币数额达到 2 000 元以上的，才构成犯罪。

2. 数量犯，即以达到一定的数量标准作为构成犯罪的条件

这里的数量与前述数额是有所不同的，数额是指货币作为一定等价物的数量，一般以人民币计量。而数量是指犯罪财物的数量。例如伪造货币罪如果以票面额计算，就是属于数额犯；如果以伪造货币的张数计算，就是数量犯。我国刑法是根据票面额计算的，因此我国刑法中的伪造货币罪属于数额犯而不是数量犯。但我国《刑法》第 177 条之一妨害信用卡管理罪，非法持有他人信用卡，刑法规定数量较大的才构成犯罪，这就是数量犯。

3. 后果犯，即以造成一定的后果作为构成犯罪的条件

这里的后果一般是指损失后果。例如，我国《刑法》第 189 条规定的对违法票据承兑、付款、保证罪，就是以造成重大损失作为定罪根据的。根据立案追诉标准的规定，造成直接经济损失 20 万元以上的，构成本罪。

4. 情节犯，即以情节严重作为构成犯罪的条件

这里的情节是一个综合性的概念，其中包含了数额、损失后果等要素。例如我国《刑法》第 188 条规定的违规出具金融票证罪，就是情节犯。根据立案追诉标准的规定，这里的情节严重包含以下五种情形：（1）违规出具金融票证数额在 100 万元以上的；（2）违规出具金融票证造成经济损失数额在 20 万元以上的；（3）多次违规出具的；（4）接受贿赂违规出具的；（5）其他情节严重的情形。由

此可见，在情节犯的情况下，要比数额犯或者后果犯更容易入罪。

5. 并列规定

在某些犯罪中，刑法将数个入罪要素加以并列规定。例如，《刑法》第175条之一规定的骗取贷款罪，以造成重大损失或者有其他严重情节作为构成犯罪的条件。这种规定实际上相当于情节犯，因为除了损失以外的其他情节都可以作为定罪根据。根据立案追诉标准的规定，重大损失是指造成20万元以上经济损失。而其他严重情节包含：(1) 骗取贷款数额100万元以上的；(2) 多次骗取贷款的；(3) 其他损失或者其他严重情节。

在骗取贷款罪中，经常讨论的一个问题是：不会给金融机构造成损失的担保贷款，或者已经归还金融机构贷款的骗取贷款行为是否应当定罪?

【案例3】季某骗取贷款案

公诉机关指控：2012年3月20日，被告人季某以A公司名义向甲银行申请了200万元贷款，在取得贷款后，季某改变贷款用途，用于偿还欠款。2011年9月，被告人季某以A公司名义向乙银行申请了173万元贷款，在取得银行贷款后，季某虚构资金流，改变贷款用途，在银行贷款到期后，其无力偿还此笔贷款。公诉机关认为，被告人季某以欺骗手段骗取银行贷款，其行为触犯了《中华人民共和国刑法》第175条，犯罪事实清楚，证据确实、充分，应当以骗取银行贷款罪追究刑事责任。

律师作为季某的辩护人，认为公诉机关指控被告人季某骗取贷款罪名不成立，理由如下。

第一，关于甲银行的200万元贷款。甲银行出具的“情况说明”证明：2011年3月份，A公司、B公司、C公司以联保形式在甲银行贷款，其中A公司贷款额度为200万元。贷款到期后，B公司和C公司按时偿还了各自贷款，A公司因资金紧张，归还贷款后又办理了续贷，由B公司和C公司继续担保。担保人B公司和C公司已代为偿还了A公司全部贷款，没有给甲银行造成损失，甲银行未认定被告人骗取贷款，未向司法机关报案。

甲银行提供的第一次借款手续、担保合同、第二次借款合同、担保合同及账户交易流水清单，证明A公司是2012年3月20日偿还甲银行200万元贷款，当天即与甲银行续签“借款合同”，第二天甲银行又将200万元发还A公司，证明第二次贷款是续贷，甲银行没有发放新的贷款，被告人的主观目的是延长原先贷款的还款期限，没有骗取A银行发放新贷款的故意。显而易见，被告人季某不存在骗取贷款的主观故意，客观上甲银行也没有发放新的贷款。

第二，关于乙银行的173万元贷款。乙银行提供的“A公司情况说明”及还款凭证证实：A公司是自2011年4月2日起在乙银行累计流动资金贷款共10笔，贷款总金额1 666.05万元，截至2012年12月25日，共归还贷款7笔，金额1 387.5万元，现贷款余额278.55万元，以上贷款合法有效，乙银行没有起诉，A公司已做了还款计划。证明A公司是在不断地借款又还款，还款后又借款，其实质性质仍是续贷，季某的主观愿望是延长原贷款的还款期限，没有骗取乙银行发放新贷款额度的故意，客观上乙银行也没有发放新的贷款额度。并且，A公司“贷款”173万元后，又归还了乙银行贷款远超173万元，公诉机关无法证明归还的不是173万元这一笔，指控被告人无力偿还事实不清、证据不足。

《刑法》第175条之一规定：“以欺骗手段取得银行或者其他金融机构贷款……给银行或者其他金融机构造成重大损失或者有其他严重情节的，处三年以下有期徒刑或者拘役，并处或者单处罚金。”说明构成本罪的条件：一是以欺骗手段取得银行贷款，二是给银行造成重大损失或者有其他严重情节。

公安部经侦局《关于骗取贷款罪和违法发放贷款罪立案追诉标准问题的批复》第2条“关于给银行或者其他金融机构‘造成重大损失’的认定问题”规定：……如果银行或者其他金融机构仅仅出具“形成不良贷款数额”的结论，不宜认定为“重大经济损失数额”；第3条“关于骗取贷款具有‘其他严重情节’的认定问题”规定：……通过持续“借新还旧”以及民间借贷方式偿还贷款的行为，不能简单认定为“其他严重情节”。

显而易见，虽然被告人办理续贷的方式有不妥之处，但其主观上不是为了骗取银行发放新的贷款，而是为了续贷，说白了就是延长还款期限，客观上银行也没有发放或增加新的贷款额度。并且公诉机关没有确实、充分的证据证明季的行

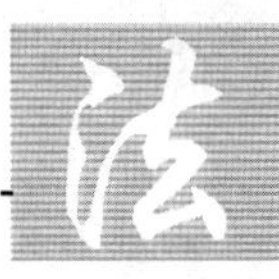

为已给银行造成重大损失或具有其他严重情节，银行甚至没有认定已形成不良贷款，更没有向司法机关报案，公诉机关指控季某犯骗取贷款罪事实不清，证据不足，不能成立。

法院审理认为：A公司对甲银行的贷款到期后，A公司办理了续贷，并继续由B公司和C公司担保，之后，B公司和C公司代为偿还了贷款，甲银行没有任何损失；而对于欠乙银行贷款，乙银行出具证明认为A公司贷款合法有效，并对贷款余额做出了还款计划。因此，尚无充分证据证实A公司的贷款行为给两家银行造成了损失。而骗取贷款罪应同时具备行为人使用了欺骗手段和使金融机构遭受重大损失或者有其他严重情节两个要件，故公诉机关指控季某骗取贷款罪名不能成立，季某及其辩护人认为不构成骗取贷款罪的辩护意见成立，应予采纳。法院最终宣告季某行为不构成骗取银行贷款罪。

二、金融诈骗罪

金融诈骗罪是指以非法占有为目的，进行金融诈骗的行为。金融诈骗罪属于诈骗罪的特别规定，它与诈骗罪之间存在特别法与普通法之间的法条竞合关系。在认定金融诈骗罪的时候，需要注意金融诈骗罪以下特征。

（一）金融诈骗行为

金融诈骗行为是指发生在金融领域的诈骗行为，这种诈骗行为必须符合诈骗行为的一般特征，同时又必须具备金融诈骗行为的特殊性。

就诈骗行为的一般特征而言，是指虚构事实、隐瞒真相，使他人产生错误认识，并且基于错误认识而交付财物，被告人由此取得财物，造成他人的财产损失。从财产犯罪的角度来说，诈骗罪具有占有转移型财产犯罪的特征和交付型财产犯罪的特征。在此，我以贷款诈骗罪和骗取贷款罪为例，对金融诈骗行为的特征进行分析。

根据我国《刑法》第193条的规定，贷款诈骗罪是指以非法占有为目的，诈骗银行或者其他金融机构的贷款，数额较大的行为。刑法列举了以下五种贷款诈

骗方法：第一，编造引进资金、项目等虚假理由的；第二，使用虚假的经济合同的；第三，使用虚假的证明文件的；第四，使用虚假的产权证明作担保或者超出抵押物价值重复担保的；第五，以其他方法诈骗贷款的。值得注意的是，这五种贷款诈骗方法，只是贷款诈骗的手段而不是贷款诈骗行为本身。在此，方法与行为之间是存在明显区别的。正如杀人是行为，而用枪杀人还是用刀杀人则是方法。对于杀人罪来说，只要实施了杀人行为即构成本罪，至于采用何种方法杀人，法律并不限制。对于贷款诈骗罪来说，也是如此。只要以虚构事实、隐瞒真相的方法骗取贷款，即可构成本罪。至于是否采取刑法列举的贷款诈骗方法，及其采取何种贷款诈骗方法对于贷款诈骗罪的成立并无影响。既然刑法列举的这五种贷款诈骗方法对于贷款诈骗罪的成立没有影响，那么，刑法规定的意义何在呢？在刑法教义学中，把刑法这种规定称为提示性规定，主要起到对于司法机关定罪的提示作用。

金融诈骗行为，根据我国刑法规定，可以分为集资诈骗罪、贷款诈骗罪、票据诈骗罪、金融票证诈骗罪、信用证诈骗罪、信用卡诈骗罪、有价证券诈骗罪和保险诈骗罪，共计 8 个罪名。在这 8 个金融诈骗罪的罪名中，行为方式的特殊性表现在：第一是诈骗对象特殊，即骗取金融机构的财物。例如，贷款诈骗罪骗取的是银行或者其他金融机构的贷款，保险诈骗罪骗取的是保险金。第二是手段特殊。例如，集资诈骗罪是采用非法集资的方式进行诈骗。三是工具特殊，即利用金融工具进行诈骗。例如，票据诈骗罪是利用票据进行诈骗，其行为表现为：(1) 明知是伪造、变造的汇票、本票、支票而使用的；(2) 明知是作废的汇票、本票、支票而使用的；(3) 冒用他人的汇票、本票、支票的；(4) 签发空头支票或者与其预留印鉴不符的支票，骗取财物的；(5) 汇票、本票的出票人签发无资金保证的汇票、本票或者在出票时作虚假记载，骗取财物的。

（二）非法占有目的

金融诈骗罪的成立是否以非法占有为目的，这是一个值得研究的问题。我国刑法关于金融诈骗的规定，有些罪名规定了以非法占有为目的，另外一些罪名却没有规定。例如，《刑法》第 192 条集资诈骗罪规定以非法占有为目的；第 193

条贷款诈骗罪也规定了以非法占有为目的；但第 194 条票据诈骗、金融凭证诈骗罪、第 195 条信用证诈骗罪、第 196 条信用卡诈骗罪都没有规定以非法占有为目的。这种情况下，以非法占有为目的是不是金融诈骗罪构成的必备要件？对于这个问题在理论上存在两种观点：第一种观点认为，按照法律的字面规定，有些犯罪规定要有这个目的，有些犯罪没有规定要有这个目的，应当根据法律规定有无分别认定。因为如果需要的话，法律会规定，法律没有规定就等于不要求有这种目的，根据法律的有无规定来区分金融诈骗罪是否需要非法占有的目的。这个观点一度有相当多的人赞同，实践中也有些人在处理案件的时候持赞同观点。另外一种观点相反，认为只要是金融诈骗罪，无论《刑法》条文中是否规定，以非法占有为目的都是金融诈骗罪必不可少的条件。这两种观点，我个人同意第二种。非法占有目的属于主观违法要素，而在刑法教义学中，非法占有目的构成的犯罪称为目的犯。而目的犯又有法定的目的犯与非法定的目的犯之分。应该说，刑法对某些金融诈骗罪没有规定非法占有目的，可以称为非法定的目的犯。这里涉及非法占有的目的在金融诈骗罪的构成要件中的体系性地位问题。

刑法中的目的可以分为两种：一种是直接故意所包含的，另一种是超出了直接故意的范围。那么，非法占有的目的对于金融诈骗罪来说到底是这两种当中的哪一种？我认为，非法占有目的是超过的主观要素，并不包含在故意之中。直接故意存在犯罪目的，这是故意本身包含的目的。对于金融诈骗罪来说，具有骗取财物的目的，这是诈骗故意的内容之一。但非法占有目的则是在故意之外的，意欲将他人财物占为己有的主观意图。在非法占有目的中，包含了排除意思，即将这种金融诈骗罪与使用型的破坏金融秩序罪加以区分。例如，贷款诈骗罪与骗取贷款罪之间，客观上都存在骗取金融机构贷款的行为，但贷款诈骗罪行为人主观上具有非法占有目的。而骗取贷款罪的行为人则主观上不具有非法占有目的，只有非法占用的目的。因此，非法占有目的具有这种区分功能。

金融诈骗罪与普通诈骗罪之间是一种法条竞合关系。构成金融诈骗就必然符合普通诈骗罪的特征。如果《刑法》没有专门规定金融诈骗罪，那么，对于金融诈骗行为理所当然应当按照普通诈骗罪来处理。《刑法》第 266 条规定的普通诈

骗罪，是一个普通法，金融诈骗罪是一个特别法，按照特别法优于普通法的法律原则，应当按照特别法来定罪。金融诈骗必然是具备了普通诈骗的法律特征，普通诈骗中非法占有的目的是必不可少的内容，所以金融诈骗罪应当具备非法占有目的。

关于金融诈骗罪非法占有的目的如何认定，有关的司法解释明确规定，应当采用推定的方法。例如，最高人民法院《关于审理金融犯罪案件的会议纪要》规定，非法占有的目的是指具有下列情形之一：第一，明知没有归还能力而大量骗取资金的；第二，非法获取资金后逃跑的；第三，肆意挥霍、骗取资金的；第四，使用骗取的资金进行违法犯罪活动的；第五，抽逃、转移、隐匿资金以逃避返还的；第六，隐匿、销毁账目或者搞假破产、假倒闭以逃避返还资金的；第七，其他非法占有资金拒不返还的。这七种情况都是客观行为。我认为这就为司法机关推定行为人主观上是否具有非法占有目的提供了一个法律根据。按照推定的规则，只要有上述七种行为中的一种，就可以认定具有非法占有的目的。在这种情况下，非法占有目的不再需要从被告人口供当中获得，而是从他的客观行为中获得。例如，明知没有归还能力而大量骗取资金，可以推定主观上有非法占有的目的。推定的问题涉及一些逻辑学和证据学的问题，需要从理论上进行研究。

（三）金融诈骗罪的司法认定

金融诈骗罪的认定当然涉及罪与非罪的界限和此罪与彼罪的界限，这是一个较为复杂的问题。在此，我以骗取贷款罪与贷款诈骗罪的区分为例主要讨论此罪与彼罪的界限。

根据我国《刑法》第175条之一的规定，骗取贷款罪是指以欺骗手段取得银行或者其他金融机构贷款，给银行或者其他金融机构造成重大损失或者有其他严重情节的行为。本罪是《刑法修正案（六）》新增的罪名。根据我国《刑法》第193条的规定，以非法占有为目的，诈骗银行或者其他金融机构的贷款，数额较大的，是贷款诈骗罪。刑法规定了以下五种贷款诈骗行为，这就是：（1）编造引进资金、项目等虚假理由的；（2）使用虚假的经济合同的；（3）使用虚假的证明文件的；（4）使用虚假的产权证明作担保或者超出抵押物价值重复担保的；

(5) 以其他方法诈骗贷款的。

在以上两个罪名中，贷款诈骗罪属于金融诈骗罪，而骗取贷款罪则属于破坏金融管理秩序罪。因此，两者的属性是不同的。但这两个犯罪之间，在客观行为上是存在相同之处的，这主要表现为都采用了欺骗方法，以此获取银行或者其他金融机构的贷款。两者的主要区分在于：贷款诈骗罪是占有型的财产犯罪，行为人主观上具有非法占有的目的。而骗取贷款罪属于使用型的犯罪，行为人主观上没有非法占有的意思而只有非法占用的意思。应该说，占有型财产犯罪与使用型财产犯罪之间，虽然客观行为相同，但主观目的不同。即，贷款诈骗罪存在非法占有目的，而骗取贷款罪则存在非法使用目的。

【案例 4】吴某某贷款诈骗案

吴某某于 1997 年 12 月 8 日，用盖州市镁厂 1 404 平方米厂房和机器设备作抵押，与盖州市城建信用社签订贷款 250 万元的借款合同。1997 年 12 月 24 日，吴晓丽以营口佳友铸造有限公司的名义，用盖州市镁厂 2 214 平方米厂房作抵押，与盖州市辰州城市信用社签订 310 万元的借款合同。上述贷款合同到期后，经两个信用社多次催要，吴某某均没有偿还借款。1998 年 9 月 3 日，吴某某擅自将镁厂的全部建筑物及厂区土地（包含上述两项贷款抵押物）作价人民币 400 万元，一次性转让给盖州市亚特塑料制品厂厂长王某某，并对王某某隐瞒了镁厂已有部分建筑抵押给信用社的事实。吴某某从转让镁厂中收到王某某分期给付的 300 万元现金，但未用于偿还贷款。1998 年 10 月 17 日，吴某某以盖州市镁厂名义向营口市中级人民法院起诉盖州市亚特塑料制品厂，要求认定其与王某某之间的转让合同无效。后该案经营口市中级人民法院一审、辽宁省高级人民法院二审审理，认定吴某某与两家银行所签订的抵押合同因未到有关部门登记而无效，吴某某与王某某之间所签订的转让合同合法有效，至此造成银行不能通过抵押的财产收回贷款。吴某某所欠银行贷款的本金及利息在二审期间已由其弟全部代为还清。

营口市中级人民法院认为：被告人吴某某明知其厂房已用于银行贷款抵押而将该厂房卖掉，其行为已构成贷款诈骗罪，且数额特别巨大，应依法惩处。依照

《刑法》第193条的规定，于1999年10月26日判决如下：被告人吴某某犯贷款诈骗罪，判处有期徒刑10年，并处罚金人民币50万元。

宣判后，吴某某不服，上诉于辽宁省高级人民法院。吴某某上诉称：其将厂房卖给王某某时，已将贷款一并移交给王某某，由王某某代为偿还贷款。后王某某不承认代其还贷一事，故其曾向营口市中级人民法院起诉王某某，要求法院认定其与王某某间的买卖合同无效，而营口市中级人民法院经审理认为其与银行所签订的贷款抵押合同因未在有关管理部门进行登记为无效合同，而认定其与王某某所签订的买卖合同合法有效，故驳回其诉讼请求。是由于辽宁省高级人民法院维持了营口市中级人民法院的一审判决，才致其不能偿还贷款，其没有非法占有贷款的主观故意，不构成贷款诈骗罪。

辽宁省高级人民法院认为：上诉人吴晓丽在贷款当时没有采取欺诈手段，只是在还贷的过程中将抵押物卖掉，如果该抵押是合法有效的，银行可随时采取法律手段将抵押物收回，不会造成贷款不能收回的后果；且吴某某在转让抵押物后，确也采取了诉讼的手段欲将抵押物收回，因认定抵押合同无效才致使本案发生，故对吴某某不构成贷款诈骗罪的上诉理由予以支持，原审认定被告人吴某某犯贷款诈骗罪不能成立。依照《刑事诉讼法》第189条第2项之规定，于2000年11月17日判决：(1) 撤销辽宁省营口市中级人民法院刑事判决中对上诉人吴某某犯贷款诈骗罪的定罪量刑及数罪并罚部分。(2) 上诉人吴某某无罪。

对于吴某某贷款诈骗案，一审判决认定构成诈骗罪，二审判决则宣告无罪。显然，本案被告人吴某某无罪判决是正确的。那么，无罪的理由或者根据是什么呢？本案的二审判决认为，之所以吴某某认定无罪是因为其主观上没有非法占有的目的。但这种理由显然是不能成立的。实际上，本案涉及的是合法取得银行贷款以后，采取欺骗手段转移抵押财产，逃避归还银行贷款的行为是否构成贷款诈骗罪的问题。对此，在刑法学界存在两种观点：第一种观点是肯定说，只要逃避归还银行贷款，就可以构成贷款诈骗罪。虽然在取得贷款时没有非法占有的目的，但在转移财产的时候具有非法占有的目的，符合贷款诈骗罪的构成要件。第二种是否定说，认为既然在取得银行贷款的时候没有进行欺骗，即使在取得贷款

以后为了规避贷款的偿还进行了转移财产等行为，也只是一种赖账的行为，不构成贷款诈骗罪。对于以上两种观点，我赞同第二种观点。因为诈骗罪，包括贷款诈骗罪属于占有转移型的财产犯罪。其构成要件是行为人采取诈骗的手段使他人产生认识错误，他人基于认识错误而交付财物，正是利用诈骗手段使贷款发生占有转移。但在吴某某贷款诈骗案中，贷款取得的时候手续齐全，材料真实，并未进行诈骗。换言之，贷款并非采用诈骗手段取得。因此，吴某某的行为不能构成贷款诈骗罪，它不符合诈骗罪占有转移的特征。

【案例5】隆某某骗取贷款案

2011年1月，被告人隆某某因经营酒水生意想从银行贷款，通过邮政工作人员汪某了解到可采取商户联保的形式贷款。因银行贷款限定本地户口，被告人隆某某遂联系到李某帮忙，要求以李某的名义贷款，李某表示同意。同时，苏某、刘某二人也因缺乏资金找汪某帮忙贷款。汪某提议将李某、苏某、刘某三人以三户联保的形式向银行贷款，每户10万元。通过协商，所贷出的30万元由被告人隆某某使用李某的贷款10万元、苏某的贷款7万元，共计17万元；苏某使用3万元；刘某使用10万元。隆某某便与汪某以贷款人李某、苏某、刘某三人的名义伪造虚假租房合同、经营场地，后凭此材料办理了营业执照等证明文件，于2011年1月28日以商户联保的形式向中国邮政储蓄银行广安区支行申请贷款。2011年1月30日贷出30万元。随后，被告人隆某某将李某、刘某贷款的20万元中的17万元用于酒水生意和个人挥霍。被告人隆某某在经营过程中，将贷款购进的酒水及配送货车变卖，更换通讯方式后逃离，后被公安机关抓获归案。

隆某某以欺骗方式获取银行贷款时并无非法占有故意，在获取贷款后经营酒水生意不善产生非法占有故意，隆某某的行为应定性为骗取贷款罪还是贷款诈骗罪？

四川省广安市广安区人民法院经审理认为：被告人隆某某伙同他人以欺骗手段骗取银行贷款，给银行造成重大损失，其行为构成骗取贷款罪。被告人隆某某在以欺骗手段骗取银行贷款之前后，均有证据证明其贷款的目的和用途是经营酒

水生意，认定其骗取银行贷款时以非法占有为目的的证据不足，故对公诉机关指控被告人隆某某犯贷款诈骗罪不予支持。被告人隆某某归案后如实供述了犯罪事实，认罪态度较好，有一定的悔罪表现，可依法从轻处罚。被告人隆某某至今未清偿贷款本息，可酌情从重处罚。据此，依据《刑法》第175条之一、第67条第3款、第64条、第52条、第53条之规定，作出如下判决：(1) 被告人隆某某犯骗取贷款罪，判处有期徒刑一年，并处罚金人民币10 000元。(2) 追退被告人隆某某所获赃款本金及利息，发还给中国邮政储蓄银行广安区支行。

关于本案的定性，在审理过程中，存在两种不同的观点：第一种观点认为，本案的直接贷款人是李某、苏某、刘某三人。被告人隆某某与汪某以贷款人李某、苏某、刘某三人的名义伪造虚假租房合同、经营场地，后凭此材料办理了营业执照等证明文件。隆某某在贷款时使用了欺骗的手段，贷款到手后又将所经营的酒水及配送货车变卖逃离，从全案看，其主观上具有非法占有贷款的故意，其行为应当以贷款诈骗罪论处。第二种观点认为，从隆某某获得贷款的手段上看，其使用了欺骗的手段；从隆某某获得贷款后的资金使用情况看，主要用于了酒水经营，其贷款时主观上并无非法占有贷款的故意，其行为构成骗取贷款罪。

贷款诈骗罪和骗取贷款罪在客观方面都表现为使用欺骗手段骗取贷款，界定两罪的关键在于主观要件的不同，即是否具有非法占有的目的。对没有非法占有目的，或者认定非法占有目的证据不足的，只能定性为骗取贷款罪。有非法占有目的的，才能以贷款诈骗罪论处。判断行为人主观上是否具有非法占有目的，不仅要看其取得贷款的手段，还必须结合行为人取得贷款后处理贷款的客观表现综合认定。裁判理由对此做了以下论证。

第一，被告人隆某某贷款时主观上并无非法占有贷款的故意。《全国法院审理金融犯罪案件工作座谈会纪要》对如何认定金融诈骗罪中的非法占有目的予以了说明，明确行为人通过诈骗的方法非法获取资金，造成数额较大资金不能归还，并具有“非法获取资金后逃跑”“抽逃、转移资金、隐匿财产，以逃避返还资金”等情形之一的，可以认定其具有非法占有的目的。但是在处理个案的时候，如有证据证明行为人不具有非法占有目的，就不能单纯以财产不能归还为由

按金融诈骗罪处理。

《全国法院审理金融犯罪案件工作座谈会纪要》规定的情形必须定位在行为人实施贷款行为时的主观心态。分析本案被告人隆某某贷款时的主观心态，其在侦查阶段未作供述，要判断其主观心态，必须结合隆某某在案件中的客观行为进行推断。从被告人隆某某获得贷款后资金的去向来看，主要用于酒水经营。从隆某某还款的情况来看，其在实际经营过程中也归还了部分利息。据此推断被告人隆某某在贷款时主观上并无非法占有的故意。

第二，从被告人隆某某变卖酒水生意物品潜逃后的主观心态看，其具有非法占有的故意。被告人隆某某曾多次供述因生意经营不好，想到在银行申请贷款的不是他本人，所以主观上有能拖就拖，能赖就赖，能赖到不还就更好的想法。后隆某某便变卖酒水生意物品，为逃避还款，防止银行工作人员找他，还携款逃至德阳并更换电话，以上行为足以推断被告人隆某某由于经营不善，产生了不想还款、非法占有银行贷款的主观犯意。

第三，贷款诈骗不是转化型犯罪，不能以行为人后期的主观犯意发生转化而定罪。除了转化型犯罪以外，刑法对任何行为主客观方面的定性考察都应当以行为人实施犯罪行为的时间为节点。对本案被告人行为的定性，应当以其实施贷款行为时的主观犯意为基准，隆某某在实施贷款行为之时尽管提供了虚假资料，但其并不具有非法占有的故意，故其行为不符合贷款诈骗罪的构成要件。至于本案被告人在经营过程中由于经营不善，产生了非法占有想法后实施的变卖物品及逃离等行为如何认定，如果刑法明确规定骗取贷款罪可转化为贷款诈骗罪，就可对被告人隆某某以贷款诈骗罪论，否则不能。而我国刑法及司法解释并未对骗取贷款罪可转化为贷款诈骗罪作出规定。因此，在司法实践中，对于有证据证明行为人实施行为时不具有非法占有目的的案件，决不能单纯以财产不能归还就按贷款诈骗罪定罪处罚，以防止客观归罪的情况发生。

综合以上分析，裁判理由认为隆某某的行为构成骗取贷款罪而非贷款诈骗罪。对于以上裁判理由，我认为，结论是正确的，论证基本思路也是正确的。但有些表述不够规范。例如，裁判理由论及非法占有的故意，这是错误的。它把非

法占有目的与故意混为一谈了。非法占有目的是主观违法要素，它不是故意的内容，而是超过的主观要素。

在金融诈骗罪与诈骗罪法条竞合的情况下，按照特别法优于普通法的原则，应当以金融诈骗罪论处。但是，金融诈骗罪的起刑点及量刑幅度的数额标准高于普通诈骗罪。对于这种诈骗数额未达到金融诈骗罪的起刑点，但远远超过普通诈骗罪的起刑点的，到底应当如何处理？对此，在司法实践中存在两种意见：第一种意见认为对于这种未达到金融诈骗罪的起刑点但达到普通诈骗罪起刑点的金融诈骗行为，应以普通诈骗罪论处。第二种意见认为，在刑法未作明文规定的情况下，特别法与普通法的竞合不能采用重法优于轻法原则，只能采用特别法优于普通法的原则，按照特别法不构成犯罪的，不能以普通法规定的犯罪论处。我赞同上述第二种观点，只有这样才能严格坚持罪刑法定原则。

三、金融犯罪的共犯问题

金融犯罪的共犯问题有两种情形：第一种情形是金融机构的内部人员和社会上的人员互相勾结进行金融诈骗，第二种情形是不同单位的人员互相勾结进行金融诈骗。在以上两种情况下，都涉及如何进行定性的问题，尤其是涉及共同犯罪的问题，需要从刑法理论上进行探讨。

（一）金融机构工作人员与社会上的人员内外勾结的共同犯罪如何定性的问题

关于金融机构工作人员与社会上的人员内外勾结进行共同犯罪的案件，涉及两者如何定性的问题。这里的定性可能会有两种情形：第一种情形是分别定罪，即金融机构工作人员认定为职务犯罪，而社会上的人员认定为金融诈骗犯罪。第二种情形是对金融机构工作人员和社会上的人员认定同一罪名，即都认定为金融诈骗罪，其中，金融机构工作人员是金融诈骗罪的共犯。在何种情况下应当分别定罪，在何种情况下应当认定同一罪名，这是一个较为复杂的问题。尤其是在认定为同一罪名，即金融诈骗罪的情况下，被骗的人到底是谁？这个问题往往会引起争议。在某些案件中，金融机构工作人员明知材料虚假，甚至配合社会上的人

员制作虚假的材料，以此获得金融机构的贷款，是否可以认定为贷款诈骗，确实是一个值得研究的问题。

【案例 6】黄某和许某等人内外勾结是职务侵占还是贷款诈骗案

某民办银行信贷员黄某与朋友许某、徐某内外勾结，骗取本银行的贷款。由许某、徐某私刻某造币厂的公章，并以造币厂名义在该民办银行设立账户，并伪造造币厂的企业代码证等资料，在该银行申请了贷款额度。此后，黄某利用负责造币厂存贷款的职务便利，先后以造币厂的名义向其所在银行申请贷款数十次，骗得贷款近亿元，所得款项由三人私分挥霍。

对该案的认定存在以下四种观点。

第一种观点认为，三个行为人非法获取民办银行的贷款，既借助了黄某的职务之便，又依赖于许某和徐某的诈骗行为。这个整体行为同时触犯了职务侵占罪和贷款诈骗罪两个罪名，属于想象竞合犯的情况。对于这种情况，应该按照重法优于轻法的原则，以贷款诈骗罪认定。

第二种观点认为，黄某、许某和徐某三人出于非法占有的目的，由徐某和许某二人采用私刻印章，伪造企业资料等手段骗取银行贷款，构成贷款诈骗罪。黄某利用职务之便，利用造币厂的名义向所在的银行骗取贷款，构成职务侵占罪。由于三人是共同犯罪，因此虽然各自只是实施了部分行为，但是仍然应当承担整个共同犯罪的责任，所以应当对三人以贷款诈骗罪和职务侵占罪数罪并罚。

第三种观点认为，黄某的行为构成职务侵占罪无疑，而许某和徐某在黄某所在的民办银行骗取贷款额度，设立虚假账户，不过是在为黄某的职务侵占行为提供帮助条件，应当被视为黄某职务侵占犯罪构成要件中的诈骗手段，而不能作为一个独立构成犯罪的行为看待。因此，黄某与许某、徐某属于内外勾结的共同犯罪，应当以职务侵占罪论处。

第四种观点认为，应当对三人分别定罪。黄某的行为同时构成职务侵占罪的实行犯和贷款诈骗罪的帮助犯，许某和徐某的行为同时构成贷款诈骗罪的实行犯和职务侵占罪的帮助犯。根据各自行为的特点，应当对黄某以职务侵占罪论处，对许某和徐某则以贷款诈骗罪认定。刑法分则关于伙同贪污以共犯论处的规定只

是对贪污罪的特别规定，对于职务侵占罪并无适用余地和指导意义。

在这个案件中，如果内部人员和外部人员分别实施犯罪，则银行工作人员黄某构成职务侵占罪，社会人员许某等人构成贷款诈骗罪，这是不会存在争议的。但在这个案件中，内部人员与外部人员互相勾结进行犯罪，因此需要把双方行为视为一个整体进行考察。在这种情况下，如何定罪就成为一个疑难问题。在以上四种观点中，第一种观点认为是一行为，属于想象竞合，以重罪论处，因此只定一罪，即贷款诈骗罪。第二种观点认为是数行为，分别构成数罪，即职务侵占罪和贷款诈骗罪，应当实行数罪并罚。因此，这两种观点的分歧在于本案被告人实施的到底是一行为还是数行为？我们注意到，这种观点在论证中引用了部分行为之全体责任的原则，这是共同正犯的定罪原则，也可以说是共同犯罪的定罪原则。即，在共同故意的范围内，行为人不仅要对本人行为负责，而且要对其他共同犯罪人的行为负责。在本案中，各共同犯罪人具有非法占有银行贷款的共同犯罪故意。因此，许某等人要对黄某的职务侵占行为负责，黄某也要对许某等人的贷款诈骗行为负责。这种观点似乎有理，但实际上是割裂了双方的行为。在本案中，内部人员和外部人员的行为是一个整体：如果没有外部人员的配合，职务侵占不可能成功。同样，如果没有内部人员的配合，贷款诈骗也不可能成功。因此，只有将双方行为视为一个整体，才能对全案进行正确的刑法评价。第一种观点对本案行为采取整体判断的做法是正确的，但是否简单地认定为职务侵占与贷款诈骗的想象竞合，还是值得商榷的。在想象竞合的情况下，是同一行为触犯两个罪名，例如打一枪而打死一个人，打伤一个人，这才是典型的想象竞合。但在本罪中，职务侵占行为与贷款诈骗行为并不是简单的重合，因此将本案中的职务侵占与贷款诈骗认定为想象竞合并不妥当。第三种观点把外部人员的行为视为对内部人员的帮助，因而以职务侵占罪定罪，其中，内部人员是职务侵占罪的正犯，外部人员是职务侵占罪的共犯，这个分析具有一定道理。但它忽视了对贷款诈骗行为的独立评价，也是片面的。第四种分别定罪的观点，认为黄某的行为同时构成职务侵占罪的实行犯和贷款诈骗罪的帮助犯，这是一种想象竞合；许某和徐某的行为同时构成贷款诈骗罪的实行犯和职务侵占罪的帮助犯，这也是一种想

象竞合。因此，虽然最终结论是对内部人员和外部人员分别定罪，但在重合的范围内仍然承认两者之间存在共犯关系。即，对于黄某的职务侵占罪而言，许某等人是帮助犯；对于许某等人的贷款诈骗罪而言，黄某是帮助犯。因此，我赞同上述第四种观点，在承认共犯的前提下，主张对金融机构工作人员和社会上的人员分别定罪。

当然，以上分析是建立在金融机构工作人员与社会上的人员之间存在非法占有金融机构财物的共同犯罪故意的基础之上的。如果上述两种人员之间并不存在这种共同犯罪故意，则不能按照上述原则定罪，而是分别认定为职务犯罪和金融诈骗罪。

【案例 7】王某清票据诈骗、刘某挪用资金案

被告人王某清，男，1963 年 8 月 15 日出生，大学文化，原系徐州津浦煤炭运销有限公司（以下简称津浦公司）董事长。2004 年 2 月 2 日被刑事拘留，同年 3 月 5 日被逮捕。

被告人刘某，男，1975 年 5 月 4 日出生，大学文化，原系徐州市商业银行淮西支行（以下简称商行淮西支行）业务部主任。2004 年 1 月 2 日被刑事拘留，同年 2 月 9 日被逮捕。

江苏省徐州市人民检察院以被告人王某清、刘某犯合同诈骗罪，向徐州市中级人民法院提起公诉。

江苏省徐州市中级人民法院经公开审理查明：

1996 年 4 月 10 日，被告人王某清与其弟王某庆共同出资成立津浦公司，王某清任董事长。津浦公司长期负债经营，欠下大量外债，既有对银行的负债，又有对其他企业的欠债。

2003 年 11 月 27 日，常州华源蕾迪斯有限公司（以下简称蕾迪斯公司）申请兴业银行南京城北支行开具了收款人为蕾迪斯公司上海分公司的 3 张银行承兑汇票，金额各为人民币（下同）1 000 万元，到期日为 2004 年 5 月 27 日。经被告人刘某联系、操作，蕾迪斯公司与王某清所在的津浦公司通过虚构煤炭购销业务的方法，将该汇票背书转让给津浦公司，津浦公司于 2003 年 12 月 3 日在商行淮

西支行申请贴现 2 928 万余元并转付蕾迪斯公司。

2003 年 12 月，汉唐公司向王某清催要津浦公司的 1 200 万元到期欠款。王某清遂与刘某商议将原在商行淮西支行贴现过的承兑汇票借给津浦公司用于质押贷款，偿还公司到期债务，资金周转后再将承兑汇票赎回归还商行淮西支行，刘某表示同意。同年 12 月 19 日，刘某以某银行被盗，已贴现过的银行承兑汇票放在徐州市工商银行保管更安全为由，骗得共同保管人员的信任。当日下午，在向工商银行转移票据过程中，刘某利用只有用自己的身份证号码才能打开保险箱的便利，从其他保管人员手中取得存放保险箱的门钥匙单独进去，假装将贴现过的 3 张银行承兑汇票放入保险箱中，而实际藏于身上带出后将其中 2 张交给王某清。王某清即安排津浦公司会计到农行淮西支行办理质押贷款 1 900 万元，用于归还汉唐公司等单位欠款及银行到期贷款等。在上级银行前来检查质押票据时，两被告人因害怕败露而潜逃案发。

徐州市中级人民法院认为，王某清以非法占有银行贷款为目的，采取隐瞒真相的方法，在不具有偿还能力的情况下，利用已实际贴现过的银行承兑汇票作质押骗取银行贷款，用于偿还单位债务后逃匿，其行为已构成合同诈骗罪，且数额特别巨大。刘某在担任商行淮西支行业务部主任期间，利用实际具有保管汇票的职务便利，采取欺骗的手段，秘密窃取本单位巨额承兑汇票后以个人名义借给王某清的公司使用，质押贷款后进行营利活动，数额特别巨大，且造成巨额资金至今尚未归还，其行为已构成挪用资金罪。公诉机关指控王某清的事实、罪名成立。指控刘某的犯罪事实清楚，证据充分，但适用法律不当，指控罪名有误，应予纠正。刘耀具有投案自首情节，依法可对其从轻处罚。

2004 年 7 月 16 日，徐州市中级人民法院依照《刑法》第 224 条第 5 项、第 231 条、第 272 条第 1 款、第 57 条第 1 款、第 67 条第 1 款、第 64 条的规定判决如下：（1）被告人王某清犯合同诈骗罪，判处无期徒刑，剥夺政治权利终身，并处没收个人全部财产。（2）被告人刘某犯挪用资金罪，判处有期徒刑 8 年。（3）涉案中的两张银行承兑汇票追缴后发还徐州市商业银行淮西支行，王某清合同诈骗的赃款赃物追缴后发还中国农业银行徐州市分行淮西支行。

宣判后，王某清、刘某不服，向江苏省高级人民法院提出上诉。

王某清上诉称，其主观上没有非法占有的故意，未给农行淮西支行带来任何损失，其行为不构成合同诈骗罪。其辩护人除提出与王某清的上诉理由相同的辩护意见外，还提出津浦公司是票据权利人，在农行淮西支行贷款是合法的。

刘某上诉称，涉案票据的最后背书人是津浦公司，因此津浦公司享有票据权利，其行为不构成犯罪。其辩护人除提出与刘某的上诉理由相同的辩护意见外，还提出即使刘某的行为构成挪用资金罪，其有自首情节，赃款已追回，原判量刑过重。

江苏省高级人民法院认为，上诉人王某清作为津浦公司的法定代表人，明知其所在的津浦公司长期负债经营，无偿还能力，通过刘某骗取了商行淮西支行所有的银行承兑汇票 2 张，后冒用商行淮西支行的汇票骗取银行贷款人民币 1 900 万元，用于归还公司债务后逃匿，津浦公司及王某清的行为均已构成票据诈骗罪，且数额特别巨大。上诉人刘某利用其担任商行淮西支行业务部主任的职务便利，擅自将本单位的承兑汇票以个人名义借给津浦公司进行质押贷款，至今无法归还，其行为已构成挪用资金罪，且数额巨大。原审法院认定事实清楚，对刘某的定罪准确，量刑适当，应予维持，但对王某清的定性错误，应予改判。依照《刑法》第 194 条第一款第 3 项、第 200 条、第 272 条第 1 款、第 64 条和《刑事诉讼法》第 189 条第 1、2 项之规定，于 2005 年 8 月 18 日判决如下：(1) 维持江苏省徐州市中级人民法院刑事判决第二项，即被告人刘某犯挪用资金罪，判处有期徒刑 8 年。(2) 撤销江苏省徐州市中级人民法院刑事判决第一、三项，即被告人王某清犯合同诈骗罪，判处无期徒刑，剥夺政治权利终身，并处没收个人全部财产；涉案中的两张银行承兑汇票追缴后发还徐州市商业银行淮西支行，被告人王某清合同诈骗的赃款赃物追缴后发还中国农业银行徐州市分行淮西支行。(3) 上诉人王某清犯票据诈骗罪，判处无期徒刑，剥夺政治权利终身。(4) 本案赃款赃物追缴后发还受害单位徐州市商业银行淮西支行。

本案涉及的问题是：以非法占有为目的，伙同银行工作人员使用已经贴现的真实票据质押贷款的行为如何定性?

在本案一、二审法院在审理过程中，王某清在津浦公司长期负债经营、无偿还能力的情况下，隐瞒津浦公司经营严重亏损的事实，采取承诺短时间内归还银行承兑汇票及帮助商行淮西支行拉存款的欺骗方法，骗取刘某的信任，从商行淮西支行骗取金额为 2 000 万元的银行承兑汇票，用于质押贷款，所贷款项用于偿还公司债务。案发后，王某清不积极筹集资金或想办法还款，而是外出逃匿，主观上具有非法占有的故意，其行为已构成诈骗犯罪无异议。争议的焦点是其行为构成合同诈骗罪还是票据诈骗罪。

第一种意见认为，被告人王某清的行为构成票据诈骗罪，理由是：(1) 王某清隐瞒津浦公司经营严重亏损的事实，以非法占有为目的，采取允诺短时间内归还及帮助商行淮西支行拉存款的欺骗方法，骗取刘某的信任，从商行淮西支行骗取金额为 2 000 万元的银行承兑汇票，用于贷款的担保，所贷款项用于偿还公司债务，诈骗金额巨大，后果严重，其行为已构成诈骗罪，诈骗的对象是商行淮西支行。(2) 因商行淮西支行未按规定在银行承兑汇票上作贴现背书和对票据保管不善，使王某清有机可乘，持骗取的票据至农行淮西支行质押贷款，因该票据记载事项真实、完整，背书连续，形式符合规定，系有效票据，津浦公司以有效票据质押，与农行淮西支行签订借款合同和权利质押合同取得贷款 1 900 万元。因票据具有文义性、无因性、流通性的特征，票据的权利义务关系应以票据上的文字记载为准，票据关系与作为其前提的原因关系相分离，且现无证据证实农行淮西支行取得该票据时对上述票据已在商行淮西支行贴现过的情况明知，不存在恶意或重大过失。故农行淮西支行系善意持票人，享有票据权利。(3) 因刘某的行为构成挪用资金罪，其挪用的对象为商行淮西支行的银行承兑汇票，与此相对应，王某清骗取的则应是该银行承兑汇票，诈骗对象应为商行淮西支行，这样，对王某清和刘某二人行为的定性才能统一。

第二种意见认为，被告人王某清的行为构成合同诈骗罪。理由是：(1) 王某清以非法占有银行贷款为目的，采取隐瞒真相的方法，明知无还款能力，仍利用已实际贴现的银行承兑汇票作质押骗取农行淮西支行贷款用于归还公司债务，其行为符合贷款诈骗罪的构成要件，因刑法对贷款诈骗未规定单位犯罪，故认定王

某清的行为构成合同诈骗罪。（2）农行淮西支行在办理质押贷款中审查不严密，对贷款用途监督不力，存在一定过错，应承担部分经济损失。（3）在司法实践中，对骗取他人担保进行贷款的诈骗犯罪的定性也存在争议。上述情形是认定为票据诈骗罪还是合同诈骗罪，不仅涉及定罪量刑，还涉及赃款赃物的追缴和发还，以及相关民商事案件的处理。本案的诈骗行为最终骗取的是农行淮西支行的贷款，故定合同诈骗罪并无不当。

本案的裁判理由认为：

第一，被告人王某清没有利用贷款合同或者质押合同“骗取对方当事人财物”，其以非法占有为目的，使用已经贴现的真实票据质押贷款，不构成合同诈骗罪。

被告人王某清在签订贷款合同时，虽然隐瞒了所质押的银行汇票已经贴现、津浦公司不是该银行汇票的权利人的事实，属于《刑法》第193条第4项规定的“使用虚假证明文件作担保”。但是，依照《票据法》第35条第2款规定，汇票可以设定质押；质押时应当以背书记载“质押”字样。被背书人依法实现其质权时，可以行使汇票权利。农行淮西支行与津浦公司签订质押合同时，被告人王某清向农行淮西支行提交的银行汇票，法定记载事项齐全、背书连续、形式完备、签章真实。由于票据具有文义性、无因性、流通性的特征，票据的权利义务关系应以票据上的文字记载为准，票据关系与作为其前提的原因关系相分离，且没有证据证明农行淮西支行系以欺诈、偷盗或胁迫等手段取得票据或在明知有前列情形时出于恶意取得票据，故农行淮西支行是票据的善意持有人，依法享有汇票权利，不是本案中的被害人。换言之，农行淮西支行并不因该银行汇票已经贴现而丧失票据权利，仍有权在汇票到期后主张票据权利。因此，本案的实际被害人是未按规定在银行汇票上作贴现背书并对票据保管不善的商行淮西支行，而商行淮西支行并不是贷款合同或者质押合同的一方当事人，本案因欠缺《刑法》第224条关于“骗取对方当事人财物”这一合同诈骗罪的法定构成要件，不构成合同诈骗罪。

第二，以非法占有为目的，使用已经贴现的真实票据质押贷款的行为，属于

《刑法》第194条第1款第3项规定的“冒用他人的汇票”进行诈骗活动，应当以票据诈骗罪定罪处罚。

根据《刑法》第194条第1款第3项的规定，冒用他人的汇票是构成票据诈骗罪的其中一种情形。冒用他人汇票是指擅自以合法持票人的名义，支配、使用、转让自己不具备支配权利的他人的汇票行为。“冒用”通常有三种表现形式：一是使用以非法手段获取的汇票，如以欺诈、偷盗或者胁迫等手段取得的汇票，或者明知是以上述手段取得的汇票而使用；二是没有代理权而以代理人名义使用或者代理人超越代理权限而使用；三是擅自使用他人委托代为保管的或者捡拾他人遗失的汇票。本案中，被告人王某清的行为分为两个阶段：第一个阶段是取得承兑汇票阶段，第二个阶段为贷款阶段。在这两个阶段中，王某清均使用了欺骗手段。首先，王某清向刘某提出借用已经贴现过的承兑汇票用于抵押，并承诺几天内归还及帮助该行拉存款，骗取刘某的信任，使刘某利用本单位未在汇票的被背书人栏内签名、盖章的漏洞，以及只有本人才能打开保险箱的职务便利，将本单位的银行承兑汇票借给王某清使用。当商行检查时，王某清又拿其他银行的承兑汇票交由刘某应付检查，客观上王某清对刘某及商行淮西支行均实施了欺骗的行为。其次，王某清取得银行汇票后到农行淮西支行办理质押贷款。根据有关规定，出质人用于质押的权利凭证应为其所有或具有支配权、处分权的凭证。王某清明知该汇票并非本公司所有，且已被贴现，自己对该汇票不具有支配、处分权，而向农行淮西支行隐瞒了事实真相，以本公司作为合法的持票人，向农行淮西支行办理质押贷款，其对农行淮西支行也实施了欺骗行为。

综上，被告人王某清以欺骗的手段从刘某手中取得已经贴现过的承兑汇票，其票据的取得是非法的；在贷款过程中，王某清明知该汇票已被贴现，自己对该汇票不具有支配权，而向农行淮西支行隐瞒事实真相，擅自以本公司作为合法持票人，使用不具备支配权的承兑汇票办理质押贷款，应视为《刑法》第194条第1款第3项规定的“冒用他人的汇票”。对于以非法占有为目的，冒用他人的汇票进行诈骗活动构成犯罪的，应当以票据诈骗罪定罪处罚。

需要说明的是，本案的票据质押贷款是以津浦公司的名义进行的，所得款项

用于归还津浦公司债务，属于单位犯罪，被告人王某清属于犯罪单位中直接负责的主管人员。由于检察机关未起诉犯罪单位，法院直接适用《刑法》第 200 条和第 194 条第 1 款第 3 项的规定，追究王某清的刑事责任。

第三，被告人刘某的主观故意内容与被告人王某清的不一致，其行为不构成票据诈骗犯罪的共犯。

《刑法》第 25 条规定："共同犯罪是指二人以上共同故意犯罪。"构成共同犯罪的主观要件是二人以上具有共同的犯罪故意，客观要件是二人以上具有共同的犯罪行为。判断刘某与王某清是否构成票据诈骗犯罪的共犯，关键看其主客观要件是否符合共同犯罪的条件。本案刘某将已经在本单位贴现过的承兑汇票借给王某清用于质押贷款，在客观上为王某清实施诈骗犯罪提供了帮助。但刘某轻信王某清在短期内归还汇票的谎言，同意将已经在本单位贴现的承兑汇票借给王某清使用，并要求王某清在一周内归还汇票，主观上不具有诈骗的共同故意，因此，刘某与王某清不构成诈骗犯罪的共犯。刘某作为商行淮西支行的工作人员，利用实际具有保管汇票的职务便利，将本单位的银行承兑汇票借给他人使用，一、二审对其行为以挪用资金罪定罪处罚正确。

在以上裁判理由中，涉及两个问题。第一个问题是：被告人王某清的行为是合同诈骗罪还是票据诈骗罪？第二个问题是：被告人刘某的行为是构成王某清所犯之罪的共犯还是构成职务犯罪？

对于第一个问题，本案的裁判理由进行了较为深入的分析，其观点是正确的。对于王某清的行为，一审判决认定为合同诈骗罪，而二审判决改判为票据诈骗罪。这里的合同诈骗罪实际上是单位实施的贷款诈骗罪，因为贷款诈骗罪没有规定单位犯罪，根据司法解释以合同诈骗罪论处。但王某清用于质押贷款的承兑汇票是真实有效的，不能认为是虚假的证明文件，因此不能认定为贷款诈骗罪或者合同诈骗罪。因为无论是贷款诈骗罪还是合同诈骗罪，都是以虚假手段无对价地取得他人财物。本案被告人王某清从刘某手中以借的名义取得承兑汇票，因为该承兑汇票已贴现，在这一点上欺骗了农行淮西支行，因此属于冒用他人汇票的行为，构成票据诈骗罪。

对于第二个问题，王某清与刘某是否构成共犯，关键在于两人之间是否具有共同犯罪的故意。在本案中，刘某知道王某清是要将已经在本单位贴现过的承兑汇票用于质押贷款，仍然将该承兑汇票借给王某清，这不仅是对王某清的票据诈骗行为具有客观上的帮助，而且主观上已经具有共同故意，即帮助故意。但裁判理由以刘某轻信王某清在短期内归还汇票为由，否定具有共同犯罪故意，这是不妥的。只能说，刘某不具有和王某清共同诈骗其本银行的金融票据的共同故意，但这并不能否定其具有和王世清诈骗其他银行的共同犯罪故意。因此，在本案中，我认为刘某在构成挪用资金罪的同时构成金融票据诈骗罪的共犯，属于想象竞合犯。至于王某清在构成票据诈骗罪的同时，是否构成刘某挪用资金罪的共犯，需要根据案情做进一步分析。由此可见，对于这种内外勾结进行金融诈骗的案件，在定性上确实存在一定难度。

（二）不同单位的人员互相勾结进行金融犯罪案件的定性

在司法实践中，除了金融机构工作人员内外勾结进行金融犯罪以外，还存在着不同单位的人员互相勾结进行金融犯罪的案件。这种案件同样涉及共同犯罪的问题，值得进行深入讨论。

【案例 8】黄某、汪某等人骗取票据承兑、金融票证案

被告单位民营企业飞腾公司，黄某系飞腾公司的法定代表人和实际控制人。

被告人汪某系国家出资企业金隆公司的预算企划科长。

被告人吴某系国家出资企业金隆公司的出纳会计。

法院判决认定：2013 年至 2015 年间，金隆公司先后与华夏银行胜利路支行等金融机构签订授信合同，取得上述银行的授信额度。同时，飞腾公司也与上述银行签订授信合同，取得授信额度。2013 年，被告人黄某为解决其公司的资金周转，与金隆公司的汪某和吴某勾结，利用金隆公司、飞腾公司在银行的信用额度，以金隆公司与飞腾公司之间的虚假交易关系，并制作相应的电解铜合同、财务资料等，骗取银行对商业承兑汇票的贴现、开立国内信用证，非法获取银行资金 47 亿元，由飞腾公司用于支付给业务单位和个人，解付到期银行票据、偿还银行贷款。至 2015 年 6 月案发，飞腾公司未偿还银行贷款 16 亿元。具体作案过

程是：被告人黄某与汪某商议，以金隆公司的名义与华夏银行胜利路支行签订商业承兑汇票保贴业务合作协议，约定金隆公司作为贴现申请人对其持有的商业承兑汇票向华夏银行申请保贴。同时，又以补充流动资金为由与华夏银行签订商业贴现协议，申请对其持有的飞腾公司的商业承兑汇票贴现，飞腾公司作为电解铜购买方承担该商业承兑汇票贴现付息及到期偿还本金的责任。黄某再安排他人制作虚假电解铜购销合同和使用已结算过的电解铜购销增值税专用发票复印件，交由汪某自己或安排被告人吴某加盖金隆公司公章，并安排吴某对飞腾公司开出的商业承兑汇票以金隆公司名义签章背书，制作授权委托书等证明文件提供给飞腾公司。黄某再安排人员将上述资料提交给银行，骗得银行对该商业承兑汇票对应的电解铜交易的真实性的信任并通过审核。银行依据贴现合同将票据金额付至金隆公司账户银行，汪某根据黄某的要求，或将贴现款直接用于支付飞腾公司应付金隆公司的货款，或安排吴某将贴现款转给飞腾公司。案发后，金隆公司向银行偿还票据贴现款。

对于本案，法院认为：被告单位飞腾公司、被告人汪某、吴某通过使用虚假交易合同等资料，骗取金融机构的票据承兑贴现、开立信用证，非法获取银行资金 47 亿元，至案发时尚有 16 亿元未偿还，情节特别严重，其行为均构成骗取票据承兑、金融票证罪。

以上案件中，飞腾公司的法定代表人黄某与金隆公司的汪某和吴某进行勾结，使用虚假的购销合同，以金隆公司的名义向银行申请商业承兑汇票的贴现，并将贴现款支付给飞腾公司。因为被告单位和被告人主观上没有非法占有的目的，所以不构成票据诈骗罪或者信用证诈骗罪。但被告单位和被告人采用虚假材料骗取银行对商业承兑汇票的贴现和开具信用证，因此构成骗取票据承兑、金融票证罪。这个案件中，被骗人是银行，但因为金隆公司对于贴现的承兑汇票具有偿还的责任，所以银行实际并未受到损失，损失的实际承担者是金隆公司。但这些未能偿还的贴现款都被飞腾公司使用了，由此造成金隆公司的财产损失。为此，金隆公司的代理律师提出，在本案中，以金隆公司的名义骗取银行的贴现款以后，存在两种情形，对于这两种情形应当分别定罪：第一种情形，以金隆公司

名义骗取贴现款以后用于支付飞腾公司应付金隆公司的货款，对此应当认定为骗取票据承兑罪。第二种情形，以金隆公司名义骗取贴现款以后直接转付给飞腾公司，对此应当认定为挪用公款罪。其实，如果按照这个逻辑，第一种情形也是挪用公款，因为是为飞腾公司支付金隆公司的货款，这是为飞腾公司使用该款项。这一意见的核心意思在于：既然贴现款是以金隆公司名义骗取的，在取得以后，无论该款项的性质如何，都应当认为这是归属于金隆公司的财物。汪某和吴某是利用在金隆公司任职的职务上的便利，将金隆公司的款项挪用给飞腾公司使用。在这种情况下，汪某和吴某就可能构成数罪，即骗取票据承兑罪和挪用公款罪。而黄某单位则分别构成上述两罪的共犯。但如果这样定罪，则是以汪某和吴某为主导的思路，实际上，该案是以飞腾公司的黄某为主导的，他对汪某行贿，获得汪某的配合，最终取得对银行贴现款的使用。这种情况下，我认为本案的性质还是骗取票据承兑罪。至于以金隆公司骗取承兑款然后交给飞腾公司使用，是否另外构成挪用公款罪的问题，没有必要考虑。因为汪某和吴某是盗用了金隆公司的名义骗取银行票据承兑，对此金隆公司作为单位并不承担刑事责任，至于民事责任那是另外一个问题。就此而言，本案还是应当定性为飞腾公司和汪某、吴某相勾结，盗用金隆公司的名义骗取银行票据承兑，并将承兑款给飞腾公司使用，由此构成骗取票据承兑罪的共犯。

（本文原载《江西警察学院学报》，2017（6））

盗取空白现金支票伪造后使用行为之定性研究

——周大伟案分析

在现实生活中，犯罪现象是十分复杂的。犯罪分子为达到其犯罪目的，往往不择手段实施各种犯罪行为。可以说，犯罪分子并不是根据法律规定或者刑法理论去实施其犯罪行为的；恰恰相反，法律规定或者刑法理论要去适应犯罪。在现行法律制度，对某一犯罪案件的个数如何正确认定，确实是一个疑难复杂的问题。本文从周大伟案切入[①]，通过对盗取空白现金支票伪造后使用行为的分析，对刑法理论中的罪数问题，尤其是牵连犯问题加以探讨。

一、案情及分歧意见

被告人周大伟，男，1981年11月19日出生，汉族，农民，因涉嫌犯票据诈骗罪于2003年4月21日被逮捕。

江苏省盱眙县人民检察院以被告人周大伟犯票据诈骗罪向盱眙县人民法院提起公诉。

---

① 本案刊载于最高人民法院刑一庭、刑二庭编：《刑事审判参考》，2004年第1辑，11～16页，北京，法律出版社，2004。

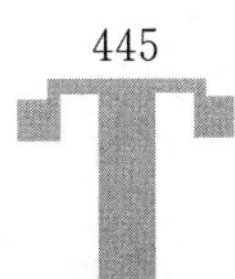

盱眙县人民法院经公开审理查明：2003 年 4 月 9 日 23 时许，被告人周大伟翻墙跳进原打工单位盱眙县维桥乡元润食品厂（以下简称元润厂）院内，钻窗潜入该厂会计室，意欲行窃，但未能发现现金和可偷的财物。在翻找会计室办公桌时，周大伟发现一本尚未填写数额和加盖印章的空白现金支票，遂从中撕下一张，票号为 14340469。次日上午，周大伟来到盱眙县盱城镇街道某刻章处，私自刻制了有元润厂厂长"马春山"、主办会计"马勇"字样的印章两枚，加盖于所盗支票上，并用圆珠笔填写了35 000元金额，然后便到盱眙县三河信用社提款。三河信用社工作人员核票后发现有诈，周大伟见状仓皇逃离，后被接到报警的公安干警抓获。

盱眙县人民法院审理后认为，被告人周大伟以非法占有为目的，利用所窃取的空白现金支票进行伪造，假冒出票人的名义签发票据着手骗取金融机构财物，数额较大，其行为已构成票据诈骗罪。在实施票据诈骗过程中，由于意志以外的原因未能得逞，系犯罪未遂，依法可以比照既遂犯从轻处罚。周大伟归案后，认罪态度较好，其亲属积极代其缴纳了罚金，可酌情从轻处罚。公诉机关指控被告人周大伟犯票据诈骗罪未遂，事实清楚，证据确实、充分，应予支持。遂依照《中华人民共和国刑法》第 194 条第 1 款第 1 项，第 23 条，第 53 条，第 72 条，第 73 条第 2 款、第 3 款的规定，判决：被告人周大伟犯票据诈骗罪，判处有期徒刑 2 年，缓刑 2 年，并处罚金人民币 20 000 元。

一审宣判后，被告人没有上诉，检察机关亦没有抗诉，判决已发生法律效力。

本案犯罪事实，从刑法评价上看，被告人先后实施了盗窃的行为（盗窃财物未遂，仅窃取了一张空白现金支票），伪造企业印章的行为（私刻企业厂长、主办会计的印章，因该印章能起到单位证明作用，应视为伪造企业印章），伪造金融票证的行为（在盗取的空白现金支票上加盖伪造的印章，填写现金数额，假冒出票人的名义签发现金支票），票据诈骗的行为（使用伪造的金融票证到金融部门兑票提款），分别触犯了盗窃罪、伪造企业印章罪、伪造金融票证罪和票据诈骗罪四个罪名。那么，应如何定罪呢？是一罪还是数罪？审理中曾存在以下两种

不同观点。

第一种观点认为，本案被告人所实施的盗窃、伪造企业印章及伪造金融票证的行为，其追求的目的只有一个，即从金融部门骗取现金。上述几种行为均是为实施票据诈骗做准备，是实现票据诈骗目的的手段行为，依据“牵连犯”的理论，本案应以票据诈骗罪（未遂）定罪处罚，不实行数罪并罚。

第二种观点认为，本案被告人存在两个犯罪故意，即盗窃财物的故意和利用盗取的空白现金支票诈骗财物的故意。围绕利用盗取的空白现金支票诈骗财物的目的，被告人又实施了伪造企业印章及伪造金融票证的准备行为。相对于票据诈骗目的而言，伪造企业印章及伪造金融票证是手段行为，可以按“牵连犯”的理论，仅以票据诈骗罪论处。至于被告人先前的盗窃故意及行为，虽亦为未遂，但却是独立的，与其后实施的票据诈骗行为，并无内在的牵连意图和牵连关系，也不存在前一行为是后一行为所必经阶段的吸收关系。因此，本案符合盗窃罪（未遂）和票据诈骗罪（未遂）两个犯罪的构成要件，应以上述二罪论处。

二、涉案罪名分析

本案涉及四个罪名，下面分别根据我国刑法规定加以分析。

（一）盗窃罪分析

根据我国《刑法》第 264 条之规定，盗窃罪是指以非法占有为目的，秘密窃取公私财物，数额较大或者多次盗窃的行为。因此，盗窃的客体是公私财物，财物的表现形式是多种多样的，只要具有一定的财产价值并为人所控制或者管理，均可成为盗窃罪的客体。在本案中，被告人周大伟潜入元润厂会计室，其主观上窃取财物的意图十分明显。这里的财物，从行窃地点来看，主要是指会计室保管的现金。当然，也可以是其他有价值的财物。但是，结果出其预料：未能发现现金和可偷的财物。在这种情况下，就存在一个是否构成盗窃未遂的问题。关于盗窃未遂，最高人民法院《关于审理盗窃案件具体应用法律若干问题的解释》第 1 条第 2 项规定：“盗窃未遂，情节严重，如以数额巨大的财物或者国家珍贵文物等为盗窃目标的，应当定罪处罚。”根据这一规定，盗窃未遂既非一概处罚，也并非一概不处罚，只有在情节严重的情况下才予以处罚。对于情节严重，该解释作出列举性的规定，包括以数额巨大的财物或者国家珍贵文物等为盗窃目标。在此，以国家珍贵文物为盗窃目标当然是明确的。而以数额巨大的财物为目标，由于该解释规定以 5 000 元至 2 万元为数额巨大的标准，因此似乎也十分明确。但在一个具体案件中，是否以数额巨大的财物为目标，则不太容易确定。例如关于本案，裁判理由虽然认为是盗窃未遂，但又认为：“就本案而言，考虑到被告人盗窃所指向的目标不太可能涉及数额巨大的财物（一个私营小厂的会计室），且其盗窃财物未遂行为与窃取空白支票之间具有自然的连续性。因此，对其盗窃财物未遂行为不予定罪处罚应是可以的。”且撇开“其盗窃财物未遂行为与窃取空白支票之间具有自然的连续性”是否可以成为盗窃财物未遂行为不予定罪处罚的理由不论，就一个私营小厂的会计室是否有可能存在数额巨大的财物而言，作出否定的判断似乎并无可信的根据。如前所述，根据上述解释的规定，数额巨大为 5 000 元至 2 万元，而在本案发生地江苏，数额巨大的起点是 1 万元。一个私营小厂的会计室没有 10 万元的可能性，也许有 60%，没有 1 万元的可能性则大约只有 40%，因而是可能的，而非不太可能。当然，可能与不太可能，谈论起来都有些纸上谈兵的味道。这也正好说明这一司法解释缺乏可操作性。

被告人周大伟在没有窃取现金和其他财物的情况下，柳暗花明又一村地发现一本尚未填写数额和加盖印章的空白现金支票，遂临时起意，从中撕下一张票号为 14340469 的空白支票。我之所以说被告人周大伟是临时起意，是说他在入室行窃时，是奔着现金与财物去的，只是发现空白支票以后，灵机一动，才盗窃了一张空白支票。那么，这一盗窃空白支票的行为是否构成盗窃罪呢？根据上述解释第 5 条第 2 项的规定，有价支付凭证、有价证券、有价票证均可成为盗窃罪的客体。有价支付凭证是指以请求支付金钱为债权内容的金钱证券。有价证券是指表明一定的财产性权利，只有持该证券才能行使该权利的证券。有价票证是指车票、船票、邮票、税票等表示一定的货币数额的票证。支票属于有价支付凭证。根据我国《票据法》第 82 条的规定，支票是出票人签发的，委托办理支票存款

业务的银行或者其他金融机构在见票时无条件支付确定的金额给收款人或者持票人的票据。支票按照不同标准可作不同的分类：(1) 按照支付方式分类，支票可以分为现金支票和转账支票。现金支票是指付款人向其开户银行签发的用于提取现金或者转账结算的一种支票。转账支票是指由付款人通知其开户银行由开户银行从其存款账户中支取款项，以记入受款人账户方式支付的一种支票。(2) 根据票据金额是否确定，支票可以分为普通支票和定额支票。普通支票就是票面金额不确定的支票，普通支票一律记名。定额支票是票面金额确定的支票，定额支票不记名不挂失。(3) 按照支票记载要求，支票可以分为记名式支票和无记名支票。记名式支票是票面上记载收款人名称的支票。记名式支票在取款时，必须由收款人当面签章，以防支票遗失以后被人冒领。无记名支票是票面上不记载收款人名称的支票，无记名支票的持票人就是收款人。无记名支票在领款时，银行仅凭支票向持票人支付票款，而不问持票人获得支票是否合法。① 上述支票，都是指合法有效的有价支付凭证，因此，根据前述解释的规定，都可以成为盗窃罪的客体，只是在计算盗窃数额上有所区分而已。但本案被告人周大伟盗窃的是空白现金支票。空白现金支票由于尚未加盖出票人的印章，因而其性质如一张废纸。它与合法有效的现金支票不同，就在于合法有效的现金支票是一种财产凭证，表示一定财产性利益。持票人享有票据上的财产，银行应当见票即付。窃取这种合法有效的现金支票，如同窃取财产，其冒领行为只是进一步实现其票据上的财产权利，虽然具有一定的诈骗性质，但并不构成诈骗罪。但空白现金支票，还不表示一定的财产权利，只有经过伪造，才有可能获取一定的财物，但那就涉嫌伪造和诈骗的犯罪，对此将在下文分析。

总之，本案被告人周大伟的盗窃行为，就盗窃财物来说，属于盗窃未遂；就盗窃空白支票来说，则并不构成盗窃罪。

(二) 伪造企业印章罪分析

根据《刑法》第 280 条第 2 款的规定，伪造企业印章罪，是指没有制作权限

---

① 参见刘华：《票据犯罪研究》，47 页，北京，中国检察出版社，2001。

的人擅自制作公司、企业、事业单位、人民团体印章的行为。这里的印章，我国学者认为包括印形与印影。印形，是指固定了国家机关名称等内容并可以通过一定方式表示在其他物体上的图章；印影，是指印形加盖在纸张等物体上所呈现的形象。[①] 在本案中，被告人周大伟的伪造行为表现为到某刻章处私自刻制了有元润厂厂长“马青山”、主办会计“马勇”字样的印章两枚。换言之，周大伟并没有直接伪造元润厂的印章，而是伪造了元润厂厂长和主办会计的印章。对此，能否以伪造企业印章罪论处呢？对于这个问题，本案裁判理由未作深入论证，只是给出结论性的意见：私刻企业厂长、主办会计的印章，因该印章能起到单位证明作用，应视为伪造企业印章。这个结论当然是正确的，私人印章在一定条件下起到单位证明作用，因而视同企业印章是适当的。因此，本案被告人周大伟的行为构成伪造企业印章罪。

（三）伪造金融票证罪分析

根据《刑法》第 177 条第 1 款的规定，伪造金融票证罪是指伪造金融票据，数额较大的行为。这里的伪造金融票据，包括伪造支票。本案被告人周大伟的伪造行为，表现为在窃取的空白现金支票上加盖伪造的印章，填写现金数额，假冒出票人的名义签发现金支票。因此，周大伟的行为构成伪造金融票证罪。

（四）票据诈骗罪分析

根据《刑法》第 194 条的规定，票据诈骗罪是指采用虚构事实或者隐瞒真相的方法，利用金融票据骗取财物，数额较大的行为。这里的票据诈骗，包括明知是伪造的支票而使用。本案被告人周大伟使用伪造的支票去信用社提款，因而构成票据诈骗罪，只是未遂而已。

三、各罪之间的关系

被告人周大伟所犯的上述四罪，并非孤立地存在着，因而也不能简单地对周

① 参见张明楷：《刑法学》，2 版，801 页，北京，法律出版社，2003。

大伟以四罪实行并罚。为此，需要对周大伟所犯四罪之间的关系进行分析。

（一）盗窃行为与票据诈骗行为之间是否存在牵连关系

在本案中，空白的现金支票是盗窃所得，没有被告人周大伟先前窃取空白的现金支票的行为，当然也就不可能有后来伪造现金支票和使用伪造的现金支票的行为。从这个意义上来说，两者之间存在一定的因果关系。但是否像前述第一种观点所说的那样，在盗窃罪与票据诈骗罪之间存在着牵连关系呢？

这里涉及以下两个问题：一是先前的行为是否构成盗窃罪？这里的先前行为是否构成盗窃罪，我认为并非指盗窃财物，而是指盗窃空白的现金支票。就盗窃财物而言，是盗窃未遂，对此并无争议。但盗窃空白现金支票的行为并不构成盗窃罪，因为空白的现金支票本身并无价值。既然盗窃空白现金支票行为不构成盗窃罪，因而也就不存在其与后来的票据诈骗罪之间的牵连关系问题。在刑法理论上，只有在原因行为与结果行为均构成犯罪的情况下，才存在牵连犯问题。例如，盗窃枪支，然后使用盗窃的枪支去实施杀人行为，在盗窃枪支罪与故意杀人罪之间就存在客观上的牵连关系。二是牵连犯之牵连关系如何认定？换言之，牵连关系是一种客观上的联系还是应当包含主观上的关联？对于这个问题，刑法理论上存在以下观点：（1）主观说，认为有无牵连关系应以行为人的主观意思为标准，即行为人在主观意思上是不是以手段或结果之关系使其与本罪发生牵连。（2）客观说，认为有无牵连关系应以客观事实为准，即行为人所实施的本罪与其方法行为或结果行为在客观上是否存在牵连关系，至于行为人主观上有无使其成为方法行为或结果行为的意思，可以不问。在持客观说者中间，由于对确定牵连关系的根据在理解上的差别，又分为三种主张：一是包容为一说；二是不可分割说；三是通常性质说。（3）折中说，认为认定本罪与方法或结果行为的牵连关系，应从主客观两个方面观察。[①] 这个问题直接关系到牵连犯范围之确定。显然，按照客观说，牵连犯的范围是较大的，例如一个人某次偶然盗窃了一支枪，后来起意杀人，在杀人过程中使用了这支枪。根据客观说，应当承认盗窃枪支罪

① 参见吴振兴：《罪数形态论》，277页以下，北京，中国检察出版社，1996。

与故意杀人罪之间存在牵连关系。而根据主观说，只有在杀人意图产生以后，为了杀人而去盗窃枪支并用来杀人，才承认盗窃枪支罪与故意杀人罪之间存在因果关系。由此可见，主观说所确定的牵连犯的范围较小。我国刑法理论上，对于牵连关系通常认为应从主观上是否具有牵连意图和客观上是否具有因果关系两个方面加以判断，即采折中说，也称为主观与客观统一说。实际上，主观说也是以客观上具有牵连关系为前提的，因此，在牵连关系确定上主观说与折中说并无根本区别，只是表述不同而已。在本案的裁判理由中，主观说或者主观与客观统一说是得到肯定的，而客观说则被排斥。裁判理由在解释牵连意图时指出："所谓牵连意图，是指行为人对实现一个犯罪目的的数个犯罪行为之间所具有的手段和目的，或者原因和结果关系的认识。这包括两层含义：一是行为人只追求一个犯罪目的，即行为人所实施的数行为都指向同一犯罪目的。换言之，如果行为人的数行为不是为着实现同一犯罪目的，那就不存在牵连意图。二是行为人在主观认识上，是把直接实施犯罪目的的本罪行为作为主行为，而把为实现这一犯罪目的而创造条件或加以辅助的犯罪行为作为从行为。"根据这一观点，本案被告人周大伟先前的盗窃行为与后来的票据诈骗行为之间当然是不存在牵连关系的。

（二）伪造企业印章行为与伪造金融票证行为之间是否存在牵连关系

在本案中，被告人周大伟伪造企业印章的目的是伪造金融票证，在客观上两种行为之间存在因果关系，在主观上具有目的上的同一性。因而，伪造企业印章罪与伪造金融票证罪之间存在因果关系。

（三）伪造金融票证行为与金融票据诈骗行为之间是否存在牵连关系

这个问题从形式上看，似乎是十分简单的，答案当然是肯定的。但从实质上分析，还是一个相当复杂的问题，这里涉及牵连犯与不可罚的事后行为及不可罚的事前行为之间的区分问题，以往在刑法理论上涉及较少。

在刑法理论上，如果作为利用主行为的结果而实施的行为，尽管分割开来看，它本身也是可罚的，但根据主行为的构成要件，它已经得到了包括的评价。因此，在法律上就不存在成立其他犯罪的问题。这就是所谓不可罚的事后行为。与之相关，如果作为本身可以独立处罚的行为，由于是主行为的手段或准备行

为，所以在法律适用上就不构成特别的问题。这就是所谓不可罚的事前行为。[①]从上述定义可以看出，不可罚的事后行为与事前行为都是一个独立于主行为的行为，但它又在处罚主行为时被予以考虑。因此，这里的"不可罚"，实际上应当认为是前者和后者总和起来受到处罚，即仍然是一个构成要件包括评价的范围问题。[②] 由于不可罚的事后行为与事前行为，已经被一个构成要件包括评价，因而它不能独立构成犯罪。例如，盗窃以后占有赃物的行为，不再在盗窃罪之外另行构成侵占罪，因为侵占是盗窃之后的必然状态。同样，盗窃以后的销赃行为，如果是他人代为销售，可以构成销赃罪；如果是盗窃犯本人销赃，则不另行构成销赃罪。这种盗窃以后的侵占行为与销赃行为均是较为明显的不可罚的事后行为。

但在我国刑法中，也有些情形是否属于不可罚的事后行为不十分明显。需要从理论上加以分析。例如，《刑法》第 213 条规定了假冒注册商标罪，第 214 条规定了销售假冒注册商标的商品罪。那么，行为人先假冒注册商标，然后销售假冒注册商标的商品，到底是两罪之牵连呢还是后行为被视为不可罚之事后行为？从《刑法》第 214 条的规定来看，销售假冒注册商标的商品罪是指销售明知是假冒注册商标的商品，销售金额数额较大的行为。因此，这里的明知就排除了假冒注册商标者构成销售假冒注册商标的商品罪的可能性。在这种情况下，就可以将销售假冒注册商标的商品行为视为假冒注册商标罪的不可罚的事后行为。

那么，伪造金融票证罪与票据诈骗罪之间的关系能否也作以上的分析呢？从刑法规定来看，第 177 条规定的伪造金融票证行为包括伪造汇票、本票、支票的行为，而第 194 条规定的票据诈骗行为包括明知是伪造的汇票、本票、支票而使用的行为。这里的明知似乎也可以排除伪造金融票证者构成票据诈骗罪的可能性。但从两罪的法定刑来看，伪造金融票证罪轻而票据诈骗罪重。在这种情况下，将重行为——票据诈骗视为轻行为——伪造金融票证的不可罚的事后行为，

① 参见［日］木村龟二主编：《刑法学词典》，顾肖荣等译，400 页，上海，上海翻译出版公司，1991。

② 参见［日］木村龟二主编：《刑法学词典》，顾肖荣等译，400 页，上海，上海翻译出版公司，1991。

显然不妥。在这种情况下，还是应当把伪造金融票证罪与票据诈骗罪之间的关系视为牵连关系。

四、定性的结论

本案被告人周大伟的行为构成盗窃未遂，并无分歧意见，至于盗窃未遂是否应当追究刑事责任，这是另外一个问题。但对于具有牵连关系的伪造企业印章罪、伪造金融票证罪和票据诈骗罪，到底如何定罪，一审判决认为应定票据诈骗罪，裁判理由则认为在理论上应定伪造金融票证罪。裁判理由在论证时指出："伪造金融票证罪和票据诈骗罪未遂的法定刑完全一样，在这种情况下应当如何定罪呢？一种观点认为，应定伪造金融票证罪，理由是行为人伪造金融票证行为已经既遂，而票据诈骗行为系未遂，在两者法定刑完全相同的情况下，既遂还是未遂必将影响处断刑，故伪造金融票证罪在处断刑上应为重罪。另一种观点认为，应定票据诈骗罪（未遂），理由是判断轻罪重罪的标准，通说是比较法定刑，在二罪法定刑完全相同的情况下，一般以行为人的目的行为定罪更为恰当与合乎常理，并能更准确地反映被告人的行为性质和案件特征。且未遂只是可以比照既遂犯从宽处罚的情节，根据个案情况，并非必须予以从宽。上述两种观点均有一定的合理性，但两相比较，我们更倾向于定伪造金融票证罪。"裁判理由并没有具体阐述倾向于定伪造金融票证罪的原因，但与票据诈骗罪处于未遂是有很大关系的。就行为的主从性而言，伪造金融票证是从行为，而票据诈骗是主行为。就法定刑的轻重而言，最高刑上当然是票据诈骗罪重于伪造金融票证罪。但就相对应的量刑幅度而言，应当说两罪是相同的。在这种情况下，一般来说，应定票据诈骗罪。但在票据诈骗罪未遂的情况下，认定为伪造金融票证罪确实可以较好地反映对本案的刑法评价。

（本文原载游伟主编：《华东刑事司法评论》，第 8 卷，北京，法律出版社，2006）

使用伪造的银行存单作抵押骗取贷款行为之定性研究

——从朱成芳案切入

贷款诈骗罪是金融诈骗罪之一种，在司法实践中如何认定贷款诈骗罪，尤其是如何正确地区分贷款诈骗罪与金融凭证诈骗罪，涉及刑法中的一些复杂理论问题，需要深入研究。本文从朱成芳金融凭证诈骗、贷款诈骗案[①]切入，对相关问题进行理论探讨。

一、案情及诉讼过程

被告人朱成芳，曾用名朱志强，男，1955 年 3 月 18 日出生，原系山东省青州市长虹电器厂（私营企业）副厂长。1988 年 4 月因犯诈骗罪被判处有期徒刑 9 年，1993 年 11 月 12 日被假释，假释考验期至 1997 年 2 月 16 日。因涉嫌犯金融凭证诈骗罪、贷款诈骗罪，于 1996 年 12 月 16 日被逮捕。

山东省潍坊市人民检察院以被告人朱成芳犯金融票据诈骗罪、贷款诈骗罪，向潍坊市中级人民法院提起公诉。

---

① 本案例载于最高人民法院刑一庭、刑二庭编：《刑事审判参考》，1999 年第 5 辑，1～8 页，北京，法律出版社，1999；后收入《刑事审判案例》，252～257 页，北京，法律出版社，2002。

被告人朱成芳对指控的犯罪事实供认不讳，无辩解意见。其辩护人辩称，被告人朱成芳的行为只构成贷款诈骗罪，不构成金融凭证诈骗罪，且属单位犯罪。

潍坊市中级人民法院经公开审理查明：1995 年下半年，被告人朱成芳为诈骗银行贷款，先后比照银行存单上的印章模式，伪造了中国农业银行青州市支行昭德办事处储蓄章和行政章，中国建设银行青州市支行房地产信贷部、青州市黄楼信用社和青州市普通信用社储蓄章，潍坊市二轻工业供销公司、聊城地区基本建设投资公司公章及有关银行工作人员的名章，并通过中国农业银行青州市支行昭德办事处的工作人员了解到一些单位和个人在该办事处的存款情况。1995 年 10 月和 1996 年 6 月，朱成芳持套取的中国农业银行山东省分行等金融机构的整存整取储蓄存单样本，到深圳市通过欧大庭、罗坚（同案被告人，均已判刑）共印制银行空白存单一百三十余万份。朱成芳将其中 1 000 份带回青州市，部分用于犯罪活动。案发后，空白存单被公安机关查获。

1996 年 5 月，朱成芳将少量现金存入农行青州市昭德办事处，取得存单 1 张。后持该存单及私自印制的空白存单到青州市"金海"打字复印部，让打字员比照存单样式打印了两份户名分别为胡敬坤和李纪芬、存款额均为 100 万元的假存单，朱成芳盖上私刻的昭德办事处储蓄章和经办人李法玲的名章。朱成芳持该假存单到东坝信用社要求抵押贷款，东坝信用社开出两份抵押证明，朱成芳在抵押证明上盖上私刻的农行昭德办事处行政公章和该办事处主任赵双吉的名章，以此假存单和假抵押证明，骗取东坝信用社贷款 200 万元。

1996 年 5 月至 8 月，被告人朱成芳单独或伙同孙广荣（同案被告人，已判刑）用上述手段，先后 14 次分别从青州市东坝信用社、青州市普通信用社、宁津县张傲信用社、青州市建行房地产信贷部、青州市益都信用社、青州市东夏基金会诈骗贷款 1 268.79 万元。其中未遂 1 起，金额为 51 万元。另外，朱成芳还单独或伙同孙广荣利用伪造的担保函或骗取的银行存单作抵押，从青州市东坝信用社、青州市城市信用社东关分社两次骗取银行贷款 140 万元。案发前朱成芳已返还诈骗的贷款 205.79 万元，案发后追回赃款及物品价值 655 万元，尚有 497 万元无法追回。

潍坊市中级人民法院认为：被告人朱成芳以非法占有为目的，伪造存单诈骗金融部门资金，指使他人使用虚假证明诈骗贷款，其行为分别构成金融凭证诈骗罪和贷款诈骗罪，且诈骗数额特别巨大，给国家和人民利益造成特别重大损失，又系在假释考验期限内再犯新罪，是本案主犯，必须依法严惩。依照《中华人民共和国刑法》第12条第1款，全国人大常委会《关于惩治破坏金融秩序犯罪的决定》第10条、第12条和1979年《中华人民共和国刑法》第20条、第22条、第23条、第75条、第64条、第53条第1款的规定，于1998年2月4日判决如下：

被告人朱成芳犯金融凭证诈骗罪，判处死刑，剥夺政治权利终身，并处没收全部财产；犯贷款诈骗罪，判处有期徒刑15年，并处没收全部财产；与前罪余刑3年零十个月并罚，决定执行死刑，剥夺政治权利终身，并处没收全部财产。

一审宣判后，朱成芳不服，以“只构成贷款诈骗罪，且属单位犯罪，量刑过重”为由向山东省高级人民法院提出上诉。

山东省高级人民法院经审理认为：上诉人朱成芳以非法占有为目的，使用伪造的存单诈骗银行资金，使用虚假证明文件骗取贷款，其行为分别构成金融凭证诈骗罪、贷款诈骗罪，且诈骗数额特别巨大，给国家和人民利益造成特别重大损失，是本案主犯，又系在假释期限内再犯新罪，依法应予严惩。上诉人朱成芳虽然是以长虹电器厂的名义实施诈骗的，且将大部分赃款用于归还长虹电器厂的贷款，但实质上是为个人牟利，所以应依法追究投资者个人的刑事责任。原审判决认定的事实清楚，证据确实、充分；定罪准确，量刑适当，审判程序合法。上诉人的上诉理由及辩护人的辩护意见均不能成立，不予采纳。依照《中华人民共和国刑事诉讼法》第189条第1项的规定，于1998年5月7日裁定驳回上诉，维持原判。山东省高级人民法院依法将此案报送最高人民法院核准。

最高人民法院经复核确认：一、二审认定的朱成芳单独或伙同他人利用伪造的银行存单作抵押，诈骗贷款1 268.79万元，其中未遂1起，金额为51万元；利用伪造的担保函或骗取的银行存单作抵押，骗取银行贷款140万元的事实清楚，证据确实、充分。一、二审认定的朱成芳归还入股的9万元诈骗款，系案发

后的追回款；认定朱成芳归还的18万元，系归还的正常贷款，均不应计入案发前归还款数额之中。因此，认定案发前朱成芳归还诈骗的贷款应为178.79万元，案发后追回赃款及物品价值664万元，尚有515万元无法追回。

最高人民法院认为：被告人朱成芳伙同他人使用伪造的金融凭证骗取贷款的行为，已构成金融凭证诈骗罪。诈骗数额特别巨大，给国家和人民利益造成特别重大损失，且系在假释考验期限内再犯新罪，在共同犯罪中是主犯，应依法惩处。其伙同他人利用伪造的担保函或骗取的银行存单作抵押，诈骗金融机构贷款的行为，构成贷款诈骗罪，诈骗数额特别巨大，亦应依法惩处。一审判决、二审裁定认定的基本事实清楚，证据确实、充分，定罪准确，量刑适当，审判程序合法。依照《中华人民共和国刑事诉讼法》第199条和最高人民法院《关于执行〈中华人民共和国刑事诉讼法〉若干问题的解释》第285条第1项的规定，于1999年10月28日作出如下裁定：核准山东省高级人民法院维持一审以金融凭证诈骗罪判处被告人朱成芳死刑，剥夺政治权利终身，并处没收全部财产；以贷款诈骗罪判处有期徒刑15年，并处没收全部财产；与前罪没有执行的有期徒刑3年零10个月并罚，决定执行死刑，剥夺政治权利终身，并处没收全部财产的刑事裁定。

二、争议及其理由

在朱成芳案中，三级法院都认定被告人朱成芳骗取银行资金的行为分为以下两种性质：一是使用伪造的金融凭证骗取贷款行为，二是利用伪造的担保函或骗取的银行存单作抵押骗取贷款行为。并分别将第一种行为认定为金融凭证诈骗罪，将第二种行为认定为贷款诈骗罪。将第二种行为定贷款诈骗罪，在本案处理过程中并无争议，关键是第一种行为到底是定金融凭证诈骗罪还是定贷款诈骗罪，在本案处理过程中存在以下两种意见。

第一种意见认为，利用伪造的银行存单作抵押骗取贷款的行为，应定金融凭证诈骗罪。其主要理由如下。

1.《刑法》第193条“贷款诈骗罪”第3项中所规定的“证明文件”不包括银行存单。银行存单是一种金融凭证，虽然也能起到证明的作用，但其与“证明文件”的性质不同，其证明的效力和范围也不同于“证明文件”。使用伪造的银行存单骗取银行贷款的行为不构成贷款诈骗罪。

2. 即使《刑法》第193条中规定的“证明文件”包括银行存单在内，利用伪造的银行存单作抵押骗取贷款的行为可以构成贷款诈骗罪，但由于这种行为同时还触犯了《刑法》第194条第2款规定的金融凭证诈骗罪，属于竞合犯，按照从一重罪处断原则，亦应定为金融凭证诈骗罪。

3. 对《刑法》第194条第2款的规定，应理解为只要是使用伪造、变造的金融凭证骗取资金，达到数额较大的，即构成金融凭证诈骗罪。无论骗取的资金是何种性质，是贷款还是其他款项，也不论是使用金融凭证直接骗取资金，还是以此作抵押骗取银行贷款，都不影响该罪的成立。本案被告人朱成芳使用伪造的银行存单骗取贷款的行为，构成金融凭证诈骗罪。

第二种意见认为，利用伪造的银行存单作抵押骗取贷款的行为，应定贷款诈骗罪。其主要理由如下。

1. 银行存单属于《刑法》第193条第3项中规定的“证明文件”。使用银行存单作担保骗取贷款的行为构成贷款诈骗罪。同时该行为还属于使用虚假的产权证明作担保，从银行骗取贷款。这里所说的“产权证明”，是指能够证明行为人对房屋等不动产或者汽车、货币、可即时兑付的票据等动产具有所有权的一切文件，其中包括银行存单。因此，按照《刑法》第193条第4项的规定，利用伪造的银行存单作抵押骗取贷款的行为亦构成贷款诈骗罪。

2. 金融凭证诈骗罪、贷款诈骗罪的区别，应在理论上区分清楚，尽量减少两罪的交叉，以便于审判实践中操作。尽管两罪均包括使用伪造、变造的银行存单进行诈骗的行为，但两罪有明显区别，非法占有的目的、诈骗对象不同。(1)金融凭证诈骗罪是指使用伪造、变造的银行存单直接骗取资金的行为；贷款诈骗罪是指使用伪造、变造的银行存单作抵押骗取金融机构的贷款的行为。(2)金融凭证诈骗罪诈骗的资金数额一般与假存单上的数额相同；贷款诈骗罪诈骗的资金数额不一定是抵押的假存单上的数额。（3）金融凭证诈骗罪诈骗的对象不特定；而贷款诈骗罪诈骗对象是特定的，即只能是金融机构的贷款。（4）金融凭证诈骗罪的行为人是要实现票面上的权利，而贷款诈骗罪的行为人是利用金融凭证的票面价值所起的担保作用来达到非法占有的目的。（5）由于贷款程序严格，银行有严格审查的责任，使用伪造的金融凭证直接骗钱则简单得多。本案被告人朱成芳不是直接拿假存单到银行骗取资金，而是以此作为担保骗取贷款。从本案特征看，其最终目的是诈骗贷款，使用伪造的假存单只是犯罪手段行为，即使其犯罪手段牵连到非法使用金融凭证，也应当以其目的行为定贷款诈骗罪，而不宜以手段行为定罪。因此，朱成芳的行为只构成贷款诈骗罪，不构成金融凭证诈骗罪。

3. 本案被告人实施的是一个行为，而不是两个行为，不属牵连犯罪，而是想象竞合犯罪。贷款诈骗罪的最高刑期为无期徒刑，金融凭证诈骗罪最高刑期为死刑。在贷款诈骗过程中，银行有审查的责任，因而被告人的社会危害性较小。即使朱成芳的行为同时触犯两个罪名，也不能按照从一重处原则适用重罪而对被告人判处死刑。如果按金融凭证诈骗罪对朱判处死刑，就等于将贷款诈骗罪的最高刑提高到死刑。因此，从罚当其罪的角度考虑，本案应定贷款诈骗罪。

三、理论分析

本案争议问题，涉及对贷款诈骗罪与金融凭证诈骗罪的界分。在 1979 年刑法中，只规定了一个诈骗罪，因此，无论采取何种手段诈骗，也无论诈骗到何种财物，都定诈骗罪。在我国经济体制改革以后，尤其是随着金融制度的建构与发展，金融领域的诈骗犯罪甚为严重。在这种情况下，1995 年 6 月 30 日全国人大常委会通过了《关于惩治破坏金融秩序犯罪的决定》，该决定第 10 条设立了贷款诈骗罪，第 12 条第 2 款规定了金融凭证诈骗罪。1997 年刑法修订中，专设“金融诈骗罪”一节，分别在《刑法》第 193 条和第 194 条第 2 款设立了贷款诈骗罪和金融凭证诈骗罪。相对于《刑法》第 266 条规定的诈骗罪而言，贷款诈骗罪与金融凭证诈骗罪属于特别规定，按照“本法另有规定的，依照规定”之引导性规

定，在行为人实施了贷款诈骗行为与金融凭证诈骗行为的情况下，按照特别法优于普通法的法条竞合的法条适用原则，应定贷款诈骗罪与金融凭证诈骗罪。对此，无论在刑法学界还是在司法实务界均无分歧。问题在于：贷款诈骗罪与金融凭证诈骗罪之间存在什么关系？这需要从两罪的构成要件上加以分析。

（一）贷款诈骗罪的构成特征

首先分析《刑法》第193条规定的贷款诈骗罪。相对于普通诈骗罪而言，贷款诈骗罪的特殊性在于诈骗的客体特殊：诈骗的是银行或者其他金融机构的贷款。为使贷款诈骗罪更加容易认定，刑法规定了以下五种贷款诈骗的情形：(1) 编造引进资金、项目等虚假理由的；(2) 使用虚假的经济合同的；(3) 使用虚假的证明文件的；(4) 使用虚假的产权证明作担保或者超出抵押物价值重复担保的；(5) 以其他方法诈骗贷款的。从刑法规定来看，似乎是十分明确的，但仍然存在一个问题值得深究：这五种情形到底本身就是诈骗行为还是诈骗方法？对于这个问题，刑法理论上过去关注不足。当然，也有个别学者作了相当深入的研究。例如王仲兴教授专门研究过犯罪方法，就涉及本文想要讨论的犯罪方法与犯罪行为的关系问题。王仲兴教授指出，犯罪的方法，是指法律明文规定的，旨在创造条件以有利于实施犯罪行为并且最终实现预期犯罪目的，属于犯罪构成具体要件的一种行为形式。而犯罪的行为，是指在人的意识的支配下所发出的危害社会、触犯刑律并且应当负刑事责任的身体的举动或者活动。因此，犯罪方法既有与犯罪行为的相同之处，又有与犯罪行为的不同之处。相同之处在于犯罪方法的内涵是行为，因而犯罪方法与犯罪行为之间是相通的。不同之处在于它们在犯罪构成中的地位不同。犯罪行为是必要要件，而犯罪方法则是选择要件；犯罪行为是主导性的主行为，犯罪方法是辅助性的次行为。[①] 上述论述当然是有启发的，但我认为不应满足于对犯罪方法与犯罪行为之间关系的这种一般性探讨，而是要考察在一个具体法律规定中，犯罪方法与犯罪行为到底是什么关系。我认为，犯

① 参见王仲兴：《犯罪方法基本理论纲要一》，载《中山大学法律评论》，第1卷，35页以下，北京，法律出版社，2000。

罪方法与犯罪行为之间存在以下两种关系：一是等同关系，犯罪方法即犯罪行为。例如《刑法》第238条规定：非法拘禁罪是指非法拘禁他人或者以其他方法非法剥夺他人人身自由的行为。这里的非法拘禁他人的方法就等同于非法拘禁行为。二是从属关系，犯罪方法是犯罪行为的组成部分，两者之间存在部分与整体的关系。例如根据《刑法》第277条，妨害公务罪是指以暴力、威胁方法阻碍国家机关工作人员依法执行职务的行为。这里的暴力、威胁方法只是妨害公务行为的组成部分。基于以上对犯罪方法与犯罪行为关系的界定，那么，在贷款诈骗罪中，《刑法》第193条规定的五种贷款诈骗方法，是等同于贷款诈骗行为呢，还只是贷款诈骗行为的组成部分？我认为，《刑法》第193条规定的贷款诈骗的五种情形，并不能等同于贷款诈骗行为，而只是贷款诈骗行为的组成部分。换言之，刑法列举的方法本身还不是构成贷款诈骗罪的充足条件。例如，使用虚假的证明文件的方法，只有当它用来诈骗银行或者其他金融机构的贷款时，才构成贷款诈骗罪。否则，只是在贷款中的虚假陈述，属于违章贷款或者贷款舞弊行为。从《刑法》第193条第5项“以其他方法诈骗贷款的”这一规定推理，前四项规定是列举性的，是为司法机关更加容易认定贷款诈骗罪。实际上，从立法精神来看，只要诈骗银行或者其他金融机构的贷款，无论采取何种方法，均可构成本罪。

（二）金融凭证诈骗罪的构成特征

其次分析《刑法》第194条第2款规定的金融凭证诈骗罪。该款规定：“使用伪造、变造的委托收款凭证、汇款凭证、银行存单等其他银行结算凭证的，依照前款的规定处罚。”在这一规定中，未出现“诈骗”或者“骗取”的字样，而是规定为“使用”。但根据立法者的理解，这里所说的“使用”，是指以非法占有他人财物为目的，进行诈骗活动。如果行为人仅是伪造、变造了委托收款凭证、汇款凭证、银行存单等其他银行结算凭证，而没有使用的，则不构成此项犯罪行为。[①] 相对于普通诈骗罪而言，金融凭证诈骗罪的特殊性在于诈骗的手段特殊：

① 参见胡康生、李福成主编：《中华人民共和国刑法释义》，269页，北京，法律出版社，1997。

使用伪造、变造的委托收款凭证、汇款凭证、银行存单等其他银行结算凭证进行诈骗。由于这些银行结算凭证属于金融凭证，因而将之归入金融诈骗罪。

（三）贷款诈骗罪与金融凭证诈骗罪的关系

最后，我们来分析贷款诈骗罪与金融凭证诈骗罪之间的关系。相对于普通诈骗罪来说，贷款诈骗罪与金融凭证诈骗罪都是特殊规定：贷款诈骗罪是客体特殊，金融凭证诈骗罪是手段特殊。那么，贷款诈骗罪与金融凭证诈骗罪之间又存在什么关系呢？确切地说，在使用伪造、变造的金融凭证作抵押骗取贷款的情况下，是应定贷款诈骗罪还是定金融凭证诈骗罪？下面分别论述。

1. 关于使用伪造、变造的金融凭证作抵押骗取贷款的行为是否构成金融凭证诈骗罪的问题。这个问题，关键在于如何理解金融凭证诈骗罪之“使用”。对于这里的“使用”，存在两种不同的理解：第一种意见认为，本罪中所谓使用，应限制在“直接使用”的范围内，即直接使用假金融凭证兑现其项下的款项的行为，而不包括使用假金融凭证作为担保诈骗银行贷款的行为。[①] 第二种意见认为，从立法本意看，刑法设立金融凭证诈骗罪时，对该罪的规定是广义的，所谓使用的含义，不应限制在直接使用的范围内，它不仅包括直接使用假金融凭证兑现其项下的款项的行为，也包括使用假金融凭证作为担保诈骗银行贷款的行为。[②] 在上述两种意见中，我赞同第二种意见。因为，这里的使用，是指进行诈骗活动。无论是直接使用还是间接使用，都属于诈骗活动，因而都应涵括在“使用”的概念之中。综上所述，使用伪造、变造的金融凭证作抵押的行为构成金融凭证诈骗罪。

2. 关于使用伪造、变造的金融凭证作抵押骗取贷款的行为是否构成贷款诈骗罪的问题。这个问题，关键在于使用伪造、变造的金融凭证作抵押是否属于贷款诈骗罪的方法。对此，我认为《刑法》第 193 条关于贷款诈骗罪的罪状中，虽然列举了五种方法，但第五种方法是开放性的构成要件，只要是诈取贷款的方法

① 参见高铭暄主编：《新型经济犯罪研究》，929 页，北京，中国方正出版社，2000。

② 参见李文燕主编：《金融诈骗犯罪研究》，205 页，北京，中国人民公安大学出版社，2002。

都可以包括在内。因此，使用伪造、变造的金融凭证作抵押骗取贷款的行为构成贷款诈骗罪也是没有问题的。

3. 贷款诈骗罪和金融凭证诈骗罪之间存在法条竞合关系问题。如上所述，使用伪造、变造的金融凭证作抵押骗取贷款这一个行为既符合贷款诈骗罪的规定，又符合金融凭证诈骗罪的规定，且在贷款诈骗罪与金融凭证诈骗罪之间存在法条竞合关系。这种竞合关系，我认为是交互竞合，即两个罪名概念之间各有一部分外延互相重合。①

在这种交互竞合中，因为刑法对贷款诈骗的方法没有限制，只要诈骗的是银行或者金融机构的贷款，即构成贷款诈骗罪，而刑法对于金融凭证诈骗的对象也没有限制，只要采取的是金融凭证诈骗的方法，即构成金融凭证诈骗罪。因此，当行为人采用金融凭证诈骗的方法，骗取银行或者其他金融机构贷款的时候，在构成要件上是重合的，形成交互竞合的情形。根据法条竞合理论，交互竞合的两个法条之间存在择一关系。在这种情况下，重法是优位法，应根据重法优于轻法的原则适用重法，排斥轻法。对此，我国学者正确地指出：使用伪造的银行存单作抵押骗取贷款行为处于（法律规定的）交叉区域的情形，一法条的内容的一部分为他法条内容的一部分，属于既此又彼的状态，为了避免重复评价，只选择一罪论处，对于这种情形的法规竞合，无法适用一般法与特殊法的原则处理，而只考虑重法优于轻法的处断原则。② 根据刑法规定，贷款诈骗数额特别巨大或者有其他特别严重情节的，只能判处无期徒刑。而金融凭证诈骗数额特别巨大，给国家和人民利益造成特别重大损失的，最高可判处死刑。显然，在采用金融凭证诈骗的方法，骗取银行或者其他金融机构贷款，且数额特别巨大，并给国家和人民利益造成特别重大损失的时候，金融凭证诈骗罪是重法，贷款诈骗罪是轻法，应定金融凭证诈骗罪。

（四）裁判理由评释

在朱成芳案中，对于利用伪造的银行存单作抵押骗取贷款行为如何定性，存

① 参见陈兴良：《规范刑法学》，108～109页，北京，中国政法大学出版社，2003。

② 参见李文燕主编：《金融诈骗犯罪研究》，206页，北京，中国人民公安大学出版社，2002。

在两种意见：第一种意见定金融凭证诈骗罪，第二种意见定贷款诈骗罪。一审法院、二审法院及最高人民法院对此主张定金融凭证诈骗罪，其裁判理由如下。

其一，从立法本意看，刑法设立金融凭证诈骗罪时，对该罪的规定是广义的，只要是使用伪造的金融凭证进行诈骗，数额较大的，即构成此罪。其目的是保护金融机构的信誉，严惩此类犯罪。而对贷款诈骗罪的规定则有一定的限制，主要是针对以非法占有为目的，骗取银行贷款的个人犯罪行为。《刑法》第 193 条“贷款诈骗罪”中所规定的“证明文件”，主要是指银行的存款证明、公司和金融机构的担保函、划款证明等在向银行或者其他金融机构申请贷款时所需的文件，不包括金融凭证。

其二，从司法实践看，使用伪造的金融凭证诈骗贷款，与使用虚假的经济合同、证明文件等诈骗贷款的有所不同。前者可信程度更高，更易于取得贷款银行的信任而骗得贷款，其行为的社会危害性相对更大。因此，根据刑法罪刑相适应的原则，此种犯罪也应当受到法定严厉的处罚。此类以伪造的金融凭证诈骗贷款的行为，与使用伪造的金融凭证直接骗得存款并无实质差别，因此，以金融凭证诈骗罪认定，是完全正确的。

其三，从刑法理论看，本案被告人共实施了三个行为：伪造公司、企业公文、印章，伪造金融凭证和诈骗贷款，三者存在牵连关系。其中，伪造公司、企业公文、印章和伪造金融凭证是手段行为，诈骗贷款是目的行为。使用伪造的金融凭证诈骗贷款，同时触犯了《刑法》第 193 条规定的贷款诈骗罪和第 194 条第 2 款规定的金融凭证诈骗罪。该两罪的法律规定交叉，是一行为同时触犯数罪名，应从一重处，定金融凭证诈骗罪。金融凭证诈骗罪的手段较多，包括使用伪造的银行金融凭证，如银行存单。金融凭证诈骗罪诈骗的对象是不特定的，包括银行贷款。被告人使用伪造的金融凭证诈骗银行时，无论银行是从哪一项目支付款项，都不影响被告人非法占有的目的，都是用伪造的金融凭证诈骗银行。被告人朱成芳伪造银行存单，并利用伪造的银行存单作抵押骗取贷款的行为，已构成金融凭证诈骗罪。同时，应当注意的是，在认定诈骗犯罪数额时，不能简单地以存单上的数额认定，因为那只是担保的数额，不一定是直接骗取的数额。认定诈

骗犯罪，应当以行为人准备骗取或者实际非法占有的数额作为犯罪数额。因此，本案定罪数额应当以被告人朱成芳使用金融凭证诈骗贷款而实际骗得的贷款数额为准。

在上述裁判理由中，存在以下值得研究的问题。

1. 被告人朱成芳使用伪造的银行存单作抵押骗取贷款的行为是否符合贷款诈骗罪

裁判理由认为，被告人朱成芳使用伪造的银行存单作抵押骗取贷款的行为不符合贷款诈骗罪的构成要件，因为《刑法》第193条“贷款诈骗罪”中所规定的“证明文件”，主要是指银行的存款证明、公司和金融机构的担保函、划款证明等在向银行或者其他金融机构申请贷款时所需的文件，不包括金融凭证。对于证明文件是否包括金融凭证暂且不论，即使不包括，《刑法》第193条还有“以其他方法诈骗贷款的”这一概括性规定。立法者在解释这里的其他方法时指出：“考虑到要在法律中将所有的诈骗银行或者其他金融机构贷款的行为都具体列举，予以规定，是不可能也是不现实的，因而本条规定了以其他方法诈骗银行或者其他金融机构贷款的，根据这一规定，不论行为人是以何种方法诈骗贷款的，都要予以追究刑事责任。”① 显然，将使用伪造的银行存单作抵押的方法排斥在贷款诈骗罪的方法之外是于法无据的。

2. 被告人朱成芳使用伪造的银行存单作抵押骗取贷款的行为是否是竞合犯

裁判理由认为，使用伪造的金融凭证诈骗贷款，同时触犯了《刑法》第193条规定的贷款诈骗罪和第194条第2款规定的金融凭证诈骗罪。该两条的法律规定交叉，是一行为同时触犯数罪名，应从一重处，定金融凭证诈骗罪。在这一论述中，存在以下可推敲之处：第一个理由说贷款诈骗罪中的证明文件不包括金融凭证，按照这一观点，使用伪造的金融凭证诈骗行为是不符合贷款诈骗罪的构成要件的，但第三个理由中又说使用伪造的金融凭证诈骗贷款行为触犯了《刑法》第193条规定的贷款诈骗罪，这两个裁判理由之间显然是矛盾的。我注意到，在

---

① 胡康生、李福成主编：《中华人民共和国刑法释义》，262页，北京，法律出版社，1997。

主张使用伪造的银行存单作抵押骗取贷款行为应定金融凭证诈骗罪的观点中，第一个理由虽然也认为证明文件不包括金融凭证，使用伪造的银行存单骗取银行贷款的行为不构成贷款诈骗罪。但第二个理由是即使《刑法》第193条中规定的证明文件包括银行存单在内，利用伪造的银行存单作抵押骗取贷款的行为可以构成贷款诈骗罪，但由于这种行为同时还触犯了《刑法》第194条第2款规定的金融凭证诈骗罪，属于竞合犯。这里的竞合犯，是指想象竞合犯。因此，使用伪造的银行存单作抵押骗取贷款的行为属于贷款诈骗罪与金融凭证诈骗罪的想象竞合犯，是以其行为触犯贷款诈骗罪为前提的。裁判理由在主张使用伪造的银行存单作抵押骗取银行贷款行为不构成贷款诈骗罪的同时，又主张属于贷款诈骗罪与金融凭证诈骗罪的想象竞合犯，显然存在着观点上的自相矛盾。此外，裁判理由还说，该两罪的法律规定交叉，是一行为同时触犯数罪名，应从一重处。这里的法律规定交叉，应当是指法条竞合，即所谓交互竞合。这里存在法条竞合与想象竞合的区分问题，两者不应混淆。我认为，法条竞合是法条形态，是一种法律规定，它不以犯罪行为的发生为转移。而想象竞合是犯罪形态，是一种犯罪现象，它完全以犯罪行为的发生为前提，与法律规定本身无关。因此，法律规定交叉的现象是法条竞合，不应是想象竞合犯。

3. 金融凭证诈骗罪与贷款诈骗罪之间是否存在牵连关系

裁判理由认为，从刑法理论看，本案被告人共实施了三个行为：伪造公司、企业公文、印章，伪造金融凭证和诈骗贷款，三者之间存在牵连关系。其中，伪造公司、企业公司公文、印章和伪造金融凭证是手段行为，诈骗贷款是目的行为。我认为，这一观点是正确的。但在主张使用伪造的银行存单作抵押骗取贷款行为应定贷款诈骗罪的观点中，第二个理由认为，从本案特征看，其最终目的是诈骗贷款，使用伪造的假存单只是犯罪手段行为，即使其犯罪手段牵连到非法使用金融凭证，也应当以其目的行为定贷款诈骗罪，而不宜以手段行为定罪。我认为，这一观点是错误的。这一观点实际上确认了金融凭证诈骗罪与贷款诈骗罪之间存在牵连关系，是刑法理论上的牵连犯。但牵连犯是以手段行为与目的行为或者原因行为与结果行为均构成犯罪为前提的，否则便无牵连可言。就金融凭证诈

骗罪与贷款诈骗罪之间的关系而言，在对同一贷款进行诈骗情况下，诈骗行为只有一个，在构成贷款诈骗罪的情况下，只有使用伪造的金融凭证的方法，但无利用这一方法的诈骗行为，因而不构成金融凭证诈骗罪，也就不存在金融凭证诈骗罪与贷款诈骗罪之间的牵连关系。

（五）结论

使用伪造的银行存单作抵押骗取贷款的行为既符合贷款诈骗罪，又符合金融凭证诈骗罪，而两罪之间存在交互竞合，这种交互竞合，实际上是想象竞合在法律上的确认，因而已经转化为法条竞合，按照重法优于轻法的原则，对本案被告人朱成芳使用伪造的银行存单作抵押骗取贷款的行为，应以金融凭证诈骗罪论处。因此，最高人民法院对被告人朱成芳的定罪是正确的。但从本案讨论及裁判理由的表述来看，还存在一些刑法理论上的模糊认识，对此应予澄清。

（原载《刑事司法指南》，第17集，北京，法律出版社，2004）

合法贷款后采用欺诈手段拒不还贷行为之定性研究

——从吴晓丽案切入

《刑法》第 193 条对贷款诈骗方法作了明文列举，列举难免存在不周延，因而又以概然性规定作弥补。但是，无论是在刑法理论上还是在司法实践中，对于如何正确理解贷款诈骗的其他方法，都是存在争议的。本文从吴晓丽案[①]切入，对合法贷款后采用欺诈手段拒不还贷行为（以下简称“拒不还贷行为”）应当如何定性问题加以讨论。

一、案情及诉讼过程

被告人吴晓丽，女，1965 年 3 月 16 日出生，原系辽宁省盖州市镁厂厂长、营口佳友铸造有限公司总经理。因涉嫌犯贷款诈骗罪，于 1999 年 4 月 30 日被逮捕。

辽宁省营口市人民检察院以被告人吴晓丽犯贷款诈骗罪，向营口市中级人民法院提起公诉。

---

① 本案例载最高人民法院刑一庭、刑二庭编：《刑事审判参考》，2001 年第 4 辑，12～17 页，北京，法律出版社，2001。后收入《刑事审判案例》，234～237 页，北京，法律出版社，2002。

营口市中级人民法院经公开审理查明：1995 年 8 月至 10 月，被告人吴晓丽以盖州市有色金属铸造厂的名义先后从盖州市辰州城市信用社贷款 105 万元。贷款期满后，吴晓丽未能偿还。1995 年 12 月 30 日，吴晓丽以盖州市镁厂的名义，从辰州城市信用社贷款 235 万元，将所欠该信用社的贷款本金、利息及其弟吴晓辉、其妹吴晓静欠辰州城市信用社的贷款本金及利息转入该合同。贷款期满后，吴晓丽仍未偿还。1997 年 12 月24 日，吴晓丽又以营口佳友铸造有限公司的名义，用盖州市镁厂 2 214 平方米厂房作抵押，与盖州市辰州城市信用社签订 310 万元的借款合同，将原未偿还的 235 万元贷款的本金及利息转入该合同。

1996 年 6 月至 8 月间，被告人吴晓丽以盖州市镁厂名义，两次从盖州市城建信用社共计贷款人民币 200 万元。贷款期满，吴晓丽未偿还。1997 年 12 月 8 日，吴晓丽用盖州市镁厂 1 404 平方米厂房和机器设备作抵押，重新与盖州市城建信用社签订贷款 215 万元的借款合同，将原 200 万元贷款的本金及利息转入该合同。

上述贷款到期后，经两个信用社多次催要，吴晓丽没有偿还借款。1998 年 9 月 3 日，吴晓丽因在上述两信用社抵押的财产未在产权机关登记，擅自将镁厂的全部建筑物并厂区土地（包含上述两项贷款抵押物）作价人民币 400 万元，一次性转让给盖州市亚特塑料制品厂厂长王晓春。双方在签订镁厂“转让合同书”过程中，吴晓丽隐瞒了镁厂已有部分建筑已经抵押给信用社的事实。吴晓丽从转让镁厂中收到王晓春分期给付的 300 万元现金，但未用于偿还贷款。

营口市中级人民法院认为：被告人吴晓丽明知其厂房已用于银行贷款的抵押而将该厂房卖掉，其行为已构成贷款诈骗罪，且数额特别巨大，应依法惩处。遂依照《中华人民共和国刑法》第 193 条、第 69 条（吴晓丽还犯有其他罪，本文略——编者注）之规定，于 1999 年 10 月 26 日判决如下：

被告人吴晓丽犯贷款诈骗罪，判处有期徒刑 10 年，并处罚金人民币 50 万元。

宣判后，吴晓丽不服，上诉于辽宁省高级人民法院。

吴晓丽上诉称：其将厂房卖给王晓春时，已将贷款一并移交给王晓春，由王晓春代为偿还贷款。后王晓春不承认代其还贷一事，故其曾向营口市中级人民法

院起诉王晓春，要求法院认定其与王晓春间的买卖合同无效，而营口市中级人民法院经审理认为其与银行所签订的贷款抵押合同因未在有关管理部门进行登记为无效合同，而认定其与王晓春所签订的买卖合同合法有效，故驳回其诉讼请求。由于辽宁省高级人民法院维持了营口市中级人民法院的一审判决，才致其不能偿还贷款。其没有非法占有贷款的主观故意，不构成贷款诈骗罪。

辽宁省高级人民法院经审理查明：上诉人吴晓丽于1997年12月8日，用盖州市镁厂1 404平方米厂房和机器设备作抵押，与盖州市城建信用社签订贷款250万元的借款合同。1997年12月24日，吴晓丽以营口佳友铸造有限公司的名义，用盖州市镁厂2 214平方米厂房作抵押，与盖州市辰州城市信用社签订310万元的借款合同。上述贷款合同到期后，经两个信用社多次催要，吴晓丽均没有偿还借款。1998年9月3日，吴晓丽擅自将镁厂的全部建筑物及厂区土地（包含上述两项贷款抵押物）作价人民币400万元，一次性转让给盖州市亚特塑料制品厂厂长王晓春，并对王晓春隐瞒了镁厂已有部分建筑抵押给信用社的事实。吴晓丽从转让镁厂中收到王晓春分期给付的300万元现金，但未用于偿还贷款。1998年10月17日，吴晓丽以盖州市镁厂的名义向营口市中级人民法院起诉盖州市亚特塑料制品厂，要求认定其与王晓春之间的转让合同无效。后该案经营口市中级人民法院一审、辽宁省高级人民法院二审审理，认定吴晓丽与两家银行所签订的抵押合同因未到有关部门登记而无效，吴晓丽与王晓春之间所签订的转让合同合法有效，至此造成银行不能通过抵押的财产收回贷款。吴晓丽所欠银行贷款的本金及利息在二审期间已由其弟全部代为还清。

辽宁省高级人民法院认为：上诉人吴晓丽在贷款当时没有采取欺诈手段，只是在还贷的过程中将抵押物卖掉，如果该抵押是合法有效的，银行可随时采取法律手段将抵押物收回，不会造成贷款不能收回的后果；且吴晓丽在转让抵押物后，确也采取了诉讼的手段欲将抵押物收回，因认定抵押合同无效才致使本案发生，故对吴晓丽不构成贷款诈骗罪的上诉理由予以支持，原审认定被告人吴晓丽犯贷款诈骗罪不能成立。依照《中华人民共和国刑事诉讼法》第189条第2项之规定，于2000年11月17日判决撤销辽宁省营口市中级人民法院刑事判决中对上诉人吴晓丽犯贷款诈骗罪的定罪量刑及数罪并罚部分。

二、裁判理由

本案经一审判决被告人吴晓丽构成贷款诈骗罪，但二审判决贷款诈骗罪不成立。那么，二审法院认定被告人吴晓丽的行为不构成贷款诈骗罪的裁判理由是什么？以下是法院的裁判理由。

（一）是否具有非法占有目的是区分贷款诈骗与贷款欺诈的关键

根据《刑法》第193条，以非法占有为目的，使用虚构事实或者隐瞒真相的方法，骗取银行或者其他金融机构贷款，数额较大的，构成贷款诈骗罪。而贷款欺诈通常属于贷款纠纷，是指因贷款人在签订、履行借款合同过程中采取了虚构事实或者隐瞒真相的方法而产生的经济纠纷。从具体行为方式来看，贷款诈骗与贷款欺诈有许多相似或相同之处。例如，编造引进资金、项目等虚假理由，使用虚假的经济合同，使用虚假的证明文件，使用虚假的产权证明作担保或者超出抵押物价值重复担保，等等。也就是说，贷款欺诈行为也可以表现为《刑法》第193条列举的五种情形。但是，在法律责任上，二者有重大的差别：诈骗贷款数额较大的，构成贷款诈骗罪，须承担刑事责任；而通过欺诈方法获取贷款，即使数额较大，到期不能归还，如行为人没有非法占有的目的，也不能追究行为人的刑事责任。那么，如何区分贷款诈骗罪与贷款纠纷？我认为，区分的标准主要应从借款人主观上是否具有非法占有目的分析。

“非法占有的目的”属于行为人主观上的心理活动，往往通过其客观行为表现出来。从行为人具体实施的客观行为事实来判断，某些行为本身就足以证明行为人主观上具有非法占有的目的，例如，行为人使用虚假的产权证明作担保，从金融机构获取贷款后，携款逃跑的，这一行为本身就直接表明行为人主观上具有非法占有的目的。但是，某些行为本身尚不能直接表明行为人主观上是否具有非法占有的目的，例如，编造引进资金的虚假理由取得贷款，使用虚假证明文件取得贷款等，而只能间接表明行为人主观上具有非法占有目的的可能性。也就是

说，在某些情况下，并不能直接表明行为人主观上具有非法占有的目的，还必须借助相关的客观事实来加以分析认定。至于查明行为人在实施了某种间接表明其主观上具有非法占有目的可能性的行为之后，还需借助哪些具体客观事实来认定行为人主观上确实具有非法占有的目的，应根据不同的犯罪构成要件来加以分析。至于如何具体认定行为人有“非法占有目的”，在最高人民法院印发的《全国法院审理金融犯罪案件工作座谈会纪要》（以下简称《纪要》）已提出明确意见：“应当坚持主客观相一致的原则，既要避免单纯根据损失结果客观归罪，也不能仅凭被告人自己的供述，而应当根据案件具体情况具体分析……对于行为人通过诈骗的方法非法获取资金，造成数额较大资金不能归还，并具有下列情形之一的，可以认定为具有非法占有的目的：（1）明知没有归还能力而大量骗取资金的；（2）非法获取资金后逃跑的；（3）肆意挥霍骗取资金的；（4）使用骗取的资金进行违法犯罪活动的；（5）抽逃、转移资金、隐匿财产，以逃避返还资金的；（6）隐匿、销毁账目，或者搞假破产、假倒闭，以逃避返还资金的；（7）其他非法转移资金、拒不返还的行为。”也就是说，判断行为人主观上是否具有非法占有贷款的目的，必须同时具备以下客观事实：其一，行为人是通过欺诈的手段来取得贷款的；其二，行为人到期没有归还贷款；其三，行为人贷款时即明知不具有归还能力或者贷款后实施了某种特定行为，如携款逃跑，肆意挥霍贷款，抽逃、转移资金、隐匿财产以逃避返还贷款，等等。只有在借款人同时具备上述三个条件时，才能认定借款人在主观上具有非法占有贷款的目的。若借款人所实施的行为欠缺上述条件之一，一般不能认定其主观上具有非法占有的目的。

（二）认定被告人吴晓丽具有非法占有目的的证据不足

从本案的事实来看，被告人吴晓丽是否构成贷款诈骗罪，一是要分析吴晓丽是否实施了《刑法》第193条列举的四种具体行为或者吴晓丽所实施的行为能否归属于“以其他方法诈骗贷款”；二是要认定吴晓丽在主观上是否具备“非法占有贷款的目的”。具体来说，吴晓丽在多次贷款中，并没有采取《刑法》第193条列举的四种具体行为方式来取得贷款。另一方面，吴晓丽在贷款的过程中以及在得到贷款之后，并不具备“非法占有贷款的目的”。尽管她在贷款到期后，经

两个信用社多次催要，不仅没有偿还借款，而且利用抵押合同的瑕疵又擅自将抵押物再次转让，得到转让收入后又不用来偿还贷款。但是，这些事实尚不能直接证明吴晓丽主观上具有非法占有贷款的目的，至多只能表明吴晓丽在主观上具有占有贷款的可能性。在这种情况下，就需借助其他的客观事实来加以分析认定。从本案的事实来看，吴晓丽并没有实施《纪要》中列举的第2至7项的行为，也不属于第1项“明知没有归还能力”的情形。相反，吴晓丽试图通过诉讼手段将抵押物收回，最终因法院确认其与盖州市亚特塑料制品厂的转让合同有效而未能如愿，以致吴晓丽不能再用抵押物来偿还贷款。因此，上述客观事实反而能够证明吴晓丽在主观上不具备将贷款占为己有的目的。辽宁省高级人民法院二审对吴晓丽不定贷款诈骗罪是正确的。

三、理论分析

在1979年刑法中，只有诈骗罪之设立而未规定贷款诈骗罪。1995年全国人大常委会《关于惩治破坏金融秩序犯罪的决定》第10条，首次规定了贷款诈骗罪。此后，在1997年刑法修订中，吸纳了这一规定，形成《刑法》第193条的规定。根据《刑法》第193条的规定，贷款诈骗罪是指以非法占有为目的，使用虚构事实或者隐瞒真相的方法，骗取银行或者其他金融机构贷款，数额较大的行为。从刑法关于贷款诈骗罪的规定来看，构成贷款诈骗罪，须具备罪体、罪责和罪量三个方面的条件：罪体是刑法列举的五种贷款诈骗方法，罪责是主观上以非法占有为目的，罪量是数额较大。在上述三个要件中，罪量是不成问题的，关键在于罪体与罪责两个方面，尤其是以非法占有为目的的认定。当然，罪体与罪责又是相关的。在没有罪体的情况下，也就没有罪责可言。关于这一点，将在后文重点论及。

（一）贷款诈骗罪的罪体要素

《刑法》第193条对贷款诈骗罪的罪体要素作了以下规定。

1. 编造引进资金、项目等虚假理由。这是一种虚构事实的诈骗方法。在这

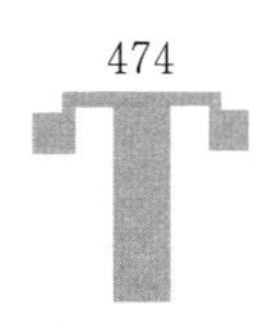

一诈骗方法中，又可分为两种情形：一是编造引进资金的虚假理由。二是编造引进项目的虚假理由。当然，也还包括编造其他类似的虚假理由。犯罪分子往往打着发展地方经济的幌子，向政府有关部门和银行等金融机构编造国外某财团或国外某华侨的巨额资金要以优惠条件存入某银行，或者是能够创造高额利润的生产项目，条件是引进单位必须具有一定的资金实力或者自有资金必须达到一定的比例。所以，如果能从银行或者其他金融机构贷到款，就能立即引进这笔资金或者项目，待资金或项目引进后，即可立即筹建或者投入生产，并依约偿还贷款本息，以骗取银行的贷款和手续费。在现实生活中，这是一种较为常见的贷款诈骗方法。

2. 使用虚假的经济合同。这也是一种虚构事实的诈骗方法。贷款一般须用于特定用途，因而在贷款过程中，银行一般都要审查经济合同。因此，有无经济合同是能否取得贷款的重要条件之一。为此，犯罪分子伪造并使用虚假的经济合同，以此作为贷款诈骗的方法。

3. 使用虚假的证明文件。这也是一种虚构事实的诈骗方法。这里的证明文件，是指银行的存款证明、公司和金融机构的担保函、划款证明等在向银行或者其他金融机构申请贷款时所需要的文件。没有这些证明文件，无法获得贷款。因此，使用虚假的证明文件是贷款诈骗的方法。

4. 使用虚假的产权证明作担保或者超出抵押物价值重复担保。在此，使用虚假的产权证明是虚构事实的诈骗方法，而超出抵押物价值重复担保则是隐瞒真相的诈骗方法。产权证明是指财产权利证明、抵押物或质物的财产权利证明。因此，使用虚假的产权证明作担保，就是指虚构产权证明，并以此作为担保而骗取贷款。重复担保是指将同一项财产分别向数个债权人提供担保。根据《担保法》的规定，只有财产抵押后其价值大于所担保债权的余额部分才可以再次抵押，但不得超出其余额部分。而重复担保则已经超出抵押物价值，实际上是在虚构产权。当然，从已经抵押而予以隐瞒，致使银行或者其他金融机构认为是有效抵押而发放贷款而言，这种行为是一种隐瞒真相的诈骗方法。

5. 以其他方法诈骗贷款。这是一个概然性规定，以弥补列举不全之缺憾。

这里的其他方法，指一切方法，但这种方法必须是和列举的四种情形性质相当的诈骗贷款的方法。立法者在解释这里的其他方法时指出：其他方法是指伪造单位公章、印鉴骗取贷款的；以假货币为抵押骗取贷款的；以非法占有为目的，先借贷后采用欺诈手段拒不还贷的等情况。考虑到在法律中将所有的诈骗银行或者其他金融机构贷款的行为都具体列举，予以规定，是不可能也是不现实的，因而该条规定了以其他方法诈骗银行或者其他金融机构贷款的，根据这一规定，不论行为人是以何种方法诈骗贷款的，都要予以追究刑事责任。[①] 当然，这里的先借贷后采用欺诈手段拒不还贷的情形是否属于贷款诈骗，是本文分析的重点，将在下面予以展开。

（二）贷款诈骗罪的罪责要素

贷款诈骗罪主观上须具有非法占有的目的，对于这一点，刑法已有明文规定，关键问题在于：如何认定非法占有的目的。关于这个问题，我将在郭建升案中展开讨论。本文略有涉及，但不是重点。这里只是想强调指出：非法占有贷款目的只是罪责要素之一。贷款诈骗罪的主观故意，是指明知是贷款诈骗行为而有意实施的主观心理状态。因此，非法占有贷款的目的是指通过诈骗方法非法占有贷款的目的。由此可见，非法占有贷款目的是以存在诈骗方法为前提的。尽管没有诈骗方法，也可能产生占有贷款的目的，但却不可能存在通过诈骗方法非法占有贷款的目的。

四、拒不还贷行为的定性

从本案认定的事实来看，被告人吴晓丽的行为就在于：明知其厂房已用于银行贷款的抵押而将该厂房卖掉。一审法院认为这一行为已构成贷款诈骗罪。而二审法院则认为，在还贷的过程中将抵押物卖掉，如果该抵押是合法有效的，银行可随时采取法律手段将抵押物收回，不会造成贷款不能收回的后果；且吴晓丽在

① 参见胡康生、李福成主编：《中华人民共和国刑法释义》，262页，北京，法律出版社，1997。

转让抵押物后，确也采取了诉讼的手段将抵押物收回，因认定抵押合同无效才致使本案发生，故对吴晓丽不构成贷款诈骗罪的上诉理由予以支持，原审认定被告人吴晓丽犯贷款诈骗罪不能成立。由此可见，一审法院与二审法院之间的分歧并不在于是否具有非法占有贷款的目的，而恰恰在于是否具有贷款诈骗的行为。在此，我先就这个问题加以讨论。

在理论分析部分，我对贷款诈骗的五种方法都作了分析，本案被告人吴晓丽的行为不属于前四种方法，因为其在贷款当时没有采取欺诈手段，这一点已被二审法院认定。关键问题在于：吴晓丽是否具备贷款诈骗的其他方法。吴晓丽在合法获取的贷款到期后，没有偿还借款，而且利用抵押合同的瑕疵擅自将抵押物再次转让，得到转让收入后又不用来偿还贷款，这一行为明显属于采用欺诈手段拒不还款的行为。那么，这种合法贷款后采取欺诈手段拒不还款的行为是否属于贷款诈骗的其他方法呢？立法者认为，以非法占有为目的，先借贷后采用欺诈手段不还贷的情况属于贷款诈骗的其他方法。但这种情形构成贷款诈骗罪，是以贷款前存在非法占有目的为前提的。也就是说，行为人在贷款以前就已经确定获得贷款后不予归还而予以非法占有。这种情形，从理论上说似乎可以归入贷款诈骗，但贷款前的非法占有目的如何认定是一个极大的难题，而且将客观上的拒不归还贷款作为贷款诈骗方法本身就与前四项方法在性质上不协调。退一步说，即使这种情形属于贷款诈骗，也只限于贷款前已有非法占有的目的。如果贷款前并无非法占有的目的，只是合法获得贷款后才不想归还，想要占有贷款即所谓赖账不还，能否也作为贷款诈骗罪认定？这是涉及本案定性的核心问题。因为裁判理由已经确认：吴晓丽在贷款的过程中以及在得到贷款之后，并不具备“非法占有贷款的目的”。如果认定其行为构成贷款诈骗罪，除非将其采用欺诈手段拒不还贷的行为认定为贷款诈骗的其他方法。

关于合法贷款后采用欺诈手段拒不还贷的行为是否构成贷款诈骗罪，我国刑法学界存在以下两种观点。

第一种观点认为这种拒不还贷行为构成贷款诈骗罪。例如，我国学者指出：行为人在设定抵押获取贷款后，减少或者隐匿、转移抵押财产，实现诈骗

贷款的目的。即诈骗行为人用自己的财产作为贷款抵押担保，在获得贷款之后，利用抵押担保抵押物不转移占有的特点，以挥霍、变卖、“赠送”、转移、隐匿等方法减少抵押财产，逃之夭夭，致使银行等金融机构的债权不能实现，达到骗取贷款的目的。[①] 还有学者从主观上非法占有目的产生的时间加以论证，指出：如果行为人在贷款的初期并无非法占有贷款的目的，而随着后来情况的变化，产生了非法占有的目的，因而拒不归还贷款的，仍是贷款诈骗罪。也就是说，作为本罪主观要件的非法占有的目的，既可以是形成于事前，也可以形成于事中。[②] 如果把贷款界定为事，那么，这里的非法占有的目的不是形成于事中，而是形成于事后。由此可见，这种观点在客观上把拒不还贷的行为认定为贷款诈骗的其他方法，在主观上认为行为人具有形成于事后的非法占有的目的。

第二种观点认为这种拒不还贷行为不构成贷款诈骗罪。例如，我国学者指出：行为人占有贷款后形成非法占有的目的，因不可能再有诈骗的行为，因而属于事后故意，而非行为实施中的故意（事中故意）。事后故意实际上是对前一行为的追认，并非前一行为的故意。从客观上看是对因果关系的颠倒，但不符合犯罪的理论和因果关系的规律。事后故意是不可能构成故意犯罪的罪过的。这种观点还进一步指出：对于行为人贷款后起意非法占有的情形，可以考虑以侵占罪论处。理由在于，上述情形下，贷款后行为人即已合法占有该项资金，在贷款期限内对其有权支配（甚至超过约定的使用范围）。而当合同期限届满或者依法定或约定事由而解除时，其对该项资金的占有就没有法律依据，其应当予以返还而不能再行支取，返还前即可以认为是“代为保管”，行为人非法据为己有、拒不返还，符合侵占罪的构成特征。[③] 这种观点主要是从主观目的角度论述的，但结论与第一种观点明显不同。

---

① 参见王作富主编：《刑法分则实务研究》上，563页，北京，中国方正出版社，2001。

② 参见周振想主编：《金融犯罪的理论与实务》，410页，北京，中国人民公安大学出版社，1998。

③ 参见赵秉志主编：《金融诈骗罪新论》，161页，北京，人民法院出版社，2001。关于拒不还贷构成侵占罪的论述，参见该页注③。

上述两种观点的争论涉及以下三个问题，下面分别展开讨论。

（一）如何理解“其他方法”

贷款诈骗的其他方法，应当是和前四种方法性质相一致，用以骗取贷款的诈骗方法，对此在理论上并无异议。这种一致性来源于它对诈骗行为的依从性，因为它是诈骗的其他方法，因而这些方法也必然具有虚构事实、隐瞒真相的特征，并且正是通过这种诈骗方法而获取贷款，即所谓骗取贷款。骗取者，骗而取之也。通过诈骗而取得贷款，是贷款诈骗罪的本质特征。在合法取得贷款后拒不还贷，贷款是合法取得，而非骗而取得，怎么可能构成贷款诈骗罪呢？在通过抵押以后合法获取贷款，而后转移抵押物而不还贷，只是一种赖账行为，它与骗取贷款在性质上不同，不能归入贷款诈骗的其他方法。就此而言，第一种观点是不能成立的。

（二）如何理解“非法占有的目的”

关于非法占有的目的的内涵，我国刑法学界存在非法所有说、非法获利说、非法占有说、不法所有说等观点，其实这些观点大同小异，只不过是表述有所不同而已，核心的意思都是非法获得财物的所有权的一种主观意图。对此，本文不拟讨论。在这里，我想提出的问题是：非法占有目的能否离开诈骗行为而存在？上述第二种观点在对第一种观点的反驳中，涉及事后故意的问题，即非法占有目的是否可能产生在事后。我认为，这并不是一个非法占有目的产生在事前、事中还是事后的问题，而是非法占有目的是否可以脱离诈骗行为而存在的问题，也就是一个主观要件与客观要件的关系问题。在我看来，非法占有目的，在贷款诈骗罪中是指非法占有贷款的目的，是指通过诈骗非法占有贷款的目的，因而诈骗是非法占有贷款目的实现的手段，离开诈骗手段就不存在本罪之所谓非法占有目的可言。在这一点上，第二种观点也存在认识上的误区，由此而得出非法占有目的可以产生在事后的结论。

（三）拒不还贷行为是否构成侵占罪

第二种观点正确地指出了非法占有目的不可能产生在事后，因而拒不还贷行为不构成贷款诈骗罪。但又认为，拒不还贷行为符合侵占罪的特征。对此，我是不同意的。关键在于：如何理解侵占罪之所谓“代为保管”？这里的代为保管是指对他人财物的代为保管，将代为保管的他人财产占为己有，是对他人物权的侵犯。但通过借贷合同取得贷款，属于借款关系。我国学者指出：在消费借贷合同中，持有人从所有人处取得种类物进行消费，而消费意味着非替所有人保管种类物，这意味着种类物的所有权已转移给持有人。所以，持有人消费该种类物已不是替他人保管该物，因而也不能成立侵占对象。由于消费借贷合同中，所有人将种类物转让出去用以消费，意味着他对原种类物已不再有返还请求权，他已将物的所有权用来与持有人设定债权债务关系，其物的所有权已通过债权形式来实现。这种物的所有权转移符合双方的合意，因而，当持有人拒绝返还相同品质、数量的种类物时，所有人只能通过债权请求权而不是物权请求权主张自己的财产权利，所以，这种拒返种类物之行为属于民事法律关系范畴。① 由此可见，获得贷款后拒不还贷的行为属于民法调整范畴，不构成刑法上的侵占罪。因此，第二种观点认为拒不还贷的行为可构成侵占罪，是不能成立的。在本案中，二审法院也没有在判决宣告吴晓丽的行为不构成贷款诈骗罪的同时成立侵占罪。

五、从裁判理由引发的思考

拒不还贷行为之所以不构成贷款诈骗罪，并非因为没有非法占有的目的，而是因为不具备贷款诈骗的行为，对此已经如前文所述。那么，裁判理由如何论述本案被告人吴晓丽不构成贷款诈骗罪的理由呢？

本案的裁判理由分为两部分：第一部分是关于贷款诈骗与贷款欺诈区分的一般论述，并认为是否具有非法占有目的是区分的关键。第二部分则认为，被告人吴晓丽之所以不构成贷款诈骗罪是因为认定其非法占有目的的证据不足。裁判理由指出，吴晓丽在多次贷款的过程中，并没有采取《刑法》第 193 条列举的四种具体行为方式来取得贷款。但裁判理由并没有进一步分析吴晓丽的行为是否具备

① 参见于世忠：《侵占罪研究》，120、121 页，长春，吉林人民出版社，2002。

贷款诈骗的其他方法，转而讨论其主观上是否具有非法占有贷款的目的，并以不具有非法占有贷款的目的为由认定贷款诈骗罪不成立。因此，裁判理由并非从未实施贷款诈骗行为上寻找被告人吴晓丽不构成贷款诈骗罪的理由，而是从吴晓丽主观上没有非法占有贷款的目的来寻找不构成贷款诈骗罪的理由。因此引申出以下值得思考的问题：犯罪构成各个要件之间的逻辑关系应当如何界定？进一步地引申，我们应当采用何种犯罪构成体系？

我国目前采用的是从苏联引入的耦合式的犯罪构成体系，将犯罪构成要件分为：犯罪客体、犯罪客观方面、犯罪主体、犯罪主观方面。那么，这四个要件之间一种什么样的逻辑关系呢？尽管我国刑法学界对于犯罪构成要件是否包括犯罪客体与犯罪主体存在争议，对犯罪构成要件的排列顺序存在争议，但对于各个要件之间的关系理解大体上是一致的：它们是一种彼此依存关系。对于各个犯罪构成要件之间的依存性，我国学者作了以下生动的描述：犯罪构成是一系列主客观要件的总和，并不是指各个要件之间互不相干，只是机械地相加在一起，而是指犯罪构成的各个要件彼此联系，相互依存，形成了犯罪构成的有机的统一体。任何要件脱离了这一整体都将不再成为犯罪构成的要件。同样，缺少了其中任何一个要件，其他要件也将丧失作为犯罪构成要件的意义，因而犯罪构成的整体也就不复存在了。[①] 按照这种整体分析的逻辑：一无固然俱无，一有则必然俱有，关键在于定罪主体的认识。而这种犯罪构成体系恰恰有利于入罪而不利于出罪，尤其是在将打击犯罪放在首位的刑事政策思想的指导下，这一犯罪构成体系不能实现限制故意定罪的法治功能。

与之相反，大陆法系的递进式的犯罪构成体系则是更为科学的。在递进式的犯罪构成体系中，构成要件的该当性、违法性与责任这三个要件之间是一种依次递进的关系。根据这一犯罪构成体系认定犯罪的过程，是一个将非罪行为不断地予以排除的过程。对于这一犯罪构成体系，日本学者大塚仁教授指出：它以抽象的、一般的而且定型的构成要件符合性的判断为前提，对于肯定了构成要件符合

① 参见高铭暄主编：《刑法学原理》，第1卷，445页，北京，中国人民大学出版社，1993。

性的行为，再进行具体的、个别的而且非定型的违法性及责任的判断。那么，相对于构成要件符合性，对于违法性和责任的要素是应该都并列地对置理解，还是应该重叠地、发展地考虑呢？违法性的判断是从法规范的立场客观地、外部地论事，而责任的判断则是主观地、内部地研讨能否进行与行为人人格相结合的非难，着眼于这一点时，应该给予两者先后的顺位。而且，站在把构成要件解释为违法性及责任的类型的立场上，承认构成要件符合性时，就能推定违法性的存在及责任的存在。可以说，这一体系既符合思考、判断的逻辑性、经济性，又遵循着刑事裁判中犯罪认定的具体过程。① 因此，大陆法系递进式的犯罪构成体系在逻辑上不同于我国现代的犯罪构成体系，它不是一有俱有、一无俱无，而是三个要件呈现出逻辑上的递进关系：具备构成要件该当性，可以推定为具有违法性，但在存在违法阻却事由时则否定违法性之存在。因此，就构成要件该当性与违法性这两个要件的关系而言，具备前者未必一定有后者，而后者则一定以前者为前提。同时具备构成要件该当性与违法性的，可以推定有责，但在存在责任排除条件时则否定责任之存在。因此，责任必然以该当性与违法性为前提，反之则不然。

对比以上两种犯罪构成体系，孰优孰劣一目了然。下面，以本案为例，按照两种犯罪构成体系加以适用。

按照递进式的犯罪构成要体系，首先考察构成要件该当性，主要是指是否存在构成要件的行为。根据《刑法》第 193 条之规定，贷款诈骗罪具有五种诈骗方法，前四种方法本案均不符合。那么，合法贷款后采用欺诈方法拒不还贷的行为是否属于贷款诈骗的其他方法呢？因为拒不还贷发生在贷款以后，即使有欺诈行为存在，也不是骗取贷款。因此，回答是否定的。在这种情况下，拒不还贷的行为就因不具备构成要件该当性而予以排除，定罪过程即告中断，不再进一步去考察违法性与有责性的问题。

---

① 参见［日］大塚仁：《刑法概说（总论）》，冯军译，108～109 页，北京，中国人民大学出版社，2003。

按照耦合式的犯罪构成体系，一是犯罪客体。在贷款诈骗罪中，犯罪客体仍是国家对银行贷款的管理制度和社会主义公有财产的所有权。[①] 这一要件对于认定贷款诈骗罪并无实际作用，而且容易误导。在拒不还贷的情况下，银行贷款的管理制度和社会主义公有财产的所有权都是受到侵犯的。并且，如果将本罪之客体限于社会主义公有财产的所有权，那么，股份制商业银行，将来的私营银行或者外资银行的贷款被诈骗，就不能认定为贷款诈骗罪。二是犯罪客观方面要件。对此，《刑法》第193条作了列举，但第五项"其他方法"是含糊的，拒不还贷行为是否被包含，会引起争议。而且立法者也认为，出于非法占有的目的借贷后拒不还贷的，属于贷款诈骗的其他方法。这样，在分析客观要件的时候，又把主观要件考虑进来，更容易引起逻辑上的混乱。三是犯罪主体，对此没有疑问。四是犯罪主观方面要件，主要是指非法占有贷款的目的。拒不还贷，当然有非法占有贷款的目的。以此分析，在四个要件中，除客观方面要件略为含糊外，其他三个要件都具备。基于一有俱有的思维习惯，客观方面要件也就会认定为有。在这种情况下，不是没有客观方面要件而中止定罪，而是以存在主观方面要件而反推其客观方面要件之存在。在贷款诈骗罪中，只要具有非法占有贷款的目的，就必然存在诈骗行为。在这一逻辑下，只是非法占有贷款目的产生时间是在贷款之前与之后之分：有的认为借贷形式虽然合法，但贷款时即有意非法占有，借贷后故意转移资产拒不返还的，就是贷款诈骗罪的其他方法。[②] 还有的则进一步认为，即使贷款时并无非法占有贷款的目的，贷款后产生非法占有的目的，因而拒不归还贷款的，仍是贷款诈骗罪。因此，其所理解的贷款诈骗的其他方法当然就包括了先借贷后采用欺骗方法拒不还贷。[③] 虽然本案被告人吴晓丽是事后拒不还贷，根据前一观点尚不构成贷款诈骗罪，根据后一观点则构成贷款诈骗罪，因而似乎有所不同，但在思维逻辑上并无根本区别，都是以主观推论客观。当主观要件理

① 参见周道鸾、张军主编：《刑法罪名精释》，2版，267页，北京，人民法院出版社，2003。

② 参见赵秉志主编：《金融诈骗罪新论》，167页，北京，人民法院出版社，2001。

③ 参见周振想主编：《金融犯罪的理论与实务》，410、412页，北京，中国人民公安大学出版社，1998。

解有误，例如对贷款诈骗罪的非法占有目的作脱离诈骗前提的理解时，就会反过来错误地推导出其客观上诈骗方法的存在，由此导致入罪的结果。

我在《本体刑法学》（商务印书馆，2001）中提出了罪体与罪责二分的犯罪构成体系，这里的罪体是指犯罪的客观要件，罪责是指犯罪的主观要件。此后，在《规范刑法学》（中国政法大学出版社，2003）中，又根据我国刑法中存在数量因素这样一个特征，在罪体与罪责以外，又提出了罪量要件，由此形成三位一体的犯罪构成体系。在此，涉及罪体与罪责之间的关系。我曾经指出，这是一种对合关系。那么，这种对合关系在逻辑上是耦合式呢还是递进式？对于这一点，我在以往的著作中未作深入分析。我认为，罪体、罪责与罪量，应当是一种递进关系。就罪体与罪责而言，没有罪体也就没有罪责，反之则不然。罪体是罪责的前置性要件，罪责必然建立在罪体之上，不能脱离罪体而存在。但存在罪体的情况下，并不意味着必然存在罪责，定罪进程可在罪体中断。关于罪量，它是建立在罪体与罪责的基础之上的，是决定犯罪成立的数量要素。根据以上论述，采用罪体、罪责、罪量的犯罪构成体系来分析本案，首先应当考察的是罪体。罪体是由行为事实与规范评价构成的，这里的关键是被告人吴晓丽是否具备《刑法》第193条规定的贷款诈骗行为。如果不具备，则没有必要进一步考察其罪责问题。由此可见，我的这一犯罪构成体系尽管在结构上不同于大陆法系的递进式犯罪构成体系，但在各要件之间的逻辑关系上具有递进性，对于认定犯罪来说其逻辑径路是可取的。

裁判理由对本案无罪的理由不从客观上没有贷款诈骗方法上寻找，而是从没有非法占有贷款的目的上寻找，可以说是本末倒置。尽管本案处理的结论是正确的，裁判理由则难以成立。本案本来是解决如何理解贷款诈骗的其他方法的一个绝好判例，结果成为如何认定非法占有目的的判例，差之甚远。这一逻辑错位，与我国采用的耦合式的犯罪构成体系存在一定的关系，这就是从本案的裁判理由引发的一点理论思考。

（本文原载《华东政法学院学报》，2004（3））

非法占有贷款目的之认定研究

——从郭建升案切入

贷款诈骗罪在司法实践中是一种较为疑难的犯罪，尤其是对贷款诈骗罪的非法占有目的如何认定，控辩双方往往产生重大分歧。最高人民法院的《刑事审判参考》刊登了郭建升被控贷款诈骗案①，被告人郭建升因非法占有目的的证据不足而被法院宣告无罪。本文由此切入，对贷款诈骗罪的非法占有目的认定问题进行研究。

一、案情及诉讼过程

被告人郭建升，男，1956 年 11 月 20 日出生，原系北京市升宏餐饮有限责任公司董事长、北京市糊涂楼饭庄总经理。因涉嫌犯贷款诈骗罪，于 1999 年 5 月 18 日被逮捕；同年 11 月 2 日被取保候审。

北京市人民检察院第一分院以被告人郭建升犯贷款诈骗罪，向北京市第一中级人民法院提起公诉。

① 本案例载最高人民法院刑一庭、刑二庭编：《刑事审判参考》，2001 年第 3 辑，1～9 页，北京，法律出版社，2001。

北京市第一中级人民法院经公开审理查明：

1993年9月，被告人郭建升通过向北京市宣武区大栅栏联社（现更名为北京市大栅栏工商实业总公司）借款人民币30万元及个人投入部分资金，在工商部门申请注册成立了北京市糊涂楼饭庄（集体所有制性质），挂靠于北京市朝阳区离退休人才开发服务中心，后变更隶属于北京市大栅栏工商实业总公司。郭建升与该公司签订承包经营协议，任饭庄法定代表人兼总经理，每年上缴管理费，并按月报送财务报表。因饭庄经营较好，郭建升等人先后在本市、外埠及澳大利亚和美国设立分店、分公司10余家。1995年10月，郭建升与张某宏、鲜某为管理北京市糊涂楼饭庄及所属分店、分公司的经营及火锅研制开发项目，三人共同出资人民币300万元（大部分为北京市糊涂楼饭庄固定资产折价，少部分为投入资金）注册成立了北京市升宏餐饮有限责任公司（以下简称“升宏公司”），郭建升为该公司法定代表人、董事长。该公司为其他混合所有制性质的有限责任公司。

1996年7月20日，升宏公司经董事会研究决定，通过无业人员郭某瑞介绍向原招商银行北京分行中关村营业部（现更名为招商银行北京分行中关村支行，以下简称“中关村营业部”）提出贷款人民币300万元申请，用于购进生产多用途火锅原材料。该申请书中所列企业经营业绩、企业发展自我陈述和企业财务状况等项目，均按北京市糊涂楼饭庄及分店的业绩、发展情况和财务状况进行填写。升宏公司提交给银行的资产负债表、损益表（均为1996年6月30日）中的数字，部分为饭庄及分店的汇总数额，部分为会计推算和照抄郭某瑞提供的一份报表数字。

北京市大栅栏工商实业总公司经中关村营业部对该公司的担保能力等核保后，为该贷款申请出具了不可撤销担保书。中关村营业部对升宏公司此次贷款未做贷前调查，原因是：北京市糊涂楼饭庄和升宏公司在1995年8月22日和1996年5月2日，先后从该营业部贷款人民币100万元和200万元（本息均已归还），这两次贷款申请书和担保书与升宏公司此次贷款人民币300万元的申请书内容基本相同，信贷员何某曾多次到该公司和饭庄查验营业执照、财务账目及现场营业

情况，并听取被告人郭建升关于两企业为一体经营和报送的财务报表系饭庄及分店的汇总表等情况的介绍，因此对升宏公司本次贷款，何某经核保后便填写了贷前调查报告，并按照审批程序批准同意贷款人民币300万元。同年8月2日，中关村营业部将贷款人民币300万元转入升宏公司在该营业部设立的账户内，贷款期限10个月。

8月6日，升宏公司将贷款人民币195万余元用于北京市糊涂楼饭庄及本公司的经营，余款人民币104.062 5万元，被告人郭建升以支票形式支付给北京市建工集团总公司房地产开发经营部，以个人名义购买了本市朝阳区安慧北里某小区房产两套。1997年年底，该房产由北京市糊涂楼饭庄原聘用人员刘某梅以人民币80余万元的价格转卖给他人，后被告人郭建升又用卖房所得之款以个人名义购买了河北省三河市某小区别墅房产两幢。同年12月16日，被告人郭建升将该房产抵押给中国金谷国际信托投资有限责任公司，以升宏公司的名义贷款人民币200万元用于公司经营。

升宏公司贷款人民币300万元后，先后支付银行贷款利息及罚息7次，共计人民币50余万元，至1998年1月停止付息。1997年6月1日贷款期满，中关村营业部分别给升宏公司和担保单位北京市大栅栏工商实业总公司发出贷款到期催收函，两公司均复函表示同意履行还款及全额担保还款义务。因升宏公司和北京市糊涂楼饭庄在贷款逾期前后经营不善，资金周转发生困难，中关村营业部曾多次与被告人郭建升联系还款，郭表示因经营资金困难暂无还款能力，待经营好转收回资金后再还款。至案发时升宏公司未能偿还该贷款。

北京市第一中级人民法院认为：被告人郭建升所任职的升宏公司与北京市糊涂楼饭庄及分店虽分别注册登记为独立法人单位，但在实际经营管理运作过程中，两单位确有着密不可分的关系。升宏公司的多次贷款均是为饭庄的经营所用，升宏公司也实际上起到管理公司的作用。升宏公司在贷款时提供了有效担保，对北京市大栅栏工商实业总公司签订的不可撤销担保书及所附手续，招商银行有关部门经核保后认为真实无误。同时，郭建升没有与担保单位恶意串通欺骗银行的行为，升宏公司向银行提供的贷款担保是真实有效的，符合有关法律规定。贷款到期后，因公司经营管理不善等客观原因致使贷款不能按期归还，但升宏公司曾表示尽快归还贷款本息。据此，起诉书关于被告人郭建升编造虚假事实，骗取贷款人民币300万元并非法占有的指控，缺乏证据。被告人郭建升系单位的法定代表人，代表公司提出贷款请求系单位行为，不应视为个人行为；在取得贷款后，郭用其中人民币100余万元以个人名义购买了房产，其余贷款用于单位经营，而后将房产抵押给金融机构以公司名义再次贷款用于企业经营的支出，亦不应认定被告人郭建升个人挥霍贷款。北京市人民检察院第一分院指控被告人郭建升犯贷款诈骗罪的证据不足，指控的犯罪不能成立。依照《中华人民共和国刑事诉讼法》第162条第3项的规定，于1999年11月2日判决如下：(1) 被告人郭建升无罪。(2) 扣押在案的物品予以发还（附清单）。

一审宣判后，原公诉机关北京市人民检察院第一分院提出抗诉。主要理由是：原审被告人郭建升在贷款人民币300万元的过程中，欺骗银行信贷员并将北京市糊涂楼饭庄经营业绩冒充为升宏公司的业绩，伪造虚假的申报材料，在骗得银行贷款人民币300万元后又将贷款用于其个人经营及挥霍。郭建升主观上有非法占有国有财产的犯罪故意，客观上实施了虚构事实、隐瞒真相的诈骗银行贷款、逾期拒不归还的犯罪行为，且数额特别巨大。

原审被告人郭建升的辩护人提出：检察机关指控郭建升主观上具有恶意占有银行贷款资金，是没有事实依据的；郭建升在申请300万元贷款的整个过程中，不存在采取编造事实，蒙蔽、欺骗银行工作人员等欺诈手段骗取银行贷款的犯罪事实；郭建升不存在实际非法占有银行贷款资金，并将贷款用于个人经营活动及个人挥霍的事实，其逾期未还贷款亦非拒不归还贷款。

北京市高级人民法院经审理查明：

升宏公司是在工商行政管理机关正式登记注册的其他混合所有制性质的有限责任公司。该公司成立时，郭建升参股时在总资产中（指升宏公司注册资金）80%的股份均来自北京市糊涂楼饭庄的固定资产折价。升宏公司与北京市糊涂楼饭庄名义上是两个独立的法人，但两个公司（企业）之间又确实存在密不可分的联系，且升宏公司成立的初衷及国家工商行政管理机关核发的营业执照中，升宏

公司也确实有“管理公司咨询”及火锅的研制开发与生产（此项目系糊涂楼字号饭庄的主营项目）。郭建升既是升宏公司的法定代表人，又是北京市糊涂楼饭庄及第一分店的法定代表人。案发前，升宏公司也实际起到管理公司的作用。郭建升作为升宏公司的法定代表人，在以本公司名义向招商银行申请贷款的过程（先后2次，一次200万元，另一次即本案的300万元）中，并未欺骗、隐瞒本公司与北京市糊涂楼饭庄及分店的关系。郭建升在此次申请300万元贷款所需填报的企业资产负债表、损益表中部分数字有夸大和不实的情况下，违规行使法人职权，予以签字、盖章，确属错误，但其目的是为获取贷款用于公司经营活动，并非诈骗银行贷款资金。郭建升在以升宏公司名义向招商银行申请贷款过程中，多次按照规定向银行申报了担保单位，而银行也多次对该担保单位进行了核保，并与该单位签订了具有法律效力的“不可撤销担保书”。同时，郭建升没有与担保单位存在恶意串通，共同诈骗银行贷款的事实。升宏公司在申请贷款之前及至本案案发前并非不具有申请及偿还贷款的能力，招商银行经审查和核保后向其先后发放了人民币600万元贷款，其中300万元均已如期偿付利息及本金，对其余逾期未还的贷款，升宏公司及担保单位均已书面承诺偿还。因此，检察机关指控郭建升在升宏公司“不具备还款能力”的情况下骗取银行贷款资金，显然缺乏事实依据，亦与银行提供的贷款审核报告等证明是不相符的。

另查明：升宏公司及北京市糊涂楼饭庄及分店均属正式登记注册成立的法人，而郭建升作为前述公司、企业的法定代表人，其在申请银行贷款的过程中，始终是在以公司、企业的法定代表人名义，行使其法定代表人的职务行为，而并非是郭建升的个人行为。郭建升确实已将申请到的300万元贷款中的绝大部分共计人民币195万余元贷款用于了升宏公司及糊涂楼饭庄及分店的经营活动。此外，郭建升虽违规使用了贷款人民币104万余元购置房产，并以其个人名义登记产权，但此系郭建升根据公司股东会关于“购置房产以待升值后用作固定资产抵押再行贷款”的决议而为的单位行为，其以个人名义登记产权，也系公司股东认可的。况且，最终郭建升在将前述两处房产变卖购入两套别墅后，又确实用于抵押，而从其他金融机构贷款所得人民币200万元也用于了公司及糊涂楼饭庄及分店的经营。贷款人民币300万元未能归还并非郭建升个人恶意占有及用于个人经营和挥霍所致。郭建升作为公司、企业的法定代表人，因经营决策的失误，导致公司投资规模、范围过大过宽及违规使用了部分贷款，陷入经营不善、资金周转困难，是造成本案300万元贷款未能及时归还的重要原因。此外，当银行在贷款到期仍未归还的初始阶段，确曾几次向郭建升所在单位及担保单位催告，郭建升所在单位向银行也支付了逾期加罚利息达半年之久，并一再表示将承担还贷责任及违约责任，担保单位亦表示一定履行担保责任，并帮助郭建升做好公司及饭庄的经营，以便尽快偿还贷款。当银行后来按照正式程序向郭建升所在单位及担保单位发出贷款催收函后，升宏公司及担保单位均在回复函上表示一定归还贷款，尤其是担保单位更未拒绝担保，仍承诺其有不可撤销担保责任。

北京市高级人民法院认为，原审被告人郭建升身为集体所有制和其他混合所有制企业、公司的法定代表人，在行使法定代表人职权，以本公司名义向银行申请贷款的过程中，虽在财务报表中对部分数字的申报有推算和虚假成分，但不影响其代表本公司与银行签订的贷款人民币300万元的借款的效力，且此项贷款业务已由有关单位提供经银行确认为真实、有效的担保保证，郭建升亦最终将贷款人民币300万元分别以现金形式或者以所购房产用作贷款抵押等方式用于了企业经营活动，而并非用于其个人经营活动及挥霍；贷款未能如期归还，确因郭建升等人对公司、企业经营管理不善所致，但该公司始终表示将尽快归还贷款本息，且担保单位亦未拒绝承担担保责任。综上，原审被告人郭建升在向银行为本公司申请贷款人民币300万元的过程中，确无个人非法占有贷款的犯罪目的和犯罪故意及诈骗犯罪行为。北京市人民检察院第一分院所提抗诉意见缺乏充分的事实及法律根据，故不予采纳；原审被告人郭建升及其辩护人分别所作郭建升无罪并请求维持一审法院判决的辩解及辩护意见成立，予以采纳。北京市第一中级人民法院根据郭建升在本案中行为的事实、性质、情节所作的判决，认定事实清楚，证据确实、充分，适用有关法律认定起诉书指控被告人郭建升犯贷款诈骗罪的证据不足，指控的犯罪不能成立，对其宣告无罪正确，审判程序合法，应予维持。依照《中华人民共和国刑事诉讼法》第189条第1项的规定，于2000年9月30日

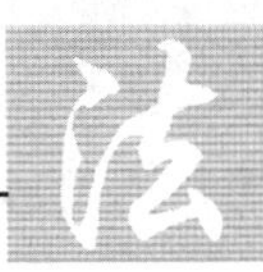

裁定如下。

驳回北京市人民检察院第一分院的抗诉，维持原判。

二、裁判理由

郭建升案是司法实践中因主观上不具备非法占有目的而被法院判决无罪的案例之一。从案情来看，虽然行为人在向银行申请贷款的财务报表含有虚假项目，但郭建升最终将贷款人民币300万元分别以现金形式或者以所购房产作贷款抵押等方式用于企业经营活动，而并非用于其个人经营活动及挥霍；贷款未能如期归还，确因郭建升等人对公司、企业经营管理不善所致，但该公司始终表示将尽快归还贷款本息，且担保单位亦未拒绝承担担保责任。因此，郭建升所在公司之所以未归还银行贷款，是由于客观不能归还。法院对本案判决无罪的裁判理由如下。

根据1997年《刑法》第193条的规定，贷款诈骗罪是指以非法占有为目的，用虚假事实或者隐瞒真相的方法，骗取银行或者其他金融机构的贷款，数额较大的行为。构成贷款诈骗罪，客观方面必须实施了下列行为之一：(1) 编造引进资金、项目等虚假理由；(2) 使用虚假的经济合同；(3) 使用虚假的证明文件；(4) 使用虚假的产权证明作担保或者超出抵押物价值重复担保；(5) 以其他方法诈骗贷款；主观方面必须具有非法占有贷款的目的。在司法实践中，认定是否构成贷款诈骗罪，不仅要看其是否具有前述行为之一，而且要看行为人是否具有“非法占有目的”。

关于如何认定行为人主观上具有“非法占有目的”，最高人民法院2001年1月21日印发的《全国法院审理金融犯罪案件工作座谈会纪要》(以下简称《纪要》) 指出应当坚持主客观相一致的原则，既要避免单纯根据损失结果客观归罪，也不能仅凭被告人自己的供述，而应当根据案件具体情况具体分析。对于行为人通过诈骗的方法非法获取资金，造成数额较大资金不能归还，并具有下列情形之一的，可以认定为具有非法占有目的：(1) 明知没有归还能力而大量骗取资金的；(2) 非法获取资金后逃跑的；(3) 肆意挥霍骗取资金的；(4) 使用骗取的资金进行违法犯罪活动的；(5) 抽逃、转移资金、隐匿财产，以逃避返还资金的；(6) 隐匿、销毁账目，或者假破产，假倒闭，以逃避返还资金的；(7) 其他非法转移资金、拒不返还的行为。

在本案中，被告人郭建升身为集体所有制和其他混合所有制企业、公司的法定代表人，在向银行申请贷款的过程中，提交的财务报表对部分数字的申报有推算和虚假成分，尽管不影响其代表该公司与银行签订的贷款人民币 300 万元的借款的效力，且此项贷款业务已由有关单位提供经银行确认为真实、有效的担保保证，但是其利用含有虚假项目的财务报表向银行申请贷款的行为，可以认定归属于贷款诈骗的“其他方法”。但是该行为是否构成贷款诈骗罪，还必须进一步借助其他的行为事实来证明郭建升主观上是否具备“非法占有目的”。

综合本案中贷款的使用、不能归还贷款的原因以及郭建升对偿还贷款的主观态度等事实分析，并不能证实郭建升在申请贷款的过程中以及取得贷款之后具备“非法占有贷款的目的。”具体来说，郭建升最终将贷款人民币 300 万元分别以现金形式或者以所购房产用作贷款抵押等方式用于了企业经营活动，而并非用于其个人经营活动及挥霍；贷款未能如期归还，确因郭建升等人对公司、企业经营管理不善所致，但该公司始终表示将尽快归还贷款本息，且担保单位亦未拒绝承担担保责任。因此，利用含有虚假项目的财务报表进行申请贷款，能否认定为“以其他方法诈骗贷款”而构成贷款诈骗罪，关键在于结合案件的其他事实来证明行为人主观上是否具备“非法占有贷款的目的”。根据《纪要》的上述精神，分析本案中对郭建升行为的不同定性，检察院主张郭建升主观上具有“非法占有目的”并构成贷款诈骗罪，显然是未能正确区分贷款诈骗罪（刑事违法行为）与贷款诈骗（民事违法行为）在主观方面的界限，而法院认定郭建升因主观上不具备“非法占有目的”而不构成贷款诈骗罪，则准确地把握了两者主观方面的界限。

随着市场经济的发展和金融活动领域的扩大，贷款不能归还的风险也可能加大，贷款纠纷也会增加。因此，要准确区分贷款诈骗与贷款纠纷的界限。特别应当注意的是，根据《纪要》的规定，对于合法取得贷款后，没有按规定的用途使

用贷款，到期没有归还贷款的，不能以贷款诈骗罪定罪处罚；对于确有证据证明行为人不具有非法占有目的，因不具备贷款的条件而采取了欺骗手段获取贷款，案发时有能力履行还贷义务，或者案发时不能归还贷款是因为意志以外的原因，如因经营不善、被骗、市场风险等，不应以贷款诈骗罪定罪处罚。总之，在处理具体案件的时候，对于有证据证明行为人主观上不具有非法占有目的，就不能单纯以贷款不能归还而按金融诈骗罪论处。

三、非法占有目的司法推定

本案被告人郭建升在贷款以后客观上未归还，这是一个事实。但仅有这一事实尚不能追究被告人的刑事责任，关键在于：这种未归还是否属于贷款诈骗以后的非法占有行为？为此，还必须考察被告人客观上有无贷款诈骗行为与主观上有无非法占有的目的。从客观上来说，裁判理由认为被告人利用含有虚假项目的财务报表向银行申请贷款的行为，可以认定归属于诈骗的“其他方法”。在这种情况下，被告人是否构成贷款诈骗罪，取决于主观上是否具备“非法占有目的”。

非法占有目的，是行为人的一种主观心理状态，但它又不是完全脱离客观外在活动而存在的。因此，应当结合行为人的客观行为加以认定。在此，存在一个通过客观行为推定其主观上的非法占有目的的问题。这里涉及推定的方法，对此以往我国刑法理论少有论及，笔者认为应当加以深入研究。在英美法系刑法中，推定尤其是司法推定是大量运用的一种事实或者法律认定的技术。英国学者指出：根据对某个事实的证明，陪审团可以或者必须认定另外某个事实（通常称“推定事实”）的存在，这就叫做推定。其中，推定又可以分为法律的推定与事实的推定。“可以”和“必须”是区分法律的推定和事实的推定的依据。在陪审团必须认定事实的存在时，推定是法律的推定。如果陪审团根据对某一其他事实的证明而可以认定推定事实的存在，推定是事实的推定。英国学者认为，事实的推定往往是能够证明被告人心理状态的唯一手段，因而在刑事司法中起着非常重要的作用。法官应该对陪审团作出这样的指示，即它有权从被告人已经实施的违禁

行为的事实中，推定出被告人是自觉犯罪或具有犯罪意图，如果被告人未作任何辩解，推断通常成立。① 由此可见，推定是在被告人的主观意图认定中经常采用的一种司法方法。从逻辑上来说，推定是指通过证明某一已知事实的存在而推断另一事实的存在。因而，在已知事实与推断事实之间必须存在某种内在联系。否则，这种推定就缺乏科学性。因此，推定的基础事实的确定是十分重要的，直接影响着推定结论的正确性。

对于贷款诈骗罪的非法占有目的的认定，司法解释作了明文规定。其推定的基础事实是：（1）明知没有归还能力而大量骗取资金的；（2）非法获取资金后逃跑的；（3）肆意挥霍骗取资金的；（4）使用骗取的资金进行违法犯罪活动的；（5）抽逃、转移资金、隐匿财产，以逃避返还资金的；（6）隐匿、销毁账目，或者假破产，假倒闭，以逃避返还资金的；（7）其他非法转移资金、拒不返还的行为。应当指出，上述行为除第一种情形以外，都是事后对贷款资金的处置，这种处置之所以可以作为认定行为人非法占有贷款目的的基础事实，是以贷款是行为人采用欺骗方法获取这一罪体为前提的，如果没有这一前提，贷款是合法获取的，当然也就不存在构成贷款诈骗罪的问题。值得注意的是，除上述司法解释明文列举的情形以外，比照《纪要》和有关司法解释的精神，下列特定情形也可以推定行为人具有非法占有的目的：（1）以支付帮助获取资金的中间人高额回扣、介绍费、利差、提成的方式非法获取资金，并由此造成大部分资金不能返还的；（2）将资金大部分用于弥补亏空、归还债务，导致资金事实上无法归还的；（3）没有实际经营可以预期的赢利业务而大量骗取资金的，导致资金用于高风险营利活动，造成亏损致使资金无法归还的（除符合借款合同约定的用途外）；（4）将资金用于高风险的非营利活动（如借出），置资金安全于不顾的；（5）获取资金明显超过自身经营所需，而随意处置所获取资金的；（6）为继续骗取资金，将资金用于亏损或不营利的生产经营项目的；（7）其他没有归还能力而大量骗取资金

---

① 参见［英］鲁珀特·克罗斯、菲利普·A. 琼斯：《英国刑法导论》，赵秉志等译，55～56页，北京，中国人民大学出版社，1991。

的。上述基础事实，都为非法占有目的的推定提供了逻辑前提。在司法实践中，推定行为人主观上具有非法占有的目的，应当具有以下三个条件。

（一）通过欺诈方法获取贷款

贷款诈骗的前提是有欺诈行为，其贷款系骗而所得，如果没有欺诈的事实，也就根本不存在贷款诈骗的问题，因而更谈不上非法占有贷款的目的。关于贷款诈骗罪的欺骗方法，《刑法》第 193 条列举了五种情形，前四种是明确规定，第五种是概括规定。在理解“以其他方法诈骗贷款”的其他方法时，应当注意它与前四项规定在性质上的一致性。

（二）到期没有归还贷款

贷款诈骗罪是以侵犯银行或者其他金融机构的贷款所有权为特征的犯罪，其主观意图是要非法占有贷款。如果行为人到期已经及时归还贷款，那就没有贷款诈骗可言。因此，到期没有归还贷款是构成贷款诈骗的非法占有目的的事实前提。

（三）贷款时明知不具有归还能力或者贷款后实施了某种特定行为

贷款时明知不具有归还能力，是指在贷款的时候，已经知道不具备归还可能性，在这种情况下采取欺诈手段获得贷款，可以推定行为人主观上具有非法占有的目的。这里的明知不具有归还能力，仍然是行为人的一种主观心理状态，因而需要正确认定。贷款后实施了某种特定行为，就是前文列举的各种推定的基础事实。只要具有这些特定行为，就可以推定行为人主观上具有非法占有的目的。通过推定，将主观心理的认定转换成为客观行为的认定，为司法机关认定非法占有的目的提供了便利。当然，推定的事实与客观的事实本身还是有所不同的，因此，推定是允许反驳的，如果存在反证则可能推翻。

四、本案之分析

本案被告人郭建升以升宏公司的名义向招商银行北京分行中关村营业部贷款 300 万元，在贷款当时，提供的公司财务状况存在虚假，因而存在一定的欺诈行

为。而且，贷款期满后升宏公司未能偿还该贷款。在这种情况下，被告人郭建升的行为是否构成贷款诈骗罪，取决于主观上是否具有非法占有的目的。而正是在这一点上，检察院、法院两家存在分歧。

检察院指控被告人郭建升主观上具有非法占有的目的的主要理由有二：第一，郭建升在升宏公司不具备还款能力的情况下骗取银行贷款资金。第二，郭建升在骗得银行贷款人民币300万元之后又将贷款用于其个人经营及挥霍。

法院则认为被告人郭建升主观上没有非法占有的目的，其主要理由是：第一，升宏公司在申请贷款之前及至本案案发前并非不具有申请及偿还贷款的能力。第二，贷款人民币300万元未能归还并非郭建升个人恶意占有及用于个人经营及挥霍所致。

上述分歧，主要还是对案件事实的认定与判断问题。

关于被告人郭建升是否在升宏公司不具备还款能力的情况下骗取银行贷款的问题。有无还款能力，是企业的一种客观状态。但对于担保贷款来说，只要担保是真实的，贷款企业本身的还款能力并不重要。因为担保意味着还款义务的转移；在贷款企业不能归还贷款的情况下，应由担保单位履行向银行归还贷款的义务。本案中的恰恰是一种担保贷款。根据法院认定的事实，郭建升在以升宏公司名义向招商银行申请贷款过程中，多次按照规定向银行申报了担保单位，而银行亦多次对该担保单位进行了核保，并与该单位签订了具有法律效力的“不可撤销担保书”。如此说来，从担保贷款这一事实就可以得出结论，升宏公司在贷款时是否具有归还贷款能力对于本案之定罪是没有关系的。但检、法两家围绕这个问题展开争论，可以说是没有切中要害。

关于被告人郭建升是否个人挥霍贷款的问题。本案中确实存在违规使用贷款的现象，将300万元贷款中的104万余元用于购置房产，并以其个人名义登记产权。检察机关所指的个人占用，大概指的就是这一情况。但法院经查，认为此系郭建升根据本公司股东会关于“购置房产以待升值后用作固定资产”的决议行事。况且，最终郭建升在将前述两处房产变卖又购入两套别墅后，又确实用于抵押，而从其他金融机构贷款所得人民币300万元也用于了公司及糊涂楼饭庄及分

店的经营。因此，法院得出结论：贷款人民币300万元未能归还并非郭建升个人恶意占有及用于个人经营及挥霍所致。应当说，法院的认定是正确的。

综上所述，推定被告人郭建升主观上具有非法占有目的的基础事实都是不存在的，因而不能认定郭建升主观上具有非法占有的目的。

五、进一步的思考

本案涉及的一个重要问题，是贷款诈骗与贷款舞弊如何区分。在裁判理由中，论及正确区分贷款诈骗罪（刑事违法行为）与贷款欺诈（民事违法行为），以及正确区分贷款诈骗与贷款纠纷的界限问题。一般来说，贷款纠纷是在贷款以后未能及时归还贷款而引发的纠纷，它与贷款诈骗罪的界限还是较为明显的。不易区分的是贷款诈骗罪与贷款舞弊行为，贷款舞弊行为也存在一定的诈欺性，那么它与贷款诈骗的诈欺到底有何不同呢？这里涉及对诈欺一词的法理上的界定。

诈欺的法律渊源可以追溯到古罗马法。在古罗马法中，诈欺可以分为两种：第一种是作为法律行为瑕疵之诈欺（dolus faudus），指以欺骗手段使相对人陷于错误或利用相对人的错误使之成立不利的法律行为。第二种是作为私犯的诈欺（dolus malus），指行为人用欺骗手段使对方为或不为某种行为。[①] 在现代民法理论中，这两种诈欺又分别称为法律行为制度中的诈欺与侵权行为法中的诈欺。两者的构成要件并不相同：法律行为制度中的诈欺以导致被诈欺人的错误意思表示为最终构成要件，而侵权行为法中的诈欺以导致被诈欺人的实际损失为最终构成要件。并且，两者的法律后果也有所不同：法律行为制度中的诈欺法律后果仅限于构成无效的法律行为，而侵权行为法中的诈欺法律后果则在于使诈欺人承担赔偿责任。当然，当法律行为制度中的诈欺行为成立后而导致实际损害后果时，都不妨嗣后构成侵权行为法中的诈欺行为。[②] 在刑事诈欺中，也有类似于上述民法

① 参见周枏：《罗马法原论》下册，590～794页，北京，商务印书馆，1994。

② 参见董安生：《民事法律行为》，152～153页，北京，中国人民大学出版社，1994。

中的两种诈欺。例如，我国学者白建军在论及贷款诈骗时指出，存在两种意义上的贷款诈骗。狭义上的贷款诈骗是指只要行为人以诈欺的方法获取银行贷款，便构成此罪，其故意的内容不包括占有贷款不予归还。广义上的贷款诈骗既包括骗取由正常方式无法获得的贷款的行为，也包括骗取并占有贷款的行为，还包括骗取贷款授信资格后，进一步骗取他人财产的行为。① 这里所谓以诈欺的方法获取银行贷款的贷款诈欺相当于民法上的法律行为制度中的诈欺，以具有使诈欺人陷于错误的虚假陈述行为。在这个意义上，只是骗用贷款。而所谓骗取贷款并占有贷款的贷款诈欺相当于民法上的侵权行为法中的诈欺，以非法占有他人财物为必要，在这个意义上，可以说是骗取并占有贷款。显然，我国刑法中规定的贷款诈骗罪是以非法占有为目的，因而属于非法占有财物的贷款诈欺。但我国刑法并没有将虚假陈述的贷款诈欺予以犯罪化，因而在一个贷款诈欺的案件中，只要不具有非法占有的目的，就不构成犯罪，只能作无罪处理。在本案中，郭建升在向银行申请贷款过程中，是存在虚假陈述行为，并且在获取贷款以后，违反规定改变贷款用途，最终未能归还贷款。如果在刑法中设有以虚假陈述为构成要件的贷款舞弊罪，对郭建升就可以该罪论处。但由于刑法中未设该罪，而又不能证明郭建升主观上具有非法占有的目的，因而只能作无罪处理。

此外，本案还涉及贷款诈骗罪是否可以由单位构成的问题。刑法没有规定单位可以构成贷款诈骗罪，在这种情况下，是否可以追究单位中的直接负责的主管人员和直接责任人员的刑事责任，在刑法理论上是存在争议的。对此，《纪要》明确规定：对于单位实施的贷款诈骗行为，不能以贷款诈骗罪定罪处罚，也不能以贷款诈骗罪追究直接负责的主管人员和其他直接责任人员的刑事责任。在司法实践中，对于单位十分明显地以非法占有为目的，利用签订、履行借款合同诈骗银行或其他金融机构贷款，符合《刑法》第 224 条规定的合同诈骗罪构成要件的，应当以合同诈骗罪定罪处罚。笔者认为，在刑法没有规定单位可以成为贷款诈骗罪主体的情况下，不能以贷款诈骗罪追究单位中的直接负责的主管人员和直

① 参见白建军：《金融诈欺及预防》，35 页，北京，中国法制出版社，1994。

接责任人员的刑事责任，这是正确的。在这种情况下，转而以合同诈骗罪追究刑事责任，尽管有一定法理基础，但不无牵强之处，而且与对单位贷款诈骗行为不追究刑事责任的立法规定不符。在本案中，同样涉及单位贷款诈骗问题。从检察机关指控被告人郭建升将贷款用于其个人经营和挥霍来看，实际上是认定郭建升个人犯罪。而法院则认为，被告人郭建升系单位的法定代表人，代表公司提出贷款请求系单位行为，不应视为个人行为。因此，按照法院的观点，本案即使构成犯罪，也应定合同诈骗罪，同时追究单位和郭建升的刑事责任。当然，由于本案被判无罪，也就不存在这个问题。

（本文原载陈兴良主编：《刑事法判解》，第 8 卷，北京，北京大学出版社，2005）

不以骗取税款为目的的虚开发票行为的定性研究

——非法定的目的犯的一种个罪研究

本文所称虚开发票行为是指《刑法》第205条规定的虚开增值税专用发票、用于骗取出口退税、抵扣税款发票的行为。因此，虚开发票行为包括虚开以下三种发票：一是虚开增值税专用发票；二是虚开用于骗取出口退税发票；三是虚开抵扣税款发票。由此构成的犯罪是虚开增值税专用发票、用于骗取出口退税、抵扣税款发票罪。为行文方便，本文将本罪简称为虚开发票罪或在涉及具体发票时予以详称。

一、问题的提出

虚开发票罪涉及的一个重要法理问题是：本罪是否以骗取税款为目的？《刑法》第205条第1款规定："虚开增值税专用发票或者虚开用于骗取出口退税、抵扣税款的其他发票的，处三年以下有期徒刑或者拘役，并处二万元以上二十万元以下罚金；虚开的税款数额较大或者有其他严重情节的，处三年以上十年以下有期徒刑，并处五万元以上五十万元以下罚金；虚开的税款数额巨大或者有其他特别严重情节的，处十年以上有期徒刑或者无期徒刑，并处五万元以上五十万元

以下罚金或者没收财产。”根据这一规定，只要有虚开行为即可构成本罪，并且根据虚开税款的数额大小规定了轻重不等的法定刑。显然，刑法对于虚开发票罪没有规定以骗取税款为目的。同时，《刑法》第205条第1款只规定了虚开行为构成犯罪，虚开以后又骗取税款的如何处理没有规定。但第205条第2款规定：“有前款行为骗取国家税款，数额特别巨大，情节特别严重，给国家利益造成特别重大损失的，处无期徒刑或者死刑，并处没收财产。”根据这一规定，虚开发票而骗取国家税款，数额特别巨大，情节特别严重，给国家利益造成特别重大损失的，以虚开发票罪处无期徒刑或者死刑，并处没收财产。显然，在这种情况下骗取国家税款的行为为虚开发票罪所包含。这是一种法条竞合。虚开发票罪是整体法，骗取税款的诈骗罪是部分法，后者为前者所包容，两者之间存在着整体法与部分法之间的法条竞合关系。但虚开发票而骗取国家税款，数额没有达到特别巨大，情节没有达到特别严重，没有给国家利益造成特别重大损失的如何处理，刑法并未规定。对此，我国刑法学界存在以下三种观点①：第一种观点认为，虚开发票行为本身就构成犯罪，再用虚开的发票骗取国家税款，属于加重行为。第二种观点认为，该种情况属犯一罪同时触犯数法条的法条竞合。适用特别法（《刑法》第250条）优于普通法（《刑法》第204条）的原则；应以《刑法》第205条论处。第三种观点认为，虚开增值税专用发票后又实施骗税行为的，完全符合牵连犯的情况，依照牵连犯定罪的“从一重处断”的通行原则。我认为，《刑法》第205条第1款的规定是存在缺陷的，它只规定了虚开行为，对于虚开后的骗取行为未作规定，由此与第2款的规定不相协调。在这种情况下，应当比照第2款规定弥补第1款规定的立法缺陷。因此，实施《刑法》第205条第1款的虚开行为而又骗取税款的，应以虚开发票罪论处。

在本文中，我并不想深入讨论这个问题，论及这个问题，是想表明虚开发票行为与骗取税款行为是密切相连的。虚开发票而未去骗取国家税款的（以下简称“开而未骗”），应以本罪论处；虚开发票而骗取国家税款的（以下简称“开且

① 参见高铭暄主编：《新型经济犯罪研究》，171页，北京，中国方正出版社，2000。

骗”），同样也应以本罪论处。在开且骗的情况下，行为人主观上当然是具有骗取税款目的的。但在开而未骗的情况下，行为人主观上是否必须具有骗取税款目的？换言之，如果没有骗取税款目的是否构成本罪？进而言之，如果没有骗取税款目的但有其他犯罪目的并实施了其他犯罪行为的，是定虚开发票罪呢还是定其他犯罪？这才是本文讨论的问题。

在我国刑法理论中，关于虚开发票罪是否以骗取税款为目的，存在以下两种观点：第一种是肯定说，例如张明楷教授指出：“本罪属于抽象的危险犯，司法机关应以一般的经济运行方式为根据，判断是否具有骗取国家税款的可能性。如果虚开、代开增值税等发票的行为根本不具有骗取国家税款的可能性，则不宜认定为本罪。例如，甲、乙双方以相同的数额相互为对方虚开增值税发票，并且已按规定缴纳税款，不具有骗取国家税款的主观目的与现实可能的，不宜认定为本罪。再如，代开的发票有实际经营活动相对应，没有而且不可能骗取国家税款的，也不宜认定为本罪。”[①] 第二种是否定说，认为一般来说，行为人主观上都是以营利为目的，但法律上并未规定，“以营利为目的”是构成本罪在主观方面的必备要件。因此，如果以其他目的虚开增值税专用发票的，也构成本罪。[②] 在上述两种观点中，我是赞同肯定说的，主张虚开发票罪是目的犯。这一观点，在芦才兴案中得到确认。

二、芦才兴案的案情及诉讼过程[③]

被告人芦才兴，男，1962 年 12 月 23 日出生，个体运输户。因涉嫌虚开用于抵扣税款的发票犯罪，于 1999 年 6 月 8 日被逮捕。

浙江省宁波市人民检察院以被告人芦才兴犯虚开用于抵扣税款的发票罪，向宁波市中级人民法院提起公诉。

---

① 张明楷：《刑法学》，2 版，646 页，北京，法律出版社，2003。

② 参见周道鸾、张军主编：《刑法罪名精释》，2 版，北京，人民法院出版社，2003。

③ 参见《刑事审判案例》，258～262 页，北京，法律出版社，2002。

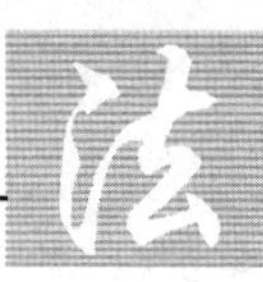

宁波市中级人民法院经公开审理查明：1997年7月至1998年12月，被告人芦才兴以每月支付500元管理费的形式挂靠宁波旭日联运有限公司（以下简称旭日公司），又以支付车辆租金、风险抵押金的形式承租宁波远航集装箱仓储运输公司（以下简称远航公司），并从上述两公司分别获取了全国联运业货运统一发票（以下简称联运发票）和浙江省宁波市公路集装箱运输专用发票及浙江省公路货运专用发票等运输发票。

被告人芦才兴在以旭日公司名义经营运输业务期间，为少缴应纳税款，先后从自己承租的远航公司以及北仑甬兴托运站等5家运输企业接受虚开的表明营业支出的联运发票、浙江省宁波市公路集装箱运输专用发票及浙江省公路货运专用发票等运输发票共53张，价税合计人民币6 744 563.77元，并将上述发票全部入账，用于冲减其以旭日公司名义经营运输业务的营业额，实际偷逃营业税200 379.25元、城建税14 026.55元、企业所得税333 965.41元，合计偷逃税款548 371.21元，且偷逃税额占其应纳税额的30%以上。

为帮助其他联运企业偷逃税款，被告人芦才兴将旭日公司联运发票的发票联共50张提供给浙江省鄞县古林运输公司江北托运部等5家运输企业，将远航公司的浙江省宁波市公路集装箱运输专用发票的发票联3张提供给宁波环洋经贸有限公司用于虚开，虚开的发票联金额总计4 145 265.32元，存根联或记账联金额为54 395元。以上虚开的运输发票均已被以上接受发票的运输企业用以冲减营业额，实际偷逃营业税122 728.84元、城建税8 591.01元、企业所得税204 548.07元，合计偷税税款335 867.92元。

宁波市中级人民法院认为：被告人芦才兴在挂靠运输企业经营运输业务期间，违反国家税收法规，故意采用虚假手段，虚增营业开支，冲减营业数额，偷逃应纳税款，计人民币548 371.21元，且偷逃税额占应纳税额的30%以上；又提供或虚开运输发票，帮助其他运输企业虚增营业开支，冲减营业数额，偷逃应纳税款，计人民币335 867.92元，其行为已构成偷税罪。公诉机关指控芦才兴犯罪的事实清楚，证据确实、充分，但指控被告人芦才兴的行为构成虚开抵扣税款发票罪依据不足，指控罪名错误，应予纠正。遂依照《中华人民共和国刑法》

第201条第1款、第52条之规定，于2000年4月25日判决如下：被告人芦才兴犯偷税罪，判处有期徒刑6年，并处罚金人民币100万元。

一审判决后，被告人芦才兴服判。宁波市人民检察院抗诉提出：本案中运输发票具有抵扣税款的功能，被告人芦才兴虚开了具有抵扣功能的发票，其行为已触犯《中华人民共和国刑法》第205条的规定，构成虚开用于抵扣税款发票罪。一审判决因被告人没有将虚开的发票直接用于抵扣税款而认定被告人的行为构成偷税罪不当。

浙江省高级人民法院审理后认为：本案中所有用票单位都是运输企业，均不是增值税一般纳税人，无申报抵扣税款资格。因此，本案被告人为别人虚开或让别人为自己虚开的发票在运输企业入账后，均不可能被用于抵扣税款。被告人芦才兴主观上明知所虚开的运输发票均不用于抵扣税款，客观上使用虚开发票冲减营业额的方法偷逃应纳税款，其行为符合偷税罪的构成要件，而不符合虚开用于抵扣税款发票罪的构成要件。原审判决定罪和适用法律正确，量刑适当。审判程序合法。遂依照《中华人民共和国刑事诉讼法》第189条第1项之规定，于2000年12月29日裁定驳回抗诉，维持原判。

三、芦才兴案的争议及其理由

本案二审判决作出以后，由于涉及虚开发票是否以骗取税款为目的等重要法理问题，因而被最高人民法院刑一庭、刑二庭编的《刑事审判参考》在加上裁判理由后刊登。因此，关于本案的裁判理由，本文视为法院关于本文所讨论问题的观点。

虚开可以用于抵扣税款的发票冲减营业额偷逃税款的行为如何定性?

在审理本案的过程中，对于被告人芦才兴的行为如何定性存在两种不同意见。

检察机关认为，《刑法》第205条规定的虚开用于抵扣税款发票罪是行为犯，行为人只要实施了虚开可以抵扣税款的发票（包括使用此种发票）的行为，不管

其主观意图是想以虚增成本的方法偷税，还是想用虚开的发票非法抵扣税款，都只构成虚开用于抵扣税款的发票这一种罪。被告人芦才兴虚开的运输发票属于抵扣税款的发票，其行为构成虚开用于抵扣税款发票罪。

一、二审法院认为，《刑法》第205条规定的虚开用于抵扣税款发票罪中的“抵扣税款”具有特定含义，行为人虚开可以抵扣税款的发票，如其主观意图不是用于抵扣税款，客观上也没有去抵扣税款，而是为了其他目的去使用虚开的发票，则不能以虚开抵扣税款发票罪定性。被告人芦才兴采用虚开运输发票的手段，达到偷逃税款的主观目的，其所虚开的运输发票均未用于抵扣税款，因此，其行为不符合虚开用于抵扣税款发票罪的构成要件，应构成偷税罪。

一、二审判决理由如下。

1. 被告人芦才兴挂靠的旭日公司和承租的远航公司属于交通运输企业，无申报抵扣税款资格，其为自己和其他交通运输企业开具的运输发票不能用于抵扣税款

根据《刑法》第205条的规定，虚开抵扣税款发票罪，是指故意违反国家发票管理法规，为他人虚开、为自己虚开、让他人为自己虚开或者介绍他人虚开用于抵扣税款的专用发票的行为。虚开抵扣税款发票罪的成立，必须同时具备以下条件：

(1) 行为人实施了虚开用于抵扣税款的发票的行为。所谓“虚开”，是指没有购销货物或者没有提供、接受应税劳务而开具用于抵扣税款的发票，或者虽有购销货物或者提供、接受了应税劳务，但开具内容不实的用于抵扣税款的发票的行为。仅从这一点来说，被告人芦才兴的行为符合虚开抵扣税款发票罪的构成特征。

(2) 犯罪对象必须是可以用于抵扣税款的发票。所谓“抵扣税款”，是指增值税纳税义务人抵扣增值税进项税额的行为。根据《中华人民共和国增值税暂行条例》第8条的规定，增值税纳税人购进货物或者接受应税劳务所支付或者负担的增值税额即进项税额，准予从销项税额中抵扣。能够被用于“抵扣税款”的发票，除增值税专用发票以外，还有运输发票、废旧物品收购发票以及农业产品收购发票等其他特定发票。如根据有关规定，增值税纳税义务人购进货物（不包括固定资产）和销售货物所付运输费用，根据运费结算单据（运输发票）所列运费

金额（不包括随运费支付的装卸费、保险费等杂费），按照7%的扣除率计算准予抵扣的进项税额，其计算公式是：进项税额＝运费金额×7%。因此，在我国税收征管制度中，除增值税专用发票以外，运输发票、废旧物品收购发票以及农业产品收购发票等其他特定发票也具有抵扣税款功能。本案被告人芦才兴为自己和他人虚开可以用于抵扣税款的运输发票，可以构成虚开抵扣税款发票罪。

（3）行为人必须具有抵扣税款的资格。由于“抵扣税款”只发生在增值税的纳税环节，即增值税纳税义务人（因大多数小规模纳税人销售货物或者提供应税劳务，实行简易办法计算应纳税额，不存在抵扣税款问题，抵扣税款主要适用于增值税一般纳税人）在缴纳增值税时，将其购进货物或者接受应税劳务所支付或者负担的增值税额予以抵扣的活动。《中华人民共和国增值税暂行条例》第1条规定：“在中华人民共和国境内销售货物或者提供加工、修理修配劳务以及进口货物的单位和个人，为增值税的纳税义务人。”因此，只有在我国境内销售货物或者提供加工、修理修配劳务以及进口货物的单位或者个人，才有抵扣税款的资格，其虚开可以用于抵扣税款的发票，可以构成虚开抵扣税款发票罪（为非增值税纳税义务人虚开可以用于抵扣税款的发票，不能以虚开抵扣税款发票罪追究刑事责任）。非增值税纳税义务人，如营业税、所得税、城市建设维护税的纳税人不存在抵扣税款问题，其为自己虚开或者让他人为自己虚开可以用于抵扣税款的发票，不能以虚开抵扣税款发票罪定罪处罚；只有为增值税纳税人虚开或者介绍他人为增值税纳税人虚开可以用于抵扣税款的发票的，才能以虚开抵扣税款发票罪定罪处罚。本案中，被告人芦才兴所挂靠和承租的企业，以及接受芦才兴虚开运输发票的企业，均为交通运输企业，依照有关税收法规的规定，它们不是增值税的纳税义务人，其虚开的发票也不能作为申报抵扣税款的依据。因此，被告人芦才兴为自己虚开和为其他交通运输企业虚开可以用于抵扣税款的运输发票的行为，不构成虚开抵扣税款发票罪。

（4）行为人必须具有抵扣税款的故意。虽然虚开抵扣税款发票罪是行为犯，只要行为人实施了虚开用于抵扣税款的发票，就可构成犯罪，至于是否已将发票用于抵扣税款，不影响虚开抵扣税款发票罪的成立。但行为人没有抵扣税款的故意，即

使实施了虚开抵扣税款发票的行为，也不能以虚开抵扣税款发票罪定罪处罚。在这里，对《刑法》第205条中的“用于抵扣税款”的理解不能过于宽泛，“用于”应指主观上想用于和客观上实际用于，而不包括虽然可以用于但行为人主观上不想用于、客观上也没有用于，也不能将行为人使用发票意图不明的视为准备用于。

综上，本案被告人芦才兴为自己和他人虚开可以用于抵扣税款的运输发票，在客观上虽然造成了少缴应纳税款88.423 913万元的后果，但因芦才兴在主观上是为了少缴应纳税款，而不是为了抵扣税款，在客观上因无申报抵扣税款的资格，既没有也不可能用于抵扣税款，因此，不能对被告人芦才兴以虚开抵扣税款发票罪定罪处罚，检察机关指控的罪名不能成立。

2. 被告人芦才兴通过虚开运输发票，虚增营业开支，冲减营业数额，偷逃应纳税款的行为，构成偷税罪

虚开可以用于抵扣税款的发票，不是为了抵扣税款，而是出于其他目的的，应当结合行为人的犯罪故意和实施的客观行为择定其他罪名定罪处罚。根据《刑法》第201条的规定，纳税人采取伪造、变造、隐匿、擅自销毁账簿、记账凭证，在账簿上多列支出或者不列、少列收入，经税务机关通知申报而拒不申报或者进行虚假的纳税申报的手段，不缴或者少缴应纳税款，偷税数额在1万元以上不满10万元并且占纳税人应纳税额的10%以上，或者因偷税被税务机关给予两次行政处罚又偷税的，构成偷税罪。偷税罪的主体是“纳税人”，即负有纳税义务的单位和个人，不受是否具有申报抵扣税款资格的限制；偷税的手段是“伪造、变造、隐匿、擅自销毁账簿、记账凭证，在账簿上多列支出或者不列、少列收入，经税务机关通知申报而拒不申报或者进行虚假的纳税申报”；采取上述手段是为了不缴或者少缴应纳税款；偷税数额1万元以上并且占纳税人应纳税额的10%以上，或者因偷税被税务机关给予两次行政处罚又偷税的，是构成偷税罪与否在数额和情节上的界限。

本案中，被告人芦才兴以个体运输户的名义挂靠旭日公司和承租远航公司后，依法成为营业税、企业所得税、城市建设维护税的纳税人，为了少缴应纳税款，采取了虚开交通运输发票以虚增营业开支、冲减营业数额的方式，进行虚假

的纳税申报，因此，少缴营业税 20.037 925 万元、城建税 14.026 55 万元、企业所得税 33.396 541 万元，计偷逃税款 54.837 121 万元，且偷逃税额占其应纳税额的 30%以上。此外，被告人芦才兴为帮助其他联运企业偷逃税款，还将运输发票提供给其他运输企业进行虚开，用于冲减营业额，接受虚开发票的运输企业因此实际偷逃税款 33.586 792 万元。被告人芦才兴的行为已构成偷税罪，并且应在“三年以上七年以下有期徒刑，并处偷税数额一倍以上五倍以下罚金”的量刑档次和幅度内判处刑罚。一、二审法院根据《刑法》《刑事诉讼法》和最高人民法院《关于执行〈中华人民共和国刑事诉讼法〉若干问题的解释》第 176 条第 2 项的规定，改变起诉不当的罪名，以偷税罪判处被告人芦才兴有期徒刑 6 年，并处罚金人民币 100 万元，是正确的。

四、芦才兴案裁判理由的解释

从芦才兴案的裁判理由中，我们可以看到，一、二审法院认定被告人芦才兴的行为不构成虚开发票罪的理由主要有两点：一是被告人芦才兴所在企业以及接受其虚开的企业均非增值税的纳税义务人，因而不具备抵扣税款的资格。二是被告人芦才兴不具有抵扣税款的故意。对于上述两点理由，我想重点讨论第二点，即被告人芦才兴不具有抵扣税款的故意。

值得注意的是，检察机关和法院都认为虚开发票罪是行为犯，但检察机关认为，《刑法》第 205 条规定的虚开用于抵扣税款发票罪是行为犯，行为人只要实施了虚开可以抵扣税款发票的行为，不管其主观意图是为了偷税或其他目的，客观行为上是否实施或完成了抵扣税款的行为，都只能构成虚开用于抵扣税款发票之罪。[①] 而法院则认为，虽然虚开用于抵扣税款发票罪是行为犯，只要行为人实施了虚开用于抵扣税款行为，就可以构成犯罪，至于是否已将发票用于抵扣税

① 参见邹志刚：《从两案例看虚开用于抵扣税款发票罪之犯罪构成》，载《浙江检察》，2003（11），38 页。这里的两案例是指芦才兴案和郑时杰案，关于郑时杰案在后面讨论。由于本文作者的身份，本文将该文的观点作为检察机关对这两个案例的观点对待，特此说明。

款，不影响虚开用于抵扣税款发票罪的成立。但行为人没有抵扣税款的故意，即使实施了虚开用于抵扣税款发票的行为，也不能以虚开用于抵扣税款发票罪定罪处罚。这里涉及对行为犯的理解。在刑法理论上，行为犯是相对于结果犯而言的，结果犯是指以一定的法定结果作为犯罪构成要件的犯罪。而行为犯是指以刑法规定的一定行为作为构成要件的犯罪，只要实施了一定的构成要件的行为，不论结果是否发生，都构成犯罪。虚开发票罪是行为犯，对此并无异议，因此，只要实施虚开行为即可构成犯罪，这一点也没有错。但这只是罪体要素的问题，而未涉及罪责要素。实际上行为犯又可以分为两种情形：一是单纯的行为犯，二是缩短的行为犯。这种缩短的行为犯，也译为短缩的二行为犯，这里涉及两个行为：第一个行为是法定的行为，即刑法所规定的构成要件行为，无此行为即无该犯罪。第二个行为是附带的行为，构成该罪并非一定要有该行为，但实施了该行为也仍属于该罪的情形。这种情形之所以称为短缩的二行为犯，是该罪有两个行为，但刑法规定并不以两个行为都实施为必要，只要实施第一个行为即可构成犯罪。但是，主观上需要具有实施第二个行为的目的。因此，短缩的二行为犯是目的犯的一种情形，目的犯的另一种情形是断绝的结果犯。因此，本案被告人芦才兴是否构成虚开发票罪，关键不在于罪体要素，而恰恰在于罪责要素，即被告人芦才兴是否具有骗取税款的目的。根据以上分析，我认为检察机关对本案从行为犯这一点进行论证，未触及要害。本案的关键在于：虚开发票罪是否以骗取税款为目的？这是一个目的犯的问题，而不是一个行为犯的问题。

在刑法理论上，目的犯可以分为两种：一是法定的目的犯，二是非法定的目的犯。法定的目的犯，在刑法上有明文规定，在理解上也不会发生歧义。而对于非法定的目的犯，则往往发生争议。《刑法》第205条规定了虚开发票罪，刑法对于以骗取税款为目的并无明文规定，该罪显然不是法定的目的犯。至于是否为非法定的目的犯，如前所述，在刑法理论上存在争议。从芦才兴案的判决来看，一、二审法院确认了虚开发票罪应以骗取税款为目的，因而该罪属于目的犯。从芦才兴案的裁判理由中可以引申出以下规则。

虚开增值税专用发票、用于骗取出口退税、抵扣税款发票罪，行为人即使实施了虚开行为，如果主观上没有抵扣税款意图的，不构成本罪。

法院在其裁判理由中，并没有使用目的犯这个概念，而是使用了“没有抵扣税款的故意”这样一个用语，我认为是不准确的，也表明法院虽然对这个问题作出了正确的判断，但在理论根据上未能自觉地运用目的犯理论。一个犯罪只有一个犯罪故意，而不可能有两个犯罪故意，这是刑法理论之常识。虚开发票罪当然具有虚开的故意。所谓虚开的故意，是指明知是虚开增值税专用发票、用于骗取出口退税、抵扣税款发票的行为而有意实施的主观心理状态。① 根据裁判理由，构成虚开发票罪，行为人还须具有“抵扣税款的故意”。这种抵扣税款的故意是以抵扣税款行为为前提的，没有实施抵扣税款的行为，行为人主观上也就不具有抵扣税款的故意。如果要求行为人在客观上必须实施抵扣税款的行为，那么与裁判理由中主张的虚开发票罪是行为犯的观点又是自相矛盾的。因此，这里的“抵扣税款的故意”应当表述为抵扣税款的目的或者意图。这种抵扣税款的目的或者意图是超越的主观要素。这里所谓超越的主观要素，是指主观要素超越客观要素。在通常情况下，在犯罪构成范围内，主观要素与客观要素是相对应的，也就是我们通常所理解的主观与客观相统一。而在目的犯的情况下，主观与客观不相一致，即主观要素超越客观要素。对此，日本学者大塚仁指出：目的犯的目的通常超出构成要件客观要素的范围，称其为超过的内心倾向（überschieberde Innentendenz）。在这一点上，要把目的与故意区别开来，故意需要以符合构成要件的客观事实作为行为人表象的对象。只是，目的犯的目的中也并非没有处在构成要件客观要素的范围之内的。例如，通说、判例认为作为横领罪要件的“不法领得的意思”，就是以与横领行为共同的范围为对象，只不过是对其进行规整并且赋予其意义。这种目的，被称为赋予意义的目的（sinngebende Absicht）。② 这种主观超过客观的情形，在刑法上并不鲜见，而是一种正常采用的立法例。我国

① 参见陈兴良：《规范刑法学》，422页，北京，中国政法大学出版社，2003。

② 参见［日］大塚仁：《刑法概说（总论）》，冯军译，124页，北京，中国人民大学出版社，2003。文中的横领罪，是直译，相当于我国刑法中的侵占罪。

台湾地区学者在分析目的犯（即所谓意图犯）时，将构成要件的主、客观要件的关系分为以下两种基本的形态：第一种是主、客观完全相符的构成要件。一般而言，刑法的构成要件通常是主、客观完全相符，亦即主观要件所要求的内容与客观要件所规定者相当，即所谓“一致的构成要件”（Kongruente Tatbestände）。此种构成要件中，主观要件的要求乃以故意为已足。而该构成要件该当的先决条件，必须主观要件涵盖所有的客观事实情状。而此种完全相符的情状，即主观要件的要求＝客观要件的规定。第二种是主、客观不相符的构成要件。立法者在设定若干犯罪类型的构成要件时，时常使用所谓“不一致的构成要件”（inkongruente Tatbestände），即在此种构成要件中，主观要件的内容，较客观要件所规定者为多。而对于此种犯罪类型，一般上对于涵盖客观要件的主观要件，亦以故意要求之，但对于超出客观要件规定范围的主观要件，则称为“意图”或“超出的内在倾向”[①]（übersehiessende Innenterdenz）。在一般情况下，主、客观要件相一致，两者之间存在对应关系：客观要件是主观要件的实现。但在目的犯的情况下，主、客观要件不一致。这种主、客观不一致之所以应当被追究刑事责任，是以主、客观相一致为前提的，即基本的行为与故意是相符合的，只不过在此基础之上，主观方面要求具有一定的目的，与这一目的相对应的客观要件则并非构成犯罪所必需。因此，这一目的是超越基本的行为的主观要素。理解了这一点，我们再来分析虚开发票罪，就可以发现，对于虚开发票罪来说，虚开行为与虚开故意都是必须具备的构成要件，并且两者是主、客观相一致的。关键问题在于：本罪的成立是否还需要抵扣税款的目的，而非抵扣税款的故意？

由于虚开发票罪是非法定的目的犯，从法条的字面上来看，是对法律规定作了某种限制解释。那么，这种限制解释的正当根据何在？这是一个值得进一步探讨的问题，它涉及本罪的立法意图。检察机关认为，虚开用于抵扣税款发票罪侵犯的客体是国家对增值税专用发票和可用于骗取出口退税、抵扣税款的其他发票

① 柯耀程：《变动中的刑法思想》，249～250页，北京，中国政法大学出版社，2003。

的监督管理制度。[①] 按照这种观点，行为人只要有虚开行为，就侵犯了国家对增值税专用发票和可用于骗取出口退税、抵扣税款的其他发票的监督管理制度，因而也就构成了本罪。但也有著作认为，虚开发票罪的客体是复杂客体，即国家的发票管理制度和税收征管制度。[②] 还有的著作更是认为，虚开发票罪的客体是我国的税收征收管理制度，具体主要是发票管理制度，尤其是增值税专用发票管理制度。从广义上说，发票管理制度实际上是税收征收管理制度的重要内容。虚开增值税专用发票、用于骗取出口退税、抵扣税款发票行为正是通过对发票管理制度的违反，进而破坏我国增值税和其他有关税款的征收管理制度。[③] 显然，对虚开发票罪的客体的不同理解，可能会导致对于虚开发票罪是否为目的犯的不同解释。我赞同对虚开发票罪作实质性的解释，立法者之所以将虚开行为规定为犯罪，主要是因为这种行为侵犯了税收征收制度，《刑法》第 205 条第 2 款将骗取税款的行为包含在本罪中也说明了这一点。因此，如果行为人主观上没有抵扣税款的目的，只是一般地虚开，它不会侵犯税收征收制度，是一般的违反发票管理的行为，不能构成本罪。当然，从立法完善的角度来说，我主张将这种一般的违反发票管理的行为予以犯罪化。

五、芦才兴案相关问题分析

在芦才兴案处理中，还存在以下三个问题需要作法理上的进一步分析。

（一）为他人虚开而他人未用于抵扣税款行为之定性

在芦才兴一案中，存在两种行为：一是让他人为自己虚开，二是为他人虚开。因此，在本案处理中还存在一种观点，认为被告人在经营运输企业期间，将

---

① 参见邹志刚：《从两案例看虚开用于抵扣税款发票罪之犯罪构成》，载《浙江检察》，2003（11），38 页。类似观点还见于周道鸾、张军主编：《刑法罪名精释》，2 版，295 页，北京，人民法院出版社，2003。从这种观点中，往往引申出本罪不以抵扣税款为目的的观点。参见上书，296 页。

② 参见高铭暄、马克昌主编：《刑法学》，444 页，北京，北京大学出版社、高等教育出版社，2000。

③ 参见高铭暄主编：《新型经济犯罪研究》，153 页，北京，中国方正出版社，2000。

联运发票空白提供或虚开给其他运输企业，情节严重，其行为应当构成虚开用于抵扣税款发票罪。该观点认为联运发票是可用于抵扣税款的发票。根据税收征管的有关规定，联运发票的受票单位为运输企业的，不能抵扣增值税，但被告人或空白提供或虚开，其他非运输企业获得发票抵扣联仍可用于抵扣税款。因此，被告人为他人虚开联运发票的行为，不管受票单位是运输企业还是非运输企业，均可构成虚开用于抵扣税款发票罪。但该观点同时又认为被告人在经营运输企业期间，利用空白或者虚开的联运发票冲减营业收入，多列支出，偷逃国家税额的行为只构成偷税罪，不构成虚开用于抵扣税款发票罪。① 这一观点，在裁判理由中并未论及，我认为还是需要讨论的。裁判理由虽然没有明确批驳这种观点，但根据“本案被告人为别人虚开或让别人为自己虚开的发票在运输企业入账后，均不可能被用于抵扣税款”的认定，实际上法院的观点是：为他人虚开的发票同为本人虚开的发票一样，是不可能被用于抵扣税款的，因而都不构成虚开发票罪。而上述观点则认为，为他人虚开的联运发票，当受票单位是运输企业时不能抵扣增值税，但其他非运输企业获得发票抵扣联仍可用于抵扣税款。因此，被告人为他人虚开联运发票的行为，不管受票单位是运输企业还是非运输企业，均可构成虚开用于抵扣税款发票罪。我认为，这一观点着眼于客观上的可能，而未顾及主观上的所知，因此具有一定的客观归罪的色彩。实际上，在本案中被告人芦才兴为其他单位虚开运输发票，明知接受发票的是运输企业，也明知其他运输企业用于偷税。在这种情况下，按照帮助其他运输企业偷税来认定其行为的性质，我认为是较为贴切的。

（二）为他人虚开而他人用于抵扣税款行为之定性

在芦才兴案中，为他人虚开，接受虚开发票的企业均为运输企业，运输企业不可能将虚开的发票用于抵扣税款，而是用于偷税，因此，法院对此行为以偷税罪论处。但如果行为人为他人虚开，接受虚开发票的企业不是运输企业，可以并

① 参见邹志刚：《从两案例看虚开用于抵扣税款发票罪的犯罪构成》，载《浙江检察》，2003（11），38页。

且实际已经将虚开发票用于抵扣税款，则对这一行为应以虚开发票罪论处。在处理芦才兴案的同时，宁波市中级人民法院、浙江省高级人民法院审理的郑时杰案①说明了这一点，在此予以一并讨论。

1997年年初，被告人郑时杰与鄞县古林汽车运输公司签订承包合同，以每年上交承包基数3 000元的形式经营该公司的江北托运部（以下简称江北托运部）并取得联运发票及有关印章，单独核算，承包期1年。1998年承包期满后，被告人郑时杰未与该公司续签合同，但仍以原合同的形式继续经营“江北托运部”至案发，鄞县古林汽车运输公司未表示异议。

被告人郑时杰在以“江北托运部”名义经营运输业务期间，先后从宁波港机厂劳动服务公司等单位虚开运输发票58张，共计金额为4 509 116.51元，偷逃营业税222 689.81元、城建税11 114.79元、企业所得税87 681.72元。

为帮助其他联运企业，被告人郑时杰将“江北托运部”的“联运发票”的发票联提供或虚开给宁波市港机厂劳动服务公司等单位63张，虚开金额共计4 732 265.30元，并偷逃营业税233 344.87元、城建税13 095.76元、企业所得税233 102.81元。

被告人郑时杰还伙同他人将盖有鄞县五乡甬兴托运站发票专用章或宁波市港机厂劳动服务公司发票专用章的“联运发票”提供给宁波市北仑区柴桥镇穿山南北托运部等单位44张，虚开发票金额为3 226 874.80元，并偷逃营业税159 444.02元、城建税9 267.13元、企业所得税194 817.25元。

1999年年初，被告人郑时杰让他人虚开抬头为宁波市港机厂劳动服务公司的“联运发票”6张，虚开金额共计459 184.46元，并偷逃营业税22 705.97元、城建税1 592.17元、企业所得税22 568.47元。

1998年期间，被告人郑时杰介绍宁波市北仑区柴桥镇穿山南北托运部从宁波旭日联运有限公司虚开“联运发票”8张，虚开的发票联金额为576 860.13

① 参见邹志刚：《从两案例看虚开用于抵扣税款发票罪之犯罪构成》，载《浙江检察》，2003（11），36～37页。

元，存根联金额为 7 600 元，并偷逃营业税 28 463 元、城建税 1 415.55 元、企业所得税 57 306.01 元。

2000 年 4 月 7 日，浙江省宁波市人民检察院以被告人郑时杰犯有虚开用于抵扣税款发票罪向宁波市中级人民法院提起公诉。2000 年 6 月 1 日，宁波市中级人民法院以偷税罪判处被告人郑时杰有期徒刑 6 年 6 个月，并处罚金人民币 140 万元。同年 6 月 13 日，宁波市人民检察院以一审判决认定事实错误，适用法律不当向浙江省高级人民法院提出抗诉；浙江省人民检察院出庭支持抗诉。浙江省高级人民法院经开庭审理于 2000 年 12 月 29 日作出判决：(1) 撤销浙江省宁波市中级人民法院（2000）甬刑初字第 76 号刑事判决；(2) 被告人郑时杰犯虚开用于抵扣税款发票罪，判处有期徒刑 5 年，并处罚金人民币 45 万元。犯偷税罪，判处有期徒刑 4 年 6 个月，并处罚金人民币 100 万元。决定执行有期徒刑 8 年，并处罚金人民币 145 万元。

我们可以看出，郑时杰案与芦才兴案的犯罪事实既有相同之处，又有不同之处。相同之处在于：郑时杰和芦才兴让他人为自己虚开发票，均未用于抵扣税款，而是用于偷税。对此法院以偷税罪论处。不同之处在于：芦才兴为他人虚开发票，他人均为运输企业，因而未用于抵扣税款而是用于偷税，对于这一行为法院认定为是帮助其他企业偷税。而郑时杰案，从案情介绍上来看，接受其虚开的企业有宁波市港机厂劳动服务公司、宁波市北仑区柴桥镇穿山南北托运部等单位，这些单位中哪些属于运输企业、哪些属于非运输企业，在案情中没有说明。但从诉讼过程来看，浙江省高级人民法院对两案是在同一天（2000 年 12 月 29 日）作出二审判决的，郑时杰构成虚开用于抵扣税款发票罪和偷税罪两个罪。因此可以推定，在接受郑时杰虚开发票的企业中有些是非运输企业，这些企业可以将发票用于抵扣税款，因而郑时杰为其虚开的行为构成虚开用于抵扣税款发票罪。

（三）没有骗取税款目的而有偷税目的行为之定性

在一般虚开发票的案件中，行为人虽然实施了虚开行为但主观上没有抵扣税款的目的的，其行为不构成虚开发票罪。但在具有其他目的的情况下，应以其他

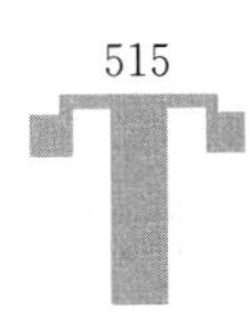

犯罪论处。在本案中，被告人芦才兴虽然没有抵扣税款的目的，但具有偷税的目的，以偷税罪论处是正确的。这里应当区分偷税的目的与骗税的目的。我认为这两种目的是有所不同的。偷税的目的是以行为人具有纳税义务为前提的，应当缴纳税款而故意地采用伪造、变造、隐匿、擅自销毁账簿、记账凭证，在账簿上多列支出或者不列、少列收入等方法偷逃税款，这是一种偷税行为。而骗税的目的，是不以具有纳税义务为前提的，例如通过虚开增值税发票方法抵扣税款，这就是一种骗税行为。实际上，虚开是骗税的预备行为，虚开是为了骗税。立法者考虑到骗税行为的危害性，将处罚对象提前到虚开，只要为骗税而虚开就构成犯罪。因此，在只有虚开行为而没有骗税目的，但有偷税目的的情况下，不能定虚开发票罪而只能定偷税罪。我发现，检察机关在一定意义上将两种目的混为一谈。例如，检察机关认为，被告人芦才兴、郑时杰为达到偷税目的，各自以大头小尾形式为他人虚开或让他人为自己虚开的行为，完全符合虚开用于抵扣税款发票罪犯罪构成的特征。[①] 在此，就把偷税目的当做虚开发票罪的主观要件来认定，这显然有悖于法理。

那么，在构成偷税罪的情况下，如何认识虚开行为在偷税罪的构成要件中的地位呢？从本案情况来看，虚开行为由于没有骗税目的，因而不能评价为虚开发票罪。但行为人将虚开的发票入账，用于冲减经营运输业务的营业额，以达到偷逃税款的目的。因此，这种虚开发票的行为属于《刑法》第201条规定的伪造账簿的偷税方法。在本案讨论中，检察机关提出一种观点，认为本案中被告人虚开运输发票所涉及偷逃税款的行为，鉴于目前此情况是作“数罪并罚”还是“从一重处”并无明确的法律规定或司法解释，因而，根据刑法理论和司法实践，对虚开用于抵扣税款发票案中涉及偷税行为的以“从一重处”较为妥当。[②] 这种观点是以虚开发票行为构成发票罪为前提的，实际上认为这是刑法理论上的牵连犯：

① 参见邹志刚：《从两案例看虚开用于抵扣税款发票罪之犯罪构成》，载《浙江检察》，2003（11），38页。

② 参见邹志刚：《从两案例看虚开用于抵扣税款发票罪之犯罪构成》，载《浙江检察》，2003（11），39页。

手段行为——虚开发票，构成虚开发票罪；目的行为——偷逃税款，构成偷税罪。但如前所述，虚开发票行为由于缺乏主观上的骗税目的，因而不能单独构成虚开发票罪。在这种情况下，被告人的行为只能构成偷税罪。

六、芦才兴案的进一步引申

芦才兴案之所以没有被认定为虚开发票罪，从案件审理过程来看，是与其所虚开的发票在客观上不能抵扣税款有关的。从客观上不能抵扣税款而推导出行为人主观上不具有抵扣税款的故意。在裁判理由中，没有涉及目的犯问题，因而法理论证还不够充分。实际上，虚开发票是目的犯，只要没有抵扣税款的目的，即使在客观上实施了虚开发票的行为也不构成本罪。而且，这里的抵扣税款，由于是不应抵扣而抵扣，因而是一种骗取税款的性质。如果行为人客观上有虚开行为并且已经抵扣税款，但主观上不具有非法占有税款的目的，仍然不能构成本罪。下面这个案例说明了这一点，特此进行进一步讨论。

被告人崔孝仁，男，1950 年 3 月出生于安徽省濉溪县，汉族，大学文化，捕前系宿州市机械电子有限公司经理，住宿州市二机厂宿舍。2002 年 3 月 15 日因涉嫌犯挪用公款罪、贪污罪、虚开增值税专用发票罪被刑事拘留，同月 29 日被逮捕。被告人崔孝仁涉嫌虚开增值税专用发票罪的案情如下：因河南省云阳钢铁总厂等单位欠宿州市机械电子有限公司增值税专用发票没有开具，被告人崔孝仁为了“平衡”公司账目，于 1999 年年初找到山西省孝义市兑镇镇韩家滩村曙光洗煤焦化厂厂长李积成（已对其中止审理），让李为其开增值税专用发票。李积成伙同吉玉岚以“山西省临汾物资局津临公司”（该公司不存在）名义与被告人崔孝仁签订一份购 5 000 吨生铁的假工矿产品购销合同，崔在合同上签字并加盖其单位安徽省宿县地区机械电子供销公司（现宿州市机械电子有限公司）合同专用章。1999 年 4 月李积成按照崔的要求先后二次来宿将票号为 NO：00781014 至 00781023 的假山西省增值税专用发票 10 张（每张均载明购生铁 500 吨，价税 64.4 万元，税款 9.357 265 万元）交给被告人崔孝仁。10 张增值税专用发票合

计价税 644 万元、税款 93.57 265 万元，该税款已在宿州市国税局申报抵扣。被告人崔孝仁以管理费的名义按价税款 5%给李积成汽车三台。

本案经审理，安徽省宿州市甬桥区人民法院于 2002 年 6 月 23 日作出以下一审判决：被告人崔孝仁的辩护人当庭出示的宿州市机械电子有限公司与河南省云阳钢铁总厂等单位之间的债权债务转让协议，与本案指控的事实并无直接联系；被告人崔孝仁与李积成签订的 5 000 吨生铁工矿产品购销合同及补充协议，因无实际交易内容发生，均不能为开具增值税专用发票的行为提供合法依据；被告单位通过其法定代表人崔孝仁在与“山西省临汾物资局津临公司”无生铁业务往来情况下，让他人为其开具增值税专用发票的行为侵害了国家对增值税专用发票的管理制度且所开税款金额巨大，具有严重的社会危害性。被告人崔孝仁为达到平账的目的与他人协商虚开增值税专用发票事宜，虚开的主观故意是明显的，且根据《中华人民共和国发票管理办法》“开具发票应当按照规定的时限、顺序，逐栏、全部联次一次性如实开具”“任何单位和个人不得转借、转让、代开发票”的规定及《增值税专用发票使用规定》“专用发票必须按下列要求开具……（四）票、物相符，票面金额与实际收取的金额相符……（九）不得开具伪造的专用发票……”的规定，其客观上也实施了让他人为本单位开具票物不符的假增值税专用发票的行为。由于本罪属于行为犯，即只要有虚开的故意和行为，无论“山西省临汾物资局津临公司”是否存在，无论虚开所使用的增值税专用发票是否是合法票据，无论行为人是否有骗取税款的牟利目的或故意，以及事实上是否造成国家税款的损失（当然造成税款损失属构成该罪的“其他严重情节”）均不影响本罪的成立。故对被告单位、被告人崔孝仁及辩护人的相关辩护意见均不予采纳。综上，本院认为，被告单位宿州市机械电子有限公司及其法定代表人崔孝仁违反增值税专用发票管理规定，让他人为其虚开增值税专用发票用以申报抵扣税款，数额巨大；被告人崔孝仁作为单位直接负责的主管人员，为单位利益以单位名义实施上述行为，均已构成虚开增值税专用发票罪。公诉机关指控的罪名成立，本院予以确认。

根据《刑法》第 205 条第 1、3 款的规定，被告人崔孝仁犯虚开增值税专用

发票罪，判处有期徒刑 7 年。

一审判决以后，被告人崔孝仁提起上诉。安徽省宿州市中级人民法院经审理于 2003 年 9 月 23 日作出以下二审判决：对于上诉人崔孝仁认为“其不构成虚开增值税专用发票罪”的上诉理由进行审查认为，上诉人崔孝仁为了达到平衡账目的目的，在与“山西省临汾物资局津临公司”无生铁业务的情况下，让李积成为其开具增值税专用发票的行为，应属让他人为自己虚开增值税专用发票的行为。但是本罪的构成要件规定，其主观方面表现为直接故意，即行为人不但明知自己在虚开增值税专用发票，而且还明知这种虚开行为可能导致国家税款的减少、流失；行为人一般都具有获取非法经济利益，骗取抵扣税款的目的。上诉人崔孝仁主观上不具有通过虚开增值税专用发票骗取国家税款的直接故意。从上诉人崔孝仁的多次供述及其他证据来看，云阳钢厂等多家单位确实存在欠崔孝仁所在公司增值税专用发票的情况，而且这些单位和个人所欠税额远远超过已开具并抵扣的税额，虽然崔孝仁所在公司与李积成所在单位之间的债权债务转让手续不完备，但根据云阳钢厂等的证明，说明欠税票和债权债务转让事实的存在。另外，从 1999 年 4 月至案发 3 年时间，崔孝仁所在公司没有让云阳钢厂等单位为其再开增值税专用发票，也说明崔孝仁没有重复开取税票的故意。崔仁孝和李积成的供述说明签订工矿产品购销合同的初衷并不是为了履行供货付款义务，而是为了实现债权转让。对于接受增值税专用发票的单位崔孝仁所在公司而言，主观上必须有明知开票单位是假的，还将增值税专用发票予以接受并抵扣，从而骗取国家税款的故意。对于虚开增值税专用发票的犯罪，不仅要有虚开行为，还应有骗取国家税款的直接故意。现有的证据材料说明，崔孝仁和李积成签订“工矿产品购销合同”，不是为了非法获取抵扣款，而是为了落实其债权债务，无通过虚开增值税专用发票骗取国家税款的直接故意。上诉人崔孝仁代表其单位所实施的行为不具备社会危害性。从崔孝仁所在公司的行为来看，与云阳钢厂等多家单位的经营业务确实存在，接受李积成为其开具的增值税专用发票的数额没有超出外部单位和个人所欠的税额，这些单位和个人所欠崔孝仁所在公司的进项税额理应在税务机关抵扣而未予抵扣，崔孝仁所在公司的行为不会造成国家税款的减少或流失。虽

然以工矿产品购销合同的形式和名称不当，但不会因此而侵犯刑法所保护的相应的社会关系，即该行为不具备社会危害性。

本院认为，被告单位宿州市机械电子有限公司及其法定代表人崔孝仁为了平衡公司账目而虚开增值税专用发票的行为，其主观上没有骗取国家税款的直接故意，故不应认定为犯罪。原判认定上诉人崔孝仁及原审被告单位宿州市机械电子有限公司的行为构成虚开增值税专用发票罪定性错误，依法应予纠正。上诉人崔孝仁的上诉理由及辩护人的辩护意见成立，本院予以采信。依照《中华人民共和国刑事诉讼法》第 189 条第 2 项、第 162 条第 2 项之规定，判决如下：（1）撤销安徽省宿州市甬桥区人民法院（2002）甬刑初字第 6101 号刑事判决；（2）上诉人崔孝仁及原审被告单位宿州市机械电子有限公司无罪。

在崔孝仁案中，一审法院与二审法院在事实认定上并无根本差别，对于宿州市机械电子有限公司与河南省云阳钢铁总厂等单位之间的债权债务转让协议，一审法院认为与本案无关，被告单位及被告人只要实施了虚开行为并抵扣了税款就构成本罪，因而作出有罪判决。而二审法院则认为，债权债务转让协议与本案有关，证明被告人主观上没有骗取国家税款的直接故意。因此，二审判决把骗取国家税款理解为虚开发票罪的故意的内容，遂作出无罪判决。尽管从刑法理论上来说，骗取税款并非虚开发票罪的故意的内容，而是故意之外的一种主观目的，但二审判决的结论我认为是正确的。

在崔孝仁案中，被告人实施了让他人为自己虚开的行为，并且以虚开的发票抵扣了税款。从形式上来看，似乎符合了虚开发票罪的犯罪构成。但是，虚开发票罪设立的初衷是惩治骗取国家税款的犯罪行为。但在本案中，客观上存在云阳钢厂等单位对被告单位欠税票，并且所欠税额远远超出已开并抵扣税款的数额。被告人崔孝仁在不能得到云阳钢厂税票因而无法正常抵扣税款的情况下，将债权转让给李积成，并由李积成给被告单位虚开发票，并据以抵扣税款。此后，被告人未再找云阳钢厂为其开税票。因此，这是一种采用不正常甚至是违法的方式来实现其税权的行为，国家税收并没有受损失，因而不构成虚开增值税专用发票罪。

相对于芦才兴案而言，崔孝仁案是更为复杂的，它不仅涉及虚开发票罪是否是目的犯的理论争论，而且涉及形式上符合某一犯罪的构成要件，但实质上不具有法益侵害性的行为是否构成犯罪的问题。这又涉及实质违法性的理论，对此本文无法从理论上予以展开。我认为，二审法院对本案作出的无罪判决是正确的，也是难能可贵的。在虚开发票罪的构成上，我赞同进行实质解释的以下观点①：

在刑法中，虚开增值税专用发票罪是一个重罪，法定最高刑为死刑。刑法为什么对“虚开”票据的行为的刑罚规定得如此之重？是因为形式上的“虚开”行为就可以造成很大的社会危害吗？不是，是因为这种犯罪的危害实质上并不在于形式上的“虚开”行为，而关键在于行为人是通过虚开增值税专用发票抵扣税款，达到偷逃国家税款的目的，其主观恶性和可能造成的客观损害，都可以使得其社会危害性程度非常之高。所以，刑法虽然没有明确规定该罪的目的要件，但是偷骗税款的目的应当作为该罪成立的必要条件。

这也是本文的结论。

（本文原载《法商研究》，2004（3））

① 参见郑鲁宁、肖中华：《从实质特征上解释虚开增值税专用发票罪的构成》，载《人民法院报》，2002-11-11，3版。

知识产权刑事司法解释之法理分析

2004 年 12 月 21 日，最高人民检察院颁布了《关于办理侵犯知识产权刑事案件具体应用法律若干问题的解释》（以下简称“知识产权刑事司法解释”）。这一司法解释的颁布，完善了我国对知识产权的刑事保护，因而具有十分重要的意义。在知识产权刑事司法解释的起草过程中，我参与了论证，现就该司法解释涉及的法律问题作些分析。

一、知识产权刑事司法解释的背景分析

知识产权是伴随着知识经济而出现的一种权利形态，并逐渐地从传统的财产权中出离出来。对知识产权的法律保护经历了一个从民事保护到刑事保护的演进过程。我国知识产权的法律保护虽然起步较晚但发展迅猛，这是有目共睹的。尤其是随着我国加入 WTO，承担了越来越重的知识产权保护的法律义务。相对而言，我国知识产权的刑事保护仍是滞后的。在 1979 年刑法中，只有假冒商标罪的规定，由此可见，商标权是最早纳入刑事保护范围的。但在 1979 年刑法施行初期，商标在经济生活中的重要性并未凸现，因而侵犯商标行为较少，即使个别

发生，由于商标权利人与侵权人均为国有或者集体的公司、企业，因而绝少追究假冒商标罪的刑事责任。只是到了上个世纪 90 年代初，随着市场经济体系的逐渐形成，在市场竞争中越来越表现出商标的作用，因而假冒商标的犯罪才大有增长之势。在这种情况下，1993 年 2 月 22 日全国人大常委会通过了《关于惩治假冒注册商标犯罪的补充规定》，以单行刑法的形式对假冒商标罪进行了修改补充。关于假冒专利罪，在 1979 年刑法中并无规定，但 1984 年 3 月 12 日通过的《专利法》第 63 条规定，假冒他人专利，情节严重的，对直接责任人员比照（1979 年）《刑法》第 127 条的规定追究刑事责任。这一规定以附属刑法的形式设立了假冒专利罪，由此而将知识产权刑事保护的范围从商标权扩大到专利权。至于著作权，则是从 1994 年 7 月 5 日全国人大常委会通过的《关于惩治侵犯著作权的犯罪的决定》开始纳入刑事保护范围的。该决定规定了著作权犯罪，为惩治侵犯著作权的犯罪提供了法律根据。在 1997 年刑法修订过程中，将过去分散的有关保护商标专用权、专利权和著作权的刑事立法，集中编为一节，并相应作出修改，增加了侵犯商业秘密罪的规定，从而进一步完善了保护知识产权的刑事立法。

在 1997 年刑法修订以后，为适应惩治知识产权犯罪的实际需要，有关司法机关对知识产权犯罪的追诉标准作出了规定。例如 1998 年 12 月 11 日最高人民法院《关于审理非法出版物刑事案件具体应用法律若干问题的解释》（以下简称《非法出版物解释》），对侵犯著作权的罪量要素作了明确规定。此外，2001 年 4 月 18 日，最高人民检察院和公安部颁布了《关于经济犯罪案件追诉标准的规定》（以下简称《追诉标准》），这一规范性文件对知识产权犯罪的追诉标准都作了具体规定。

上述法律规定与司法解释为惩治知识产权犯罪提供了法律根据，但是，从司法实践情况来看，尽管关于知识产权的立法规定体系已经完备，罪名设置也较为适当，然而由于刑法规定过于概括，加上侵犯知识产权行为本身的复杂性，司法机关在知识产权犯罪的认定上存在一定困难。与此同时，有关司法解释虽然对知识产权犯罪的追诉标准作了规定，但追诉标准能否直接等同于定罪标准以及追诉

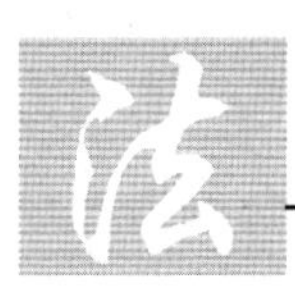

标准的权威性，都是存在质疑的。而且长期以来我国对知识产权犯罪的罪量要素掌握较严，侵犯知识产权行为入罪的门槛较高，由此而与知识产权法律保护的国际准则形成一定的冲突。在这种情况下，具有司法解释权的最高人民法院、最高人民检察院经长时间的调研，并反复征求各方面的意见，五易其稿，终于形成了目前这一知识产权刑事司法解释。可以说，知识产权刑事司法解释的颁布，表明我国知识产权刑事保护的进一步加强，它必将为惩治知识产权犯罪提供更为充足的法律根据。

二、知识产权犯罪的罪体要素分析

罪体是指犯罪构成的客观要件，是定罪的客观基础。我国刑法虽然对知识产权犯罪的行为方式都作了规定，但在如何理解这些规定上仍然存在分歧，直接影响对知识产权犯罪的正确认定。知识产权刑事司法解释对涉及知识产权犯罪定罪的罪体要素作了界定，起到了解惑释疑的作用。

（一）关于假冒注册商标罪的罪体要素

在刑法理论上，假冒注册商标罪是指违反商标管理法规，未经注册商标所有人许可，在同一种商品上使用与其注册商标相同的商标，情节严重的行为。在司法实践中，涉及本罪的认定存在争议的问题，这些问题在知识产权刑事司法解释中都得到了圆满解决。

一是如何理解假冒注册商标罪中的“相同的商标”？显然，这里的相同与相似是有所区别的，使用相似的商标尚不构成犯罪而只是一般违法行为，只有使用相同的商标才构成犯罪。在理论上，一般认为近似商标是指在与他人同一种商品或类似商品范围内，商标文字、图形或其组合与他人的商标相近似，容易引起消费者对商品来源的误认的商标。[①] 而相同的商标则是指在商标的名称、文字、图形、颜色和材料等要素上均相同的商标。对相同如果作严格解释，就是完全一

---

① 参见赵国玲主编：《知识产权犯罪调查与研究》，128页，北京，中国检察出版社，2002。

致，包括名称一致、文字一致、图形一致、颜色一致等。但这种情形在现实生活中较为少见，更常见的是两个商标基本上相同，但在个别细节上有所差别，这种细微的差别并不足以使他人对两种商标进行正确的区分。那么，此种商标是否属于相同的商标呢？这在司法实践中往往存在争议。对于这个问题，知识产权刑事司法解释第 8 条第 1 款作出如下界定：《刑法》第 213 条规定的“相同的商标”，是指与被假冒的注册商标完全相同，或者与被假冒的注册商标在视觉上基本无差别、足以对公众产生误导的商标；二是基本相同的商标。因此，这是对相同的商标所作的扩张解释。笔者认为，这一解释虽然对相同的商标作了扩大的解释，但并没有将相似的商标包含在相同的商标之内。因此，如何区分基本相同的商标与相似的商标，是一个值得研究的问题。笔者认为，基本相同的商标与相似的商标根本区别就在于是否足以对公众产生误导。两种商标虽然近似，但尚不足以对公众产生误导，就是相似商标。只有没有视觉上的差别，足以使公众发生误认的，才是基本相同的商标。

二是如何理解假冒注册商标罪的“使用”？以往在刑法理论上，对于未经注册商标所有人许可，在同一种商品上使用与其注册商标相同的商标中的“使用”一词未作严格界定，因而在理解上也并不一致。例如有的学者认为，使用是指将商标用于商品、商品包装或容器以及商品交易文书上，或者将商标用于广告宣传、展览以及其他业务活动中。① 也有的学者认为，使用指附着于商品的商标使用，既可能表现为将他人注册商标标于商品的包装上，也可能表现为将其标于商品本身。② 这些表述尽管大同小异，但由于在内容上有所出入，因而不便于司法机关正确认定。现在，知识产权刑事司法解释对此作出明确界定，第 8 条第 2 款规定：《刑法》第 213 条规定的“使用”，是指将注册商标或者假冒的注册商标用于商品、商品包装或者容器以及产品说明书、商品交易文书，或者将注册商标或者假冒的注册商标用于广告宣传、展览以及其他商业活动等行为。这一规定既准

① 参见王作富主编：《刑法分则实务研究》上，695 页，北京，中国方正出版社，2001。

② 参见张明楷：《刑法学》，2 版，650 页，北京，法律出版社，2003。

确又全面，对于司法机关正确认定假冒注册商标罪具有指导意义。

（二）关于假冒专利罪的罪体要素

我国刑法对假冒专利罪的行为采用的是空白罪状，对假冒他人专利的具体行为特征未作描述，应当参照专利法规加以确定。但专利法规中侵犯专利权的行为可以分为三类：一是非法实施他人专利的行为，二是假冒专利的行为，三是冒充专利产品的行为。我国有的学者认为，假冒专利行为可以分为形式上的假冒行为与实质上的假冒行为。形式上的假冒行为，是指在侵犯专利权的产品上，或者在该产品的包装上，加上他人的专利标记和专利号，使人认为该产品是专利人的专利产品，从而侵犯专利权人标记权的行为。实质上的假冒行为，则指所有未经专利权人许可，以假乱真，以次充好，欺骗消费者，使之足以误认非专利产品为专利产品的生产、销售行为。① 这里的形式上的假冒行为，包括《专利法》规定的假冒专利行为，对此应认定为假冒专利罪并无争议。而实质上的假冒行为，是指《专利法》规定的非法实施他人专利的行为，对此能否认定为假冒专利罪，则在刑法理论上存在不同观点，持肯定说有之②，持否定说亦有之。③ 笔者以往也持肯定说，认为假冒专利可以分为形式假冒与实质假冒。④ 现在，知识产权刑事司法解释第 10 条参照《专利法实施细则》第 84 条，对假冒专利行为作出以下界定：(1) 未经许可，在其制造或者销售的产品、产品的包装上标注他人专利号的；(2) 未经许可，在广告或者其他宣传材料中使用他人的专利号，使人将所涉及的技术误认为是他人专利技术的；(3) 未经许可，在合同中使用他人的专利号，使人将合同涉及的技术误认为是他人专利技术的；(4) 伪造或者变造他人的专利证书、专利文件或者专利申请文件的。根据这一规定，未经专利人许可，实

---

① 参见刘树德：《假冒专利刑法规制范围的思考》，载陈兴良主编：《刑事法判解》，第 4 卷，458 页，北京，法律出版社，2001。

② 参见高铭暄主编：《新编刑法学》，658 页，北京，中国人民大学出版社，1998。

③ 参见王作富主编：《刑法分则实务研究》上，718～719 页，北京，中国方正出版社，2001。

④ 参见陈兴良：《规范刑法学》，436 页，北京，中国政法大学出版社，2003。

参见《周小波假冒专利案》，载陈兴良主编：《刑事法判解》，第 4 卷，444～452 页，北京，法律出版社，2001。

施其专利的行为不属于假冒专利行为。尽管在刑法理论上，对于所谓实质假冒是否构成假冒专利罪仍可讨论，但在司法实践中，按照知识产权刑事司法解释，不应再认定为假冒专利罪。

（三）侵犯著作权罪的罪体要素

我国《刑法》第 217 条规定了四种侵犯著作权的行为，对于正确认定侵犯著作权罪提供了法律根据。但也存在一些需要进一步明确界限的地方，知识产权刑事司法解释对此都作出了规定。

一是如何理解《刑法》第 217 条第 1 项规定的“未经著作权人许可”。在超出授权许可范围的情形下，是否属于未经许可？是否构成侵犯著作权罪？在刑法理论上，有的学者认为，行为人超出许可使用合同约定的范围复制发行著作权人的作品，应当承担违约责任，但不构成侵犯著作权的犯罪。[①] 但知识产权刑事司法解释第 11 条第 2 款明确将“未经著作权人许可”规定为：没有得到著作权人授权或者伪造、涂改著作权人授权许可文件或者超出授权许可范围的情形。这就把超出授权许可范围的情形也认定为未经许可，司法实践中应当根据这一规定认定侵犯著作权罪。

二是如何理解《刑法》第 217 条第 3 项规定的复制发行。传统意义上的复制是指以印刷、复印、临摹、拓印、录音、录像、翻拍等方式将作品制作一份或者多份的行为。而发行是指通过出售、出租等方式向公众提供一定数量的作品复制件的行为。但随着科学技术的发展，尤其是网络的普及，出现了所谓“在线盗版”。我国学者指出：今天在有些国家，把将一部文学作品输入计算机中的行为也认为是“复制”，这在我国著作权法中尚无规定。[②] 实际上，在我国新修订的著作权法中已经增加规定了信息网络传播权。该法第 47 条规定，未经著作权人许可，通过信息网络向公众传播其作品是一种侵权行为，构成犯罪的，依法追究刑事责任。但是，我国刑法对此未作修订。因而，刑法规定与著作权法规定之间

① 参见王作富主编：《刑法分则实务研究》上，736 页，北京，中国方正出版社，2001。

② 参见高铭暄主编：《新型经济犯罪研究》，796 页，北京，中国方正出版社，2000。

未能衔接，对这种"在线盗版"侵犯他人信息网络传播权的犯罪行为缺乏追究刑事责任的法律根据。现在，知识产权刑事司法解释第 11 条第 3 款对此作出了明确规定：通过信息网络向公众传播他人文字作品、音乐、电影、电视、录像作品、计算机软件及其他作品的行为，应当视为《刑法》第 217 条规定的"复制发行"。这一规定在一定程度上通过司法解释的形式填补了法律上的一个漏洞，对于惩治"在线盗版"行为具有重要意义。

三、知识产权犯罪的罪责要素分析

罪责是指犯罪构成的主观要件，是定罪的主观根据。在司法实践中，如何认定知识产权犯罪的罪责要素，直接关系到罪与非罪的正确区分，有时往往难以定夺。知识产权刑事司法解释对知识产权犯罪的罪责要素作了规定，对于正确地认定知识产权犯罪具有重要意义。

（一）销售假冒注册商标的商品罪的罪责要素

根据我国《刑法》第 214 条的规定，销售假冒注册商标的商品罪是指销售明知是假冒注册商标的商品，销售金额数额较大的行为。那么，如何认定这里的"明知"呢？我国学者指出：对于是否"明知"的判断，需要结合行为人是否已被生产者告知是假冒注册商标的商品、销售商品的质量和进价与被假冒的商品存在重大悬殊、行为人的经验与知识等进行综合分析。[①] 这一观点虽然指出了如何判断"明知"的方法，但对于究竟何为刑法上的"明知"仍未给出明确的界定。知识产权刑事司法解释第 9 条第 2 款规定：具有下列情形之一的，应当认定为属于《刑法》第 214 条规定的"明知"：（1）知道自己销售的商品上的注册商标被涂改、调换或者覆盖的；（2）因销售假冒注册商标的商品受到过行政处罚或者承担过民事责任，又销售同一种假冒注册商标的商品的；（3）伪造、涂改商标注册人授权文件或者知道该文件被伪造、涂改的；（4）其他知道或者应当知道是假冒

① 参见周光权：《刑法各论讲义》，337 页，北京，清华大学出版社，2003。

注册商标的商品的情形。这一规定实际上是为“明知”的推定提供了基础事实，从而一定程度上解决了销售假冒注册商标的商品罪的“明知”在认定上的难题。

（二）侵犯著作权罪的罪责要素

根据我国《刑法》第 217 条的规定，侵犯著作权罪须以营利为目的。对于这里的以营利为目的，一般理解为获利，但以何种方式获利并未予以明确。知识产权刑事司法解释第 11 条第 1 款规定：以刊登收费广告等方式直接或者间接收取费用的情形，属于《刑法》第 217 条规定的“以营利为目的”。这一规定进一步明确了营利的内涵。在某些情况下，行为人未经权利人许可，向公众提供作品本身并不收取费用，但通过刊登收费广告以获利，按照知识产权刑事司法解释的规定，这也属于以营利为目的。

四、知识产权犯罪的罪量要素分析

罪量是指犯罪构成的数量要素。我国刑法中的犯罪概念包含数量要素，因此，刑法分则规定的犯罪大多以数额较大或者情节严重作为犯罪成立的要件，并以数额巨大或者情节特别严重作为加重处罚的条件。知识产权犯罪更是如此，这些数量要素采取的是概然性的规定方式，亟须通过司法解释予以明确，从而增加法律的可操作性。知识产权刑事司法解释重点对知识产权犯罪的罪量要素作了规定，主要涉及以下三个方面的内容。

（一）数量计算方法

关于我国刑法中犯罪构成的罪量要素，刑法通常采用数额较大的规定方式。但在经济犯罪中，这里的数额有时是指销售金额，有时是指非法经营数额，还有时是指非法所得数额。对这些概念如何理解，成为一个困惑着司法机关的问题。在知识产权刑事司法解释中，对有关涉及罪量计算的概念作了规定。

一是销售金额。销售金额不同于违法所得数额。违法所得是指非法生产、经营中所得毛利，减除正当的运输费、保管费、差旅费等直接费用，已交税的扣除税款，剩余部分即为违法所得。因此，违法所得数额是违法收入中扣除成本、费

用、税收等支出后的余额。由于非法所得数额在计算上较为复杂，因此，在1997年刑法中除个别犯罪还采用违法所得数额的概念以外，一般采用销售金额的概念。那么，什么是销售金额呢？顾名思义，销售金额是指生产者、经营者销售某一违禁物品后得到的，没有扣除成本、费用、税收等的所有违法收入。因此，非法所得数额是纯收入，而销售金额是毛收入。但是，在销售金额中除包括实际收入外，应得而未得的金额能否包含在内，这在司法实践中不无争议。现在，知识产权刑事司法解释第9条第1款对此作出规定：《刑法》第214条规定的“销售金额”是指销售假冒注册商标的商品后所得和应得的全部违法收入。这一规定将应得的违法收入包括在销售金额之内，从而使界限更为明确。

二是非法经营数额。非法经营数额类似于销售金额，但适用范围较销售金额更为广泛。一般来说，销售金额主要在销售环节，而在生产环节采用销售金额的概念有时不好计算。因此，知识产权刑事司法解释在对假冒注册商标罪、销售假冒注册商标的商品罪等的规定中，采用了非法经营数额这一概念，有时将其与违法所得数额并列，以供选择。那么，如何理解这里的非法经营数额呢？知识产权刑事司法解释第12条规定：该解释所称“非法经营数额”，是指行为人在实施侵犯知识产权行为过程中，制造、储存、运输、销售侵权产品的价值。该司法解释还对非法经营数额的具体计算方法作了规定，有利于司法机关正确适用。

（二）个人知识产权犯罪的数额规定

我国刑法关于知识产权犯罪大多有数额较大、情节严重的规定，而国外刑法则无此规定。因此，在我国加入国际贸易组织以后，要求降低甚至取消知识产权犯罪的罪量要素的呼声越来越高。笔者认为，我国的犯罪概念与国外有所不同，我国对于同一违法行为，根据数额、情节等区分为犯罪与违法，因而我国刑法中的犯罪概念中存在数量因素。在这种情况下，取消知识产权犯罪的罪量要素显然是不可行的。为加大对知识产权犯罪的惩治力度，适当降低罪量要素是可以考虑的。在这种指导思想之下，知识产权刑事司法解释对七个具体犯罪的定罪量刑规定了具体数额，相对于以往的司法解释而言，四个犯罪的定罪标准有所降低。

（三）单位知识产权犯罪的数额规定

单位知识产权犯罪的数额如何与个人知识产权犯罪相协调，也是一个在刑法

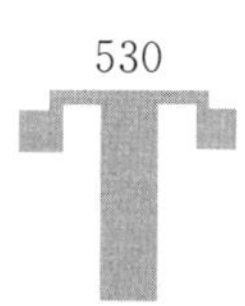

理论上值得研究的问题。在这个问题上，主张单位知识产权犯罪与个人知识产权犯罪采取同一数额标准的呼声也较高。但从目前情况看，在数额上对侵犯知识产权犯罪作单位犯罪和个人犯罪的区分尚存必要，主要考虑到区别对待是我国刑法处理单位犯罪和个人犯罪的基本精神，现有司法解释和有关文件分别加以规定就是这一精神的体现，新的司法解释不宜根本否定立法的这一精神。[①] 基于这一考量，知识产权刑事司法解释仍对单位知识产权犯罪与个人知识产权犯罪的数额标准加以区分，但为有效惩治单位知识产权犯罪，将单位知识产权犯罪的数额标准从以往的是个人定罪量刑标准的 5 倍降为 3 倍。

五、知识产权犯罪的特殊形态

在知识产权犯罪的认定中，还涉及知识产权犯罪的特殊形态问题，对此知识产权犯罪刑事司法解释也作了规定。

（一）侵犯知识产权犯罪的共犯

知识产权刑事司法解释第 16 条规定：明知他人实施侵犯知识产权犯罪，而为其提供贷款、资金、账号、发票、证明、许可证件，或者提供生产、经营场所或者运输、储存、代理进出口等便利条件、帮助的，以侵犯知识产权犯罪的共犯论处。根据这一规定，构成侵犯知识产权犯罪的共犯，主观上必须是明知他人实施侵犯知识产权犯罪，客观上必须实施了帮助他人实施侵犯知识产权犯罪的行为，由此构成的是侵犯知识产权犯罪的帮助犯。

（二）侵犯知识产权犯罪的罪数

侵犯知识产权犯罪经常涉及罪数问题，对此，知识产权刑事司法解释也作了规定，内容主要涉及在何种情况下应以一罪论处，在何种情况下应当实行数罪并罚。

一是知识产权刑事司法解释第 13 条第 1 款规定：实施《刑法》第 213 条规

---

① 参见胡云腾、刘科：《知识产权刑事司法解释若干问题研究》，载《中国法学》，2004（6），136 页。

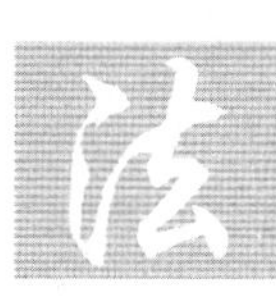

定的假冒注册商标犯罪，又销售该假冒注册商标的商品，构成犯罪的，应当依照《刑法》第213条的规定，以假冒注册商标罪处罚。在这种情况下，假冒注册商标后的销售行为，属于刑法理论上的不可罚之事后行为，因而以假冒注册商标罪论处是完全正确的。与此同理，知识产权刑事司法解释第14条第1款规定：实施《刑法》第217条规定的侵犯著作权犯罪，又销售该侵权复制品，构成犯罪的，应当依照《刑法》第217条的规定，以侵犯著作权罪定罪处罚。

二是知识产权刑事司法解释第13条第2款规定：实施《刑法》第213条规定的假冒注册商标犯罪，又销售明知是他人的假冒注册商标的商品，构成犯罪的，应当实行数罪并罚。在这种情况下，之所以应当实施数罪并罚，是因为假冒注册商标行为与销售假冒注册商标商品行为针对的不是同一对象，因而实行数罪并罚是合乎法理的。与此同理，知识产权刑事司法解释第14条第2款规定：实施《刑法》第217条规定的侵犯著作权犯罪，又销售明知是他人的侵权复制品，构成犯罪的，应当实行数罪并罚。

（本文原载《人民司法》，2005（1））

侵犯商业秘密罪的重大损失及数额认定

我国《刑法》第219条规定的侵犯商业秘密罪以给商业秘密的权利人造成重大损失作为构成犯罪的要件，在刑法理论上称之为结果犯。如何认定这里的重大损失，对于侵犯商业秘密罪的司法认定具有重大意义。从目前司法实践的情况来看，侵犯商业秘密罪的损失结果的认定还存在着疑难之处，这在很大程度上影响了对商业秘密的刑法保护。

对于侵犯商业秘密罪的损失结果，从字面上理解并不存在任何障碍：它是指侵犯商业秘密的行为给商业秘密的权利人造成的利益减损。有关司法解释已经明确这里重大损失的数额是指50万元以上，但这种损失的具体内容未作明文规定。对此，最高人民法院编《刑事审判参考》第9辑刊登的昌达公司侵犯商业秘密案对侵犯商业秘密犯罪行为所造成的经济损失数额如何认定问题有所提及。该案裁判理由指出：如何认定重大损失，目前的法律和司法解释均没有明确规定。实践中，一般主要是根据侵犯商业秘密行为给权利人造成的经济损失数额来判定。经济损失数额一般为被害人的是实际损失，如商业秘密的研制开发成本，侵犯商业秘密犯罪行为致使被侵害人遭受技术及信息转让方面的损失，商业秘密的利用周期、市场容量和供求状况，被害人竞争地位、能力的减弱或丧失，商业信

誉的下降，市场份额的减少，出现亏损甚至破产等。被害人的实际损失难以计算的，可以参照行为人在侵权期间因侵犯商业秘密所获得的实际非法利润来认定。[①]

上述裁判理由一方面将侵害商业秘密罪的重大损失界定为权利人的实际损失，并对损失的认定提供了线索，例如商业秘密研发成本的损失、技术及信息转让费用的损失等。此外，裁判理由首次将侵权人在侵权期间因侵权商业秘密所获得的实际非法利润认定为权利人的损失。这在某种意义上可以说，是对侵犯商业秘密罪的损失的一种扩大解释。尤其应当注意的是，只有在权利人的实际损失难以计算的前提下，才能参照侵权人的非法所得认定权利人的实际损失。应当指出：裁判理由将侵权人的非法所得在一定条件下认定为权利人的实际损失，明显是参照了《反不正当竞争法》第 20 条的规定。根据该条规定，侵害商业秘密给权利人造成损害的，应当承担损害赔偿责任，被侵害的权利人的损失难以计算的，其赔偿数额为侵权人在侵权期间因侵权所获得的利润。据此，侵犯商业秘密的损失结果具有两种计算方法：第一种是权利人的实际损失，第二种是侵权人的非法所得。值得注意的是，2010 年 5 月 18 日最高人民检察院，公安部《关于公安机关管辖刑事案件立案、追诉标准的规定（二）》第 73 条对侵犯商业秘密案的立案、追诉标准作了以下规定：（1）给商业秘密权利人造成损失 50 万元以上的；（2）因侵权商业秘密违法所得数额在 50 万元以上的；（3）致使商业秘密权利人破产的；（4）其他给商业秘密权利人造成重大损失的情形。

在以上司法解释中，明确地将权利人的实际损失和侵权人的非法所得并列为侵权商业秘密案的立案、追诉标准。根据以上案例和有关司法解释的规定，我认为在认定侵犯商业秘密罪的损失结果的时候，应当根据侵权行为种类及其对象，商业秘密的研发成本、转化和应用周期、前景预期、使用人的使用规模和经济效益等因素综合认定。只有在实际损失难以计算的情况下，才能根据侵权人的非法所得数额计算损失。根据我国法律规定和司法解释，在侵权商业秘密罪的损失

① 参见最高人民法院编：《刑事审判参考》，第 9 辑，22 页，北京，法律出版社，2000。

时，应当注意以下三个问题。

一、根据侵犯商业秘密的行为方式认定损失数额

（一）以盗窃、利诱、胁迫或者其他不正当手段获取权利人的商业秘密

这种侵犯商业秘密的行为是以非法获取商业秘密为特征的。获取商业秘密可能自己使用，也可能给他人使用。是否使用并不影响侵犯商业秘密罪的成立，关键是损失数额是否达到50万元以上。如果非法获取的是技术信息，包括技术配方、技术诀窍、工艺流程等，这些技术信息本身具有经济价值：有些是权利人研发的，因而需要支付研发成本；有些是权利人从他人那里转让而来的，因而需要支付转让费用；那么，研发成本和转让费用等都可以直接认定为经济损失。如果非法获取的是经营信息，包括经营方式、经营决策以及与自己存在业务往来关系的客户资料等，应该说，在一般情况下，这些经营信息不像技术信息那样具有可计算的经济价值；那么，这些经营信息如果侵权人在非法获取以后使用，因对于权利人来说损失无法计算，应以侵权人非法获利认定权利人的损失。如果侵权人在非法获取此经营信息以后没有使用，则因损失无法计算而不能认定存在损失结果。

（二）披露、使用或者允许他人使用以前项手段获取的权利人的商业秘密

这种侵犯商业秘密的行为是以披露、使用或者允许他人使用非法获取的商业秘密为特征的。披露、使用或者允许他人使用的主体是实施前项行为人，因而本项与前项之间存在递进关系；如果行为人只是实施了非法获取行为，应以前项论处；如果行为人在实施了非法获取行为以后又实施了本项规定的披露、使用或者允许他人使用的行为，则应以本项论处。这里的披露，是指将商业秘密予以公开。商业秘密具有保密性，即不为公众所知悉。而将非法获取的商业秘密予以公开，则使该项商业秘密为公众所知悉，从而丧失了商业秘密的价值，对此，应当按照商业秘密的价值计算权利人的实际损失。这里的使用，包括本人使用和他人使用，是指利用非法获取的商业秘密进行经营活动。无论是本人使用还是他人使

用，都应当以商业秘密的价值计算权利人的损失。只有在损失无法计算的情况下，才能根据侵权人的违法所得计算权利人的损失。

（三）违反约定或者违反权利人有关保守商业秘密的要求，披露、使用或者允许他人使用其所掌握的商业秘密

这种侵犯商业秘密的行为是以商业秘密合法持有人为主体的，因而不同于前述两项所规定的行为。商业秘密的合法持有人非法披露商业秘密，使商业秘密为公众所知悉，应以该商业秘密的经济价值认定为权利人的损失。商业秘密的合法持有人非法使用或者允许他人使用的，如果商业秘密的损失能够计算的，应以此认定侵犯商业秘密罪的损失。只有在损失无法计算的情况下，才能根据侵权人的非法所得认定为权利人的损失。

（四）明知或者应知前述前款所列行为，获取、使用或者披露他人的商业秘密

这是刑法规定以侵犯商业秘密论的情形，它与典型的侵犯商业秘密行为有所不同，其主体是非法获取或者商业秘密合法持有人以外的人。这些人本身并没有实施以盗窃、利诱、胁迫或者其他不正当手段获取商业秘密的行为，也没有披露、使用或者允许他人使用以前项手段获取的商业秘密；更非商业秘密的合法持有人，因而没有违反约定披露、使用或者允许他人使用商业秘密。本项的行为人是前两项所规定的“允许他人使用”中的“他人”，即商业秘密的非法使用人，这些人只有在明知或者应知商业秘密系非法所获取的情况下使用的，才构成侵犯商业秘密罪。因此，本项行为的损失计算虽然仍应以权利人的商业秘密损失数额为标准，但更多应当考虑其非法使用商业秘密的非法获利数额。

二、根据商业秘密的经济价值认定损失数额

商业秘密本身具有经济价值，尤其是技术信息，是一种无形资产，有些属于专利产品，其经济价值是不言而喻的。就侵犯商业秘密罪的经济损失而言，我认为应当包括两种情形。

（一）现有利益的减少

所谓现有利益的减少是指商业秘密本身就具有的经济利益，因为侵权行为而使之减少。这种情况例如在泄露商业秘密的行为中，侵权人将具有保密性的商业秘密予以公开，因而使该商业秘密所具有的经济价值完全丧失，对于权利人造成现实的损害。这种以泄露为行为方式的侵犯商业秘密行为的性质，实际上与毁坏财物罪的毁坏行为是十分相似的。它使财物的价值丧失，从而造成财物损失。对此，应当按照侵权人所泄露的商业秘密的实际价值计算其损失。

（二）可得利益的损失

所谓可得利益的丧失，是指权利人通过技术转让方式获取利益，侵权人采用窃取、骗取或者其他非法方法取得了该商业秘密。这种情形相当于侵权人在未缴纳转让费用的情况下使用了技术信息。对此，应当按照商业秘密的转让费用计算权利人损失。

值得注意的是，在某些情况下，商业秘密被侵权，但并不影响权利人的生产经营，对此如何计算商业秘密的损失呢？这种情形不同于商业秘密被完全公开，因而不能完全以商业秘密的价值计算损失数额。这种情形又不同于非法地无偿获取商业秘密的使用，因为在这种情况下，技术信息是排他性独占使用的，并不存在转让费用，因此无法以技术转让费用计算损失。但是，这种情况不能认为不存在经济损失。我认为，对此应当对商业秘密的经济价值进行评估，然后根据商业秘密的利用周期、市场容量和供求状况、被害人竞争地位、能力的减弱或丧失、市场份额的减少等因素，最终确定一个损失数额。这一损失数额不完全是商业秘密的经济价值，而是该经济价值的一定比值。

应当指出，商业秘密的损失并不以商业秘密为侵权人或者他人使用为前提。只要侵权人实施了侵犯商业秘密行为并且泄露或者非法获取了商业秘密，本罪就已经既遂。在这种情况下，就应当按照商业秘密的价值来计算权利人的损失。

三、根据侵权人的违法所得认定损失数额

侵犯商业秘密罪的情况是较为复杂的，尤其是商业秘密作为一种无形资产，其价值不像实物那样容易计算，因而侵犯商业秘密的损失有时难以计算。应当指出，商业秘密的损失难以计算并不意味着没有损失。对此，应当根据侵权人的违法所得数额计算损失。在司法实践中，存在一种倾向，无论侵犯商业秘密的损失是否能够计算，一概根据侵权人的非法所得数额认定侵犯商业秘密罪的损失。其结果是，在侵权人没有使用商业秘密并获取非法利益的情况下，就简单地认为侵犯商业秘密行为没有造成损失，因而不构成犯罪。我认为，这种做法是不符合法律规定的。在认定侵犯商业秘密罪的损失的时候，侵权人的非法所得只是在损失无法计算情况下的一种救济措施，因而属于例外情形。在通常情况下，还是应当通过商业秘密的评估等方式认定侵犯商业秘密罪的损失数额。在根据侵权人的违法所得认定侵犯商业秘密罪的损失时，应当区分违法所得的以下三种情形。

（一）出卖或者转让商业秘密的非法所得

在有些情况下，侵权人在非法获取商业秘密以后，并不是本人使用，而是提供给他人使用，本人从中获取非法利益。对此，可以直接将这种非法利益认定为侵犯商业秘密罪的损失。

（二）以商业秘密投资入股的非法所得

在有些情况下，侵权人在非法获取商业秘密以后，以投资入股的方式获取非法利益。对此，应当按照侵权人所占股权的实际价值认定侵犯商业秘密罪的损失。但侵权人在非法使用商业秘密的公司企业的工资收入等劳务所得不应认定为侵犯商业秘密罪的损失。

（三）表现为侵权人利润的非法所得

侵权人在非法获取商业秘密以后，本人使用或者允许他人使用，在使用期间获得的利润应当认定为侵犯商业秘密罪的损失。应当指出，这里的利润是指扣除人工等各种成本以后的纯收入。在某些案件中，是否以全部利润数额认定为损

失，还要根据侵犯商业秘密行为在非法获利中所发挥的作用来确定，而不宜将全部利润一概认定为损失数额。例如，利用非法获取的商业秘密获得招标工程，在工程施工中又有大量人力物力的投入。在这种情况下，就不能简单地把工程利润全部都认定为侵犯商业秘密罪的损失数额。而是要根据该侵权行为在工程利润获取中的作用确认一定份额，以此认定为侵犯商业秘密罪的损失。

（本文原载《法律适用》，2011（7））

投机倒把罪：一个口袋罪的死与生

中华人民共和国自1949年成立以来，已经走过了70年的风雨历程，我国刑法也随着国家法制的发展而经历了从无法到有法的历史性转折。我们可以把70年分为三个阶段：第一阶段是从1949年到1979年，对于刑法来说，这是一个无法可依的阶段。在这整整30年中，我国虽然陆续进行了刑法的立法工作，但刑法始终没有出台。第二阶段是从1979年到1997年，随着1979年我国第一部《刑法》的颁布，我国刑法进入了一个有法可依的阶段。并且，在1979年《刑法》颁布以后，随着我国改革开放进程的启动，刑法的修改补充工作随之而展开。第三阶段是从1997年到2019年，我国《刑法》在1997年进行了大规模的修订，重新颁布了《刑法》。1997年《刑法》的颁布，表明我国刑法的立法和司法得到进一步发展完善。本文以投机倒把罪的历史演变过程为线索，对我国1949年到2019年的《刑法》变迁进行考察。

一、1949年至1979年：投机倒把罪的前世

如前所述，我国第一部《刑法》是1979年颁布的，在此之前，我国并无刑

法，在刑法领域处于无法可依的状态。然而，没有刑法并不意味着在现实生活中，惩治犯罪的活动就不存在。这个时期，我国司法机关照常运作，刑事审判活动照常开展。只不过，这是一种没有刑法的刑事审判。对此，我国学者将这个时期的社会规范治理称为政策法，指出："所谓政策法，是指这样一种不稳定的法律实践状态，即在管理国家和社会生活的过程中，重视党和国家的政策，相对轻视法律的职能；视政策为灵魂，以法律为政策的表现形式和辅助手段；以政策为最高的行为准则，以法律为次要的行为准则；当法律与政策发生矛盾与冲突时，则完全依政策办事；在执法的过程中还要参照一系列政策。由于政策是党的领导机关所创制的，又是靠党和国家的各级干部来施行的，因此，在实践中形成了人的作用高于法的普遍见解。"① 其实，在这个时期虽然没有正式的刑法典，但还是有个别单行刑法，例如1951年颁布的《中华人民共和国惩治反革命条例》和《妨害国家货币治罪暂行条例》、1952年颁布的《中华人民共和国惩治贪污条例》。此外，还存在位阶较低的行政法规和部门规章，这些行政法规和部门规章对犯罪做了规定，由此为司法机关认定犯罪提供了规范根据。

以投机倒把罪为例，这个罪名见之于《刑法》是在1979年。在此之前，我国规范性文件中早就存在投机倒把这个罪名，它几乎成为经济犯罪的唯一罪名，因而与生俱来就具有口袋罪的特征。

1949年中华人民共和国成立以后，随着我国经济秩序的逐渐恢复，工农业经济也得到了发展。这个时期的经济形态主要还是自然经济和小商品经济，生产力水平较低。尽管如此，和平年代为经济提供了发展空间。从1956年开始，我国进行了社会主义改造运动，该运动的目的是建立社会主义经济，这种经济模式是以公有制为主体的计划经济。因此，在20世纪50年代初，我国经济经历了一个从小商品经济混杂的经济形态到以产品经济为内容的计划经济形态的转变。如果说，在转变之前，投机倒把罪主要承担的是在小商品经济社会中恢复经济秩序

① 武树臣：《从"阶级本位、政策法"时代到"国、民本位、混合法"时代》，载《法学杂志》，2009(9)。

的规制功能。那么，在计划经济体制建立以后，投机倒把罪就成为维护计划经济的主要法律手段。我国学者曾经对投机倒把罪和经济体制之间的关系做了论述，指出："我国经历了一系列的社会改革，基本上消灭了剥削制度，社会阶级关系发生了根本变化，已成为社会主义国家。生产资料的全民所有制和集体所有制成为我国社会主义经济基础，广大劳动人民是这些生产资料的共同占有者。在我们的产品分配上，是实行按劳取酬的原则，不能容许投机者及其他人使用任何形式的盘剥，牟取非法利益。因此，必须坚决禁止和打击投机倒把行为，是社会主义的本质决定了的。"① 由此可见，投机倒把罪是在社会主义社会中所具有的一种独特的经济犯罪类型。

投机倒把罪的雏形最早出自 1950 年 11 月 4 日中央人民政府贸易部颁布的《关于取缔投机商业的几项指示》（以下简称《指示（一）》）。上述文件列出了八项扰乱市场的投机商业，即：(1) 超出人民政府批准之业务经营范围，从事其他物资之经营者；(2) 在各该当地人民政府规定之交易市场外交易者；(3) 囤积、拒售有关人民生产或生活必需物资者；(4) 买空卖空、投机倒把企图暴利者；(5) 故意抬高价格抢购物资或出售物资及散布谣言，刺激人心，致引起物价波动者；(6) 不遵守各该当地人民政府所规定的商业行政管理办法，扰乱市场者；(7) 使用假冒伪造，使用掺杂或违反商品规格及使用其他一切欺骗行为，以牟取非法利润者；(8) 一切从事投机活动者。这八项内容可以说勾画出了投机倒把罪的基本轮廓，成为此后投机倒把罪的渊源。考虑到当时的社会环境，上述《指示（一）》的精神主要在于维护经济秩序，对那些破坏经济秩序的行为进行打击，因此这一规范性文件虽然只是经济管理部门颁布的指示，实际上却具有法律的性质，其功能与作用不亚于一部经济刑法典。《指示（一）》将这些破坏经济秩序的行为称为投机商业，由此可见此时在官方文件中，投机倒把这个概念尚未正式定型。投机商业具有非法商业活动的性质，是指所有违法经济行为，涉及的范围极为宽泛。从以上《指示（一）》规定的八项投机商业行为来看，涉及经济活动的

① 顾肖荣等：《破坏经济秩序罪案新探》，79 页，台北，学林出版社，1991。

各个方面。第一项涉及经济活动的范围，从中已经可以发现计划经济的端倪。根据这一规定，凡是从事物资经营活动，都要经过政府批准，并且不得超越经营活动的范围，否则就是非法商业活动。第二项对超越指定市场的经营活动规定为非法，即所谓交易市场外交易也是非法商业行为。第三项是对囤积居奇的规定，这是一种妨碍商品流通的行为。第四项是买空卖空，投机倒把的规定，这是狭义上的投机倒把行为。这也是投机倒把这个概念最早出现在相关规范性文件中。第五项是哄抬物价的规定，这是一种物价违法行为。第六项是扰乱市场行为的规定。该项规定极为抽象，只是指出了不遵守各该当地人民政府所规定的商业行政管理办法的违法性，但并没有具体描述行为内容，这本身就已经具有口袋罪的特征。第七项伪劣假冒产品的规定。第八项是兜底规定，处罚一切从事投机活动者。上述《指示（一）》出台的时间是中华人民共和国成立之初，当时经济秩序正处在恢复当中，对于经济秩序的维护成为当务之急。因此，对于投机商业行为的惩治也就是题中应有之义。

我国 20 世纪 50 年代中期进行了社会主义改造，大力发展公有经济，由此形成计划经济体制。在这种情况下，投机倒把罪成为破坏计划经济行为的代名词。因此，惩治投机倒把罪就成为维护计划经济的必要手段。随着私有企业的公有化，投机倒把罪的主体——资本家已经退出历史舞台。因此，在计划经济体制下，投机倒把罪的主体就转换成私下从事零星经营活动的普通商贩。1963 年 3 月颁布的《关于打击投机倒把和取缔私商长途贩运的几个政策界限的暂行规定》（以下简称《暂行规定》）规定了以下投机倒把行为：（1）私商转手批发，长途贩运；（2）开设地下厂店行栈，放高利贷，雇工包工剥削；（3）黑市经纪，买空卖空，居间牟利，坐地分赃；（4）组织投机集团，内外勾结，走私行贿，盗卖国家资财；（5）囤积居奇，哄抬物价；（6）投机倒卖耕畜；（7）投机倒卖国家统购、派购物资和计划分配的工业品；（8）伪造或倒卖票证，贩卖黄金、白银、外币。《暂行办法》还限定了“长途贩运”的途程和区划，即超出市（包括郊区，不包括市属县）、县的范围，或者超出市与县、县与县毗邻地区之间的范围。以上《暂行规定》所列举的投机倒把行为类型，对于此后相当长一个时期内对投机倒把罪的理解产生了重大影响。1979 年《刑法》中的投机倒把罪虽然没有列举这些投机倒把行为，但在刑法理论和司法实践中对投机倒把行为的理解仍然以上述《暂行规定》为根据。因此，在此需要对《暂行规定》所列举的投机倒把行为进行深入论述。

第一项是私商转手批发、长途贩运。在此，值得注意的是“私商”这个现在极为罕见的概念。“私商”中的“私”是与“私有制”相关联的，因此，它与“公商”之间存在对应关系。而对商业活动的公私区分，正是公有制与私有制对立的产物。即使在目前我国《刑法》中，仍然存在“公私财物”的表述。不仅如此，“私商”中的“私”字还具有“私自”的含义，它表明在计划经济体制下，个人从事经济活动是非法的，因此才把私自进行经济活动的行为界定为私商，并予以惩治。本项所规定的转手批发和长途贩运本来是极为寻常的商品流通领域的经营活动，但如果个人从事这种活动，就被认定为投机倒把罪。

第二项是开设厂店行栈，放高利贷，雇工包工剥削。这里其实包含了三种经营行为：一是设厂开店。厂店是经营场所，也是从事经济活动的基础。二是发放高利贷，这是一种民间金融活动，因其高利息而受到质疑。在计划经济体制下，所有民间金融活动都被取缔，高利贷更在禁止之列。三是雇工包工剥削。雇工是指雇佣他人从事经营活动，含义较为明晰；而包工是指将生产任务交由他人承担，他人按照约定完成生产任务以后，付给他人一定数量的劳动报酬。因此，包工其实就是承包，是生产活动中较为常见的一种劳动交换活动。包工承揽生产活动以后，需要雇佣一些工人完成承包任务。因此，包工和雇工一样都被认为具有剥削的性质，是和社会主义制度格格不入的。从以上雇工包工的性质来看，都是被法律所禁止的生产活动，它与通常发生在商品流通领域的投机倒把行为已经相去甚远。由此可见，投机倒把这个概念在被不断扩张其外延。

第三项是黑市经纪，买空卖空，居间牟利，坐地分赃，这是狭义上的投机倒把行为。这里包括三种行为类型：一是黑市经纪。经纪是指买卖双方介绍交易以获取佣金的中介活动。而这里的黑市经纪，是指我国在社会主义制度下，已经取缔了商品市场，因而在地下市场（黑市）从事中介活动。二是买空卖空。这里的

买空卖空不是简单的商品经营活动，而具有资本投资活动的性质，因而被认为是一种商业投机行为。买空卖空的特点是预测价格要上涨而买入或者预测价格要下跌而卖出，利用价格的涨跌进行买入或者卖出而牟利。买空卖空是以商品市场甚至资本市场的存在为前提的一种经营活动，对买空卖空的禁止，其实也是取缔商品市场和资本市场的必然结果。三是居间牟利，是指通过居间介绍促成商业交易而从中获取报酬。因此，居间行为并不是直接从事交易，而是促成他人交易，居间者本身并不需要成本，而是利用商品信息优势或者个人技能而获取报酬。居间和经纪这两种行为其实在性质上是相同的，只是表述不同而已。在社会主义公有制下，经纪和居间都被认为是不劳而获，因此才有坐地分赃之说。这种把经纪和居间行为归入投机倒把罪的观念，是基于对劳动这个经济学重要范畴的过于狭义理解，而把利用信息优势和利用技能促进商品流通的智力劳动排除在劳动范畴之外。

第四项是组织投机集团，内外勾结，走私行贿，盗卖国家资财。这里除了组织投机倒把集团以外，其他三项内容其实都与投机倒把罪无关。走私、行贿和盗窃这是三种独立的犯罪行为，各自具有其特定的内涵，《暂行规定》不知何故将这些行为规定在投机倒把罪之中。

第五项是囤积居奇，哄抬物价，这是物价违法行为。在市场经济条件下，物价波动是十分正常的现象。确实有些商家利用物价波动，从事囤积居奇，哄抬物价的活动，从中牟利。在社会主义国家，由于取缔了商品市场，对生产的产品进行统一定价，严格来说物价波动现象已经不复存在。但在物资短缺的条件下，就会出现所谓黑市，即地下市场，在这种地下市场仍然通行在供需关系基础上形成的价格规律。因此，也就会出现囤积居奇、哄抬物价现象，这被认定为是投机倒把行为。

第六项是倒卖耕畜，这是破坏农业生产的行为。在以农业为主的社会，耕畜是一种重要的生产资料，受到法律的严格保护，因此《暂行规定》将倒卖耕畜行为列为投机倒把行为。

第七项是投机倒卖国家统购、派购物资和计划分配的工业品，这是典型的破

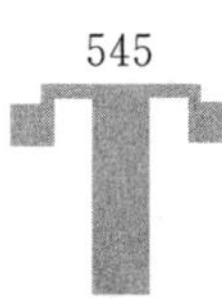

坏计划经济的行为。在我国实行社会主义改造以后，初步实行公有制，消灭了商品市场，对粮食实行国家统购统销。这里的统购统销，是指对粮食计划收购，即所谓统购，和计划供应，即所谓统销。与此同时，对工业品实行派购和计划分配，这其实就是对工业品的统一调拨和分配。通过统购统销和派购分配，国家实现了对工农业产品的垄断：只有国家才能经营而个人不能经营。倒卖国家统购、派购物资和计划分配的工业品的行为，就被认为是投机倒把行为。

第八项是伪造或倒卖票证，贩卖黄金、白银、外币。在计划经济体制下，票证是物资分配的凭证，伪造凭证是对计划经济的破坏。而黄金、白银等贵重金属在计划经济体制下属于管制物品，因而禁止买卖。至于外币，更是严格管制物品。因此，倒卖上述物品的行为，都是投机倒把行为。

从《暂行规定》所规定的八种投机倒把行为来看，维护计划经济体制的色彩甚为强烈。正如我国学者所言，在计划经济时代，投机倒把行为是脱离计划秩序的自发工商行为。[①] 因此，《暂行规定》所列举的八种投机倒把行为正好折射出上个世纪 60 年代我国计划经济运行的现实状况。

1966 年以后，我国工农业生产受到巨大冲击，但地下经济活动仍然存在。为此，1970 年 2 月 5 日中共中央发出《关于反对贪污盗窃、投机倒把的指示》（以下简称《指示（二）》），该《指示（二）》规定了以下投机倒把行为：(1) 除了国营商业、合作商业和有证商贩以外，任何单位和个人，一律不准从事商业活动。(2) 集市管理必须加强，一切按照规定不许上市的商品，一律不准上市。(3) 除了经过当地主管部门许可以外，任何单位，一律不准到集市和农村社队自行采购物品。不准以协作为名，以物易物。不准走“后门”。(4) 一切地下工厂、地下商店、地下包工队、地下运输队、地下俱乐部，必须坚决取缔。(5) 一切单位的经营管理和群众监督必须加强，建立与健全规章制度，严格财经纪律，堵塞漏洞。上述《指示（二）》的规定，明显体现了强化国家对经济活动的管制，对非法经济活动予以严厉惩治的精神。从《指示（二）》的描述来看，以禁止性规

① 参见张学兵：《当代中国史上“投机倒把罪”的兴废》，载《中共党史研究》，2011 (5)。

定为主要内容。

上述三个文件规定，都不是严格意义上的法律，颁布主体既有国务院有关部门，又有中共中央，还有贸易部等。在没有颁布《刑法》的情况下，这些以《指示》和《暂行规定》名义颁布的文件，对于司法机关认定和惩治投机倒把罪无疑提供了规范依据。

投机倒把罪虽然是在没有立法的情况下就已经成为司法中的罪名，然而从刑法草案中还是可以找寻到投机倒把罪的踪迹。我国的刑法立法工作从 1950 年就已经开始，并且出台了刑法草案。例如，1950 年 7 月 25 日的《中华人民共和国刑法大纲草案》就是最早的刑法草案。该刑法草案第 99 条就对投机倒把罪做了规定："投机倒把或囤积居奇，致市场紊乱者，处一年以上五年以下监禁，并酌处罚金。情节特别严重者，处五年以上十年以下监禁，并没收其财产之全部或一部。"在此，对投机倒把行为的具体表现方式并没有加以规定，而只是将囤积居奇与投机倒把行为并列，刑法草案起草者是将囤积居奇置于投机倒把之外的。考虑到 1950 年 11 月 4 日中央人民政府贸易部颁布的《指示（一）》列举的各种投机倒把行为，可见刑法草案对投机倒把罪的规定采取了口袋罪的方式，即只是设定犯罪的基本框架但并不对具体犯罪行为进行列举。虽然这只是刑法草案的规定，但它对此后投机倒把罪的立法还是产生了重要影响。及至 1963 年 10 月 9 日，刑法草案前后经历了 33 稿，第 33 稿是 1979 年《刑法》制定之前的最后一稿。在《中华人民共和国刑法草案》第 33 稿分则第三章破坏社会经济秩序罪中，以四个条款规定了投机倒把罪。其中，第 124 条规定的是金融领域的投机倒把罪："违反金融、外汇、金银管理法规，投机倒把的，处七年以下有期徒刑或者拘役，可以并处或者单处罚金或者没收财产。"第 125 条规定的是市场管理领域的投机倒把罪："违反市场管理法规，以获取非法利润为目的，投机倒把。扰乱市场，情节严重的，处七年以下有期徒刑或者拘役，可以并处罚金或者没收财产。"第 126 条规定的是工商管理领域的投机倒把罪："违反工商管理法规，私设工厂，投机倒把，谋取非法利润，情节严重的，处七年以下有期徒刑或者拘役，可以并处罚金或者没收财产。"第 127 条规定的是投机倒把罪的加重构成："以投

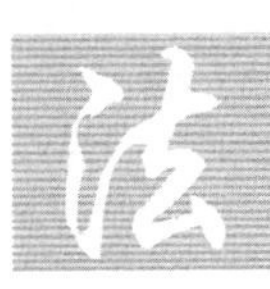

机倒把为常业的，投机倒把数额巨大的或者投机倒把集团的首要分子，处七年以上有期徒刑或者无期徒刑，可以并处没收财产。”这些条款规定的都是投机倒把罪，只是发生在不同领域。由此可见，在该刑法草案中，投机倒把罪的范围十分宽泛，几乎涵盖了各个经济领域。此外，刑法草案关于投机倒把罪的各个条文中，除了违反法规的类型不同，对客观行为都规定为投机倒把，而没有对其内容的进一步描述。在这种情况下，投机倒把罪就成为囊括各种经济违法行为的总称。因此，即使是在刑法草案采用多个条文对投机倒把罪进行规定的情况下，投机倒把罪的口袋罪特征仍然暴露无遗。

虽然在刑法草案中对投机倒把行为没有具体描述，但值得注意的是，在有关理论书籍中，却对投机倒把行为进行了描述。例如，1976 年 12 月印行、北京大学法律系刑法教研室编写的《刑事政策讲义》（讨论稿）一书中，就专门对投机倒把罪做了论述，其规范根据是 1963 年国务院的《暂行规定》。该书指出：“投机倒把罪，是以获取暴利为目的，违反市场管理规定，严重扰乱市场，破坏社会主义经济秩序的犯罪。”投机倒把行为的表现方式包括以下五种：（1）组织地下企业，雇工、包工剥削。例如，非法开设地下工厂、地下商店、地下工程队、地下运输队等。（2）投机倒卖国家统购统销物资和计划分配的工业品。（3）投机倒卖耕畜。（4）投机倒卖票证（布票、粮票、工业券等）。（5）投机倒卖黄金、白银、外币。① 这些投机倒把行为，除了非法经济活动以外，以倒卖为主要特征，涉及整个工商领域。

在 1949 年至 1979 年期间，我国没有制定刑法，只有个别单行刑法和规范性文件对某些罪名做了规定。其中就包括投机倒把罪，可以说，投机倒把罪的演变历史就是我国小商品经济消亡的历史，也是计划经济体制形成的历史。投机倒把罪作为当时历史条件下唯一的经济犯罪罪名，对于消灭小商品经济和维护计划经济体制，发挥了重要作用。其实，投机倒把罪并不是我国的独创。在某种意义上

① 参见北京大学法律系刑法教研室：《刑事政策讲义讨论稿》，183～184，北京，北京大学法律系，1976。

说，它是计划经济的产物。只要是实行计划经济体制的社会主义国家刑法中，都有投机罪之设。这里的投机罪就相当于我国的投机倒把罪。例如，苏联从 1917 年苏维埃政权建立开始，在其刑法典中就有投机罪。只不过投机行为的具体内容和范围，在不同的历史时期曾多次发生变化。根据 1960 年《苏俄刑法典》第 154 条的规定，投机罪是指以营利为目的收买和转卖商品或者其他物品的行为。由此可见，《苏俄刑法典》中的投机罪主要是指倒卖行为，其范围较窄。我国刑法学者对我国刑法中的投机倒把罪和《苏俄刑法典》中的投机罪做了比较，指出："依照我国与苏联刑法，投机倒把罪与投机罪同是破坏社会主义经济秩序的犯罪，或同属于经济上的犯罪。由此决定它们在构成条件方面有相同或相似之处。同时，由于两国法律传统与习惯不同，两者在构成条件的规定上又有区别。"① 因此，只有通过我国和苏联的计划经济体制发展的同一性和相异性对比，才能深刻认识我国刑法中的投机倒把罪和苏联刑法中的投机罪之间的异同。

二、1979 年至 1997 年：投机倒把罪的今世

在 1976 年以后，我国刑法制定工作提上了议事日程。刑法制定工作从 1978 年正式启动，1978 年 12 月在 1963 年的刑法草案第 33 稿的基础上，完成了第 34 稿，此后又于 1979 年 2 月、1979 年 3 月先后完成第 35 稿和第 36 稿。但以上刑法草案对投机倒把罪的规定基本上保持了第 33 稿的原貌，未做修改。直到 1979 年 5 月刑法草案第 37 稿才将投机倒把罪合并为一个条文，该刑法草案第 115 条规定："违反金融、外汇、金银、工商管理法规，投机倒把，情节严重的，处三年以下有期徒刑或者拘役，可以并处、单处罚金或者没收财产。"此外，第 116 条规定了走私罪和投机倒把罪的加重构成。第 117 条则是国家工作人员利用职务上的便利犯走私罪和投机倒把罪的从重处罚规定。1979 年 7 月 10 日颁布、1980

① 薛瑞麟：《我国与苏联刑法中投机倒把罪的比较》，载中国法学会刑法学研究会、《民主与法制》出版社研究部：《经济体制改革与打击经济犯罪》，281 页，上海，上海社会科学院出版社，1987。

年 1 月 1 日施行的《中华人民共和国刑法》第 116 条和第 117 条对投机倒把罪做了正式规定，内容和刑法草案第 37 稿相同。

从 1979 年《刑法》第 116 条对投机倒把罪的规定来看，采取的是概然性的立法方式。在该罪的罪状中，可以分为三部分要素：第一是违反金融、外汇、金银、工商管理法规，这是构成要件中的规范要素。这些构成要件的规范要素虽然不是对客观行为事实的描述，但对于正确认定投机倒把罪具有重要的指导意义。在 1979 年《刑法》第 116 条投机倒把罪的罪状中，列举了金融管理法规、外汇管理法规、金银管理法规和工商管理法规。违反上述法规是投机倒把罪的前提条件，如果没有违反上述法规，就不可能构成投机倒把罪。因此，在认定投机倒把罪的时候，需要参照上述法规，以此确定投机倒把罪的具体行为。第二是投机倒把。投机倒把是立法者对本罪行为方式的总括性规定。投机倒把本身是一个十分笼统的概念，其实它是一种行为类型，其中包含了各种违反金融、外汇、金银、工商管理法规的行为。但立法者却并没有在罪状中对投机倒把行为进行明文列举。从这个意义上说，刑法对投机倒把罪的规定是一种空白罪状的规定。值得注意的是，高铭暄教授在讲解该条规定的时候，列举了以下投机倒把行为：倒卖黄金、白银、外币；套购、倒卖国家统购统销物资和计划分配物资；倒卖耕畜；以及黑市经纪，买空卖空，居间牟利等。[①] 第三是情节严重。这是对投机倒把罪罪量要素的规定。这一规定表明，并不是所有投机倒把行为都定投机倒把罪，如果行为人虽然实施了投机倒把行为，但并没有达到情节严重程度的，可以作为一般行政违法行为进行处罚，而不应当追究刑事责任。投机倒把罪的立法规定，使投机倒把罪的罪名合法化，同时也为司法机关惩治投机倒把罪提供了法律根据。

在 1979 年《刑法》实施不久，我国开始进行经济体制改革。1984 年 10 月 20 日，中共中央颁布了《关于经济体制改革的决定》（以下简称《决定》），吹响了经济体制改革的号角。在《决定》中，提出了“发展社会主义商品经济”的命题，指出：“改革计划体制，首先要突破把计划经济同商品经济对立起来的传统

---

① 参见高铭暄：《中华人民共和国刑法的孕育诞生和修改完善》，103 页，北京，北京大学出版社，2012。

观念，明确认识社会主义计划经济必须自觉依据和运用价值规律，是在公有制基础上的有计划的商品经济。商品经济的充分发展，是社会经济发展的不可逾越的阶段，是实现我国经济现代化的必要条件。只有充分发展商品经济，才能把经济真正搞活，促使各个企业提高效率，灵活经营，灵敏地适应复杂多变的社会需求，而这是单纯依靠行政手段和指令性计划所不能做到的。同时还应该看到，即使是社会主义的商品经济，它的广泛发展也会产生某种盲目性，必须有计划地指导、调节和行政的管理，这在社会主义条件下是能够做到的。因此，实行计划经济同运用价值规律、发展商品经济，不是互相排斥的，而是统一的，把它们对立起来是错误的。”在此，《决定》所界定的有计划的商品经济，既肯定了我国经济的计划性，同时又肯定了我国经济的商品性，是计划性和商品性的统一。《决定》虽然未能彻底否定计划经济体制，但引入了商品经济的要素，对于传统计划经济体制产生了巨大的冲击。在这种情况下，对界定投机倒把行为的范围也带来一定的影响。在这种所谓有计划的商品经济体制下，计划性表明仍然需要通过投机倒把罪的适用对破坏计划的投机倒把行为进行惩处。而商品性则又要放宽对经济流通的法律管制，减少对经济活动的行政干预。因此，投机倒把罪的范围应当进行调整。

投机倒把罪设立以后，因为其行为具有概然性，因而不利于司法机关正确认定。在这种情况下，1985 年 7 月 18 日，最高人民法院、最高人民检察院印发《关于当前办理经济犯罪案件中具体应用法律的若干问题的解答（试行）》（以下简称《解答》）对投机倒把行为做了明文列举，第一次以司法解释的形式规定了具体投机倒把行为。根据《解答》的规定，投机倒把行为主要有：(1) 倒卖国家不允许自由买卖的物资（包括倒卖这些物资的指标、合同、提货凭证、车皮指标）。这主要是指：倒卖国家不允许自由经营的重要生产资料和紧俏耐用消费品；倒卖国家禁止上市的物资，如走私物品等；倒卖国家指定专门单位经营的物资，如火工产品（民用炸药、火药等）、军工产品、天然金刚石、麻醉药品、剧毒药品等。在一定的时期内，哪些是国家不允许自由买卖的物资，其范围由主管部门规定。(2) 倒卖外汇（包括外币、外汇兑换券、外汇指标）。(3) 倒卖金银（包

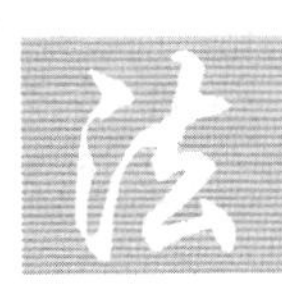

括各种形状的金银及银圆）；倒卖金银制品、金银器皿或其他金银工艺品。（4）倒卖文物（指具有历史、艺术、科学价值的文物）。（5）违反国家的价格规定（包括国家规定的浮动价格），哄抬物价，扰乱市场，牟取暴利的。（6）在生产、流通中，以次顶好、以少顶多、以假充真、掺杂使假。（7）将应出口外销的商品不运销出口，转手在国内倒卖。（8）为从事非法倒卖活动的人提供证明信、发票、合同书、银行账户、支票、现金或其他方便条件，从中牟利的。上述8种投机倒把行为，其中6种行为具有倒卖的性质，只是根据倒卖物品的不同区分为不同的投机倒把类型。其他两种是价格违法行为和产品质量违法行为。这些投机倒把行为在计划经济体制下，当然是刑法惩治的犯罪行为。但在上个世纪80年代中期以后，我国开展了经济体制改革，改革的重点就是破除计划经济体制，建立以商品自由流通为主要内容的市场经济体制。尽管这个改革的过程是漫长的，但这种改革具有由下至上的性质，最初就是以投机倒把的形式出现的。可以说，投机倒把行为造成了对传统计划经济体制的冲击。

1987年9月17日，国务院有关部门发布了《投机倒把行政处罚暂行条例》（以下简称《暂行条例》），《暂行条例》虽然属于行政法规，但它对投机倒把行为的规定，对于投机倒把罪的司法认定具有重要参考价值，因为投机倒把罪本来就是法定犯，在司法机关认定的时候，需要参照相关行政法规。根据《暂行条例》的规定，投机倒把行为包括以下11种：（1）倒卖国家禁止或者限制自由买卖的物资、物品的；（2）从零售商品或者其他渠道套购紧俏商品，就地加价倒卖的；（3）倒卖国家计划供应物资票证，倒卖发票、批件、许可证、执照、提货凭证、有价证券的；（4）倒卖文物、金银（包括金银制品）、外汇的；（5）倒卖经济合同，利用经济合同或者其他手段骗买骗卖的；（6）制造、推销冒牌商品、假商品、劣质商品，坑害消费者，或者掺杂使假、偷工减料情节严重的；（7）印制、销售、传播非法出版物（包括录音录像制品），获得非法利润的；（8）为投机倒把活动提供货源、支票、现金、银行账户以及其他方便条件，或者代出证明、发票，代订合同的；（9）利用报销凭证弄虚作假，进行不正当经营的；（10）垄断货源、欺行霸市、哄抬物价、扰乱市场；（11）其他扰乱社会主义经济秩序的投

机倒把行为。以上《暂行条例》对投机倒把行为的列举，明显要比《解答》所规定的投机倒把行为的范围更为宽泛。尤其是第 11 种“其他扰乱社会主义经济秩序的投机倒把行为”，这是一个兜底条款。其具体认定，根据《暂行条例》的规定，由省级以上工商行政管理机关根据国家法规和政策认定。投机倒把行为范围的这种先后变动，是和当时经济体制改革的进程相关联的。在上个世纪 80 年代后期，随着经济体制改革的深入发展，改革进入所谓“深水区”，价格双轨制，引发了“官倒”现象，即国家工作人员或者其亲属利用职权倒卖各种紧俏物品。在这种情况下，《暂行条例》对投机倒把行为的宽泛规定，反映了经济管理政策的一定程度的调整。

在司法实践中，投机倒把罪的认定中涉及一个重大难题，这就是投机倒把行为和正当经济行为之间的界限区分。在过去严格计划经济体制下，所有的私人经济活动都是非法的，都具有投机倒把的性质。但在经济体制改革以后，私人从事经济活动在一定程度上合法化。例如，所谓开设地下工厂、地下商店、地下运输队等行为较早从投机倒把罪中被剔除。但在经济流动领域，如何区分投机倒把和正当贸易的界限，却仍然困扰着司法机关。对此，我国学者指出：“应该看到，正当贸易和投机倒把行为的具体界限并不是固定不变的。它是随着我国经济发展的不同时期具体政策的变化而变化的。因此，为了划清投机倒把行为和正当贸易的界限，认真地研究党和国家现行的经济政策和法规具有重要意义。”① 在经济体制改革以后，某些在原有经济体制下是投机倒把的行为，在经济体制改革以后，就不能再认为是犯罪。这里对犯罪的社会危害性评价标准的变化，因而影响到投机倒把行为的性质判断。我国学者指出：“经济形势决定经济政策和经济法律。那些在自然经济阶段不发达的行为，在产品经济阶段被禁止的行为，为了发展商品经济而得到了鼓励和支持。非法倒卖的内容及其表现形式是随着国家政治、经济形势的变化、发展而变化、发展的。”② 在这种情况下，

① 高铭暄：《刑法学》，2 版，394～395，北京，法律出版社，1984。

② 夏吉先：《经济犯罪与对策》，332 页，北京，世界图书出版公司，1993。

对投机倒把罪的处理带来一定的难度。例如，“杨立某投机倒把案”就是一个典型案例。

【案例 1】杨立某投机倒把案

被告人杨立某系某县电影院发行公司经理。1988 年 6 月上旬，吴某通过关系，弄来了 20 吨进口高压聚乙烯批条，供货单位是某市化学供应站。签发日期是 1988 年 6 月 4 日，20 天内有效，过期作废，每吨单价为 6 722 元，外加 3%的定额进货费。吴某拿到调拨通知单后交给杨立某，并告诉杨不能倒卖。高压聚乙烯每吨市场价格为 9 800 元。市场价格和调拨价格相差很大。杨立某于 19 日返回某县，找到用户南镇塑料厂书记吕某，吕某答应给每吨 700 元提成，共计 14 000元。吕某解释说，我们厂 1988 年供销政策试行规定，在原料紧缺的情况下，议价的可提取 20%。吕某拿到调拨单后，由镇政府帮忙，开了县政府介绍信，向银行贷款 15 万元，将 20 吨高压聚乙烯提回。吕某于 9 月 13 日至 10 月 12 日分三次给了杨立某 13 000 元。还有 1 000 元杨没再要。

对于本案，某县人民检察院以投机倒把罪对杨立某提起公诉。某县人民法院一审认为：杨立某身为国家工作人员，将高压聚乙烯的批件转给厂家后，以提成费的名义非法获利 13 000 元，数额较大，其行为违反了工商管理法规，触犯了刑法，已构成投机倒把罪。1989 年 8 月某县人民法院依照《刑法》第 117 条、第 60 条之规定，判处杨立某罚金 1 000 元，追缴违法所得现金 13 000 元，上缴国库。一审判决后，杨立某不服，向某市中级人民法院提起上诉。中级人民法院二审认为：杨立某倒卖国家紧俏物资的调拨单，从中牟利，数额较大，其行为已构成投机倒把罪，原判定罪处刑均无不当。故中级人民法院二审裁定维持一审判决。

判决生效后，杨立某仍不服，多次申诉。主要理由是认为没有倒卖调拨单。调拨单是给厂方的，而不是加价卖给厂方，奖励提成是当地政策所允许的。某市中级人民法院依照审判监督程序对本案进行了再审。经再审认为：杨立某将调拨通知单转让给生产厂家，其目的虽是谋利，但其行为不同于倒卖调拨通知单的投机倒把行为。根据本案的具体情节，对杨立某不宜定罪科刑。故判决撤销原判，

宣告杨立某无罪。

“杨立某投机倒把案”最终以再审判决无罪而告终，这是令人欣慰的。从再审判决无罪的理由来看，主要是强调其行为不是倒卖调拨通知单，因而不构成投机倒把罪。然而，根据1988年1月颁布的《重要生产资料和交通运输价格管理暂行办法》（以下简称《办法》）中，高压聚乙烯不在所规定范围内。由此可见，由于国家对不允许自由买卖的物资范围加以限缩，因而倒卖高压聚乙烯的行为不再构成投机倒把罪。但本案的评析意见认为：高压聚乙烯当时确属紧俏生产资料，国家对高压聚乙烯的调拨通知单是不允许买卖的。在本案中，杨立某的行为之所以不构成投机倒把罪，是因为杨立某将调拨通知单转让给厂家而后提取现金的行为，不能视为倒卖行为。[①] 这种观点是难以成立的。因为根据《解答》规定的第一种投机倒把行为，倒卖国家不允许自由买卖的物资（包括倒卖这些物资的指标、合同、提货凭证、车皮指标）。这种国家不允许自由买卖的物资本身就包括紧俏生产资料，而且《解答》还明文规定：“在一定的时期内，哪些是国家不允许自由买卖的物资，其范围由主管部门规定。”而《办法》就对国家不允许自由买卖的物资的种类做了规定，而高压聚乙烯不在所规定范围内。这就表明，高压聚乙烯属于国家允许自由买卖的物资。再审没有从行为性质上寻找无罪根据，而是以不是倒卖行为作为无罪的根据，这是令人遗憾的。尽管如此，“杨立某投机倒把案”还是生动地反映了国家政策变化对当事人带来的无罪判决。

三、1997年至2019年：投机倒把罪的转世

在1997年《刑法》颁布以后，投机倒把罪的内容虽然发生了巨大的变动，但由于该罪采用的是空白罪状。因此，通过司法解释或者行政法规对投机倒把行为进行界定，《刑法》条文本身，除了在1983年全国人大常委会《关于严惩严重

① 参见最高人民法院刑事审判第二庭、宋雅亭：《刑事再审案例评析》，52页，北京，人民法院出版社，1992。

破坏经济的罪犯的决定》将投机倒把罪的法定最高刑提高到死刑以外，对投机倒把罪的构成要件行为并没有进行补充规定。然而，随着我国经济体制改革的进一步发展，尤其是市场经济体制的逐渐形成，投机倒把罪作为口袋罪，其与我国经济发展开始脱节。例如，倒卖型的投机倒把行为，在市场经济的条件下，由于对经济流通管制的完全放松，就失去了实质上的违法性。更为重要的是，投机倒把罪的口袋罪特征，与刑法人权保障的司法理念之间存在冲突。正如我国学者所述："现实生活中，投机倒把罪成了任意扩大或者缩小的'口袋罪'，使执法者和公民难于掌握其罪与非罪的标准。"① 在这种情况下，投机倒把罪的存废问题，随着 1997 年《刑法》修订工作的进展而提上议事日程。

从 1979 年《刑法》颁布到 1997 年《刑法》修订，只不过 17 年时间，刑法实施这么短时间就需要对刑法进行大规模的修改，这在世界范围内的刑法立法史上也是极为罕见的。究其原因，主要是由两个因素造成的：第一，1979 年《刑法》是以此前的刑法草案 33 稿为基础，在不到半年时间内出台的，较为急促；第二，也是更为重要的，在 1979 年《刑法》施行以后，我国进入了一个随着经济体制改革而带来的社会结构的剧烈变动和社会关系的重大转型。在这种社会背景下，犯罪现象出现了前所未有的变化。尤其是经济领域的犯罪随着从计划经济到市场经济的体制改革而消长。以投机倒把罪为例，它几乎是经济体制改革的"晴雨表"。随着经济体制改革的深入，大量以往在计划经济体制下被禁止并作为投机倒把罪予以惩治的行为都已经合法化了，或者随着对市场管制的放开，某些投机倒把行为已经不复存在。尤其是倒卖型投机倒把行为的范围大为限缩，只有专营专卖物品和少数限制买卖物品还需要进行管制，其他物品的买卖都已经完全放开。至于囤积居奇、哄抬物价等违法行为，随着物资的极大丰富和物价的完全放开，也就消失了。因此，在 1997 年《刑法》修订过程中，对于投机倒把罪的存废展开了讨论和争议。最后形成的较为一致的意见是认为：应当对投机倒把罪进行重大修改。例如，我国学者指出："现行刑法所规定的投机倒把罪，已不适

① 孙国祥：《经济刑法原理与适用》，300 页，南京，南京大学出版社，1995。

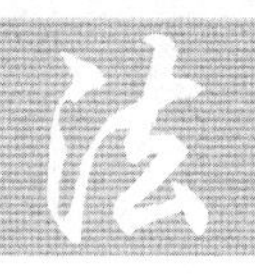

应当前我国社会主义商品经济发展的需要。过去，我们曾经把长途贩运作为投机倒把行为。现在，司法解释已将这种单纯依照行为方式定罪的情况从投机倒把罪中排除出去，在这种情况下，如果不及时对投机倒把罪法条做出立法修改，不仅不利于我国社会主义经济建设的深入发展，而且也给司法人员正确运用本条文带来诸多的不便。”[①] 在1997年《刑法》修订中，废除投机倒把罪这个罪名，这是大家的共识。但对投机倒把罪的内容，除了已经废除的以外，其他需要作为犯罪处罚的，可以根据行为类型进行分解。因此，时任全国人大常委会副委员长的王汉斌于1997年3月6日在第八届全国人民代表大会第五次会议上所作《关于〈中华人民共和国刑法（修订草案）〉的说明》中，论及投机倒把罪的时候指出：“刑法关于投机倒把罪的规定比较笼统，界限不太清楚，造成执行随意性”[②]。这次修改，根据社会主义市场经济发展的要求，对需要规定的犯罪行为，尽量分解做出具体规定。草案根据十几年来按具体的本质追究刑事责任的具体规定，有些已在生产、销售伪劣商品罪、破坏金融管理秩序罪中做了规定，这次修订，在扰乱市场经济秩序罪中增加了对合同诈骗、非法经营专营专卖物品、买卖进出口许可证等犯罪行为的规定。不再笼统规定投机倒把罪，这样有利于避免执行的随意性。最终，在1997年《刑法》中接替投机倒把罪的是非法经营罪。《刑法》第225条规定：“违反国家规定，有下列行为之一，扰乱市场秩序，情节严重的，处五年以下有期徒刑或者拘役，并处或者单处违法所得一倍以上五倍以下罚金；情节特别严重的，处五年以上有期徒刑，并处违法所得一倍以上五倍以下罚金或者没收财产：（一）未经许可经营法律、行政法规规定的专营、专卖物品或者其他限制买卖的物品的；（二）买卖进出口许可证、进出口原产地证明以及其他法律、行政法规规定的经营许可证或者批准文件的；（三）其他严重扰乱市场秩序的非法经营行为。”在《刑法》施行以后，1999年12月25日全国人大常委会通过的《刑法修正案》第8条对《刑法》第225条做了增补规定，将“未经国家有

① 赵秉志：《刑法修改研究综述》，263页，北京，中国人民公安大学出版社，1990。

② 王汉斌：《关于〈中华人民共和国刑法（修订草案）〉的说明》，载高铭暄、赵秉志：《中国刑法立法文献资料精选》，868～869页，北京，法律出版社，2007。

关主管部门批准，非法经营证券、期货或者保险业务的”，作为《刑法》第225条第3项，原第3项改为第4项。2009年2月28日全国人大常委会通过的《刑法修正案（七）》再次对《刑法》第225条第3项增补规定了“非法从事资金支付结算业务的”内容。在某种意义上可以说，非法经营罪是投机倒把罪的转世，它以另外一种形式延续了投机倒把罪所具有的口袋罪的功能。对此，在非法经营罪设立之初并没有意识到，而是在非法经营罪的演变过程中才逐渐呈现出来。

从1997年《刑法》第225条所列举的投机倒把行为来看，主要限于专营专卖物品、限制买卖物品和进出口证明文件和经营许可文件等，可谓相当狭窄。但问题出在第四项的兜底条款：“其他严重扰乱市场秩序的非法经营行为”，这一规定使得非法经营罪延续了投机倒把罪的口袋罪的特色。对此，我国学者指出：“在笔者看来，非法经营罪相对于投机倒把罪而言只是‘口袋径’有点缩小而已，兜底条款的存在以及内涵的不明确，仍难以克服‘口袋罪’具有的弊病。”[①] 在这种情况下，非法经营罪作为口袋罪，可以从立法和司法两个方面加以弥补。以下分别讨论。

从立法上来说，立法者可以通过立法的形式将内容填充到“其他严重扰乱市场秩序的非法经营行为”这个口袋当中。其中，较为常见的是，法律明确规定某种行为属于《刑法》第225条规定的“其他严重扰乱市场秩序的非法经营行为”。例如，1998年12月29日全国人大常委会通过了《关于惩治骗购外汇、逃汇和非法买卖外汇犯罪的决定》（以下简称《决定》）第4条规定：“在国家规定的交易场所以外非法买卖外汇，扰乱市场秩序，情节严重的，依照《刑法》第225条的规定定罪处罚。”此外，还在大量行政法规中规定，对某种行为以非法经营罪定罪处罚。

当然，随着我国行政审批制度的改革，对某些管制物品解除行政管制，因而也会在一定程度上限缩非法经营罪的范围。非法经营罪是典型的法定犯，它以违反前置性的行政法规为前提。因此，投机倒把的行为性质随着行政法规的变动而

---

① 刘树德：《“口袋罪”的司法命运：非法经营罪的罪与罚》，9页，北京，北京大学出版社，2011。

发生变动。甚至在审理过程中，行政法规的改变也会导致案件结果发生颠覆性变化。

【案例2】“于润某非法经营案”

被告人于润某，男，汉族，1966年7月14日出生，个体业主，住吉林省桦甸市胜利街东胜委八组。因涉嫌犯非法经营罪于2002年10月28日被逮捕，2003年4月24日被取保候审，2012年8月13日被逮捕，后又被取保候审。

吉林市丰满区人民检察院向丰满区人民法院依法提起公诉，指控被告人于润某的行为属于违反国家规定，未经许可经营限制买卖物品的行为，依照《中华人民共和国刑法》第225条第一项之规定，构成非法经营罪。

被告人于润某及其辩护人对起诉书指控的事实均不持异议，但辩称，《国务院关于取消第二批行政审批项目和改变一批行政审批项目管理方式的决定》（以下简称国发［2003］5号文件）下发后，黄金收购、销售行为无须获取主管部门的审批许可，于润某的行为不构成非法经营罪。

吉林市丰满区人民法院经审理查明：2000年9月15日至2002年9月15日，被告人于润某承包吉林省桦甸市老金厂金矿东沟二坑坑口，共生产黄金约23 000克。2002年9月21日，于润某自驾车辆将其承包金矿自产和收购的共46 384克黄金运往吉林省长春市。途中从桦甸市沿吉桦公路行驶至吉林市南出口（红旗）收费站时，被公安人员抓获，涉案黄金全部由吉林市公安局扣押，后出售给中国人民银行吉林市中心分行，总售价为人民币（以下币种同）3 843 054.58元，出售款上缴国库。

审理期间，公安部办公厅就现阶段如何认定非法经营黄金行为向中国人民银行办公厅发函征求意见。2003年9月19日，中国人民银行办公厅对公安部办公厅发出的《（关于对“非法经营黄金行为”现阶段如何认定的函）的复函》（银办函［2003］483号），提出三点意见：“一、中国人民银行发布的《关于调整携带黄金有关规定的通知》（银发［2002］320号）不适用于个人。二、国发［2003］5号文件后，企业、单位从事黄金收购、黄金制品生产、加工、批发、黄金供应、黄金制品零售业务无须再经中国人民银行的批准。三、《中华人民共和国金银管理条例》与国发［2003］5号文件相冲突的规定自动失效。但在国务院宣布《中华人民共和国金银管理条例》废止前，该条例的其他内容仍然有效。”参照上述复函，吉林市丰满区人民法院认为，被告人于润某在未获取黄金经营许可证的情况下大量收购、贩卖黄金的行为，构成非法经营罪；国发［2003］5号文件虽然取消黄金收购许可制度，但其他行政法规、部门规章仍对国内黄金市场秩序进行规制；《中华人民共和国金银管理条例》（以下简称《金银管理条例》）在废止前，该条例的其他条款仍然有效，而根据其他条款，对于润某的行为应当认定为非法经营。2004年4月29日，吉林市丰满区人民法院遂依照《中华人民共和国刑法》第225条第1项、第12条、第37条之规定，认定被告人于润某犯非法经营罪，但判处免予刑事处罚。

被告人于润某不服，向吉林市中级人民法院提起上诉。吉林市中级人民法院经审理认为，一审判决认定的事实清楚，证据确实、充分，但定性不准，适用法律错误。具体理由如下：（1）国发［2003］5号文件发布后，个人经营黄金的行为，不构成非法经营罪。《刑法》第225条中的“国家规定”，具体到本案，是指《金银管理条例》。《刑法》第225条第一项中的“许可”，具体到本案，是指中国人民银行批准经营黄金的专项许可。国发［2003］5号文件发布后，中国人民银行对黄金的经营许可制度被取消，《金银管理条例》关于黄金由中国人民银行统购统配的规定不再适用，单位或者个人经营黄金无须经由中国人民银行审核批准。因此，国发［2003］5号文件发布后，单位或者个人经营黄金的行为不适用《刑法》第225条的规定，不构成非法经营罪。（2）依照《刑法》第12条所确定的从旧兼从轻原则，通常情况下应当按照行为发生当时已有的法律对行为进行定性。但是，如果审判时法律发生了变化，按照变化后新的法律，不认为是犯罪或者处刑较轻的，应当适用新的法律。上诉人于润某经营黄金的行为发生在2002年8至9月间，即国发［2003］5号文件发布前，按照当时的法律，构成非法经营罪。然而，在一审法院审理期间，发布了国发［2003］5号文件，取消了中国人民银行关于黄金经营许可的规定。按照现行规定，其经营对象不属于“未经许可经营法律、行政法规规定的专营、专卖物品或者其他限制买卖的物品”，不构

成非法经营罪。依照《中华人民共和国刑事诉讼法》（1996年）第189条第2项、第162条第2项，《刑法》第12条及《最高人民法院关于执行〈中华人民共和国刑事诉讼法〉若干问题的解释》第176条第3项之规定，吉林市中级人民法院撤销吉林市丰满区人民法院（2003）丰刑初字第218号刑事判决，改判上诉人于润某无罪。

于润某非法经营案就是在刑事审理过程中，随着对黄金的行政审批制度的取消而导致法院判决无罪的案例。本案的裁判理由指出："本案上诉人于润某收售黄金的行为发生在2002年8月至9月间，即国务院国发［2003］5号文件发布前，按照当时的法律，构成非法经营罪。但在一审法院审理时，发布了国发［2003］5号文件，取消了中国人民银行关于黄金管理的收售许可审批，导致《刑法》第225条第（一）项所依据的行政法规——《金银管理条例》发生了变化。由于关于黄金管理的行政法规发生了重大变化，按照新的法规，个人收购、买卖黄金的行为不存在违反国家规定或未经许可经律、行政法规规定的专营、专卖物品的性质。也就是说，如果国发［2003］5号文件发布后，个人收购、买卖黄金的行为，不认为构成非法经营罪，那么该文件下发前，个人收购、买卖黄金的行为，在现在审理时，也不应按犯罪处理。这就是从旧兼从轻原则在本案中的适用。依此原则，于润某无罪。"①

违反行政许可与非法经营罪的关系，这也是一个在认定非法经营罪的时候，需要正确处理的问题。就两者关系而言，非法经营罪立法在前，而《行政许可法》立法在后。《行政许可法》的立法精神是规范和限制行政机关的行政许可活动和范围。但即使如此，我国行政许可范围还是相当宽泛的。如果将违反行政许可的行为都视为非法经营行为，则非法经营罪的行为类型将达到数十种，甚至上百种之多。例如，2015年《食品安全法》第35条规定："国家对食品生产经营实行许可制度。从事食品生产、食品销售、餐饮服务，应当依法取得许可。"该

① 陈兴良、张军、胡云腾：《人民法院刑事指导案例裁判要旨通纂》，2版，480页，北京，北京大学出版社，2018。

法第122条对未取得食品生产经营许可从事食品生产经营活动的，规定行政处罚。但并没有明确规定依照《刑法》第225条的规定，按照非法经营罪追究刑事责任。在这种情况下，当然不能认为只要违反行政许可就属于非法经营罪的违反国家规定，达到情节严重的就以非法经营罪论处。只有那些不仅违反行政许可，而且法律或者行政法规明确规定以非法经营罪追究刑事责任的，才能按照非法经营罪定罪处罚。

从司法角度来说，对于“其他严重扰乱市场秩序的非法经营行为”，主要采用司法解释的方式加以填补。在我国司法解释中，解释为非法经营罪行为的范围也是较为宽泛的。包括非法经营出版物、非法经营电信业务、在生产、销售的饲料中添加盐酸克伦特罗等禁止在饲料和动物饮用水中使用的药物，或者销售明知是添加有该类药品的饲料，情节严重的、非法经营互联网业务、非法经营彩票、非法经营非上市公司股票、违反国家规定，使用销售点终端机具（POS机）等方法，以虚构交易、虚开价格、现金退货等方式向信用卡持卡人直接支付现金、擅自发行基金份额募集资金、非法生产、销售非食品原料、非法生产、销售农药、兽药，饲料、饲料添加剂，或者饲料原料、饲料添加剂原料、非法从事生猪屠宰、销售等经营活动、非法生产、销售赌博机或者其专用软件、非法生产、销售伪基站设备。[①] 由此可见，这些司法解释规定的其他非法经营行为已经数量众多。如果加上法律、行政法规所规定的依照非法经营罪定罪处罚的行为，则非法经营罪已经相当于数十个，甚至上百个罪名了。其口袋之大，令人惊叹。

我国司法解释对于其他非法经营行为的解释，其实已经是在从事某种立法活动，不断将社会生活中刑法所没有规定的违法行为增补为犯罪，而非法经营罪的兜底条款只不过是这种立法的一种根据。换言之，非法经营罪的兜底条款不是具体行为入罪的根据，而是司法解释对刑法所没有规定的违法经营活动设置为犯罪的一种根据。例如，2013年9月10日最高人民法院、最高人民检察院《关于办理利用信息网络实施诽谤等刑事案件适用法律若干问题的解释》（以下简称《解

① 参见陈兴良：《规范刑法学》下册，4版，762页，北京，中国人民大学出版社，2017。

释》）第 7 条规定："违反国家规定，以营利为目的，通过信息网络有偿提供删除信息服务，或者明知是虚假信息，通过信息网络有偿提供发布信息等服务，扰乱市场秩序，具有下列情形之一的：（一）个人非法经营数额在 5 万元以上，或者违法所得数额在 2 万元以上的；（二）单位非法经营数额在 15 万元以上，或者违法所得数额在 5 万元以上的。实施前款规定的行为，数额达到前款规定的数额 5 倍以上的，应当认定为《刑法》第 225 条规定的'情节特别严重'。"《解释》这一规定实际上是将当前社会中存在的有偿删帖和有偿发帖的行为认定为非法经营行为。这种行为确实会扰乱网络秩序，属于法律应当禁止的行为，但它和非法经营罪中非法经营专营专卖物品和特许经营物品等行为还是存在性质上的差异，根据同类解释原则，难以归为同一类行为。此种解释，实际上是在解释的名义下进行立法活动。

应当指出，之所以出现这样的问题，是和《刑法》第 225 条第 4 项规定本身有关的。如前所述，《刑法》第 225 条第 4 项规定属于兜底条款，这种兜底条款也称为空白规定。而从构成要件角度分析，又可以称为堵截构成要件。堵截构成要件是刑法的概念，源自德语"Auffangtatbestand"或"Aufgreiftatbestand"，本意是为堵截刑法规范列举、描述无法充类至尽而在刑法中予以概括规定。该构成要件具有堵塞犯罪人逃漏法网的功能[①]，是立法上对未尽事宜所进行的技术性处理，表现为概括性的字眼或者泛化的文义，允许在较大范围内进行解释。非法经营罪的堵截构成要件涵盖了不同的兜底性特征，具有复杂性和更强大的堵漏功能。[②] 其实，根据《刑法》第 225 条，这种所谓堵截的构成要件不仅存在于第四项其他非法经营行为，而且存在于第 1 项和第 2 项。第 1 项规定的非法经营特殊物品行为中就包含了"其他性质买卖的物品"；第 2 项规定的买卖特殊文件行为中就包含了"其他法律、行政法规规定的经营许可证或者批准文件"。这种以"其他……"形式出现的规定，是对前述未尽事宜的一种兜底式规定方式，以弥

① 参见储槐植：《刑事一体化论要》，63 页，北京，北京大学出版社，2007。

② 参见王安异：《非法经营罪适用问题研究》，94 页，北京，中国法制出版社，2017。

补列举规定之不足。这种堵截构成要件，实际上授权法官根据具体案件对法律空白规定进行补充。而且，由于它是以前面所列举的事项为参照的，因此在解释的时候应当遵循同类解释原则。但《刑法》第225条第4项的“其他严重扰乱市场秩序的非法经营行为”，其法律空白范围远远大于第1项和第2项。如果说，第1项和第2项只是法律的局部空白，那么，第4项就是法律的全部空白，只剩下“非法经营”这个法律框架，而其对行为的限制功能又极为有限。在这种情况下，第4项规定就成为司法解释创制犯罪行为的法源根据。

这里需要指出的是，即使是在依照法律、行政法规，对其他非法经营行为认定为犯罪的时候，也并不是只要有规定就一概入罪，而不考虑其行为是否具有严重扰乱市场经济秩序的性质。“王力某非法经营案”从有罪到无罪的再审结果就是一个具有示范效应的指导案例。

【案例3】“王力某非法经营案”

内蒙古自治区巴彦淖尔市临河区人民检察院指控被告人王力某犯非法经营罪一案，内蒙古自治区巴彦淖尔市临河区人民法院经审理认为，2014年11月至2015年1月期间，被告人王力某未办理粮食收购许可证，未经工商行政管理机关核准登记并颁发营业执照，擅自在临河区白脑包镇附近村组无证照违法收购玉米，将所收购的玉米卖给巴彦淖尔市粮油公司杭锦后旗蛮会分库，非法经营数额为218 288.6元，非法获利6 000元。案发后，被告人王力某主动退缴非法获利6 000元。2015年3月27日，被告人王力某主动到巴彦淖尔市临河区公安局经侦大队投案自首。原审法院认为，被告人王力某违反国家法律和行政法规规定，未经粮食主管部门许可及工商行政管理机关核准登记并颁发营业执照，非法收购玉米，非法经营数额为218 288.6元，数额较大，其行为构成非法经营罪。鉴于被告人王力某案发后主动到公安机关投案自首，主动退缴全部违法所得，有悔罪表现，对其适用缓刑确实不致再危害社会，决定对被告人王力某依法从轻处罚并适用缓刑。宣判后，王力某未上诉，检察机关未抗诉，判决发生法律效力。

最高人民法院于2016年12月16日作出（2016）最高法刑监6号再审决定，指令内蒙古自治区巴彦淖尔市中级人民法院对本案进行再审。

再审中，原审被告人王力某及检辩双方对原审判决认定的事实无异议，再审查明的事实与原审判决认定的事实一致。内蒙古自治区巴彦淖尔市人民检察院提出了原审被告人王力某的行为虽具有行政违法性，但不具有与《刑法》第225条规定的非法经营行为相当的社会危害性和刑事处罚必要性，不构成非法经营罪，建议再审依法改判。原审被告人王力某在庭审中对原审认定的事实及证据无异议，但认为其行为不构成非法经营罪。辩护人提出了原审被告人王力某无证收购玉米的行为，不具有社会危害性、刑事违法性和应受惩罚性，不符合刑法规定的非法经营罪的构成要件，也不符合刑法谦抑性原则，应宣告原审被告人王力某无罪。

内蒙古自治区巴彦淖尔市临河区人民法院于2016年4月15日做出（2016）内0802刑初54号刑事判决，认定被告人王力某犯非法经营罪，判处有期徒刑1年，缓刑2年，并处罚金人民币2万元；被告人王力某退缴的非法获利款人民币6 000元，由侦查机关上缴国库。最高人民法院于2016年12月16日作出（2016）最高法刑监6号再审决定，指令内蒙古自治区巴彦淖尔市中级人民法院对本案进行再审。内蒙古自治区巴彦淖尔市中级人民法院于2017年2月14日作出（2017）内08刑再1号刑事判决：（1）撤销内蒙古自治区巴彦淖尔市临河区人民法院（2016）内0802刑初54号刑事判决；（2）原审被告人王力某无罪。

内蒙古自治区巴彦淖尔市中级人民法院再审认为，原判决认定的原审被告人王力某于2014年11月至2015年1月期间，没有办理粮食收购许可证及工商营业执照买卖玉米的事实清楚，其行为违反了当时的国家粮食流通管理有关规定，但尚未达到严重扰乱市场秩序的危害程度，不具备与《刑法》第225条规定的非法经营罪相当的社会危害性、刑事违法性和刑事处罚必要性，不构成非法经营罪。原审判决认定王力某构成非法经营罪适用法律错误，检察机关提出的王力某无证照买卖玉米的行为不构成非法经营罪的意见成立，原审被告人王力某及其辩护人提出的王力某的行为不构成犯罪的意见成立。

王力某非法经营案是最高人民法院公布的第97号指导案例。该案的裁判要点是以下两点：（1）对于《刑法》第225条第4项规定的“其他严重扰乱市场秩

序的非法经营行为”的适用，应当根据相关行为是否具有与《刑法》第225条前三项规定的非法经营行为相当的社会危害性、刑事违法性和刑事处罚必要性进行判断。(2) 判断违反行政管理有关规定的经营行为是否构成非法经营罪，应当考虑该经营行为是否属于严重扰乱市场秩序。对于虽然违反行政管理有关规定，但尚未严重扰乱市场秩序的经营行为，不应当认定为非法经营罪。

在本案中，王力某的行为表现为没有办理粮食收购许可而非法收购粮食。根据2016年修订的《粮食流通管理条例》第9条规定：“依照《中华人民共和国公司登记管理条例》等规定办理登记的经营者，取得粮食收购资格后，方可从事粮食收购活动。”第40条规定：“未经粮食管理部门许可擅自从事粮食收购活动的，由粮食行政管理部门没收非法收购的粮食；情节严重的，并处非法收购粮食价值1倍以上5倍以下的罚款；构成犯罪的，依法追究刑事责任。”这里的“构成犯罪”，并没有明确规定是构成《刑法》第225条第4项的非法经营罪。在这种情况下，能否直接认定王力某无证收购粮食的行为应当以非法经营罪追究刑事责任，这是一个值得探讨的问题。应当指出，《粮食流通管理条例》属于行政法规。根据我国宪法和《立法法》的规定，行政法规不能进行刑事立法，即无权设立罪名。这里的无权设立罪名，当然包括无权将某种行为规定一个新罪名。那么，是否有权将某种行为规定按照刑法已经规定的犯罪论处呢？我认为，这其实也是一种变相设立罪名。严格按照罪刑法定原则是不允许的。但问题在于：我国《刑法》第225条第4项是一个兜底条款，因此，它为行政法规设立刑事规范提供了根据。值得注意的是，最高人民法院指导案例第97号的裁判要旨在对于这个问题没有深入论述的情况下，直接认定王力某无证经营粮食的行为符合非法经营罪的构成要件。在这个前提下，认为在王力某非法经营案中，原审法院没有对王力某的行为是否严重扰乱市场秩序进行实质判断就予以入罪。这个指导案例确立了在构成要件认定中，不仅要对行为是否符合构成要件进行形式判断，而且应当在具备构成要件的基础上进行是否具有法益侵害性的实质判断。这个裁判要旨对于犯罪认定当然具有重要指导意义，这是值得肯定的。

除了司法解释对《刑法》第225条第4项的填补以外，地方各级人民法院在

个案判决中能否直接援引该项规定作为非法经营罪的定罪根据，这是一个值得研究的问题。在1997年《刑法》颁布以后的相当长的时间内，地方各级人民法院都在个案判决中直接适用《刑法》第225条第4项，因而非法经营罪的口袋被无限制地扩张，各种违反经营行为，例如，非法建设小产权房、非法组织劳务输出、非法分装农药等，都被认定为其他非法经营罪。在这种情况下，非法经营罪大有成为经济犯罪的兜底罪名之趋势。为此，最高人民法院于2011年4月8日发布《关于准确理解和适用刑法中"国家规定"的有关问题的通知》（以下简称《通知》），该《通知》第3条明确规定："各级人民法院审理非法经营犯罪案件，要依法严格把握《刑法》第225条第（4）项的适用范围。对被告人的行为是否属于《刑法》第225条第（4）项规定的'其他严重扰乱市场秩序的非法经营行为'，有关司法解释未做明确规定的，应当作为法律适用问题，逐级向最高人民法院请示。"应该说，《通知》的这一规定对于限制《刑法》第225条第4项的适用范围，起到了积极作用。当然，随之而来的问题是：在第4项适用减少的情况下，开始向第1项规定挤压。因为第1项的"其他限制买卖物品"也具有口袋的性质，存在较大的扩充空间。此外，通过对司法实践的牵强解释而认定非法经营罪的现象，在某些个案中体现得十分明显。例如，在网络上存在刷单炒信行为，即通过刷单，虚构交易，使商家虚增交易量，由此获得交易信用，这种行为具有不正当竞争性质。行为人通过组织他人进行刷单炒信，谋取非法利益。对于这种组织刷单炒信行为，有些法院认定为非法经营罪。[①] 在这种情况下，作为口袋罪的非法经营罪成为在刑法没有明文规定时，对经营性的违法行为入罪的不二法宝。

结语

投机倒把罪从事实上和政策上的犯罪到刑法中的犯罪，经过了漫长的时间，

① 参见佚名：《刷单炒信第一案：法官详解为何定性为非法经营罪》，载《法制日报》，2017－06－21。

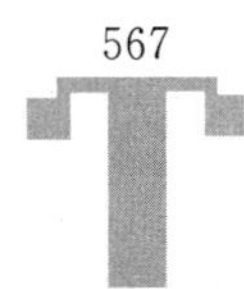

它反映了社会治理方式从政策向法律的转变，同时也再现了严格的计划经济体制下的犯罪现象。在1979年《刑法》规定投机倒把罪不久，我国进入了从计划经济经由有计划的商品经济，最后发展为市场经济的经济改革过程，投机倒把罪也随之而演变为非法经营罪。但从1979年《刑法》中的投机倒把罪到1997年《刑法》中的非法经营罪，口袋罪的特征一脉相承。投机倒把罪虽然只是我国刑法中一个微不足道的罪名，它却伴随着我国经济体制的改革与发展，成为我国刑法70年历史的一个缩影。

（本文原载《现代法学》，2019（4））

违反行政许可构成非法经营罪问题研究

——以郭嵘分装农药案为例

非法经营罪属于行政犯，具有违反行政许可的行政违法性。然而，是否违反行政许可的行为一概构成非法经营罪，是一个值得研究的问题。尤其是我国《刑法》第 225 条第 4 项规定的“其他严重扰乱市场秩序的非法经营行为”属于兜底条款，如果不能正确理解违反行政许可的性质而将违反行政许可的行为都认定为非法经营行为，则极易使上述非法经营罪的兜底条款丧失限定功能，从而不适当地扩张非法经营罪的构成范围。笔者于本文中拟结合郭嵘分装农药案，以违反行政许可为视角，对非法经营罪的司法认定问题进行探讨。

一、《行政许可法》视野中的非法经营罪

2003 年 8 月 27 日我国《行政许可法》颁布，其于 2004 年 7 月 1 日施行。该法第 2 条规定：“本法所称行政许可，是指行政机关根据公民、法人或者其他组织的申请，经依法审查，准予其从事特定活动的行为。”对于公民的行为，在法治国家通行的是法无明文即可为的原则。只有法律明文禁止的行为，公民才不可为。反之，如果法律没有明文禁止的行为，公民都是可为的。因此，法

律对公民设定禁止范围，该禁止范围之外，则属于公民自由的范围。在禁止与自由之间，还有一个领域，这就是行政许可的领域。该领域的特点是：法律并非禁止，但也非公民任意可为，只有经过行政机关的许可，公民才可为。这种意义上的自由，是设定条件的自由，如果不具备这种条件，则会受到法律取缔或者制裁。这就是行政许可的领域，法律设定行政许可是为了更好地引导公民的行为。

值得注意的是，非法经营罪是1997年我国《刑法》规定的，我国《行政许可法》则是2003年颁布的。这里涉及非法经营罪与我国《行政许可法》之间的衔接问题。在1997年我国《刑法》修订时，对经营活动的行政管理主要采取的仍是行政审批的方法。这里的行政审批是指行政机关（包括有行政审批权的其他组织）根据自然人、法人或者其他组织提出的申请，经过依法审查，采取“批准”“同意”“年检”发放证照等方式，准予其从事特定活动、认可其资格资质、确认特定民事关系或者特定民事权利能力和行为能力的行为。我国学者对计划经济时代以“行政审批”为核心的行政管理体制做了以下描述：“为了实现对市场的控制，计划经济时代的许可以‘审批’为核心，即便是一般的许可证发放，可能都需要经由内部的层层请示与审批环节，最终公民或企业才可以从事某种活动，加之‘票证’制、‘配额’制的存在，实际上都大大消减或者代替了行政许可可能发挥的控制市场以及资源分配的作用。”① 为了改变这种混乱状态，为市场经济的发展提供自由宽松而又有序的环境，我国对传统的行政审批制度进行了改革，大量废止行政审批事项，并通过颁布我国《行政许可法》规范行政许可。

基于以上历史背景考察，在1997年我国《刑法》中规定的非法经营罪，由于当时并没有颁布我国《行政许可法》，违反行政许可行为与非法经营罪的构成要件行为之间的关系并没有得到解决。在2004年我国《行政许可法》实施以后，该法对非法经营罪的认定究竟会带来何种影响？违反行政许可行为在什么条件下

① 应松年主编：《行政许可法教程》，53页，北京，法律出版社，2004。

可能构成非法经营罪？对我国《刑法》第225条规定的违反许可的非法经营行为应如何理解？这些问题都是值得探讨的。

我国《刑法》第225条第1项规定的非法经营行为是未经许可经营法律、行政法规规定的专营、专卖物品或者其他限制买卖的物品。在这一规定中，立法机关采用了“未经许可”的用语。那么，这里的“未经许可”是否指违反行政许可行为呢？笔者认为，《行政许可法》规定的行政许可与专营专卖法设定的垄断经营是完全不同的。专营专卖作为一种制度，是指国家以法律的形式明确规定某种商品的生产、买卖由国家设立或指定的机构运用统一的管理体系，实行独占经营，从而形成一种特殊的行政管理手段。我国依法存在的专营专卖制度主要包括食盐专营、烟草专卖。因此，专营专卖具有国家垄断经营的性质。例如，根据《食盐专营办法》第8条规定，国家实行食盐定点生产制度，非食盐定点生产企业不得生产食盐。该办法第12条规定，国家实行食盐定点批发制度。非食盐定点批发企业不得经营食盐批发业务。因此，非食盐定点生产企业生产食盐，或者非食盐定点批发企业经营食盐批发业务，就是我国《刑法》第225条第1项所规定的“未经许可经营法律、法规规定的专营专卖物品”。这里的未经许可之许可并不是我国《行政许可法》所规定的许可，而是指未经法律授权。违反这个意义上的许可，就是违反国家法律的禁止性规定，具有违法性。除了违反专营专卖法以外的违反行政许可的经营行为不能归入我国《刑法》第225条第1项的规定，以此认定为非法经营罪。同样地，我国《刑法》第225条第1项规定的“限制买卖的物品”，是指法律禁止买卖的物品，违反规定买卖该物品，同样是违反国家法律的禁止性规定，具有违法性，而我国《行政许可法》规定的许可，无论是特许还是一般许可，都是对本来就有权实施的行为设定一定的条件，因此违反这种行政许可，还不能认定为是违反国家法律的禁止性规定。由此可见，违反行政许可与违反专营专卖的许可，两者的性质并不相同，在法律上不能等同视之。正如我国学者指出：“特许经营是作为特许人的政府对经营者的授权经营，由法律法规直接授予国有企业的专营或垄断经营不属于特许经营。虽然这些国有垄断企业也必须申领诸如《烟草专卖许可证》《食盐批发许可证》等行政许可证件，但这

些许可证是国家对这些行业实施垄断经营的管制措施而非特许权证。”[①] 因此，我国《刑法》第225条第1项虽然出现了“未经许可”的用语，而这并不是指违反行政许可而是指侵犯专营专卖的垄断经营权。

我国《刑法》第225条第2项规定的非法经营行为是买卖进出口许可证、进出口原产地证明以及其他法律、行政法规规定的经营许可证或者批准文件。这里涉及的是买卖证明文件的非法经营行为，其中包括了有关许可证。虽然1997年我国《刑法》规定非法经营罪时，我国《行政许可法》尚未颁布，但这并不意味着当时我国现实生活中不存在实际的行政许可活动。因此，在我国《行政许可法》颁布以后，上述证明文件可以理解为行政许可的证明文件，可以直接与我国《行政许可法》衔接，对此并无争议。

我国《刑法》第225条第3项规定的非法经营行为是未经国家有关主管部门批准，非法经营证券、期货或者保险业务的，或者非法从事资金结算业务。在1997年我国《刑法》中并不存在这一非法经营行为，它是1997年我国《刑法》生效以后逐渐增加的，而1999年《刑法修正案》正式将其纳入我国《刑法》第225条，成为单独一个条款。这些非法经营行为，我国学者称为非法经营业务行为，以此区别于该条第1项的非法经营特殊物品行为。[②] 这些特殊业务都是国家垄断经营的业务，其他经济经营主体不得进入，因此，违反许可从事这些特殊业务，具有违反国家禁止性规定的性质，具有违法性。值得注意的是，我国刑法规定了擅自设立金融机构罪。根据我国《刑法》第174条的规定，擅自设立金融机构罪是指未经国家有关主管部门批准，擅自设立金融机构的行为。该罪的主要特征就是未取得金融经营许可证，非法设立金融机构，从事金融活动。在司法实践中，非法设立金融机构一般表现为两种情形：一是没有向有权批准的中国人民银行等国家有关主管部门依法进行设立申请；二是虽然提交了申请材料，但有关主管部门经审查认为不符合条件而未予批准，没有颁发金融业务许可证。应该说，

① 王克稳：《行政许可中特许权的物权属性与制度建构研究》，149页，北京，法律出版社，2015。

② 参见王安异：《非法经营罪适用问题研究》，289页，北京，中国法制出版社，2017。

擅自设立金融机构罪的行为并不限于设立金融机构，而是还包括未经许可从事金融业务。因此，擅自设立金融机构实际上也是一种非法经营金融业务的行为，它与非法经营罪之间存在法条竞合关系。由于我国《刑法》第174条属于特别规定，根据特别法优于普通法的原则，对于该行为应以擅自设立金融机构罪论处。

我国《刑法》第225条第4项规定的是“其他严重扰乱市场秩序的非法经营行为”。这是一个兜底式条款，也是在非法经营罪中争议最大的问题。根据同类解释原则，这里的“其他严重扰乱市场秩序的非法经营行为”应当是与前三种非法经营行为性质相当的，但在司法实践中往往做更为宽泛的解释，因而极大地扩张了非法经营罪的范围。在我国《行政许可法》颁布以后，涉及的一个问题是：能否直接将违反国家法律、行政法规规定的行政许可行为都纳入这里的“其他非法经营行为”，只要具备了严重扰乱市场秩序的程度，就一概认定为非法经营罪呢？事实上，在我国司法实践中，对此往往做出肯定的回答。对此，应当从刑法理论上进行探讨，这也是笔者于本文中聚焦的重点。

二、违反行政许可行为构成非法经营罪的个案评析

如何认定违反行政许可的行为呢？这看似是一个行政违法的判断问题，但与刑法中的非法经营罪的认定具有十分密切的关联性。笔者于本文中以郭嵘非法经营案为例[①]，结合相关行政管理法规，对违反行政许可行为能否构成非法经营罪进行分析。

江苏省如皋市人民法院认定了以下事实：被告人郭嵘于2003年至2005年1月，明知其经营的南通三联科技发展公司（以下简称“三联公司”）已被工商行政管理机关注销，却以三联公司的名义购进农药。在未另行向国务院工业产品许可管理部门申请农药生产许可证的情况下，擅自以小改大或以大改小方式分装农

① 该案的案情参见江苏省如皋市人民法院（2005）皋刑初字第0269号刑事判决书，载http：//www.66law.cn/lawwrit/6512.aspx，2018年3月18日访问。

药阿米西达（嘧菌酯）等，分别向上海旗忠高尔夫俱乐部有限公司、广州麓湖高尔夫乡村俱乐部、深圳观澜湖高尔夫球会有限公司、东莞观澜湖球会有限公司、富阳春山居休闲事业有限公司等单位销售，销售金额计人民币 708 585 元。对此，法院认为，根据《农药管理条例》的规定，生产（包括分装）农药应当向国务院工业产品许可管理部门申请农药生产许可证。被告人郭嵘违反国家规定，未经许可，以南通三联科技发展公司的名义分装农药进行销售，扰乱市场秩序，情节严重，其行为已触犯刑律，构成非法经营罪。据此，如皋市人民法院判决：被告人郭嵘犯非法经营罪，判处有期徒刑 6 个月，并处罚金人民币 10 万元。根据以上判决，被告人郭嵘的行为之所以构成非法经营罪，原因就在于其未经许可擅自分装农药。因此，相关农药管理法规对于该案的定性具有重要意义，由此也充分体现了非法经营罪作为行政犯的违法性特征。为此，应当结合农药管理法规对被告人郭嵘的行为进行深入分析。

郭嵘非法经营案的案件事实发生在 2003 年至 2005 年，该时段正好是我国《行政许可法》颁布实施前后，该案一审判决的时间是 2005 年 12 月 16 日，已在我国《行政许可法》生效之后。郭嵘非法经营行为既具有违反行政许可构成非法经营罪的一般特征，也因为涉案的非法经营行为是擅自分装农药，擅自分装农药与违反许可生产农药之间存在一定的差异，又具有违反行政许可构成非法经营罪的特殊性，值得进行深入讨论，由此还原违反行政许可构成非法经营罪的司法逻辑。

法院认定被告人郭嵘构成非法经营罪的逻辑是以下三段论演绎。

第一，《农药管理条例》第 6 条第 2 款规定："生产（包括原药生产、制剂加工和分装，下同）农药和进口农药，必须进行登记。"[①] 因此，被告人郭嵘擅自分装农药的行为属于农药生产。

---

① 需要指出的是，国务院于 2017 年 4 月 1 日对《农药管理条例》进行了修改，在修改后的《农药管理条例》中删除了该规定。修订后的《农药管理条例》第 19 条规定："委托加工、分装农药的，委托人应当取得相应的农药登记证，受托人应当取得农药生产许可证"。笔者于本文中所引用的是该案审判时有效的、修改前的《农药管理条例》。

第二，《农药管理条例》第13条第5项规定：“开办农药生产企业（包括联营、设立分厂和非农药生产企业设立农药生产车间），应当具备下列条件，并经企业所在地的省、自治区、直辖市工业产品许可管理部门审核同意后，报国务院工业产品许可管理部门批准；但是，法律、行政法规对企业设立的条件和审核或者批准机关另有规定的，从其规定。”由此可见，生产农药需要经过许可。被告人郭嵘擅自分装农药的行为既然是生产农药，则属于未经过许可非法生产农药。

第三，《农药管理条例》第40条规定：“有下列行为之一的，依照刑法关于非法经营罪或者危险物品肇事罪的规定，依法追究刑事责任；尚不够刑事处罚的，由农业行政主管部门按照以下规定给予处罚：（一）未取得农药登记证或者农药临时登记证，擅自生产、经营农药的，或者生产、经营已撤销登记的农药的，责令停止生产、经营，没收违法所得，并处违法所得1倍以上10倍以下的罚款；没有违法所得的，并处10万元以下的罚款。……”因此，被告人郭嵘擅自分装农药的行为构成非法经营罪。

该案被告人郭嵘能否被认定为犯非法经营罪，涉及三个问题：一是如何认定“违反国家规定”，二是如何认定“其他限制买卖物品”，三是如何认定“其他严重扰乱市场秩序的非法经营行为”。

非法经营罪属于行政犯，其是以违反国家规定为构成犯罪的逻辑前提的。从我国《刑法》第225条的规定来看，在该条的总括性规定中，明确地规定了：“违反国家规定，有下列非法经营行为之一，扰乱市场秩序，情节严重的，处五年以下有期徒刑或者拘役……”在此，对非法经营罪的规定，除了该条所列举的非法经营行为以外，还规定要求具有三个要件：违反国家规定，扰乱市场秩序，情节严重。应该指出，以上三个都是必须进行实体性认定的构成要件，尤其是违反国家规定，必须要援引其所违反国家规定的具体条款，以此作为认定经营行为的违法性的规范根据。因为非法经营罪的行为是经营行为，如果没有违反国家规定，这种经营行为就是法律允许的，不得认定为犯罪。此类行为，只有在法律具有禁止性的明文规定的情况下，才能予以禁止并进而成为非法的经营行为。

应该指出，我国《刑法》第225条总括性规定中的“违反国家规定”，在以

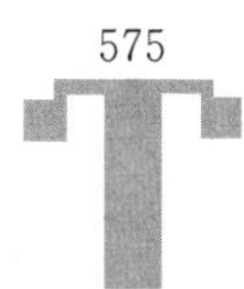

下列举的四项非法经营行为中的表现形态是有所不同的。第一项是“未经许可经营法律、行政法规规定的专营、专卖物品或者其他限制买卖的物品的”。在此项规定中，对于非法经营专营、专卖物品来说，违反国家规定表现为违反专营、专卖法的规定。在我国，只有我国《烟草专卖法》等为数极少的专营、专卖法，因此，这里的违反国家规定相对来说是容易认定的，在司法实践中也不存在疑难问题。另外，对于经营其他限制买卖物品来说，只有法律对某些物品具有限制买卖的明文规定，才能认定为违反国家规定。在没有国家法律明文规定的情况下，并不能仅仅根据违反行政许可，就认定为违反国家规定。第二项是“买卖进出口许可证、进出口原产地证明以及其他法律、行政法规规定的经营许可证或者批准文件的”。在此项规定中，违反国家规定表现为买卖违反法律、行政法规规定的四种文件，即出口许可证、进出口原产地证明、经营许可证或者批准文件。如果这四种文件不是法律、行政法规规定的，而是国务院部门规章或者地方性法规规定的，则这类买卖行为不具备违反国家规定的性质，不能认定为非法经营罪。不过，因为这种文件属于国家公文，买卖行为可以构成我国《刑法》第 280 条规定的买卖国家机关公文罪。第三项是“未经国家有关主管部门批准非法经营证券、期货、保险业务的，或者非法从事资金支付结算业务的”。此项规定中的违反国家规定表现为未经国家有关主管部门批准而经营证券、期货、保险业务、资金支付结算业务。这些业务，根据相关法律的规定，需要经过国家有关主管部门批准才能经营，因此，如果未经批准而经营的，就是违反国家规定。第四项是“其他严重扰乱市场秩序的非法经营行为”，虽然在条文的表述上没有出现违反国家规定的字样，但该条文中的“非法经营行为”中的“非法”，就是指违反国家规定，因此，符合我国《刑法》第 225 条第 4 项的非法经营罪，同样必须具备违反国家规定的要件。

对于如何理解我国《刑法》第 225 条规定的“违反国家规定”中的“国家规定”，2011 年 4 月 8 日最高人民法院曾经发布《关于准确理解和适用刑法中“国家规定”的有关问题的通知》（以下简称《通知》）作了专门规定。《通知》第 1 点指出：“根据《刑法》第九十六条的规定，刑法中的国家规定是指，全国人民

代表大会及其常务委员会制定的法律和决定，国务院制定的行政法规、规定的行政措施、发布的决定和命令。其中，'国务院规定的行政措施'应当由国务院决定，通常以行政法规或者国务院制发文件的形式加以规定。以国务院办公厅名义制发的文件，符合以下条件的，亦应视为刑法中的'国家规定'：（1）有明确的法律依据或者同相关行政法规不相抵触；（2）经国务院常务会议讨论通过或者经国务院批准；（3）在国务院公报上公开发布。"《通知》第2点指出："各级人民法院在刑事审判工作中，对有关案件所涉及的'违反国家规定'的认定，要依照相关法律、行政法规及司法解释的规定准确把握。对于规定不明确的，要按照本通知的要求审慎认定。对于违反地方性法规、部门规章的行为，不得认定为'违反国家规定'。对被告人的行为是否'违反国家规定'存在争议的，应当作为法律适用问题，逐级向最高人民法院请示。"

应该说，该案的事实是清楚的，被告人郭嵘在未取得农药分装临时登记证的情况下，以销售为目的，对从正规农药厂家购进的合格农药产品擅自进行分装（以下简称"擅自分装农药"）。对于农药生产，《农药管理条例》第17条规定，国家实行农药生产许可制度。因此，未经许可生产农药，属于行政违法行为，并且规定了处罚措施。然而，对于分装农药，虽然《农药管理条例》规定属于农药生产，但并没有具体规定行政处罚。农业部《农药管理条例实施办法》第10条规定："生产者分装农药应当申请办理农药分装登记，分装农药的原包装农药必须是在我国已经登记过的。农药分装登记的申请，应当经农药生产者所在地省级农业行政主管部门所属的农药检定机构初审后，向农业部农药检定所提出。经审查批准后，由农业部发给农药临时登记证，登记证有效期为一年，可随原包装厂家产品登记有效期续展。"① 因此，被告人郭嵘擅自分装农药的行为违反上述行政规章的规定。《农药管理条例实施办法》第36条规定："对未取得农药临时登记证而擅自分装农药的，由农业行政主管部门责令停止分装生产，没收违法所

① 这是2017年修改前的《农药管理条例》的实施细则，修订以后的《农药管理条例》尚未出台实施细则。

得，并处违法所得1倍以上5倍以下的罚款；没有违法所得的，并处5万元以下的罚款。”据此，对于被告人郭嵘擅自分装农药的行为，无论分装农药的数量多少、农药价值的数额多少，都应当依照上述规定进行处罚。

然而，行政违法不等同于犯罪，尤其是在行政犯的情况下，应当严格区分行政违法与刑事犯罪的界限。被告人郭嵘擅自分装农药的行为是否构成非法经营罪，并不是根据行政法规甚至行政规章的规定，而必须严格依照我国《刑法》第225条的规定。检视我国《刑法》第225条的规定，并参照行政法规和部门规章的规定，对擅自分装农药行为能否以非法经营罪论处，就是一个值得研究的问题。

第一，分装农药在行政法规中被拟制为生产农药，但在刑法中不能将农药分装行为等同于农药生产行为，并以此定罪。不可否认，《农药管理条例》第6条把农药的分装界定为属于农药生产，并按照农药生产进行管理，农药分装需要取得农药登记证。应该说，上述规定是一种法律拟制，即将甲事实视为乙事实，使甲事实产生与乙事实相同的法律效果。法律拟制是一种立法技术，即使在刑法中也存在这种法律拟制的立法例。例如，我国《刑法》第153条、第154条对走私普通货物、物品罪作了规定，我国《刑法》第155条又规定了以走私罪论处的两种情形：一是直接向走私人非法收购走私的货物、物品；二是在内海、领海、界河、界湖运输、收购、贩卖走私的货物、物品。这两种行为本来不是走私而是贩卖走私物品的行为，立法者考虑到这是直接向走私人购买走私物品或者在国（边）境的水域贩卖走私物品，在我国《刑法》中将这两种行为拟制为走私，以走私普通货物、物品罪论处。因为刑法有明文规定，所以对虽然在性质上不是走私但拟制为走私行为以走私普通货物、物品罪论处，并不违反罪刑法定原则。然而，在参照行政法规对甲行为定罪的时候，绝不能将行政法规拟制的乙行为直接当作甲行为入罪。否则，就是违反罪刑法定原则。因为罪刑法定原则要求在定罪的时候，严格按照法律的明文规定，而拟制规定是超出了法律规定的文字含义，只有在刑法对此作了拟制规定的情况下，才能依照拟制规定对被拟制的行为定罪；如果是行政法规的拟制规定，只在行政法规的特定范围内有效，不能以此作

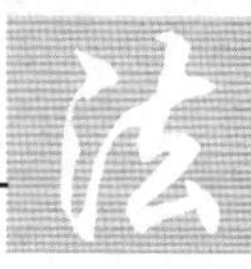

为定罪的参照根据。综上所述，就该案而言，不能简单地根据《农药管理条例》将分装农药拟制为生产农药的规定，就将被告人郭嵘擅自分装农药的行为认定为非法生产农药，并以非法经营罪定罪处罚。

第二，分装农药即使在农药管理法规中也应当加以限制解释，它只是擅自分装农药的行政违法行为，而不是非法生产农药的行政违法行为。即使是在《农药管理条例》的范围内，把农药分装规定为农药生产的拟制规定也只能适用于特定范围。农药的生产是指农药从原料到产品的整个产出过程，严格来说，农药产出以后对农药进行包装的行为已经不属于狭义上的生产。至于农药的分装，是指农药原生产者以外的其他主体对农药进行的分拆包装，它更不属于生产，而只是对农药的一种重新包装。《农药管理条例》把分装拟制规定为生产，主要是为了对农药分装进行有效管理，这是一种基于行政管理目的的规定。即使在农药的行政管理中，也不能认为所有关于农药生产的规定都包含了农药分装。值得注意的是，《农药管理条例》第 13 条第 5 项规定了未经许可非法生产农药的违法行为(以下简称“非法生产农药”)。《农药管理条例》第 40 条规定，对此行为依照刑法关于非法经营罪的规定，依法追究刑事责任。如果没有达到犯罪程度的，属于行政违法行为，《农药管理条例》第 40 条设定的行政处罚是责令停止生产、经营，没收违法所得，并处违法所得 1 倍以上 10 倍以下的罚款；没有违法所得的，并处 10 万元以下的罚款。如果认为擅自分装农药属于这里的非法生产农药，则对擅自分装农药的行为应当按照上述规定进行行政处罚，即责令停止生产、经营，没收违法所得，并处违法所得 1 倍以上 10 倍以下的罚款；没有违法所得的，并处 10 万元以下的罚款。对于农药分装行为，《农药管理条例》并未规定，《农药管理条例实施办法》第 10 条则规定生产者分装农药应当申请办理农药分装登记，并且其第 36 条又对擅自分装农药的违法行为设定了以下行政处罚：“对未取得农药临时登记证而擅自分装农药的，由农业行政主管部门责令停止分装生产，没收违法所得，并处违法所得 1 倍以上 5 倍以下的罚款；没有违法所得的，并处 5 万元以下的罚款。”按照这一规定，擅自分装农药的行为不是处以“违法所得 1 倍以上 10 倍以下的罚款；没有违法所得的，并处 10 万元以下的罚款”，而是处

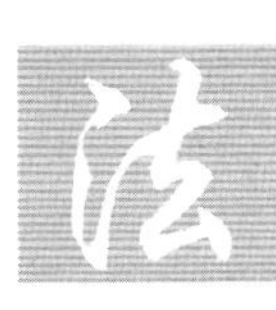

以“违法所得1倍以上5倍以下的罚款；没有违法所得的，并处5万元以下的罚款”。后者规定的处罚明显要比前者的轻。如果把擅自分装农药的行政违法行为认定为非法生产农药的行政违反行为，按照《农药管理条例》第40条的规定进行处罚，那么，《农药管理条例实施办法》第36条对擅自分装农药的违法行为的处罚规定就完全被虚置，沦为具文。只有认为《农药管理条例》第40条规定的非法生产农药不包含擅自分装农药的行为，对擅自分装农药的行为才能合乎逻辑地按照《农药管理条例实施办法》第36条的规定进行行政处罚。并且，非法生产农药的行政违法行为在性质上就要比擅自分装农药的行政违法性要重，因此，《农药管理条例实施办法》第36条对擅自分装农药的行政违法行为比照非法生产农药的行政违法行为减半处罚，是十分合理的规定。可以说，非法生产农药的行政违法行为及其行政处罚是《农药管理条例》设定的，而擅自分装农药的行政违法行为及其处罚则是《农药管理条例实施办法》设定的。其中，《农药管理条例》是国务院制定的行政法规，而《农药管理条例实施办法》是农业部制定的部门规章。在法律效力的层级上，《农药管理条例》要高于《农药管理条例实施办法》。因此，在《农药管理条例》与《农药管理条例实施办法》的规定存在矛盾和冲突的情况下，应当以层级较高的《农药管理条例》的规定为依据，而不是以层级较低的《农药管理条例实施办法》的规定为依据。这种理解当然是有道理的，但其中的问题在于：上述《农药管理条例》第40条的规定与《农药管理条例实施办法》第36条的规定之间是否存在矛盾和冲突？笔者认为，两者之间并不存在矛盾和冲突。《农药管理条例实施办法》第36条是对《农药管理条例》的补充性规定。显然，在制定《农药管理条例》的时候，立法者明确地认识到《农药管理条例》第40条关于非法生产农药并不包含擅自分装农药，否则，就没有必要规定《农药管理条例实施办法》第36条，对擅自分装农药的行政违法行为就可以直接按照《农药管理条例》第40条关于非法生产农药的规定进行处罚。对于行政法规和部门规章应当进行整体性的解读，而不能割裂各个法规之间的逻辑关系，仅仅根据部分法规的字面规定进行违反立法本意的推断。因此，被告人郭嵘未取得临时登记证分装农药的行为属于《农药管理条例实施办法》第36条规定的擅自

分装农药的行政违法行为，而不能认定为《农药管理条例》第 40 条规定的非法生产农药的行政违法行为。

第三，在该案中，无论是起诉书还是判决书都只是认定被告人郭嵘触犯我国《刑法》第 225 条，但并没有明确其触犯的是第 225 条第 1 款还是第 4 款。这为研究者的分析带来了一定的困难。由此，只能同时对被告人郭嵘的行为是否触犯我国《刑法》第 225 条第 1 款和第 4 款进行讨论。

就农药是否属于专营专卖物品而言，农药不是《刑法》第 225 条第 1 款规定的"专营专卖物品"，因此以被告人郭嵘擅自分装农药行为触犯我国《刑法》第 225 条第 1 款而构成非法经营罪，是缺乏法律根据的。值得注意的是，农药在我国曾经存在一个从专营到废除专营的制度演变过程。1988 年国务院发布了《关于化肥、农药、农膜实行专营的决定》（国发［1988］68 号），对农药实行专营制度。国务院委托商业部中国农业生产资料公司和各级供销合作社的农业生产资料经营单位对农药、化肥、农膜实行专营，其他任何部门、单位和个人一律不准经营上述商品。随后，农业部在 1999 年 7 月 13 日颁布实施的《农药管理条例实施办法》第 21 条中设立了农药经营的前置审批制度，即农药经营单位在申领营业执照前，必须经县级以上农业主管部门审查合格后，方可经营农药。然而，2002 年 7 月 27 日农业部发布的《关于修改〈农药管理条例实施办法〉的决定》已经明确删除了《农药管理条例实施办法》中的第 21 条规定，取消了农药经营审批许可制度。由此可见，目前在我国，农药生产仍然实行行政许可，但农药经营已经不再实行行政许可。[①] 在该案判决中，如皋市人民法院明确指出：公诉机关对被告人郭嵘以三联公司的名义购进农药并进行分装直接予以销售的行为亦构成非法经营罪的指控，经查，根据国务院《农药管理条例》，生产农药之前要进行登记，生产要有许可证，国家实行生产农药登记制度，但是国家并没有规定销售农药实行登记许可制度，对个人销售农药也没有禁止性规定，因此虽然认定三

① 值得注意的是，2017 年修订后的《农药管理条例》第 24 条规定，国家实行农药经营许可制度，但经营卫生用农药的除外。

联公司已被注销，但被告人郭嵘直接销售农药的行为只属于无证经营，而不是刑法意义上的非法经营，不能构成非法经营罪。据此，如皋市人民法院对公诉机关对该部分的指控不予支持。由此可见，被告人郭嵘无证销售农药的行为并不构成非法经营罪。即使分装农药行为违反行政许可，也不能将农药认定为专营专卖物品，因此，不能将分装并销售农药的行为认定为违反专营、专卖规定的非法经营行为。

被告人郭嵘是否构成非法经营罪的关键在于，农药是否属于我国《刑法》第225条第1款规定的“其他限制买卖的物品”。这里的限制买卖的物品，是指国家在一定时期实行限制性经营的物品。那么，如何理解限制买卖物品呢？我国《刑法》第225条规定的专营、专卖物品以外的其他限制买卖物品，根据刑法的同类解释原则，只能理解为国家对买卖活动实行严格管制的物品，例如民用爆炸物。《民用爆炸物管理条例》第3条的规定：“国家对民用爆炸物品的生产、销售、购买、运输和爆破作业实行许可证制度。未经许可，任何单位或者个人不得生产、销售、购买、运输民用爆炸物品，不得从事爆破作业。严禁转让、出借、转借、抵押、赠送、私藏或者非法持有民用爆炸物品。”因此，民用爆炸物属于典型的限制买卖物品。但因为民用爆炸物属于危险物品，所以违反规定非法生产、买卖的，并不是按照非法经营罪论处，而是按照有关危害公共安全的犯罪定罪处罚。因此，不能将实行经营许可制度的物品，简单地等同于限制买卖物品。[①]

关于农药是否属于限制买卖物品，不能一概而论。我国法律对农药的管理范围存在以下两种情况。第一种情况是限制买卖的农药。这就是列入国家明令禁止使用、限制使用的农药目录的农药和《农药管理条例》第18条规定（“经营的农药属于化学危险物品的，应当按照国家有关规定办理经营许可证”）的属于化学危险物品的农药。显然，该案涉案的农药不属于上述情况，因此不属于限制买卖的物品。第二种情况是普通农药。《农药管理条例》第14条规定：“国家实行农药生产许可制度。生产有国家标准或者行业标准的农药的，应当向国务院工业产

① 参见王安异：《非法经营罪适用问题研究》，263页以下，北京，中国法制出版社，2017。

品许可管理部门申请农药生产许可证。生产尚未制定国家标准、行业标准但已有企业标准的农药的，应当经省、自治区、直辖市工业产品许可管理部门审核同意后，报国务院工业产品许可管理部门批准，发给农药生产批准文件。”那么，农药生产实行许可制度，能否由此而认为农药属于限制买卖物品呢？笔者认为，实行行政许可制度才能生产、经营的物品，并不能等同于限制买卖物品。例如，2005年发布的《工业产品生产许可证管理条例》对各种食品以及其他产品实行了生产许可制度，包括乳制品、肉制品、饮料、米、面、食用油、酒类等食品，以及安全网、安全帽等劳保产品。然而，实行生产许可制度，并不意味着未经许可生产、经营上述产品就是未经许可经营限制买卖的物品，因而构成非法经营罪。

第四，擅自分装农药的行为也不属于我国《刑法》第225条第4项规定的“其他严重扰乱市场秩序的非法经营行为”。我国《刑法》第225条第4项是一个兜底条款，某种行为虽然不符合《刑法》第225条前三项的规定，但如果认定为属于该条第4项规定的“其他严重扰乱市场秩序的非法经营行为”，同样可以作为非法经营罪定罪处罚。那么，擅自分装农药的行为是否属于“其他严重扰乱市场秩序的非法经营行为”呢？笔者认为，“其他严重扰乱市场秩序的非法经营行为”构成非法经营罪，必须同时符合以下三个特征，即违反国家规定、扰乱市场经济秩序和情节严重。从该案案情考察，被告人郭嵘擅自分装农药的行为不具备以上三个特征。

首先，就违反国家规定而言，擅自分装农药行为不能认定为违反国家规定。从国家法律层面来看，《农药管理条例》只是对农药分装属于农药生产，必须进行登记做了规定，并没有将擅自分装农药行为规定为行政违法行为并设定行政处罚。将这种擅自分装农药行为规定为行政违法行为并设定行政处罚的是《农药管理条例实施办法》，而《农药管理条例实施办法》属于部门规章而不是国家法律规定。被告人郭嵘擅自分装农药的行为如果视为经营行为，也是违反上述规定的，但这是违反部门规章而不是违反国家法律规定。因此，该案被告人郭嵘擅自分装农药的行为并不具备违反国家法律规定这一特征，并且，根据《农药管理条

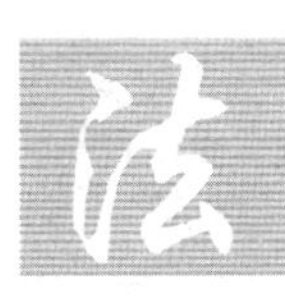

例》第6条第2款的规定，生产（包括原药生产、制剂加工和分装）农药和进口农药实行登记的许可制度。尽管《农药管理条例》第40条规定，未取得农药登记证或者农药临时登记证，擅自生产、经营农药的，或者生产、经营已撤销登记的农药的，依照刑法关于非法经营罪或者危险物品肇事罪的规定，依法追究刑事责任，但这一规定并不能成为未经许可生产农药行为以非法经营罪定罪处罚的法律根据。因为定罪处罚的法律根据只能是刑法的规定而不是行政法规的规定。行政法规在定罪活动中只能起到参照作用，而不能成为定罪的直接根据，这是罪刑法定原则的必然要求。在这个意义上说，不仅擅自分装农药行为不是未经许可经营其他限制买卖物品的非法经营行为，而且非法生产农药行为也不是未经许可经营其他限制买卖物品的非法经营的行为。

其次，就扰乱市场秩序特征而言，本案中的农药分装行为，不会出现刑法上的危险，不违反农药管理制度的目的。本案分装的农药并没有危险性。涉案农药对人体并无直接明显危害，本案中的农药分装行为，也没有对人体和环境产生危害。

再次，就情节严重而言，因为被告人郭嵘只是实施了擅自分装农药的行为，农药分装后，农药的物理和化学性状都没有发生变化，所以，擅自分装农药虽然违反行政法规，但根据该案的违法事实，不能认为达到了情节严重的程度，尤其是不能以分装农药的数量较大、农药价值较高而认定为情节严重。

最后，从现有司法解释来看，最高人民法院、最高人民检察院发布的《关于办理危害食品安全刑事案件适用法律若干问题的解释》（法释［2013］12号）第11条第2款规定："违反国家规定，生产、销售国家禁止生产、销售、使用的农药、兽药、饲料、饲料添加剂，或者饲料原料、饲料添加剂原料，情节严重的，依前款规定定罪处罚。"根据上述司法解释的规定，只有生产、销售国家禁止生产、销售、使用的农药，情节严重的，才能按照《刑法》第225条的规定以非法经营罪定罪处罚，并且，该司法解释对非法生产农药以及该案中擅自分装农药的违法行为并未规定以非法经营罪定罪处罚。因此，未经请示最高人民法院，不得套用该兜底条款而将该案擅自分装农业的行为认定为"其他严重扰乱市场秩序的

非法经营行为”。

被告人郭嵘在没有取得许可的情况下从事农药分装活动，是一种擅自分装农药的行政违法行为。但该案中的涉案农药质量合格，并非禁限用农药，更不是危险化学物品，而且整个分装过程没有造成任何危害。因此，该案缺乏作为犯罪处理的法理基础。同时，在市场经济条件下，非法经营罪的使用应当保持谦抑性，不能过度宽泛适用，否则会混淆行政违法和刑事违法的界限。对于该案存在的行政违法行为，更适宜由主管部门进行行政处罚，而不宜认定为犯罪。

三、违反行政许可行为构成非法经营罪的法理探究

在我国《刑法》第 225 条规定的四种非法经营行为中，前三种都是刑法明确规定了构成要件，因而可以按照刑法规定认定非法经营行为，而该条第 4 项是概括性的规定，采取了“其他非法经营行为”的表述，在这种情况下，对于此种非法经营行为并没有构成要件的规定，因此，如果直接将违反行政许可行为认定为非法经营罪，就是把违反行政许可行为理解为非法经营罪的构成要件行为，这是刑法立法的空白罪状的司法认定方法。那么，是否可以得出结论，只要是违反行政许可的行为都可以认定为“其他非法经营行为”而予以入罪呢？答案是否定的。笔者认为，在考察“其他非法经营行为”是否构成非法经营罪的时候，应当注意以下三个问题。

（一）行政许可的法律位阶

我国《行政许可法》对行政许可的设定做了专门的规定，根据该法关于行政许可设定主体的规定，行政许可可以分为以下四类。第一，法律设定的行政许可。全国人大及其常委会是国家立法机关，具有立法权，当然也具有行政许可设定权。因为全国人大及其常委会是通过制定法律设定行政许可的，所以行政许可的设定权是立法权的应有之义。根据我国《行政许可法》的规定，全国人大及其常委会针对我国《行政许可法》第 12 条规定的事项，可以通过立法程序设定行政许可。第二，行政法规设定的行政许可。国务院虽然是国家最高行政机关，但

根据我国宪法的规定，国务院具有行政立法权。根据我国《行政许可法》第14条的规定，国务院具有行政许可的设定权，但限于行政法规和国务院的决定。从行政许可的内容来看，对我国《行政许可法》第12条规定的事项，国务院只能对其中尚未制定法律的事项设定行政许可，除此之外的事项，国务院可以根据行政管理的需要设定行政许可的其他事项。在法律已经设定行政许可的情况下，行政法规不得超越法律的规定，而只能做具体化的规定。第三，地方性法规设定的行政许可。根据我国宪法的规定，省级和设区的市级权力机关具有制定地方性法规的权力。我国《行政许可法》第15条和第16条规定，地方性法规具有行政许可的设定权，包括行政许可具体规定权和行政许可设定权；在法律、行政法规已经设定行政许可的情况下，地方性法规可以结合本地的实际情况对行政许可的实施做出具体规定；地方性法规还可以在法律、行政法规专属的行政许可设定事项范围外，对依法可以设定行政许可的事项，当法律、行政法规没有设定行政许可时，设定行政许可。第四，省级政府设定的行政许可。省级政府具有行政规章的制定权，同时具有临时性行政许可的设定权。

根据以上依据行政许可设定权对行政许可的分类来看，这些行政许可之间存在法律位阶上的差异。从性质上来说，只有法律、行政法规设定的行政许可，才是国家法律、行政法规的规定，只有违反这两种行政许可，才属于违反国家规定，而地方性法规和省级政府设定的行政许可，不是国家法律的规定，因此，违反这两种行政许可，并不是违反国家法律的规定。构成非法经营罪的前提是违反国家规定，因此，只有违反法律、行政法规设定的行政许可，才具备非法经营罪的违反国家规定的规范性的构成要件要素。

（二）行政许可的法律属性

根据我国《行政许可法》的规定，行政许可一般可以分为以下五种。(1) 特许。特许是指行政机关赋予公民、法人或其他组织的特定权利或者对数量限制的自然资源的开发利用、有限公共资源的配置、直接关系公共利益的行业中垄断性企业的市场准入和法定经营活动等事项的行政行为。(2) 许可。许可是指行政机关准许符合法定条件的公民、法人或者其他组织从事特定活动的事项的行政行

为。(3) 认可。认可是指行政机关通过考试、考核方式确定为公众提供服务、直接关系公共利益并且要求具备特殊信誉、特殊条件或者特殊技能的自然人、法人或者其他组织的资格、资质的事项的行政行为。(4) 核准。核准是指行政机关依据技术标准、经济技术规范，审核、认定直接关系公共安全、人身健康、生命财产安全的重要设备、设施的设计、建造、安装和运营以及直接关系人身健康、生命财产安全的特定产品、物品的检验、检疫等事项的行政行为。(5) 登记。登记是指行政机关对法人或者其他组织的设立、变更、终止等确立民事权利能力和行为能力的事项进行备案的行政行为。由此可见，行政许可的性质不同，其法律后果也是有所不同的。

在以上五种行政许可中，违反后三种行政许可，不可能构成非法经营罪，这是没有问题的。问题在于，违反前两种行政许可，即特许和许可，是否构成非法经营罪。对此，笔者于本文中拟进行分析。

特许与许可，是行政许可较为常见的两种许可类型。这两种许可的性质是有所不同的。特许表现为一种权利或者资源的分配，具有一定的物权属性。例如探矿权或者采矿权，就是一种特许权，其本身包含着财产权益。因此，特许权对应着一定的许可费用，而且是可以转让的。许可只是赋予相对人从事某种经营活动的资格。只要具备法律规定条件，经过申请，都可以取得这种资格，并且没有数量上的限制。特许和许可的性质不同，因此违反特许和许可的行为的法律后果也是不同的。我国学者指出："在特许许可中，受特许人取得的是本不属于自己的权利，因此，如果未获得特许而从事了特许项下的活动，其行为不仅从形式到实体都是违法行为，应受到行政甚至刑事处罚，而且还是侵犯国家所有权的行为。按照侵权赔偿的原则，侵权人还应承担对国家的赔偿责任。对于普通许可，如果应许可而未获许可，其行为一般构成违法，但其违法行为有区别形式违法与实体违法的必要。如果只是未经许可，但其行为完全符合许可条件，则仅为形式违法；如果其行为既未经许可，也不符合许可条件，则不仅是形式违法，同时构成实体违法。对于普通许可区分形式违法与实体违法的意义在于对于形式违法的行为，行政主体可以通过责令其补办许可手续而使其行为合法化；而对于实体违法

的行为，行政许可才必须通过实施相关的强制措施将社会秩序恢复到其行为前的状态，譬如对违章建筑的强制拆除。”① 以上对于特许和许可之间的在违法性质区分上的论述，对于正确理解这两种许可对于构成非法经营罪的意义具有重要参考价值。

我国《行政许可法》第12条对行政许可的范围作了以下规定：“下列事项可以设定行政许可：（一）直接涉及国家安全、公共安全、经济宏观调控、生态环境保护以及直接关系人身健康、生命财产安全等特定活动，需要按照法定条件予以批准的事项；（二）有限自然资源开发利用、公共资源配置以及直接关系公共利益的特定行业的市场准入等，需要赋予特定权利的事项；（三）提供公众服务并且直接关系公共利益的职业、行业，需要确定具备特殊信誉、特殊条件或者特殊技能等资格、资质的事项；（四）直接关系公共安全、人身健康、生命财产安全的重要设备、设施、产品、物品，需要按照技术标准、技术规范，通过检验、检测、检疫等方式进行审定的事项；（五）企业或者其他组织的设立等，需要确定主体资格的事项；（六）法律、行政法规规定可以设定行政许可的其他事项。”在上述事项中，特许的范围主要包括以下方面：(1) 自然资源特许使用权。我国宪法规定，自然资源属于国家所有，因此国家具有自然资源的所有权，而自然资源特许使用权是从自然资源国家所有权中派生出来的一种权利，国家通过特许的方式将自然资源使用权授予相对人，这种自然资源使用权受到国家法律保护。在某种意义上说，自然资源使用权具有准物权的属性，因此对其实施侵害的，在刑法上往往构成财产犯罪或者自然资源犯罪而与非法经营罪无关。例如，未经许可砍伐林木或者违反规定砍伐林木，根据我国刑法规定，构成盗伐林木罪和滥伐林木罪。(2) 公共资源特许使用权。这里的公共资源的含义是相当广泛的，包括公共卫生资源、公共医疗资源、公共教育资源等。对于公共资源的使用，在某些情况下采用特许的方法。例如，客运出租车经营权就实行特许经营。在未经特许的情况下，非法从事客运出租车的营运，可能构成非法经营罪。当然，这里的客运

① 王克稳：《行政许可中特许权的物权属性与制度建构研究》，36页，北京，法律出版社，2015。

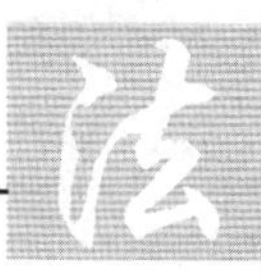

出租车的营运是指以企业化的方式组织出租车进行营运，而不是指司机个人没有出租车营运执照而从事非法营运的情形。(3) 政府特许经营。政府特许经营是指特许经营者根据特许人（政府）的授权依法对特许经营项目进行投资开发和/或通过经营特许经营项目获得收益的权利。因为对这些政府特许经营采取的是专项管理，一般来说并不存在未经许可而经营的情形。根据以上分析，笔者认为特许具有授权性，并且特许权本身具有一定的物权性质，刑法对它主要按照财产权或者准财产权进行保护，极少构成非法经营罪。

除了特许以外，运用得最为广泛的是许可。许可对于相对人有权从事的经营活动设置一定的门槛。这些经营活动一般都具有直接关系到公共安全、人身健康、生命财产安全的重要设备、设施、产品、物品，需要按照技术标准、技术规范，通过检验、检测、检疫等方式进行审定的事项。[①] 这类行政许可范围较为宽泛，例如药品、农药、粮食等经营活动，相关法律都设定了行政许可。只有具备法律规定的条件，并且经过批准，才能从事某种经营活动。从司法实践情况来看，违反此类行政许可构成非法经营罪的案件较为常见。例如，2016 年 4 月 15 日内蒙古巴彦淖尔市临河区人民法院以被告人王力军没有办理粮食经营许可证和工商营业执照而进行玉米收购活动，违反《粮食流通管理条例》相关规定为由，依据我国《刑法》第 225 条第 4 项的规定，以非法经营罪判处王力军有期徒刑一年，缓刑 2 年，并处罚金人民币 2 万元。一审宣判后，被告人王力军未上诉，检察机关未抗诉，判决发生法律效力。

在上述王力军非法收购玉米案中，涉及两项行政违法的内容：一是没有办理工商营业执照，二是没有办理粮食经营许可证。对于没有办理工商营业执照而从事经营活动，即所谓无照经营，不能认定为非法经营活动，不能构成非法经营罪。对此，我国刑法学界的观点是一致的。因为工商营业执照并不是一般许可，而只是登记，它不具有限制性，只是为了工商行政管理的方便而设置的行政制度。因此，即使是无照经营，也只是取缔并予以行政处罚的问题，不构成非法经

① 参见周佑勇主编：《行政许可法理论与实务》，61 页，武汉，武汉大学出版社，2004。

营罪。没有办理粮食经营许可证而收购玉米，这就是违反行政许可的行为。

该案在媒体披露以后，引起社会的高度关注。为此，2016 年 12 月 16 日最高人民法院作出“（2016）最高法刑监 6 号再审决定书”，指令巴彦淖尔市中级人民法院对该市临河区人民法院一审判决生效的被告人王力军非法经营一案进行再审。最高人民法院的再审决定书认为，我国《刑法》第 225 条第 4 项是在前三项规定明确列举的三类非法经营行为具体情形的基础上，规定的一个兜底性条款。在司法实践中适用该项规定应当特别慎重，相关行为需有法律、司法解释的明确规定，且要具备与前三项规定行为相当的社会危害性和刑事处罚必要性，严格防止将一般的行政违法行为当作刑事犯罪处理。就该案而言，王力军从粮农处收购玉米卖予粮库，在粮农与粮库之间起了桥梁纽带作用，没有破坏粮食流通的主渠道，没有严重扰乱市场秩序，且不具有与我国《刑法》第 225 条关于非法经营罪规定的前三项行为相当的社会危害性，不具有刑事处罚的必要性。显然，最高人民法院认为王力军收购玉米行为不构成非法经营罪。

2017 年 2 月 13 日内蒙古自治区巴彦淖尔市中级人民法院对最高人民法院指令再审的王力军非法经营玉米案进行了公开审理，巴彦淖尔市中级人民法院再审认为，原审被告人王力军于 2014 年 11 月至 2015 年 1 月期间，没有办理粮食收购许可证及工商营业执照买卖玉米的事实清楚，其行为违反了当时的国家粮食流通管理有关规定，但尚未达到严重扰乱市场秩序的危害程度，不具备与我国《刑法》第 225 条规定的非法经营罪相当的社会危害性和刑事处罚的必要性，不构成非法经营罪。原判决认定王力军构成非法经营罪系适用法律错误，检察机关、王力军及其辩护人提出王力军的行为不构成犯罪的意见成立，均予以采纳。同年 2 月 17 日巴彦淖尔市中级人民法院对该案公开宣判，依法撤销原审判决，改判王力军无罪。

王力军非法收购玉米案被改判，涉及实体与程序两个方面的问题。从实体角度来说，王力军的行为虽然违反行政许可并实施了非法经营行为，但原审法院没有对该行为进行是否达到严重扰乱市场秩序的危害程度的实体判断，而只是根据收购玉米的数量以及获利数额进行形式判断，因而混淆了罪与非罪的界限。从程

序角度来说，王力军的行为涉嫌我国《刑法》第225条第4项规定的“其他严重扰乱市场经济秩序的非法经营行为”。根据最高人民法院发布的《关于准确理解和适用刑法中“国家规定”的有关问题的通知》第3条的规定，“对被告人的行为是否属于刑法第二百二十五条第（四）项规定的‘其他严重扰乱市场秩序的非法经营行为’，有关司法解释未作明确规定的，应当作为法律适用问题，逐级向最高人民法院请示”。然而原审法院并没有遵守这一程序性的规定，未报请最高人民法院而径行做出判决。

综上所述，非法经营罪与行政许可之间存在密切的关联性，尤其是“其他严重扰乱市场秩序的非法经营行为”的认定，以违反行政许可为前提；在这种情况下，考察违反行政许可与非法经营罪之间的关系，对于正确认定非法经营罪具有重要意义。

（本文原载《政治与法律》，2018（6））

非法买卖外汇行为的刑法评价

——黄光裕案与刘汉案的对比分析

非法买卖外汇行为在行政法上是一种违法行为，这是没有问题的。这种行为在何种情况下构成刑法上的非法经营罪，则是一个在司法实践中存在较大争议的问题。对这个问题的不同理解，可能会直接导致罪与非罪的重大差异。如果对于这个问题不能在思想认识上达成一致，必然会导致个案处理上的失衡，从而影响司法的统一与公正。关于非法买卖外汇行为，手头就有两个案件，一个被判为有罪，一个被判为无罪，形成了鲜明的对比。其中，被判有罪的是黄光裕非法经营案，被判为无罪的是刘汉非法经营案。这两起案件都是具有全国性影响的案件，在入罪与出罪之间存在重大差别，这是令人瞩目的，值得深入思考。下面首先介绍一下这两个案件的基本案情及诉讼过程，然后对它们作一个对比分析。

一、案情及诉讼过程

（一）黄光裕非法经营案①

被告人黄光裕于 2007 年 9 月至 11 月间，在国家外汇管理局规定的交易场所

① 参见最高人民法院刑事审判第四、五庭：《刑事审判参考》，总第 85 集，238～277 页，北京，法律出版社，2012。

以外，将人民币8亿元直接或通过恒益祥公司转入盛丰源公司和深圳市迈健凯电子科技有限公司（以下简称“迈健凯公司”）等单位账户，经由郑晓微（已判刑）等人控制的“地下钱庄”，私自兑购并在香港收取了港币8.22亿余元（折合美元1.05亿余元）。黄光裕因此被指控构成非法经营罪。

对于这一指控，黄光裕的辩护人提出以下辩护意见：现有证据足以证明黄光裕没有实施场外换汇行为，黄光裕在深圳将人民币汇入相关账户后，其归还赌债的行为已经完成，而非法换汇的机构代表赌场在深圳接收人民币后，等同于黄光裕已经归还了赌债。即使黄光裕明知他人场外换汇，而其本人未实施场外换汇的行为，就不构成非法经营罪。

北京市第二中级人民法院审理后认为，《中华人民共和国外汇管理条例》第45条将私自买卖外汇、变相买卖外汇或者倒买倒卖外汇明确列为须接受行政处罚直至追究刑事责任的违法犯罪行为。全国人大常委会《关于惩治骗购外汇、逃汇和非法买卖外汇犯罪的决定》第4条第1款规定：“在国家规定的交易场所以外非法买卖外汇，扰乱市场秩序，情节严重的，依照刑法第二百二十五条的规定定罪处罚。”其中的“变相买卖外汇行为”，应理解为不直接进行人民币和外汇的买卖，而采取如以外汇偿还人民币或以人民币偿还外汇，以外汇和人民币互换实现货币价值转换的行为。该行为因发生在国家规定的外汇交易场所以外，故应属外汇非法交易范畴。本案中，黄光裕在境外赌博欠下巨额应付港币的债务后，将境内人民币汇往深圳相关账户用于归还赌债，其对汇往深圳相关账户人民币的用途是明知的，其以人民币偿还港币债务的行为，系变相买卖外汇，属于非法买卖外汇的行为，且数额特别巨大，破坏了国家金融市场秩序，根据法律及有关司法解释的规定应以非法经营罪定罪处罚。故判决被告人黄光裕犯非法经营罪，判处有期徒刑8年，并处没收个人部分财产人民币2亿元。

被告人黄光裕提出上诉，北京市高级人民法院二审维持了原判。

（二）刘汉非法经营案①

被告人刘汉被指控于2001年12月至2010年6月，为归还境外赌债，通过

---

① 参见法制网，http：//www.legaldaily.comcn/locality/content/，2014－04/10/content _ 5437241.htm?node=31029；澎湃新闻网，http：//www.thepaper.c/newsdetailforward1260405，2014年10月9日最后访问。

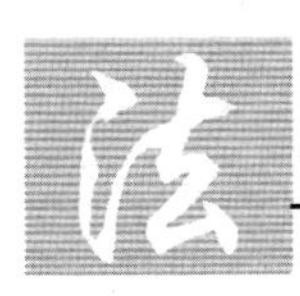

汉龙集团及其控制的相关公司，将资金转入另案处理的范荣彰控制的公司账户，范荣彰后通过地下钱庄将 5 亿多元人民币兑换成港币为刘汉还债。对于上述行为，一审法院判决认定刘汉构成非法经营罪。被告人刘汉提出上诉。湖北省高级人民法院审理后认为，上诉人刘汉为偿还境外赌债的兑换外币行为，因不具有盈利目的，不属于经营行为，不构成非法经营罪，故而二审判决改判无罪。

二、对两个案件的对比分析

以上两个案件所涉及的非法买卖外汇的行为方式是相同的，都是采用人民币结算在境内、港币结算在境外的方式，归还境外发生的赌债。那么，为什么前者有罪而后者无罪呢？其原因在于：有罪判决没有考虑被告人主观上是否具有营利目的。我们可以看到，在黄光裕案的一审和二审判决书中，主要讨论的是这种以人民币偿付外汇赌债的行为是否属于买卖外汇，并没有对于被告人主观上是否具有营利目的展开讨论。例如，黄光裕案的判决书指出："被告人黄光裕违反国家外汇管理制度，在国家规定的交易场所以外非法买卖外汇，破坏国家金融管理法规，扰乱金融市场秩序，其行为已构成非法经营罪，且数额特别巨大，情节特别严重"。这一判决只是以非法买卖外汇作为认定非法经营罪的根据，没有涉及被告人是否具有营利目的的问题。而在刘汉案中，虽然辩护人论及以人民币偿付外汇赌债，只是一种支付行为，并没有营利。但一审判决并没有采纳辩护人的意见，而同样也是径直以买卖外汇行为认定为非法经营罪。但是，刘汉案的二审判决以刘汉没有营利目的为由改判非法经营罪不能成立。从刑法理论上来说，刘汉案的二审判决对于刑法的理解是准确的，值得肯定。

我国《刑法》第 225 条规定的非法经营罪，虽然在刑法条文中并没有明确规定该罪的成立必须以营利为目的，但是，既然本罪是非法经营罪，其构成要件行为必然只能是非法的经营行为。因此，行为人主观上的营利目的是不言而喻的。没有经营目的的行为根本不可能是经营行为，因此，在刑法条文中完全没有必要赘述以营利为目的。这里的营利，是指通过交易活动换取一定的利益回报。应当

指出，营利与盈利还是有所不同的：营利是指活动的性质，而盈利是指营利活动的其中一种结果，因为营利活动还可能有另外一种结果，即亏损。在刑法理论上，营利目的是一种主观违法要素：只要其行为具有营利性质即可，而并不要求盈利，即使是亏损也不能否定被告人主观上的营利目的。

探讨非法买卖外汇行为是否构成非法经营罪，必须从相关的法律规定进行溯本追源的分析。国务院于1996年1月29日颁布的《外汇管理条例》（以下简称《条例》）第45条规定："私自买卖外汇、变相买卖外汇、倒买倒卖外汇或者非法介绍买卖外汇数额较大的，由外汇管理机关给予警告，没收违法所得，处违法金额30％以下的罚款；情节严重的，处违法金额30％以上等值以下的罚款；构成犯罪的，依法追究刑事责任"①。在此，《条例》将私自买卖外汇、变相买卖外汇、倒买倒卖外汇和非法介绍买卖外汇这四种行为规定为外汇违法行为。虽然《条例》规定，构成犯罪的依法追究刑事责任，但并没有明确规定定罪处罚的具体根据。因此，这一规定只是一种提示性的规定，不能成为定罪量刑的法律根据。在以上四种行为中的前三种行为中，即在私自买卖外汇、变相买卖外汇和非法介绍买卖外汇中，行为人主观上不以营利为目的，而只是单纯的兑换外汇的行为。与之不同的是，倒买倒卖外汇行为，是一种外汇经营行为，其特点是低价买入外汇、高价卖出外汇，从中牟取非法利益。由此可见，《条例》第45条根据是否以营利为目的对非法买卖外汇的行为作了类型上的区分。

此后，最高人民法院于1998年8月28日颁布了《关于审理骗购外汇、非法买卖外汇刑事案件具体应用法律若干问题的解释》（以下简称《解释》），其中第3条规定："在外汇指定银行和中国外汇交易中心及其分中心以外买卖外汇，扰乱金融市场秩序，具有下列情形之一的，按照刑法第二百二十五条第（三）项（现为第（四）项）的规定定罪处罚：（一）非法买卖外汇二十万美元以上的；（二）违法所得五万元人民币以上的。"这是司法解释首次规定非法买卖外汇行为

---

① 2008年8月1日修订的《外汇管理条例》第45条新增了一种行为，即"非法介绍买卖外汇"，但不影响本文的分析。——编者注

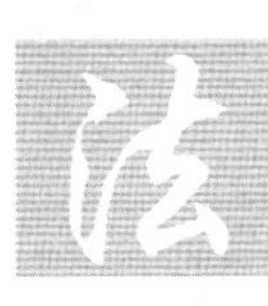

应当按照非法经营罪定罪量刑。此后不久，全国人大常委会于 1998 年 12 月 29 日颁布了《关于惩治骗购外汇、逃汇和非法买卖外汇犯罪的决定》（以下简称《决定》），其中第 4 条规定："在国家规定的交易场所以外非法买卖外汇，扰乱市场秩序，情节严重的，依照刑法第二百二十五条的规定定罪处罚。单位犯前款罪的，依照刑法第二百三十一条的规定处罚。"《决定》的这一规定基本上是对前述司法解释的确认，两者除了在文字表述上存在一些差异以外，精神完全一致。

值得注意的是，将《解释》和《决定》与前述《条例》相对照，就会发现，《条例》规定了四种行为，但《解释》和《决定》都只规定了一种行为，即"买卖外汇"。那么，《解释》和《决定》所规定的"买卖外汇"，在与《条例》第 45 条相对应的意义上，是指"私自买卖外汇""变相买卖外汇"和"非法介绍买卖外汇"呢，还是指"倒买倒卖外汇"？如果是指前者而不包括后者，那么，不以营利为目的的买卖外汇行为构成犯罪，而以营利为目的的倒卖外汇行为却不构成犯罪，这显然不合乎法理。换言之，将《解释》和《决定》所规定的"买卖外汇"解释为《条例》第 45 条中的"私自买卖外汇""变相买卖外汇"和"非法介绍买卖外汇"，虽然在文字形式上相符，但其结论并不合理；相反，将《解释》和《决定》所规定的"买卖外汇"解释为《条例》第 45 条规定的"倒买倒卖外汇"，则虽然文字上不对应，但在内容上具有合理性。

更为重要的是，如前所述，我国《刑法》第 225 条规定的非法经营罪本身要求行为人主观上具有营利目的，而符合这一要求的只能是倒卖外汇的行为。因此，我们应该把《解释》和《决定》所规定的"买卖外汇"理解为以营利为目的的倒卖外汇。只有这样，才能准确地将外汇违法行为加以区分：具有营利目的的倒卖外汇行为构成非法经营罪；而不以营利为目的的买卖外汇行为，只能处以行政处罚。

刘汉案的二审判决虽然是以被告人主观上没有营利目的为由认定其不构成违法经营罪，但实际上也否定了单纯的买卖外汇行为可以构成非法经营罪，而确认了只有以营利为目的的倒卖外汇行为才能构成非法经营罪。这一判决的裁判理由对于正确理解《解释》和《决定》关于买卖外汇行为构成非法经营罪的规定，具

有重大的参考价值。与刘汉案中的行为一样，黄光裕案中的行为也是在境内以人民币支付其在境外发生的外汇赌债，该支付行为即使如同判决所认定，是一种变相买卖外汇的行为。但行为人主观上没有营利目的，在客观上根本就不是外汇经营行为，因此也同样不能构成非法经营罪。

目前，我国正在推行案例指导制度。案例指导制度所追求的目的之一，就是实现同案同判：相同的案件应当获得相同的判决。可以想见，在同一国度，相同的行为在此地法院被判有罪，在彼地法院却被判无罪。这并不仅仅是司法不统一的问题，更是司法不公正的问题。在一个法治国家，是不应该出现这种现象的。

（本文原载陈兴良主编：《刑事法判解》，第 17 卷，北京，人民法院出版社，2017）

组织、领导传销活动罪：性质与界限

组织、领导传销活动罪是《刑法修正案（七）》增设的罪名，该罪的设立为惩治组织、领导传销活动的犯罪提供了法律依据。与之同时，在司法实践中对于如何正确地把握组织、领导传销活动罪的性质，合理地划清该罪与其他犯罪之间的界限，存在一些值得探讨的问题。本文立足于我国刑法和司法解释的规定，对组织、领导传销活动罪的性质与界限进行法教义学的分析。

一、居无定所：传销犯罪的前史

组织、领导传销活动罪虽然是《刑法修正案（七）》新增的罪名，但并不意味着在《刑法修正案（七）》设立组织、领导传销活动罪之前，该种行为不受处罚。事实上，此前，我国行政法规就明文禁止传销活动，传销行为经由司法解释得以暂时栖身于非法经营罪之中。但因为缺乏传销犯罪的独立罪名，其处于一种“居无定所”的状态。可以说，组织、领导传销活动罪的设立存在一个演变过程。正确地对这一立法过程进行梳理，对于我们把握组织、领导传销活动罪的性质具有重要参考意义。

对于传销活动的禁止，始于1998年4月18日国务院《关于禁止传销经营活动的通知》（以下简称《通知》）。鉴于传销活动在社会生活中出现的负面作用，国务院发出《通知》明令禁止传销活动。值得注意的是，上述《通知》第2条指出："自本通知发布之日起，禁止任何形式的传销经营活动。此前已经批准登记从事传销经营的企业，应一律立即停止传销经营活动，认真做好传销人员的善后处理工作，自行清理债权债务，转变为其他经营方式，至迟应于1998年10月31日前到工商行政管理机关办理变更登记或注销登记。逾期不办理的，由工商行政管理机关吊销其营业执照。对未经批准登记擅自从事传销经营活动的，要立即取缔，并依法严肃查处。"这一规定向我们透露了这样一个信息：在《通知》发布之前，传销是被法律所允许的，并且从事传销经营的企业还经过工商行政管理机关批准登记。那么，这里的传销与此后被禁止的传销是否属于同一个概念呢？这是令人疑惑的。上述《通知》并没有对传销这个概念进行定义，因此也就无从了解法律所允许的传销的含义。在此，似乎混淆了这两个概念，这就是传销与直销。

传销与直销是两种不同的商品销售模式，在现实生活中两者往往被混同。2005年8月23日国务院颁布了《禁止传销条例》，同日，国务院还颁布了《直销管理条例》：两个条例分别代表了对传销的禁止和对直销的允许两种截然相反的法律立场。

根据《禁止传销条例》第2条的规定，传销是指组织者或者经营者发展人员，通过对被发展人员以其直接或者间接发展的人员数量或者销售业绩为依据计算和给付报酬，或者要求被发展人员以交纳一定费用为条件取得加入资格等方式牟取非法利益，扰乱经济秩序，影响社会稳定的行为。上述《条例》第7条还采取列举方式规定："下列行为，属于传销行为：（一）组织者或者经营者通过发展人员，要求被发展人员发展其他人员加入，对发展的人员以其直接或者间接滚动发展的人员数量为依据计算和给付报酬（包括物质奖励和其他经济利益，下同），牟取非法利益的；（二）组织者或者经营者通过发展人员，要求被发展人员交纳费用或者以认购商品等方式变相交纳费用，取得加入或者发展其他人员加入的资

格，牟取非法利益的；（三）组织者或者经营者通过发展人员，要求被发展人员发展其他人员加入，形成上下线关系，并以下线的销售业绩为依据计算和给付上线报酬，牟取非法利益的。”在以上三种传销行为中，第一种行为属于拉人头，第二种行为属于收取入门费，第三种行为属于团队计酬。在以上三种行为中，收取入门费的传销较为容易认定。而拉人头和团队计酬的传销则不太容易区分，两者的区别在于：拉人头是单纯地以直接或者间接滚动发展的人员数量为依据计算和给付报酬；而团队计酬则是以发展人员的销售业绩为依据计算和给付报酬。传销活动的特点在于发展人员，在组织者或者经营者与被发展的人员之间形成上线和下线的关系，上线从下线获取一定的报酬。

根据《直销管理条例》，直销是指直销企业招募直销员，由直销员在固定营业场所之外直接向最终消费者（以下简称“消费者”）推销产品的经销方式。因此，直销的特点在于：直销员向消费者直接销售商品。这种销售方式免除了中间环节，是一种无店铺的销售，因此具有经济性。从层级上来说，直销可以分为单层次直销和多层次直销。换言之，无论是单层次直销和多层次直销都属于直销的范畴。但根据我国《直销管理条例》，单层次直销是经批准允许存在的直销经营模式，而多层次直销属于传销，是禁止传销条例明令禁止的经营行为。应该说，法律允许的直销和法律禁止的传销之间还是存在明显的区分：从计酬方式上看，直销人员之间没有连带关系，依赖个人业绩计酬；而传销人员之间具有连带关系，实行团队计酬。此外，传销活动的组织者或者经营者要求参加者通过缴纳入门费或以认购商品等变相缴纳入门费的方式，取得加入、介绍或发展他人的资格，并从中获得回报；而直销公司则不收入门费，只要符合一定条件，即可依法取得直销员的资格。

虽然《禁止传销条例》是 2005 年颁布的，但如前所述，对传销活动的治理始于 1998 年，当年 4 月 18 日国务院颁布了《关于禁止传销经营活动的通知》。此后，2000 年 8 月 13 日国务院办公厅转发了工商局、公安部、人民银行《关于严厉打击传销和变相传销等非法经营活动的意见》（以下简称《意见（一）》）。《意见（一）》第 2 条规定：“工商行政管理机关对下列传销或变相传销行为，要

采取有力措施，坚决予以取缔；对情节严重涉嫌犯罪的，要移送公安机关，按照司法程序对组织者依照《刑法》第225条的有关规定处理：（一）经营者通过发展人员、组织网络从事无店铺经营活动，参加者之间上线从下线的营销业绩中提取报酬的；（二）参加者通过交纳入门费或以认购商品（含服务，下同）等变相交纳入门费的方式，取得加入、介绍或发展他人加入的资格，并以此获取回报的；（三）先参加者从发展的下线成员所交纳费用中获取收益，且收益数额由其加入的先后顺序决定的；（四）组织者的收益主要来自参加者交纳的入门费或以认购商品等方式变相交纳的费用的；（五）组织者利用后参加者所交付的部分费用支付先参加者的报酬维持运作的；（六）其他通过发展人员、组织网络或以高额回报为诱饵招揽人员从事变相传销活动的。"《意见（一）》已经明确规定，对于上述六种非法传销行为应当根据《刑法》第225条的有关规定处理，而《刑法》第225条是关于非法经营罪的规定。按照《意见（一）》的规定，不仅团队计酬的经营型传销行为应以非法经营罪论处，而且拉人头、收取入门费的诈骗型传销行为也应以非法经营罪论处。虽然《意见（一）》只是一个经国务院办公厅转发的部门规章，并不具有刑事立法效力，但在当时我国刑事法治还不健全的背景之下，《意见（一）》对于传销活动的定罪无疑具有重要的推动作用。

传销活动入罪的法律根据还是司法解释，这就是2001年3月29日最高人民法院《关于情节严重的传销或者变相传销行为如何定性问题的批复》（以下简称《批复》）。《批复》指出："广东省高级人民法院：你院粤高法［2000］101号《关于情节严重的传销和变相传销的行为是否构成非法经营罪问题的请示》收悉。经研究，答复如下：对于1998年4月18日国务院《关于禁止传销经营活动的通知》发布以后，仍然从事传销或者变相传销活动，扰乱市场秩序，情节严重的，应当依照刑法第二百二十五条第（四）项的规定，以非法经营罪定罪处罚。实施上述犯罪，同时构成刑法规定的其他犯罪的，依照处罚较重的规定定罪处罚。"这一规定值得注意的是以下三点。

（一）入罪的行为是从事传销或者变相传销活动，扰乱市场秩序，情节严重的

在此，《批复》把入罪的行为表述为"从事传销或者变相传销活动，扰乱市

场秩序，情节严重的”。从《批复》对构成要件行为的表述来看，并没有区分传销的组织者或者经营者，只要参加传销活动的，即具备了入罪的行为要件。由此可见，打击范围还是较为宽泛的。当然，《批复》还是对入罪条件做了某种限制性规定，即只有情节严重才能构成犯罪。此外，前述《意见（一）》对传销行为的表述涉及变相传销活动。也就是说，除了典型的传销活动以外，还包括变相传销活动。那么，如何界定所谓变相传销活动呢？变相传销活动的提法来自《通知》，《通知》提出加大执法力度，严厉查禁各种传销和变相传销行为。在《通知》第3条列举的行为中，就包含了假借专卖、代理、特许加盟经营、直销、连锁、网络销售等名义进行变相传销的；采取会员卡、储蓄卡、彩票、职业培训等手段进行传销和变相传销，骗取入会费、加盟费、许可费、培训费的；以及其他传销和变相传销的行为。因此，这里的变相传销是指销售手段、入门费的称谓等形式上的不同表现。就此而言，这种所谓变相传销行为还不能与典型传销行为相提并论。

（二）以非法经营罪定罪处罚

对于传销行为以非法经营罪定罪处罚，是《批复》最为重要的内容。我国《刑法》第225条对非法经营罪的规定，采取的是空白罪状的立法方式。其中第4项规定的是“其他严重扰乱市场秩序的非法经营行为”，这是一个兜底式的规定，为《批复》的入罪解释留下了极大的余地。因此，将刑法所没有规定的传销行为解释为非法经营行为，也就成为在不经刑事立法程序而将传销行为入罪的最佳选择。

当然，这里存在一个问题，即《通知》本身并没有对传销或者变相传销加以界定。如果对这里的传销承袭《意见（一）》的理解，那么，在《意见（一）》规定依照《刑法》第225条的有关规定处理的六种行为中，除了第一种传销行为，即经营者通过发展人员、组织网络从事无店铺经营活动，参加者之间上线从下线的营销业绩中提取报酬，具有经营性质以外；其他五种传销行为，例如，参加者通过交纳入门费或以认购商品（含服务，下同）等变相交纳入门费的方式，取得加入、介绍或发展他人加入的资格，并以此获取回报的；先参加者从发展的下线成员所交纳费用中获取收益，且收益数额由其加入的先后顺序决定的；组织者的收益主要来自参加者交纳的入门费或以认购商品等方式变相交纳的费用的；组织

者利用后参加者所交付的部分费用支付先参加者的报酬维持运作的；其他通过发展人员、组织网络或以高额回报为诱饵招揽人员从事变相传销活动的。这些传销行为都没有经营内容，实际上属于以传销为名的诈骗犯罪。

从司法实践的情况来看，按照非法经营罪定罪处罚的还是具有经营内容的传销行为。对于诈骗性质的传销则以诈骗罪或者集资诈骗罪论处。当然，因为没有法律的明文规定，这一界限也不明确，所以，司法实践中存在某些定罪混乱的现象，也是在所难免的。

（三）实施传销行为，同时构成刑法规定的其他犯罪的，依照处罚较重的规定处罚

该司法解释在《批复》的最后，还有一句话："实施上述犯罪，同时构成刑法规定的其他犯罪的，依照处罚较重的规定定罪处罚。"应该说，这句话在当时并没有引起应有的重视。其实，这是一个十分重要的规定。这一规定表明，在实施传销行为的时候，可能触犯其他罪名，对此应当从一重罪处断。那么，在实施传销行为的时候，会触犯什么罪名呢？对此，在有关传销的法律规定中，其实已经有蛛丝马迹。例如，《通知》第 1 条在论及禁止传销活动的根据时，指出："不法分子利用传销进行邪教、帮会和迷信、流氓等活动，严重背离精神文明建设的要求，影响我国社会稳定；利用传销吸收党政机关干部、现役军人、全日制在校学生等参与经商，严重破坏正常的工作和教学秩序；利用传销进行价格欺诈、骗取钱财，推销假冒伪劣产品、走私产品，牟取暴利，偷逃税收，严重损害消费者的利益，干扰正常的经济秩序。因此，对传销经营活动必须坚决予以禁止。"在此，《通知》提及传销行为可能触犯的其他罪名，包括诈骗罪、销售伪劣产品罪、走私罪、偷税罪（现已改为逃税罪）等。

传销行为在性质上的复杂性，也为此后的司法带来一定的争议。在《批复》颁布以后，我国司法实践中对于从事传销活动的行为，一般都以非法经营罪论处。在少数情况下，涉及诈骗罪或者集资诈骗罪。[1] 而两者区分的界限，就在于

① 参见周道鸾、张军主编：《刑法罪名精释》，4 版，482 页，北京，人民法院出版社，2013。

是否存在实际的经营活动。

案例Ⅰ 朱庆文等非法经营案①

被告人朱庆文，男，1968年2月13日出生，广西南宁市人，汉族。

2004年9月底，朱庆文与王爱云以广西大顺公司、顺昌大顺公司的名义，共同策划，制定了“周周乐IC卡”发售计划。朱庆文先后纠集、雇用了被告人洪少彬等人参与实施该计划。该计划即以消费者直接向该公司购买螺旋藻、灵芝胶囊等保健品取得会员资格，后享受每周一次的高额返还营销款，然后以消费者所购IC卡金额、份额多少将会员分为业务员、业务主管、加盟商，业务主管与业务员之间存在上下线关系，上线可从其发展的下线的营销业绩中按不同比例提成，享受津贴。“周周乐IC卡”分为三种，即面值360元的健康卡、面值1 200元的金卡和面值3 000元的白金卡。高额返款即消费者每购买一份健康卡，除可提取同等价值的保健品外，每周还可获取返还的劳务费90元，17周内最高返款累计1 500元；购买一份白金卡，除可直接提取同等价值的保健品外，每周还可获取返还的劳务费249元，20周内最高返款累计4 980元。

福建省泉州市丰泽区人民法院经审理认为：被告人朱庆文等人违反国家规定，合伙进行传销，通过发展人员，要求被发展人员以认购商品等方式变相缴纳费用，同时要求被发展人员发展其他人员加入，形成上下线关系，并以下线的销售业绩为依据计算和给付上线报酬，牟取非法利益，进行非法经营，严重扰乱市场秩序，情节特别严重，其行为已经构成非法经营罪。

泉州市丰泽区人民法院依照《中华人民共和国刑法》第225条第（4）项、第25条第1款、第26条、第27条、第64条、第67条第1款、第72条，最高人民法院《关于情节严重的传销或者变相传销行为如何定性问题的批复》的规定，判处被告人朱庆文有期徒刑13年，并处没收个人财产人民币1 000万元。其他被告人也被分别判处2年零6个月至10年不等的有期徒刑。

① 参见国家法官学院、中国人民大学法学院编：《中国审判案例要览（2008年刑事审判案例卷）》，220～233页，北京，人民法院出版社、中国人民大学出版社，2009。

一审判决以后，被告人不服，提起上诉。

福建省泉州市中级人民法院二审维持原审判决。

上述案例是《刑法修正案（七）》颁布之前，根据最高人民法院《批复》，对传销行为以非法经营罪论处的一个典型案例。该案的“解说”（相当于裁判理由）在论及该案为什么定非法经营罪而不定诈骗罪或集资诈骗罪的依据时，指出：(1) 该案传销行为存在货物买卖行为，消费者可以用“周周乐 IC 卡”刷出保健产品，朱庆文在博白龙潭有螺旋藻生产基地，向绿冬公司购买保健产品。而诈骗一般没有或者很少有货物经营行为。(2) 传销的利益主要依靠传销人自己层层发展下线来获取，没有下线就没有利益。行为人陈述的周周乐 IC 卡推广计划的利润来源，主要是建立在购卡者能在消费完原面额后仍继续充值消费的基础上产生，但这种假设是不现实的。诈骗则是虚构事实、隐瞒真相，承诺以定期利息、红利等形式返还巨额利益相引诱。(3) 报表、审计报告、账户清单和行为人供述、证人的证言可证实，行为人已经返还业务员几千万余元的本金及劳务费，可见确有返还大量劳务费，而诈骗返还的款项一般较小。以上对以非法经营罪论处的传销行为与诈骗性犯罪的区分的论述，是完全正确的。由此可见，当时《通知》所规范的是指具有经营内容的传销行为。这个意义上的传销行为，是一种法律所禁止的经营行为。在上述“解说”中，就明确地把传销界定为是一种未获批准直销经营许可的行为，指出：“传销，在国外又称直销，即指用传递方式进行销售，一般是指企业不通过店铺经营等流通环节，将产品或服务直接销售、提供给消费者的一种营销方式。”在此，“解说”把传销视为直销的营销方式，朱庆文的大顺公司所实施的传销行为之所以构成非法经营罪，是因为未获得直销经营许可。这一对传销行为的理解，把它与以传销为名所实施的各种诈骗犯罪加以区分。

然而，上述对传销的界定不仅与《意见（一）》关于传销的界定不同，而且与《禁止传销条例》关于传销的概念也不一致。《禁止传销条例》第 7 条所列举的 3 种传销行为中，所谓拉人头和收取入门费实则并无经营内容，只有团队计酬具有经营内容。当然，在司法实践中也存在着拉人头、收取入门费与团队计酬竞合的情形。

二、经营型传销抑或诈骗型传销：立法过程的逆转

如前所述，在《刑法修正案（七）》单独设立组织、领导传销活动罪的罪名之前，根据司法实践的规定，对具有经营内容的传销行为（区别于以传销为名实施的诈骗犯罪）是按照非法经营罪定罪处罚的，由此而解法律根据缺乏的一时之需。但这不是长久之计，司法实践要求对传销行为专门设立罪名。我国学者指出：仅仅以司法解释的形式对传销和变相传销的性质加以规定，将传销行为纳入非法经营罪的范畴，很难适应传销和变相传销的新特点，必须独设非法传销罪，明确设定非法传销的刑罚。① 对传销犯罪进行立法的建议得到立法机关的回应，并且在《刑法修正案（七）》中得以完成。

在《刑法修正案（七）》的制定过程中，对于传销犯罪如何设立罪名，存在争议，并且前后发生了重大的变更。在2008年8月25日《刑法修正案（七）》草案第1稿第4条中，对于传销犯罪是这样规定的：在《刑法》第225条后增加一条，作为第225条之一："组织、领导实施传销犯罪行为的组织，情节严重的，处三年以下有期徒刑或者拘役，并处罚金；情节特别严重的，处三年以上七年以下有期徒刑，并处罚金。犯前款罪又有其他犯罪行为的，依照数罪并罚的规定处罚。传销犯罪行为依照法律、行政法规的规定确定。"这一规定是将传销犯罪的组织行为规定为犯罪，因此是一种组织罪。我国刑法中的组织行为，可以分为两种：一种是作为共犯的组织行为，另一种是规定为正犯的组织行为。前者根据刑法总则的规定，以共犯论处，而并没有独立的罪名和法定刑。后者根据刑法分则的规定，以单独犯罪论处。例如，我国《刑法》第120条规定的组织、领导恐怖组织罪以及第294条规定的组织、领导黑社会性质组织罪。而《刑法修正案（七）》草案第1稿对组织、领导传销组织罪的规定，就属于以单独犯罪论处的组

① 参见熊英：《对设立非法传销罪的立法思考》，载《中国工商管理研究》，2004（12）。

织罪。值得注意的是，该草案还规定："犯前款罪又有其他犯罪行为的，依照数罪并罚的规定处罚。"这就是说，对于具体实施传销犯罪活动的，还是按照非法经营罪、诈骗罪或者集资诈骗罪定罪处罚。这一规定，显然也是参照《刑法》第120条和第294条第2款的规定。如此，则组织、领导传销组织的行为构成一个组织犯罪。如果该传销组织又从事传销活动的，则根据传销的性质又分别定罪：传销而具有经营内容的，以非法经营罪论处；传销而具有诈骗或者集资诈骗性质的，以诈骗罪或者集资诈骗罪论处，并实行数罪并罚。

立法机关在论及这一规定的背景时，指出："国务院法制办、公安部、国家工商总局提出，当前以'拉人头'、收取'入门费'等方式组织传销的违法犯罪活动，严重扰乱社会秩序。影响社会稳定，危害严重。目前在司法实践中，对这类案件主要是根据实施传销行为的不同情况，分别按照非法经营罪、诈骗罪、集资诈骗罪等犯罪追究刑事责任的。为更有利打击组织传销的犯罪。应当在刑法中对组织、领导实施传销组织的犯罪作出专门规定。经同有关部门研究，建议在刑法中增加组织、领导实施传销行为的组织的犯罪。对实施这类犯罪，又有其他犯罪行为的，实行数罪并罚"①。因此，《刑法修正案（七）》草案的上述规定是在原有司法解释将传销行为纳入非法经营罪规定的基础上，对组织、领导传销组织行为的特别规定。

那么，这里传销组织的"传销"一词如何理解呢？换言之，这里的传销是指具有经营内容的传销还是指以传销为名的诈骗？对此，《刑法修正案（七）》草案虽然并不明确，但草案有"传销犯罪行为依照法律、行政法规的规定确定"的专款规定，这里的行政法规包括前述《禁止传销条例》，而《禁止传销条例》明确把诈骗型传销和经营型传销都纳入传销的范围，因此，这是一种较为宽泛的传销概念。

《刑法修正案（七）》草案的上述规定，在法案审议中提出了一些意见，主要

① 李适时：《在第十一届全国人民代表大会常务委员会第四次会议上关于〈中华人民共和国刑法修正案（七）（草案）〉的说明》。

认为该罪的规定过于笼统，尤其是对传销行为按照行政法规确定，使该罪的构成要件呈现为空白状态，不符合罪刑法定原则。为此，2008 年 12 月 25 日草案第 2 稿第 4 条中，对该罪的规定做了修改：在《刑法》第 224 条后增加一条，作为第 224 条之一："组织、领导以推销商品、提供服务等经营活动为名，要求参加者以缴纳费用或者购买商品、服务等方式获得加入资格，并按照一定顺序组成层级，直接或者间接以发展人员的数量作为计酬或者返利依据，引诱、胁迫参加者继续发展他人参加，骗取财物，扰乱经济社会秩序的传销活动的，处五年以下有期徒刑或者拘役，并处罚金；情节严重的，处五年以上有期徒刑，并处罚金。"《刑法修正案（七）》最后定稿也采纳了这一规定。从定稿的规定来看，不仅对传销活动进行了界定，更为重要的是将组织罪修改为诈骗性质的传销犯罪。并且，该条也从《刑法》第 225 条之一变更为《刑法》第 224 条之一。而《刑法》第 224 条是关于合同诈骗罪的规定，从而将组织、领导传销活动罪的性质确定为诈骗犯罪。

如前所述，根据《禁止传销条例》第 7 条对传销的列举式规定，存在拉人头、收取入门费和团队计酬这三种传销方式。但在《刑法修正案（七）》第 4 条关于传销的概念中，只规定了拉人头和收取入门费的传销形式，恰恰没有规定具有经营内容的团队计酬的传销形式。至此，《刑法修正案（七）》关于传销犯罪的规定，在性质上发生了逆转：从经营型传销改变为诈骗型传销。传销这个概念在我国刑法中的界定也发生了根本性的转变：传销本来是一种经营方式，就此而被我国刑法确定为一种诈骗方式。

三、组织、领导传销活动罪：法教义学的考察

经过《刑法修正案（七）》的修正，《刑法》第 224 条之一规定："组织、领导以推销商品、提供服务等经营活动为名，要求参加者以缴纳费用或者购买商品、服务等方式获得加入资格，并按照一定顺序组成层级，直接或者间接以发展人员的数量作为计酬或者返利依据，引诱、胁迫参加者继续发展他人参加，骗取

财物，扰乱经济社会秩序的传销活动的，处五年以下有期徒刑或者拘役，并处罚金；情节严重的，处五年以上有期徒刑，并处罚金。”在《刑法修正案（七）》设立组织、领导传销活动罪以后，2013年11月14日最高人民法院、最高人民检察院、公安部颁布了《关于办理组织、领导传销活动刑事案件适用法律若干问题的意见》（以下简称《意见（二）》），对组织、领导传销活动罪的法律适用问题做了专门规定。对于上述刑法和司法解释的规定，在理解与适用中存在以下需要研究的问题。

（一）罪名的推敲

在《刑法修正案（七）》通过以后，2009年10月14日最高人民法院、最高人民检察院颁布了《关于执行〈中华人民共和国刑法〉确定罪名的补充规定（四）》，将《刑法修正案（七）》第4条规定的《刑法》第224条之一的罪名确定为组织、领导传销活动罪。无疑，组织、领导是本罪的重要行为方式，但这一罪名概括并不全面，甚至可以说是以偏概全。因为《刑法》第224条之一的表述句式是：组织、领导……，骗取财物，扰乱经济社会秩序的传销活动。在这一表述中，骗取财物虽然被包裹在组织、领导传销活动这一句式之中，但它是对于本罪具有决定性的用语。在这种情况下，较为合理的罪名应该是传销诈骗罪。因为组织、领导传销活动只是诈骗手段，其行为本身还是诈骗。

我们可以将《刑法》第224条之一与《刑法》第224条的规定相比，第224条是关于合同诈骗罪的规定。在这一规定中，立法机关也列举了五种合同诈骗行为。但关于罪名的司法解释并没有以这五种行为确定罪名，而是以这五种行为的共同属性——合同诈骗确定罪名。如果说，五种行为难以概括，因此不能以此为罪名。那么，我们比较《刑法》第194条第2款的规定：“使用伪造、变造的委托收款凭证、汇款凭证、银行存单等其他银行结算凭证的，依照前款的规定处罚。”对此，关于罪名的司法解释并没有根据罪状，将罪名概括为使用伪造、变造的金融凭证罪，而是将罪名确定为金融凭证诈骗罪，因为使用伪造、变造的金融凭证行为，本身就是一种诈骗的特殊表现形态。《刑法》第224条之一也是如此，虽然条文主体内容是组织、领导传销活动，但基于该条文对于传销的内容界定，组织、领导这种以拉人头、收取入门费为主要特征的传销活动，其实就是一种诈骗的特殊类型。因此，以传销诈骗罪概括本罪的罪名，是最为确切的。在目前将《刑法》第224条之一的罪名确定为组织、领导传销活动罪的情况下，由于在罪名中没有突出诈骗的性质，容易使人产生误解。当然，也许有人会说，传销并不必然是诈骗，因此传销诈骗一语似乎存在问题。但这里的传销诈骗是以传销为名所实施的诈骗，正如合同诈骗罪中的合同诈骗一词，合同与诈骗之间没有必然联系。这里的合同诈骗，只不过是在签订、履行合同过程中所实施的诈骗一语的简称而已。

（二）罪体的界定

根据《刑法》第224条之一的规定，组织、领导传销活动罪在客观上表现为组织、领导以拉人头、收取入门费为特征的传销活动，骗取财物的行为。

1. 组织、领导

在《刑法修正案（七）》颁布之前的司法解释中，将传销犯罪的行为表述为从事传销活动。这里的从事，是指实施。因此，对传销犯罪的行为界定得极为宽泛。《刑法》第224条之一则将行为表述为组织、领导，由此表明只有组织者和领导者的行为才构成犯罪，而一般传销活动的参与者则不构成犯罪。这一对行为的限缩，具有刑事政策的重大蕴含，体现了缩小打击面的政策思想。既然是传销诈骗罪，那么，为什么参与传销活动的人员不构成本罪呢？对于一般的诈骗罪而言，只要参与诈骗活动的，无论是主犯还是从犯，都构成犯罪。但传销诈骗与之不同，只有这些传销诈骗的组织者和领导者才是诈骗行为的实施者，而一般的参与者具有被引诱或者被胁迫的性质。虽然有些人也从传销中非法获利，但从整体上说，这些参与者还是属于被害人。正如在集资诈骗罪中，只有那些集资诈骗的组织者和领导者构成犯罪，而一般的参与集资的人员，则属于被害人。

根据前引《意见（二）》的规定，下列人员可以认定为传销活动的组织者、领导者：在传销活动中起发起、策划、操纵作用的人员；在传销活动中承担管理、协调等职责的人员；在传销活动中承担宣传、培训等职责的人员；曾因组织、领导传销活动受过刑事处罚，或者1年以内因组织、领导传销活动受过行政

处罚，又直接或者间接发展参与传销活动人员在15人以上且层级在3级以上的人员；其他对传销活动的实施、传销组织的建立、扩大等起关键作用的人员。上述规定，虽然是以对组织者、领导者的列举式规定的形式出现的，但其中包含了对传销活动的组织、领导行为的描述。根据上述《意见（二）》的规定，传销活动中的组织行为是指传销活动中的发起、策划、操纵行为；而领导行为是指传销活动中的管理、协调行为；以及传销活动中的宣传、培训行为等。

2. 传销活动

如前所述，在《刑法修正案（七）》设立组织、领导传销活动罪之前，当时在法律上对于传销的理解是存在混乱的。主要问题在于：法律上的传销是指经营型的传销还是指诈骗型的传销？显然，在对传销行为以非法经营罪定罪处罚的法律语境中，这里的传销只能是经营型的传销而非诈骗型的传销，这是毋庸置疑的。但在《刑法》第224条之一的罪状中，立法机关已经对传销做了定义式的规定。按照该规定，传销包括两种情形：以推销商品、提供服务等经营活动为名，要求参加者以缴纳费用或者购买商品、服务等方式获得加入资格，这就是所谓拉人头；按照一定顺序组成层级，直接或者间接以发展人员的数量作为计酬或者返利依据，这就是所谓收取入门费。在这两种传销活动中，都没有经营的内容，也不是真正意义上的传销。而是以传销为名，实际上是一种诈骗行为。

3. 骗取财物

骗取财物是组织、领导传销罪的本质特征，对于组织、领导传销活动罪具有重要意义。关于骗取财物的行为，我国学者指出："所谓骗取财物，是说由于传销行为属于非法，所以通过传销活动取得的返利、报酬等任何财产，均属于骗取财物。至于传销活动的组织、领导者实际上是否骗取到了财物，不影响本罪的构成。也就是说，组织、领导传销活动不以骗取财物为必要。所以，'骗取财物'属于本罪可有可无的概念。"① 以上对于骗取财物在组织、领导传销活动罪构成

① 曲新久：《刑法学》，2版，378页，北京，中国政法大学出版社，2009。

要件中的地位与意义的说法，我是不能苟同的。

首先，不是因为传销活动非法，所以通过传销活动取得的财产才属于骗取的财物。而是因为拉人头、收取入门费等方法进行传销活动，其本身就属于诈骗，因而其所取得的财物才是骗取的财物。

其次，组织、领导传销活动罪当然以骗取财物为其构成犯罪的要件。如果没有骗取财物的，就不能构成本罪。当然，考虑到组织、领导传销活动罪的特殊性，本罪不以骗取的数额作为定罪量刑的依据，而是以发展传销人员的人数和层级作为定罪量刑的根据。但这并不意味着骗取财物的数额对于本罪的定罪不重要。

再次，对于组织、领导传销活动罪来说，骗取财物并不是一个可有可无的概念，而是不可或缺的内容。《意见（二）》对此也做了明文规定："传销活动的组织者、领导者采取编造、歪曲国家政策，虚构、夸大经营、投资、服务项目及盈利前景，掩饰计酬、返利真实来源或者其他欺诈手段，实施刑法第二百二十四条之一规定的行为，从参与传销活动人员缴纳的费用或者购买商品、服务的费用中非法获利的，应当认定为骗取财物。参与传销活动人员是否认为被骗，不影响骗取财物的认定。"是否具有骗取财物的性质，也是诈骗型传销与经营型传销的根本区分之所在。

在我国刑法学界，关于《刑法》第224条之一中的组织、领导传销活动罪的诈骗财物与诈骗之间的关系，存在非同一性说的见解。这种观点认为，组织、领导传销活动罪的骗取财物与诈骗不是同一性质的行为。例如，我国学者指出：

> 《刑法修正案（七）》第4条的规定中，虽然有"骗取财物"的特征表述，但传销活动"骗取"的含义，却是推销质差、价低等，冒充高质、高价位的"道具商品"或者"服务"，通过发展下线购买的人头多少而获取相应的高额回报。也就是说，传销不是以直销产品或者实质性服务作为销售者、推介者获取利润的主要来源，而是以"拉人头"的方式，赚取"人头费"或高额"入会费"作为传销者获取利润的主要来源。但这里的传销的道具商品仍然是商品，服务仍然是服务，只是不是其所描述的商品、服务而已，这是

与诈骗非同一性质的行为。[①]

这种观点试图将组织、领导传销活动罪中的骗取财物与诈骗加以区分，认为两者并非同一种行为。笔者认为，这一理解是不妥的。以传销为手段的诈骗具有其特殊性，例如采取了拉人头、收取入门费等方法，以此骗取财物，这是不可否认的。但以此特殊性而否定组织、领导传销活动罪中的骗取财物与诈骗具有同一性，这也是不可取的。

此外，张明楷教授则认为，组织、领导传销活动罪的骗取财物是对诈骗型传销组织（或者活动）的描述，亦即，只有当行为人组织、领导的传销活动具有“骗取财物”的性质时，才成立组织、领导传销活动罪。作为显示诈骗型传销组织（或活动）特征的“骗取财物”，不以客观上已经骗取了他人财物为前提。[②]这种观点肯定采取拉人头、收取入门费的手段组织、领导传销活动行为本身具有诈骗财物的性质，即承认组织、领导传销活动罪的诈骗财物与诈骗之间存在同一性，这是正确的。但这种观点又考虑到《刑法》第 224 条之一所采取的“组织、领导拉人头、收取入门费，骗取财物，扰乱社会经济秩序的传销活动”这一表述，认为本罪的行为是组织、领导传销活动，骗取财物并不是独立的行为，只是组织、领导传销活动这一行为的性质。笔者认为，《刑法修正案（七）》草案第 1 稿第 4 条将本罪的行为表述为“组织、领导实施传销犯罪行为的组织”，这是一种组织罪的立法表达。及至草案第 2 稿第 4 条修改为组织、领导传销活动罪的时候，仍然沿袭了先前的表述，没有相应地改为“组织、领导传销活动，骗取财物”，而确定为“组织、领导以拉人头、收取入门费作为形式，骗取财物，扰乱社会经济秩序的传销活动”的罪状。在此，骗取财物不是与组织、领导传销活动相并列的行为要素，而是用来界定传销活动的形容用语。尽管如此，笔者认为还是要把本罪的构成要件概括为：组织、领导传销活动，骗取财物。因此，骗取财物并不仅仅是组织、领导传销活动行为的性质，而且是本罪独立的客观要素。因

① 马克昌主编：《百罪通论》上卷，472 页，北京，北京大学出版社，2014。

② 参见张明楷：《刑法学》，4 版，748 页，北京，法律出版社，2011。

为诈骗犯罪在构成要件上具有其特殊性，不仅要有被告人的欺骗行为，而且包含了被害人因欺骗而产生认识错误，基于这种认识错误而交付财物的行为，这才是对诈骗型传销犯罪的构成要件的完整表述。

在此涉及组织、领导传销活动罪与诈骗罪和集资诈骗罪之间的关系。对此，张明楷教授一方面认为，组织、领导传销活动罪中的骗取财物具有诈骗的性质；另一方面又指出："不能认为刑法第 224 条之一与规定集资诈骗罪的第 192 条、规定普通诈骗罪的第 266 条是特别法条与普通法条的关系，进而对以传销方式实施诈骗的案件适用特别法条以组织、领导传销活动罪论处。"① 张明楷教授是以如果按照特别法优于普通法的原则，对诈骗型传销只能以组织、领导传销活动罪论处，不能体现公平正义为理由，认为组织、领导传销活动罪与诈骗罪和集资诈骗罪之间不是法条竞合关系，而是想象竞合关系，以便实行从一重罪处断的原则。但笔者认为，法条竞合与想象竞合在本体上存在区分，不能因为不同犯罪的法定刑轻重设置而混淆两者之间的界限，更不赞同模糊法条竞合与想象竞合之间的界限的观点。② 组织、领导传销活动罪作为传销诈骗罪，其与诈骗罪之间显然存在特别法与普通法的竞合关系，对此，只能按照组织、领导传销活动罪定罪处罚，尽管诈骗罪的法定最高刑高于组织、领导传销活动罪。至于组织、领导传销活动罪与集资诈骗罪的关系，则稍显复杂。因为相对于诈骗罪而言，组织、领导传销活动罪与集资诈骗罪都属于特别法。就组织、领导传销活动罪与集资诈骗罪而言，不能认为存在特别法与普通法的法条竞合关系，但可以认为存在交互竞合关系？对此，可以按照从一重罪处断的原则处理。

（三）罪责的界定

组织、领导传销活动罪的主观罪过形式是故意，这是没有问题的。存在争议的问题在于：组织、领导传销活动罪的主观违法要素如何理解？对此，我国刑法学界存在非法牟利目的说与非法占有目的说之分。非法牟利目的说认为，组织、

① 张明楷：《传销犯罪的基本问题》，载《政治与法律》，2009（9）。

② 参见张明楷：《犯罪之间的界限与竞合》，载《中国法学》，2008（4）。

领导传销活动罪的主观违法要素是以牟利为目的。例如，我国学者指出：“（组织、领导传销活动罪）主观方面只能由故意构成，并且具有非法牟利的目的。行为人明知自己组织、领导传销活动为法律所禁止，但却通过组织、领导传销活动，达到骗取钱财，牟取非法利益的目的。”① 非法占有目的说则认为，组织、领导传销活动罪的主观违法要素是以非法占有为目的。例如，我国学者指出：“组织、领导传销活动罪在主观方面表现为故意，并且具有骗取财物的目的。”② 这里的骗取财物的目的完全可以理解为非法占有的目的。当然，这里没有明确地采用以非法占有为目的的提法，也还是反映出作者在这个问题上的某种犹豫和踟蹰态度。

在以上两种观点中，非法牟利说是通说。从我国刑法的规定来看，牟利目的与营利目的并无区分。在大多数罪状中，立法者都采用了以营利为目的的表述，只有个别犯罪称以牟利为目的。无论是以营利为目的还是以牟利为目的，其前提是存在经营行为。因此，这种把以牟利为目的确定为组织、领导传销活动罪的主观违法要素的观点，与对本罪的传销行为是否具有经营性的理解存在直接的关联性。在《刑法修正案（七）》设立本罪之前，对于以非法经营罪定罪处罚的传销犯罪，将其主观违法要素确定为以牟利为目的或者以营利为目的，都是正确的。但在《刑法修正案（七）》设立的组织、领导传销活动罪中的传销活动是诈骗型传销的情况下，仍然承袭以牟利为目的的表述，就存在问题。笔者认为，组织、领导传销活动罪属于传销诈骗罪，是诈骗罪的特殊法。因此，对于本罪的主观违法要素，应该表述为以非法占有为目的。

（四）罪量的界定

《刑法》第 224 条之一对组织、领导传销活动罪并没有规定罪量要素，但并非只要实施了这种传销诈骗行为，就一概构成犯罪。2010 年 5 月 7 日最高人民检察院、公安部《关于公安机关管辖的刑事案件立案追诉标准（二）》（以下简称

① 周道鸾、张军主编：《刑法罪名精释》，4 版，482 页，北京，人民法院出版社，2013。

② 王作富主编：《刑法分则实务研究（中）》，5 版，686 页，北京，中国方正出版社，2013。

《追诉标准》）第78条规定："组织、领导以推销商品、提供服务等经营活动为名，要求参加者以缴纳费用或者购买商品、服务等方式获得加入资格。并按照一定顺序组成层级，直接或者间接以发展人员的数量作为计酬或者返利依据，引诱、胁迫参加者继续发展他人参加，骗取财物，扰乱经济社会秩序的传销活动，涉嫌组织、领导的传销活动人员在30人以上且层级在3级以上的，对组织者、领导者，应予立案追诉。"根据这一规定，组织、领导传销活动，只有达到传销活动人员在30人以上且层级在3级以上的规模，才能构成本罪。

案例Ⅱ 程某等组织、领导传销活动案①

2012年5月底至6月初，被告人程某在博爱县打着"山东阳光电子商务科技有限公司"（以下简称"阳光公司"）的旗号，在被告人郝某的帮助下，在博爱县清化镇重阳路以其妻子王爱利的名义设立报单中心，推销该公司无任何使用价值的电子币，以缴纳一定费用购买电子币获得加入资格，成为阳光公司的会员，并按一定顺序组成层级，直接或者间接以发展人员数量作为计酬和返利依据，引诱参加者继续发展他人参加，骗取财物，扰乱经济社会秩序，进行传销活动。

该传销活动经营模式为：每单1 000元对应购买阳光公司1 000电子币，每人最多购买8单，获得加入资格成为会员，每天按营销计划获得返利。会员每发展1名人员加入，可获得奖励100元。成为缴纳2 000元购买2 000电子币可单独设立报单中心，设立报单中心后，每向阳光公司报1单业务可获得报单费30元。

截至案发，程某共计直接或间接发展人员96人且层级达9级，涉案金额481 000元。被告人程某非法所得14 400元，被告人郝某非法所得9 620元。案发后，被告人程某退交非法所得4 980元。

对于本案，博爱县人民法院经审理认为：被告人程某、郝某组织、领导以推销电子币经营活动为名，要求参加者以购买电子币的方式获得加入资格，并按照

① 国家法官学院案例开发研究中心编：《中国法院2015年度案例（刑法分则案例）》，61～63页，北京，中国法制出版社，2015。

一定顺序组成层级。直接或者间接以发展人员的数量作为计酬或者返利依据，引诱、胁迫参加者继续发展他人参加，骗取财物，扰乱经济社会秩序，且直接或者间接发展人员 96 人层级达 9 级，其行为均已构成组织、领导传销活动罪。被告人程某、郝某如实供述自己的罪行，可以从轻处罚。

博爱县人民法院依据《中华人民共和国刑法》第 241 条之一、第 67 条第 3 款、第 64 条之规定，作出如下判决：(1) 被告人程某犯组织、领导传销活动罪，判处有期徒刑 6 个月，并处罚金 20 000 元。(2) 被告人郝某犯组织、领导传销活动罪，判处有期徒刑 6 个月，并处罚金 20 000 元。(3) 对被告人程某退交的非法所得 4 980 元，予以没收。对被告人程某非法所得的 9 420 元，被告人郝某非法所得的 9 620 元，予以追缴。

对于本案的定性，在法院审理过程中存在两种意见：第一种意见认为，被告人程某、郝某以非法占有为目的，用虚构事实或者隐瞒真相的方法，骗取数额较大的公私财物，并使他人陷入认识错误，因他人基于认识错误而自愿处分财产，行为人获取财产或者财产性利益，所以程某、郝某构成诈骗罪。第二种意见认为，被告人陈某、郝某组织、领导以推销商品、提供服务等经营活动为名，要求参加者以缴纳费用或者购买商品、服务等方式获得加入资格，并按照一定顺序组成层级。直接或者间接以发展人员的数量作为计酬或者返利依据，引诱、胁迫参加者继续发展他人参加，骗取财物，扰乱经济社会秩序，其行为既侵犯了公民的财产所有权，又侵犯了市场经济秩序，应构成组织、领导传销活动罪。

以上两种意见显然是按照诈骗罪和组织、领导传销活动罪的不同构成要件分别对本案事实进行了描述：诈骗罪的意见是按照行为的本质进行高度的抽象概括，形成了虚构事实或者隐瞒真相，使他人陷入认识错误，因他人基于认识错误而自愿处分财产，行为人获取财产或者财产性利益这样一幅诈骗罪的犯罪图景。而组织、领导传销活动罪的意见则是按照行为的表面运作进行写真式的叙述，形成了以推销商品、提供服务等经营活动为名，要求参加者以缴纳费用汇总购买商品、服务等方式获得加入资格，并按照一定顺序组成层级。直接或者间接以发展人员的数量作为计酬或者返利依据，引诱、胁迫参加者继续发展他人参加，骗取财物，扰乱经济社会秩序这样一个组织、领导传销活动罪的犯罪轮廓。其实，以上两种理论叙述是对同一种行为的不同角度的表达，两者之间存在表象与本质之间的表里关系。因此，诈骗罪和组织、领导传销活动罪在客观上是竞合的。

那么，在这种情况下，究竟如何界定诈骗罪与组织、领导传销活动罪之间的关系，以便正确地对两罪加以区分呢？对此，该案的“法官后语”指出：

> 出现以上两种意见，其主要原因在于对骗取财物的不同理解。诈骗罪与组织、领导传销活动罪区分的关键点在于主观方面：诈骗罪在主观上具有非法占有的目的。组织、领导传销活动罪的行为人主观上不以非法占有为目的，而是具有非法牟利的动机。在传销活动中，为了不断发展人员加入，行为人通常用高额利润做诱饵，夸大或虚构佣金或奖金收入，收取高额入门费或强制购买产品，这似乎具有某些诈骗罪的特征，但传销中参加者是为追逐高额回报而加入其中，其决定交易是受到利益诱惑，而不是因虚构事实、行为误导而导致产生错误认识，故其行为不是受害人行为，不受法律保护。在组织、领导传销活动罪中，组织者和领导者才构成本罪，一般参加者不构成犯罪。①

对于程某等人组织、领导传销活动案，博爱县人民法院的定性是完全正确的。但“法官后语”对诈骗罪与组织、领导传销活动罪之间关系的论述则难以成立。

这里主要还是涉及对本罪的主观违法要素的理解：到底是以非法占有为目的还是与非法牟利为目的？本案法官否定组织、领导传销活动罪以非法占有为目的，而主张以牟利为目的。正如前文所言，非法占有目的和非法牟利目的的根本区分在于：客观上是否具有营利行为。如果是营利型的传销行为，主观上当然具有营利目的。反之，如果说诈骗型的传销行为，则主观上不可能具有营利目的。基于诈骗行为，主观上只能具有非法占有目的。而在程某等组织、领导传销活动

① 国家法官学院案例开发研究中心编：《中国法院 2015 年度案例（刑法分则案例）》，63 页，北京，中国法制出版社，2015。

案中，已经认定被告人是以推销电子币的经营活动为名，采用传销方式，骗取他人财物。在这种情况下，主观上怎么可能具有牟利目的而不是占有目的呢？

（五）团队计酬的定性

团队计酬是传销的一种方式，被称为经营型的传销行为。传销活动的组织者或者领导者通过发展人员，要求传销活动的被发展人员发展其他人员加入，形成上下线关系，并以下线的销售业绩为依据计算和给付上线报酬，牟取非法利益的，是团队计酬式传销活动。

关于团队计酬到底是直销还是传销的问题，在我国法律上始终是存在模糊的。在《刑法修正案（七）》颁布之前，无论是在《意见（一）》还是在《禁止传销条例》中，都是将团队计酬纳入传销的范畴。最高人民法院《批复》则将这种团队计酬的传销行为规定以非法经营罪定罪处罚。但刑法理论上，也有些学者将团队计酬归入直销的范畴，认为这是直销活动中的多层次计酬。我国学者在论及拉人头和团队计酬的区分时，指出：

> 虽然二者都采用多层次计酬的方式，但是仍有很大不同：一是从是否缴纳入门费上看，多层次计酬的销售人员在获取从业资格时没有被要求缴纳高额入门费，而拉人头传销不缴纳高额入门费，或者购买与高额入门费等价的“道具商品”是根本得不到入门资格的；二是从经营对象上看，多层次计酬是以销售产品为导向，商品定价基本合理，而且还有退货保障。而拉人头传销根本没有产品销售，或者只是以价格与价值严重背离的“道具商品”为幌子，且不许退货，主要是以发展“下线”人数为主要目的；三是从人员的收入来源上，多层次计酬主要根据从业人员的销售业绩和奖金，而拉人头传销主要取决于发展的“下线”人数多少和新入会成员的高额入门费；四是从组织存在和维系的条件看，多层次计酬直销公司的生存与发展取决于产品销售业绩和利润。而拉人头骗取传销组织则直接取决于是否有新成员以一定倍率不断加入。[①]

① 黄太云：《〈刑法修正案（七）〉解读》，载《人民检察》，2009（6）。

依笔者之见，团队计酬仍然属于传销而非直销。至于拉人头和收取入门费，则根本不是传销，而是以传销为名所实施的诈骗行为。因此，如果把团队计酬从传销中抽离，传销这个概念就不复存在了。更何况，直销是法律所允许的，而团队计酬式的传销则为法律所禁止。

在《刑法修正案（七）》设立组织、领导传销活动罪，并将传销界定为拉人头和收取入门费以后，团队计酬的传销形式没有包含在本罪的构成要件之中。对此，我国学者一般都认为，对于这种团队计酬的传销行为仍然应当以非法经营罪论处。例如，张明楷教授指出："在刑法修正案（七）公布之后，由于组织、领导原始型传销活动的行为，并不具备刑法第224条之一所要求的'骗取财物'的要素，不能认定为组织、领导传销活动罪；又由于这种经营行为被法律所禁止，并且严重扰乱了经济秩序，依然应以非法经营罪论处。"[①] 应该说，这一观点是可以成立的。事实上，在《刑法修正案（七）》设立组织、领导传销活动罪之前，司法实践中对这种经营型的传销行为本来就是按照非法经营罪定罪处罚的。在《刑法修正案（七）》未对这种经营型的传销行为进行规定的情况下，为惩治这种传销行为，对其按照非法经营罪论处是完全正确的。然而，2013年11月14日《意见（二）》对团队计酬的传销行为的定性问题做了以下规定："以销售商品为目的、以销售业绩为计酬依据的单纯的'团队计酬'式传销活动，不作为犯罪处理。"与此同时还规定："形式上采取'团队计酬'方式，但实质上属于'以发展人员的数量作为计酬或者返利依据的传销活动'，应当依照刑法第241条之一的规定，以组织、领导传销活动罪定罪处罚。"这一规定，将团队计酬的传销行为做了非犯罪化的处理。可以说，这是对传销犯罪的刑事政策的重大调整。以下将讨论的曾国坚等非法经营案，就十分真实地反映了在司法实践中，这种刑事政策的调整对具体案件处理所带来的影响以及当事人命运的逆转。

---

① 张明楷：《传销犯罪的基本问题》，载《政治与法律》，2009（9）。

案例Ⅲ 曾国坚等非法经营案①

被告人曾国坚，男，1974 年 10 月 17 日出生，汉族，无业。2010 年 1 月 15 日因本案被逮捕。

（其他被告人略）

广东省深圳市罗湖区人民检察院以被告人曾国坚、黄水娣、罗玲晓、莫红珍犯非法经营罪，向深圳市罗湖区人民法院提起公诉。

深圳市罗湖区人民法院经公开审理查明：2009 年 6 月始，被告人曾国坚租赁深圳市罗湖区怡泰大厦某单元房为临时经营场所，以亮碧思集团（香港）有限公司发展经销商的名义发展下线，以高额回馈为诱饵，向他人推广传销产品、宣讲传销奖金制度。同时，曾国坚组织策划传销，诱骗他人加入，要求被发展人员交纳入会费用，取得加入和发展其他人员加入的资格，并要求被发展人员发展其他人员加入，以下线的发展成员业绩为依据计算和给付报酬，牟取非法利益；被告人黄水娣、罗玲晓、莫红珍均在上述场所参加传销培训，并积极发展下线，代理下线或者将下线直接带到亮碧思集团（香港）有限公司缴费入会，进行交易，形成传销网络：其中曾国坚发展的下线人员有郑某妮、杨某湘、王某军、杨某芳、袁某霞等人，杨某芳向曾国坚的上线曾某茹交纳人民币（以下未标明的币种均为人民币）20 000 元，袁某霞先后向曾国坚、曾某茹及曾国坚的哥哥曾某建共交纳 62 000 元；黄水娣发展罗玲晓、莫红珍和龚某玲为下线，罗玲晓、莫红珍及龚某玲分别向其购买了港币 5 000 元的产品；罗玲晓发展黄某梅为下线，黄某梅发展王某华为下线，黄某梅、王某华分别向亮碧思集团（香港）有限公司交纳入会费港币 67 648 元；莫红珍发展龙某玉为下线，龙某玉发展钟某仙为下线，钟某仙发展周某花为下线，其中龙某玉向莫红珍购买了港币 5 000 元的产品，钟某仙、周某花分别向亮碧思集团（香港）有限公司交纳入会费港币 67 648 元。2009 年 12 月 8 日，接群众举报，公安机关联合深圳市市场监督管理局罗湖分局

① 参见最高人民法院刑事审判第一、二、三、四、五庭主编：《刑事审判参考》，第 92 集，63～68 页，北京，法律出版社，2014。

将正在罗湖区怡泰大厦某单元房活动的曾国坚、黄水娣、罗玲晓、莫红珍等人查获。

深圳市罗湖区人民法院认为，被告人曾国坚、黄水娣、罗玲晓、莫红珍从事非法经营活动，扰乱市场秩序，均构成非法经营罪，且属于共同犯罪。在共同犯罪中，曾国坚积极实施犯罪，起主要作用，是主犯；黄水娣、罗玲晓、莫红珍均起次要作用，系从犯，且犯罪情节轻微，认罪态度较好，有悔罪表现，依法均可以免除处罚。曾国坚犯罪情节较轻，有悔罪表现，对其适用缓刑不致再危害社会。据此，依照《中华人民共和国刑法》第 225 条、第 25 条第 1 款、第 26 条、第 27 条、第 72 条之规定，深圳市罗湖区人民法院以非法经营罪判处被告人曾国坚有期徒刑 1 年 6 个月，缓刑 2 年，并处罚金 1 000 元；以非法经营罪分别判处被告人黄水娣、罗玲晓、莫红珍免予刑事处罚。

宣判后，被告人曾国坚不服，向深圳市中级人民法院提出上诉，并基于以下理由请求改判无罪：亮碧思（香港）有限公司有真实的商品经营活动，其行为不构成非法经营罪，也没有达到组织、领导传销活动罪的立案追诉标准。

深圳市中级人民法院经审理认为，上诉人曾国坚与原审被告人黄水娣、罗玲晓、莫红珍的行为，应当认定为组织、领导传销活动行为，而不应以非法经营罪定罪处罚。鉴于现有证据不能证明曾国坚、黄水娣、罗玲晓、莫红珍的行为已达到组织、领导传销活动罪的追诉标准，故其行为不应以组织、领导传销活动罪论处。曾国坚的上诉理由成立。据此，依照《中华人民共和国刑事诉讼法》第 225 条第 1 款第 2 项之规定，深圳市中级人民法院判决如下：撤销深圳市罗湖区人民法院（2011）深罗法刑一重字第 1 号刑事判决；被告人曾国坚、黄水娣、罗玲晓、莫红珍无罪。

上述曾国坚等非法经营案，从法院认定的传销事实来看，属于团队计酬的形式。因此，公诉机关对于本案是以非法经营罪提起公诉的。在本案审理过程中，对于本案行为如何定性，存在两种不同意见：一种意见认为，在《刑法修正案（七）》施行之后，对传销活动的刑法评价应当实行单轨制，即仅以是否符合组织、领导传销活动罪的构成特征进行评价，如果不符合该罪构成特征，

就应当宣告无罪，而不能再以非法经营罪定罪处罚；另一种意见则主张双轨制，认为《刑法修正案（七）》规定了组织、领导传销活动罪，但并未明确取消非法经营罪的适用，对于传销活动，即使不符合组织、领导传销活动罪的构成特征，也仍然可以非法经营罪定罪处罚。在以上两种意见中，法院最终采纳了一种意见，宣告被告人无罪。在以上争论中，提及所谓单轨制和双轨制的概念。单轨制是指对于传销行为只能按照组织、领导传销活动罪处理，这也就暗含了不符合组织、领导传销活动罪的团队计酬不构成犯罪的意思。而双轨制则认为，对传销行为如果符合组织、领导传销活动罪的，应以该罪论处。不符合该罪特征的团队计酬传销行为应以非法经营罪论处。因此，这是在组织、领导传销活动罪设立以后，对于团队计酬的传销行为究竟是否构成非法经营罪所存在的争议。

显然，对于本案作出无罪判决是完全正确的。但深圳市中级人民法院就本案提出的法律适用问题并不是“在组织、领导传销活动罪设立以后，对于团队计酬的传销行为究竟是否构成非法经营罪”，而是“组织、领导传销活动尚未达到组织、领导传销活动罪立案追诉标准，但经营数额或者违法所得数额达到非法经营罪立案追诉标准的，能否以非法经营罪定罪处罚”。在这一叙述中，就隐含着本案被告人曾国坚等人的传销行为，如果发展人数和层级达到了组织、领导传销活动罪立案追诉标准，是可以组织、领导传销活动罪论处的意思。因此，这里存在着对法律适用问题提炼上的偏差。

在本案裁判理由中，作者论述了组织、领导传销活动罪不包括团队计酬的传销行为，团队计酬按照有关司法实践不再以犯罪论处，指出：

> 根据《刑法修正案（七）》第四条的规定，组织、领导传销活动罪的客观行为中未包括“团队计酬”型传销活动，在司法实践中对于此类传销活动如何定性，存在一定争议。鉴于此种情况，《意见（二）》对“团队计酬”行为的处理进行了专门规定。《意见（二）》第五条第一款对“团队计酬”式传销活动的概念进行了明确。该款规定：“传销活动的组织者或者领导者通过发展人员，要求传销活动的被发展人员发展其他人员加入，形成上下线关

系，并以下线的销售业绩为依据计算和给付上线报酬，牟取非法利益的，是'团队计酬'式传销活动。"《意见（二）》第五条第二款对"团队计酬"式传销活动的定性进行了规定。该款规定："以销售商品为目的、以销售业绩为计酬依据的单纯的'团队计酬'式传销活动，不作为犯罪处理。形式上采取'团队计酬'方式，但实质上属于'以发展人员的数量作为计酬或者返利依据'的传销活动，应当依照刑法第224条之一的规定，以组织、领导传销活动罪定罪处罚"①。

显然，这段话并不是在审理本案当时的意见。因为当时对团队计酬的传销行为不以犯罪论处的司法解释还没有颁布。试想，如果当时司法解释已经颁布，对此还会存在争议吗?

与此同时，裁判理由又认定被告人曾国坚等人的团队计酬的传销行为符合组织、领导传销活动罪，指出："在本案中，曾国坚等人实施了通过发展人员，要求被发展人员交纳费用或者以认购商品等方式变相交纳费用，取得加入或者发展其他人员加入的资格，牟取非法利益的传销行为。客观上符合组织、领导传销活动的行为特征。只是依照《追诉标准》的规定，组织、领导传销活动罪的立案追诉起点为'涉嫌组织、领导的传销活动人员在三十人以上且层级在三级以上的'。而现有证据显示本案涉嫌组织、领导的传销活动人员不足三十人。"② 因此，本案只是没有达到组织、领导的传销活动罪的追诉标准而已。如果已经达到追诉标准，是完全可以认定为组织、领导传销活动罪的。

显然，本案裁判理由的上述两个方面的论述是自相矛盾的。而且，案件材料反映，在一审阶段深圳市罗湖区人民法院曾建议罗湖区人民检察院就传销人员的人数和层级进行补充侦查。罗湖区人民检察院复函认为《刑法修正案（七）》对

① 最高人民法院刑事审判第一、二、三、四、五庭主编：《刑事审判参考》，第92集，67～68页，北京，法律出版社，2014。

② 最高人民法院刑事审判第一、二、三、四、五庭主编：《刑事审判参考》，第92集，67页，北京，法律出版社，2014。

组织、领导传销活动罪作了规定，但未取消非法经营罪的适用，根据《刑法》第225条第4项及《批复》的规定，曾国坚等人的行为即使不构成组织、领导传销活动罪，也符合非法经营罪的构成特征，应当以非法经营罪定罪处罚，没有补充侦查必要。因此，即使是检察机关也认为，本案的法律适用问题不是是否达到组织、领导传销活动罪的追诉标准的问题，而是在《刑法修正案（七）》设立组织、领导传销活动罪以后，对于团队计酬的传销行为还是否可以非法经营罪论处的问题。

出现以上似乎是自相矛盾的情况，事实上是与该案的叙述省略了时间维度有关。因为从该案材料中，我们看不到具体的审理时间。只是从深圳市罗湖区人民法院的本案的案号中可以确定这是2011年受理的案件，最高人民法院对本案批复于2012年。而规定团队计酬不以犯罪论处的司法解释是2013年11月14日颁布的。在这一司法解释颁布之前，在司法实践中对于团队计酬的传销行为是否以非法经营罪论处，法律界限并不明确，而且我国刑法学界的通说认为应以非法经营罪论处。在这种情况下，检察机关对本案以非法经营罪提起公诉，就是十分正常的。而一审判决对被告人曾国坚等人也是以非法经营罪定罪处罚，作出了有罪判决。第一次上诉以后，二审法院以事实不清、证据不足，裁定发回重审。重审一审判决仍然认定被告人曾国坚等人构成非法经营罪。再次上诉以后，对于本案的法律适用问题，深圳市中级人民法院逐级层报请示，最高人民法院以［2012］刑他字第56号批复明确："对组织、领导传销活动的行为，如未达到组织、领导传销活动罪的追诉标准，行为人不构成组织、领导传销活动罪，亦不宜再以非法经营罪追究刑事责任。"据此，深圳市中级人民法院认为，本案被告人曾国坚等人组织、领导的传销活动人员不足30人，亦没有相应证据证明该传销体系的层级在3级以上，按照疑罪从无原则，依法改判被告人曾国坚、黄水娣、罗玲晓、莫红珍无罪。

在笔者看来，曾国坚案真实地反映了在关于团队计酬的传销行为不以犯罪论处的司法解释出台之前，我国司法实践中对于团队计酬的传销案件如何处理问题上的一定程度的混乱。只是在司法解释正式出台以后，对于这个问题的法律界限才得以明确。但问题在于，《刑法修正案（七）》对组织、领导传销活动罪的立法，本来是要加强对传销活动的惩治。但立法过程的一波三折，司法解释的限缩性规定，刑法对于传销活动的打击力度不是加强而是弱化了。

这是立法者所愿意看到的吗？不得而知。

（本文原载《政法论坛》，2016（2））

非法经营罪范围的扩张及其限制

——以行政许可为视角的考察

非法经营罪是我国刑法中的口袋罪，这主要是因为刑法第 225 条第 4 项采用了兜底条款的规定方式，这种规定在刑法理论上也被称为堵截式的构成要件。[①] 兜底条款的规定方式决定了其在司法适用过程中，需要通过法律或者司法解释加以填补，由此而与我国刑法所规定的罪刑法定原则之间存在一种紧张关系。为此，应当对该兜底条款进行必要的限制，这是在非法经营罪司法适用中亟待解决的问题。在本文中，笔者拟从行政许可与非法经营罪构成要件的关系上展开讨论，以期限制非法经营罪的范围。

一、行政审批改革背景下非法经营罪的范围限缩

非法经营罪是我国经济犯罪中最为典型的罪名，该罪名是从 1979 年的投机倒把罪演变而来的。从投机倒把罪到非法经营罪的历史演变过程生动地反映了我

① 关于堵截式的构成要件理论，参见王安异：《非法经营罪适用问题研究》，94 页以下，北京，中国法制出版社，2017。

国从计划经济到市场经济的转变，同时，也深刻地显示了国家权力对经济干预的广度与深度的变化。[①] 在 1979 年刑法规定投机倒把罪中，虽然行为类型繁多，然而主要行为类型是非法倒卖，即违反法律规定，倒买倒卖法律禁止买卖或者限制自由买卖的货物、物品。在 1997 年刑法修订时，将其他投机倒把行为独立出去设立单独罪名，而把非法倒卖货物、物品的行为类型保留下来，将罪名变更为非法经营罪。因此，非法经营罪是投机倒把罪的主要继承罪名。基于对非法经营罪加以限制的指导思想，从 1997 年刑法修订时列举的具体行为类型来看，主要是指专营、专卖和限制买卖物品，以及经营许可证等经营凭证。如果将非法经营罪严格限制在这个范围，本罪的构成要件将会是明确和具体的，因而犯罪范围也会是狭小的。

然而，为了避免列举之遗漏，立法机关设置了兜底条款，这就是刑法第 225 条第 4 款规定："其他严重扰乱市场经济秩序的非法经营行为。"这个条款被称为是一个"小口袋"，其设立初衷在于："这样规定符合我国社会主义市场经济发展初期的实际情况，有助于发挥保障经济秩序稳定的作用，不致因规定过于具体、绝对而出现不应有的漏洞，造成被动。"[②] 应当指出，1997 年将投机倒把罪修改为非法经营罪，其目的在于解决投机倒把罪这个口袋罪所带来的执行随意性的问题。然而，由于立法机关在刑法第 225 条关于非法经营罪的规定中设立了兜底条款，这就为非法经营罪重新沦为口袋罪埋下了伏笔。其实，在刑法第 225 条的规定中，除了兜底条款以外，立法机关还采取了空白罪状和罪量要素等具有一定概然性的立法方式，使本罪的构成要件具有了某种程度的模糊性，而兜底条款则使得本罪的构成要件完全处于一种开放性的状态。正如我国学者指出："非法经营罪的适用及其理论难题，从总体上讲，都可以归于该罪的兜底性特征。其作为兜底罪名，以兜底条款为依据，拥有丰富的兜底构成要件，也必然影响了空白罪

① 关于从投机倒把罪到非法经营罪的演变历程，参见陈兴良：《投机倒把罪：一个口袋罪的死与生》，载《现代法学》，2019（4）。

② 周道鸾等主编：《刑法的修改与适用》，85 页，北京，人民法院出版社，1997。

状、罪量要素和其他定罪要素的认定。”① 可以说，兜底条款是非法经营罪的阿喀琉斯之踵。

1997 年修订刑法设立非法经营罪的时候，尚未制定《行政许可法》。在这种情况下，也就没有考虑非法经营罪如何与行政许可制度相衔接的问题。然而，我国当时存在行政审批制度，因而各级行政机关在行政审批的名义下大量地创设行政许可。在这种情况下，1997 年刑法设置的罪名，还是与违反行政许可之间具有密切的关联性。例如，在我国刑法中存在大量以违反行政许可为前置条件的犯罪。其中，较为典型的违反行政许可的罪名包括：(1) 刑法第 174 条规定的擅自设立金融机构罪。该罪是指未经国家有关主管部门批准，擅自设立商业银行、证券交易所、期货交易所、证券公司、期货经纪公司、保险公司或者其他金融机构的行为。(2) 刑法第 339 条第 2 款规定的擅自进口固体废物罪。该罪是指未经国务院有关主管部门许可，擅自进口固体废物用作原料，造成重大环境污染事故，致使公私财产遭受重大损失或者严重危害人体健康的行为。(3) 刑法第 343 条规定的非法采矿罪。该罪是指违反矿产资源法的规定，未取得采矿许可证擅自采矿，擅自进入国家规划矿区采矿、对国民经济具有重要价值的矿区和他人矿区违反采矿，或者擅自开采国家规定实行保护性开采的特种矿种，情节严重的行为。在上述犯罪的罪状中都明确规定以未经许可作为构成要件的规范要素。此外，在其他以违反国家规定为前置条件的犯罪中，虽然没有明确描述违反行政许可，但就违反国家规定的内容而言，就是指未经许可。例如，刑法第 128 条规定的非法持有枪支罪，该罪是指违反枪支管理规定，非法持有枪支的行为。这里的违反枪支管理规定持有枪支，其含义就是未经许可持有枪支。因此，该罪在性质上也是违反行政许可构成的犯罪。此类罪名，在我国刑法中具有相当数量。可以说，凡是严重违反行政法规设定的行政许可行为，在 1997 年刑法修订时都已经被规定为犯罪，并不存在明显漏洞。

非法经营罪中的违反国家规定，主要是指违反行政许可。因此，非法经营行

---

① 王安异：《非法经营罪适用问题研究》，48 页，北京，中国方正出版社，2017。

为的性质是未经许可从事某种经营活动。刑法第 225 条第 1 项将违反专营、专卖制度的行为规定为非法经营行为："未经许可经营法律、行政法规规定的专营、专卖物品或者其他限制买卖物品。"这里的专营、专卖物品主要是指烟草、食盐等专营、专卖法规所规制的物品。而这里的限制买卖物品，是指在一定时期内，法律或者行政法规禁止买卖的物品。限制买卖物品不同于专营、专卖物品之处在于：专营、专卖物品关系到国计民生，因而对其长期禁止买卖，一般都由行政法规加以专门规定。例如，我国 1997 年 7 月 3 日开始实施的《烟草专卖法》。而限制买卖物品则是根据某个时期国民经济发展的特殊需要，对重要的生产资料和紧俏耐用的消费品实行短期限制买卖，一般都以行政决定等方式加以规定。例如 1998 年 11 月 11 日国务院发布的《关于加强钢材管理的决定》，规定对某些特殊钢材由国家有关金属材料公司专营，其他部门、单位和个人一律不准经营。这种行政决定通常具有限时法的性质，在一定时期具有法律有效。刑法第 225 条第 2 项还将买卖进出口许可证、进出口原产地证明以及其他法律、行政法规规定的经营许可证或者批准文件的行为规定为非法经营行为。从这一规定可以看出，当时在经济生活中存在进出口许可制度以及其他经营许可制度，但立法机关并没有将违反进出口许可或者违反经营许可的行为规定为非法经营行为，而只是将买卖进出口许可证或者经营许可证以及其他相关行为规定为非法经营行为。这对于我们理解非法经营罪的立法意图具有重要参考意义。

除了上述两项对非法经营行为的描述性规定以外，立法机关在刑法第 225 条第 3 项采取了兜底条款的立法方式。及至 1999 年《刑法修正案》第 8 条规定："刑法第二百二十五条增加一项，作为第三项：'未经国家有关主管部门批准，非法经营证券、期货或者保险业务的；'原第三项改为第四项。"此后，《刑法修正案（七）》又增加了"非法从事资金支付结算业务的"内容。由此可见，现行刑法第 225 条第 3 项是对证券、期货、保险、资金结算等金融业务的专营制度的规定。它不同于刑法第 225 条第 1 项对烟草、食盐等物品的专营、专卖，而是对金融业务的专营。因为，物品存在生产和销售等环节，因而可以实行专营、专卖制度。金融业务则只存在经营而不存在销售，因而只能规定专营而不能规定专卖。

对金融业务的专营不能归入刑法第225条第1项对物品的专营、专卖规定之中，因而需要单设一项加以规定。

在1997年刑法修订以后，随着我国市场经济的发展，亟待对行政许可制度进行改革。行政许可是行政权力干预市场经济的主要手段，它代表的是看得见的“手”，对于市场经济活动具有规制功能。在当时的经济生活中，行政许可是大量存在的，甚至达到泛滥的程度。当时的行政许可主要表现为行政审批，未经行政审批的经营行为，就被认为是非法经营行为。关于行政许可和行政审批之间的区分，我国学者指出：“行政许可只是行政许可机关根据申请人的申请，对其是否符合法定条件进行审查并依法作出许可与否的决定，它是一种外部行政行为，存在于行政主体与外部行政相对人之间。行政审批则不同，它既可能是作为外部行政行为的行政许可，也可以是针对行政管理中行政系统内部事项的审批。”① 由此可见，当行政许可以行政审批的形式呈现的时候，由于缺乏法律的规制，因而更具有任意性。在这种情况下，为了适应市场经济的需要，国家开始大量废止行政审批，以此减少行政权力对市场经济的干预，由此在一定程度上限缩了非法经营罪的范围。应当指出，即使在当时，也不是只要违反行政审批就构成非法经营罪，而是在法律或者行政法规有规定的情况下，才构成非法经营罪。随着行政审批的取消，某些经营行为的违法性被废止，由此带来明显的出罪效果。例如于润龙非法经营案，其收购、运输黄金的行为发生在2002年，根据《金银管理条例》的规定，黄金属于限制买卖物品，因而当地司法机关认定于润龙未经许可经营限制买卖物品，其行为构成非法经营罪。在该案二审期间，国务院于2003年取消了黄金收购许可证审批制度，收购黄金行为的违法性不复存在，因而最终被判无罪。

【案例1】 于润龙非法经营案

吉林市丰满区人民法院经审理查明：2000年9月15日至2002年9月15日，被告人于润龙承包吉林省桦甸市老金厂金矿东沟二坑坑口，共生产黄金约23 000

① 周佑勇主编：《行政许可法理论与实务》，23页，武汉，武汉大学出版社，2004。

克。2002 年 9 月 21 日，于润龙自驾车辆将其承包金矿自产和收购的共 46 384 克黄金运往吉林省长春市。途中从桦甸市沿吉桦公路行驶至吉林市南出口（红旗）收费站时，被公安人员抓获，涉案黄金全部由吉林市公安局扣押，后出售给中国人民银行吉林市中心分行，总售价为人民币（以下币种同）3 843 054.58 元，出售款上缴国库。

在该案审理期间，公安部办公厅就现阶段如何认定非法经营黄金行为向中国人民银行办公厅发函征求意见。2003 年 9 月 19 日中国人民银行办公厅对公安部办公厅发出的《〈关于对“非法经营黄金行为”现阶段如何认定的函〉的复函》（银办函［2003］483 号），提出三点意见：“一、中国人民银行发布的《关于调整携带黄金有关规定的通知》（银发［2002］320 号）不适用于个人。二、国发［2003］5 号文件后，企业、单位从事黄金收购、黄金制品生产、加工、批发、黄金供应、黄金制品零售业务无须再经中国人民银行的批准。三、《中华人民共和国金银管理条例》与国发［2003］5 号文件相冲突的规定自动失效。但在国务院宣布《中华人民共和国金银管理条例》废止前，该条例的其他内容仍然有效。”参照上述复函，丰满区人民法院认为，被告人于润龙在未获取黄金经营许可证的情况下大量收购、贩卖黄金的行为，构成非法经营罪；国发［2003］5 号文件虽然取消黄金收购许可制度，但其他行政法规、部门规章仍对国内黄金市场秩序进行规制；《中华人民共和国金银管理条例》（以下简称《金银管理条例》）在废止前，该条例的其他条款仍然有效，而根据其他条款，对于润龙的行为应当认定为非法经营。据此，丰满区人民法院遂认定被告人于润龙犯非法经营罪，判处免予刑事处罚。被告人于润龙不服，向吉林市中级人民法院提起上诉。

吉林市中级人民法院经审理认为，一审判决认定的事实清楚，证据确实、充分，但定性不准，适用法律错误。具体理由如下：(1) 国发［2003］5 号文件发布后，个人经营黄金的行为，不构成非法经营罪。刑法第 225 条中的“国家规定”，具体到本案，是指《金银管理条例》。刑法第 225 条第 1 项中的“许可”，具体到本案，是指中国人民银行批准经营黄金的专项许可。国发［2003］5 号文

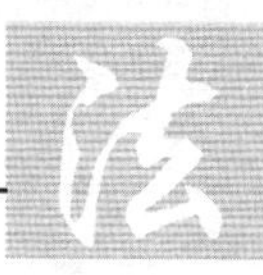

件发布后，中国人民银行对黄金的经营许可制度被取消，《金银管理条例》关于黄金由中国人民银行统购统配的规定不再适用，单位或者个人经营黄金无须经由中国人民银行审核批准。因此，国发［2003］5 号文件发布后，单位或者个人经营黄金的行为不适用刑法第 225 条的规定，不构成非法经营罪。（2）依照刑法第 12 条所确定的从旧兼从轻原则，通常情况下应当按照行为发生当时已有的法律对行为进行定性。但是，如果审判时法律发生了变化，按照变化后新的法律，不认为是犯罪或者处刑较轻的，应当适用新的法律。上诉人于润龙经营黄金的行为发生在 2002 年 8 月至 9 月间，即国发［2003］5 号文件发布前，按照当时的法律，构成非法经营罪。然而，在一审法院审理期间，国务院发布了国发［2003］5 号文件，取消了中国人民银行关于黄金经营许可的规定。按照现行规定，其经营对象不属于“未经许可经营法律、行政法规规定的专营、专卖物品或者其他限制买卖的物品”，不构成非法经营罪，因此改判上诉人于润龙无罪。

于润龙非法经营案是一个经历行政审批变更而导致无罪的典型案例。在行为时，黄金属于专营物品，于润龙经营黄金的行为未经行政审批，违反《金银管理条例》，因而属于非法经营行为。但在本案一审审理期间，国发［2003］5 号文件取消了黄金收购许可制度。为此，公安机关向中国人民银行征询意见，中国人民银行办公厅复函认为该取消黄金收购许可的规定不适用于个人，因而一审法院仍然认定于润龙构成非法经营罪。其实，中国人民银行办公厅复函没有认识到从计划经济到市场经济，行政许可的性质发生了根本性的变化。在计划经济时代，只有经过许可才能从事一定的经济活动。因而，当时的《金银管理条例》只对单位收购黄金设立了行政许可，在这种情况下，个人确实不能从事黄金收购业务。然而，在市场经济条件下，对于市场主体来说，可以从事法律没有禁止的任何经营活动。在这种情况下，［2003］5 号文件取消对单位黄金收购许可制度，同时也就意味着个人也可以从事黄金收购业务而无须经过许可。对此，二审法院认为，因为国发［2003］5 号文件取消了黄金收购许可制度，所以于润龙违反国家规定的根据就不复存在，其行为不属于非法经营，因而改判于润龙无罪。应该

说，二审判决的裁判理由是完全正确的。[①]

可以说，于润龙在本案中的命运是随着行政审批制度的改革，非法经营行为大幅收窄而在有罪与无罪之间摇摆的生动写照。

二、《行政许可法》颁布后非法经营罪的范围扩张

为了巩固清理行政审批的成果，我国在 2003 年 8 月 27 日通过了《行政许可法》，并于 2004 年 7 月 1 日开始实施。《行政许可法》试图对行政许可进行法律规制，根据《行政许可法》的规定，只有法律、行政法规和地方性法规才有权设置行政许可，这对于通过法律控制行政许可具有重要意义。可以看出，《行政许可法》的立法初衷是要减少行政权力对经济活动的干预，为市场经济创造宽松的法治环境。果若如此，则对于非法经营罪的范围限缩来说，是一个重大利好。因为，刑法通过设立非法经营罪对非法经营行为进行惩治，在其本质上是对市场经济主体的营业活动的某种限制，这是为了维护市场经济秩序。如果非法经营行为范围过于宽泛，则市场经济主体的活动空间也会被压缩。由此可见，非法经营罪的范围和市场经济主体的活动范围之间存在某种消长关系。

如前所述，《行政许可法》是为巩固行政审批改革成果而推进的一项立法工作，合乎逻辑的结论应该是：《行政许可法》的实施应当有助于进一步限缩非法经营罪的范围。然而，实际结果与之相反，在《行政许可法》实施以后，非法经营罪的范围不仅没有如同所期待的那样得以限缩，反而呈现出进一步扩张的倾向。问题就在于：在《行政许可法》实施以后，如何理解违反行政许可行为的法

① 该案此后还经历了一个反复过程。在宣告无罪以后，于润龙要求公安机关返还被扣押的涉案黄金。为此，吉林市相关部门要求复查此案，决定由吉林市中级人民法院启动再审程序。吉林市中级人民法院发回丰满区人民法院重审。丰满区人民法院重审以后，判决被告人于润龙犯非法经营罪，免于刑事处罚；并没收被告人于润龙非法经营涉案黄金 46 384 克，上缴国库。再审一审判决后，检察机关以量刑畸轻为由提出抗诉，于润龙以其无罪为由再次向吉林市中级人民法院提起上诉。作为再审二审法院，吉林市中级人民法院审理查明的事实与再审一审查明的基本一致。经过审理，再审二审法院基于与原审二审裁定基本相同的理由，再次改判再审上诉人于润龙无罪。

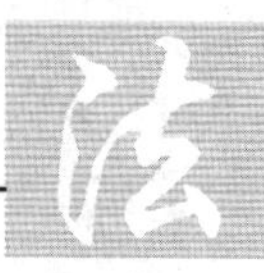

律性质？换言之，是否只要是违反行政许可的经营行为，都属于我国刑法第 225 条规定的非法经营行为？如果这个命题能够成立，则非法经营罪就沦为《行政许可法》的刑事罚则。或者说，非法经营罪就演变为违反行政许可行为的法律后果。十分遗憾的是，在《行政许可法》实施以后，非法经营罪向着扩张方向一路疾驰。

《行政许可法》虽然对设定行政许可的主体做了限制，即只有法律、行政法规和地方性法规才有权设定行政许可，其他部门没有设定行政许可的权力，这对于减少行政许可对市场经济的行政干预具有积极作用。就非法经营罪而言，在 1997 年刑法修订之前，作为非法经营罪前身的投机倒把罪的行为，基本上是由国家工商管理局通过部门规章的方式规定的，此外就是司法解释的规定。相对来说，对当时投机倒把行为规定的法律层级较低。而 1997 年刑法第 225 条将非法经营罪的前置法设定为违反国家规定，而刑法第 96 条又将违反国家规定解释为违反全国人民代表大会及其常务委员会制定的法律和决定，国务院制定的行政法规、规定的行政措施、发布的命令。以上规定都在很大程度上提高了非法经营罪前置法的层级，这对于限制非法经营罪的范围具有一定意义。当然，法律、行政法规的规定仍然是数量庞大的规范系统，违反那些法律、行政法规的规定才构成非法经营罪，仍然是一个值得讨论的问题。在非法经营罪的违反国家规定行为中，大量属于违反行政许可，如果并对构成非法经营罪的违法行政许可行为的性质加以限制，则不可避免地使得非法经营罪的范围扩张。事实上，在《行政许可法》颁布以后，将违反行政许可行为直接等同于违反国家规定的非法经营行为，在刑法第 225 条前 3 项没有明文规定的情况下，直接适用第 4 项规定。在这种情况下，《行政许可法》的颁布不仅没有起到限制非法经营罪范围的作用，反而使得非法经营罪的范围极度膨胀。

我国行政许可可以分为两种：第一种是法律、行政法规单独设定的，第二种是行政决定集中设定的。相对来说，单独设定的行政许可数量具有一定的限制，因为它是一个法律设定一个许可。而集中设定的行政许可则数量惊人。为了解决历史遗留问题，我国《行政许可法》对行政许可的设定采取了一定的变通规定，这就是在法律、行政法规对行政许可的个别设定以外，还允许国务院采取发布决定的方式，对行政许可进行集中设定。根据《行政许可法》第14条规定，法律可以设定行政许可。尚未制定法律的，行政法规可以设定行政许可。必要时，国务院可以采用发布决定的方式设定行政许可。在此，国务院决定是指国务院基于管理经济、文化和社会事务的需要所制定的行政法规以外的规范性文件。相对来说，国务院决定的法律层级和效力都要低于行政法规。正如我国学者指出："虽然国务院发布的决定在性质上于国务院制定的行政法规相同，均属于授权立法，但无论是在制定程序还是形式要件等方面，国务院决定都远不如行政法规严格于规范。"① 在法律、行政法规设定的情况下，行政许可是针对个别事项的，因而一个法律或者法规都只是设定一个行政许可。而采取决定的方式设定行政许可，则在一个决定中可以对若干事项的行政许可进行集中设定。例如，在《行政许可法》2004年7月1日生效前夕，国务院于2004年6月29日发布《对确需保留的行政审批项目设定行政许可的决定》（国务院令第412号）（以下简称《决定》），对法律、行政法规以外的规范性文件规定的许可事项，共500项予以保留并设定行政许可。我国学者对此评论指出："除法律和行政法规规定的行政许可外，这500项许可还将继续实施，如此庞大惊人的行政许可种类及其数量的继续存在，对《行政许可法》所要求的减少许可数量的努力本身就是一个挑战。"② 由此可见，在《行政许可法》颁布以后，行政许可在我国也是普遍存在的。尤其是，在上述法律、行政法规生效以后，国务院以决定的方式集中设定的行政许可，对非法经营罪的司法认定带来重大影响。

在此，笔者以成品油的经营许可为例进行讨论。成品油是重要的战略物资和生产资料，历来是国家高度控制的商品。因此，成品油最初是国有石化企业的垄断经营，此后随着市场经济的发展，尤其是计划外油品进入市场，成品油经营活动逐渐放开，各种市场主体进入成品油经营领域。在这种情况下，1990年7月

① 应松年主编：《行政许可法教程》，123页，北京，法律出版社，2012。

② 应松年主编：《行政许可法教程》，123页，北京，法律出版社，2012。

10 日国家计委、中国石油化工总公司、国家工商行政管理局颁布了《关于加强成品油市场管理和整顿的通知》（以下简称《通知》），《通知》对准许从事国内成品油的批发、零售和供应业务的单位进行了列举，主要是中央和地方的燃油经营公司以及基层农村供销社和农机服务公司。除此以外，《通知》还规定，上述经营单位及供销社组织的个体工商户，只有经工商行政管理机关核准其经营范围的，才能经营规定的成品油。由此可见，《通知》对成品油的销售并没有采取专营的管理体制，而是设定一定的行政许可。只要取得许可，即可以从事成品油的经营活动。值得注意的是，1987 年 9 月 17 日，国务院发布的《投机倒把行政处罚暂行条例》和此后出台的《投机倒把行政处罚暂行条例实施细则》，列举了 11 种投机倒把行为，然而并未包括非法经营成品油。因此，在 1997 年刑法修订之前，并没有法律或者司法解释明确将违反工商管理法规，经营成品油的行为规定以投机倒把罪论处。

在 1997 年刑法修订以后，2001 年 4 月 10 日国家工商行政管理总局《关于擅自从事成品油经营活动是否构成投机倒把行为的答复》指出："单位和个人在未取得成品油批发或者零售经营证书的情况下，以牟取非法利润为目的，擅自从事成品油经营活动，以及国家成品油直供单位擅自将直供成品油对社会进行批发、零售的行为，构成了《投机倒把行政处罚暂行条例》第三条第一款第（十一）项规定的'其他扰乱社会主义经济秩序的投机倒把行为'，应依法进行查处。"这一规定只是对无证经营成品油行政违反行为的惩治规定，并未涉及非法经营罪。因此，在 1997 年刑法实施以后，一直到 2004 年《行政许可法》颁布之前，未取得成品油批发或者零售经营证书而经营成品油的行为，并非刑法第 225 条规定的非法经营行为。

在 2004 年《行政许可法》实施以后，根据前述《决定》的精神，国务院颁布了《对确需保留的行政审批项目设定行政许可的目录》（以下简称《目录》），该《目录》列举了 500 项保留并设定行政许可的事项。其中，成品油规定在第 183 项，内容是：石油成品油批发、仓储、零售经营资格审批。这一规定实际上是对成品油的经营活动以国务院《决定》的方式设定了行政许可。此后，2004

年12月4日商务部发布《成品油市场管理暂行办法》，2015年10月28日修正以后改为《成品油市场管理办法》（以下简称《办法》）。该《办法》第1条规定："为加强成品油市场监督管理，规范成品油经营行为，维护成品油市场秩序，根据《国务院对确需保留的行政审批项目设定行政许可的决定》（国务院令第412号）和有关法律法规，制定本办法。"同时，《办法》第3条规定："国家对成品油经营实行许可制度。"该《办法》第4条还规定："本办法所称成品油是指汽油、煤油、柴油及其他符合国家产品质量标准、具有相同用途的乙醇汽油和生物柴油等替代燃料。"从以上商务部《办法》的规定来看，实际上是对《决定》所设定的成品油经营的行政许可制度的具体化，相当于实施细则。对此，我国学者认为："《办法》属于部门规章，不是行政法规，不应作为认定刑事司法领域未经许可零售成品油的'国家规定'。但《行政许可法》、国务院《对确需保留的行政审批项目设定行政许可的决定》（国务院令第412号文）以及国务院《对确需保留的行政审批项目设定行政许可的目录》的性质是法律及行政法规、决定，这些法律规范中同样设立了成品油的经营资格许可制度。因此，上述规范性法律文件可以作为刑事司法领域认定非法经营罪的'国家规定'"①。至此，从行政许可的层面，完成了未经许可经营成品油行为向非法经营罪入罪的法律铺垫。

在商务部《办法》出台以后，未经许可经营成品油的行为是否构成非法经营罪，虽然没有法律、司法解释的明文规定，然而，它以一种自下而上、从公安到法院、从个案到类案的方式，最终完成了未经许可经营成品油行为以非法经营罪论处的事实上的犯罪化过程。例如，公安部经济犯罪侦查局2007年对上海经侦总队答复：关于将违反商务部《成品油市场管理办法》无证经营成品油的行为，认定为未经许可经营法律、行政法规规定限制买卖物品的行为，追究刑事责任的具体规定。此后，2008年最高人民法院刑事审判第二庭《关于对未经行政许可经营成品油批发业务是否构成非法经营罪的意见》指出："在未取得合法有效地《成品油批发经营批准证书》的情况下，进行成品油批发经营业务，属于违反国

① 李莹：《法定犯研究》，133页，北京，法律出版社，2015。

家规定，未经许可经营法律、行政法规规定限制买卖的物品的行为。对于扰乱市场秩序，情节严重的，可以非法经营罪追究刑事责任。”因此，在司法实践中，大量违反上述商务部的行政许可而经营成品油的行为都以非法经营罪论处。然而，到这个时点为止，并没有法律或者司法解释明确将未经许可经营成品油的行为规定以非法经营罪论处。

在司法实践中，对于未经许可经营成品油的行为是否违反国家法律规定，出现了一定程度的争议。而这种争议主要就是围绕着违法行政许可展开的。成品油可以分为汽油和柴油，国务院《危险化学品安全管理条例》明确规定汽油属于须经国家许可经营的物品。经营汽油必须取得《危险化学品经营许可证》。没有取得《危险化学品经营许可证》而经营汽油的构成非法经营。商务部《成品油市场管理办法》规定成品油包括汽油和柴油以及其他成品油。根据该《办法》的规定，柴油等其他成品油同汽油一样，均属于须经国家行政许可才能经营的物品。从事成品油批发、零售、仓储经营活动，须取得相应的成品油经营许可证。因此，未取得行政许可擅自经营成品油的构成非法经营。对此，我国司法实务部门同志指出：“国务院制定的《危险化学品安全管理条例》属于行政法规，而商务部制定的《成品油市场管理办法》则属于部门规章。二者的效力位阶是不同的。由此，汽油纳入了行政法规的调整范围，而其他成品油仅纳入了部门规章的调整范围，却未纳入行政法规的调整范围。据此，无证经营汽油情节严重的行为构成非法经营犯罪。而无证经营其他成品油的行为，则仅是一种违法行为，不构成犯罪。对于违法经营其他成品油的，只能由行政主管部门依法处罚并取缔。”① 在目前我国司法实践中，也存在个别未经许可经营汽油被判有罪、未经许可经营柴油而被判无罪的案例。

【案例 2】 张某非法经营汽油、刘某非法经营柴油案②

2012 年以来，张某、刘某未经有关部门批准经销成品油，张某经销汽油，

---

① 苏建召：《非法经营罪对象不包括其他成品油》，载《检察日报》，2014 - 02 - 12。

② 参见王轶：《非法经营成品油为何有的够罪有的不够罪》，载《检察日报》，2016 - 08 - 27。

刘某经销柴油，向周边的沙场、砖厂等销售。至案发时，张某销售汽油，非法经营额为 19.8 万元；刘某销售柴油，非法经营额为 21.9 万元。

法院认为，张某非法经营汽油，违反行政法规，构成非法经营罪；刘某非法经营柴油，违反部门规章，但柴油不属于法律、行政法规规定的专营、专卖物品或者其他限制买卖的物品，不构成非法经营罪，对其应予以行政处罚。

该案的裁判理由认为，上述张某和刘某之所以受到无罪和有罪的不同处理结果，主要是由于其所违反的法规的性质不同而决定的。张某违反的是国务院《危险化学品安全管理条例》（以下简称《条例》），该《条例》属于行政法规。根据《条例》第 33 条的规定，国家对危险化学品经营实行许可制度。未经许可，任何单位和个人不得经营危险化学品。《条例》第 3 条第 2 款规定："危险化学品目录，由国务院安全生产监督管理部门会同国务院工业和信息化、公安、环境保护、卫生、质量监督检验检疫、交通运输、铁路、民用航空、农业主管部门，根据化学品危险特性的鉴别和分类标准确定、公布，并适时调整。"而《危险化学品名录》中只有汽油（编号 31001），没有其他成品油。因此，汽油属于国家限制买卖的物品。经营汽油必须取得"危险化学品经营许可证"。而柴油则不属于危险化学品，其经营活动无须办理"危险化学品经营许可证"。未经许可经营柴油的行为，违反了商务部《办法》，该《办法》只是部门规章而不是行政法规，其性质不同于经营汽油。因此，非法经营成品油行为是否构成犯罪，主要看所经营物品是否属于法律、行政法规规定的专营、专卖物品或者其他限制买卖的物品。国务院《危险化学品安全管理条例》属于行政法规，商务部《成品油市场管理办法》属于部门规章。因此，张某非法经营汽油违反行政法规，且非法经营数额在 5 万元以上，构成非法经营罪；刘某非法经营柴油，违反部门规章，不符合刑法规定的非法经营罪的构成要件，对其违法行为，应由行政主管部门依法处罚。[①] 以上观点，还是以只要违反行政许可，就构成非法经营罪为逻辑前提的。由此得出结论：经营汽油违反行政许可，因而构成非法经营罪；而经营柴油不违

① 参见王轶：《非法经营成品油为何有的够罪有的不够罪》，载《检察日报》，2016－08－27。

反行政许可，因而不构成非法经营罪。

当然，在司法实践中，未经许可经营成品油的行为，无论是经营汽油还是经营柴油，被判有罪的案件还是主流。例如，根据有关数据统计，2019 年度关于非法经营成品油行为的 595 份判决书中，共有 152 份判决书提及行为人未取得“成品油零售经营批准证书”而经营零售成品油的行为构成非法经营罪，占比高达 26%。目前司法实践中，依据商务部《办法》所规定的《成品油零售经营批准证书》，已经成为非法经营零售成品油行为入罪的主要依据。① 从行政许可的角度来看，即使是商务部《办法》对成品油经营设定的行政许可，也是以国务院《决定》为依据的，而不是商务部以行政规制的名义设定的行政许可，因而将之归属于国家规定，并非没有法律根据。在这种情况下，仅仅以成品油经营的行政许可是商务部设定的，因而不属于国家规定，似乎缺乏充分的法律根据。

以上未经许可经营成品油行为从行政违法行为，到设置行政许可以后得以入刑，以非法经营罪论处的历史演变过程，可以清晰地呈现出非法经营罪范围扩张的线索。其中的逻辑理路是：只要违反行政许可，就属于违反国家规定，只要该种行为是经营行为，当然也就是非法经营行为，可以构成非法经营罪。至于认定为刑法第 225 条第 1 款的“其他限制买卖物品”还是第 4 款的“其他严重扰乱市场秩序的非法经营行为”，似乎并不是一个十分重要的问题，因而并未给出清晰的答案。

在此，引起笔者思考的问题在于：是否只要是未经行政许可的经营行为，就必然构成非法经营罪？如果对于这个问题的答案是肯定的话，不要说法律、行政法规逐项设定的行政许可，就以国务院决定的方式一揽子设定的 500 项行政许可而论，非法经营罪的口袋该有多大？难道数百种违反行政许可的行为都以非法经营罪论处？果若如此，则非法经营罪就会成为包含数百种行为的天下第一大口袋罪。

---

① 参见李治、程溪：《国务院“放管服”新规对非法经营成品油行为认定的影响》，载 https：//www. sohu. com/a/365980419 _ 100138309。

《行政许可法》第81条规定："公民、法人或者其他组织未经行政许可，擅自从事依法应当取得行政许可的活动的，行政机关应当依法采取措施予以制止，并给予行政处罚；构成犯罪的，依法追究刑事责任。"这是关于违反行政许可行为的法律责任的规定，其直接的法律后果就是行政处罚。至于"构成犯罪的，依法追究刑事责任"，并不意味着违反行政许可行为，只要情节严重就必然构成犯罪，而是只有在刑法有明文规定的情况下，才能追究刑事责任。我国实行罪刑法定原则，只有刑法才能设立犯罪，其他法律、行政法规都不得设立犯罪。对某些违反行政许可行为，在我国刑法中设立了专门的罪名的，例如前述擅自设立金融机构罪、擅自进口危险废物罪和非法采矿罪，对此应当按照犯罪论处，这是没有问题的。然而，在此我们讨论的并非这些犯罪，讨论的是非法经营罪。如果这个问题不能厘清，那么，非法经营罪的扩张将会是必然结果。因此，笔者认为应当从行政许可的性质上对非法经营罪的范围加以限制。

三、以行政许可的性质限缩非法经营罪构成要件范围

在《行政许可法》制定以后，对于违反行政许可的行为是否构成非法经营罪，在刑法理论上并未展开过多的讨论，只是个别学者论及行政许可与非法经营罪的关系。[①] 笔者认为，《行政许可法》的颁布与实施，对非法经营罪的构成范围必然而且已经带来了重大影响，我们需要认真研究违反行政许可与非法经营罪中的构成要件规范要素之间的关系，从而达致以行政许可的性质限缩非法经营罪范围的目的。

根据《行政许可法》第2条规定，行政许可是指行政机关根据公民、法人或者其他组织的申请，经依法审查，准予其从事特定活动的行为。应当指出，我国行政许可的类型是多种多样的，一般可以分为普通许可、特许、认可、核准和登记。显然，并不是所有违反上述行政许可的行为都可能构成非法经营罪。讨论的

① 参见王作富、刘树德：《非法经营罪调控范围的再思考》，载《中国法学》，2005（6）。

重点在于普通许可和特许。其中，普通许可是指行政机关经过审查确认自然人、法人或者其他组织是否具备从事特定活动条件的活动。根据《行政许可法》第12条第1项的规定，直接涉及国家安全、公共安全、经济宏观调控、生态环境保护以及直接关系人身健康、生命财产安全等特定活动，需要按照法定条件予以批准的事项，应当设定的是普通许可。根据《行政许可法》第12条第2项的规定，有限自然资源开发、公共资源配置以及直接关系公共利益的特定行业的市场准入等，需要赋予特定权利的事项，应当设定的是特殊许可，简称为特许。一般许可和特许这两种行政许可的性质与功能都是不同的：一般许可的功能在于控制危险，它是一种事前监督管理的方式，通过设定一定的准入条件，增加某种经济社会活动的安全性。而特许的功能在于配置资源，同时具有保护国家对某些资源的垄断，从而达到对资源配置的行政干预。例如国家工商行政管理部门颁发的适用于一切经营主体的营业执照，这是一种普通许可，只要具备条件的市场主体都可以获得批准。因此，即使是未经批准从事经营活动（无照经营）或者超出经营范围从事经营活动（超范围经营），也只是一种行政违法，不可能构成非法经营罪或者其他犯罪。而我国《保险法》对从事保险业务设立的行政许可，就是特许。《保险法》第142条规定："违反本法规定，擅自设立保险公司或者从事商业保险业务活动的，由保险监督管理机构予以取缔；构成犯罪的，依法追究刑事责任。"我国学者指出："这些条款中'构成犯罪，依法追究刑事责任'针对的行为按非法经营罪处理，无疑是以违反了保险经营主管部门颁发的业务许可证为前提的。总之，按照刑法并列款项同等解释的原则，非法经营罪第（四）项'其他严重扰乱市场秩序的非法经营行为'也必须与特定的许可证相关联。"[①] 其实，未经许可，擅自设立保险公司，已经被刑法第174条规定为擅自设立金融机构罪，而未经国家有关主管部门批准，非法经营保险业务的行为在1999年就被《刑法修正案》第8条规定为刑法第225条第3款的非法经营行为而不是适用第4款的

① 刘树德：《"口袋罪"的司法命运——非法经营罪的罪与罚》，257页，北京，北京大学出版社，2011。

兜底条款。因此，刑法第 225 条第 1 项和第 3 项规定的都是违反特许的非法经营行为。

应当指出，行政许可中的特许和普通许可，在性质上是不同的。这种不同性质，对于违反行政许可行为能否成立非法经营罪具有重要关联性。我国学者指出："在特许经营中，受特许人取得的是本不属于自己的权利，因此，如果未获得特许而从事了特许项下的活动，其行为不仅从形式到实体都是违法行为，应受到行政甚至刑事的处罚，而且还是侵犯国家所有权的行为。对于普通许可，如果应许可而未获许可，其行为一般构成违法，但其行为有区别形式违法与实体违法的必要。如果其行为只是未经许可，但其行为完全符合许可条件，则仅为形式上违法；如果其行为既未经许可，也不符合许可的条件，则不仅是形式违法，同时构成实体违法。"① 由此可见，在违反行政许可中，只有违反特许的行为具有实体上的法益侵害性，如果情节严重，应当作为犯罪惩治。在我国刑法中，除了已经被立法机关单独设立罪名的违反特许行为以外，其他违反特许的经营行为可以通过司法解释的方式认定为刑法第 225 条第 4 项的"其他严重扰乱市场秩序行为"，以非法经营罪论处。而违反普通许可的行为，则可以分为两种情形：第一种是违反普通许可的形式违法，第二种是违反普通许可的实体违法。形式违法只是单纯的行政违法行为，只应受到行政处罚，不能构成非法经营罪。至于实体违法，是一种侵犯行政管理秩序的行为，只有法律有规定才能构成非法经营罪。根据以上分析，笔者认为，只有违反特许的行为，在刑法没有单独设立罪名的情况下，如果有法律或者司法解释规定的，可以认定为刑法第 225 条第 4 项规定的"其他严重扰乱市场秩序的非法经营行为"。至于违反普通许可的行为，只能作为行政违法行为处理。

目前在我国司法实践中，通行的做法是对违反行政许可的行为直接适用刑法第 225 条第 4 项的规定，认定为其他严重扰乱市场经济秩序的行为。如果这一做法能够成立，那么，非法经营罪的兜底条款就成为违反行政许可行为的入罪根

① 王克稳：《行政许可中特许权的物权属性与制度建构研究》，36 页，北京，法律出版社，2015。

据。即使是行政法规所设定的行政许可，目前也有数十个之多。在这种情况下，非法经营罪的口袋甚至远远大于1979年刑法中的投机倒把罪。我国规定非法经营罪的刑法第225条，就相当于一部经济刑法。根据有关专业人士发布的《57种涉嫌非法经营罪情形全梳理（附32种量刑标准）》[①]，在这57种非法经营行为中，刑法第225条列举的6种，两高司法解释规定的23种，法律、行政法规规定的限制经营行为26种，其他情形2种。这里的其他是指没有法律、司法解释规定而直接被司法机关认定为非法经营罪的情形。一个罪名涵盖数十种行为，这在各国刑法中都是极为罕见的现象。

在行政法规中，设置了数量庞大的行政许可，其中绝大多数是普通许可。如果将违反普通许可都认定为非法经营罪，这无异于是行政部门实质性地行使了刑法立法权，以此而极大地扩大了非法经营罪的范围。例如，对于药品的规制，我国刑法明确规定了生产、销售假药罪和生产、销售劣药罪，因此，无论有无生产、销售药品的许可，只要生产、销售假药、劣药，都构成犯罪，这是没有问题的。在1997年刑法修订时并没有将违反行政许可，生产、销售合格药品的行为构成犯罪。此后，我国1984年《药品管理法》对药品的生产、销售设立行政许可，2001年修订的《药品管理法》保留了行政许可，这里的许可是普通许可。对于违反行政许可，生产、销售药品行为，是否以非法经营罪论处，就成为在司法实践中需要面对的问题。

【案例3】 薛洽煌非法经营药品案[②]

广东省潮州市湘桥区人民法院经审理查明：被告人薛洽煌，于2006年11月至2007年11月间，在没有取得“药品经营许可证”的情况下，以其承租的位于潮州市湘桥区南较路南溪巷9号（擅自挂名“金洽药店”）作为经营场所、位于湘桥区前街安场路安和园C栋“楼下储藏室”和湘桥区南较路南溪巷9号对面

① 参见易怀炯：《57种涉嫌非法经营罪情形全梳理（附32种量刑标准）》，载http：//www.148hb.com/mobile/crimeview/748.html。

② 本案载最高人民法院刑事审判第一、二、三、四、五庭主办：《刑事审判参考》，9～11页，第75集，北京，法律出版社，2011。

“23 号车库”作为仓库，采取借用具有药品经营许可资质的“广东省潮安县正人药业有限公司”的名义购进、销售药品或直接购进、销售药品的方式，先后向“深圳致君制药有限公司”（即原“深圳制药厂”）、“普宁市鹏源药业有限公司”、“揭阳盛达药业有限公司”等单位购买复方磷酸可待因溶液（即“联邦止咳露”）、“盐酸曲马多”等药品，销给普宁市一个叫“楚西”的人（身份不明）以及部分在金洽药店零售及送货到潮州市区的网吧及娱乐场所销售，从中牟利。在此期间，被告人薛洽煌非法经营复方磷酸可待因溶液等药品的金额为人民币2 133 350.50 元，从中获利人民币 7 万多元。

湘桥区人民法院于 2009 年 7 月 22 日作出（2009）潮湘刑初字第 101 号刑事判决：被告人薛洽煌犯非法经营罪，判处有期徒刑 5 年，并处罚金人民币 10 万元。

对于本案被告人的行为是否构成非法经营罪，在审理过程中存在争议。一种意见认为，鉴于目前尚无相关立法解释和司法解释对非法经营药品的行为定性予以明确，法无明文规定不为罪，因此，被告人薛洽煌的行为应通过行政手段规制，不应追究刑事责任，对诸如被告人的这类行为，只有在司法解释后，才能追究刑事责任。另一种意见认为，本案被告人非法经营药品的数额在公安机关、检察机关所规定的追诉标准数额以上，且社会危害性巨大，应以非法经营罪追究被告人的刑事责任。在以上两种意见中，第一种意见是讨论未经许可经营药品行为认定为非法经营罪，是否具有法律根据的问题。然而，令人诧异的是第二种意见完全没有针对定罪的刑法根据这个根本问题，而是以非法经营药品数量达到追诉标准，具有重大社会危害性作为构成犯罪的理由。显而易见，第二种意见没有提供充分的定罪根据，却置第一种意见不顾而对被告人以非法经营罪定罪量刑。由此可见，罪刑法定原则在司法实践个案的处理上完败于社会危害性判断。很难想象，脱离了罪刑法定，社会危害性何以成为定罪根据？

值得注意的是，该案的处理结果受到最高法院业务庭室的肯定，作为指导案例刊登在《刑事审判参考》。在该案的裁判理由中，认定为有罪的规范根据仍然是违反行政法规，指出：“国家对药品实行经营许可管理制度，经营者必须取得

经营许可证才能从事许可证规定范围内的经营活动。潮州市食品药品监督管理局证实被告人没有取得药品经营许可证。本案被告人违反上述法律、行政法规的规定，在没有取得药品许可证的情况下，借用其他企业的经营条件进行药品经营，其行为应认定为非法经营。”① 这一段话只是论证了未经许可经营药品的行为属于非法经营，而非法经营并不能直接等同于非法经营罪。非法经营可以分为行政违法意义上的非法经营和刑法意义上的非法经营。如果是行政违法意义上的非法经营，应当受到行政处罚。只有刑法意义上的非法经营，才能受到刑事处罚。因此，论证被告人的行为属于非法经营，并不能就此得出被告人构成非法经营罪的结论。被告人的行为是否构成非法经营罪，关键在于刑法是否有明文规定。只有刑法才能为该案被告人的行为构成非法经营罪提供法律根据。这里涉及一个问题，如果被告人未经许可经营药品的行为构成非法经营罪，那么符合刑法第225条四项中的哪一项呢？对此，判决书援引的是第1项，第1项包括非法经营专营、专门物品和限制买卖物品。显然，药品并非专营、专卖物品，因此只能归之于限制买卖物品。而为什么药品属于限制买卖物品，这本来是该案被告人行为构成非法经营罪所应当论证的，但主张构成非法经营罪的意见对此竟然未着只字，轻松地与争议焦点擦肩而过，这是令人遗憾。

这里的问题是：限制买卖物品是否等同于未经许可买卖的物品？限制买卖物品这个概念，来自1988年国务院颁布的《投机倒把行政处罚暂行条例》（以下简称《条例》）。该《条例》第1条就将倒卖国家禁止或者限制自由买卖的物资，物品的行为规定为投机倒把行为。在此，限制买卖和禁止买卖是相对应的两种物品。1990年国家工商行政管理局颁布了《投机倒把行政处罚暂行条例施行细则》（以下简称《细则》）。《细则》第2条对《条例》第1条规定的倒卖限制自由买卖的物资、物品行为解释为两种行为：非经营单位和个人倒卖重要生产资料或者紧俏耐用消费品，经营单位就地转手倒卖重要生产资料或者紧俏耐用消费品。因

① 最高人民法院刑事审判第一、二、三、四、五庭主办：《刑事审判参考》，第75集，12页，北京，法律出版社，2011。

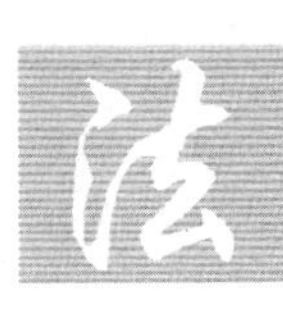

此，所谓限制自由买卖物品是指重要生产资料或者紧俏耐用消费品。在当时的历史条件下，限制自由买卖物品的范围是与计划经济体制密切相关的，随着经济体制改革，限制买卖物品的范围进一步限缩。此后，1997 年刑法第 225 条规定的非法经营罪第 1 项规定了未经许可经营限制买卖物品属于非法经营行为。这里的限制买卖物品是指国家根据经济发展和维护国家社会和人民群众利益的需要，规定在一定时期实行限制性经营的物品，如化肥、农药等。[①] 因此，这里的经营限制买卖物品不能等同于经营违反行政许可的物品。

对于未经许可经营药品的行为，直到 2014 年 3 月 3 日最高人民法院、最高人民检察院《关于办理危害药品安全刑事案件适用法律若干问题的解释》（以下简称《解释》）做出入罪的规定。《解释》第 7 条规定："违反国家药品管理法规，未取得或者使用伪造、变造的药品经营许可证，非法经营药品，情节严重的，依照刑法第二百二十五条的规定以非法经营罪定罪处罚。"笔者注意到，《解释》的上述规定，仍然没有明确对于未经许可经营药品行为到底是属于刑法第 225 条第 1 项的经营限制买卖物品的行为还是第 4 项的其他严重扰乱市场秩序的非法经营行为。从关于非法经营罪的司法解释来看，只有个别解释对此做了明确规定。例如 2013 年 9 月 6 日最高人民法院、最高人民检察院《关于办理利用信息网络实施诽谤等刑事案件适用法律若干问题的解释》第 7 条规定："违反国家规定，以营利为目的，通过学习网络有偿提供删除信息服务，或者明知是虚假信息，通过信息网络有偿提供发布信息等服务，扰乱市场秩序，具有下列情形之一的，属于非法经营行为'情节严重'，依照刑法第二百二十五条第（四）项的规定，以非法经营罪定罪处罚。"而其他大多数规定以非法经营罪定罪处罚的司法解释都没有只是规定以刑法第 225 条定罪处罚，但并没有具体指出适用哪一项规定。从法律解释的习惯表述来看，如果是适用刑法第 225 条第 1 项的非法经营限制买卖物品，应当解释为："违反国家药品管理法规，未取得或者使用伪造、变造的药品

① 参见全国人大常委会法制工作委员会刑法室编：《中华人民共和国刑法条文说、立法理由及相关规定》，458 页，北京，北京大学出版社，2009。

经营许可证，非法经营药品，情节严重的，属于刑法第二百二十五条第一项规定的未经许可经营限制买卖物品”。而规定对该种行为以非法经营罪定罪处，只能理解为是适用刑法第225条第4项的兜底条款。因为如果说第225条第1项的其他限制买卖物品，在个案判决中就可以认定，只有第4项的兜底条款，在2011年4月8日最高人民法院颁布《关于准确理解和适用刑法中“国家规定”的有关问题的通知》以后，刑法第225条第4项的“其他严重扰乱市场秩序的非法经营行为”只能由司法解释进行规定。有关司法解释未作明确规定的，应当作为法律适用问题，逐级向最高人民法院请示。由此可以得出结论，2013年最高人民法院司法解释规定未经许可经营药品行为以非法经营罪定罪处罚，只能是依照刑法第225条第4项的规定论处。

四、违反行政许可行为以非法经营罪论处的法理考察

如前所述，违反行政许可只是具备了非法经营罪构成要件的规范要素，还不能直接认定为非法经营罪。在适用刑法第225条的时候，还需要进一步考察该违反行政许可行为属于第1项还是第4项的“其他严重扰乱市场秩序的非法经营行为”。也就是说，违反行政许可行为认定非法经营罪还应当寻找刑法根据。如果说，司法解释具有对刑法第225条第4项兜底条款的解释权。那么，那些司法解释并未规定的违反行政许可的行为，都能够以非法经营罪论处吗？从目前司法实践的情况来看，基本上对违反行政许可的行为，即使司法解释没有规定，也都按照非法经营罪定罪处罚。其中，某些情形并没有法律规定，某些情形则具有一定的法律规定。如果没有法律规定，当然也就不具备以非法经营罪论处的刑法根据。那么，那些具有法律规定的情形，就一定具备以非法经营罪论处的刑法规定吗？对此，还要进行具体分析。

【案例4】 王力军非法经营案

内蒙古自治区巴彦淖尔市临河区人民法院经审理认为，2014年11月至2015年1月期间，被告人王力军未办理粮食收购许可证，未经工商行政管理机关核准

登记并颁发营业执照，擅自在临河区白脑包镇附近村组无证照违法收购玉米，将所收购的玉米卖给巴彦淖尔市粮油公司杭锦后旗蛮会分库，非法经营数额218 288.6元，非法获利6 000元。案发后，被告人王力军主动退缴非法获利6 000元。2015年3月27日，被告人王力军主动到巴彦淖尔市临河区公安局经侦大队投案自首。

原审法院认为，被告人王力军违反国家法律和行政法规规定，未经粮食主管部门许可及工商行政管理机关核准登记并颁发营业执照，非法收购玉米，非法经营数额218 288.6元，数额较大，其行为构成非法经营罪。鉴于被告人王力军案发后主动到公安机关投案自首，主动退缴全部违法所得，有悔罪表现，对其适用缓刑确实不致再危害社会，决定对被告人王力军依法从轻处罚并适用缓刑。宣判后，王力军未上诉，检察机关未抗诉，判决发生法律效力。

最高人民法院于2016年12月16日作出（2016）最高法刑监6号再审决定，指令内蒙古自治区巴彦淖尔市中级人民法院对本案进行再审。内蒙古自治区巴彦淖尔市中级人民法院于2017年2月14日作出（2017）内08刑再1号刑事判决：（1）撤销内蒙古自治区巴彦淖尔市临河区人民法院（2016）内0802刑初54号刑事判决；（2）原审被告人王力军无罪。

内蒙古自治区巴彦淖尔市中级人民法院再审认为，原判决认定的原审被告人王力军于2014年11月至2015年1月期间，没有办理粮食收购许可证及工商营业执照买卖玉米的事实清楚，其行为违反了当时的国家粮食流通管理有关规定，但尚未达到严重扰乱市场秩序的危害程度，不具备与刑法第二百二十五条规定的非法经营罪相当的社会危害性、刑事违法性和刑事处罚必要性，不构成非法经营罪。

被告人王立军无证收购玉米，违反行政许可，因而被认定为非法经营罪。值得注意的是，粮食收购制度，我国存在计划经济时代的从统购统销到经济体制改革以后的自由流通这样一个历史演变过程。统购统销是建国初期实行的一项控制粮食资源的计划经济政策，它以1953年10月16日中共中央《关于实行粮食的计划收购与计划供应的决议》为标志。在上个世纪90年代初，全国逐渐放开粮

食价格，由此形成粮食市场，统购统销就此退出历史舞台。在对粮食实行统购统销政策的历史条件下，违反统购统销政策，私自买卖粮食的行为是一种投机倒把犯罪行为，受到法律严惩。在结束粮食统购统销政策以后，这样刑法制度当然也就不复存在。当然，粮食经营的市场化是一个缓慢的渐进过程。为了维护粮食市场秩序，保障粮食供应，我国在废除粮食统购统销政策后不久，建立了粮食定购制度。1998 年 6 月 6 日国务院颁布了《粮食收购条例》（以下简称《条例》），该《条例》第 3 条规定："收购粮食必须严格执行国家的粮食收购政策。国家为掌握必要的商品粮源，实行粮食定购制度，定购粮的收购由省、自治区、直辖市人民政府组织实施。农民完成国家粮食定购任务并留足自用和自储粮食后出售的余粮，由国有粮食收储企业敞开收购"。这里的粮食定购不同于粮食统购统销，该制度设立的初衷是为了维护粮食生产者的合法权益，避免粮价过低损害粮食生产者的利益。例如，该《条例》第 4 条规定："收购粮食必须严格执行国家的价格政策。国家对粮食收购实行保护价制度，以保障农民和其他粮食生产者出售粮食，能够补偿生产成本，并得到适当的收益。"同时，《条例》第 5 条还对粮食定购的主体资质做了明确规定："只有经县级人民政府粮食行政管理部门依照本条例第六条规定条件批准的国有粮食收储企业，方可按照国家有关规定从事粮食收购活动。未经批准，任何单位和个人不得直接向农民和其他粮食生产者收购粮食"。从上述规定可以看出，粮食定购的主体具有特定性，只能是国有粮食收储企业。并且，《条例》第 13 条还规定："未经批准，擅自从事粮食收购活动的，由工商行政管理机关没收非法收购的粮食，并处非法收购粮食价值 1 倍以上 5 倍以下的罚款，依法吊销营业执照；构成犯罪的，依法追究刑事责任"。根据这一规定，擅自收购粮食属于违法犯罪，应当受到处罚。应该说，粮食定购制度强化了国有粮食收储企业在粮食收购中的垄断地位，对于稳定粮食收购秩序，维护粮食生产者的利益具有一定的作用。然而，粮食定购制度过于强调粮食经营秩序的稳定性，不利于建立粮食流通的市场秩序。可以说，粮食流通市场化仍然是我国粮食流通制度改革的基本方向。

及至 2004 年 5 月 23 日，国务院发布了《关于进一步深化粮食流通体制改革

的意见》（国发［2004］17号）（以下简称《意见》）。《意见》指出：国务院决定，在总结经验、完善政策的基础上，2004年全面放开粮食收购市场，积极稳妥推进粮食流通体制改革。深化粮食流通体制改革的总体目标之一，就是在国家宏观调控下，充分发挥市场机制在配置粮食资源中的基础性作用，实现粮食购销市场化和市场主体多元化。与此同时，2004年5月26日国务院颁布了《粮食流通管理条例》（以下简称《条例（二）》），以此取代《粮食收购条例》。《条例（二）》第3条明确规定："国家鼓励多种所有制市场主体从事粮食经营活动，促进公平竞争。依法从事的粮食经营活动受国家法律保护。严禁以非法手段阻碍粮食自由流通"。由此可见，粮食经营主体的多元化是我国粮食流通制度的重要特征。《条例（二）》第9条、第10条对粮食经营资质的取得条件及其程序做了明确规定，同时，《条例（二）》第41条规定："未经粮食行政管理部门许可或者未在工商行政管理部门登记擅自从事粮食收购活动的，由工商行政管理部门没收非法收购的粮食；情节严重的，并处非法收购粮食价值1倍以上5倍以下的罚款；构成犯罪的，依法追究刑事责任"。这里涉及对构成犯罪的规定，但由于行政法规没有权力设置罪名，因而这个规定只是一种照应性条款，是否能够追究刑事责任，还是应当根据刑法的明文规定。如果刑法没有相应规定，则这种照应性条款并不能成为追究刑事责任的直接根据。

王力军无证收购玉米的行为发生在2014年至2015年间，当时适用的是根据2013年7月18日《国务院关于废止和修改部分行政法规的决定》第一次修订的《粮食流通管理条例》。对于王力军无证收购玉米行为的入罪，涉及三个问题：第一，王力军无证收购玉米的行为是否属于刑法第225条规定的违反国家规定？第二，如果上述第1个问题的回答是肯定的，王力军无证收购玉米的行为属于刑法第225条第1项的其他限制买卖物品还是第4项的其他严重扰乱市场经济秩序的行为？第三，如果王力军的行为属于刑法第225条第4项的其他严重扰乱市场经济秩序的行为，应当如何判断其是否构成非法经营罪？以下逐个对这三个问题进行分析。

（一）王力军无证收购玉米的行为是否属于刑法第225条规定的违反国家规定

违反国家规定是非法经营罪入罪的第一道门槛，尤其是在采取兜底式规定的

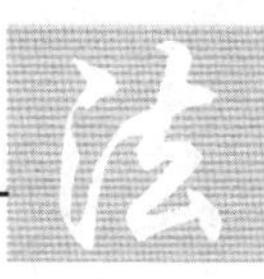

情况下，违反国家规定这一规范要件对于非法经营罪的认定具有堵截功能。毫无疑问，根据《条例（二）》的规定，王力军未经许可从事粮食收购的行为是一种违反行政许可的行为，具有行政违法性。《条例（二）》对粮食经营设立了行政许可，只有办理一定的行政审批手续，才能获得粮食经营资质，从而具备粮食经营的主体资格。然而，王力军并未办理上述手续，因而具有行政违法性。那么，这种未经许可的行为是否就完全具备了非法经营罪所要求的违反国家规定的要件呢？如果仅仅从粮食经营行政许可是国务院设立的，因而违反行政许可就是违反国家规定的意义上说，似乎是符合逻辑的。然而，正如笔者在前文指出，不能将所有违反行政许可的行为都直接等同于违反国家规定，还要考察行政许可的性质和类型。行政许可有普通许可和特许之分，如果只是违反普通许可，还只是一般的行政违法，还不能认为是非法经营罪的违反国家规定。只有违反特许的行为，才能认为是非法经营罪的违反国家规定。目前，我国行政法中大多数是普通许可，只有少数是特许。而且，随着市场经济的发展，即使是在资源配置中，也引入市场机制，因而特许的数量减少，或者以普通许可代替特许。例如，粮食是关系到国计民生的重要物质。在 20 世纪 50 年代我国实行统购统销，通过特许授予粮食部门对粮食进行垄断经营。但在 20 世纪 80 年代对粮食购销体制进行改革，废除了粮食的特许经营制度。但为了规范粮食流动秩序，我国制定了《粮食流通条例》，对粮食经营实行许可证制度。这里的许可就是一种普通许可。违反这种行政许可的行为，只是形式违法而并不是实质违法，其社会危害性并没有达到犯罪程度，因此不应当构成非法经营罪。因此，王力军无证收购玉米案，并不能认为具备了非法经营罪的违反国家规定的要件。因此，笔者认为，对于违反行政许可行为是否构成非法经营罪，要区分普通许可与特许。只有违反特许的行为才可能构成非法经营罪，违反普通许可的行为不能构成非法经营罪。即使是司法解释，能否将违反普通许可的行为规定为非法经营罪，这也是一个值得讨论的问题。

（二）王力军无证收购玉米的行为属于刑法第 225 条第 1 项的其他限制买卖物品还是第 4 项的其他严重扰乱市场经济秩序的行为

刑法第 225 条第 1 项规定了非法经营其他限制买卖物品，这里的其他限制买

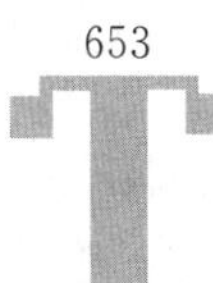

卖物品属于概然性条款，如果能够将无证收购玉米解释为经营其他限制买卖物品，则可以认定王力军的行为构成非法经营罪。对此，阮齐林教授指出："王力军违反市场准入无证收购玉米的行为，原本属于第（一）项行为类型，按照刑法'兜底条款'限制适用规则，即使王力军的行为构成犯罪，也只能适用第（一）项定罪，排斥适用第 225 条第（四）项'兜底条款'定罪。"① 阮齐林教授的上述观点隐含着一个前提，即只要是违反市场准入的非法经营行为，都属于刑法第 225 条第 1 项的情形：如果不属于专买专卖的非法经营行为就属于限制买卖物品非法经营行为。也就是说，刑法第 225 条第 1 项主要惩治的是违反市场准入规定的非法经营行为。然而，这一前提本身是值得商榷的。市场准入并不是一个严格的法律概念，而是一个经济学的概念，它是指国家准许公民和法人进入市场，从事商品经营活动的实体条件和程序规则。其中，行政许可就是国家通过法律设置市场准入条件的重要方式。违反行政许可从事经营活动，具有主体资质上的违法性。这种非法经营行为在性质上不同于那些虽然具备主体资质但在实体上违反经营规则的非法经营行为。以上两种非法经营行为在我国刑法中都可以构成非法经营罪，刑法第 225 条第 1 项的未经许可经营专营专卖物品的行为确实属于不具备主体资质的非法经营行为。但未经许可经营其他限制买卖物品，是否属于不具备主体资质的非法经营行为，还是值得商讨的。因为这里的限制买卖物品是指在特定时期紧俏物品，这个概念本身就是紧缺经济的产物。自从我国进入市场经济以后，随着商品越来越丰富，限制买卖物品失去了其存在的合理性。大量违反行政许可的行为都具有违反行政管理的属性，例如粮食经营的行政许可并不是解决粮食短缺问题，而是为了维护粮食经营秩序，保护粮食生产者的利益。在这个意义上说，不能认为因为对经营粮食设置了行政许可，因而粮食就是一种限制买卖物品。笔者认为，刑法第 225 条第 1 项的限制买卖物品具有其特定含义，它应当以一定时期行政法规的统一规定为根据进行认定，而不能将违反行政许可经营物品认定为经营限制买卖物品。因此，王力军无证收购玉米的行为如果构成非法经

① 阮齐林：《刑事司法应坚持罪责实质评价》，载《中国法学》，2017（4）。

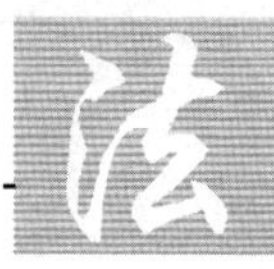

营罪，只能是第 4 项的其他严重扰乱经济秩序的行为。

（三）如何判断王力军无证收购玉米的行为刑法第 225 条第 4 项的其他严重扰乱市场经济秩序的行为

刑法第 225 条第 4 项是一个兜底条款，它的认定前提是违反国家规定，并且属于严重扰乱市场经济秩序的行为。在此，需要进行法益侵害性的实质判断。也就是说，并不是所有违反国家规定的经验行为都属于第 4 项的其他非法经营行为，而是要进行实质判断，这也是王力军无证收购玉米案能否认定为非法经营罪的关键之所在。在王力军无证收购玉米案的原审判决中，仅仅根据王力军违反粮食收购的行政许可，并且《粮食流通管理条例》又明确规定，未经粮食行政管理部门许可擅自从事粮食收购活动的，构成犯罪的，依法追究刑事责任，由此认定王力军的行为构成非法经营罪。然而，在形式上符合其他严重扰乱市场经济秩序行为的特征，并不等于该种行为已然具备非法经营罪的构成要件，还要对此进行实质上是否具有法益侵害性的判断。就王力军无证收购玉米案而言，虽然王力军收购玉米没有取得粮食收购资质，但其收购玉米的行为解决了当地农民卖粮难问题，并没有侵犯粮食生产者的利益，不具有严重扰乱市场经济秩序的性质。在这种情况下，王力军无证收购玉米的行为只是一种行政违法行为，不能按照非法经营罪定罪处罚。对于王力军无证收购玉米案，最高人民法院指令对进行再审。再审对王力军做出了判决无罪，其理由并不是因为该无证收购粮食的行为不属于刑法所规定的非法经营行为，而是没有考察该行为是否具有严重扰乱市场经济秩序。王力军非法经营案的裁判要点指出：“判断违反行政管理有关规定的经营行为是否构成非法经营罪，应当考虑该经营行为是否属于严重扰乱市场秩序。对于虽然违反行政管理有关规定，但尚未严重扰乱市场秩序的经营行为，不应当认定为非法经营罪”。

通过王力军无证收购玉米案，我们可以看出将违反行政许可行为直接认定为非法经营行为予以入罪，潜藏着混淆行政违法行为与非法经营犯罪行为之间界限，将行政违法行为予以入罪的危害性。事实上，王力军无证收购玉米案，在是否具备违反国家规定、是否属于非法经营行为、是否符合其他严重扰乱市场经济

秩序的非法经营罪的入罪实质条件等三个阶层问题上都存在疑问，都具有出罪的可能性。[①] 然而，该案还是轻松地跨越了这三个法律界限而被入罪。最高人民法院指令本案再审，虽然纠正了司法认定错误，然而如果不从非法经营罪的构成要件上进行严重界定，尤其是不能正确处理违反行政许可与非法经营罪之间的关系，此类非法经营罪的错案还是难以完全避免。

五、结语

我国1997年刑法取消投机倒把罪，代之以第225条规定的非法经营罪，其立法目的在于严格限制非法经营罪的范围。然而，采用兜底条款立法方式的刑法第225条第4项留下了一个缺口。随着2004年《行政许可法》的生效，这个缺口在无形中成为违反行政许可行为以非法经营罪论处的入口，由此而使我国刑法中的非法经营罪不仅没有达到限缩的立法目的，反而沦为《行政许可法》的刑事罚则：只要是违反行政许可行为，除了无照经营等极少数情形以外，都存在以非法经营罪论处的可能性。在这种情况下，非法经营罪虽然只是一个罪名，但实际上包含着数十个，甚至上百个顶着非法经营罪名义的犯罪。在这个意义上说，非法经营罪可谓以一顶十，甚至以一顶百，成为我国刑法中的一个巨大无比的口袋罪，相对于1979年刑法中的投机倒把罪，其规模有过之而无不及。1997年刑法修订时立法者所设想的“小口袋”，以一种不以立法者意志为转移的方式，演变成了“大口袋”。显然，它与我国刑法第3条规定的罪刑法定原则是格格不入的。

解决非法经营罪的口袋罪化的问题，当然有赖于立法和司法减轻对非法经营罪的依赖：就立法而言，应当及时将那些严重扰乱经济秩序的行为予以犯罪化，为司法机关定罪处罚提供刑法根据。就司法而言，应当谨守罪刑法定原则，避免非法经营罪兜底条款的滥用。

---

① 关于王力军无证收购玉米案的分析，参见陈兴良：《违反行政许可构成非法经营罪问题研究——以郭嵘分装农药案为例》，载《政治与法律》，2018（6）。

除了以上立法和司法的举措以外，笔者认为对于非法经营罪范围的限缩，刑法教义学理论应当而且可以发挥作用。在此，主要涉及违反行政许可行为与非法经营罪之间关系的重新审视与建构。违反行政许可不能当然地认为符合非法经营罪的违反国家规定的要件，而是应当区分违反普通许可和违反特许这两种不同性质的情形：如果只是违反普通许可，不能认为符合非法经营罪的违反国家规定这一前置性的规范要素；只有违反特许，才具有实质上的法益侵害性，因而符合非法经营罪的违反国家规定的规范要素。至于刑法第225条第4项兜底条款，应当严格加以限制：首先是程序限制。根据2011年4月8日最高人民法院《关于准确理解和适用刑法中“国家规定”的有关问题的通知》（法〔2011〕155号）第3条规定：“各级人民法院审理非法经营犯罪案件，要依法严格把握刑法第二百二十五条第（四）项的适用范围。对被告人的行为是否属于刑法第二百二十五条第（四）规定的‘其他严重扰乱市场秩序的非法经营行为’，有关司法解释未作明确规定的，应当作为法律适用问题，逐级向最高人民法院请示。”通过最高人民法院的审核，使得刑法第225条兜底条款的适用受到严格的程序限制。其次是实体限制。根据最高人民法院指导案例97号王力军非法经营再审改判无罪案的裁判要点规定：“1、对于刑法第二百二十五条第四项规定的‘其他严重扰乱市场秩序的非法经营行为’的适用，应当根据相关行为是否具有与刑法第二百二十五条前三项规定的非法经营行为相当的社会危害性、刑事违法性和刑事处罚必要性进行判断。2、判断违反行政管理有关规定的经营行为是否构成非法经营罪，应当考虑该经营行为是否属于严重扰乱市场秩序。对于虽然违反行政管理有关规定，但尚未严重扰乱市场秩序的经营行为，不应当认定为非法经营罪。”只有通过实体和程序两个方面收缩口袋罪的入罪条件，才能尽可能地将非法经营罪限制在合理范围内，以此践行罪刑法定原则。

（本文原载《法学家》，2021（2））

合同诈骗罪的特殊类型之“两头骗”：定性与处理

“两头骗”是司法机关对某些具有共同特征的合同诈骗案件的俗称，在“两头骗”中，存在前后两个欺骗行为：行为人通过第一个行为骗取财物以后，又以此为工具，实施第二个欺骗行为。“两头骗”并不是两个欺骗行为的简单相加，而是在两个欺骗行为之间存在一定的关联性。“两头骗”具有民刑交叉的性质，其法律关系较为复杂。而且，“两头骗”涉及人员较多，在赃物处理上也有一定难度。笔者拟于本文中以司法实践中的相关案件为线索，对“两头骗”的定性与处理问题，进行刑法教义学的研究。

一、骗租车辆质押贷款案：相同案件的不同处理

“两头骗”是一种较为复杂的诈骗现象，在“两头骗”的情况下，对于被告人的行为究竟如何定罪，存在较大的争议。在司法实践中，甚至对于案情基本相同的“两头骗”案件，在行为性质的认定上也各不相同。例如，在司法实践中，骗租车辆以后将他人车辆进行质押以此获取贷款，就是一种较为常见的“两头骗”案件。然而，各地司法机关对此在定性上有所不同。

案例1：吴火栋合同诈骗案。[①] 2009年4月8日晚7时许，吴火栋到泉州市顺达汽车租赁服务中心，以骗借的李某某驾驶证向被害人吴某某承租一辆东南菱帅小轿车（闽C2755A），同年4月22日，被告人吴火栋又到该租赁服务中心，以承租的东南菱帅小轿车不便驾驶为借口，再次向吴某某承租一辆丰田花冠小轿车（闽CPC539）。尔后，吴火栋到石狮市向蔡某某谎称家中火灾急需用钱，以东南菱帅小轿车系其家人所有，愿以该车作质押为由，向蔡某某借款人民币12 500元。吴火栋又通过黄某某（另案处理）伪造一本户名为吴火栋的闽CPC539丰田花冠小轿车行驶证，并经他人介绍，以家中火灾急需用钱为由，将该车作质押向陈某某借款人民币20 000元。在吴某某不断催讨下，吴火栋多次推脱。同年4月23日，吴某某到石狮市找到东南菱帅小轿车后，将该车开回。经泉州市价格认证中心对轿车价格鉴定，东南菱帅轿车价值为人民币38 500元，丰田花冠轿车价值为人民币87 000元。

案例2：林拥荣合同诈骗案。[②] 2007年1月6日，被告人林拥荣以租金每天人民币200元、租期1天的条件租得一辆车牌号为闽DN2597的奇瑞小轿车（价值人民币51 185元），并当场支付租金人民币200元。当日林拥荣即将该车开至厦门市同安区汀溪路路口许某某的摩托车修理店，谎称该车车主委托自己将车向其质押借款，并指使他人冒充车主与许某某通电话，使许某某相信其有车辆的处分权，尔后以该闽DN2597奇瑞小轿车为质押物，约定还款期限为1个月，向许某某借款人民币25 000元，预先扣除利息3 000元，实得22 000元。林拥荣将得款用于归还债务和个人挥霍。事后车主催讨该车时，林拥荣先谎称因交通事故拖延交车，后关闭通信工具逃匿。

案例3：曹忠合同诈骗案。[③] 2013年1月30日至同年2月27日期间，被告

---

① 参见国家法官学院、中国人民大学法学院编：《中国审判案例要览（2010年刑事审判案例卷）》，194～197页，北京，中国人民大学出版社，2012。

② 参见陈兴良、张军、胡云腾主编：《人民法院刑事指导案例裁判要旨通纂》（上卷），254页，北京，北京大学出版社，2013。

③ 参见国家检察官学院案例开发研究中心编：《中国法院2015年度案例（刑法分则案例）》，57～60页，北京，中国法制出版社，2015。该案中存在合同诈骗罪与诈骗罪两部分犯罪事实，为叙述方便，笔者于本文中将诈骗罪部分的内容删除。

人曹忠在与南通吉欣汽车运输有限公司汽车租赁部、上海爱梦汽车租赁有限公司等汽车租赁公司签订、履行租车合同过程中，以租车自用为名，骗得牌号为苏F8P722丰田凯美瑞、沪J11637别克君越、苏F303BQ广本雅阁、苏FEG433丰田RAV4、沪N91822奥迪A6等汽车5辆，并伪造个人身份及车辆行驶证等资料，将上述车辆质押给倪某某、杨某某、苏某某等人，得款人民币41.9万元，这些钱款被其用于归还个人借款及挥霍。经启东市价格认证中心鉴定，上述5辆汽车合计价值人民币83.381 5万元。

以上三个案件的案情大体相同，都是被告人以租车的名义骗取车辆，然后将租赁的车辆进行质押向他人借款，由此，存在以租车的名义骗取车辆和将租赁的车辆进行质押向他人借款这两个行为。

（一）以租车的名义骗取车辆行为的分析

以租车的名义骗取车辆的行为，法院认定为合同诈骗罪。那么，其欺骗行为表现在何处呢？在案例1中，法院认为，欺骗行为主要表现为以骗借的他人驾驶证向被害人承租车辆，存在合同主体的假冒。而在案例2和案例3中，被告人都是以本人名义租车，因而并不存在假冒他人的问题，在这种情况下，被告人的欺骗行为又如何认定呢？

对于案例2，法院认为欺骗行为表现在被告人隐瞒并不具备履行租赁合同的真实意思；而在案例3中，法院认为被告人以租车自用为名进行诈骗。因此，对于上述两个案件中被告人的诈骗行为，法院均认为表现在隐瞒租车的目的（并非自用而是以此进行质押贷款）。从刑法理论上来说，这是所谓就自己意思的欺骗，即对自己的意思做虚假表示。例如，张明楷教授指出："在采取'借用'的形式骗取他人汽车时，声称日后归还的，或者根本没有偿还贷款的意思而谎称一定偿还贷款的，属于就自己的意思进行欺骗。"[①] 当然，在此首先需要确定被告人在签订租车合同时就没有归还的意思，这是一个证据问题。租车合同中一般都存在对于车辆使用方面的约定，例如禁止将出租车辆转卖给他人或者进行抵押。在这

① 张明楷：《诈骗罪与金融诈骗罪》，60页，北京，清华大学出版社，2006。

种情况下，被告人在签订合同之前，就不想履行合同约定，因此也就没有履行合同的真实意思。就此而言，租车合同只是被告人骗取车辆的一个手段。因此，在刑法理论上，对于以租车的名义骗取车辆的行为构成合同诈骗罪，并不存在争议。在租车的时候，虽然被告人也支付了租赁费，但这只是在租赁期间车辆的使用费，而不是车辆的对价。被告人以租车名义取得车辆，却将租赁车辆非法予以占有。这种通过租车合同非法占有车辆的行为，完全符合合同诈骗罪的特征。

（二）将车辆质押向他人借款行为的分析

对于将租赁车辆进行质押向他人借款行为是否构成合同诈骗罪的问题，在案件审理过程中，存在较大争议，主要有以下两种意见。第一种意见认为，将车辆质押向他人借款行为构成合同诈骗罪。因为在这种情况下，被告人隐瞒了其对车辆没有处分权的真相，以质押借款的名义骗取他人财物。对此，应以合同诈骗罪论处。第二种意见则认为，将车辆质押向他人借款行为不构成合同诈骗罪。因为在这种情况下，被告人的行为只不过是将骗取的车辆进行变现的一种方式，不另外构成犯罪。由此可见，这两种意见是相互对立的。

在上述三个案件中，法院对以租车的名义骗取车辆行为的认定是相同的，也就是都认为构成合同诈骗罪，但对于将车辆进行质押向他人借款行为性质的认定有所不同。

在案例1中，法院认为：“行为人出于骗租车辆后变现的动机，通过第一个环节的欺诈行为，已非法占有了车辆，这时其诈骗行为已经得逞。至于其是直接通过销赃，还是通过质押借款的方式变现，只是对赃物的处置问题，不影响非法占有的成立。因此，汽车租赁诈骗案件中，行为人的实际取得应是指所骗租的车辆的价值，而不是行为人将所骗租车辆变现的实际所得数额。因此，被告人吴火栋为达到非法占有的目的，将车辆以租赁的形式骗出后又采取隐瞒真相的手段，以家人或车主的身份将车辆质押给他人以获取现金，其所实施的质押诈骗行为，是其为最终非法占有他人租赁财物这一结果的手段行为，属于前一行为的牵连犯罪，由于触犯的是同一罪名，应当从重。”在该案中，法院认定的合同诈骗数额是骗取的车辆价值；对于以车辆为质押的借款行为虽然认为是对赃物的处置，但

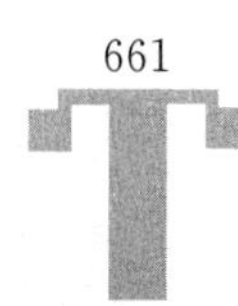

又认为是牵连犯罪。笔者认为，对于牵连犯罪这一提法，法院表述得较为模糊。其是否就是指刑法理论上的牵连犯呢？从裁判理由的叙述来看，似乎就是指牵连犯。因为裁判理由明确把第二个行为表述为质押诈骗行为，这显然是构成合同诈骗犯罪的。只是因为它与前一个汽车租赁诈骗行为之间存在着牵连关系，才从一重罪处断。但是，牵连犯是指前后具有牵连关系的两个行为分别触犯不同的罪名。而在该案中，连法院在裁判理由中也说触犯的是同一罪名。在这种情况下，怎么可能构成牵连犯呢？由此可见，这种牵连犯的说法值得质疑。然而，笔者认为，只将第一个骗租车辆的行为认定为合同诈骗罪，是正确的。

在案例 2 中，法院认为："被告人林拥荣虚构事实，隐瞒真相，与被害人许明某签订了汽车租赁合同并交纳了租金，取得了车辆的使用权，其并不具备履行租赁合同的真实意思，而是为达到非法占有他人财物的目的。故而，被告人随即又采用欺骗手段，使被害人许某某相信其有车辆的处分权，与许某某签订了质押合同，实现了将车辆质押获得借款的意图，随后逃匿。前后两次行为依照《刑法》第二百二十四条第（五）、第（四）项之规定，均构成合同诈骗罪。从本案被告人前后两次实施的合同诈骗行为来看，乃是基于一个概括的犯罪故意，连续实施两个独立的犯罪行为，触犯同种罪名的犯罪，从罪数理论上属于连续犯，司法实践上按一罪论处为妥。"由此可见，在案例 2 中，法院将以租车的名义骗取车辆，然后将车辆进行质押向他人借款这两个行为都认定为合同诈骗行为，并且认为这是刑法理论上的连续犯。在这种情况下，其合同诈骗数额也是骗取车辆的价值和所借款项的数额之总和。相对来说，将前后两个行为理解为连续犯，似乎要比理解为牵连犯更符合法理。但对于将租赁车辆进行质押借款的行为认定为构成合同诈骗罪的法理根据，法院没有加以充分阐述。

在案例 3 中，法院认为："被告人曹忠以非法占有为目的，在签订、履行合同过程中，骗取他人财物，数额巨大，其行为构成合同诈骗罪，依法应追究刑事责任。质押汽车骗钱的诈骗行为应当认定是对骗取汽车的合同诈骗的赃物的非法处置和变现行为，刑法不再作重复评价。"在此，法院只是将第一个行为认定为合同诈骗罪；对于第二个行为，法院定性为对骗取汽车的合同诈骗的赃物的非法

处置和变现行为，认为对此刑法不再作重复评价。这里所谓刑法不再作重复评价，是指不以犯罪论处。因此，法院在该案中对于第二个行为的认定显然不同于前两个案件。

那么，将骗取的车辆质押借款的行为是否构成合同诈骗罪呢？当然，这是在骗取车辆行为已经构成合同诈骗罪的前提下讨论这个问题的。在这一前提下，用来质押的车辆属于赃物，也是没有疑问的。从以上三个案件的具体案情来看，被告人在向他人质押借款过程中，都存在一定的欺骗行为。在案例 1 中，被告人伪造了行驶本。在案例 2 中，被告人谎称受车主委托进行质押借款。在案例 3 中，被告人伪造个人身份及车辆行驶证等资料。正因为如此，法院认为被告人是骗取质押借款，这是一种合同诈骗行为。然而，在刑法理论上，即使存在欺骗行为，也不能等同于诈骗罪。

这里涉及刑法中的合同诈骗罪与民法中的欺诈之间的区分，这是一个较为复杂的问题。以往，在我国刑法理论中，一般都采取综合分析方法，以列举方式说明两者的区别。例如，我国学者在论述合同诈骗罪与民事欺诈的区分时，从主观目的、行为方式、履约能力、履行合同的态度、标的物的处置情况等方面进行了说明，认为在区分合同诈骗罪与民事欺诈的时候，应当结合上述情况，进行综合的分析、比较后再做出判断与认定。[①] 这种所谓综合分析方法，看似全面，实则似是而非，并不能为正确地区分合同诈骗罪与民事欺诈提供清晰的标准。笔者认为，合同诈骗罪与民事欺诈的根本区分在于：合同诈骗罪是利用签订、履行合同而无对价地占有他人财物；而民事欺诈是在签订、履行合同过程中，通过欺诈方法，谋取非法利益。因此，是否无对价占有他人财物，是区分两者之关键。例如，行为人根本没有履行合同的意思，签订合同取得对方当事人货物后，在不交付货款的情况下，将货物非法占有。在这种情况下，合同只是诈骗的道具，不存在真实的合同关系，因此是典型的无对价占有他人财物。即使在先履行小额合同或者部分履行合同，诱骗对方当事人继续履行合同，然后非法予以占有的情况下，也应认定为无对

① 参见梁晓旭：《合同诈骗罪与民事欺诈行为之比较》，载《理论探索》，2004（3）。

价地占有他人财物。因为虽然先前的合同已经履行或者部分履行，但这种履行只是一种“钓鱼”手段。之后合同根本没有得到履行，同样不存在真实的合同关系。而在民事欺诈的情况下，行为人只是在合同的某些方面弄虚作假，例如合同标的存在瑕疵或者数量缺少，行为人还是意图通过签订、履行合同谋取利益，在这种情况下，存在真实的合同关系，行为人就不是无对价地占有他人财物。

根据以上分析，在以骗取的车辆质押借款的情况下，出借人的借款具有车辆的担保。一般来说，质押物的价值大于借款。因此，出借人尽管受到一定的欺诈，但借贷关系还是真实存在的。在被告人不能归还借款的情况下，出借人可以通过质押物受偿的方式实现自己的债权。就此而言，被告人与出借人之间的民事法律关系是客观存在的。因此，笔者认为将骗取的车辆质押借款行为不构成合同诈骗罪。基于这一分析，在案例 1 和案例 2 中，法院将质押借款行为认定为合同诈骗罪，尤其是在案例 2 中，法院还将借款数额认定为合同诈骗数额，这显然是难以成立的。这是将民事欺诈行为混同于合同诈骗罪，混淆罪与非罪的界限。在案例 3 中，法院明确地将采取欺诈方法质押借款行为认定为一种赃物的变现行为，认为不构成合同诈骗罪，这完全正确。当然，其理由还有待进一步展开。

二、骗取房屋过户抵押借款案：处分赃物行为不为骗

在“两头骗”案件中，一般第一个欺骗行为都较容易被认定为合同诈骗罪。当然，这一点也需要刑法理论上加以解释。因为，第一个行为也往往是以民事行为的形式出现的。至于第二个行为，在一般情况下都是对赃物的处分行为。如果赃物本身并不存在法律上的瑕疵，处分赃物并不需要采取欺诈手段。在这种情况下，处分赃物行为是构成合同诈骗罪还是属于民事欺诈，就是一个值得研究的问题。

案例 4：周有文、陈巧芳合同诈骗案。① 江苏省南京市中级人民法院经公开

① 参见最高人民法院刑事审判第一、二、三、四、五庭主办：《刑事审判参考》（第 93 集），26～32 页，北京，法律出版社，2014。

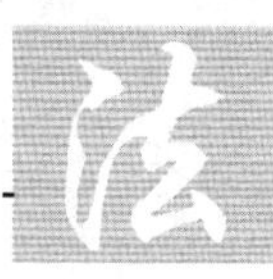

审理查明：2010年5月至10月间，被告人周有文、陈巧芳以非法占有为目的，假借购买二手房，先向被害人支付购房首付款，谎称向银行贷款支付购房余款，骗取被害人的房产过户后，将房产抵押给他人借款，所得款项用于偿还个人欠款及挥霍。周有文单独或者伙同陈巧芳实施犯罪六起，造成被害人共计人民币（以下币种同）1 099.5万元的售房款未能收回；陈巧芳单独或者伙同周有文实施犯罪二起，造成被害人共计332.5万元的售房款未能收回。南京市中级人民法院认为，被告人周有文、陈巧芳以非法占有为目的，在签订、履行合同过程中，骗取卖房人财物，数额特别巨大，其行为均构成合同诈骗罪。一审宣判后，被告人周有文、陈巧芳均未提出上诉，检察机关亦未提起抗诉，判决已发生法律效力。

案例4中存在两个行为：一是骗取被害人房产的行为；二是以房产为抵押，向他人借款的行为。周有文、陈巧芳的第一个行为构成合同诈骗罪，对此定性并无争议。但对于该案中究竟谁是被害人，在法院审理过程中出现了以下三种意见。第一种意见认为，该案被害人仅应认定为最初的卖房人即原房主，因为被告人根本不是为了买房，被害人损失的房屋余款从一开始就注定无法追回，而因为房管部门已经登记过房屋抵押手续，抵押权人的抵押权是受法律保护的，故其债权的实现有保障。第二种意见认为，该案被害人仅应认定为后来的抵押权人。因为原房主将来可以依据生效的刑事判决书要求撤销原来的房屋产权变更登记，这样原房主就没有损失，抵押权人却在不知抵押行为可能不受法律保护的情况下付出了巨额资金，将来其债权的实现没有保障。第三种意见认为，该案被害人既包括原房主，也包括后来的抵押权人。因为被告人先通过诈骗手段骗取原房主配合房屋过户登记，原房主最终拿不到剩余房款；被告人接着又用其本质上无处分权的房产去抵押借款，抵押权的效力也不受法律保护，抵押权人实际上是在没有任何有效担保的情况下出借了资金，其损失同样无法得到弥补。

以上三种意见虽然是从谁是该案的被害人这个角度提出的，但实际上讨论的还是对第二个抵押借款的行为能否认定为诈骗这个案件定性问题。那么，该案中第二个行为如何定性与谁是该案的被害人这两个问题之间，到底存在什么关系呢？显然，这是同一个问题的两个不同侧面。所谓该案应当如何定性，并不是一

般意义上该案被告人的行为是否构成合同诈骗罪，而是指被告人前后两个诈骗行为是否同时构成合同诈骗罪。而谁是该案的被害人，是说该案到底只有一个被害人还是有两个被害人，而对此的判断也直接取决于对该案前后两个诈骗行为的定性。因此，以上三种意见是在“谁是该案的被害人”的名义下，讨论了该案前后两个诈骗行为的定性问题。

法院同意上述第一种意见，其结论是：“在本案中，作为合同诈骗犯罪的被害人只能认定为原房主，抵押权人不是被害人。法院认为，从表面上看，原房主和抵押权人都是欺骗对象，也都遭受了经济损失：首先，从欺骗对象角度看，被告人存在‘两头骗’的行为，即先是骗了原房主，被告人并非真实想买房；之后又骗了抵押权人，被告人隐瞒了其对房屋的处分权是通过欺骗原房主得来的这一事实。其次，从经济损失角度看，原房主只收到房屋首付款，余款未能收回，抵押权人出借的巨额资金被被告人挥霍，至案发也未能收回。然而，从被告人的行为模式及案件最终处理结果分析，只有原房主是本案的被害人。”对于上述观点，法院做了以下论证。

犯罪行为完成即犯罪既遂，通常是指行为发生了行为人所追求的、行为性质所决定的犯罪结果。例如，诈骗犯罪的既遂，是以犯罪是否得逞为认定标准的，即被害人失去对财物的控制或者行为人控制了财物，但在适用这一标准时仍应根据所诈骗财物的形态及被害人的占有状态等进行判断。

在该案中，被告人的最终目的是用房产抵押套现以满足其个人需求。为实现该目的，被告人的行为包括了两个环节：第一个环节是选择卖房人，再想办法将卖房人的房产置于自己可以支配的状态；第二个环节是用其已经可以支配的房产抵押向他人借款，以实现其挥霍的目的。在被告人实现其最终目的的一系列行为中，有“骗”的成分，也有真实的部分。“骗”的行为集中在第一个环节，即找好傀儡人物冒充买房人，通过房产中介找到卖房人，假装要买房，让卖房人相信确实有人想从事二手房交易直至配合被告人完成所有的产权过户手续。至此，该房产已实际处于被告人的控制之下，卖房人既失去了房屋的产权又面临无法拿回剩余房款的被侵害状态，被告人的诈骗犯罪已经既遂。在第二个环节中，被告人已

实际控制的房产只是其后续行为的工具，用房产抵押借款则是其真实意思表示，其没有再实施欺骗行为，签订借款协议和抵押合同、办理抵押登记手续都按程序进行，抵押权人出借钱款则是基于有真实的房子并办理抵押登记手续的前提，被告人的借钱和抵押权人的出借行为均是双方真实意思表示。若把被告人最终用房产抵押套现作为犯罪行为结束的节点，就难免会把被害人确定为抵押权人。

笔者认为，法院对该案的分析结论是正确的。在该案中，只存在对原房主的诈骗行为，该行为构成合同诈骗罪。在这一房屋买卖关系中，原房主在收到首付款的情况下，即将房屋过户给被告人。被告人取得房屋产权后，将房屋用于抵押借款。在此，如果被告人用借款归还了购买房屋的余款，就不存在诈骗问题。但被告人并没有这样做，而是将所得款项用于偿还个人欠款及挥霍。在这种情况下，被告人的行为对于原房主就不再是一个借款不还的违约问题，而是构成合同诈骗罪。

在案例4中，值得讨论的是被告人对抵押权人的借款行为是否构成借款诈骗。对此，法院认为其行为并不构成诈骗，抵押权人不是被害人，法院的论证如下：在该案中，因被告人无法归还欠款，抵押权人的债权也受到了侵害，但该种侵害源于被告人不按期履行还款的合同义务，应当定性为民事上的违约，其与刑事意义上的犯罪具有本质区别。该案中的抵押权人不具备诈骗犯罪中的被骗特征。成立诈骗犯罪要求被害人陷入错误认识之后做出财产处分，在欺诈行为与处分财产之间，必须介入被害人的错误认识。如果被害人不是因欺诈行为产生错误认识而处分财产，就不成立诈骗犯罪。在该案中，抵押权人出借钱款是因为双方在房产交易中心办理了真实的房屋抵押登记，正因如此，抵押权人并未过多了解被告人借款的真实目的和实际用途，被告人将来还不还钱或者能不能还钱并非是抵押权人决定出借与否的主要原因。据此可以认为，抵押权人出借钱款并不是基于错误认识而做出的处分，而是其实现其个人利益（收取利息）的民事行为。与此同时，该案中抵押权人的损失不同于诈骗犯罪中被害人的损失。诈骗犯罪中，欺诈行为使被害人处分财产后行为人便获得财产，从而使被害人的财产受到损害，即被告人控制财产意味着被害人丧失财产，两者基本具有同时性。在该案中，被告人与抵押权人之间的借款合同是主合同，抵押合同是从合同。如前所

述，借款合同是有效的，抵押合同自然也有效，抵押权人在收不回借款时可以行使抵押权以维护其权利。因此，被告人对借款的控制并不意味着抵押权人对该借款的损失。相反，在房产登记过户后，被告人即控制了原房主的房产，原房主只拿到首付款而无法再拿到剩余房款的受损状态也同时形成。因此，被告人的行为看似"两头骗"，但真正受骗的只有原房主。

对这里涉及的借款诈骗问题，有必要加以分析。借款诈骗，又称为借贷诈骗，是指以虚构借款事由或者其他欺骗方法，以借款名义骗取他人财物的行为。借款是一种民事行为，在借款诈骗的情况下，行为人的目的是非法占有他人的借款，如何与借款不还的行为加以正确的区分，是一个十分困难的问题。笔者认为，对于以上两者的区分，还是要从客观上是否存在诈骗行为和主观上是否具有非法占有的目的这两个方面进行。在一般情况下，如果是没有约定用途的借款和具有抵押担保的借款，只要用途和担保都是真实的，就不存在诈骗问题。在该案中，被告人以具有产权的真实房屋作为抵押，向他人借款。在这一借贷关系中，根本不存在欺骗方法，因此，不仅不存在合同诈骗犯罪，而且民事欺诈都不存在。换言之，被告人对于抵押权人没有任何欺骗。因此，在该案中不存在"两头骗"。

至于把被告人隐瞒其对房屋的处分权是通过欺骗原房主得来的这一事实，视为一种诈骗的观点，也是不能成立的。这里涉及隐瞒真相的诈骗方法如何认定的问题。在刑法理论上，虚构事实属于作为形式的诈骗方法，而隐瞒真相属于不作为的诈骗方法。在一般情况下，虚构事实的方法较为容易认定。但隐瞒真相的诈骗方法往往不太容易认定。对于隐瞒真相的诈骗方法来说，关键问题在于它是以具有披露真相的义务为前提的。对此，日本学者山口厚教授指出："明明知道对方就要陷入错误，或者已经陷入错误，却不告知真相以消除错误，就可以认定属于不作为的诈骗。要成立不真正不作为犯的诈骗罪，必须有告知真相的作为义务（告知义务），还必须能认定，不作为人处于属于这种作为义务之根据的保障人地位。"① 被告人向他人借款的时候，已经向出借人提供了房屋的产权证明作为抵

① ［日］山口厚：《日本刑法总论》，2版，王昭武译，294页，北京，中国人民大学出版社，2011。

押。在这种情况下，被告人还会具有告知房屋是诈骗所得的财物的义务吗？再说，在被告人获得借款并未将该款用于归还购房款之前，根本就无法确定其取得房屋的行为是诈骗。从民事法律的角度来说，其房屋作为抵押没有任何瑕疵，作为出借人，其出借款也是具有法律保障的。

如果从案例4进一步引申，则存在一个处分赃物行为是否构成诈骗的问题。在现实生活中，财产犯罪的被告人获得赃物以后，除了作为种类物的货币，其他的特定物，一般都会通过对赃物的处分行为被转化为货币。这种对赃物的处分行为，在刑法上被称为销赃。销赃在我国刑法中是一种掩饰、隐瞒犯罪所得以及收益的行为，刑法对此设立了专门罪名。但我国刑法关于掩饰、隐瞒犯罪所得以及收益罪的规定，以代为销售为行为特征。这就排除了财产犯罪的本犯构成该罪的可能性。换言之，行为人对其财产犯罪所得赃物进行销赃，并不构成掩饰、隐瞒犯罪所得以及收益罪，而是一种不可罚的事后行为。不可罚的事后行为之所以不可罚，正如张明楷教授所指出的，是因为没有侵害新的法益。张明楷教授指出：“不可罚的事后行为（或共罚的事后行为）之所以不可罚，主要是因为事后行为没有侵犯新的法益（缺乏违法性），也可能是因为事后行为缺乏期待可能性（缺乏有责性）。例如，甲将盗窃的财物予以毁坏的行为，没有侵犯新的法益，所以，不另成立故意毁坏财物罪。再如，乙盗窃财物后窝藏的，因为缺乏期待可能性而不可罚。因此，如果事后行为侵犯了新的法益，且不缺乏期待可能性，则应认定为数罪。例如，将盗窃的仿真品（价值数额较大）冒充文物出卖给他人，骗取财物的，应将盗窃罪与诈骗罪实行并罚。”① 也就是说，在行为人处分赃物的情况下，如果向购买者说明了物品的来源，他人就不会购买。他人是在行为人隐瞒了物品的赃物性质的情况下而购买的；在这个意义上，行为人具有对他人的欺骗性。然而，一方面，这种欺骗只是民事欺诈，不具有诈骗罪所要求的通过欺骗方法无对价地取得他人财物的根本特征，由此而与民事欺诈得以区分；另一方面，处分赃物行为没有侵害新的法益。如果侵害了新的法益，是可以构成其他犯罪

① 张明楷：《无权处分与财产犯罪》，载《人民检察》，2012（7）。

的。例如，盗窃毒品以后将毒品出卖。其出卖毒品行为虽然是盗窃罪的销赃行为，但由于其侵害了新的法益，另行构成贩卖毒品罪。因此，在案例 4 中，将骗取的房屋予以抵押借款的行为，只是单纯的处置赃物行为，不能另行构成对善意购买者的合同诈骗罪。

那么，究竟应当如何看待抵押权人在该案中的地位呢？法院对此进行了正确的阐述：该案中抵押权人取得抵押权的行为属于善意取得，抵押权应当受到法律保护。从我国物权法对善意取得制度的规定来看，善意第三人除取得所有权的受让人之外还包括善意的其他物权人。就抵押权而言，只要抵押权人在抵押物上设置抵押权时不存在损害他人利益的故意，出借款项与抵押物价值相当，且已办理抵押登记手续，即可认定抵押权人是善意的，该抵押权应当受到法律保护。在该案中，目前尚无证据证实抵押权人与被告人之前有串通行为，抵押权人付出的是与抵押房产价值相当的“真金白银”，且已办理了抵押登记手续，应当认定为善意的物权人。此外，最高人民法院、最高人民检察院于 2011 年 3 月联合出台的《关于办理诈骗刑事案件具体应用法律若干问题的解释》第 10 条第 2 款明确规定：“他人善意取得诈骗财物的，不予追缴。”可见，无论从民法上的相关制度还是从刑事司法解释考虑，该案中抵押权人的善意抵押行为均应当受到法律保护。

根据以上分析，在案例 4 中，虽然存在前后两个行为，前一个行为构成合同诈骗罪并无争议，但因后一个行为中不存在欺骗，既没有民事欺诈，也没有刑事诈骗。法院对该案的判决是正确的。

三、骗取房屋产权证书抵押借款案：前骗与后骗不能两立

在司法实践中，“两头骗”的情况极为复杂。在某些案件中，到底是前一行为构成合同诈骗罪，还是后一行为构成合同诈骗罪，并不是那么容易认定的。因此，需要根据合同诈骗罪的构成要件，对相关案情做进一步的分析，才能得出正确的结论。

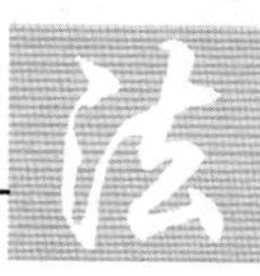

案例 5：陈华等合同诈骗案。[①] 被告人陈华因长期从事“后账还前账”的高利贷循环运作而背负巨额债务。2010 年 7 月开始，陈华伙同明知陈华根本履约不能的被告人章华，对外宣称有大量资金可供以低息出借，借款人只需提供房屋产权证作抵押即可，通过中介人员招揽他人借款；同时，陈华、章华以保证出借资金安全为由，骗取借款人在签订抵押借款合同的同时，办理委托陈华等人抵押、处置房产的公证手续。而后，陈华、章华持从借款人处骗取的房产证、公证书等文件，隐瞒房屋产权的来源及委托代理处置房产的条件，隐瞒实际借款人的借款数额及利息，以房屋产权人代理人的身份与他人签订抵押借款合同，以高额利息为诱饵骗取资金。从 2011 年 8 月至 2012 年 5 月，陈华、章华先后使用章某乙等人提供的多套房产作抵押，骗取陈某甲、楼某、吴晓辉、邵军、郑某乙、杨某乙等人资金 1 433 余万元。骗取资金后，陈华、章华以借款形式支付给房屋产权人 689 余万元，实际占有资金 785 余万元。陈华、章华将实际占有资金用于归还先前个人债务、购买名车等挥霍行为、支付犯罪成本、维系犯罪运作等活动。杭州市中级人民法院认为：“被告人陈华、章华以非法占有为目的，隐瞒已身负巨额债务无法归还要占有部分借款的真相，以可办理房产抵押贷款为由，诱骗借款人（房屋产权人）签署授权抵押房产的委托书，后在借款人不知情的情况下，以代理人的名义，利用上述房产与资金出借人签订抵押借款合同、办理抵押登记手续，骗取借款后大部分被其实际占有，用于还债、购车等非经营性处置并无法归还，数额特别巨大，其行为均已构成合同诈骗罪。”一审判决以后，被告人陈华、章华均不服，分别提出上诉。浙江省高级人民法院认为：“被告人陈华、章华以非法占有为目的，在签订、履行借款合同过程中，隐瞒已负有巨额债务并无资金可供出借的真相，在低息诱骗他人向其借款时，以保证资金安全为由骗取借款人的房屋产权证书、授权委托书及公证书后，又私自利用借款人的房产向资金出借人抵押借款并非法占有其中大部分款项，其行为均已构成合同诈骗罪，且数

① 朱敏明、沈励、刘宏水：《“连环诈骗案”的被害人认定——被告人陈某、章某合同诈骗、抽逃出资案》，载《杭州法学》，2014（6）。

额特别巨大，应依法惩处。原判定罪及适用法律正确，量刑适当。审判程序合法。因此裁定驳回被告人陈华、章华的上诉，维持原判。”

案例5与前面所讨论的两头骗案件有所不同，案情更为复杂。在案例5中，同样存在前后相连的两个行为：前一个行为是以低息借款为名骗取房产证、房屋抵押委托书及公证书等文件；后一个行为是将骗取的房产证办理抵押贷款，并且用获取的款项支付此前的出借款。在此，存在两个借贷关系：在前一个借贷关系中，被告人是出借人；在后一个借贷关系中，被告人是借款人的委托代理人。显然，这两个环节都是被告人事先设计的，以此进行资金循环，从中使用一部分资金。从客观情况来看，这样的资金链不能长久循环，必然会发生断裂。

在对该案的处理过程中，对于被告人前后两个行为如何定性，存在三种不同意见。公诉机关及借款人认为，被告人利用借款人的房产作抵押骗取资金出借人的钱款拒不归还，使资金出借人遭受了经济损失，资金出借人应列为被害人。而借款人并未遭受实际经济损失，故不应列为被害人。辩护人及资金出借人认为，被告人骗取借款人的房屋产权证书及房屋抵押委托书、公证书，并设定抵押权，侵犯了借款人的合法权益。而资金出借人可以通过实现抵押权受偿，届时借款人将损失房产，故应认定借款人为被害人。一、二审法院认为，借款人的房产所有权和资金出借人的财产权利均被侵害，故借款人、资金出借人均为被害人，被告人隐瞒无自有资金可供出借的真相，采取欺骗手段获取借款人的产权证书、公证委托手续，用借款人的房产作抵押，超出借款人的实际借款金额向资金出借人高息借款后非法占有部分借款，既侵害借款人的房产所有权，又损害资金出借人的财产权利，故借款人和资金出借人均为该案的被害人。[①]

这里应当指出，以上分歧意见是围绕着谁是被害人这个问题展开的。这个问题背后的关键还是在于：在该案的前后两个借贷关系中，哪一个借贷关系是合同诈骗。对此，分歧意见显示了颇为奇特的情形。这主要表现为借款人和资金出借

---

① 参见朱敏明、沈励、刘宏水：《“连环诈骗案”的被害人认定——被告人陈某、章某合同诈骗、抽逃出资案》，载《杭州法学》，2014（6）。

人各自否定自己为被害人而指称对方为被害人。这种说法的实质含义是：自己作为当事人一方的借贷关系不构成合同诈骗罪。例如，前一个借贷关系中的借款人说自己不是被害人，是指自己的房产没有被骗；而后一个借贷关系中的出借人说自己不是被害人，是指自己的借款没有被骗，因为可以通过实现抵押权受偿。这两者之间存在着明显的利益冲突。就控辩双方而言，控方说出借人是被害人，就是认定后一个借贷关系构成合同诈骗罪。因为该借贷关系获取的数额较大而且数额明确，便于定罪量刑。而辩方说借款人是被害人，就是认定前一个借贷关系构成合同诈骗罪。因为该借贷关系中被告人获取的只是房屋的产权证书，数额难以计算，对被告人较为有利。最终，法院认定前后两个借贷关系都构成合同诈骗罪，其目的在于方便案件的善后处理。因为法院认为只有认定借款人和出借人均系被害人，才能公平地维护双方的合法权益，做到案结事了。这里所谓公平，就是让借款人和出借人按照各自过错的比例，共同承担经济损失。也就是说，法院更多地是从维稳的角度出发考虑问题的。因此，以上各种意见都难免有所偏颇。还是应当回归法律层面，具体分析前后两个借贷关系是否构成合同诈骗罪。当然，因为该案掺杂了民事因素，给刑事问题的分析带来一定困难。在此，还是要分别对前后两个借贷关系是否构成合同诈骗罪进行法理分析。

（一）前一个借贷关系的分析

在前一个借贷关系中，被告人是出借人，而对方当事人是借款人。通过这一借贷关系，被告人要向对方当事人支付借款。就此而言，被告人不可能构成合同诈骗罪，对方当事人也不可能是被害人。理由在于，如果被告人在出借款项之前并没有其他目的，但在取得借款人的房屋产权证书以及其他抵押担保委托手续后，没有将该手续用于为本人的出借款进行抵押担保，而是以此为抵押担保向他人借款，则这种行为只是一种民法上的违约。但在该案中，被告人借款给他人的目的是获取对方当事人的房屋产权证书及房屋抵押借款委托书、公证书为自己向他人借款进行抵押担保。被告人以自己所出借的是低息借款，需要借款人提供上述文件，以便为该借款进行抵押担保为由，取得抵押担保文件。因此，被告人从一开始就不是为了该借款进行抵押担保，而是为了以此向他人高息借款进行抵押担保。在此，被告人的欺骗行为到底表现在何处，是一个需要认真研究的问题。法院认为，被告人的诈骗行为表现在隐瞒无自有资金可以出借的真相，骗取借款人的房屋产权证书及房屋抵押借款委托书、公证书。

在刑法理论上，隐瞒真相是一种不作为的诈骗方式，它是以具有披露真相的义务为前提的。这种将隐瞒无自有资金可以出借的真相作为诈骗手段的观点，实际上设定了一个前提：出借的款项必须是自有资金。显然，这在该案中是难以成立的。因为在借贷关系中，并没有法律规定出借款项只能是出借人的自有资金。出借人只要履行了出借义务，无论是自有资金还是从他人那里筹集的资金，都可以成立借贷关系。也就是说，出借人没有披露其出借款项是否属于自有资金的义务。因此，在该案中不能将隐瞒无自有资金可以出借的真相认定为诈骗行为。在这个借贷关系中，可以认定为诈骗行为的是虚构要对出借款项进行房屋产权抵押的事实。这仍然是一种作为的诈骗形式。因为被告人对其所出借给对方当事人的款项实际上并没有想要进行抵押，其要求借款人提供房屋产权证书及房屋抵押借款委托书、公证书是为了在后一个借贷关系中使用它们。在此，被告人明显具有欺骗行为。但这一欺骗行为是否构成诈骗罪，关键在于房屋产权证书及房屋抵押借款委托书、公证书是否属于诈骗罪的对象。为此，要对上述文件的法律性质进行分析。

房屋产权证书是房屋的产权凭证，这是没有问题的。但我国对房屋产权实行登记制，取得房屋产权证书并不等于取得房屋产权。从案件的具体情况来看，被告人不仅骗取了房屋产权证书，而且骗取了房屋抵押借款委托书和公证书。基于上述文件，被告人获得了办理房屋产权抵押的代理权。如果只有他人的房屋产权证书，被告人并不能对房屋产权进行处置：既不能出卖也不能设置抵押担保。但在该案中，被告人不仅骗取房屋产权证书，而且骗取了房屋抵押借款委托书和公证书。这样，被告人就可以对他人房屋产权进行抵押担保。因此，在前一个借贷关系中，被告人骗取的是房屋产权抵押的代理权。据此，被告人可以利用这些文件进行房屋产权抵押贷款。在一定意义上说，这种房屋产权抵押代理权是一种财产性利益。

在此，涉及财产性利益是否可以成为合同诈骗罪的对象的问题。有的国家的刑法规定，诈骗财产性利益行为，可以构成诈骗罪。如日本刑法典第 246 条就规

定了财产性利益的诈骗罪。日本的判例认为，财产性利益是指财物以外的一切财产性利益，如取得债权或担保权、获取劳务、免除债务、延缓履行债务等。[①] 我国刑法没有明确规定财产性利益可以成为诈骗罪（包括合同诈骗罪）的对象。但我国通说认同骗取财产性利益行为可以构成诈骗罪的观点，张明楷教授对此进行了论证。[②] 但骗取财产性利益构成合同诈骗罪，在我国刑法的语境下，还要受到某些制约。例如，我国是按照诈骗数额进行定罪量刑的，如果不能转换为一定的财产数额，就无法对该诈骗财产性利益行为定罪量刑。

那么，能不能将该房产的价值认定为诈骗数额呢？笔者认为，虽然因为利用该房产进行抵押担保以后，如果不能归还贷款，就有可能以房产进行受偿，从而使房产所有权人丧失房产，由此造成损失，但该损失是在骗取房屋产权证书及房屋抵押借款委托书、公证书以后，利用这些文件进行抵押贷款行为造成的，不是诈骗行为所造成的财产损失。那么，换一个思路，能不能将房屋产权抵押担保以后获得的贷款数额认定为诈骗数额呢？笔者的答案也是否定的。因为，该案的欺骗行为只是取得上述文件，至于利用这些文件进行抵押并且通过抵押贷款而获取的财产数额，不能认为是骗取房屋产权证书及房屋抵押借款委托书、公证书行为的结果。所以，将骗取房屋产权证书及房屋抵押借款委托书、公证书的行为按照诈骗罪定罪量刑，是存在法律障碍的。法院在对该案的裁判理由中只是简单地说取得房屋产权证书及房屋抵押借款委托书、公证书的行为构成诈骗罪，其既没有明确骗取的对象，又没有确定诈骗的数额，更没有说明法律根据和法理依据。这是缺乏说理和论证的裁判。

而且，即使骗取房屋产权证书及房屋抵押借款委托书、公证书的行为构成诈骗罪，也不是合同诈骗罪。这里涉及普通诈骗罪与合同诈骗罪之间的区分。在我国刑法中，普通诈骗罪与合同诈骗罪之间具有普通法与特别法之间的法条竞合关系。根据特别法优于普通法的原则，在发生上述法条竞合的情况下，应当优先适

① 参见［日］山口厚：《日本刑法总论》，2版，王昭武译，289页，北京，中国人民大学出版社，2011。

② 参见张明楷：《诈骗罪与金融诈骗罪研究》，20页以下，北京，清华大学出版社，2006。

用特别法。只有在不符合特别法的情况下，才能适用普通法。这种骗取房屋产权证书及房屋抵押借款委托书、公证书的行为，与借贷关系虽然具有一定联系，但不是借贷合同的内容。因此，不能认定为被告人是利用签订借贷合同而骗取房屋产权证书及房屋抵押借款委托书、公证书等文件。对上述文件的骗取，是被告人虚构要对借贷办理抵押担保手续的结果。正如法院所述，被告人在招揽他人借款时，以保证资金安全为名诱骗借款人提供房屋产权证书，并承诺当借款到期无法归还时授权被告人通过抵押等手段处置房产，即借款人委托房产抵押借款的前提是不能按期还款，将自有房产作为借款的担保。[①] 由此可见，这些文件的骗取并非基于某个合同，不符合合同诈骗罪的特征。法院认定合同诈骗罪时完全没有考虑用来进行诈骗的合同关系，因而缺乏根据。

（二）对后一个借贷关系的分析

在后一个借贷关系中，被告人是借款人的代理人，即被告人是以前一个借贷关系中借款人的名义与他人签订借款协议，而对方当事人是出借人。这是房屋产权抵押担保的借款，抵押担保的真实性是极为重要的。这些房产本身是客观存在的，各种抵押担保文件也都是真实的，被告人并没有伪造。在这个借贷关系中，被告人作为借款人的代理人提供了房屋产权的抵押担保，而对方当事人作为出借人提供了出借款，双方都履行了各自义务，形成合法的民事借贷关系。

在案例5中，法院将出借人认定为被害人。那么，被告人的欺骗行为又表现在何处呢？对此，法院认为，被告人的欺骗行为就在于：利用骗取的借款人的房产作抵押，超出借款人的实际借款金额向资金出借人高息借款。这里涉及两个欺骗行为：一是利用骗取的借款人的房产作抵押，二是超出借款人的实际借款金额向资金出借人高息借款。对此，需要进行具体分析。首先，利用骗取的借款人的房产作抵押进行借款，这一行为是否属于诈骗，关键在于该房屋产权是否真实。显然，该房屋产权是真实的。在这种情况下，不能以房屋产权证是骗取的而认定

① 参见朱敏明、沈励、刘宏水：《“连环诈骗案”的被害人认定——被告人陈某、章某合同诈骗、抽逃出资案》，载《杭州法学》，2014（6）。

该借款行为是诈骗。而且，在该案中被告人不是以自己名义借款，而是以房屋产权所有人名义借款。因此，这种借款不能认定为诈骗行为。其次，所谓超出借款人的实际借款金额向资金出借人高息借款，这里的借款人是第一个借贷关系中的借款人。在这一借贷关系中，被告人作为出借人只是借给对方数额较少款项。但被告人以其代理人的名义向第二个借贷关系中的出借人借得数额较大款项。这一行为只构成对借款人的权利侵害，并不构成对出借人的诈骗。因此，就后一个借贷关系而言，被告人不存在诈骗行为，从而不构成合同诈骗罪。值得注意的是，法官在论述时，认为该案不同于被告人通过支付部分预付款等手段骗取他人房产完成过户手续后，再以该房产办理抵押手续向第三方借款占为己有的情形。这种情形也就是案例 4 中的情形。法官认为，这种不同就在于该案出借人存在过错，这种过错表现在：受赚取高息的利益驱使，轻信房产抵押和授权委托的真实可靠性，未经核实查证授权委托的真实意思，忽视债权无法实现的风险，因此具有一定过错。而在以已经过户的房产进行抵押贷款的案件中，因为根据房产交易及房产抵押的法定程序设置，没有必要也不可能要求房产抵押权人再去核实房产所有权人（即抵押人）和其前手之间的交易是否存有问题、房产所有权人是否还欠其前手房款未付清。质言之，这些抵押权人没有任何过错，其取得房产抵押权的行为属于善意取得。因此，不能把抵押权人认定为被害人。[①] 在以上论述中，对于骗取房产已经过户的情况下，认定该房产抵押借款中出借人没有过错是完全正确的。由此也可以说明，不能认为在该案中只要是利用骗取的借款人的房产作抵押，其贷款行为就构成诈骗罪。因为这种诈骗是所谓隐瞒真相的诈骗，也就是不作为的诈骗。就诈骗罪中的诈骗行为而言，行为人一定要有披露真相的义务。而在此类案件中，要求行为人披露其用来进行抵押担保的房产是诈骗所得，这显然是不可能的，也没有法律设置此种义务。因此，即使被告人以骗取的房产抵押担保，也不能认为抵押权人被骗。

① 参见朱敏明、沈励、刘宏水：《“连环诈骗案”的被害人认定——被告人陈某、章某合同诈骗、抽逃出资案》，载《杭州法学》，2014（6）。

在案例5中，被告人骗取了房屋产权证书及抵押担保委托书、公证书等文件，这些文件的真实性没有疑问。在这种情况下，抵押权人是否还要对授权委托的真实意思进行核实查证，否则就存在过错呢？笔者的回答是否定的。出借人只有对房屋产权证书及委托书的真实性进行审查核实的注意义务，而且在已经办理公证的情况下，这种审查核实的注意义务已经转嫁给公证机关。至于所谓对授权委托的真实意思进行核实查证，这是完全不现实的。真实意思只能通过文件体现出来，当事人也只能通过文件核实查证授权委托人的真实意思，否则文件的证明力也就处于不确定状态。因此，笔者认为在该案中出借人基于被告人提供的房屋产权证书及抵押贷款委托书、公证书进行抵押借款，没有任何过错。在案例5中，出借人完全是善意取得，应当维护抵押权人的合法权利，肯定担保的法律效力，这也符合担保法的基本精神。例如，在王某诉李某、中国民生银行股份有限公司天津分行案中，裁判结果是："夫妻一方未经另一方同意以共同房屋作为抵押物签订抵押借款合同，如果合同相对方为善意，履行了给付款项的义务，并且已经办理抵押登记手续，应当认定合同有效。另一方主张撤销抵押权的，人民法院不予支持。"① 由此可见，共同财产的权利人未经其他权利人同意对共同财产进行抵押的，其抵押合同被法院判决有效。更何况，在案例5中，出借人已经办理了房屋产权抵押贷款的委托手续，虽然被告人违约改变了抵押担保的目的，但由于委托手续是真实的，该抵押合同也应当认定为是有效的。

事实上，出借人没有过错这一点也得到了民事判决的支持。案例5的背景资料表明，在案件发生初期，部分法院因对案件性质不明，受理资金出借人的民事诉讼进而判决资金出借人胜诉。随着案件真实面纱被揭开，房屋所有权人又否定其系刑事案件被害人，进而要求法院撤销房屋抵押权。发展到最后，资金出借人、房屋所有权人都极力向法院主张权利，且因法院于不同时期先后做出的部分民事判决和刑事判决存在冲突，法院处于风口浪尖。② 因为该案涉及的人数众多，进而引发群

① 于筱江：《夫妻一方未经对方同意签订抵押合同的效力》，载《人民司法（案例）》，2015（8）。

② 参见杭州市中级人民法院课题组：《涉众型连环合同诈骗犯罪的治理对策》，载《杭州法学》，2015（3）。

体性事件，对于法院的处理带来极大压力，这是可以理解的。在这种社会效果和法律效果可能发生冲突的情况下，法院往往把社会效果放在优先的位置上。

根据以上分析，在第二个借贷关系中，并不存在被告人对出借人的欺骗。因此，对于出借人来说，也就不存在被骗的问题。出借人完全可以通过对抵押房产的受偿实现其债权。

（三）对前一个借贷行为所获款项与后一个借贷行为所获款项之差额的占有行为的分析

这里还存在一个前后两个借贷关系中借贷款项的差额问题，即被告人在第一个借贷关系中，借给房屋产权人的款项较少；被告人在第二个借贷关系中，以委托人名义向出借人所借到的款项较多。这两者之间存在一个差额。这个差额的款项是被告人以房屋产权人的代理人名义所借的，因此，该款项的所有权归属于借款人。但被告人将这些款项予以侵占，由此构成我国刑法中的侵占罪。

我国刑法中的侵占罪分为普通侵占罪和职务侵占罪。普通侵占罪是指将代为保管的他人财物据为己有，数额较大，拒不退还的行为。职务侵占罪是指公司、企业或者其他单位的人员，利用职务上的便利，将本单位财物据为己有，数额较大的行为。由此可见，上述两种侵占罪的主要区别在于主体的不同。在案例 5 中，陈华等人并非利用公司、企业或者其他单位的人员的职务便利实施侵占行为，其与出借人之间具有代理关系，这是一种平等主体之间的关系。因为代理关系，被告人获取了借款人的抵押贷款，并且实现了对该款项的实际占有。被告人将该部分款项非法据为己有的行为，完全符合普通侵占罪的构成要件，应以普通侵占罪论处。

四、结语

通过对以上五个“两头骗”案件的分析，笔者认为在“两头骗”案件中，不可能存在前后两个欺骗行为同时构成合同诈骗罪的情形。换言之，前后两个诈骗罪是难以同时成立的。只有一个行为可能构成合同诈骗罪。当然，“两头骗”这种现象还是存在的，它具有不同于普通合同诈骗罪的特点。

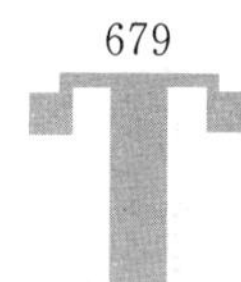

“两头骗”中的所谓骗，既可能是刑事诈骗，也可能是民事欺诈。对于这种欺骗行为性质的正确认定，直接关系到对“两头骗”案件的定性。根据以上对“两头骗”案件的分析，笔者认为那些只有一个欺骗行为的案件根本就不是“两头骗”。例如，案例4中就只有第一个购房行为构成合同诈骗罪，至于在骗取房产过户以后，对房产进行处置的第二个行为，根本不是欺骗行为。

最后应该指出，“两头骗”与连环诈骗是两个不同的概念。连环诈骗也被称为“拆东墙补西墙”的诈骗，是指诈骗分子连续诈骗，不断地以后一次诈骗所得的财物偿还前一次诈骗所留亏空的行为。连环诈骗的特点是边骗边还，因此也被简称为拆骗。① 对于连环诈骗来说，定罪并没有问题，即连续实施的每一次诈骗都构成犯罪，存在争议的只是如何计算诈骗数额的问题。对于这个问题，最高人民法院《关于审理诈骗案件具体应用法律的若干问题的解释》第9条规定，对于多次进行诈骗，并以后次诈骗财物归还前次诈骗财物，在计算诈骗数额时，应当将案发前已经归还的数额扣除，按实际未归还的数额认定，量刑时可将多次行骗的数额作为从重情节予以考虑。因此，在我国，连环诈骗的诈骗数额采取的是未偿还数额说：按照最后一次诈骗使得被害人实际支出的数额，加上前数次诈骗尚未偿还的数额计算实际诈骗数额；对前数次诈骗已经偿还的累积数额，作为量刑情节考虑。连环诈骗与“两头骗”，虽然在存在多次欺骗行为这一点上具有共同性，但两者之间的差别也极为明显，这就是欺骗行为的性质和数次欺骗之间的关系有所不同。就连环诈骗而言，前后两个欺骗行为都构成刑事诈骗；但对于“两头骗”来说，只有一个欺骗行为构成刑事诈骗，而另一个欺骗行为只是民事欺诈。此外，“两头骗”是将第一个欺骗行为所取得的财物作为第二个欺骗行为的道具。因此，第二个欺骗是以第一个欺骗为基础的。但在连环诈骗的情况下，数个诈骗行为是独立的，只不过行为人以后一个诈骗行为的所得归还给前一个诈骗行为的被害人。

（本文原载《政治与法律》，2016（4））

---

① 参见王作富主编：《刑法分则实务研究（中）》，5版，671页，北京，中国方正出版社，2013。

协助他人掩饰毒品犯罪所得行为之定性研究

——以汪照洗钱案为例的分析

在中国刑法中，洗钱罪是一种破坏金融管理秩序的犯罪，在现实生活中时有发生。本文通过对汪照洗钱案[①]的分析，对洗钱罪的相关问题进行法理探究。

一、洗钱罪的立法演变

我国在1979年刑法中并未规定洗钱罪，此后随着打击毒品犯罪、走私犯罪和有组织性质犯罪的需要，尤其是随着加入相关的国际公约而承担反洗钱的有关国际义务，越来越显示出反洗钱立法的必要性。在这种情况下，中国1997年刑法规定了洗钱罪。根据刑法第191条规定，洗钱罪是指明知是毒品犯罪、黑社会性质的组织犯罪、恐怖活动犯罪、走私犯罪、贪污贿赂犯罪、破坏金融管理秩序犯罪、金融诈骗犯罪的所得及其产生的收益，为掩饰、隐瞒其来源和性质的行为。

如上所言，中国刑法在1997年首次规定了洗钱罪，但此后分别在2001年和

① 参见最高人民法院：《刑事审判参考》，第37集，北京，法律出版社，2004。

2006年通过刑法修正案的方式对洗钱罪的法律规定作了修改，充分反映了立法机关对洗钱罪的重视。对洗钱罪的立法演变过程描述如下。

（一）1997年刑法第191条的规定

1997年刑法第191条规定："明知是毒品犯罪、黑社会性质的组织犯罪、走私犯罪的违法所得及其产生的收益，为掩饰、隐瞒其来源和性质，有下列行为之一的，没收实施上述犯罪的违法所得及其产生的收益，处五年以下有期徒刑或者拘役，并处或者单处洗钱数额百分之五以上百分之二十以下罚金；情节严重的，处五年以上十年以下有期徒刑，并处洗钱数额百分之五以上百分之二十以下罚金：（一）提供资金账户的；（二）协助将财产转换为现金或者金融票据的；（三）通过转账或者其他结算方式协助资金转移的；（四）协助将资金汇往境外的；（五）以其他方法掩饰、隐瞒犯罪的违法所得及其收益的性质和来源的。单位犯前款罪的，对单位判处罚金，并对其直接负责的主管人员和其他直接责任人员，处五年以下有期徒刑或者拘役。"上述规定将洗钱罪的上游犯罪限于毒品犯罪、黑社会性质的组织犯罪、走私犯罪；相对来说，这一上游犯罪的范围还是较为狭窄的。在这种情况下，中国学者提出，为加大对犯罪分子的打击力度，维护国家、单位和公民的合法利益，在适当的时候，应通过立法拓宽洗钱罪的范围。至于究竟将洗钱罪的范围扩大到所有有经济收益的犯罪还是一些严惩犯罪所得及其产生的收益，存在两种不同的观点。第一种观点认为，拓宽洗钱罪的范围可分两步走：第一步，从目前的毒品犯罪、黑社会性质的组织犯罪和走私犯罪的违法所得及其产生的收益扩大到包括诈骗犯罪、行贿受贿犯罪、偷税犯罪、证券犯罪、侵占、敲诈勒索犯罪、挪用公款犯罪、非法吸收公众存款犯罪、盗窃犯罪和抢劫犯罪所得及其产生的收益；第二步，在将来条件成熟时扩大到所有产生经济收益的犯罪。第二种观点认为，应将洗钱罪的范围从毒品犯罪、黑社会性质的组织犯罪和走私犯罪的违法所得及其产生的收益扩大到所有产生经济收益的犯罪。[①] 尽管上述两种观点在将洗钱罪的上游犯罪的范围一步到位扩大到所有产生经济收益的犯

① 参见甄进兴：《洗钱犯罪与对策》，116～117页，北京，东方出版社，2000。

罪，还是分两步将洗钱罪的上游犯罪范围加以扩大这一点上存在分歧，但在洗钱罪的上游犯罪范围需要进一步扩大的问题上认识是一致的。当然，考虑洗钱罪的上游犯罪范围的扩大问题，应当同时兼顾惩治洗钱犯罪的客观要求与我国的司法能力。

（二）2001 年《刑法修正案（三）》第 7 条的修改

2001 年《刑法修正案（三）》第 7 条将刑法第 191 条关于洗钱罪的规定修改为："明知是毒品犯罪、黑社会性质的组织犯罪、恐怖活动犯罪、走私犯罪的违法所得及其产生的收益，为掩饰、隐瞒其来源和性质，有下列行为之一的，没收实施以上犯罪的违法所得及其产生的收益，处五年以下有期徒刑或者拘役，并处或者单处洗钱数额百分之五以上百分之二十以下罚金；情节严重的，处五年以上十年以下有期徒刑，并处洗钱数额百分之五以上百分之二十以下罚金：（一）提供资金账户的；（二）协助将财产转换为现金或者金融票据的；（三）通过转账或者其他结算方式协助资金转移的；（四）协助将资金汇往境外的；（五）以其他方法掩饰、隐瞒犯罪的违法所得及其收益的来源和性质的。单位犯前款罪的，对单位判处罚金，并对其直接负责的主管人员和其他直接责任人员，处五年以下有期徒刑或者拘役；情节严重的，处五年以上十年以下有期徒刑。"

《刑法修正案（三）》将洗钱罪的上游犯罪从毒品犯罪、黑社会性质的组织犯罪和走私犯罪，扩大到恐怖活动犯罪，并将对情节严重的单位洗钱犯罪中的直接负责的主管人员和其他直接责任人员的法定刑，从 5 年以下有期徒刑或者拘役提高到 5 年以上 10 年以下有期徒刑。以上两点修改，一方面扩大了洗钱罪构成的范围，另一方面提高了对单位洗钱罪的惩治力度。

（三）2006 年《刑法修正案（六）》第 16 条的修改

2006 年《刑法修正案（六）》第 16 条再次对洗钱罪的规定作了修改，修改后的条文为："明知是毒品犯罪、黑社会性质的组织犯罪、恐怖活动犯罪、走私犯罪、贪污贿赂犯罪、破坏金融管理秩序犯罪、金融诈骗犯罪的所得及其产生的收益，为掩饰、隐瞒其来源和性质，有下列行为之一的，没收实施以上犯罪的所得及其产生的收益，处五年以下有期徒刑或者拘役，并处或者单处洗钱数额百分之五以上百分之二十以下罚金；情节严重的，处五年以上十年以下有期徒刑，并

处洗钱数额百分之五以上百分之二十以下罚金：（一）提供资金账户的；（二）协助将财产转换为现金、金融票据、有价证券的；（三）通过转账或者其他结算方式协助资金转移的；（四）协助将资金汇往境外的；（五）以其他方法掩饰、隐瞒犯罪所得及其收益的来源和性质的。单位犯前款罪的，对单位判处罚金，并对其直接负责的主管人员和其他直接责任人员，处五年以下有期徒刑或者拘役；情节严重的，处五年以上十年以下有期徒刑。”

《刑法修正案（六）》进一步扩大了洗钱罪的上游犯罪范围，将贪污贿赂犯罪、破坏金融管理秩序犯罪、金融诈骗犯罪纳入洗钱罪的上游犯罪，并将行为方式第（二）项中的“协助将财产转换为现金或者金融票据”修改为“协助将财产转换为现金、金融票据、有价证券”。立法机关在论及上述扩大洗钱罪的上游犯罪范围的修改理由时指出：近年来，对贪污贿赂犯罪、破坏金融管理秩序犯罪和金融诈骗犯罪的所得及其收益进行洗钱的犯罪活动日益频繁，不仅破坏了我国金融秩序，而且危害到经济安全和社会稳定。同时，在经济全球化和资本流动国际化的背景下，洗钱活动具有跨国（境）性，国际社会也加强了反洗钱的国际合作。我国已经批准加入的《联合国禁止非法贩运麻醉药品和精神药物公约》《联合国打击跨国有组织犯罪公约》《联合国反腐败公约》等，均明确要求各成员国将对毒品犯罪、腐败犯罪以及一些严重犯罪的所得及收益进行掩饰、隐瞒的行为在国内法中列为犯罪予以惩处。为了适应打击洗钱犯罪的需要，更好地承担国际公约义务，《刑法修正案（六）》将贪污贿赂犯罪、破坏金融管理秩序犯罪、金融诈骗犯罪已经规定为洗钱罪的上游犯罪，加大了对这些洗钱犯罪的打击力度。①

由此可见，打击洗钱犯罪的需要和承担国际公约义务，是推动洗钱罪立法修改的动因。

① 参见胡康生、郎胜主编：《中华人民共和国刑法释义》，3版，290页，北京，法律出版社，2006。

二、洗钱罪的构成特征

根据我国刑法第191条的规定，洗钱罪具有以下构成特征。

(一) 行为特征

洗钱罪的行为是掩饰、隐瞒上游犯罪的所得及其产生的收益的来源和性质。洗钱的本质是将非法收入予以合法化。正如我国学者指出：所谓洗钱（money laundering），是指隐瞒或掩饰犯罪收益并使之表面来源合法化的活动和过程。[①]犯罪分子为了掩饰、隐瞒犯罪所得及其产生的收益的来源和性质，往往采取各种手段。中国刑法列举了以下五种行为方式。

1. 提供资金账户

提供现金账户，是指为犯罪分子提供银行或者其他金融机构的账户编号，为其转移非法资金提供便利条件。这里的提供现金账户，既包括将现有的资金账户提供给犯罪人使用，也包括专门为犯罪人开设资金账户。这里的资金账户，既包括银行的存款账户、储蓄账户，也包括银行的信用卡账户、外汇账户，还包括其他金融机构，例如证券公司的股票交易账户、期货公司的期货交易账户等。

2. 协助将财产转换为现金、金融票据、有价证券

协助将财产转换为现金、金融票据、有价证券，是指协助犯罪分子将犯罪所得的财产通过交易的方式转换为现金或者汇票、本票、支票等金融票据或者股票、债券、邮票等有价证券。

3. 通过转账或者其他结算方式协助资金转移

通过转账或者其他结算方式协助资金转移，是指利用支票、本票、汇票等金融票据，或者利用汇兑、委托收款以及电子资金划拨等方法将犯罪分子的犯罪所得及其收益从一个账户转到另一个账户。

---

① 参见邵沙平等：《控制洗钱及相关犯罪法律问题研究》，13页，北京，人民法院出版社，2003。

4. 协助将资金汇往境外

协助将资金汇往境外，是指以各种方式将犯罪所得资金转移到境外的国家或地区，兑换成外币、购买财产或以国外亲友名义存入银行。

5. 以其他方法掩饰、隐瞒犯罪所得及其收益的来源和性质

这是一个兜底性的条款，是指将犯罪所得投资于各种行业进行合法经营，将非法获得的收入注入合法收入的，或者用犯罪所得购买不动产等各种手段，掩饰、隐瞒犯罪所得及其收益的来源和性质。因为洗钱的行为是掩饰、隐瞒犯罪所得及其收益的性质和来源，刑法所列举的只是这一行为所采用的常见方式，因而只要行为符合掩饰、隐瞒犯罪所得及其收益的性质和来源这一本质特征，无论采用何种方式都具备本罪的行为特征。

（二）客体特征

洗钱罪的客体是指上游犯罪的犯罪所得及其产生的收益。这里的上游犯罪是相对于下游犯罪而言的，上游犯罪是原生罪或者本罪，下游犯罪则是派生罪。如前所述，中国刑法对洗钱罪的上游犯罪规定了以下七种情形。

1. 毒品犯罪

这里的毒品犯罪，是指我国刑法分则第六章第七节规定的走私、贩卖、运输、制造毒品罪，共计以下 12 个罪名：（1）走私、贩卖、运输、制造毒品罪；（2）非法持有毒品罪；（3）包庇毒品犯罪分子罪；（4）窝藏、转移、隐瞒毒品罪、毒赃罪；（5）走私制毒物品罪；（6）非法买卖制毒物品罪；（7）非法种植毒品原植物罪；（8）非法买卖、运输、携带、持有毒品原植物种子、幼苗罪；（9）引诱、教唆、欺骗他人吸毒罪；（10）强迫他人吸毒罪；（11）容留他人吸毒罪；（12）非法提供麻醉药品、精神药品罪。上述毒品犯罪绝大多数可以归入洗钱罪的上游犯罪，但包庇毒品犯罪分子罪、窝藏、转移、隐瞒毒品、毒赃罪等本身具有下游犯罪即派生罪的特征，笔者认为，这些犯罪在客观上不可能成为洗钱罪的上游犯罪。

2. 黑社会性质的组织犯罪

这里的黑社会性质的组织犯罪，到底是指中国刑法规定的组织、领导、参加黑社会性质组织罪、入境发展黑社会组织罪、包庇、纵容黑社会性质组织罪，还

是指以黑社会性质组织的形式所犯的盗窃、抢劫、敲诈勒索等各种犯罪，在刑法理论上存在争议。[①] 笔者认为，组织、领导、参加黑社会性质的组织等犯罪本身不可能具有犯罪所得及其收益，只有以黑社会性质组织的形式犯盗窃、抢劫、敲诈勒索等各种财产犯罪与经济犯罪时，才可能具有非法所得及其收益。因此，作为洗钱罪的上游犯罪，是指以黑社会性质组织的形式所犯的其他罪名。

3. 恐怖活动犯罪

我国刑法第120条规定了组织、领导、参加恐怖组织罪。那么，作为洗钱罪的上游犯罪，恐怖活动犯罪是指组织、领导、参加恐怖组织罪，还是指以恐怖活动组织的形式所犯的其他犯罪？我认为，应当是指以恐怖活动犯罪的形式实施其他犯罪的所得及其收益。

4. 走私犯罪

这里的走私犯罪，是指中国刑法分则第三章第二节规定的走私罪，共计以下10个罪名：(1) 走私武器、弹药罪；(2) 走私核材料罪；(3) 走私假币罪；(4) 走私文物罪；(5) 走私贵重金属罪；(6) 走私珍贵动物、珍贵动物制品罪；(7) 走私珍稀植物、珍稀植物制品罪；(8) 走私淫秽物品罪；(9) 走私普通货物、物品罪；(10) 走私固体废物罪。

5. 贪污贿赂犯罪

这里的贪污贿赂犯罪，是指我国刑法分则第八章规定的贪污贿赂罪，共计以下10个罪名：(1) 贪污罪；(2) 挪用公款罪；(3) 受贿罪；(4) 单位受贿罪；(5) 行贿罪；(6) 对单位行贿罪；(7) 介绍贿赂罪；(8) 单位行贿罪；(9) 巨额财产来源不明罪；(10) 隐瞒境外存款罪。

6. 破坏金融管理秩序犯罪

这里的破坏金融管理秩序犯罪，是指中国刑法分则第三章第四节规定的破坏金融管理秩序罪，但洗钱罪本身除外，共计以下29个罪名：(1) 伪造货币罪；(2) 出售、购买、运输假币罪；(3) 以假币换取货币罪；(4) 持有、使用假币

---

① 参见王作富主编：《刑法分则实务研究》上，3版，581～582页，北京，中国方正出版社，2007。

罪；（5）变造货币罪；（6）擅自设立金融机构罪；（7）伪造、变造、转让金融机构经营许可证、批准文件罪；（8）高利转贷罪；（9）骗取贷款、票据承兑、金融票证罪；（10）非法吸收公众存款罪；（11）伪造、变造金融票证罪；（12）妨害信用卡管理罪；（13）窃取、收买、非法提供信用卡信息罪；（14）伪造、变造国家有价证券罪；（15）伪造、变造股票、公司、企业债券罪；（16）擅自发行股票、公司、企业债券罪；（17）内幕交易、泄露内幕信息罪；（18）编造并传播证券、期货交易虚假信息罪；（19）诱骗投资者买卖证券、期货合约罪；（20）操纵证券、期货市场罪；（21）非国家工作人员受贿罪；（22）背信运用受托财产罪；（23）违法运用资金罪；（24）违法发放贷款罪；（25）吸收客户资金不入账罪；（26）违规出具金融票证罪；（27）对违法票据承兑、付款、保证罪；（28）逃汇罪；（29）骗购外汇罪。

7. 金融诈骗犯罪

这里的金融诈骗犯罪，是指中国刑法分则第三章第五节规定的金融诈骗罪，共计以下8个罪名：（1）集资诈骗罪；（2）贷款诈骗罪；（3）票据诈骗罪；（4）金融凭证诈骗罪；（5）信用证诈骗罪；（6）信用卡诈骗罪；（7）有价证券诈骗罪；（8）保险诈骗罪。

（三）罪责特征

中国刑法规定的洗钱罪，以明知为特征，因而只能是故意犯罪，不可以是过失犯罪。至于洗钱罪能否由间接故意构成，在理论上存在争议。但通说认为，洗钱罪要求行为人必须是出于“为掩饰、隐瞒其来源和性质”这一特定目的，即该罪属于目的犯。因此，洗钱罪只能由直接故意构成，间接故意不能构成洗钱罪。[①] 上述观点有一定道理，但能否认为洗钱罪是目的犯，尚值得商榷。因为洗钱罪的行为本身就是掩饰、隐瞒其来源和性质，不能同时又把这一内容当作主观的超过要素——目的犯的目的。在刑法条文中出现“为掩饰、隐瞒其来源和性质”一语，容易使人误解为是主观目的，但它实际上是对刑法所列举的五种洗钱

① 参见王作富主编：《刑法分则实务研究》上，3版，586页，北京，中国方正出版社，2007。

的具体方式所加的限制，因而不同于刑法理论上的目的犯。

三、对汪照洗钱案的分析

广州市海珠区人民法院经公开审理查明：被告人汪照于2001年年底认识区丽儿（另案处理）后，在明知区丽儿的弟弟区伟能（另案处理）从事毒品犯罪并想将其违法所得转为合法收益的情况下，于2002年8月伙同区丽儿、区伟能到本市黄埔区广东明皓律师事务所，以区伟能、区丽儿的港币520万元（其中大部分为区伟能毒品犯罪所得），购入广州百叶林木业有限公司的60%股权。被告人汪照并协助区伟能运送毒资作为股权转让款。在取得公司控股权后，区丽儿、区伟能安排将该公司更名为广州市腾盛木业有限公司，由区丽儿任该公司法定代表人，直接管理财务。被告人汪照挂名出任该公司董事长，除每月领取人民币5 000元以上的工资外，区丽儿、区伟能还送给被告人汪照一辆ML320越野奔驰小汽车。之后，腾盛木业有限公司以经营木业为名，采用制造亏损账目的手段，掩饰、隐瞒其违法所得的来源与性质，意图将区伟能的毒品犯罪所得转为合法收益。2003年3月16日，被告人汪照及同案人被公安人员抓获。

广州市海珠区人民法院认为，被告人汪照受他人指使，为获得不法利益，明知是他人毒品犯罪的违法所得，仍伙同他人以毒资投资企业经营的方式，掩饰、隐瞒该违法所得的非法性质及来源，其行为妨害了我国的金融管理秩序，已构成洗钱罪。被告人汪照曾因犯罪被判处有期徒刑，刑罚执行完毕后5年内再犯罪，是累犯，本应从重处罚。被告人汪照在共同犯罪中起辅助作用，是从犯，依法应当从轻处罚。被告人汪照的辩解及其辩护人的辩护意见因依据不足，本院不予采纳。依照《中华人民共和国刑法》第191条第5项、第65条、第27条之规定，判决如下：（1）被告人汪照犯洗钱罪，判处有期徒刑1年6个月，并处罚金人民币275 000元；（2）没收被告人汪照的违法所得ML320越野奔驰小汽车一辆。

一审宣判后，被告人未上诉，公诉机关亦未抗诉，判决发生法律效力。

汪照洗钱案是我国司法机关处理的一起较为典型的洗钱案，被告人汪照采用协助犯罪分子将其毒品犯罪所得资金以投入企业经营的方式掩饰犯罪所得的来源与性质，是一种洗钱行为。但在本案的审理当中，也存在三个有争议的问题，对此，本案的裁判理由进行了论述。

（一）关于洗钱罪的明知问题

在案件审理过程中，被告人汪照及其辩护人辩解，对于毒品犯罪所得的情况并不明知。对此，裁判理由的结论性意见是：明知不以确知为限，既可以是确定性认识，也可以是可能性认识，具体论证如下：

> 根据刑法第191条及《刑法修正案（三）》第7条的规定①，洗钱罪的构成需以行为人对作为洗钱对象的毒品犯罪、黑社会性质的组织犯罪、恐怖活动犯罪、走私犯罪（以下称四类上游犯罪）的违法所得及其产生的收益具有主观明知为要件。可见，主观明知是成立洗钱罪的一个前提条件。应当说，对于洗钱罪中明知要件的理解，理论和实务界在其对象内容及程度要求上均存在一定的分歧。比如，在明知的对象内容方面，就存在一切犯罪所得及收益、概括的四类上游犯罪所得及收益、具体的四类上游犯罪所得及收益等不同意见；在明知的程度方面，也存在确定性认识、可能性认识等不同意见。对此，我们认为，应当结合我国洗钱罪的刑事立法及刑法一般理论来加以理解和把握。具体言之，对于洗钱罪中明知的对象内容，行为人对属于四类犯罪的违法所得及其产生的收益具有概括性认识即告充足。首先，这是由我国刑事立法的特点决定的，不同于将是否属于特定的上游犯罪所得作为客观要件、以认识到系非法所得为主观要件的国外一些立法例，我国刑事立法对洗钱罪的明知对象作出了清楚的表述，在现有的立法框架内不存在将明知的对象扩大至所有犯罪所得的理解空间。其次，将明知对象内容严格限定为四类上游犯罪中的具体类别犯罪的违法所得及其产生的收益，与我国刑法关于认识错误的一般理论不符。行为人在四类上游犯罪的范围内将此类犯罪所得及

① 本案的审理时间是2003年，系在《刑法修正案（六）》颁布以前，因此本案审理的法律根据是《刑法修正案（三）》，特此说明。

收益误认为彼类犯罪所得，因两者在法律性质上是一致的，不属对犯罪对象的认识错误，故不应影响案件的定性。相反，如行为人将四类上游犯罪所得及收益误认为系其他犯罪所得及收益的，因存在法定构成要件的认识错误，则不应以洗钱罪定罪处罚。对于明知的程度，我们认为，明知不等于确知，尽管确定性认识和可能性认识存在程度上的差异，但两者都应纳入明知的范畴。只要证明行为人在当时确实知道或者根据事实足可推定行为人对于所经手的财产系四类上游犯罪所得的赃钱的可能性有所认识，都可成立明知。同时应注意避免以应当知道的证明取代对于可能性明知的证明，后者属于实然层面上的心理状态，前者属于应然层面上的注意义务，两者不可混为一谈。至于明知的具体认定，一般可以综合行为人的主观认识，接触赃物的时空环境，赃物的种类、数额、赃物交易、运送的方式、方法及行为人的一贯表现等主、客观因素进行具体判断。

在本案中，主观方面，被告人汪照明知区丽儿的弟弟区伟能从事毒品犯罪，基于自己的分析和判断，其主观上对“二区”的投资款系毒资的可能性具有一定认识；客观方面区伟能、区丽儿一次性支付港币 520 万元股权转让款，数额巨大且全部为现金支付，期间无偿赠与其 ML320 越野奔驰高档小汽车一辆，结合被告人汪照曾因犯偷税罪被判处有期徒刑四年的前科历史，故认定其对 520 万元投资款属于毒品犯罪所得具有主观明知，是符合客观实际的。

上述裁判理由实际上涉及两个既互相区别又互相联系的问题：一是如何理解明知，二是如何认定明知。

关于如何理解明知，中国刑法学界存在争议，主要存在两种观点：第一种观点是任意犯罪所得的明知说，第二种观点是法定犯罪所得的明知说。[①] 对此，裁判理由是赞同第二种观点的，应该说，这一观点是具有法律根据的。因为从刑法条文的表述来看，洗钱罪的明知内容是刑法所规定的上游犯罪，这一明知的内容

① 参见王作富主编：《刑法分则实务研究》上，3 版，586 页，北京，中国方正出版社，2007。

是特定的，并非泛指所有犯罪所得。当然，中国刑法规定的洗钱罪的明知内容虽然是法定的上游犯罪，但刑法规定的上游犯罪往往是指类罪。就此而言，洗钱罪中的明知又不要求对个罪所得及其收益要有认识。

关于如何认定明知，涉及明知的程度问题。在中国刑法学界，对于明知程度存在确定说、可能说与知道和应当知道说、充足理由怀疑说等。[①] 本案裁判理由实际上采纳的是知道和应当知道说，裁判理由具体表述为确定性认识和可能性认识。在确定性认识的情况下，这种明知是有证据证明的，因而是确定无疑的；而在可能性认识的情况下，这种明知是需通过推定加以认定的。在本案中，裁判理由通过综合主客观各种因素，推定被告人汪照对投资款具有明知，这对于洗钱罪明知要件的认定是具有重要参考价值的。

（二）关于洗钱罪与上游犯罪之间的关系

这个问题同样涉及两个既互相联系又互相区分的问题：一是上游犯罪的行为人能否构成洗钱罪，二是上游犯罪的共犯能否构成洗钱罪。对于这个问题，裁判理由是以这样一种方式提出问题的：洗钱罪与其上游犯罪的主体能否同一？或者说，洗钱罪的主体是否包括上游犯罪行为人在内？对此，裁判理由作了以下回答：

> 我们认为，基于我国的刑事立法特点及吸收犯的一般理论，洗钱罪的犯罪主体应限定在上游犯罪以外的自然人或者单位，对于那些既从事上游毒品等犯罪又参与从事下游洗钱行为的自然人或者单位，按照吸收犯的处理原则，一般情况下仅追究其上游犯罪（重罪）刑事责任即可，不宜再行追究洗钱罪的刑事责任，尽管相关国际公约及多数国外刑事立法持相反立场。主要理由如下：第一，从刑法第191条关于洗钱罪的主、客观要件的设定逻辑上看，洗钱罪的主观方面为明知，客观方面为提供资金账户等协助行为，该两者规定均带有针对上游犯罪分子的明显倾向性。只有上游犯罪分子以外的其他人才存在对财产是否属于四类上游犯罪违法所得及其产生的收益的明知与

① 参见王作富主编：《刑法分则实务研究》上，3版，586页，北京，中国方正出版社，2007。

否问题，而四类上游犯罪分子本人对自己的财产来源应当说是清楚的；同时，也只有上游犯罪分子以外的其他人才谈得上提供、协助问题，如果是为自己洗钱，自然无从谈起提供或者协助的问题。第二，洗钱行为属于上游犯罪的自然延伸，洗钱罪与其上游犯罪存在着依附从属及阶段性关系，尽管存在两个犯罪行为，但因属于吸收犯，根据重罪吸收轻罪的处理原则，对于此类行为，以上游犯罪一罪处理未尝不可。洗钱行为是继起行为，即洗钱必须以四类上游犯罪的先前存在为先决条件，洗钱行为依附于上游犯罪行为而存在。没有上游犯罪和犯罪所得及其产生的收益，就不会有需要清洗的黑钱，洗钱行为也就无从谈起。同时，也正由于洗钱行为的存在，才使上游犯罪分子安全顺利地循环使用黑钱的目的得以实现，洗钱犯罪与其上游犯罪二者间存在着相互依存的关系。基于此，本案未再单独追究毒品犯罪分子区伟能洗钱罪的刑事责任，是符合我国洗钱罪的刑事立法实际的。

对于上述观点，我认为是正确的。尽管在洗钱罪与上游犯罪之间存在较为紧密的联系，但两者之间的区别也是极为明显的。洗钱罪相对于作为本罪的上游犯罪来说，是刑法理论上的连累犯。连累犯是指事前与他人没有通谋，在他人犯罪以后，明知他人的犯罪情况，而故意以各种形式予以帮助，依法应受处罚的行为。[①] 因此，连累犯是区别于共犯的，上游犯罪的共犯与连累犯只能择其一而成立。在这个意义上，洗钱罪的主体与上游犯罪的行为人难以同一。从刑法条文的表述来看，洗钱行为都是以协助为特征的，其客体只能是他人。因此，上游犯罪的行为人对本人犯罪所得及其收益进行掩饰或者隐瞒的，是一种不可罚的事后行为，不能单独成立洗钱罪。

与此同时，被告人汪照还提出辩解，如本案有同案人，应属共同犯罪，在其他同案人未被认定的情况下不能就此认定被告人构成洗钱罪。在此首先应当明确，洗钱罪的主体与上游犯罪的行为人本就有可能是同案犯，但他们之间并不构成共同犯罪。在这一前提下，提出一个值得研究的问题：在上游犯罪的行为人未

① 参见陈兴良：《共同犯罪论》，2版，426页，北京，中国人民大学出版社，2006。

被定罪的情况下，能否认定洗钱罪？对于这个问题，在汪照案裁判理由中未加以论述。但在潘儒民洗钱案中①，裁判理由认为，上游犯罪行为人未定罪判刑，但洗钱行为人洗钱的证据确实、充分的，可以认定洗钱罪。具体论证如下：

> 洗钱罪与上游犯罪的关系密不可分，可以说，如果没有上游犯罪，就没有洗钱罪和掩饰、隐瞒犯罪所得、犯罪所得收益罪这些下游犯罪、派生犯罪。那么，是否必须上游犯罪行为人已经法院定罪判刑，才能认定洗钱罪？答案是否定的。我们认为，只要有证据证明确实发生了刑法第191条明文规定的上游犯罪，行为人明知系上游犯罪的所得及其产生的收益，仍然实施为上游犯罪行为人提供资金账户、协助将财产转换为现金等掩饰、隐瞒其来源和性质的帮助行为的，就可以认定洗钱罪成立。上游犯罪行为与洗钱犯罪行为虽然具有前后相连的事实特征，但实践中两种犯罪案发状态、查处及审判进程往往不会同步，有的上游犯罪事实复杂，有的则可能涉及数个犯罪，查处难度大，所需时间长，审判进程必然比较慢；而洗钱行为相对简单，查处难度小；还可能发生实施洗钱行为的人已经抓获归案，上游犯罪的事实已经查清，而上游犯罪行为人尚在逃的情形。从程序角度而言，如果要求所有的洗钱犯罪都必须等到相应的上游犯罪处理完毕后再处理，会造成对这类犯罪打击不力的后果，如一律要求上游犯罪已经定罪判刑才能认定洗钱罪成立既不符合刑法规定，也不符合打击洗钱犯罪的实际需要。从犯罪构成上看，洗钱罪的上游犯罪和洗钱罪虽有联系，但各有不同的犯罪构成，需要分别进行独立评价。上游犯罪在洗钱罪的犯罪构成中，只是作为前提性要素而出现，是认定洗钱行为人主观故意和客观危害符合刑法第191条规定的前提性判断依据，如果根据洗钱罪中的证据足以认定上游行为符合上游犯罪的要件，那么就应当成立洗钱罪。应当注意的是，在上游犯罪行为人尚未归案的情况下，可能难以确定其行为性质，此时法院应当慎重处理：只有根据洗钱案件中所掌握的事实和证据，足以断定上游行为属于刑法第191条所规定的七种

① 参见最高人民法院：《刑事审判参考》第60集，5～6页，北京，法律出版社，2008。

犯罪类型的，才能认定洗钱罪成立；如果根据现有的证据材料，尚难以断定上游行为是否构成犯罪、构成何种犯罪，则不宜认定洗钱罪。因为刑法第191条规定了“明知”要件，如果法院尚不能判断上游行为是否构成犯罪，以及是否属于特定的七类犯罪，就无法断定洗钱行为人“明知”系七类犯罪所得及收益而实施洗钱行为。当然，如果根据证据足以断定上游犯罪属于七类犯罪以外的其他犯罪的，可以依法认定为刑法第312条所规定的掩饰、隐瞒犯罪所得、犯罪所得收益罪。

上述裁判理由笔者是赞同的。关于洗钱罪成立是否以上游犯罪的成立为前提，涉及实体法与程序法两个方面的问题。从实体法的角度来看，上游犯罪行为人是本犯，洗钱罪行为人作为连累犯，其构成犯罪是否以本犯构成犯罪为前提呢？对此，在一般情况下，回答是肯定的。在个别情况下，本犯虽然实施了上游犯罪的行为，但由于缺乏罪责或者罪量要件而不构成犯罪，而洗钱罪的主体如果是职业犯，专门从事洗钱活动，洗钱罪是可以单独成立犯罪的。从程序法的角度来说，上游犯罪没有经过刑事诉讼程序定罪处刑，洗钱罪能否先于上游犯罪通过刑事诉讼程序定罪处刑？对此，回答也是肯定的。当然，应当以有证据证明洗钱罪的成立为前提。如果因为上游犯罪的行为人未被抓捕，难以证明洗钱罪成立，当然不能在没有证据的情况下认定被告人犯有洗钱罪。

（三）洗钱罪与赃物犯罪的区分

在洗钱罪的认定中，如何与赃物犯罪相区分，是一个十分复杂的问题。从立法演变过程来看，中国刑法中的赃物犯罪存在着从妨害司法的犯罪逐渐地向洗钱犯罪转化的趋势。1990年全国人大常委会《关于禁毒的决定》第4条曾经将毒品犯罪的赃物犯罪与洗钱犯罪规定在同一条文之中，其内容是：“包庇走私、贩卖、运输、制造毒品的犯罪分子的，为犯罪分子窝藏、转移、隐瞒毒品或者犯罪所得的财物的，掩饰、隐瞒出售毒品获得财物的非法性质和来源的，处七年以下有期徒刑、拘役或者管制，可以并处罚金。”

在上述规定中，为犯罪分子窝藏、转移、隐瞒毒品或者犯罪所得的财物是赃物犯罪行为，而掩饰、隐瞒出售毒品获得财物的非法性质和来源是洗钱犯罪行为。因此，这也被认为是我国刑法中最早的洗钱犯罪的立法例，虽没有冠以洗钱罪之名。在1997年刑法修订中，上述规定被一分为二，赃物犯罪被规定在刑法第349条中，设置为包庇毒品犯罪分子罪、窝藏、转移、隐瞒毒品、毒赃罪，而洗钱犯罪则经扩大上游犯罪被规定在刑法第191条中。在这种情况下，就存在一个洗钱罪与隐瞒毒赃罪的区分问题。对此，汪照案的裁判理由指出：

> 洗钱罪与隐瞒毒赃罪的根本区别在于前者所隐瞒的系毒赃的非法性质和来源，后者所隐瞒的系毒赃本身，被告人汪照协助实施的投资及虚构经营亏损等活动，意在将毒赃的非法性质和来源予以合法化，究其行为实质而言，属于洗钱，而非隐瞒毒赃。
>
> 根据刑法第349条规定，窝藏、转移、隐瞒毒赃罪是指为犯罪分子窝藏、转移、隐瞒毒品犯罪所得财物的行为。关于洗钱罪与窝藏、转移、隐瞒毒赃罪的界限，实践中把握住以下三个方面即可以得到较好的区分：第一，犯罪对象方面，洗钱行为所指向的对象是包括毒品犯罪在内的四类上游犯罪所得及其收益的非法性质和来源，故不一定直接涉及财物本身；而后者主要是针对毒品犯罪所得的财物而言的，故财物本身为其直接对象。或者说，前者不一定要求对作为犯罪所得或者收益的财物形成物理上的控制，而后者必须使该财物处于行为人的支配、控制范围或者状态之下。第二，行为方式方面，前者表现为将上游犯罪所得及收益通过金融机构等，采用提供资金账户、协助转移财产、转移资金、把资金汇往境外等方法使其具有表面合法化的性质；后者则主要是通过改变赃物的空间位置或者存在状态对赃物进行隐匿或者转移，使侦查司法机关不能或者难以发现，或者妨害司法机关对赃物的追缴，此类行为并无改变赃物非法性质之作用，不具有使之表面合法化的特征。就具体行为方式言之，前者远较后者复杂。第三，主观目的方面，前者的目的是掩饰黑钱的非法来源和性质，使黑钱合法化，此种目的同时也决定了洗钱行为人并不必然要对赃物加以物理上的隐藏，洗钱行为中所表现出的财物就其存在状态而言仍可能具有一定的公开性；而后者的主观目的是为了逃避司法机关的侦查、追缴，力图藏匿财物，使他人不知该财物的存在，

因而后者财物的存在状态具有秘密性。

在本案中，尽管存在被告人汪照协助区伟能运送毒赃的行为，但其真实的主观目的并非转移毒赃的空间场所或者隐瞒财物的存在状态，而是通过进一步的投资及虚构经营亏损等活动，对毒赃进行清洗，将其非法性质予以合法化，被告人汪照的行为在本质上属于掩饰、隐瞒毒赃的非法性质和来源，而非仅仅对毒赃进行物理上的隐匿或者转移，结合前述对其主观明知的分析认定，故判决认定被告人汪照构成洗钱罪，具有充分的事实和法律依据。

上述裁判理由对于洗钱罪与隐瞒毒赃罪的区分还是采用了传统的构成要件列举法。但这种方法对于区分此罪与彼罪的作用十分有限，存在不甚了然之弊。现在的问题是：当行为人采取隐瞒毒赃的方法进行洗钱的时候，到底如何区分两罪？对此，中国学者采用了法条竞合的分析法，指出："事实上，掩饰、隐瞒毒品等犯罪非法所得及其产生的收益的性质和来源，也同样是为了对抗司法机关的追查，因此，针对毒品犯罪所得而实施洗钱行为，往往同时也是一种窝藏、转移、隐瞒毒赃的特别行为，但这两个罪之间并非是特别法条和普通法条之间的特别竞合关系，因为这两个罪之间并非全部包容，而只是部分交叉，属交叉关系的法规竞合，应适用重法优于轻法的原则。"①

我认为，这一分析是可行的。但从内容上来说，同样是窝藏、转移、隐瞒毒赃的行为，如果主观上是对抗司法机关的追查就是赃物犯罪，如果主观上是为掩饰、隐瞒毒品犯罪所得及其产生的收益的性质和来源就是洗钱犯罪，使两种犯罪的区分在很大程度上取决于行为人的主观目的。但这两种目的本身又存在重合性：后者必然以前者为前提。在这种情况下，两罪分设的必要性就十分可疑。

值得借鉴的是，中国刑法中的普通赃物犯罪已经被修改为洗钱性质的犯罪。我国 1997 年刑法第 312 条原条文规定："明知是犯罪所得的赃物而予以窝藏、转移、收购或者代为销售的，处三年以下有期徒刑、拘役或者管制，并处或者单处罚金。"及至 2006 年，全国人大常委会《刑法修正案（六）》第 19 条将上述条文

① 王作富主编：《刑法分则实务研究》上，3 版，587 页，北京，中国方正出版社，2007。

修改为："明知是犯罪所得及其产生的收益而予以窝藏、转移、收购、代为销售或者以其他方法掩饰、隐瞒的，处三年以下有期徒刑、拘役或者管制，并处或者单处罚金；情节严重的，处三年以上七年以下有期徒刑，并处罚金。"

在修改以后，传统的赃物犯罪罪名——窝藏、转移、收购、销售赃物罪被改为掩饰、隐瞒犯罪所得、犯罪所得收益罪，立法机关在论及这一修改的背景时指出："立法部门经过研究认为，除这一条（指第 191 条——引者注）的对几种严重犯罪的所得进行洗钱的犯罪外，按照我国刑法第 312 条的规定，对明知是任何犯罪所得而予以窝藏、转移、收购或者代为销售的，都是犯罪，应当依法追究刑事责任，只是没有使用洗钱罪的具体罪名。为进一步明确犯罪界限，以利于打击对其他犯罪的违法所得予以掩饰、隐瞒的行为，《刑法修正案（六）》同时对刑法第 312 条的规定作了必要的补充修改。这样，根据我国刑法规定，对于涉及洗钱方面的犯罪都可以追究刑事责任，只是根据上游犯罪的不同适用不同的条文、罪名，处罚也有所不同。"①

由此可见，洗钱罪与掩饰、隐瞒犯罪所得、犯罪所得收益罪之间存在并列关系，都具有洗钱犯罪的性质：刑法第 191 条规定的洗钱罪是狭义上的洗钱罪，即毒品犯罪、黑社会性质的组织犯罪、恐怖活动犯罪、走私犯罪、贪污贿赂犯罪、破坏金融管理秩序犯罪、金融诈骗犯罪的洗钱罪；而刑法第 312 条规定的掩饰、隐瞒犯罪所得、犯罪所得收益罪则是上述 7 种上游犯罪以外的犯罪的洗钱罪，这是一种广义上的洗钱罪。

当然，这里也还存在一个值得研究的问题，洗钱罪规定在我国刑法分则第三章第四节的破坏金融管理秩序罪中，而掩饰、隐瞒犯罪所得收益罪规定在我国刑法分则第六章第二节妨害司法罪中，这两种犯罪侵害的法益有所不同：前者以侵害金融管理秩序为主，同时也会侵害司法活动。后者以侵害司法活动为主，同时也会侵害金融管理秩序。但两罪的区分不仅在侵害法益上，而且受到上游犯罪的限制。因此，潘儒民洗钱案的裁判理由指出："区分洗钱罪与掩饰、隐瞒犯罪所

① 王作富主编：《刑法分则实务研究》上，3 版，290 页，北京，中国方正出版社，2007。

得、犯罪所得收益罪还应当注意的一点是，并非所有为刑法第191条规定的犯罪掩饰、隐瞒犯罪所得的，都构成洗钱罪。因为刑法第191条规定了洗钱罪的五种行为方式，即提供资金账户；协助将财产转换为现金、金融票据、有价证券；通过转账或者其他结算方式协助资金转移；协助将资金汇往境外；以其他方式掩饰、隐瞒犯罪所得及其收益的来源和性质。洗钱罪位列于刑法分则第三章第四节破坏金融管理秩序罪中，因此成立洗钱罪要求其行为必须造成对国家金融管理秩序的侵害，这是构成本罪客体要件的必然要求，从刑法第191条列举的上述几种行为方式可以看出，前四种行为方式均借助了金融机构的相关行为，虽然第五种行为方式作为兜底条款没有明确指出具体方式，但从洗钱罪侵害的客体出发，实践中认定是否属于该种行为仍需要该行为体现出对国家金融管理秩序的侵害才能构成。如果行为人所实施的掩饰、隐瞒行为并未侵犯国家的金融监管秩序，例如行为人明知某一贵重物品系他人受贿所得，仍帮助他人窝藏、转移该物品，以逃避司法机关的查处，该行为主要侵害了司法机关的查处活动，并未侵害国家的金融监管秩序，因此不能认定符合刑法第191条规定的第五种行为方式，而是属于刑法第312条所规定的窝藏、转移赃物行为，应当认定为掩饰、隐瞒犯罪所得罪，而非洗钱罪。”①

从以上论述可知，破坏金融管理秩序这一性质，形成了对刑法第191条第五种行为方式，即其他掩饰、隐瞒犯罪所得及其收益的来源和性质的方法的某种限制。这里的其他方法必须具有破坏金融管理秩序罪的性质，如果不具有这种性质，即使是为刑法第191条规定的7种上游犯罪掩饰、隐瞒犯罪所得及其收益的来源和性质，也不构成洗钱罪而构成掩饰、隐瞒犯罪所得、犯罪所得收益罪。但如果为刑法第191条规定的7种上游犯罪以外的其他犯罪掩饰、隐瞒犯罪所得及其收益的来源和性质，则即使具有破坏金融管理秩序的性质，也不构成洗钱罪而构成掩饰、隐瞒犯罪所得、犯罪所得收益罪。这是对洗钱罪与掩饰、隐瞒犯罪所得、犯罪所得收益罪之间关系的补充性说明，对于洗钱罪的认定具有重要意义。

（本文原载《北方法学》，2009（4））

① 最高人民法院：《刑事审判参考》，第60集，8～9页，北京，法律出版社，2008。

图书在版编目（CIP）数据

刑法研究．第十一卷，刑法各论．Ⅰ / 陈兴良著
．-- 北京：中国人民大学出版社，2021.3
（陈兴良刑法学）
ISBN 978-7-300-29098-0

Ⅰ．①刑…　Ⅱ．①陈…　Ⅲ．①刑法－中国－文集
Ⅳ．①D924.04-53

中国版本图书馆 CIP 数据核字（2021）第 081887 号

国家出版基金项目
陈兴良刑法学
刑法研究（第十一卷）
刑法各论Ⅰ
陈兴良　著
Xingfa Yanjiu

出版发行	中国人民大学出版社		
社　　址	北京中关村大街 31 号	**邮政编码**	100080
电　　话	010－62511242（总编室）		010－62511770（质管部）
	010－82501766（邮购部）		010－62514148（门市部）
	010－62515195（发行公司）		010－62515275（盗版举报）
网　　址	http://www.crup.com.cn		
经　　销	新华书店		
印　　刷	涿州市星河印刷有限公司		
规　　格	170 mm×228 mm　16 开本	**版　　次**	2021 年 3 月第 1 版
印　　张	44.25 插页 4	**印　　次**	2021 年 3 月第 1 次印刷
字　　数	664 000	**定　　价**	2 980.00 元（全十三册）